LITERATUR GESELLSCHAFT NATION

42.-

STEPHAN BOCK

Literatur Gesellschaft Nation

Materielle und ideelle Rahmenbedingungen
der frühen DDR-Literatur

(1949–1956)

J. B. METZLERSCHE VERLAGSBUCHHANDLUNG
STUTTGART

CIP-Kurztitelaufnahme der Deutschen Bibliothek

Bock, Stephan:
Literatur, Gesellschaft, Nation : materielle u. ideelle Rahmenbedingungen
d. frühen DDR-Literatur ; (1949–1956) / Stephan Bock. –
Stuttgart : Metzler, 1980.
  (Metzler-Studienausgabe)
  ISBN 3-476-00452-X

ISBN 3 476 00452 X
© 1980 J. B. Metzlersche Verlagsbuchhandlung
und Carl Ernst Poeschel Verlag GmbH in Stuttgart
Satz: Remsdruckerei Sigg, Härtel & Co., Schwäbisch Gmünd
Druck: Gulde-Druck, Tübingen
Printed in Germany

MARGOT UND SONJA

Inhaltsverzeichnis

Dr Reider un dr Bodensee
Lene Vogt

's war mal dief im Winder drin,
Wo viel Eis un Schnee dut sin.

Uff sein Färde saß ä Reider
Un ridd frehlich immer weider.

Geene Rast gabs, geene Ruh,
Vorwärts gings nur immerzu.

»Wo bleibt bloß dr Bodensee?
Mr wärd noch ganz blind vor Schnee.«

Also schbrischt dr Reiderschmann
Un schtrengt seine Oochen an.

Nischt zu machen, närchends Wasser,
Un de Sonne scheint schon blasser.

Weiter reidense 'ne Schtunde,
Dämmrich wärds jetzt in dr Runde.

Blätzlich blinkt ä Licht von färne,
Vor 'ner Gneibe de Ladärne.

Frehlich schbrängt dr Mann druff hin
Un befraacht de Gellnerin:

»Saach mal, gleene hibsche Fee,
Wo is denn dr Bodensee?«

Un de Gleene feixt: »Dort hinden!«
Doch dr Reider gann nischt finden.

»Freilein, von dort gomm'ch doch här«,
Meentr un sei Härz globbt schwär.

»Is das meechlich? Ei herrjeh!
Mänsch, de rittst doch ibern See!«

Un dr Reider gratzt sich's Ohr:
»Hm, so gommt mrsch sälwer vor.«

Schaudernd schtehtr ganz im Schweeß. –
Gud, daß manches mr nich weeß!

(Lene Voigt: Säk'sche Balladen.
Reinbek bei Hamburg 1978)

I

Über DDR-Literatur zu schreiben – ein schwieriges Unterfangen. Zu bewältigen ist eine Vielzahl von Problemen unterschiedlichster Natur, seien es nun allgemein Fragen des gesellschaftlichen Kontextes, der Produktions- und Rezeptionsbedingungen, innerliterarischer Prozesse oder Probleme des Erkenntnisinteresses. Kaum mehr überschaubar ist die Zahl der größeren Abhandlungen, von Einzel- und Detailanalysen oder gar der literaturkritischen Produktion ganz zu schweigen. Längst hat die mit Beginn der 70er Jahre einsetzende, von Kritik und Forschung weidlich ausgenutzte und beförderte Konjunktur in Sachen DDR-Literatur auch amerikanische Universitäten erfaßt [1], gibt es entsprechende Periodika [2], wird der Markt aufgrund der dort herrschenden Gesetze in einer Weise beliefert, daß die hiesige Forschung in Bedrängnis zu geraten droht [3], ja daß sich in einem Vergleich der Eindruck ›handwerklicher Produktionsweise‹ aufdrängt. [4]

Zu denken ist natürlich auch und vor allem an die Forschung in der DDR. Der 8. Parteitag der SED [5] hatte nicht nur eine Neubestimmung in der Wertung der vorangegangenen zwei Jahrzehnte, zumal der 60er Jahre, zum Resultat. Es folgten die entsprechenden Publikationen. Mit dem Erscheinen der »Geschichte der Literatur der Deutschen Demokratischen Republik« [6] erreichte die DDR-Forschung ein neues Stadium. Seitdem bekunden zahlreiche Veröffentlichungen sowie Forschungsprojekte, daß dieses Standardwerk durch Einzeluntersuchungen kommentiert, ergänzt und auch modifiziert werden soll. [7]

Angesichts dieser Entwicklungen und Tendenzen scheint noch die Rede von der »Überinformation, die sich in einer nur noch durch einen Spezialisten zu bewältigenden Fülle von Gesamtdarstellungen, Dokumentationen und Spezialabhandlungen niedergeschlagen hat« [8], ein Euphemismus zu sein. Vor allem kann und *muß* die Frage nach der Legitimation eines jeden weiteren Forschungsprojektes gestellt werden. Denn es ist völlig berechtigt zu fragen, ob in Anbetracht jener Flut von Publikationen das Resultat nicht notgedrungen dürftig ausfallen müsse, ob den »den Boom ausbeutenden Arbeiten westdeutscher Kritiker und Germanisten« [9] nicht lediglich eine weitere hinzugefügt werde oder gar, um einen DDR-Kritiker zu zitieren, das »Krebsgeschwür eines pragmatischen Journalismus« [10] um sich greife.

Leicht und schnell zu beantwortende Fragen, so mag es den Eindruck haben, stünde dem nicht ein Tatbestand von historischer und gleichzeitig aktueller Tragweite entgegen. »*Das bessere Deutschland* bleibt eine Formel der Romantik, zunächst und auf lange wird das eine jeweils das andere des anderen sein« [11], schreibt Heiner Müller. Allein diese Lage einer Fragment-Nation bedingen das Maß an Skepsis, die jeder Äußerung des ›einen‹ über den ›anderen‹ entgegenzubringen ist, die unseren inbegriffen. Verwiesen ist damit auf eine grundlegende Problematik des Gegenstandes wie auch vorliegender Darstellungen und somit auf die permanent gegebene Notwendigkeit des Versuchs eines Neuanfangs. Der Gegenstand ›DDR-Literatur‹ unterscheidet sich von anderen darin, daß das ›westliche Gegenstück‹ stets mitzudenken ist und daß ein DDR-Bild nicht gegeben werden kann, »ohne die DDR im Kontext der deutschen Geschichte zu sehen, die zum größten Teil auch eine deutsche Misere ist«. Auch wenn Heiner Müller hier für den Bereich der Dramatik formuliert, so hat es doch allgemeine Bedeutung: »Nur aus diesem Kontext der deutschen Misere kriegt man ein richtiges DDR-Bild im Drama.« [12] Mit anderen Worten: Die historische/aktuelle Situation bedingt ständigen Zweifel am Gegenstand sowie der eigenen Weise, sich diesem zu nähern.

Es mag verwunderlich und für manchen sogar anachronistisch erscheinen, in einer Untersuchung der ausgehenden 70er Jahre zur frühen DDR-Literatur, zudem verfaßt von einem, der nicht der Generation der ›feindlichen Väter‹ angehört, sondern der Nachkriegsgeneration, die deutsche Problematik, sprich: deutsche Misere einleitend und *zentral* thematisiert zu sehen.

Doch bereits die Notwendigkeit der Rechtfertigung, und sei sie nur eingeredet, ist bezeichnend genug. Zu fragen ist, wie bei einem solchen Gegenstand und einer solchen historischen Lage ein ›planetarischer Standpunkt‹ eingenommen werden könne, wie so getan werden könne, als handele es sich nicht um die eigene Geschichte, über die man da schreibe. Um jedoch sogleich einem möglichen Mißverständnis und Einwand zu begegnen: Nicht vergebliches Bemühen um Sachlichkeit oder Informationsvermittlung wird hier gefolgert. Es wird die – noch genauer zu entwickelnde – These vertreten, daß jenes Negative Garant zumindest des Versuchs sachlicher Darstellung sein kann.

Wenn also das Problem der deutschen Misere vor jeder Einzelüberlegung zum Gegenstand der Betrachtung gemacht wird, so aus der Einsicht heraus, daß hier generell das Hauptproblem einer jeden Untersuchung zur DDR-Literatur, gleich welcher Periode, zu finden sei. Von ihm werden alle weiteren Probleme dominiert, und sei es das auf den ersten Blick rein methodenspezifisch erscheinende Problem, daß die Methode vorherrscht, DDR-Literatur als ›Ausdruck von‹ zu lesen und zu interpretieren, und daß erst jüngst – paradoxerweise hauptsächlich in der DDR [13] – eine Abkehr von dieser Methode zu verfolgen ist. Bedenkt man jedoch, daß das Charakteristische der Applikation jener Methode auf die Literatur der DDR im jeweils verschiedenen und die andere Hemisphäre markierenden Vorzeichen liegt, so wird der Zusammenhang mit genanntem Hauptproblem evident. Um wiederum Heiner Müller zu zitieren: »Das deutsch-deutsche Mißverständnis einer Stellungnahme, Ideologie als Ersatz für Wirbelsäule.« [14]

Zum anderen ist, wie bereits angedeutet, ein Unternehmen wie das vorliegende allgemein durch den Verweis auf die deutsche Misere legitimiert. Der besonders enge Zusammenhang von inner- und außerliterarischen Prozessen bedingt unaufhörliches Infragestellen erzielter Ergebnisse, trifft doch für die Forschung ein vergleichbares Verhältnis zu. Pointierter formuliert: Bereits in Fragen der Materialbasis ist ständiger Zweifel zu formulieren. Zwar wird jede literaturgeschichtliche Studie mit veränderter Problemstellung und von anderem historischen Standort aus die Erschließung neuen Materials im Gefolge haben. Auch wird für einen Literaturhistoriker das Faktum nichts Neues sein, daß sich Traditionsziehungen oder Wertungen bestimmter literarischer Strömungen bzw. Autoren allein dadurch über Jahre hin festschreiben lassen, daß sie ungeprüft übernommen werden, und sei dies nur dadurch begründet, daß keine literaturgeschichtliche Studie an einem ›Null-Punkt‹ ansetzen kann. Jedoch läßt sich das Faktum, daß in den uns bekannten Darstellungen Hinweise auf einen DDR-›Tauwetter‹-Roman aus dem Jahr 1954 fehlen und daß dieser Roman (der Titel wird zuweilen erwähnt) von einem in seinem politischen Denken eindeutig gezeichneten Autor wie Jörg Bernhard Bilke als Produkt eilfertiger Selbstkritik vor der Parteiobrigkeit gewertet wird, wiewohl das genaue Gegenteil der Fall ist, kaum in der skizzierten Weise erklären noch durch »methodische[s] Versagen«. [15]

Weiter ist nicht zu erklären, warum die Arbeiten solcher Autoren, die explizit (und völlig zu Recht) vom »Versagen traditioneller Literaturkategorien« sprechen und sich bewußt von »der bürgerlichen Literaturtheorie« [16] abgrenzen, im Vergleich mit den kritisierten Untersuchungen im wesentlichen nur in der *Wertung* differieren, warum hinsichtlich des tradierten Gegenstandes nicht jene Zweifel wirksam werden, die doch in Fragen der Wertung in nahezu jeder Wendung präsent sind.

Vor allem ein weißer Fleck im Feld der Literaturgeschichtsschreibung zur Literatur der DDR weist auf das thematisierte Hauptproblem. Es gibt keine umfassenden Studien zu den sehr verschiedenen Vorschlägen, die Schriftsteller der DDR zur Lösung der deutschen Misere gemacht haben. Folglich existieren auch keine Studien, die diese Vorschläge ins Verhältnis setzten zu den Gegenvorschlägen ihrer westdeutschen Kollegen. [17] Ohne den Wert und die Bedeutung solcher Studien überbetonen zu wollen, mag doch gesagt werden, daß sich damit zumindest einige Beiträge zu dem Problem formulieren ließen, mit welchem auch deutschen – um diesen Begriff einmal zu benutzen – Erbe der vergangenen drei Jahrzehnte künftige Generationen sich auseinanderzusetzen haben, vor allem aber: daß es mit solchen Studien vielleicht etwas schwerer wäre, vor der eigenen Misere weiterhin einfach wegzutauchen. Und ohne über aktuelle Tendenzen vorschnell historisch urteilen zu wollen, sei doch an dieser Stelle auf Martin Walsers Rede anläßlich der Berufung des Stadtschreibers von Bergen hingewiesen:

»BRD und DDR können [...] über ihr jetziges Un-Verhältnis nur hinauswachsen, wenn unser historisches Bewußtsein ein Bedürfnis nach Überwindung des Un-Verhältnisses zeitigt. Wenn es den Machern des Aktuellen gelingt, in uns das Bedürfnis nach Deutschland zum Erlöschen zu bringen, oder wenn es ihnen gelänge, dieses Bedürfnis auf ein Deutschland wie gehabt zu dressieren, dann werden BRD und DDR tatsächlich unsere Geschichte beschließen. [...] Ich weigere mich, an der Liquidierung von Geschichte teilzunehmen. In mir hat ein anderes Deutschland immer noch eine Chance. [...] Wir alle haben auf dem Rücken den Vaterlandsleichnam, den schönen, den schmutzigen, den sie zerschnitten haben, daß wir jetzt in zwei Abkürzungen leben sollen. In denen dürfen wir nicht leben wollen. Wir dürften, sage ich vor Kühnheit zitternd, die BRD sowenig anerkennen wie die DDR. Wir müssen die Wunde namens Deutschland offenhalten.« [18]

Unumgänglich ist es, eine weitere Legitimationskomponente zu benennen. Sie ist ein zentraler, für bestimmte Rezeptionsphasen sogar der Hauptaspekt westlicher Forschung zur DDR-Literatur, wird jedoch nur in seltenen Fällen offen thematisiert. Die Frage, wie angesichts des Gegenstandes ›DDR-Literatur‹ überhaupt ein ›planetarischer Standpunkt‹ eingenommen werden könne, hat namentlich für die Angehörigen der ersten Nachkriegsgeneration einen besonderen Klang, in deren Biographie sich die Spuren beider Deutschland eingebrannt haben. Die Frage etwa, warum unter historischem Blickwinkel immer noch eine Zerrissenheit herrsche, die uns eher zu Zeitgenossen Lessings, Lenz', Kleists oder Büchners macht denn zu Zeitgenossen eines beliebigen französischen oder englischen Schriftstellers der Gegenwart, hat hier unmittelbare biographische Bedeutung.

Eine solche biographische Disposition birgt große Gefahrenmomente in sich. Extrem tritt dies in den Darstellungen aus den 50er und frühen 60er Jahren hervor. Dort dominierten Arbeiten von Autoren, die die Aufbaujahre in der DDR ›bewußt‹ miterlebt hatten, oder, um eine Stimme aus der DDR zu zitieren, von »Renegaten: der Haß trübt ihren Blick und verhindert eine wissenschaftliche Analyse«. [19]

Jene biographische Disposition kann jedoch ebenso ein – wenn auch vom ›Zufall‹ bedingter – Vorteil sein. So paradox dies auf den ersten Blick erscheinen mag: So kann Distanz zum Gegenstand *und* wissenschaftliches Engagement fördern. Wenn Heiner Müller schreibt, die »Generation der heute Dreißigjährigen in der DDR hat den Sozialismus nicht als Hoffnung auf das *Andere* erfahren, sondern als deformierte Realität« [20], so trifft dies in seiner allgemeinen Komponente – »*jeder für sich, und Deutschland gegen alle*« [21] – auf beide deutschen Nachkriegsgesellschaften zu: die Erfahrung »eine[r] der schlimmsten deutschen Krankheiten, immer nur einen Sinn für ein Staatswesen und keinen Sinn für ein Gemeinwesen zu haben«. [22] (Der Hinweis auf die Studentenrebellion kann hier genügen.) Ernüchterung und Distanz können sich ›verdoppeln‹, wenn die Biographie jene deutsch-deutschen Spuren aufweist, wie andererseits sich hier eine Empfindlichkeit in Fragen der deutschen Misere finden lassen kann. Es ist keine Stilisierung der eigenen Biographie und ebenso keine Koketterie, von der Suche nach den eigenen ›Kindheitsmustern‹ zu sprechen – diese Suche ist nicht nur auf literarischem Weg zu leisten. – Und doch: Es ist und bleibt das diffizilste Problem.

Als Resümee aus dem bisher Gesagten lassen sich vor allem Gefahren benennen, die einer jeden Arbeit zur Literatur der DDR drohen. Erstes und Hauptproblem ist das der Wertung. Entweder dominieren Aspekte der Wertung so stark, daß der Informations- und analytische Gehalt gering ist. Im Extrem handelt es sich um reine ›Kampfschriften‹. Oder das Problem wird durch ›planetarische Betrachtung‹ so weit zurückgedrängt, daß das Spezifische: die Literatur einer ›halben Nation‹, verlorengeht. Daß es sich dabei nicht um gänzlich unterschiedliche Momente handelt, wird darin erkennbar, daß das jeweils ›positiv‹ Gewertete auffällig ›objektiv‹, ›neutral‹ dargestellt wird. Die Widersprüche sind eingeebnet.

Die skizzierte Problematik erweist sich von großer aktueller Bedeutung, fügt man einige Betrachtungen zur westdeutschen Theaterlandschaft des Frühjahrs 1978 an, schlägt man von hier aus einen Bogen zur Nachkriegszeit und der ersten Hälfte der 50er Jahre.

Zwei Momente sind von Bedeutung: das Thema ›deutsche Geschichte‹ sowie die Reaktion der Kritik. Frappierend zunächst, daß jenes Thema eine Konjunktur erlebte, manifest in einem ›Brasch‹- und einem »›Müller-Boom‹« [23]:

»Nach dem auf die NS-Vergangenheit sich beziehenden Dokumentarstück erschien die nationale Geschichte in keinem Stück mehr als Gegenstand des Leidens, als Thema poetischer Obsession. Sie mutierte vielmehr unter den Wirkungen der Studentenbewegung in die Fragen nach den gesellschaftlichen Verhältnissen, in den Konflikt von Repression und Emanzipation, Kapitalismus und Sozialismus, Status quo und Veränderung, Ordnungsdenken und Widerspruch, der – im Konflikt Filbinger – Peymann – noch sein bestätigendes Nachspiel im Alltag fand.« [24]

Thomas Braschs *Rotter* [25] und Heiner Müllers *Germania Tod in Berlin* [26] betrachteten »Geschichtliches vom Punkt des Leidens an dieser Geschichte.« [27]

Diese Konjunktur läßt sich zu einem großen Teil dadurch erklären, daß – durchaus in einem doppelten Sinn – seit »Brechts Tod [...] das Westdeutsche Theater von ›drüben‹ nie mehr solchen Gewinn« [28] hatte, daß sich nicht nur jüngere Regisseure

»von der größtmöglichen Eigenwilligkeit der Interpretation das Aufsehen [versprechen], das sie voranbringt. [...] Ein Regisseur, scheint es, muß vor allem auffallen, um sich durchzusetzen – und greift dafür tapfer in die private Schatulle der kleinen Einfälle. Noch um die größten Stoffe spielt mancher, wenn nichts anderes zur Hand ist, mit Subjektivitätspfennigen. Es geht um den Ruhm-Topf [...]: um Notorität, Bekanntheit, das ist der höchste Wert.« [29]

Weitere ähnliche Gründe ließen sich finden, zeigte nicht bereits die Reaktion eines der betroffenen Regisseure, daß noch ein weiterer Aspekt von zentraler Bedeutung ist:

»Wem [. . .] wollte man es verdenken, sich ganz privat, introvertiert – ohne Aura – einem Text von Goethe/Schiller/Hölderlin zu nähern – er ist dann wenigstens bei sich selbst, ehrlich, herausfordernd hilflos. [. . .] Still sein. Nur über sich sprechen. Reden über das, was man selber erfahren hat. Das Fremde lesen wie ein Kind es tun würde. – Vielen erscheint das als die im Augenblick aktivste Form des Widerstandes gegen alles, was uns rundum zerstört. [. . .] Wem das nicht genug ist, der muß über die Umstände reden, die solche Haltungen provozieren.« [30]

Wenig früher hatte Thomas Brasch über Maxie Wanders *Guten Morgen, du Schöne* [31] geschrieben: »Was in diesem Buch aber nun zu lesen ist, ist mehr als das ewige Lied von Frauen im Alltag und ihren Schwierigkeiten – es ist der dokumentarische Ausdruck für die Resignation schöpferischer Menschen vor der Geschichte, ihr Verharren im ›überschaubaren Privaten‹ (nicht ihr Rückzug dorthin, der bleibt enttäuschten Idealisten vorbehalten).« [32]

Was so auffällig ist: die Art der Reaktion auf die deutsche Misere und der Ort: das Theater. Die Umstände, ›die solche Haltungen provozieren‹, deutete Peter Palitzsch in einem Interview an:

»Es gibt ein allgemeines Ausweichen und Aufweichen in Scheinprobleme – die wirklichen Probleme, die für den Schreiber des Stückes das auslösende Moment gewesen sind, werden flott weggespielt, es gibt nur noch das Salz in der Suppe statt der Suppe selber.« [33] Und wenig später: »Die Vorschläge, die er [Brecht; d. V.] in den späten theoretischen Schriften macht und die auch in der Arbeit am BE nur ansatzweise in die Tat umgesetzt worden sind, warten noch auf ihre Verwirklichung. Ich fürchte aber, daß dies schon wegen des absolut entpolitisierten Publikums zur Zeit keine Chance hat, nirgends in Deutschland, im Ausland schon eher.« [34]

Erinnerungen an Stationen deutscher (theatraler) Geschichte werden wach. Theater und Dramatik als Reflex der gesellschaftlichen und nationalen Widersprüche in Form des Fluchtpunktes und des Ersatzes.

Signifikant waren die Aufnahme von Heiner Müllers *Germania Tod in Berlin* sowie die Reaktion auf Karge/Langhoffs Doppelinszenierung des *Homburg* und des *Fatzer*-Fragments in der Müllerschen Bearbeitung. Signifikant deshalb, weil hier die Widersprüche deutscher Geschichte in zugespitztester Form formuliert wurden und die Kritik schon von daher gezwungen war, die deutsche Misere zu thematisieren. [35] So wenn Langhoff in einem Interview sagte, der

»eigentlich brutale Vorgang ist der, daß der Prinz weiterleben muß. [. . .] In diesem Schluß ist immer noch eine Verteidigung aller Personen als Menschen vorhanden, ihre Misere, daß also für sie nichts anderes übrigbleibt, nach allem, was geschehen ist, als dieses ›In den Staub mit allen Feinden Brandenburgs‹, keine Möglichkeit anderer Äußerungsformen.« [36]

Bei keinem DDR-Dramatiker der Jahre nach Brecht scheint uns das Werk so stark bestimmt zu sein von der deutschen Misere wie bei Heiner Müller, sind die Konsequenzen so radikal. Als ein Motto findet sich den »Texten 5« vorangestellt: »*Der Terror von dem ich schreibe kommt aus Deutschland*«. [37] *Germania Tod in Berlin* signalisiert bereits im Titel die Problematik. Und in seinen »Notate[n] zu Fatzer« schreibt Müller:

»Was an ›Fatzer‹ wichtig ist, das hängt zusammen mit dem Fragment-Charakter. Da geht es gar nicht um Literatur, da geht es um Geschichte und Politik. Und was wichtig ist, ist der Fragment-Charakter der deutschen Geschichte, der dazu führt, daß so ein Stück, das ganz unmittelbar mit der deutschen Geschichte zu tun hat, Fragment bleibt. Der Fabelansatz von Brecht: vier Leute desertieren aus dem Ersten Weltkrieg, weil sie glauben, die Revolution kommt bald, verstecken sich in der Wohnung des einen, warten auf die Revolution, und die kommt nicht. Und nun sind sie ausgestiegen aus der Gesellschaft. Da es keine besseren, keine expansiven Möglichkeiten gibt für ihre angestauten revolutionären Bedürfnisse, radikalisieren sie sich gegeneinander und negieren sich gegenseitig. Das ist eine große Formulierung einer Situation, die sich in der deutschen Geschichte immer wieder ergeben, immer wiederholt hat. Also die Isolierung der Linken seit den Bauernkriegen. Das ist ein deutsches Thema.« [38]

In Gesprächen: daß »das Thema: Revolution so verdrängt worden sei, daß sogar die Sprache, in der Brecht noch davon handeln konnte, nicht mehr verstanden werde. [Anfügung Idens:] Das ist ja wahr: Es gibt bei uns keine der Sache angemessene Tradition des öffentlichen Diskurses über radikale linke Positionen.« [39]

Die Bestätigung folgte umgehend. »Studenten wurden angeheuert, und mit Scheren bewaffnet, um die anstößigen 15 Seiten aus dem Programmheft [zur Hamburger Doppelinszenierung; d. V.] zu schnippeln.« [40] Bedenkt man, daß diese Inszenierung wie auch die von *Germania Tod in Berlin* in der DDR nicht möglich waren, so wiegen jene Ereignisse um so schwerer. [41]

Es war daher konsequent, daß Heiner Müller in einem Brief zum Thema ›Lehrstück‹ schrieb:

»Stücke werden, heute mehr als 1957, für Theater geschrieben statt für ein Publikum. Ich werde nicht die Daumen drehn, bis eine (revolutionäre) Situation vorbeikommt. Aber Theorie ohne Basis ist nicht mein Metier, ich bin kein Philosoph, der zum Denken keinen Grund braucht, ein Archäologe bin ich auch nicht, und ich denke, daß wir uns vom *Lehrstück* bis zum nächsten Erdbeben verabschieden müssen. Die christliche Endzeit der *Maßnahme* ist abgelaufen, die Geschichte hat den Prozeß auf die Straße vertagt, auch die gelernten Chöre singen nicht mehr, der Humanismus kommt nur noch als Terrorismus vor, der Molotow Cocktail ist das letzte bürgerliche Bildungserlebnis. Was bleibt. Einsame Texte, die auf Geschichte warten. Und das löchrige Gedächtnis, die brüchige Weisheit der Massen, vom Vergessen gleich bedroht. Auf einem Gelände, in dem die *Lehre* so tief vergraben und das außerdem vermint ist, muß man gelegentlich den Kopf in den Sand (Schlamm Stein) stecken, um weiterzusehn. Die Maulwürfe oder der konstruktive Defaitismus.« [42]

Die Radikalität war hier noch nicht zum entscheidenden Punkt vorgetrieben, denn in letzter Folge waren auch Stücke für das Theater nicht mehr möglich:

»Jetzt stehe ich vor dem Nichts und muß etwas Neues finden. Von ›Lohndrücker‹ bis zur ›Hamletmaschine‹ ist alles eine Geschichte, ein langsamer Prozeß von Reduktion. Mit meinem letzten Stück ›Hamletmaschine‹ hat das ein Ende gefunden. Es besteht keine Substanz für einen Dialog mehr, weil es keine Geschichte mehr gibt. Ich muß eine andere Möglichkeit finden, die Probleme der Restaurationsphase darzustellen. [. . .] Ich rede immer nur von dem Staat, an dem ich primär interessiert bin: die DDR. Und da befinden wir uns in einer Zeit der Stagnation, wo die Geschichte auf der Stelle tritt, die Geschichte einen mit ›Sie‹ anredet. Es gilt, eine neue Dramaturgie zu entwickeln oder das Stückeschreiben aufzugeben. Vor dieser Alternative stehe ich. Da weiß ich selbst nicht weiter.« [43]

Die *Hamletmaschine* zu inszenieren scheiterte. Ein Schauspieler hatte schon vorher gesagt:

»Die einzige fruchtbare Infragestellung, die dieses Stück erreichen könnte, wäre für mich, daß es nicht gespielt wird, daß einer aus dem Theater austritt, daß es Schwierigkeiten gibt mit der Direktion. Das ist wirklich das einzige. Aber wenn dieses Stück zur Aufführung kommt, ist es schon verloren, hat es verloren, mit der Premiere ist die Niederlage klar.« [44]

Die Reaktion der Kritiker war vehement. »Um zu ahnen, aus welcher Richtung die Angriffe gegen Storch (und Nagel) [wegen des genannten Programmhefts; d. V.] kommen, muß man nur sehen, wie schnell auch in Westdeutschland ›ausgebürgert‹ wird: ›Welt‹ und ›Abendblatt‹ stellten den Bundesbürger [Wolfgang] Storch, der Lektor bei Suhrkamp war und an der FU lehrt, als ›Ostberliner‹ oder ›DDR-Autor‹ vor, die ›Morgenpost‹ will da nicht zurückstehen und lügt ihren Lesern vor, der ›DDR(!)-Literat Heiner Müller‹ (das! ist Original-›Morgenpost‹) habe das Programmheft ›zusammengestellt‹.« [45] Folglich konnten Karge/Langhoff in einem Interview anmerken:

»Begriffen hat unser Konzept merkbar die Springer-Presse, die deshalb auch vor Wut schäumte. Es ist aber nicht verwunderlich, daß unser Blick auf Geschichte und Wirklichkeit in einem Land wie der Bundesrepublik nicht auf einhellige Zustimmung stößt, sondern zwischen Unverständnis und Verärgerung, zwischen Neugier und Befremdetsein sich bewegt.« [46]

Verfolgt man die Reaktionen im einzelnen, so glaubt man sich in die Zeit des ›kalten Krieges‹ zurückversetzt. Ganz offensichtlich war eine Tabuzone angerührt, ein Verdrängungsprozeß thematisiert worden. So heißt es in Günter Zehms »Kartoffelchips der Feinde Brandenburgs«: ›Von Anfang an war klar, daß hier die Feinde Brandenburgs am Werke waren, daß hier ein Preußenhaß wütete, wie er nicht einmal nach 1945 von den Alliierten gepflegt worden ist.« Die *Fatzer*-Fragmente seien das »Schwächste«, was Brecht »je zu Papier gebracht hat«. [47]

Rudolf Krämer-Badonis *Germania Tod in Berlin*-Kritik »Wenn der Agitprop kannibalisch wird« weist Sentenzen auf wie »Wir haben also ein waschechtes kommunistisches Stück vor uns, eine Art kulinarischen Agitprop, wenn auch kannibalisch-kulinarisch« und: »In Wirklichkeit ist dieses Stück ein dünnes, armes Ding, das von ein bißchen Kommunismus auf seinen Kordelbeinchen gehalten wird.« [48]

Bei Georg Hensel heißt es: »Heiner Müller feiert hier die russischen Panzer und denunziert die Aufständischen als Mörder. [...] Heiner Müller feiert die Gründung der DDR und den Helden der Arbeit in der Stalinallee. Er hat die linientreue Parteiansicht vom 17. Juni dramatisiert: die SED-Legende fürs DDR-Lesebuch. Er hält die Bundesrepublik für eine Ausgeburt des Faschismus. Er feiert die Hoffnung auf rote Fahnen im Ruhrgebiet. Er beschwichtigt jegliche Kritik an der sozialistischen Praxis in der DDR mit relativierenden szenischen Hinweisen auf schlimme Zeiten in der Vergangenheit. Wer mit Müllers Augen die Zustände ›vorher‹ gesehen hat, der muß den Zustand ›nachher‹ in der DDR grundsätzlich rühmen.« [49]

Als Müller im Sommer 1979 den Mülheimer Dramatikerpreis erhielt, schrieb der gleiche Kritiker: »Wer bei Müller dem Streikaufruf folgt, der ist ehemaliger Nazi, Militarist oder ein vom RIAS aufgehetzter Reaktionär – es ist die SED-Legende fürs DDR-Lesebuch. Bei Müller ist die Bundesrepublik in Gestalt eines weißgewaschenen Wolfs eine Ausgeburt des von Hitler geschwängerten Goebbels. Ein bayerischer Dorfdepp stammelt dazu: ›Freiheit, Demokratie, Abendland‹. Müller feiert die Hoffnung auf rote Fahnen ›über Rhein und Ruhr‹, wo auch Mülheim liegt, und er beschwichtigt jegliche Kritik an der sozialistischen Praxis der DDR mit relativierenden szenischen Hinweisen auf schlimmere Zeiten in der Vergangenheit. Die Entscheidung der Jury war eine Entscheidung zwischen dem höchst kritischen Bild, das Botho Strauss in seinem Stück ›Groß und klein‹ von der Bundesrepublik gibt, und dem propagandistisch verfälschenden Bild, das Heiner Müller von der Vergangenheit der Bundesrepublik und der DDR zeichnet.« [50]

Als die FAZ Müllers Mülheimer Rede abdruckte, kürzte sie den Mülheim-Passus weg: »Seit dem *Rundgang des Fazzers durch die Stadt Mülheim*, der in bösen Sätzen den Zusammenhang von Krieg und Geschäft reflektiert, hat sich an den Eigentumsverhältnissen in Mülheim wohl nicht viel geändert. Der Dramatikerpreis ist insofern etwas wie ein Ablaß.« [51]

Wie die zitierten Wendungen aus Krämer-Badonis und Zehms Kritiken bereits andeuteten, basierte der totale Verriß auf zweierlei. Das offen weltanschauliche ›Argument‹ wurde ergänzt durch ein ästhetisches. Um noch einmal Zehm zu zitieren:

»Die Intention des Stückes ist um volle 180 Grad verdreht worden. So etwas ist zwar infam, doch es könnte immerhin theatralische Wirkung machen – wenn, ja wenn die Umfunktionierer mehr künstlerische Kraft hätten. [...] Aber zu [...] ›großen Lösungen‹ sind die Ost-Berliner denn doch wieder zu ängstlich (oder zu unbegabt).« »Laienspiel!« [52]

Dieser Aspekt dominierte in anderen Kritiken ganz. »Dialektisches Kunstgewerbe.« [53] (Benjamin Henrichs) Bei *Germania Tod in Berlin* rief vor allem der Schluß, der Traum des Maurers Hilse, entsprechende Reaktionen hervor. Müllers

»Ausblick auf ein kommunistisches Gesamtdeutschland und sein seniler Rosa Luxemburg-Traum aus dem Munde des altkommunistischen Maurers Hilse [...] geben dem bis dahin so harten und konsequent kritischen Bilderbogen am Schluß jedoch ein bedenkliches Maß an unfreiwilliger Komik. Als hätte sich die Courths-Mahler ins Marxismus-Leninismus-Milieu verirrt.«

Bereits vorher war die Rede von »geradezu polit-kitschig verklärte[r] Prophetie eines sterbenden Altkommunisten« [54] gewesen. Und selbst der um Sachlichkeit bemühte Peter Iden urteilte: »daß Müller da geradewegs ins sozialistische Rührstück gerutscht ist«. [55]

Ernst Wendt, dem Regisseur der *Germania Tod in Berlin*-Uraufführung, blieb es vorbehalten, auf den zentralen Aspekt solcher Figuren wie Hilse hinzuweisen. Er gab damit indirekt eine Erklärung dafür, *wie* die Reaktion der meisten Kritiker zu verstehen war:

»Müller nimmt in solchen Figuren, die vor der gesellschaftlichen Verwirklichung ihrer Träume untergehen oder sterben – manchmal auch fürs Träumen eingesperrt oder erschossen werden –, eine Zukunft poetisch vorweg, von der er wissen wird, daß auch er sie nicht anders als allenfalls im Kunstwerk erleben wird. Mag sein, daß Müller solche Entwürfe von Hoffnung und Idealität – selbst um den Preis, daß sie vielleicht das Kitschlge streifen – immer wieder sich abtrotzt, um den blutigen Schoß, in den er hineinstarrt, noch aushalten zu können.« »Müller trägt sie in sich selber, das heißt in seinem Werk aus: die deutsche Zerrissenheit. Seine Stücke handeln von den Menschen, die zu keiner Identität finden – außer in den Träumen und in der Selbstvernichtung, beide Male außerhalb der Welt. [...] In Rosa Luxemburgs verwester Leiche [...] symbolisiert sich für Heiner Müller der Untergang einer Hoffnung, in der die Deutschen die Freiheit, verschieden zu denken und dennoch miteinander zu leben, hätten realisieren können. Sein Haß und seine Trauer berufen sich auf diesen Tod in Berlin.« [56]

Wie *Germania Tod in Berlin*, so hatten auch die Kritiken ihr Pendant: Thomas Braschs *Rotter* und die Uraufführungskritiken. Natürlich kann hier nicht auf den Charakter beider Stücke eingegangen werden, ebensowenig auf Braschs Worte »Kein Stück über Geschichte, aber eins über meinen Blick auf Geschichte« [57] und »Biographie als Arbeitsfeld für Geschichte und Bühne« [58]. Verwiesen werden kann hier nur auf »Tagebuch«, das den Band *Rotter Und weiter* einleitet, einziges Dokument für die »deutsche Zerrissenheit«.

Auffällig in den Kritiken war, daß die deutsche Misere nicht als historisches Produkt genommen wurde, glaubte man doch, in Rotter ein ›deutsches Wesen‹ personifiziert zu sehen.

»Rotter und Lackner, vorgeführt als zwei Möglichkeiten gesellschaftlicher Wirklichkeitsverfehlungen, der blindlings aktivistischen, der vorsätzlich und engagementlos kritizistischen: zwei Spielarten der gleichen Mentalität, die zwei Seiten des deutschen Wesens, das die Realität in ihren Widersprüchen nicht akzeptiert, sondern sie ordnen oder, weil sie so unvollkommen ist, zynisch destruieren will.« [59]

So Günther Schloz in der ›Deutschen Zeitung‹. Fast wörtlich identisch Benjamin Henrichs:

»Rotter und Lackner, zwei Prototypen des Deutschseins: der schwache, schwärmerische, sich erst in der Masse und im Kollektiv heimisch fühlende Streber, und der geniale, zumindest geniespielende Verweigerer. Rotter, der in Politik und Macht jene Rauschzustände sucht, die ihm in seinem dahinkümmernden Sexualleben verweigert sind. Und Lackner, der sein (angeblich rauschhaftes) Sinnenleben zum Vorwand nimmt, Politik und Macht zu ignorieren.« [60]

Oder Rotter gar als Faust: »Dieser Rotter ist nicht nur einer, der immer mitmacht und sozusagen funktioniert, er trägt auch ein unbestimmtes Gefühl nach Harmonie und Erlösung mit sich herum: einem Faust modern verwandt, der sich gleichsam ›in seinem dunkeln Drange‹ des rechten Weges nicht bewußt ist.« [61] Wegdiskutiert waren nicht nur das historische Material und der Stoff, auf dem *Rotter* basiert. [62] Gar nicht erst ins Blickfeld geriet eine Traditionslinie, die bei Müller als auch bei Brasch vorfindbar ist. Allem Gerede von der »Antiquiertheit und Vorgestrigkeit des Dramatikers Brecht« [63] zum Trotz: die Linie *Germania Tod in Berlin – Rotter* beginnt mit *Garbe/Büsching*, Brechts nie ausgeführtem Stück über den Aktivisten Hans Garbe, den 17. Juni, die deutsche Misere. Was dort noch als Hoffnung formuliert war – »9 Die Geschichte seines Schülers. Flucht nach dem Westen. / 10 Die Russen retten die Fabrik. Garbe stirbt. / 11 Der Schüler kommt zurück. Zu spät. Für jetzt, aber nicht für immer.« [64] –, wird in *Germania Tod in Berlin* und *Rotter* destruiert. Es ergibt sich die Folge *Garbe/Büsching*-Fragment, *Germania Tod in Berlin*, *Rotter*.

Sowohl bei Müller als auch bei Brasch muß diese Linie nicht erst begründet werden. In *Germania Tod in Berlin* findet sich die Selbstzitation des *Lohndrücker*, Hilse umfaßt nicht nur die Tradition des alten Hilse in Hauptmanns *Webern*, sondern auch die des *Garbe/Büsching*. [65] Zu Thomas Brasch mag hier der Hinweis genügen, daß er einige Zeit Mitarbeiter des Brecht-Archivs war.

Die von Müller und Brasch thematisierte Problematik findet sich bereits in allen zentralen Momenten bei Brecht. Schon in den Vorstudien äußerte Brecht die Ansicht, man könne kein Drama, keinen Roman oder keine Novelle über Garbes Methode schreiben, wenn man nichts über einen Punkt sage – und hier wendet sich Brecht direkt an Garbe –, über den er bisher kein Wort gesagt habe: ein Punkt, wo 1945 ein Moment sei, wo er einsehe, daß jetzt alles eigentlich anders sein müßte als vorher, denn er habe so gehandelt, er habe es selber erzählt, daß ihm gar nichts daran gelegen habe, Arbeiten zu sabotieren unter den Nazis. Brecht: Du verstehst. Und weiter: »Ist da gar nichts gewesen, daß irgendwann ein Augenblick kam, wo du das Gefühl hattest, es geht wirklich eine neue Zeit an, prinzipiell? Alle anderen Arbeiter [...] haben es doch wirklich nicht gesehen.« [66]

Im nach den Ereignissen des 17. Juni skizzierten Vorwort zu *Turandot* verschärft Brecht die Problematik, indem er schreibt, es sei, zumal im Chaos eines verlorenen Krieges, in einem hochzivilisierten Gemeinwesen mit hochgradiger Arbeitsteilung unmöglich, auf einen Staatsapparat zu verzichten, aber schwierig, einen neuen aufzubauen, unter neuen Befehlshabern habe sich also der Naziapparat wieder in Bewegung gesetzt. Ein solcher Apparat könne durch Kontrolle von oben nicht mit neuem Geist erfüllt werden, er benötige Kontrolle von unten, unüberzeugt, aber feige, feindlich, aber sich duckend, hätten verknöcherte Beamte wieder gegen die Bevölkerung zu regieren begonnen. [67]

Brechts Agitpropkonzeption ›Agitprop darf Mißstände nicht angreifen, sondern muß sie töten‹, vehement diskutiert 1955/56, knüpft dann direkt an Marx' Kampf gegen den deutschen Anachronismus an: [68] »Krieg den deutschen Zuständen! Allerdings! Sie stehen *unter dem Niveau der Geschichte*, sie sind *unter aller Kritik*, aber sie bleiben ein Gegenstand der Kritik, wie der Verbrecher, der unter dem Niveau der Humanität steht, ein Gegenstand des *Scharfrichters* bleibt. Mit ihnen im Kampf ist die Kritik keine Leidenschaft des Kopfs, sie ist der Kopf der Leidenschaft. Sie ist kein anatomisches Messer, sie ist eine Waffe. Ihr Gegenstand ist ihr *Feind*, den sie nicht widerlegen, sondern *vernichten* will.« [69]

II

Die Darstellung zum Thema ›deutsche Geschichte‹ schien uns aus mehreren Gründen erforderlich. Zum einen läßt sich demonstrieren, daß sich die historische *Grund*konstellation nicht verändert hat. Andererseits läßt sich der Endpunkt einer Entwicklung skizzieren: die Desillusionierung und Ernüchterung in der gegenwärtigen DDR-Literatur. Es ist die dritte Phase, die denen der sogenannten Aufbau- und Ankunftsliteratur folgte. Als repräsentativ mag hier die Biographie Christa Wolfs genannt werden, um nicht erneut die Linie Garbe/Büsching – Hilse [70] – Rotter zu nennen. Verändert hat sich in diesem Doppeldeutschland nur der Blick auf Geschichte, nicht die Geschichte selbst.

Zum anderen kann gerade am Beispiel der Literaturkritik, die aufgrund ihrer Tagesaktualität von Anfang an die Rezeptionsmuster für die Aufnahme von DDR-Literatur in der Bundesrepublik lieferte, gezeigt werden, daß sich an den ›klassischen‹ Rezeptionsmustern ›Antikommunismus‹ und ›Ästhetizismus‹, geht es um jene Grundkonstellation [71], nichts geändert hat. Ein anachronistischer Tatbestand, ist doch inzwischen längst die Frage gestellt, ob der DDR-Gesellschaft das Attribut ›sozialistisch‹ zukomme, wird Heiner Müller zu den bedeutendsten deutschsprachigen zeitgenössischen Dramatikern gezählt.

Anders als im Bereich der Forschung gibt es in der Literaturkritik, allgemeiner: Publizistik kaum Versuche, die traditionellen Rezeptionsvorhaben in Frage zu stellen. Zum Bereich der Forschung ist jedoch sofort anzumerken, daß ihm im Rezeptionskontext keine zentrale Bedeutung zukommt, auch hier dominieren jene Muster, und sei es in ihrer bloßen Negation. Mit anderen Worten: Auf eine genauere Besprechung einzelner Darstellungen kann zunächst nicht nur aus dem Grund verzichtet werden, weil es inzwischen einige Untersuchungen zum Thema ›Rezeption von DDR-Literatur in der Bundesrepublik‹ gibt [72], sondern vor allem deshalb, weil sich die dominanten Muster lediglich in ihrer jeweiligen Entfaltung unterscheiden und die Applikation in der Literaturkritik sie prägnanter hervortreten läßt.

Der skizzierte Prozeß der Desillusionierung provoziert die Frage, *warum* jenes von Müller genannte *Andere* von dem anderen ›halben Deutschland‹ nicht eingelöst worden ist. Nur ein Zurück-zu-den-Anfängen, ein prinzipielles Infragestellen des Tradierten können die Beantwortung dieser Frage erleichtern. Wenn noch in den 70er Jahren jene Rezeptionsmuster im zentralen Bereich dominierend sind, wie erst mußte sich diese Dominanz in früheren Jahren und dann noch beim Gegenstand ›frühe DDR-Literatur‹ auswirken? Wenn also der Versuch eines Neuansatzes unternommen werden sollte, so konnte dies zunächst nur für die ersten Jahre der DDR legitim sein. Begründet ist damit auch die zeitliche Eingrenzung 1949–1956. 1949 konstituierten sich beide deutschen Staaten, 1956 leitete der XX. Parteitag der KPdSU eine Wende in der internationalen kommunistischen Bewegung ein. Wenn Hoffnung auf das *Andere* manifest geworden war, so mußte dies in jenen Jahren erfolgt sein.

Diese Begründung erfuhr im Gang der Untersuchung eine zusätzliche Stützung aus der DDR selbst, machte doch die Kritik an den von Walter Ulbrichts Theorie der ›sozialistischen Menschengemeinschaft‹ bestimmten Jahren eine neue Traditionsziehung erforderlich. Für die DDR konnte dies nur bedeuten: Zurück zu den Anfängen! Daß die eingangs genannten Ergänzungen zur »Geschichte der Literatur der DDR« zum Großteil die Frühzeit der DDR betreffen, hat hier seine wesentliche Ursache, wie auch die Berufung auf Brecht.

Ausgangspunkt war ein widersprüchlicher Befund. Zum einen wurden die Darstellungen zur frühen DDR-Literatur, speziell der sogenannten Aufbauliteratur, unabhängig von der konkreten Wertung von der These bestimmt, bei dieser Literatur handele es sich um Literatur des sozialistischen Realismus: »Wie die weitere Entwicklung zeigt, konnte sich die Linie der kämpferischen sozialistischen Literatur nicht durchsetzen, die in der DDR durch den Aufbauroman ihre erste bedeutende Verwirklichung gefunden hatte.«[73]

Letzeres deutet drei weitere zentrale Momente an. Gegenstand der Explikation jener These sind fast ausschließlich die ›Betriebs‹- und ›LPG‹-Romane namentlich der Jahre 1951–1953. Darüber hinaus werden diese Romane zumeist einer bestimmten Traditionslinie eingefügt:

»Die Poetik des Bitterfelder Romans war von vornherein scharf polemisch gerichtet gegen den Roman der sog. Aufbauphase in der DDR, der, in Anknüpfung an proletarische Traditionen im Bund proletarisch-revolutionäre Schriftsteller, die Arbeitswelt auf der Baustelle, im Industriewerk oder in der Landwirtschaft zum Gegenstand hatte.« [74]

Ähnlich die »Geschichte der Literatur der DDR«:

»Bei ihrer Gestaltung konnte die Prosaliteratur sowohl an das Erbe der proletarisch-revolutionären und sozialistischen deutschen Literatur der Vergangenheit als auch an bedeutende Werke der sowjetischen Literatur, die zuerst die Stellung der Arbeiterklasse und aller Werktätigen in einer sich befreienden Gesellschaft dargestellt hatte, anknüpfen.« [75]

Und schließlich fügt sich die These an, die Aufbau-Romane seien repräsentativ für die frühe DDR-Literatur. In Barbara Einhorns Untersuchung »Der Roman in der DDR 1949–1969« heißt es einleitend im Kapitel »Vom schweren Anfang«: »Die zwei Romane, die in diesem Kapitel untersucht werden [Erwin Strittmatter: Tinko. Berlin 1954, Eduard Claudius: Menschen an unsrer Seite. Berlin 1951; d. V.], sind für die Romane, die in den ersten Jahren nach der Begründung der DDR herausgegeben wurden, repräsentativ.« [76]

Diesen Thesen stand zunächst gegenüber, daß die gleichen Untersuchungen von der thematischen Ebene ›Produktionsbereich‹ ausgingen und Probleme der Darstellungstechnik aussparten. Auffällig vor allem, daß ein thematisches Pendant ›Privatbereich‹, eine durchgängig präsente Liebesthematik und eine entsprechende Konfiguration (›Liebe im Dreieck‹) in den Untersuchungen nicht Gegenstand der Analyse wurden.

Als zentralstes Folgeproblem des Hauptproblems ›Wertung‹ erwies sich jedoch die Basis, von der aus geurteilt wurde. Die exzessive ›Diskussion‹ der Wertungsproblematik hatte ihre eigene Logik entfaltet, der eigentlich zu behandelnde Gegenstand spielte nur noch eine nebengeordnete Rolle.

Erst vor diesem Hintergrund sind Urteile wie die genannten erklärbar. Wenn es in einer voluminösen Literaturgeschichte heißt, erstaunlich »bleibt, wie viele Arbeiter sich ermuntert fühlten, aufzuschreiben, was sie an Neuem sahen« [77], so wird in diesem Detail das ganze Dilemma evident. Solche Urteile sind nur auf dem Boden des Tradierten möglich. Denn auffällig gerade an der frühen DDR-Literatur ist, daß nur ganz wenige Arbeiter zur Feder griffen. Wie sonst ließe sich der Umstand erklären, daß ein so traditionsträchtiges Genre wie die Arbeiterautobiographie in den frühen Jahren der DDR nicht nur kaum nachweisbar ist, sondern geradezu als ›proletkultverdächtiges‹ Genre verpönt war?

Sollte das geplante literaturgeschichtliche Projekt ›frühe DDR-Prosa‹ nicht selbst einen weiteren Beitrag zur Fortschreibung des Tradierten leisten und damit einen erneuten ›Wertungsbeitrag‹, so mußte der Versuch unternommen werden, die vorliegende Sekundärliteratur zunächst nur als ein Hilfsmittel unter zahlreichen anderen einzuordnen. Es galt, so viel an authentischem Material wie nur irgend möglich zusammenzutragen. [78] Der aleatorische Charakter der Materialstudien kam auf dieser Stufe u. a. darin zum Ausdruck, daß Antiquariatskatalogen die gleiche Bedeutung wie Bibliographien u. ä. beigemessen werden mußte. [79]

Erst als eine auch andere Komplexe umfassende Materialbasis geschaffen war, konnte die analytische Tätigkeit einsetzen. Dies schloß gerade bei diesem Gegenstand die Gefahr ein, daß das ursprünglich intendierte Projekt nicht verwirklicht werden konnte oder doch entscheidend zu modifizieren war.

Die Notwendigkeit einer möglichst breiten Materialbasis bestand auch darin, daß das Wertungsproblem weiterhin als Hauptproblem bestehen blieb und auch bei der angestrebten Untersuchung deutliche Wertungen nicht zu umgehen waren, und sei es in der Form der besonders starken Betonung bisher wenig beachteter Entwicklungen. Die Materialbasis selbst sollte für den Leser und die weitere Forschung ein Korrektiv bilden, soweit möglich sollte das dargebotene Material die Überprüfung der formulierten Thesen erleichtern.

Allgemein galt also, die historischen, politischen und literaturtheoretischen Probleme der Zeit erneut aufzurollen. Schon im ersten Stadium des Materialstudiums war andererseits jedoch von zentraler Bedeutung, sich methodisch Bezugspunkte zu schaffen. Gleichsam als Kronzeuge des gesamten Projekts konnte auf Brechts Äußerungen zu einer kämpferisch-realistischen Literatur sowie zur allgemein-politischen Konstellation jener Zeit verwiesen werden, unterstützt durch das Studium nicht veröffentlichter Texte aus dem Nachlaß. Der generelle Bezug auf Brecht (und ihm verwandter Autoren wie Tretjakow) ermöglichte nicht nur, sich genuiner marxistischer Anschauungen zu versichern. Er erlaubte zum einen, die materiellen Produktionsbedingungen der Schriftsteller sowie die Rezeptionsbedingungen zu reflektieren. Zum anderen verhinderte er eine »naiv-historisch[e]« [80] Lektüre. Ein entscheidender methodischer Mangel bisheriger Darstellungen lag ja gerade darin, daß sie nahezu ausschließlich die thematische Ebene untersuchten, und hier wiederum nur bestimmte Teilbereiche wie Produktionsthematik o. ä. Das Ensemble der verschiedenen Darstellungsebenen geriet so nicht ins Blickfeld.

Folglich blieb die Frage, welche Ebene jeweils dominierte, nicht nur unbeantwortet – sie wurde erst gar nicht gestellt. Von welch großer Bedeutung die tektonische Ebene (Aufbau, Konfiguration etc.) war, sei kurz demonstriert. Wenn als »freventliche Tat gegen die Komposition« gewertet wurde, »in ein und demselben Roman die zentrale aus- und einzuwechseln«, und entgegengehalten wurde, die »Bedeutung der zentralen Hauptgestalt liegt [...] darin, daß mit ihr ein zentralisierendes, zusammenschließendes Moment ausgelöst wird (oder ausgelöst werden kann), mit dessen Hilfe eine einheitliche, in sich geschlossene und ausschöpfende Darstellung der Thematik zustande kommen soll« [81], so wird sofort evident, daß diese Ebene selbst als zentraler Bedeutungsträger anzusehen ist. Denn die Zentrierung auf eine Hauptgestalt und die ›geschlossene Form‹ provozieren unvermeidlich die Frage nach dem Ideologem vom Individuum und die Frage, wie denn eine dialektische Bewegung sich auf jene Weise überhaupt darstellen lasse, kurz: ob eine solche Darstellung sich nicht lediglich bestimmter thematischer Versatzstücke bediene, die tektonische Ebene somit von wesentlich größerer Bedeutung sei. Um ein besonders krasses Beispiel zu wählen: Wenn in einem Roman zum 17. Juni eine ›Dreiecks‹-Geschichte die Gesamthandlung strukturiert, so erweist sich die Frage, welche Ebene die dominante sei, als rhetorische Frage.

Um das Ergebnis vorwegzunehmen: Es erwies sich sehr bald, daß das Projekt in seiner ursprünglichen Konzeption nicht durchführbar war. Zahlreiche komplexe Entwicklungen und auch Texte hatten nur marginale, im Extremfall keine Beachtung gefunden, mußten also aufgearbeitet werden. [82] Darüber hinaus war es unumgänglich, den späten Brecht selbst zum Gegenstand ausführlicher Darstellung zu machen.

Unvermeidlich war eine Zweiteilung des Projektes. Die anfänglich in Form einer Ausführlichen Einleitung geplante Darstellung der materiellen und ideellen Rahmenbedingungen mußte selbst zum Hauptgegenstand der *Darstellung* gemacht werden. Die Analyse des anderen Teils – die der frühen DDR-Prosa – mußte in jene einfließen, konnte aber unter den gegebenen Bedingungen selbst nicht ausgeführt werden. Dies sei anhand der wichtigsten Befunde kurz dargelegt.

Die extensiven und intensiven Materialstudien zum Thema ›frühe DDR-Prosa‹ hatten zum Resultat, daß die bisher vertretene These, die Aufbauromane seien repräsentativ für die frühe DDR-Prosa, nicht mehr aufrecht erhalten werden kann. Ebenso nicht die Folgethese, bei den Aufbauromanen handele es sich um kämpferisch-realistische, in der Tradition des BPRS stehende Literatur. Repräsentativ war, auch und vor allem im quantitativen Sinn, eine Literatur, die als ›neue Unterhaltungsliteratur‹ bezeichnet wurde und deren Grundmuster auch die Aufbauromane eindeutig dominierten. Vollends bestätigt wurde dieser Befund durch die Analyse der Rezensionen, Kritiken und Besprechungen. Auch hier herrschten die Befürworter einer ›neuen Unterhaltungsliteratur‹ vor.

Dieser Befund hätte eine umfangreiche Darstellung wie auch eine Auseinandersetzung mit vorliegenden Studien notwendig gemacht, in erster Linie mit den Vertretern der These, in der Aufbauliteratur manifestiere sich eine ›proletarische Linie‹. Denn darzustellen sind neben der Aufbauprosa (die bereits genannten Romane und Reportagen vor allem) in erster Linie die ›Unterhaltungstexte‹ mit ›fortschrittlicher Thematik‹. [83]

Weiter deren konkrete Vermittlung durch die Literaturkritik, wobei zusätzlich nach Publikationsorganen und Wirkungsbereichen zu unterscheiden ist. Denn es machte im Einzelfall einen Unterschied, ob ein Roman im ›Börsenblatt für den Deutschen Buchhandel‹ oder in ›Der Volksbetrieb‹ rezensiert worden war. Auch war gegebenenfalls eine sowjetische Vorlage zu berücksichtigen. Da sich nicht nur Betriebsromane oder Reportagen auf eine konkret nachweisbare Betriebs- oder LPG-Wirklichkeit bezogen, war unter thematischem Aspekt eine Kurzanalyse, soweit überhaupt noch möglich, unerläßlich. Die Materialstudien mußten hier ins Detail gehen, stießen aber aus politischen Gründen sehr schnell an ihre Grenze. [84] Die Betriebswirklichkeit gehört in der DDR noch immer zu den brisantesten Bereichen überhaupt. Selbst DDR-Autoren wird nur in seltenen Fällen Zugang zu Betriebsarchiven gestattet, zumal wenn es sich um den Zeitraum 1953 handelt. Urteile wie zu Karl Mundstocks Roman *Helle Nächte* (Halle/S 1952): dem Autor sei es gelungen, »einen typischen Ausschnitt der gesellschaftlichen Realität in einem wirkungsvollen literarischen Abbild festzuhalten« [85], sollten, sieht man einmal vom ›Wie‹ der Darstellung ab, nicht mehr möglich sein, beziehen sie doch nicht einen Vergleich des Dargestellten mit der realen Betriebswirklichkeit ein. Auch hier mag ein Beispiel nützlicher als allgemeine Bemerkungen sein:

»Wichtig in unserem Zusammenhang [Selbstaufrichten der Klasse; d. V.] ist, daß Claudius in *Menschen an unsrer* Seite Aehre (so heißt Garbe im Roman) über den Parteisekretär ›geraderücken‹ läßt. Der Parteisekretär wirft Aehre ›Partisanenmanier‹ vor: ›Wir haben einen geordneten Staat, eine geordnete Wirtschaftsleitung, aber du willst dich über all das hinwegsetzen wie über einen Zaun‹ (Leipzig, 3. Aufl. 1969, S. 236). Das hier vorausgegangene Ereignis geht auf einen wirklichen Vorgang bei *Siemens-Plania* zurück – nur mit dem kleinen Unterschied, daß sich dieser Vorgang völlig anders abspielte als im Roman. Der sowjetische Generaldirektor unterstützte Garbes ›Partisanen-

manier‹, während der (später abgesetzte) Parteisekretär Garbes Arbeit ignorierte und z. T. sabotier-
te.« [86]

Die hier skizzierten Probleme waren an repräsentativen und schon von der Thematik her
bedeutsamen Komplexen zu explizieren. Die konkreten Beispiele wurden jedoch erst im
Verlauf der Materialstudien ermittelt, die Sekundärliteratur gab nahezu keine Hilfestellung. Zwei Stoff-Komplexe waren es vor allem, die geradezu prädestiniert waren: der
17. Juni 1953 und die Aktivisten. Es stellte sich heraus, daß es bereits – gemessen an den
historischen Umständen – in den Jahren 1953–1956 eine relativ umfangreiche Literatur
zum Thema ›17. Juni‹ gegeben hatte. So den bereits erwähnten ›Tauwetterroman‹, einen
Roman aus dem Jahr 1956, weitere, allerdings unveröffentlichte Romane sowie zahlreiche publizistische Äußerungen von Schriftstellern. Allein dieser Komplex hätte eine gesonderte und auch spätere Bearbeitungen einschließende Darstellung gerechtfertigt. [87]
    Von größter Bedeutung erwiesen sich die zahlreichen Bearbeitungen eines Aktivisten-
stoffes: der Geschichte des Aktivisten Hans Garbe, auf die bereits verschiedentlich Bezug
genommen wurde. Es handelt sich u. W. um den einzigen DDR-Gegenwartsstoff, der in
allen drei klassischen Gattungen sowie verschiedenen Genres erprobt worden ist. Die
Hauptbedeutung dieser verschiedenen Bearbeitungen liegt darin, daß sich an *einem* Ge-
genwartsstoff diametral entgegengesetzte Darstellungsweisen demonstrieren lassen,
nicht nur auf gleicher Gattungsebene, sondern auch im Gattungsvergleich und im Vergleich der Genres verschiedener Gattungen. Pointiert formuliert: Gerade der Text, der
Elemente einer kämpferisch-realistischen Tradition, so des Bio-Interviews, aufwies und
sich deutlich von anderen DDR-Prosatexten der Zeit unterschied [88], ist nicht analysiert
worden: Käthe Rülickes Bio-Interview »Hans Garbe erzählt« (Berlin 1952).
    Dieser Text macht zweierlei evident. Erstens, daß die

»Autobiographie [. . .] – im weitesten Sinne gewiß – die objektiv beste Form [ist], neue Sujets dann
für die Literatur zu erobern, wenn die Klassenerfahrungen noch nicht allseitig und repräsentativ literarisch fixiert worden sind, wenn sich der proletarische Schriftsteller in einem mühseligen individuellen Vorgang die Tradition selber schaffen muß.« [89]

Zweitens, um noch einmal Geerdts zu zitieren, daß noch immer gilt: »Nicht nur für das
Theater, auch für den Roman hat Bert Brechts Schöpfertum mehr Bedeutung, als das viele
von uns heute schon wissen.« [90] Ausgehend von Rülickes kleinem Text und ihren Gesprächen mit Brecht über Fragen des Romans sowie früheren Äußerungen Brechts zu einer Theorie des ›aristotelischen‹ Romans [91] läßt sich ein ausführlicher theoretischer und
gleichzeitig immer konkret operierender Beitrag zur Gattungsproblematik ›Roman‹ formulieren. Für die frühe DDR-Prosa mit dem Roman im Zentrum ist nichts besser und
treffender geeignet, die Sache und ihre Entwicklung vorläufig auf den Begriff zu bringen,
als Brechts Formulierung vom ›aristotelischen‹ Roman. [91a] Diese Darstellung hätte jedoch vollends den Rahmen unserer Untersuchung gesprengt.
    Darüber hinaus erlaubt der Garbe-Stoff-Komplex, so war der Befund, die Darstellung
aller Zentralmomente der ersten Entwicklungsphase der DDR, an erster Stelle Brechts
Garbe/Büsching-Projekt. Dieses Projekt kann als frühester großer Versuch eines ›Natio-
naldramas‹ unter neuen Verhältnissen gewertet werden. Die deutsche Misere wird thema-

tisiert, bedeutsam ist vor allem die formulierte Lösung: Mobilisierung der Weisheit der Massen. Letzteres fällt in die Zeit von Brechts intensiver Beschäftigung mit Mao Tsetungs *Über den Widerspruch* und den Versuchen, die Agitprop-Tradition wieder zu beleben. Damit sind jedoch die Generalthemen des späten Brecht überhaupt genannt. Dem *Garbe/Büsching* kommt somit nicht nur zentrale Bedeutung für die frühe DDR-Literatur zu, sondern für Brecht selbst. Es ließ sich also ein Beitrag zu dem aktuellen Problem liefern, ob Brecht wirklich so ›überholt‹ sei.

Mit dem Garbe-Stoff war der Hauptkomplex gefunden. Ihm kommt sowohl für die Frühphase als auch für die weitere Entwicklung der Literatur der DDR exemplarische Bedeutung zu. Denn anhand dieses Komplexes lassen sich in paradigmatischer Weise die beiden Wege aufweisen, die sich historisch eröffneten. Der kämpferisch-realistische führte via ›Aufspaltung‹ des Publikums zur Mobilisierung, in der Tendenz zur Aufhebung des Widerspruchs von Kunstproduzenten und -konsumenten in Form des politischen und ästhetischen Experiments, konkret etwa des Lehrstücks und der Agitprop. Kurz: Kunst und Literatur als eine der Weisen der sozialen und kulturellen Umwälzung.

Die andere und von Anfang an herrschende Alternative bedeutete ein bloßes Verharren in der Negation. Unter den gegebenen historischen Verhältnissen konnte dies nur heißen, daß Kunst und Literatur nicht zu verändernden Faktoren wurden, daß die Wiederherstellung überwunden geglaubter Verhältnisse die Folge war.

Darüber hinaus kommt dem Garbe-Stoff-Komplex zentrale Bedeutung für die Kritik bisheriger Forschung zur DDR-Literatur zu. Gerade hier stellt sich das Wertungsproblem in schärfster Form. *Entgegen seiner historischen Bedeutung hat dieser Komplex kaum Beachtung gefunden.*

Da, wie bereits angedeutet, die Sekundärliteratur kaum Hinweise bot, mußten umfangreiche Studien unternommen werden. Denn, so lautete nun die These, erst wenn dieser Komplex in den Hauptzügen erarbeitet war, konnte mit der Gesamtdarstellung begonnen werden, auch wenn der Teil zur frühen DDR-Prosa und der Garbe-Stoff-Komplex zunächst nicht ausformulierbar waren.

Sollten die materiellen und ideellen Rahmenbedingungen der frühen DDR-Literatur in einem ersten Zugriff zum Gegenstand der Untersuchung gemacht werden, so konnte sich die Darstellung nicht wie das Gros vorliegender Arbeiten auf die Nachzeichnung und Kommentierung ideologischer, kulturpolitischer und ähnlicher Debatten und Kontroversen beschränken. Denn die Wertschätzung des epischen Genres ›Roman‹ bei den Schriftstellern war nur zum Teil aus programmatischen Vorgaben ableitbar. Verdienstmöglichkeiten oder Auftragswesen spielten eine ebenso bedeutsame, wenn nicht gar gewichtigere Rolle. Sollte also mit einem materialistischen Ansatz Ernst gemacht werden, so mußten zumindest die Hauptbereiche des Ensembles der die frühe DDR-Literatur situierenden und bestimmenden Verhältnisse analysiert werden. Dies bedeutete zum einen die Einbeziehung bislang unberücksichtigter Materialien wie des Genres ›Klappentext‹ aus der Buchproduktion, zum anderen die Analyse vernachlässigter Bereiche. Der Analyse der Probleme von Rezeption und Wirkung kam eine Schlüsselfunktion zu. Es war konkret zu verfolgen, ob und welche Veränderungen im einzelnen eingetreten waren, ob die Thesen vorliegender Arbeiten vielleicht lediglich ideologische Antworten auf die ideologische Programmatik jener Jahre darstellten.

Es erwies sich im Verlauf der Vorstudien, daß einige einleitende Abschnitte zur Revolutionstheorie der SED und zum Stand der materialistisch-dialektischen Theorie jener Jahre unumgänglich waren, sowohl im Hinblick auf die Rahmenbedingungen als auch die literarische Produktion. Es gab zahlreiche Querverweise zwischen Revolutions- und ›Erbe‹-Theorie bzw. Kulturpolitik der SED. Z. B. ließ sich ein enger Zusammenhang sehen zwischen den Diskussionen um einen ›friedlichen Übergang zum Sozialismus‹ und der Ablehnung künstlerischer Konzeptionen, die auf ›Spaltung des Publikums‹ abzielten. Diese schon früh, im Zusammenhang der Vereinigung von SPD und KPD zu erkennende Problematik erhielt zusätzliche Brisanz dadurch, daß sich an zwei Knotenpunkten der DDR-Entwicklung, dem 17. Juni 1953 und dem XX. Parteitag der KPdSU, verdeutlichen ließ, daß und wie Brecht gegen Einflüsse des Reformismus zu wirken versucht hatte. [92]

Darüber hinaus zeigten die Diskussionen um Stalins letzte beiden Schriften, daß bereits vor Stalins Tod deutlich eine ›Stalin‹- und eine ›Chruschtschow-Gruppierung‹ zu erkennen waren, was sich in unterschiedlichen Programmatiken äußerte, Programmatiken jedoch, die in philosophischen und literaturtheoretischen Fragen zahlreiche Identitäten erkennen ließen. Die Diskussion um Fragen der Logik erwies sich von Bedeutung für die gesamte spätere Entwicklung der DDR. Historisch ließ sich der Ausgangspunkt für die Kybernetik-Diskussion festmachen.

Das Hauptinteresse hatte zwei Komplexen zu gelten: zum einen den materiellen Grundlagen der frühen DDR-Literatur, zum anderen den ideellen Determinanten. Erst dann konnte nach möglichen Alternativen gefragt werden.

Beim ersten Komplex waren zwei Teilbereiche zu unterscheiden, der Bereich der die Schriftsteller unmittelbar bestimmenden Verhältnisse, zum anderen der der Rezeptionsbedingungen. Anhand allgemeiner Entwicklungen und repräsentativer Beispiele konnte aufgewiesen werden, daß sich die Produktionsbedingungen der Schriftsteller im Vergleich zu denen der als überwunden betrachteten bürgerlichen Gesellschaftsformation nur unwesentlich verändert hatten.

Vergleichbares wurde für den zweiten Teilbereich analysiert. Die Wege und Mittel, die einst etwa durch die proletarisch-revolutionäre Literatur auch in ihrer Vertriebsweise entwickelt worden waren, wurden nun als ›Formalismus‹ und ›Proletkult‹ zurückgewiesen. Bereits hier erwies sich damit die These, die frühe DDR-Literatur habe (auch) in der Tradition des BPRS oder der Agitprop gestanden, als völlig haltlos. Was nicht gleichbedeutend damit ist, es habe überhaupt keine Versuche der Überwindung verhängnisvoller Traditionen gegeben. Einige dieser Versuche werden – stets im Kontext der Gesamtentwicklung – genauer beleuchtet.

Insgesamt läßt sich festhalten, daß das entscheidende Urteil über die frühe DDR-Literatur bereits durch die Analyse der materiellen Produktions- und Rezeptionsbedingungen gefällt war. Solange diese Bedingungen nicht verändert bzw. umgewälzt waren, sah sich jede kämpferisch-realistische Kunst Bedingungen konfrontiert, die sich unter historischem Blickwinkel nur gering von den bürgerlichen Bedingungen unterschieden.

Im Blick auf das analysierte Material ist zu notieren, daß dieser Teil unserer Untersuchung zwar Anspruch auf Repräsentativität erheben kann, daß aber nur ein Teil des erarbeiteten Materials in der Darstellung detailliert berücksichtigt werden konnte. Besonders hinzuweisen ist auf einen Materialbereich, dessen Auswertung von einem einzelnen nicht mehr bewältigt werden konnte: der der Zeitungen und Zeitschriften. Um das Ensemble der Rahmenbedingungen erfassen zu können, sind hier weitere Einzeluntersuchungen erforderlich, insbesondere in den peripheren Bereichen.

Auch im zweiten Komplex galt es, zwei Teilbereiche zu unterscheiden: den der Traditionsziehung sowie den – allgemein gesprochen – der Schaffung einer neuen Literaturtheorie. Im ersten sollten weniger alle Traditionskomponenten als vielmehr ein Paradigma analysiert werden. Die Ästhetik des sowjetischen sozialistischen Realismus bezog sich betont auf die Ästhetik der russischen revolutionär-demokratischen Bewegung, konkret auf Belinski, Dobroljubow und Tschernyschewski. Eine Analyse dieser Tradition vermochte unter dem genannten Blickwinkel mehr zu leisten als eine historisch beschreibende Darstellung. Im Anschluß an den Aufriß des Paradigmas konnte die sowjetische Entwicklung ab Mitte der 30er Jahre in ähnlicher Weise gefaßt werden. Von zentraler Bedeutung war hier, daß sich die letztlich an der aristotelischen Ästhetik, vor allem Poetik orientierte sowjetische Ästhetik in eine Trivialästhetik gewandelt hatte, als sie für die DDR als vorbildlich erklärt wurde.

Im zweiten Teilbereich war von Bedeutung, in welcher konkreten Weise das ›Erbe‹ anverwandelt wurde. Das Augenmerk wurde jedoch nicht auf die Analyse allgemeiner theoretisch-programmatischer Äußerungen gelegt oder der Schriften der bedeutenden Theoretiker. Die Sichtung des Materials zeigte nämlich, daß kaum direkte Wirkungen etwa in der Literaturkritik nachweisbar waren. Die Verfolgung der konkreten Rezeption in Form z. B. von Rezensionen erwies sich als äußerst ergiebig.

Hauptbedeutung kam dem Bereich der Literaturkritik und von Schriftstellern verfaßter Publizistik zu. Dies aus mehreren Gründen. Zum einen trat das Wertungsproblem in offenster Form zutage. Analysiert worden waren bislang lediglich Konzeptionen, die sich scheinbar problemlos dem dominierenden Schema ›Orthodoxe‹ vs. ›Dissidenten/Abweichler‹ einfügen ließen. Unabhängig davon, daß dieses Schema generell in Frage gestellt werden mußte: schon die Anwendung des Schemas hatte ›Zwischentöne‹ eingeebnet. Zum anderen gab es bisher keinen Versuch, bei aller Virulenz des Wertungsproblems, *alle* vorfindbaren Strömungen zu analysieren und darzustellen. Erst ein solcher Versuch, so unsere These, schaffte Raum für Wertungen. Und für Polemiken. Sie ließen sich, um ein Beispiel zu nennen, nicht umgehen, wenn ideologische Vorgaben so restriktiv wirkten, daß selbst ein apologetischer Roman von nicht geringer Quantität zum Thema 17. Juni ›übersehen‹ wurde.

Um einen jüngeren Fall zu nennen: Als 1976 der autobiographische Roman [93] ›*Die Partei hat immer recht*‹ unter dem Pseudonym Carl-Jacob Danziger erschien [94], wollte niemand so recht wissen, um welchen Autor es sich handelte. Selbst Heinrich Böll wurde in den Reigen buntgemischter Rezensenten [95] eingereiht. Dabei hatte sich der Autor mehrmals sehr direkt zu erkennen gegeben. [96] Ignoranz und Geschäftssucht vermarkteten hier einen Autor, dessen Biographie, nicht zuletzt aufgrund der jüdischen Herkunft, von tragischen Momenten nicht freizusprechen ist. Als ein weiterer Band erschien, fand der Autor kaum noch Beachtung. Dieses Buch handelt vom antifaschistischen Widerstand des Autors. [97]

Aufgrund des gesichteten Materials ergab sich ein weit größeres Spektrum kritischer

Tendenzen und Strömungen, als bisher angenommen. Auch erwiesen sich einzelne Stellungnahmen von großer Modifikationsbreite. Als negativ für die bisherige Forschung stellte sich besonders das schon genannte Schema ›Orthodoxe‹ vs. ›Abweichler‹ heraus, denn es ließ sich von verschiedenen Standpunkten aus anwenden, ausgewechselt werden mußte nur das Vorzeichen. Die ›Orthodoxen‹ waren dann entweder die ›Stalinisten‹ oder die ›proletarische Linie‹, die ›Abweichler‹, die ›wahren, menschlichen Marxisten‹ oder die ›bürgerliche Linie‹. [98] Nicht evident wurde, daß die Analysierten gerade im Kultur- und Literaturbereich viele Strukturidentitäten aufwiesen und daß andere Alternativen existierten.

In erster Linie ist Stefan Heyms Publizistik der Jahre 1953–1956 zu nennen. Heym, aus den USA in die DDR übergesiedelt, war ein prominenter Autor. Er nutzte den ihm gewährten Spielraum, die von ihm wesentlich getragene Spalte »Offen gesagt« in der ›Berliner Zeitung‹ war ein Wochenbestseller. Aber nicht allein durch sein mutiges Auftreten ist Heym von Bedeutung. Zentraler Stellenwert kommt vor allem seinen programmatischen Äußerungen zu. Zum einen finden sich hier Anklänge an reformkommunistische Überlegungen. Zum anderen nimmt Heym jedoch eine Alternative auf, die von vielen noch als Modifikation des sogenannten Titoismus beargwöhnt wurde, von nicht wenigen allerdings auch als eigenständige, revolutionäre Traditionen wie die frühe sowjetische Massenmobilisierung fortsetzende Alternative gesehen wurde. Heym spricht im Jahr 1956 vom ›chinesischen Weg‹ und übernimmt zentrale Thesen der chinesischen Kommunisten. Er gehörte zu den ersten, die aus den chinesischen Stellungnahmen zitierten.

Heym erfährt nicht deshalb so große Beachtung, um ihn etwa als frühen ›Maoisten‹ zu qualifizieren. Das Beispiel Heym macht vielmehr einen doppelten Befund deutlich. Zum einen, daß neben bisher analysierten Strömungen eine von gleich großer Gewichtigkeit existierte, die in der Sekundärliteratur jedoch keine Beachtung gefunden hat. Allein über die Jahre 1953–1956 ließe sich dazu eine gesonderte Studie erarbeiten. Aber auch für die Jahre nach 1956 war China ein wichtiger Orientierungspunkt. Einzelne Experimente im Kontext ›Bitterfeld‹ sind in dieser Weise zu interpretieren. [99] Zum anderen zeigt das Beispiel Heym aufgrund seiner Widersprüchlichkeit – reformkommunistische Anklänge und Rezeption einer sich andeutenden revolutionär-egalitären Alternative –, von welchen Konstellationen die Suche nach Alternativen geprägt war.

In diesem Sinne ist Heym repräsentativ für eine ganze Periode kommunistischer Politik.

Schließlich kann gezeigt werden, wie traditionelle literarische Konzeptionen die Suche nach allgemeinen Alternativen entscheidend behindern konnten.

Die Materialstudien ergaben, daß Brecht als Bezugspunkt selbst zum Gegenstand ausführlicher Studien gemacht werden mußte. Auch hier galt es aufzuarbeiten. Anders als im Bereich ›frühe DDR-Literatur‹ konnte stärker von vorliegenden Untersuchungen ausgegangen werden. Sieht man jedoch von einigen Ausnahmen ab, so ist das Problem ›später Brecht‹ erst wenig erforscht. Teilbereiche wie ›Agitprop‹ stecken noch in den Anfängen. Als erstaunlich erwies sich vor allem der Umstand, daß das Thema ›Brecht-Kreis‹ wenig einbezogen worden war.

Es ergab sich auch hier eine zweiteilige Gliederung. So war, da eine monographische Darstellung zum späten Brecht den Rahmen unserer Arbeit weit überschritten hätte, eine

Skizzierung zentraler Probleme des Themas ›später Brecht‹ erforderlich. Betont wurden dabei bisher wenig beleuchtete Aspekte. Zweitens wurden einige Projekte und Unternehmungen untersucht, die – im weitesten Sinn – dem Brecht-Kreis zuzurechnen sind und Brechts Einfluß zeigen.

Die Darstellung basiert auf Erschließung neuen Materials, Aufenthalten im Brecht-Archiv und Befragung von ehemaligen Brecht-Mitarbeitern.

Aus dem bisher Gesagten wird ersichtlich, daß zahlreiche Befunde nicht näher ausgeführt werden konnten. Um aber sowohl die eigenen Bemühungen präzis zu dokumentieren, als auch der Forschung weitere Anknüpfungspunkte zu ermöglichen, war ein Weg aus dem Dilemma, die Materialbasis durch ausführliche bibliographische Studien zu dokumentieren. [100]

Ein weiterer Weg, das genannte Dilemma einzugrenzen, war die ausführliche Zitation. Kritikern der Arbeit sollte das extensiv ausgebreitete Material Anhaltspunkte liefern, es sollte aber auch das eigene Bemühen offenlegen.

Für die Darstellung hatte dies einige negative Momente zum Resultat. Der Gang der Darstellung mußte häufig unterbrochen werden. Wiederholungen, besonders zu Beginn größerer Teilabschnitte, waren kaum zu umgehen. Auch waren Details, die bei anderer Darstellung u. U. hätten übergangen werden können, stark zu berücksichtigen.

Überhaupt stellte sich das Darstellungsproblem in sehr allgemeiner Weise. Denn die Frage war, ob ein solches Projekt in traditioneller Weise überhaupt noch dargestellt werden kann. In welcher Weise das Problem gelöst wurde, bekundet die vorliegende Arbeit. Mitgeteilt sei jedoch eine mögliche Alternative. Sie ist geringfügig zu modifizieren und kommt vom Tretjakow-Biographen und -Herausgeber Fritz Mierau. Mierau schreibt, er betrachte die »übliche Nationalliteraturgeschichtsschreibung für das 20. Jahrhundert mit wachsender Skepsis«.

»Nicht nur, daß sie das Medienproblem nur mit Verrenkungen in die überlieferten Darstellungsstrukturen hineinkriegt, es macht schon größte Schwierigkeiten, die wechselnden Funktionen der Texte in den einzelnen Ländern, die ganz neuen internationalen Kommunikations- und Austauschvorgänge überhaupt zu erfassen, geschweigedenn ergiebig zu beschreiben. Für operative Antworten auf diese Herausforderung halte ich die Material- und Studienausgaben, die der [DDR-]Reclam-Verlag vor mehr als zehn Jahren begann.« [101]

Die Darstellung der Garbe-Stoff-Bearbeitungen, so unsere These, hätte in dieser Weise zu erfolgen.

Nachbemerkung Januar 1980
Vor mir diesen Klotz, erfaßt mich Erschrecken. Wie einer da jahrelang dran sitzen kann. Eingeschrieben seh ich die Bedingungen dieses Schreibens.

Doch lassen wir das.

Freundlich war das Evangelische Studienwerk Villigst; ohne seine materielle Unterstützung hätte ich diese Arbeit nicht durchführen können.

Und da das Wort Dank an dieser Stelle normalerweise kaum mehr als eine akademische Gebräuchlichkeit meint, möchte ich die schönen Worte Stephan Hermlins nehmen: das Gefühl, jemandem verpflichtet zu sein – Margot Bock.

I.

DIE IDEOLOGISCHEN UND THEORETISCHEN GRUNDLAGEN DER POLITIK DER SED

1. Antifaschistisch-demokratische Ordnung und Aufbau des Sozialismus – zur Theorie der Übergangsperiode der SED

Wenn in der Literaturgeschichtsschreibung der DDR von »zwei Revolutionen auf dem Territorium der DDR – der bürgerlich-demokratischen und der sozialistischen« [1] die Rede ist, so ist damit *der* Kardinalpunkt einer jeden Analyse aus der DDR zur jüngsten deutschen Geschichte bezeichnet. [2] Es handelt sich um das Problem, wie die Entwicklung der DDR in die nationale Geschichte einzufügen ist, im besonderen um die Stellung der ersten Entwicklungsetappe, der sogenannten antifaschistisch-demokratischen Ordnung, innerhalb der marxistischen Revolutionstheorie und -praxis.

Der Aufweis des Unterschiedes zwischen antifaschistisch-demokratischer Ordnung und Volksdemokratie wäre im Zusammenhang unserer Analyse von nebensächlicher Bedeutung, würde nicht das Gros westdeutscher Analysen zur DDR-Literatur über diesen für die kulturelle und literarische Entwicklung der DDR bedeutsamen Unterschied hinwegsehen. [4] Vergleicht man die Entstehung der DDR mit der der Volksdemokratien Osteuropas, so weist sie einige Besonderheiten auf, die strukturbestimmend für die Jahre 1945–1952 sind. Jede Analyse zur frühen DDR-Literatur, die die allgemeine ökonomische, politische und ideologische Entwicklung einbezieht oder tangiert, wird zwangsläufig zu Fehlurteilen führen, wenn sie diese Besonderheiten ausklammert oder deren grundlegende Bedeutung verkennt.

Vor allem seit dem V. Parteitag [5] behauptet die SED-Führung, konsequent den Lehren Lenins über das Verhältnis bürgerlich-demokratischer und sozialistischer Revolution sowie den Thesen des VII. Weltkongresses der Komintern gefolgt zu sein. So sei in der antifaschistisch-demokratischen Ordnung die »Vollendung der bürgerlich-demokratischen Revolution« [...] mit der Beseitigung der Grundlagen des Imperialismus und dem Entstehen erster Elemente des Sozialismus [6] zusammengefallen.

Diese Geschichtsschreibung der SED hält dem Vergleich mit den Tatsachen nicht stand, prüft man die Aussagen von KPD und SED aus jener Zeit. [7] Erstens trifft jene Definition gerade nicht auf die antifaschistisch-demokratische Ordnung zu, sondern auf die Volksdemokratie. Zweitens wurde die Entwicklung der SBZ und DDR in erster Linie von der Deutschlandpolitik der vier Alliierten bestimmt. Schließlich verschweigt diese Geschichtsschreibung, daß die SED-Führung die spezifisch deutsche Entwicklung mit einer völlig neuen Geschichtstheorie begründete, die sich von Aussagen früherer marxistischer Theoretiker grundlegend unterschied und an der sie bis heute, trotz aller Kurswechsel, festgehalten hat.

1.1. Antifaschistisch-demokratische Ordnung und Volksdemokratie

Die Hauptursache für die spezifische Entwicklung der SBZ/DDR ist in der Teilung Deutschlands, die 1949 ihren ersten Höhepunkt in der Gründung zweier deutscher Staaten fand, zu suchen. Aufgrund dieser Teilung und der daraus resultierenden Alternativen einer demokratischen Entwicklung schied für die SBZ/DDR zunächst eine volksdemokratische Lösung wie etwa in Bulgarien oder Polen aus, wollten die Regierungen der UdSSR und der DDR nicht mögliche Bündnispartner für eine Wiedervereinigung verlieren. [8] Eine volksdemokratische Lösung wurde erst akut, als die Versuche einer Politik der Wiedervereinigung offensichtlich ›gescheitert‹ waren.

Diese spezifische Situation der SBZ stellte die KPD vor entscheidende Probleme bei der Charakterisierung ihrer Zone, die noch verstärkt wurden durch die Vereinigung von SPD und KPD, da beide verschiedene Auffassungen von einem neuen, demokratischen Deutschland hatten. In den Verlautbarungen der KPD und SED aus der unmittelbaren Nachkriegszeit zum Thema ›Neuaufbau‹ sind zwei sich widersprechende Deutschlandkonzeptionen erkennbar, die auf eklatante Widersprüche in KPD und SED verweisen. So heißt es im »Aufruf des Zentralkomitees der KPD vom 11. Juni 1945 an das deutsche Volk zum Aufbau eines antifaschistisch-demokratischen Deutschlands«, daß Deutschland nicht den Weg des »Sowjetsystems« gehen könne, sondern nur den »Weg der Aufrichtung eines antifaschistischen, demokratischen Regimes, einer parlamentarisch-demokratischen Republik mit allen demokratischen Rechten und Freiheiten für das Volk«. [9] Wird hier eine ›spezifisch deutsche‹ Entwicklung akzentuiert, so meldeten sich 1946 in der ›Einheit‹ Stimmen zu Wort, die auf eine andere Deutschlandkonzeption verwiesen: »Das deutsche Volk muß wählen, welchen Weg der Entwicklung es gehen will. Bei den gegenwärtigen Verhältnissen hat es nur die Wahl zwischen der bürgerlich-parlamentarischen Demokratie oder der Volksdemokratie.« [10]

Die skizzierten Konzeptionen lassen sich noch präziser beschreiben, greift man auf die Aussagen des VII. Weltkongresses der Komintern zur Einheits- und Volksfrontpolitik zurück, die als theoretische Grundlage für den Aufbau der Volksdemokratien betrachtet werden müssen, sowie auf Definitionen Dimitroffs, des Haupttheoretikers volksdemokratischer Konzeptionen.

Wesentliche Probleme des Komintern-Kongresses waren die Form »des *Überganges* oder des *Herankommens* an die proletarische Revolution« [11] und die Einheit der Arbeiterklasse, speziell die Vereinigung sozialdemokratischer und kommunistischer Arbeiter in einer neuen, noch zu schaffenden Partei. [12] Dimitroff definierte die neue Übergangsform als »antifaschistische Einheitsfront«, die noch nicht die, »*endgültige Rettung*« bedeute: »Folglich muß man sich *für die sozialistische Revolution bewaffnen!* Die Rettung wird einzig und allein die *Sowjetmacht bringen!*« [13] Er betonte, daß diese Form kein »besonderes ›*demokratisches Zwischenstadium*‹ zwischen der Diktatur der Bourgeoisie und der Diktatur des Proletariats« [14] sei. Dimitroff kritisierte damit, ausgehend von Lenins These, daß der Übergang vom Kapitalismus zum Kommunismus »eine ungeheure Fülle und Mannigfaltigkeit der politischen Formen hervorbringen« werde, das Wesentliche dabei aber die »Diktatur des Proletariats« [15] sei, Auffassungen wie die in den *Blumthesen* Georg Lukács'. [16] Mit anderen Worten: Er betrachtete diese Übergangsform als unterste Stufe der ›Diktatur des Proletariats‹. Dies wird besonders in seinen theoretischen Aussagen zum Thema ›Volksdemokratie‹ nach 1944 evident. So führte er 1948 auf dem V. Parteitag der BAP aus:

»Als Verkörperung der Herrschaft der Werktätigen unter Führung der Arbeiterklasse kann und muß das Regime der Volksdemokratie in der gegebenen historischen Situation, wie die Erfahrung bereits gezeigt hat, bei der Liquidierung der kapitalistischen Elemente und der Organisierung der sozialistischen Wirtschaft mit Erfolg die Funktionen der Diktatur des Proletariats ausüben.« [17]

Anders als Dimitroff definierte die SED-Führung die Stellung der SBZ. Einen Monat nach dessen Rede beendete sie auf der 1. Parteikonferenz jede weitere Diskussion, indem sie den besonderen Charakter der SBZ hervorhob:

»Die gegenwärtige Ordnung in der sowjetischen Besatzungszone ist eine antifaschistisch-demokratische Ordnung, in der die Arbeiterklasse entscheidende Positionen innehat. Sie ist keine volksdemokratische Ordnung, da die Bedingungen in der Zone von denen in volksdemokratischen Ländern sehr verschieden sind.« [18]

Die Beendigung der Diskussion in Form eines Dekrets hatte weitreichende Konsequenzen. [19] Sie festigte nicht nur die Position Walter Ulbrichts, des Hauptvertreters des ›antifaschistisch-demokratischen Weges‹. Sie besiegelte gleichzeitig eine Entwicklung, deren Hauptkennzeichen in der Durchsetzung einer völlig neuen Sicht der deutschen Geschichte und der Geschichte der deutschen Arbeiterbewegung bestand. Darüber hinaus lieferte die allgemeine theoretische Begründung der antifaschistisch-demokratischen Ordnung das theoretische Paradigma für die Begründung späterer Kurswechsel.

1.2. Das neue Geschichtsbild der SED

Spätestens seit 1935, dem Jahr des VII. Weltkongresses der Komintern und der Brüsseler Parteikonferenz der KPD [20], war ein Umschwung in der Politik der KPD-Führung zu verzeichnen, der sich am deutlichsten in der Politik gegenüber der Sozialdemokratie niederschlug. Hatte Dimitroff 1935 die Anerkennung der »Notwendigkeit des *revolutionären Sturzes der Herrschaft der Bourgeoisie* und der Aufrichtung der *Diktatur des Proletariats in der Form von Sowjets*« [21] als unverzichtbare Bedingung einer Vereinigung von Sozialdemokraten und Kommunisten genannt, so ging die KPD-Führung 1939 auf der Berner Konferenz wesentlich von dieser Forderung ab, indem sie »eine gemeinsame Aktionsplattform zum Sturze Hitlers und zur Schaffung einer neuen demokratischen Republik« [22] als Grundlage einer Vereinigung vorschlug. In der Zeit des Moskauer Exils war noch unklar geblieben, ob sich hinter einer solchen Zurückstellung leninistischer Zielsetzungen eine strategische oder lediglich taktische Wendung verbarg. [23] Erst nach 1945 wurde erkennbar, daß mit jenem Umschwung auch strategische Veränderungen intendiert waren. Sie traten allerdings weniger offen in der Formulierung des Maximalprogramms der KPD und SED zutage als in der historischen und theoretischen Begründung der ›neuen Demokratie‹. [24]

Oberstes Ziel der SED-Führung war die Charakterisierung der antifaschistisch-demo-kratischen Politik als einer Politik der Zuendeführung bürgerlich-demokratischer revo-lutionärer Prozesse in Deutschland. Diese Zielsetzung beruhte auf der These, daß im Nachkriegsdeutschland zuerst Maßnahmen der bürgerlich-demokratischen Revolution wie Bauernbefreiung bzw. Enteignung der Junkerklasse durchzuführen seien, bevor an sozialistische Maßnahmen gedacht werden könne. Da aufgrund der Entnazifizierungs-politik auch Industriekonzerne zu enteignen waren, sofern sie nicht in sowjetische Ak-tiengesellschaften umgewandelt wurden, gab die SED diese Maßnahmen – ein Novum und Paradoxon in der Geschichte des Marxismus – als bürgerlich-demokratische aus.

Die These von der noch nicht zu Ende geführten bürgerlichen Revolution lieferte nicht nur die Begründung für den Neuaufbau. Sie ließ gleichzeitig diesen Neuaufbau als histo-risch-demokratische Konsequenz jüngster deutscher Geschichte erscheinen. Wenn also nach 1945 zunächst keine sozialistische Gesellschaftsordnung – und sei es nur eine (volks-)demokratische Übergangsstufe – auf der Tagesordnung stehen konnte, so sollte dies in gleichem Maße für die Novemberrevolution [25] und die Kämpfe zu Beginn der Weimarer Republik [26] gelten. Diese Theorie lief allen Aussagen führender kommuni-stischer Theoretiker aus der Zeit vor 1933 über eine sozialistische Revolution in Deutsch-land zuwider und kam einer Revision [27] dieser Aussagen gleich. Darüber kann auch nicht der Umstand hinwegtäuschen, daß sich die SED bis heute in diesem Zusammen-hang auf Lenins Schriften zur russischen Revolution von 1905 beruft; denn eine Berufung auf Lenin wäre nur dann gerechtfertigt gewesen, wenn in Deutschland ebenso wie in Rußland feudale Verhältnisse das Haupthindernis der gesellschaftlichen Entwicklung ge-bildet hätten. Da aber Lenin wie auch Luxemburg und Liebknecht die demokratische Re-volution in Deutschland als beendet betrachteten, stand für sie eine demokratische Vor-stufe nicht zur Diskussion. Bereits 1915 hatte z. B. Lenin über die deutsche Entwicklung der Jahre 1864–1870 geschrieben, es handle sich um eine Periode, »in der die Epoche zu Ende ging, in der die bürgerlich-demokratische Revolution [...] zum Abschluß kam«. [28]

Die bisherige Skizzierung der theoretischen Leitsätze der SED in den ersten Nach-kriegsjahren [29] läßt sich konkretisieren, geht man von allgemeinen historischen und sy-stematischen Gesichtspunkten aus: erstens von denen der Kontinuität und/oder Diskon-tinuität besagter Theorie in der Entwicklung der SED, zweitens von denen des Stellen-wertes dieser Theorie innerhalb der marxistischen Revolutionstheorie. Diese Fragestel-lung ist nicht nur von wesentlicher Bedeutung für die Beurteilung des Marxismus in der SED, sondern auch für die Analyse der kulturellen und literarischen Prozesse. Von ihr ausgehend, sollen kurz drei Phasen der SED-Geschichte bis 1956 untersucht werden, in denen ein neuer politischer Kurs einherging mit theoretischen Neuformulierungen: er-stens die Phase der Vereinigung von SPD und KPD, zweitens die des »Neuen Kurses« und schließlich die der Umorientierung nach dem XX. Parteitag der KPdSU bzw. der III. Parteikonferenz der SED.

1.2.1. Der ›besondere deutsche Weg zum Sozialismus‹

Zentrales Thema der Diskussionen zwischen SPD und KPD, die der Vereinigung vorausgingen [30], war der sogenannte besondere deutsche Weg zum Sozialismus. Zwei Probleme standen im Mittelpunkt: Welche Funktion der Demokratie zukomme und unter welchen Bedingungen der Sozialismus in Deutschland erreicht werden könne. Anton Ackermann (KPD), der Haupttheoretiker in diesen Diskussionen, erklärte in seinem Artikel *Gibt es einen besonderen Weg zum Sozialismus?* [31], daß die »Demokratie den günstigsten Boden für den Kampf um den Sozialismus« biete; er teile »in allen wesentlichen Punkten« [32] die Auffassung Helmut Lehmanns vom Parteivorstand der SPD, der betont habe, der Sozialismus könne nicht verwirklicht werden, wenn nicht zuvor die demokratische (bürgerliche) Republik verwirklicht worden sei. [34] Ackermann war der Ansicht, dieser allgemeinen Feststellung komme in Deutschland eine besondere Bedeutung zu. Die Niederlage des deutschen Faschismus und damit der Bourgeoisie sowie der Aufbau eines antifaschistisch-demokratischen Deutschland eröffne einen »relativ friedlichen Weg« [35] zum Sozialismus. Was Marx und Engels einst in England für möglich gehalten hätten, könne nun in Deutschland Wirklichkeit werden. [36] Ackermann machte allerdings eine Einschränkung, mit der er offensichtlich auf die inneralliierten Widersprüche anspielte. »Ob es die Möglichkeit geben wird, auf friedlichem Wege [...] von der demokratischen Erneuerung Deutschlands zur sozialistischen Umgestaltung weiterzugehen, hängt [...] zunächst von einem Faktor ab, der außerhalb des Einflusses der sozialistischen deutschen Arbeiterbewegung liegt.« [37]

Mit dieser Interpretation der Verhältnisse und der Marxschen Revolutionstheorie war ein Thema angeschnitten, das seit dem Bestehen der sozialistischen Arbeiterbewegung virulent gewesen war. Ackermanns Thesen blieben daher nicht unwidersprochen. Im Zusammenhang des Ausscheidens von Jugoslawien [38] aus dem ›sozialistischen Lager‹ und der daraus resultierenden Gefahren für die SED – Jugoslawiens Verhalten hatte viel Sympathie in den Reihen der SED gefunden [39] – wiesen die SED-Führer die Thesen vom ›besonderen deutschen Weg‹ zurück. [40] Die Zurückweisung der Thesen Ackermanns erfolgte allerdings in einer Weise, daß mit Recht gefragt werden muß, ob Ackermann alleiniger ›Hauptschuldiger‹ gewesen ist. So schrieb etwa Ulbricht zur gleichen Zeit wie Ackermann, daß es »in Deutschland 1919–1932 nicht gelang, einen solchen demokratischen Weg zum Sozialismus [wie ihn Ackermann vertrat; d. V.] zu gehen«, wie er nach 1945 möglich und notwendig wäre, habe seine Ursache darin, daß »nach Beendigung des Ersten Weltkrieges die Herrschaft des Monopolkapitals [...] und die Macht der feudalen Großgrundbesitzer bestehen blieb«. [41]

Aus den später veröffentlichten Aufzeichnungen von Wolfgang Leonhard wird ersichtlich, daß die Brisanz der Ackermannschen Thesen nicht in der Hervorhebung eines ›demokratischen, friedlichen Weges zum Sozialismus‹ lag. Bezeichnenderweise setzte die SED-Kritik nicht an diesem Punkt an. Die Brisanz lag vielmehr in der Betonung eines *besonderen* Weges, was nichts anderes bedeutete als die Akzentuierung eines von der KPdSU (B) unabhängigeren Kurses, bereits angedeutet in Ackermanns Hinweis auf den außerhalb der deutschen Arbeiterbewegung liegenden Einfluß. Der später erhobene Vorwurf, diese Theorie habe den ›Revisionisten‹ Vorschub geleistet [42], ist theoretisch gesehen eine Verschleierung. Stillschweigend wird übergangen, daß die Programmatik der SED in den Kernpunkten der historischen und theoretischen Begründung der antifaschistisch-demokratischen Ordnung und des Aufbaus des Sozialismus bis heute mit den Thesen Ackermanns übereinstimmt. Dies ist nicht zuletzt an den ständig wiederholten Formeln von den ›zwei Revolutionen‹ und dem ›friedlichen Charakter des Übergangs zum Sozialismus‹ erkennbar.

1.2.2. Neuer Kurs und XX. Parteitag der KPdSU

Im Anschluß an den nach Stalins Tod von der neuen KPdSU-Spitze durchgeführten Kurswechsel proklamierte die SED-Führung am 9. Juni 1953 den »Neuen Kurs«. [43] Dieser Kurswechsel ist nicht nur in seinen praktischen Auswirkungen von Bedeutung. Es erfolgte eine theoretische Begründung, die an die Diskussionen vor dem Vereinigungsparteitag gemahnt. Wie in den Jahren 1945/46 stand das Problem des Übergangs vom Kapitalismus zum Sozialismus im Mittelpunkt theoretischer Erörterungen. Wieder war es ein Mann, Fred Oelßner, der – ähnlich wie einst Ackermann – die Hauptthesen formulierte und wegen einiger dieser Thesen später heftiger Kritik ausgesetzt war. [44]

Die Politik des »Neuen Kurses« und deren Niederschlag – im wirtschaftlichen Bereich nahm der Produktionsanteil der Sektoren kleine Warenwirtschaft und privatkapitalistische Betriebe zu [45] – erinnerten an Lenins »Neue Ökonomische Politik« (NEP) der frühen zwanziger Jahre. [46] Es lag daher für die SED-Führung nahe, sich in der Begründung des »Neues Kurses« auf die NEP-Politik zu berufen. [47]

Oelßner ging in seiner Darlegung der neuen Politik zunächst von Marx' Bemerkung aus, daß zwischen der kapitalistsichen und der kommunistischen Gesellschaft die Periode der revolutionären Umwandlung der einen in die andere liege und daß dieser eine politische Übergangsperiode entspreche, deren Staatsform die revolutionäre Diktatur des Proletariats sei. [48] Dieser Rekurs auf Marx diente Oelßner allerdings nur dazu, eine eigene Periodisierung einzuführen und diese mit einem Klassikerzitat zu legitimieren. Oelßner ging es nicht um die *gesamte* Übergangsperiode: den Sozialismus als unterste Stufe des Kommunismus. Vielmehr verstand er unter ›Übergangsperiode‹ lediglich die vom Kapitalismus zum Sozialismus. Dem Sieg und damit dem Aufbau des Sozialismus habe eine NEP-Periode voranzugehen, in der »die Umwandlung vornehmlich mit ökonomischen Mitteln zu erzielen« [49] sei. Die Grundprinzipien dieser sowjetischen Frühphase lägen dem Aufbau des Sozialismus in allen volksdemokratischen Ländern zugrunde. [50]

Oelßners Theorie ist unter mehreren Aspekten von Bedeutung. Erstens erkärte sie die Allgemeingültigkeit der Leninschen NEP-Politik, indem sie deren taktischen Charakter leugnete und ihr strategische Bedeutung zumaß. Lenin hatte im Blick auf ›ultra-linke‹ Kritiken [51] die NEP-Politik ausdrücklich als einen durch das Ende des Kriegskommunismus bedingten zeitweiligen Rückzug und als eine taktische Maßnahme gekennzeichnet. [52] Zweitens wieß Oelßner der ersten Phase des Sozialismus eine Funktion zu, die nach Marx und Lenin nur der gesamten sozialistischen Übergangsperiode zukommen konnte. [53] Sowohl Marx als auch Lenin gingen davon aus, daß alle Bereiche der sozialistischen Übergangsgesellschaft noch von der alten Ordnung geprägt seien, daß folglich

von einer tatsächlichen Inangriffnahme des Kommunismus erst dann gesprochen werden
könne, wenn die aus der vorangegangenen bürgerlichen Gesellschaftsordnung resultierenden Widersprüche beseitigt seien. [54]

Im Gegensatz dazu sollten nach der Definition von Oelßner die »objektiven ökonomischen Gesetze des Kapitalismus« durch die Politik des »Neuen Kurses« ihre Kraft verlieren und die »neuen ökonomischen Gesetze des Sozialismus« [55] sich immer mehr ausbreiten. Dies war allerdings ein Widerspruch in sich: Wie konnten sich die ›sozialistischen ökonomischen Gesetze‹ *ausbreiten,* wenn den ›kapitalistischen Sektoren‹ mehr
Spielraum eingeräumt wurde? Diese Widersinnigkeit läßt sich nur auflösen, sieht man in
Oelßners Theorie einen vorweggenommenen Beitrag zum XX. Parteitag der KPdSU.
[56] Da nach Oelßner die Beseitigung der ›bürgerlichen Reste‹ und eine ›Verschärfung des
Klassenkampfes‹ [57] nur der ersten Phase zufielen, mußte der vollendete Aufbau des Sozialismus mit dem »allmählichen Übergang zum Kommunismus« [58] identisch gesetzt
werden. Damit waren bereits 1954/55 die beiden Punkte genannt, die neben dem ›Persönlichkeitskult‹ [59] im Mittelpunkt des XX. Parteitages standen: zum einen die Theorie einer relativ selbständigen, auf eigenen Gesetzmäßigkeiten beruhenden Übergangsperiode
vom Kapitalismus zum Sozialismus, zum anderen die Leugnung jeglicher grundlegender,
in marxistischer Terminologie ausgedrückt: antagonistischer Widersprüche in der sozialistischen Gesellschaft.

Für die SED machten die Ergebnisse des XX. Parteitages nur hinsichtlich des Stalin-
Problems ein ›Umdenken‹ erforderlich, während sie die beiden anderen Thesen aufgrund
ihrer Theorie der antifaschistisch-demokratischen Ordnung und des »Neuen Kurses« relativ bruchlos übernehmen konnte. Sofort nach dem XX. Parteitag veröffentlichte Ulbricht einen Artikel, in dem er feststellte, daß in der DDR der »Übergang vom Kapitalismus zum Sozialismus auf friedlichem Wege, unter Ausnutzung der parlamentarischen
Einrichtungen« [60] erfolgt sei. Die Entwicklung der DDR habe die sowjetischen Thesen
vollauf bestätigt.

1.3. *Schlußfolgerungen*

Die Entwicklung der SBZ/DDR bis 1956 zeigte ein scheinbar paradoxes Phänomen. Einerseits schlug sich, im Unterschied zu den Volksdemokratien Osteuropas, die Abhängigkeit der SED von der KPdSU als ›Vorhutpartei‹ innerhalb des ›sozialistischen Lagers‹
und als Führerin der sowjetischen Besatzungsmacht in einer besonders dogmatischen
Übernahme sowjetmarxistischer Prinzipien nieder. Signifikanteste Beispiele dafür sind
die Proklamation des Aufbaus der Grundlagen des Sozialismus im Jahre 1952 sowie die
Antiformalismus- und Antikosmopolitismuskampagne in den Jahren 1951 bis 1953. Andererseits war aber gerade diese Abhängigkeit, verbunden mit der politischen Umorientierung der KPD in der Exilzeit, Ursache für einen Prozeß, der zunächst in den theoretischen Aussagen zur Revolution in Deutschland erkennbar war und der als ›schleichende
Entstalinisierung‹ [61] bezeichnet werden kann. Die Teilung Deutschlands und die auf
die Neutralisierung eines wiedervereinigten Deutschland abzielende sowjetische Au-

ßenpolitik zwangen die SED zur Reflexion über den Status ihres Gebietes. Diese erfolgte allerdings nicht in der Weise, daß das Problem der nationalen Einheit als Hauptursache für die besondere Entwicklung der SBZ/DDR offen thematisiert wurde. Vielmehr wurden wesentliche Elemente der Leninschen Revolutionstheorie und der Dimitroffschen Theorie der Volksdemokratie außer Kraft gesetzt. [62]

Die *besonders* dogmatische Übernahme sowjetmarxistischer Prinzipien ist nicht nur ein Indiz für die existentielle Abhängigkeit der SED von der KPdSU. Sie erweist sich bei näherer Untersuchung der Revolutionstheorie der SED gleichzeitig als ideologische Legitimationsbasis einer immer stärker hervortretenden eigenständigen Ausarbeitung neuer revolutionstheoretischer Thesen, die nach dem auf dem XX. Parteitag der KPdSU erfolgten Kurswechsel offen benannt und zu einem eigenen System, dem der von Ulbricht definierten ›entwickelten sozialistischen Gesellschaft‹[63], ausgebaut werden konnten.

Die Analyse dieser revolutionstheoretischen Prozesse hat weitreichende Konsequenzen. Zuvörderst ermöglicht sie eine weit differenziertere Grundlegung der die kulturelle und literarische Entwicklung bestimmenden politischen Kräfte, als dies bisherige Untersuchungen zu leisten vermochten. So erweist sich das Oppositionsschema ›Stalinisten‹ (–) vs. ›Abweichler‹ (+), das direkt aus dem gesellschaftspolitischen Bereich auf die kulturellen und literarischen übertragen wurde, als strukturidentisch mit dem SED-Schema ›Marxisten-Leninisten‹ (+) vs. ›Opportunisten/Versöhnler/Revisionisten‹ (–), da beide Seiten von einer ›orthodox-marxistischen‹ Gruppierung ausgehen. Der Wechsel der Vorzeichen signalisiert lediglich den jeweils verschiedenen Standort. Demgegenüber vermochte gerade der Vergleich der revolutionstheoretischen Aussagen der ›Orthodoxen‹ und der ›Abweichler‹ den Nachweis zu erbringen, daß diese in ihren Grundaussagen übereinstimmten.

Bei der genaueren Erfassung der Entwicklung der DDR bietet sich die Applikation des Modells von Wolfgang Leonhard [64] an, das bisher nur in Ansätzen in die Forschung über die DDR-Literatur Eingang gefunden hat. [65] Ausgehend von den modernen drei großen Strömungen des Weltkommunismus – Sowjetmarxismus, Reformkommunismus und Maoismus – schreibt Leonhard, daß diese »Dreispaltung des Marxismus« nicht erst mit dem XX. Parteitag der KPdSU eingesetzt hat, sondern daß sie embryonal bereits in den vierziger Jahren, also weit vor Stalins Tod, erkennbar gewesen sei. [66] Leonhards Modell ist allerdings in einem Punkt präziser zu fassen. Wenn Leonhard von Sowjetmarxismus redet, so differenziert er wenig zwischen dem der Stalinära und dem der Zeit nach 1956, ein Punkt, der für die Applikation seiner These auf die Entwicklung der DDR von entscheidender Bedeutung ist. Die Übereinstimmung der Revolutionstheorie der SED mit den Thesen des XX. Parteitages der KPdSU läßt die These gerechtfertigt erscheinen, daß von ›Stalinisten‹ im eigentlichen Sinne [67] in der DDR nicht gesprochen werden kann [68], daß die Marxismus-Version der SED vielmehr der Strömung in der KPdSU zugerechnet werden muß, deren Repräsentant Chruschtschow gewesen ist. [69] Wenn wir also in Anlehnung an Wolfgang Leonhard zusammenfassend sagen können, daß die Entwicklung der DDR im wesentlichen von zwei politischen Kräften bestimmt wurde: einer sowjetmarxistisch und einer reformkommunistisch orientierten [70], so gilt dies unter der genannten Einschränkung bzw. Präzisierung.

2. Dialektisch-materialistische Methode und SED-Ideologie – Zum Verfall der marxistischen Theorie

1956, beim Studium der Protokolle des XX. Parteitages der KPdSU, notierte Brecht, eine der »schlimmen Folgen des Stalinismus« sei die »Verkümmerung der Dialektik«. [1] Ohne die Kenntnis der Dialektik, der «Großen Methode« [2], seien »Übergänge wie die von Stalin als Motor zu Stalin als Bremse nicht verstehbar«. [3] Diese Notate Brechts markieren den Endpunkt einer Entwicklung, die von noch fundamentalerer Bedeutung ist als der von uns skizzierte Entwicklungsgang der Revolutionstheorie: die der jeder marxistischen Ökonomie, Politik und Ideologie zugrundeliegenden und alle Bereiche des Marxismus dominierenden [4] materialistisch-dialektischen Methode. Denn die schematische Trennung von bürgerlich-demokratischer und sozialistischer Umwälzung in der Etappentheorie verwies auf eine Problematik, gleichsam auf eine theoretische Tiefenstruktur, die nicht allein mit der gesellschaftspolitischen Strategie der SED, trotz deren eminenter Bedeutung für die Analyse der allgemeinen und Kulturpolitik, erklärt werden kann.

2.1. Über formale Logik und materialistische Dialektik [5]

2.1.1. Die Diskussion in der Sowjetunion

Als Stalin 1950, nach einer Untersuchung von über einem Jahrzehnt, in seiner Publikation *Der Marxismus und die Fragen der Sprachwissenschaft* [6] noch einmal zu grundlegenden Problemen des Marxismus Stellung genommen hatte, wurde diese sofort nach ihrem Erscheinen zum Ansatzpunkt einer breiten wissenschaftlichen Auseinandersetzung [7], die sich, ausgehend von der Sowjetunion, auf das ganze ›sozialistische Lager‹ [8] erstreckte und in zahlreichen Konferenzen und Debatten niederschlug. [9] Die Vertreter aller Wissenschaftszweige fühlten sich sogleich aufgerufen, »Folgerungen aus dem genialen Werke« [10] zu ziehen. Die Art und Weise allerdings, in der die Kontroversen ausgetragen wurden, hatte, bis auf wenige Ausnahmen, mit Wissenschaftlichkeit nur noch entfernt etwas zu tun. Deckten diese Diskussionen nicht in äußerster Prägnanz und Deutlichkeit das theoretische Fundament damaliger Politik und Ideologie auf – man könnte sie mit dem Vermerk abhaken, es handle sich um eine Neuauflage sophistischer Spiegelfechtereien, um Verdunkelung statt Erhellung des jeweiligen Gegenstandes, bis dieser schließlich auf der Strecke blieb.

Es wirft ein bezeichnendes Licht auf diese Auseinandersetzungen, daß jenes namentlich für die Diskussion über das Kernstück jeglicher marxistischer Theorie und Praxis: die dialektische Methode gilt.

Indiz einer neuen Strömung innerhalb der sowjetischen Philosophie war das überaus starke Interesse an formal-logischen Problemstellungen. [11] Dies fand seinen Ausdruck darin, daß nicht die dialektische Logik ins Zentrum der Diskussion rückte, sondern deren Verhältnis zur formalen Logik. [12] Sieht man von der Erörterung von Teilproblemen ab [13], so lassen sich grob drei philosophische Standpunkte herauskristallisieren. [14] Der erste besagte, es gebe nur eine Wissenschaft vom Denken – die formale Logik. Die dialektische Logik bedeute gegenüber der formalen keine höhere Stufe, sondern gehöre aufgrund der auch für sie geltenden allgemein-logischen Prinzipien wie Identität ($A=A$) und Widerspruchsfreiheit (A könne nicht gleich B sein) zu dieser. Die in der Tradition der Hegelschen Philosophie stehende Vernachlässigung und Geringschätzung der formalen Logik müßten ein Ende haben.

Die Vertreter der zweiten, jener diametral gegenüberstehenden Ansicht bestritten das Postulat der Allgemeingültigkeit (formal-)logischer Prinzipien. Die formale, metaphysische Logik erfasse nur die einfachsten Beziehungen zwischen Dingen und Erscheinungen, nicht aber solche, die die wahren und realen seien und die nach Stalin allein durch die vier Grundzüge der dialektischen Methode [15] erfaßt werden könnten. Sie gelte also nur für den »Hausgebrauch« (Engels/Lenin), während die materialistische Dialektik die alte Logik aufgehoben habe und somit die einzig wissenschaftliche Logik darstelle.

Die dritte Richtung schließlich versuchte, eklektizistisch zwischen den beiden erstgenannten zu vermitteln, indem sie von der Existenz zweier voneinander unabhängiger Logiken ausging: einer formalen und einer dialektischen. Beide erforschten hiernach selbständig die zwei grundlegend verschiedenen Seiten der Dinge und Erscheinungen, etwa die der Ruhe und Quantität sowie die der Wechselbeziehungen und Bewegung. [16]

Vergegenwärtigt man sich in diesem Zusammenhang die Polemiken Engels' gegen Dühring und Lenins gegen den Empiriokritizismus [17], so wird leicht einsichtig, daß die skizzierten Positionen nicht als bloßer wissenschaftlicher Meinungsaustausch zu werten sind. Der dritte, vor allem aber der erste Standpunkt, lassen den prinzipiellen Charakter der Kontroversen erkennen, da sie – wenn auch indirekt und ad nauseam unter ständiger Berufung auf Stalins Sprachtheorie – die weltanschauliche Grundlage des (sowjetischen) Marxismus, den dialektischen Materialismus, im entscheidenden Punkt: der dialektischen Methode in Frage stellten.

Die zweite, traditionelle Richtung, die sich in ihrer Gegenargumentation ebenfalls auf Engels und Lenin sowie auf Stalin berief, wies einen entscheidenden Unterschied zu jenen, inzwischen klassisch gewordenen Polemiken auf. Zum einen stellte keiner ihrer Vertreter auch nur die Frage nach den Ursachen für das aufgekommene Interesse an formal-logischen Fragestellungen [18]; zum anderen bewies gerade diese Gegenargumentation, daß das Verständnis von Dialektik auf einem Niveau angelangt war, das nur durch eine grundlegende Umwälzung in der sowjetischen Philosophie hätte geändert werden können. So vermochte die traditionelle Position keinen Nachweis zu erbringen, daß die von ihr geforderte Applikation der materialistisch-dialektischen Methode bei der Analyse der sowjetischen Wirklichkeit besser als die von ihr kritisierte formal-logische jene zu analysieren in der Lage sei, da gerade dieser Bezugspunkt nur eine marginale Behandlung erfuhr. Die Akzeptation der formalen Logik als diskutable Alternative zur dialektischen *innerhalb* des Marxismus [19], die Reduktion der Dialektik auf mechanische Formeln

[20] und die Ontologisierung gesellschaftlicher Prozesse – erkennbar u. a. an dem Ausweichen auf das Gebiet der Naturwissenschaften –, lassen den Schluß zu, daß sich via ›List der Vernunft‹ eine strukturelle Identität mit den konträren Standpunkten herstellte, die kaum einem der Kontrahenten bewußt gewesen sein dürfte. Denn sowohl die formallogischen Postulate absoluter Allgemeingültigkeit als auch die Ontologisierung zielten letzten Endes, trotz verschiedener Konkretion, auf die Anerkennung einer absoluten Wahrheit, was im Widerspruch stand zu der marxistischen Grundthese, Wahrheitsfindung sei ein Prozeß, eine prozessuale Aneignung relativer Wahrheiten, nicht die Abspiegelung eines ›absolut Seienden‹. [21]

2.1.2. *Die Diskussion in der DDR*

Als 1951 in Jena die deutsche Konferenz über Fragen der Logik [22] stattfand, konnten die Teilnehmer bereits von den Ergebnissen der sowjetischen Diskussion ausgehen. Eine grundsätzliche Auseinandersetzung mit jener Diskussion kam allerdings nicht zustande, da diese Konferenz von einer ähnlichen Konstellation geprägt war. [23] Schon zwei Äußerlichkeiten zu Konferenzbeginn signalisierten den Grundtenor. Der in der Nachfolge Gottlob Freges stehende Jenenser Professor Paul F. Linke sprach in seiner Eröffnungsrede die Hoffnung aus, daß die Tagung unter der »Obhut« der Gedanken Freges stehen möge. [24] Und nicht ein Referat stand am Anfang, das sich mit Fragen der Dialektik auseinandersetzte, sondern der Beitrag »Der dialektische Materialismus und die mathematische Logik« von Georg Klaus. [25]

Klaus beschränkte sich in seiner Darlegung der Grundzüge des dialektischen Materialismus auf die Wiedergabe einiger Klassiker-Zitate und auf den Hinweis, daß er den Standpunkt Alexandrows, eines Vertreters der sowjetischen Tradition, teile. [27] Seine weiteren Redebeiträge deuteten an, daß seine breite Erläuterung mathematisch-logischer Fragestellungen nicht allein aus der Themenstellung des Referates resultierte. Die Bemerkungen über die Bedeutung des »(0,1)-Systems« für »verschiedene moderne Maschinen« (Computer) als auch sein Versuch einer Dialektisierung der formalen Logik [28] wiesen auf ein System, das sich hier noch in der Entstehung befand und das später im Kontext des NÖSPL zentralen Stellenwert erhalten sollte: das der Kybernetik. Erhärtet wird diese Feststellung durch Klaus' Rede auf der Konferenz über Fragen der Sprachwissenschaft, die vor der Logik-Konferenz stattgefunden hatte. [29] Dort hatte Klaus die These vertreten, daß »Naturwissenschaften und Mathematik ebenso wie die marxistisch-leninistische Gesellschaftswissenschaft weder den Produktivkräften noch der Basis, noch dem Überbau« [30] angehörten.

Die von traditioneller Warte, vor allem von Ernst Hoffmann [31] vorgetragene Kritik an Klaus' Ausführungen unterschied sich in keinem Punkt von der sowjetischen, so daß Klaus mit Recht darauf verweisen konnte, sie erbringe keinen Gegenbeweis und beschränke sich auf allgemeine Behauptungen. [32] Allerdings gab es einen Redner, der sich nicht durch die sowjetische Diskussion hatte prädeterminieren lassen und der als einziger auf das in Klaus' Beiträgen enthaltene Dilemma aufmerksam machte: Ernst Bloch.

Bloch vermerkte ironisch, daß er nach der »merkwürdig vieltönigen Anerkennung der mathematischen Logik im ersten Teil des Vortrags« von Klaus erwartet habe,

»daß nun etwas sehr Spannendes und Fruchtbares käme. Nämlich der Hinweis auf den rationellen Kern (in Anlehnung an einen berühmten Satz), der [...] aus der mathematischen Logik herausgeholt werden könnte, so als ob einer vorhanden wäre. Der Fortgang war dann so, daß die mathematische Logik immer weniger empfehlenswert vom Standort des dialektischen Materialismus dreinsah«. [33]

Seine Fragen, wie es mit dem »rationellen Kern in der Sache« stehe, wieso »hier überhaupt über Logistik« gesprochen werde, »nicht als einen Zweig der Mathematik, sondern eben auch als ein gegebenenfalls philosophisches Verfahren«, ja wieso »man sich – mutatis mutandis – auch in der Sowjetunion [...], ebenso im neuen Polen« [34] damit abgebe, trafen exakt den Kern des Problems. Seine Versuche, den Widerspruch als zentrale Kategorie und als Ursache der »Umwälzung des Bestehenden« [35] zur Debatte zu stellen, blieben ebenso ohne Resonanz wie seine prägnant-knappe Darlegung des Verhältnisses von formaler Logik und (früh-)bürgerlichem Denken, die in der These gipfelte, daß der idealistische Formalismus zur Sache der philosophischen, nicht der mathematischen »Logistik« selbst gehöre, »und zwar aufgrund des ehemaligen, in seiner Frische freilich längst verdorrten sozialen Auftrags, dem sie ideologisch entsprach. Dieser Auftrag war der bürgerliche einer Berechnung vor allem, was tauschbar ist, und zwar ohne Rücksicht auf den Inhalt.« [36]

2.2. Das Verhältnis von Basis und Überbau

Wenige Jahre vor seinem Tod wies Engels in mehreren Briefen [37] darauf hin, daß es nicht nur darauf ankomme, die »Produktion und Reproduktion des wirklichen Lebens« als das in »letzter Instanz bestimmende Moment in der Geschichte« [38] zu begreifen. [39] Ebenso müsse ein Moment berücksichtigt werden, das Marx und er selbst aufgrund ihrer wissenschaftlich und historisch bedingten Forschungsintention hätten vernachlässigen müssen, dem aber eine nicht zu unterschätzende Bedeutung zu attestieren sei: das Moment der Wechselverhältnisse zwischen Basis und Überbau, in diesen vor allem das des Rückwirkens der Institutionen, Ideen etc. auf die Produktionsverhältnisse. [40] Im Blick auf diejenigen innerhalb der Sozialdemokratie, die seiner Meinung nach jene Verhältnisse übergingen, schrieb er: »Was den Herren allen fehlt, ist Dialektik [...] für sie hat Hegel nicht existiert.« [41]

2.2.1. Zur Dominanz der Basis

Marx als auch Engels gingen davon aus, daß die Basis der sozialistischen Gesellschaft noch lange Zeit Momente wie Warenproduktion, Wertgesetz, Austausch mittels des Äquivalentes Geld, Gegensatz zwischen geistiger und körperlicher Arbeit, d. h. Momente der bürgerlichen Basis enthalten würde. [42] Anknüpfend an diese dialektische

Theorie tendenziell antagonistischer Elemente innerhalb der sozialistischen Produktionsverhältnisse selbst betonte Lenin, daß die Änderung der Eigentumsverhältnisse nur einen ersten Schritt bedeute, der nicht darüber hinwegtäuschen dürfe, daß auch der Sozialismus aufgrund der ihm zunächst noch inhärenten Widersprüchlichkeit, vor allem in Rußland mit seiner starken Kleinproduktion (Bauern, Handwerker, private Einzelhändler etc.), »unausgesetzt, täglich, stündlich, elementar und im Massenumfang Kapitalismus« [43] erzeuge. Hier liege die eigentliche, ökonomische Ursache für die Notwendigkeit einer Diktatur des Proletariats. Diese Bemerkungen, die um viele ergänzt werden könnten, zeigen, daß diese Klassiker des Marxismus der Überzeugung waren, auch der Sozialismus produziere noch Klassenkämpfe. Nach Stalin jedoch bestand die

»Besonderheit der Sowjetgesellschaft der Gegenwart [...] zum Unterschied von jeder kapitalistischen Gesellschaft darin, daß es in ihr keine antagonistischen, feindlichen Klassen mehr gibt; die Ausbeuterklassen sind liquidiert, und die Arbeiter, die Bauern und die Intelligenz, die die Sowjetgesellschaft bilden, leben und wirken auf der Grundlage freundschaftlicher Zusammenarbeit.« [44]

Da sich eine »Erweiterung der Basis der Diktatur der Arbeiterklasse und die Verwandlung der Diktatur in ein elastischeres, folglich mächtigeres System der staatlichen Leitung der Gesellschaft« [45] vollzogen hätten, könne konsequenterweise auch nicht mehr von einem Proletariat in der Sowjetunion gesprochen werden. Dieses sei vielmehr »zu einer völlig neuen Klasse, zu der Arbeiterklasse der UdSSR« [46] geworden.

Erst in seiner letzten, 1952 erschienenen Schrift *Ökonomische Probleme des Sozialismus in der UdSSR* unternahm Stalin den Versuch einer Korrektur an seiner Theorie der »freundschaftlichen Zusammenarbeit«. Hatte er früher per definitionem tendenziell antagonistische Prozesse im ökonomischen Bereich ausgeschlossen, so wies er nun unter Rekurs auf Marx und Engels darauf hin, daß die von einer Anzahl sowjetischer Ökonomen – wie die weitere Entwicklung offenlegte, handelte es sich bei diesen nicht um die Minderzahl – geforderte forcierte Ausweitung der Warenproduktion und des Wertgesetzes nicht in Einklang zu bringen sei mit einer auf den Kommunismus abzielenden Politik, da dieser nur unter Beseitigung jener Elemente erreicht werden könne, nicht aber durch deren Ausdehnung; denn folge man diesen Ökonomen, so führe dies »unweigerlich zur Wiedergeburt des Kapitalismus«. [47]

Es gehört zur Ironie der Geschichte, daß Stalin selbst es war, der mit seiner Theorie der sozialistischen Ökonomie Anlaß zu jenen von ihm kritisierten Forderungen gegeben hatte, daß er sich aufgrund seiner widersprüchlichen Theorie – die früheren Theoreme hatte er nicht zurückgenommen – in einem Circulus vitiosus befand, den er kurz vor seinem Tod erahnt haben mag, den zu durchbrechen ihm aber gerade aufgrund dieser Widersprüchlichkeit nicht gelingen konnte. Schon zu seinen Lebzeiten ermöglichten daher seine Grundthesen Interpretationen, die jeweils nur eine Seite aufgriffen, die sich aber dennoch auf den eigentlichen Urheber berufen konnten.

Namentlich die seit den dreißiger Jahren dominante undialektische und schematische Methode war die *theoretische* Ursache dafür, daß die ökonomischen Prozesse, die realiter die Sowjetgesellschaft bestimmten und die Lenin in ihrem Anfangsstadium diagnostiziert hatte, nicht mehr erfaßt wurden. Diese Entwicklung kam äußerst krass in den Diskussionen über Stalins letzte Schriften zum Ausdruck: Seine späten Versuche einer Korrektur wurden weder thematisiert noch erkannt. [48]

In der DDR war es der bereits erwähnte Fred Oelßner, der die Diskussion bestimmte. So führte er in seinem Eröffnungsreferat auf der Konferenz über Fragen der Sprachwissenschaft, die sich ausgiebig mit dem Basis-Überbau-Problem beschäftigte, aus, daß von drei Momenten ausgegangen werden müsse: den Produktivkräften, den Produktionsverhältnissen und dem Überbau, wobei er gegen die Auffassung polemisierte, die Produktivkräfte gehörten zur Basis. Seine Intention lag allerdings nicht in der Analyse des dialektischen Verhältnisses jener drei Elemente, sondern in der Durchsetzung eines Dreier-Schemas, das von der Eigenständigkeit und monokausalen Hierarchie aller drei Elemente ausging. An die Stelle der Produktionsweise als dialektischer Einheit von Produktivkräften und Produktionsverhältnissen, der »Produktion und Reproduktion des wirklichen Lebens« als das in »*letzter Instanz* bestimmende Moment in der Geschichte« (Engels) traten allein die Produktivkräfte. Ausgehend von diesem Dreier-Schema behauptete Oelßner weiter, die »Wissenschaft vom Aufbau der kommunistischen Gesellschaft« setze sich aus folgenden Lehren zusammen:

.der Lehre von der »Schaffung der technischen Grundlage der kommunistischen Gesellschaft, [den] Großbauten des Kommunismus, [der] darauf begründete[n] Weiterentwicklung der politischen Ökonomie, [der] Lehre vom Staate im Kommunismus und seinem späteren Absterben, [der] Lehre von den sozialistischen Nationen und ihrer späteren Verschmelzung, [der] rasche[n] Entwicklung des Überbaus«. [49]

Ein solches Ursache-Wirkung-Schema war bereits von Engels in dem von uns zitierten Zusammenhang als »hohle Abstraktion«, als das bloße Sehen »metaphysische[r] polare[r] Gegensätze« [50] ironisiert worden, Hermann Duncker, einer der deutschen Altväter des Marxismus und der Tradition Engels' am nächsten stehend, kritisierte daher sofort, daß »die Produktion als ein besonderes gesellschaftliches Gebiet neben der Basis und dem Überbau betrachtet« [51] werde: Nach Marx müsse von der Produktionsweise ausgegangen werden. Oelßner wiederholte daraufhin in seiner Replik noch einmal seinen Standpunkt und fragte im Ton der Drohung, »wie sich Genosse Duncker zur Unterstützung seiner These auf Stalin berufen« [52] könne. (Stalin selbst hatte in seiner Basis-Überbau-Theorie, trotz deren Widersprüchlichkeit, nie von drei unabhängigen Bereichen gesprochen.)

Oelßners Theorie und deren Konsequenzen seien abschließend an einem Redebeitrag von Liselotte Welskopf-Henrich, damals Dozentin für alte Geschichte an der Humboldt-Universität, demonstriert:

»Wir haben, um einmal ein anderes Bild zu gebrauchen, einen ›dreistöckigen‹ Aufbau. Die Produktionsverhältnisse stehen dabei in der Mitte, sind Ursache und Wirkung zugleich und mit den Produktivkräften im dialektischen Zusammenhang ebenso verschwistert wie anderseits mit Politik und Kultur. Das Leben verläuft dabei in einer Fülle von Beziehungen und Wechselwirkungen, und auch Produktivkräfte und Produktion einerseits, Politik und Kultur anderseits stehen in bestimmten direkten Wechselwirkungen [...]. Gegenüber dem ›dreistöckigen‹ Aufbau (Produktion – Basis – Überbau) besitzen wir aber nur das zweistöckige Bild Basis – Überbau, durch das die Grundlage der Basis, die Produktivkräfte und die Produktion abgehängt werden und außerdem die Beziehungen zwischen Produktion und sogenanntem Überbau, soweit sie auch tatsächlich vorhanden sind, doch keinen Platz im Bilde mehr haben. Es ist einfach zu sagen: Das Leben ist vielfältiger als ein Schema, und man darf nicht versuchen, in ein Schema alles hineinzupressen. Aber das Schema ›Basis – Überbau‹ ist nicht nur von einer außerordentlichen Wirkung für die Verbreitung der Vorstellung, daß das Bewußtsein vom Sein abhängt, sondern es hat auch den Charakter von etwas in sich Abgeschlossenem, Abgerundetem und Vollständigem, und es verführt daher dazu, alles das zu vergessen und zu verleugnen, was nicht damit gedeckt werden kann.« [53]

2.2.2. Zur möglichen Dominanz des Überbaus

In seiner Kritik am Gothaer Programm machte Marx am Beispiel des Rechts deutlich, daß die Parole: »Gleiches Recht für alle!« in einer sozialistischen Gesellschaft eine Phrase sei, wenn übersehen werde, daß die durch die historische Entwicklung bedingte Ungleichheit der Individuen zunächst auch im Sozialismus weiterexistiere. Diese »Mißstände« seien

»unvermeidbar in der ersten [d. h. sozialistischen; d. V.] Phase der kommunistischen Gesellschaft, wie sie eben aus der kapitalistischen Gesellschaft nach langen Geburtswehen hervorgegangen ist. Das Recht kann nie höher sein als die ökonomische Gestaltung und dadurch bedingte Kulturentwicklung der Gesellschaft«. [54]

Unter direktem Bezug auf dieses Marxsche Theorem schlußfolgerte Lenin, daß »im Kommunismus nicht nur das bürgerliche Recht eine gewisse Zeit fortbesteht, sondern auch der bürgerliche Staat – ohne Bourgeoisie!« [55] Kurz: Nicht nur die Basis sei noch beherrscht von tendenziell antagonistischen Elementen, sondern auch der Überbau. Die »politische Übergangsperiode«, die »revolutionäre Diktatur des Proletariats« [56] als deren Staat umfasse beide Bereiche. Damit war die theoretische Grundlage geschaffen, die Dialektik des Dominantenwechsel aus dem rein ökonomischen Bereich – wenn die Basis die Entwicklung der Produktivkräfte hindere, komme ihr durch die Notwendigkeit einer Umwälzung die Hauptbedeutung zu – auf den Widerspruch ›Basis‹ vs. ›Überbau‹ zu übertragen. Dies drückte sich in marxistischer Theorie darin aus, daß die Umwälzung der kapitalistischen Produktionsverhältnisse, im Unterschied zu vorangegangenen Gesellschaftsformationen wie Feudalismus etc., nur über die Errichtung einer neuen Staatsmacht, eines proletarischen Überbaus vollzogen werden könne. Die Fortdauer – nach Marx und Lenin – tendenziell antagonistischer Elemente in der Basis als auch im Überbau des Sozialismus ließ demnach nicht nur eine ungleichzeitige Entwicklung im ökonomischen Bereich, eine Zuspitzung, dessen Widersprüche als möglich erscheinen, sondern auch in dem des Überbaus, eine Möglichkeit, die Lenin im politischen Begriff der Restauration konzedierte. [57]

Dieses Theorem einer möglichen Dominanz des Überbaus hatte eminent praktische Bedeutung. Entweder konnte die Umwälzung im Sozialismus über die »gigantische Mobilisierung der Weisheit der Massen« [58] erfolgen – oder durch eine »Revolution von oben«. [59] Die zweite, Stalinsche Alternative setzte allerdings voraus, daß die tendenziell antagonistischen Elemente verschwunden waren oder doch weit an Bedeutung verloren hatten. Die dem Überbau zufallenden Aufgaben konnten dann nur noch darin bestehen, über die Harmonie zwischen Produktivkräften und Produktionsverhältnissen sowie zwischen Basis und Überbau zu ›wachen‹, den Sozialismus vor ›Agenten des ausländischen Kapitals‹ zu schützen und das Volk ›anzuleiten‹. Die aus dieser Theorie resultierenden Entwicklungen und Konsequenzen, die Brecht 1938 zu der polemischen Bemerkung veranlaßten, in Rußland herrsche eine »Diktatur *über* das Proletariat«[60], sind heute sattsam bekannt. Sie kommen signifikant in Stalins Rede auf dem XVIII. Parteitag zum Ausdruck:

»Die Aufgaben der Partei auf dem Gebiet der Innenpolitik sind: [...]Die kapitalistische Umwelt nicht zu vergessen, daran zu denken, daß die ausländischen Spionagedienste, Spione, Mörder, Schädlinge in unser Land schicken werden, daran zu denken und unseren sozialistischen Abwehrdienst zu festigen, indem man ihm systematisch hilft, die Volksfeinde niederzuschlagen und auszurotten.« »Jetzt besteht die Hauptaufgabe unseres Staates im Innern des Landes in der friedlichen wirtschaftlich-organisatorischen und kulturell-erzieherischen Arbeit. Was unsere Armee, die Straforgane und den Abwehrdienst anbelangt, so ist nun ihre Spitze nicht nach dem Innern des Landes gerichtet, sondern nach außen, gegen die äußeren Feinde.«[61]

Welche Widersprüchlichkeit in dieser theoretischen Frage herrschte, zeigen einerseits die genannten Bemerkungen Stalins zur »Wiedergeburt des Kapitalismus«, andererseits die ständig wiederholten Formeln von der »moralisch-politischen Einheit des um die Kommunistische Partei gescharten Sowjetvolkes«, die erlaubten, bereits vom »Übergang vom Sozialismus zum Kommunismus« [62] zu sprechen, und vor allem die Tatsche, daß die sogenannte Agententheorie Kernstück der Stalinischen Theorie blieb, wie noch die Ausführungen Malenkows auf dem 19. Parteitag der KPdSU zeigen:

»Manche Funktionäre, die nur noch für Wirtschaftsangelegenheiten Sinn haben und sich von den wirtschaftlichen Erfolgen hinreißen lassen, beginnen zu vergessen, daß es immer noch eine kapitalistische Umkreisung gibt und daß die Feinde des Sowjetstaates hartnäckig bestrebt sind, ihre Agenten bei uns einzuschleusen und die schwankenden Elemente der Sowjetgesellschaft für ihre verwerflichen Zwecke auszunutzen.« [63]

Malenkow (und damit die Stalinsche Führung) widersprach sich selbst, wenn er auf »ernste Fehler und Entstellungen« und »ernste ideologische Breschen« [64]hinwies, dann aber formulierte:

»In unserer Sowjetgesellschaft gibt es keine Klassenbasis für eine Herrschaft der bürgerlichen Ideologie, noch kann es sie geben. Bei uns herrscht die sozialistische Ideologie, deren unerschütterliche Grundlage der Marxismus-Leninismus ist. Aber bei uns haben sich noch Überreste der bürgerlichen Ideologie, Überbleibsel der Privateigentümer-Mentalität und -Moral erhalten. Diese Überbleibsel sterben nicht von selbst ab, sie sind sehr zählebig, sie können wachsen, und man muß einen entschlossenen Kampf gegen sie führen. Wir sind auch nicht sicher davor, daß von außen her, aus den kapitalistischen Staaten Ansichten, Ideen und Stimmungen, die uns fremd sind, zu uns eindringen, ebenso wie von innen her, von den Überresten der feindselig zur Sowjetmacht eingestellten und durch die Partei noch nicht restlos vernichteten Gruppen. Man darf nicht vergessen, daß die Feinde des Sowjetstaates versuchen, allerlei ungesunde Stimmungen zu verbreiten, zu schüren und anzufachen und schwankende Elemente unserer Gesellschaft ideologisch zu zersetzen.« [65]

Andere Ausführungen jener Jahre können nicht deutlicher die Grenze markieren, die die Stalinsche Theorie erreicht hatte. Der Widerspruch drängte zur Lösung.

Es war sicher kein Zufall, daß sich Fred Oelßner in seiner Rede auf der o. g. Konferenz gerade auf jene Worte Stalins bezog. Anknüpfend an diese Thesen entwickelte er die für die DDR gültige Theorie:

»Im Maße, wie sich diese Basis entwickelt und festigt, wächst auch die Macht des sozialistischen Staates, denn die heutige Basis bringt keine neuen antagonistischen Kräfte hervor, wie es bei der kapitalistischen Geschellschaft der Fall war, sondern mit ihrer Entwicklung werden die antagonistischen Widersprüche beseitigt, es entsteht die innerlich einheitliche sozialistische Gesellschaft.« Nur der Übergangscharakter der DDR-Basis, die antifaschistisch-demokratische Ordnung bringe es mit sich, »daß bei uns der Entwicklungsprozeß des Überbaus nicht so rasch vor sich gehen kann wie in den Ländern der Volksdemokratie, die bereits den Weg der sozialistischen Entwicklung beschritten haben.« [66]

Oelßner beließ es nicht bei dieser Basis-Überbau-Theorie, sondern formulierte, wiederum unter Berufung auf Stalin, deren allgemein-theoretische Grundlage. So besage der dritte Grundzug der Dialektik (Qualität, ›Explosion‹), daß sich in einer sozialistischen Gesellschaft, ähnlich wie in der Sprache, die Entwicklung evolutionär vollziehe, da die »einheitliche sozialistische Gesellschaft« ›Explosionen‹ grundsätzlich ausschließe. [67] Eine solche Theorie konnte nichts anderes bedeuten als die Fundierung einer Erziehungsdiktatur, eine Entmachtung des Volkes bereits in der theoretischen Zielsetzung. Nicht die Befähigung des Proletariats und der mit ihm verbündeten Klassen und Schichten zur unmittelbaren Machtausübung war das Ziel, sondern »die Mehrheit der Arbeiterschaft auf das technische und kulturelle Niveau der technischen Intelligenz zu bringen« [68], wie es der persönliche Referent Walter Ulbrichts, Otto Gotsche, anläßlich der Einführung des I. Fünfjahrplans formulierte. Phänomene der Unterdrückung, die Ausdruck der weiteren Existenz tendenziell antogonistischer Elemente waren, konnten mit Leichtigkeit als ›moralische Entgleisungen‹ abqualifiziert werden:

»Genosse Kirchner hat fast wörtlich gesagt: ›Der Genosse Reinhold hat von Ausbeutung in den kapitalistischen Betrieben gesprochen und es konnte der Eindruck entstehen, das wäre nur im Kapitalismus. Weit gefehlt, auch bei uns‹, fast wörtlich, Genossen. Was kommt dabei heraus? Es kommt dabei heraus, daß bei uns in der volkseigenen Industrie Ausbeutung ist. [...] Das ist doch keine Ausbeutung.
Wir haben doch vorher gerade von dem Genossen Reinhold gehört, und das haben wie alle gemerkt, als wir das ›Kapital‹ studiert haben, daß die Ausbeutung auf dem Privateigentum an Produktionsmitteln beruht. Der volkseigene Betrieb ist doch aber kein Privateigentum, infolgedessen kann auch dieser skandalöse Fall nicht Ausdruck der Ausbeutung sein, sondern ein Ausdruck einer Schweinerei eines einzelnen Funktionärs, eines einzelnen Direktors oder wer das war, aber doch nicht eine Frage der Ausbeutung.« [69]

Diese Bemerkungen Hanna Wolfs, der Direktorin der Parteihochschule »Karl Marx«, geäußert 1954 auf der Konferenz über »Die wissenschaftliche Begründung der Rolle der Arbeiterklasse in der modernen Gesellschaft«, also nach den Ereignissen des 17. Juni, machen noch einmal evident, unter welchen Bedingungen in der DDR theoretische Forschungen betrieben wurden. Ähnlich äußerte sich der Direktor des Instituts für Politische Ökonomie an der Karl-Marx-Universität Leipzig, Karl-Heinz Schneider, der die für die DDR verbindliche Lehr-Formel wiedergab:

»In einer Gesellschaftsordnung [...], in der keine antagonistischen Klassen existieren, zum Beispiel in der sozialistischen Gesellschaft, erfolgt der Übergang zu neuen ökonomischen Verhältnissen revolutionär in Form der allmählichen Durchdringung des Alten durch das Neue. Das ist möglich, weil die revolutionären Veränderungen von oben, das heißt im Interesse der Werktätigen durch den sozialistischen Staat und daher mit Unterstützung der Werktätigen erfolgen.« [70]»Die ökonomische Basis und der zu ihr in aktiver Wechselbeziehung stehende Überbau im Sozialismus entsprechen [. . .] völlig den Interessen der breiten Massen der Werktätigen, werden von den Werktätigen in eigenem Interesse gefördert und gefestigt.« [71]

2.3. Das Verhältnis von Literatur und Kunst zu Basis und Überbau

2.3.1. Die Diskussion in der Sowjetunion

Die in den Diskussionen über Fragen der Logik sowie über die Basis-Überbau-Problematik mehr oder weniger offen zutagegetretene Tendenz, Stalins Evolutionstheorie der Sprache aus dem sprachwissenschaftlichen Kontext zu lösen und deren Allgemeingültigkeit für *alle* Gebiete der Natur- und Gesellschaftswissenschaften zu postulieren, gewann in den Diskussionen über Kunst und Literatur und deren Wechselbeziehungen zu Basis und Überbau zentrale Bedeutung. Sie bestimmt die gesamte Auseinandersetzung. Besonders der Anfang 1951 in ›Voprosy Filosofii‹ erschienene Artikel *Über das Verhältnis der Kunst zu Basis und Überbau* [72] von P. S. Trofimow löste heftige Reaktionen aus. In ihm wurde die These vertreten, daß die wesentlichen in Kunst und Literatur enthaltenen Momente weder den Produktionsverhältnissen noch den von diesen bestimmten Institutionen und Bewußtseinsformen zuzurechnen seien.

Trofimows zentrale These bestand in der Unterscheidung von Kunst schlechthin und zeit- und epochengebunden künstlerischen Anschauungen, eine Unterscheidung, die sowohl Marx und Engels als auch Lenin und Stalin getroffen hätten. Da sie stets nur von klassenmäßig gebundenen künsterlichen Anschauungen sprächen, nicht aber von der Kunst allgemein und in ihrer Totalität, müsse davon ausgegangen werden, daß die Klassiker die eigentlichen wesentlichen Momente der Kunst nicht im Bezugsrahmen des Basis-Überbau-Verhältnisses sähen. [73] Die Kunst als eine der Formen des gesellschaftlichen Bewußtseins enthalte demnach

»sowohl Elemente des Überbaus (die gesellschaftlichen ästhetischen Anschauungen der herrschenden Klassen, ausgedrückt in den Kunstwerken) als auch Elemente, die über den Rahmen des Überbaus hinausgehen und für die folgenden Epochen Bedeutung haben (objektive Wahrheit, fortschrittliche Ideen, die mit dem Leben des Volkes verbunden sind, künstlerische Werte).« [74]

Die nicht konkret-historisch gebundenen Elemente seien Ausdruck objektiver, »mit dem psychophysiologischen normalen menschlichen Sehen und Hören« [75]unauflöslich verbundener »Gesetze des Schönen« [76], die nur entwickelt, in keinem Fall aber beiseite geworfen oder verletzt werden könnten. Jeder Künstler müsse diese Gesetze studieren, da sie nicht wie die klassenmäßig gebundenen Elemente das Produkt einer Epoche darstellten, sondern das Produkt einer viel längeren Entwicklung: »Zu ihrer Entwicklung wird eine viel größere Zeitdauer benötigt als für die Ablösung einer Gesellschaftsformation durch eine andere.« [77] Während der Überbau nicht vom ganzen Volk geschaffen werde, nicht von der ganzen Nation, sondern von einer in der jeweils gegebenen Gesellschaft herrschenden Klasse, sprenge wahre, geniale Kunst wie die Goethes, Balzacs oder

Tolstois diesen Rahmen; denn die nach den ›objektiven Gesetzen‹ der Kunst geschaffenen Werke dienten nicht nur einer, sondern verschiedenen Klassen.

Trofimows Aufspaltung der Kunstproduktion in ein ›objektiven Gesetzen‹ verhaftetes ›Wesen‹ der Kunst und in von einer jeweils herrschenden Klasse abhängige künstlerische Anschauungen erweist sich methodisch als ein Rückfall hinter die von Marx entwickelte Position. Marx schrieb in seiner *Einleitung* der *Kritik der politischen Ökonomie,* die die ausführlichste Darstellung seiner allgemeinen Methode enthält, daß nicht das das Entscheidende und Vorwärtstreibende der historischen Entwicklung ausmache, was allen Epochen gemeinsam sei, sondern der »Unterschied von diesem Allgemeinen und Gemeinsamen« [78]. Die bei der Negierung der historischen Unterschiede stehenbleibende Abstraktion verflüchtige sich notwendigerweise zu »*allgemein menschlichen*« und von der »Geschichte unabhängigen Naturgesetzen«[79], während die Methode, »vom Abstrakten zum Konkreten aufzusteigen« [80], nicht nur zur Erkenntnis der die Geschichte bestimmenden Gesetze führe, sondern auch zur Erkenntnis über deren Veränderbarkeit. [81] Exakt der von Marx kritisierten Methode folgte der Artikel von Trofimow. die historische Dialektik in der (Kunst-) Produktion der verschiedenen Gesellschaftsformationen war ›objektiven Gesetzen‹ gewichen, die Gültigkeit für alle Epochen, Klassen und Stände besitzen sollten. Einmal in die Welt gesetzt und dann ein ›unabhängiges‹ Dasein führend, waren sie damit dem Zugriff entzogen und konnten je nach Klassenstandpunkt [82]nur noch verschieden ›widergespiegelt‹ und ›angewendet‹ werden. Die Negierung des Verhältnisses »des ganzen Bereichs der Kunst zur allgemeinen Entwicklung der Gesellschaft» [83]kam besonders in der Gleichsetzung von Ästhetik und Naturwissenschaften zum Ausdruck, manifest in der Bindung der »Gesetze des Schönen« an den psychopysiologischen Apparat des Menschen.

In der späteren Diskussion über den Gegenstand einer marxistisch-leninistischen Ästhetik [84], die unter dem Vorzeichen der Vorbereitung des XX. Parteitags stand und deshalb eine Anknüpfung an Stalins Sprachtheorie nicht mehr als zeitgemäß erscheinen ließ, ging Trofimow einen Schritt weiter, indem er die Ästhetik als eine eigenständige philosophische Wissenschaft charakterisierte, die grundlegende gnoseologische Fragen, angewandt auf die Spezifik der künstlerisch-bildhaften Erkenntnis, untersuche. Diese »Wissenschaft vom Wesen und den allgemeinsten, grundlegenden Gesetzen der künstlerischen Aneignung der Wirklichkeit durch den Menschen« [85] sei weder Teil des dialektischen noch des historischen Materialismus, da zu ihrem Gegenstand nicht die für jene traditionellen Bereiche der Natur, der Gesellschaft und des menschlichen Denkens gehörten.

Trofimows Deninition des Überbaus als Institutionen und Bewußtseinsformen allein einer Klasse hatte für die allgemeine Kunst- und Literaturtheorie entscheidende Bedeutung. Da nach seiner Definition all die dem Überbau inhärenten Widersprüche ausgeschlossen waren, die die gesamte Gesellschaftsformation prägten, mußte gleiches auch für die Kunstproduktion als einer der gesellschaftlichen Bewußtseins- und Praxisformen gelten. Für Trofimow besaß deshalb auch die sozialistische Kunst eine epochenverhaftete und eine allgemein-menschliche Funktion. [86]Zum anderen führte das Postulat ›ewiger Kunstgesetze‹ zur rigorosen Ablehnung jeglichen künstlerischen Experimentes bei der Darstellung der neuen Wirklichkeit. Nicht ohne Grund sah die von Trofimow vertretene

Richtung ihre schärfsten Gegner im ›Proletkult‹ und im ›Formalismus‹, unter die die Konzeption des L'art pour l'art subsumiert wurde wie die Konzeptionen Tretjakows, Brechts, der Agitpropkunst und der proletarisch-revolutionären Literatur.

Ähnlich den anderen von uns skizzierten Debatten vermochten die Kritiker der durch Trofimow repräsentierten Position keine wirklich eigenständige Theorie zu entwickeln. [87]Zwar wiesen sie auf die undialektische Überbau-Definition Trofimows und auch einschlägige Klassiker-Aussagen hin, die dabei entwickelten Ansätze wurden aber nicht verbunden mit einer kritischen Reflexion der eigenen Voraussetzungen, die in wesentlichen Punkten eine nahe Verwandtschaft mit denen Trofimows aufwiesen. Wie Trofimow folgten sie der Theorie, daß – wie Shdanow am Beispiel der Musik demonstriert hatte [88]– keine Disharmonien das Ohr des Hörers affizieren dürften. Darüber hinaus waren auch sie der herrschenden ›Erbe‹-Auffassung verpflichtet, sozialistische Kunst und Literatur könne einzig und allein von den bislang unübertroffenen Vorbildern der Klassik lernen. [89]   Entscheidend aber war schließlich, daß die Fragen der konkreten Kunstproduktion, der Praxis künstlerischen Schaffens keiner ausführlichen Untersuchung unterzogen wurden, da die Meinung vorherrschte, die Kriterien der Praxis träfen auf Kunst und Literatur nicht zu.   [90] Es genügte nicht, auf den ›allgemeinen Klassencharakter‹ von Kunst und Literatur zu verweisen, wenn sich Kunsttheorie und -praxis in einem desolaten Zustand befanden, wenn die »völlig undialektische, schematische, ungebildete, einheitliche Devise« lautete: »Schafft Kunst! Etwa mit folgender Begründung schein-marxistischer Art: [Die] Etappe der Agitprop-Kunst hat das Proletariat überwunden. Jetzt wünscht es bereits Kunstwerke« [91].

2.3.2. Die Diskussion in der DDR

Waren die verschiedenen Standpunkte in der sowjetischen Diskussion, trotz wesentlicher Affinitäten, deutlich voneinander abgehoben, so traf dies für die Debatten in der DDR nur bedingt zu, da sie in die Zeitspanne fielen, in der die antifaschistisch-demokratische Ordnung durch den Aufbau der Grundlagen des Sozialismus abgelöst werden sollte. Die daraus resultierenden Probleme markierte Fred Oelßner, als er von den Schwierigkeiten sprach, die der »klassenmäßige Inhalt unserer Kultur« bereite:

»Diese Schwierigkeiten entstehen aber nur daraus, daß wir eine Übergangsbasis haben, die auch auf den Überbau einwirkt und dementsprechend unserer Kultur einen Überganscharakter gibt, den wir am besten mit den Worten ›neue demokratische Kultur‹ ausdrücken«[92]

Obwohl Oelßner nicht näher auf das Verhältnis von Kultur und Überbau einging, so ließen seine allgemeinen Ausführungen über das Basis-Überbau-Problem die Tendenz erkennen, die sich hinter seiner einschränkenden Bemerkung über den Übergangscharakter verbarg: Eine der Kultur innewohnende Widersprüchlichkeit galt nur für die antifaschistisch-demokratische Übergangszeit, nicht aber mehr für die Etappe des sozialistischen Aufbaus. In Anknüpfung an diese Theorie konnte daher Wolfgang Böhme, der Chefredakteur des Leipziger »Börsenblattes für den Deutschen Buchhandel«, das einen entscheidenden Einfluß auf Rezeptionsweise und Literaturtheorie ausübte, in einem Diskussionsbeitrag zur Vorbereitung der II. Verlegerkonferenz schreiben, daß »im Gegensatz etwa zu den USA bei uns selbstverständlich die neue fortschrittliche Literatur zum Überbau gehört, denn der Überbau wird von der Basis produziert, um ihr zu dienen. Kämen bei uns noch Bücher heraus, die der alten Basis entsprangen, würden sie nicht zum Überbau gehören« [93].

Solange die Diskussion in der Sowjetunion noch nicht durch eine offizielle Stellungnahme der KPdSU oder des Schriftstellerverbandes beendet worden war, führte dies in der DDR zu dem Versuch, die eigene antifaschistisch-demokratische Kulturtheorie in Einklang zu bringen mit dem Standpunkt Trofimows und dem seiner Kritiker. Einerseits wurde an der Auffassung festgehalten, daß die Kunst dem Klassenkampf diene, daß sich künstlerische, ästhetische Anschauungen sowie theoretische, philosophische Grundlagen analog der Umwälzung der gesamten Gesellschaftsformation veränderten. Aus gleichem Munde konnte andererseits vernommen werden, daß die Funktion der Kunst, »das Leben in seiner revolutionären Vorwärtsentwicklung« zu zeigen, »als Methode der praktischen Aneingung [...], als Mittel zur Erkenntnis der Wirklichkeit« keinen Überbaucharakter trage, da sie nicht mit der »Vernichtung einer gegebenen Basis und ihres Überbaus« [94] verschwinde. Konkret hieß dies, daß sich die Auffassung von der Kunst als einer der gesellschaftlichen Formen des Bewußtseins nur auf die allgemeine oder aktuelle gesellschaftspolitische Themenstellung eines betreffenden Kunstwerkes erstreckte, während die ›wahre‹ Funktion der Kunst – wir werden darauf im Zusammenhang der Literaturtheorie ausführlich zurückkommen – nach Kriterien beurteilt wurde, die der ästhetischen, erkenntnis- und kunsttheoretischen Problemstellung der Trofimow verpflichteten Auffassungen entsprangen und damit einer Position, die mit der Georg Lukács' prinzipielle Gemeinsamkeiten aufwies. [95]Daran änderte sich auch nichts, als die sowjetische Stellungnahme in Form des Diskussionsergebnisses einer öffentlichen Versammlung der Parteiorganisation des Schriftstellerverbandes vorlag, die die Thesen Trofimows abgelehnt hatte. Erinnert man sich der revolutionstheoretischen Entwicklung in der DDR, bedenkt man ferner, daß zum Zeitpunkt dieser Diskussion die Kampagne gegen ›Formalismus‹ und ›Kosmopolitismus‹ initiiert wurde und das Lukács zum offiziell unumstrittenen Realismustheoretiker avanciert war [97], so ist erklärlich, warum sich in der DDR eine dem Trofimowschen Standpunkt verschwisterte Auffassung durchsetzen konnte. [98]

Es ist verwunderlich, daß die Kontroversen über die Basis-Überbau-Problematik, speziell die über die Stellung von Kunst und Literatur innerhalb der historischen Dialektik, bis heute keine Beachtung in der Sekundärliteratur gefunden haben. Dies um so mehr, als diese Kontroversen alle wesentlichen Probleme damaliger sozialistischer Literaturtheorie und -produktion tangierten. Darüber hinaus bestimmten sie noch Jahre später – wenn auch nicht mehr unter Berufung auf Stalins Sprachtheorie – maßgeblich die Diskussionen über das Verhältnis von Literatur und Gesellschaft, wie eine Auseinandersetzung über siebzehn Thesen Joachim G. Boeckhs [99] zur Frage der Maßstäbe in Literaturgeschichte und -wissenschaft zeigt, die zum Jahreswechsel 1956/57 im ›Sonntag‹ ausgetragen wurde. So waren noch immer Auffassungen wie die anzutreffen: daß die Gedichte Erich Weinerts »nicht zum Überbau der Weimarer Republik« gehörten, weil sie die »Widersprüche zwischen den Produktionsverhältnissen und der Produktionsweise« [100] aufgerissen hätten. Auch Rita Schobers *Skizzen zur Literaturtheorie* aus dem Jahr 1956 beziehen sich in dem Beitrag »Der gesellschaftliche Standort der Literatur« [101] auf jene Diskussionen.

Fritz J. Raddatz nennt Stalins Sprachtheorie als wichtigsten Punkt einer ideologischen Neuorientierung, fährt jedoch fort:

»Stalin leugnet, daß Sprache Teil des Überbaus ist; das hing natürlich mit seiner generellen Entideologisierungstendenz des Marxismus zusammen und damit gleichzeitig mit seinem taktischen Bestreben, pragmatische Staatsformen zu stabilisieren, die weder durch sprachliche noch durch ideologische Einwirkungen irritiert werden sollten. Sprache, also Denken, als Unterkategorie der ökonomischen Basis, das geht unmittelbar zusammen mit dem Begreifen der Kunst als Unterkategorie der Erkenntnistheorie: Kunst als Lebenshilfe« [102].

Abgesehen von der wohl kaum aufrechtzuerhaltenden Behauptung, Sprache = Denken sei Teil des gesellschaftlichen Überbaus [103], sind auch die anderen Bemerkungen unzutreffend, da Stalin gerade in seinen letzten beiden Schriften den Versuch unternahm, sogenannte Entideologisierungstendenzen entgegenzutreten. Die von Raddatz genannte Neuorientierung manifestierte sich vielmehr in den Debatten, die über Stalins Sprachschrift geführt wurden und in denen, wie wir am Beispiel Trofimow demonstrieren konnten, immer stärker eine Strömung hervortrat, die im ästhetischen und literaturtheoretischen Bereich Ausdruck der allgemein vorhandenen ›schleichenden Entstalinisierung‹ war. [104]

II.

DIE MATERIELLEN, POLITISCH-IDEOLOGISCHEN UND THEORETISCHEN GRUNDLAGEN DER LITERATUR DER SBZ/DDR (1945–1956)

II.I.
DIE SCHAFFUNG DER MATERIELLEN GRUNDLAGEN EINER NEUEN LITERATUR

1. Die materiellen Produktionsbedingungen der Schriftsteller

Bis heute wird in der westlichen Sekundärliteratur unwidersprochen die These aufrechterhalten, die Literatur der Arbeitswelt der DDR – und um diese handelt es sich, oberflächlich thematisch betrachtet [1], vor allem bei der frühen DDR-Literatur – habe sich ab 1945, namentlich seit 1948/49, der Durchführung der ersten Jahrespläne, bewußt auf die proletarisch-revolutionäre Tradition bezogen. Exemplarisch für diese These, die in der gesellschaftspolitischen Analyse der DDR stets mit der Auffassung korreliert, seit Thälmann habe sich die Politik der KPD und späteren SED nur taktisch, nicht aber prinzipiell-programmatisch gewandelt, ist die Arbeit von Bernhard Greiner. Greiner schreibt unter dem Stichwort »Literaturhistorischer Aspekt«:

> »Mit der Literatur der Arbeitswelt wurde in der DDR bewußt an die proletarisch-revolutionäre Literatur der Weimarer Zeit angeknüpft. Oft war mit der Person der Autoren, die früher dem Bund proletarisch-revolutionärer Schriftsteller (BPRS) angehört hatten, diese Verbindung unmittelbar vorgegeben. Die Frage nach der Literatur der Arbeitswelt schließt so die Frage nach der Traditionsbildung der DDR-Literatur (Anspruch und Realität) ein. Das Thema ›Arbeitswelt‹ in der Literatur erfährt in diesem Zusammenhang seine unerläßliche historische Vertiefung.« [2]

Die aus diesem Ansatz resultierende Aporie wird sofort evident, wenn Greiner wenig später fortfährt, daß die von Lukács entwickelten »Kategorien marxistischer Literaturtheorie [...] in der Stalinistischen Ära zur Grundlage des Literaturverständnisses gehörten.« [3]

Auch Lutz-W. Wolff läßt in der Titelformulierung seiner Arbeit ›Auftraggeber Arbeiterklasse‹. Proletarische Betriebsromane 1948–1956 attributiv die Greinersche Traditionsziehung erkennen als auch in seinem Ansatz, die »frühe Gegenwartsliteratur der DDR als Ausdruck klassenkämpferischer Parteinahme für die Arbeiterklasse sichtbar zu machen« [4], obwohl er die allgemeine antifaschistisch-demokratische Programmatik der KPD/SED, deren kultur- und literaturpolitisches Pendant sowie die soziale und ideologische Ausgangssituation der Schriftsteller der SBZ/DDR als wesentliche Unterscheidungsmerkmale zur Literatur des BPRS thematisiert.

Gerade letzteres, das Wolffs Aufsatz positiv von bisherigen Untersuchungen abhebt, weist auf einen Problembereich, der in der gesamten vorliegenden Sekundärliteratur entweder nur als Marginalie oder in Form der ›schlichten Abwesenheit‹ vorfindbar ist: die materiellen Produktionsbedingungen der Schriftsteller in der DDR bis 1956 als konkretes Resultat der allgemein-gesellschafts- und kulturpolitischen Konstellation. Der entscheidende Mangel bei der Analyse der Traditionskomponenten liegt nicht allein darin, daß Bereiche wie Rezeption, Literaturkritik und Prosatheorie übergangen wurden und daß die postulierte Verbindung zwischen proletarisch-revolutionärer und früher DDR-Lite-

ratur sich lediglich auf biographische, für die Zeit nach 1945 nicht repräsentative Phänomene wie die ehemalige Zugehörigkeit zum BPRS stützte, er beruht vielmehr darauf, daß
Probleme wie Nachwuchsförderung, Auftragswesen oder Tendenzen, den Brotberuf
gänzlich aufzugeben und freischaffender Schriftsteller zu werden, fast völlig ausgegrenzt
wurden, Realitäten, die gleichsam als Fundament der literarischen Entwicklung in der
DDR betrachtet werden müssen und die diese in viel entscheidenderem Maße determiniert haben als es die sich auf die politischen, ideologischen und ästhetischen Traditionskomponenten beschränkenden Analysen zu zeigen vermögen. Mit anderen Worten: Sollen die Hauptdeterminanten der literarischen Entwicklung in der DDR bestimmt werden, so ist zunächst eine Untersuchung jener materiellen Rahmenbedingungen unumgänglich.

1.1. Vorentscheidung: Exil

Die vor 1945 auf der Grundlage der antifaschistisch-demokratischen Strategie entwickelten Konzeptionen einer neuen demokratischen Kultur fanden ihren signifikanten Ausdruck nicht nur in der Herausbildung der Klassik-Ideologie [5], sondern ebenso in den
Vorstellungen über die nach der Niederlage des Faschismus zu schaffenden materiellen
Produktionsbedingungen für die Intelligenz im allgemeinen und die Künstler und
Schriftsteller im besonderen. Vor allem die sich am sowjetischen Vorbild orientierenden,
in der sowjetischen Emigration kozipierten Pläne übten nach 1945 entscheidenden Einfluß aus. Sie dokumentierten den Willen zum Neuanfang, gleichzeitig aber auch den
Wandel und die »kulturpolitische Sonderentwicklung innerhalb der KPD« [6]. Wenn
Jürgen Scharfschwerdt schreibt, daß die in der DDR »weiterwirkende Macht einer alten,
z. T. sehr alten bürgerlichen Ideologie [...] keineswegs aus der Volksfrontstrategie und
der ersten Phase des Aufbaus der antifaschistisch-demokratischen Ordnung in der SBZ
und späteren DDR allein zu erklären« sei, »daß vielmehr auch zentral berücksichtigt«
werden müsse, daß die Niederlage von 1933 die führenden Kulturfunktionäre der KPD
ihrer »gesellschaftlichen Basis beraubte, so daß im Rahmen der dann beginnenden Volks-
frontbewegung der durch Herkunft, Schulbildung und allgemeine Bildung vorgegebene
eigene tiefe bürgerliche Kulturboden wieder voll zu einer neuen Entfaltung und Entwicklung gelangen konnte«, so umreißt er zwar sehr genau die aus der Niederlage von 1933 resultierenden Probleme, vermag allerdings außer der Kritik des »umfassende[n] Kulturprogramm[s] einer bürgerlichen Geistesrevolution« [7] keine schlüssige Antwort darauf
zu geben, *weshalb* der Verlust der gesellschaftlichen Basis gerade die von ihm angezeigten
Resultate zeitigte. Scharfschwerdts Ausführungen verweisen damit auf ein Problemfeld,
das die Exilforschung bisher wenig aufgearbeitet hat: Weder gibt es eine detaillierte Untersuchung über die Lebensbedingungen der führenden deutschen kommunistischen
Kulturfunktionäre und Schriftsteller im sowjetischen Exil noch eine Untersuchung über
die Umsetzung der im sowjetischen Exil gemachten Erfahrungen in die Wirklichkeit der
antifaschistisch-demokratischen Ordnung. [8] Wenn wir im folgenden anhand eines ex-
emplarischen Beispiels Problemfeld und Fragestellung abzustecken versuchen, so sind

wir uns des genannten Dilemmas und der Vorläufigkeit unseres Unternehmens durchaus bewußt.

1947 erschien im Verlag ›Volk und Welt‹ ein Bericht aus Moskau, der über die Lebensbedingungen der sowjetischen intellektuellen Oberschicht als auch über die der führenden Exilierten Aufschluß zu geben vermag und der andererseits die Richtung andeutete, in der die Schaffung der materiellen Lebensbedingungen der Intelligenz im Zusammenhang der antifaschistisch-demokratischen und der ersten Phase der sozialistischen Kulturpolitik erfolgen sollte, verfaßt von einem Mann, der seit Jahrzehnten die internationale und deutsche kommunistische Kulturpolitik beeinflußt hatte und der 1954, nach seiner Rückkehr aus der Sowjetunion in die DDR, zu einem der einflußreichsten Kulturpolitiker avancierte: Alfred Kurellas *Ich lebe in Moskau.* [9]

Kurellas Intention bestand darin, der noch unentschiedenen antifaschistischen Intelligenz die Kommunismusangst zu nehmen und ihr zu zeigen, daß nur eine sozialistische Gesellschaft die Lebensbedingungen gewähren könne, die eine geistige Tätigkeit in Unabhängigkeit und materieller Sicherheit ermöglichten. Aufgrund der von Kurella gebotenen Fakten mußte sich allerdings ein um einen Neuanfang ernstlich Bemühter fragen, ob das Angepriesene tatsächlich so neu war. Bereits einleitend konstatiert Kurella, er lebe in Moskau kaum anders, als er in anderen Städten Europas gelebt habe: »Wir spielen Tennis oder fahren im Winter am Sonntag zum Skilaufen vor die Stadt. Kurz: Wir leben wie Menschen unserer sozialen Stellung überall in der Welt – Tages Arbeit, abends Gäste, saure Wochen, frohe Feste.« (S. 6) Sein Schriftstellerberuf sichere ihm ein ansehnliches Einkommen, er bewohne eine komfortable Wohnung, eine Hausangestellte besorge die Wirtschaft, er besitze eine reiche Privatbibliothek und ein Blüthnerflügel sorge dafür, »daß die künstlerische Hauskultur, die uns in unserer Jugend begleitet hat, auch für unsere Kinder nicht aufhört.« (S.5) Dieser Aufzählung aber nicht genug, der ganze Tenor des Berichtes beruht darauf, daß aufgrund der »Gesichertheit des materiellen Daseins« nirgendwo bessere Aufstiegsmöglichkeiten existierten als in einer sozialistischen Gesellschaft: »Die Redewendung: ›Schmied seines Glückes‹, die im Ausland als Ironie oder Hohn klingt, hat hier ihren vollen positiven Klang wiederbekommen.« (S. 102) Gerade in der Sowjetunion habe man ihm das wiedergegeben, was er einst verlor: den »Genuß aller nur wünschenswerten Kulturgüter« und das »Gefühl materieller und moralischer Geborgenheit«, Dinge, die für westliche Intellektuelle unerreichbar seien, da sie dort nur auf Kosten und im Gegensatz zur Umwelt erreicht werden könnten.

Diese Darstellung der angeblich für alle gültigen und erreichbaren Lebensverhältnisse ergänzte Kurella in seinem Bericht um Privilegien, die ihm als Qualifiziertem und Intellektuellem zustanden. So habe er »das Recht auf zusätzlichen Wohnraum; auf erhöhten Stromverbrauch, falls dieser – wie während des Krieges – begrenzt ist; auf bevorzugte Abfertigung bei der Anlage eines Telefons und vieles andere mehr«. (S. 64) Darüber hinaus werde sowohl die »Autorität des mit höheren Vollmachten Ausgestatteten [...] gefördert und geachtet« als auch der »höhere Bildungsgrad vor ›Dequalifizierung‹ geschützt«:

»Jeder Sowjetbürger hat das Recht, die Versetzung auf andere Arbeit abzulehnen, wenn sie niedriger als die bisher von ihm ausgeübte eingestuft ist. Es gilt im Prinzip als unrichtig, daß ich, wenn ich höhere Fähigkeiten und eine höhere Bildung habe, meine Arbeitskraft auf eine Tätigkeit verwende, die von einer minderqualifizierten Kraft ausgeübt werden kann. Deshalb wird es auch als durchaus richtig angesehen, daß wir (ich als Schriftsteller und meine Frau als Ärztin) eine Hausangestellte beschäftigen, die uns die ›grobe‹ Hausarbeit abnimmt.« (S. 120)

Des weiteren sei den Angehörigen freier Berufe aufgrund ihrer Verdienstmöglichkeiten die Gelegenheit gegeben, längere Zeit ohne Arbeit zubringen zu können. Verdienst und für ausgezeichnete Leistungen erhaltene Prämien ermöglichten große Rücklagen, so daß man »vom ›Kapital‹ zehre [n] oder, wenn es eine genügend große Summe ist, von den Zinsen« leben könne. Er »selbst habe wiederholt, mich auf den Honoraren ›ausruhend‹, monatelange Reisen unternommen oder nur gelesen, Theater, Konzerte und Ausstellungen besucht, ohne eine Zeile zu schreiben.« (S. 53)

Daß es Kurella nicht ausschließlich um die Gewinnung von Bündnispartnern unter den deutschen Intellektuellen für die antifaschistisch-demokratische Entwicklung ging, wird daraus ersichtlich, daß er die Privilegien und Rangunterschiede nachdrücklich als »praktisches Prinzip« (S. 120) innerhalb einer sozialistischen Gesellschaft rechtfertigte und ihnen dabei prinzipielle Bedeutung zuschrieb. Die Privilegien führten »ebensowenig wie die Anerkennung einer Rangordnung zur Bildung von Kasten mit verschiedenen, einander ausschließenden Lebensanschauungen und Sitten« (S. 121), da die Klassengegensätze in der Sowjetunion abgeschafft seien. Vergleicht man Kurellas Haltung mit der Brechts – »Fahrend durch die Trümmer/ Werde ich tagtäglich an die Privilegien erinnert/ Die mir dies Haus verschafften. Ich hoffe/ Es macht mich nicht geduldig mit den Löchern/ In denen so viele Tausende sitzen« [10] –, so wird die grundsätzliche Divergenz deutlich. Während Brecht die Privilegien kritischer Reflexion unterzog, sie als temporär einstufte, gleichzeitig aber die Möglichkeit der Korrumpierung nicht ausschloß, existierte für Kurella eine solche Gefahr nicht. Unter diesem Aspekt sind die Schlußworte seines Berichtes »Hier kann ich Mensch sein!« (S. 203) zu sehen. [11]

Lebten die Emigranten in der Sowjetunion unter ähnlichen Bedingungen [12], so unterschied sich die Lebensweise vieler doch in einem wesentlichen Punkt von der Kurellas. Kurella war aufgrund seiner sozialen Schicht integriert und hatte eine zweite Heimat gefunden. Hugo Huppert, Kurella darin vergleichbar, betonte 1972 in einem Interview, daß diese »unerhört intensive, wenn auch temporäre Einung mit der Wirklichkeit des Wirtslandes, das für uns ja nicht nur ein Asylland, sondern eine neue Heimat war [...], – daß das nicht der allgemeine Fall war.« Männer wie Becher und Bredel hätten »nicht in gleichem Maße, ja sogar in sehr geringem Maße, die sprachliche Brücke zur Sowjetwirklichkeit wirklich beschritten«. Huppert beschönigt diese elementare Tatsache, die zwangsläufig zu einer Verstärkung der Exilsituation führen mußte, wenn er vermerkt, die Überlastung der Exilierten »mit laufender politischer und kulturpolitischer Arbeit, vielleicht auch ihre relative Isoliertheit im Moskauer Alltagsleben« [13], seien die Ursache für die letztlich nicht vollzogene Verbindung mit dem sowjetischen Alltag. Daß hier andere Ursachen gewirkt haben müssen, verdeutlicht nicht nur der Bericht Kurellas, sondern auch das Beispiel Adam Scharrer. Scharrer ging in ein ukrainisches Dorf. Nach 1945 lebte er bis zu seinem Tod im Jahre 1948 in Mecklenburg, »um den Neubauern nahe zu sein, über die er einen Roman (Bodenreform) schreiben wollte«. [14]

Völlig anders war die Lage derer, die – zumeist nach ihrer Teilnahme am spanischen Bürgerkrieg – nicht in die Sowjetunion hatten emigrieren können, ganz zu schweigen von denen, die in den Gefängnissen und Konzentrationslagern der Nazis saßen oder illegale Arbeit leisteten. In der westlichen Emigration traf es besonders die kommunistischen Schriftsteller hart, die sozial zu den Arbeiterschriftstellern gehörten. Schon die Unkenntnis der fremden Sprache war ein schier unüberwindliches Hindernis, wie die autobiographischen Texte Hans Marchwitzas dokumentieren:

»Tatsächlich, ohne Hilde und die Kinder [seine spätere Frau und deren Kinder; d.V.] wäre ich sicherlich in dieser vornehmen Madison Avenue, und trotz der zehn Dollar in der Tasche, aus unüberwindlicher Scheu vor den Menschen, mit denen ich kein Wort reden konnte, auf das vornehmste verhungert.« [15]

Marchwitza war in mehreren französischen Lagern interniert, bis ihm die Flucht gelang. Angekommen in Amerika, begann sofort der Kampf ums nackte Überleben, für den er denkbar schlecht gerüset war. Aufgrund seiner Herkunft und den damit verbundenen Problemen ergab sich für ihn keine Gelegenheit, eine andere Erwerbsquelle als die als Hilfsarbeiter oder Anstreicher zu finden. Hinzu kam das Mißtrauen gegenüber den kommunistischen Intellektuellen, deren bürgerliche Herkunft größere Bewegungsfreiheit und bessere Überlebenschancen ermöglichte. Dieses Mißtrauen, das schon vor 1933 eine große Rolle gespielt hatte und das auch nach 1945 noch von Bedeutung sein sollte, klingt an in den Aufzeichnungen Alfred Kantorowicz', der mit Marchwitza auf dem gleichen Schiff nach Deutschland zurückkehrte. Sie machen deutlich, daß es sich dabei nicht allein um ideologische Spannungen innerhalb der kommunistischen Emigration handelte:

»Die muffigen Marchwitzas sind keine Bereicherung; er ist keinem Gespräch zugänglich, das nicht seine Verdienste und seine Bücher zum ausschließlichen Gegenstand hat. Da wir aber doch gelegentlich auch über anderes schwätzen wollen, sondert er sich zum Glück von uns ab. Unser bester Unterhalter ist Horst von Bärensprung, der schon bei der Einschiffung gelobt hat, uns jeden Mittag und jeden Abend eine schnurrige Anekdote aus seinem ungewöhnlichen Leben vom ostpreußischen Gardeoffizier über den sozialdemokratischen Regierungspräsidenten bis zum Berater Tschiang Kai-scheks zu erzählen.« [16]

Marchwitzas Frau stammte wie Kantorowicz aus einer bürgerlichen jüdischen Familie [17], beide Familien erwartete in Bremerhaven zunächst ein gleiches Schicksal – »Schröder, Marchwitza und ich, die drei männlichen Kommunisten unserer kleinen Gruppe, wurden nacheinander zu Verhören durch die amerikanischen Sicherheitsbehörden geholt.« [18]

Gehörte Adam Scharrer zu den Ausnahmen im sowjetischen Exil, so Eduard Claudius [19] zu den im westlichen. Claudius, Sohn eines Bauarbeiters, war lange Zeit in der Schweiz interniert. Nach seiner Freilassung ging er nach Oberitalien und kämpfte dort in der Partisanenabteilung »Garibaldi«, die später maßgeblich an der Gefangennahme Mussolinis beteiligt war. [20] Er war damit einer der wenigen, die ihren Kampf gegen den Faschismus nicht auf den Kampf mit der Feder hatten beschränken müssen.

Zusammenfassend läßt sich sagen, daß, obwohl unsere Darstellung nur einen kleinen Ausschnitt des gesamten Problemfeldes vermitteln konnte, nach 1945 nicht die westlichen Emigranten die Schaffung der materiellen Produktionsbedingungen für die Künstler und Schriftsteller bestimmten – gleiches gilt für die nicht emigrierten und die durch die Alliierten befreiten Schriftsteller –, sondern die mit den Gruppen Ulbricht, Ackermann und Sobottka eingeflogenen Funktionäre. [21]. Die in der Sowjetunion entwickelten und auf dem Führungsanspruch der KPD-Exilführung [22] beruhenden Pläne, deren Hauptverfasser Becher und Kurella waren [23] und die ein ähnliches Konzept wie das in Kurellas *Ich lebe in Moskau* beinhalteten, verhinderten von Anfang an die Wiederaufnahme einer Traditionslinie, die vor 1933 im BPRS entstanden und nur in der westlichen Emigration noch ernsthaft diskutiert worden war, sich aber infolge der besonderen Exilbedingungen nicht zu einer eigenständigen, die Niederlage von 1933 berücksichtigenden Programmatik hatte entwickeln können. Nach ihrer Rückkehr oder Befreiung blieb diesen Schriftstellern nur die Alternative – wenn sie nicht wie etwa Otto Gotsche ähnliche Auffassungen wie die Exil-Führung vertraten –, sich dem von Ulbricht vertretenen ›antifaschistisch-demokratischen Weg‹ unterzuordnen oder eine eigene kulturpolitische Programmatik zu entwickeln, eine Alternative, die in den ersten Nachkriegsjahren aufgrund der weltpolitischen Lage, der komplizierten Situation in Deutschland, der Machtverhältnisse in KPD und SED sowie der vor und nach 1933 gemachten Erfahrungen nur schwer erkennbar war. Im Vorgriff auf die weitere Untersuchung kann allerdings gesagt werden, daß dies zunächst nur für diesen Zeitraum gilt. Sowohl einige der in den ersten Nachkriegsjahren veröffentlichten autobiographischen Texte [24] als auch spätere Kritiken an der Kulturpolitik der SED und Brechts Versuch im Jahre 1956, wieder offen an die Tradition der Agitpropliteratur der zwanziger Jahre anzuknüpfen, lassen erkennen, daß die damit verbundene politische und literarische Programmatik nicht ›überwunden‹ worden war.

1.2. Die Entwicklung 1945–1956

1.2.1. Der Neuanfang der älteren Schriftstellergeneration

Die Auswirkungen der in der sowjetischen Emigration entwickelten und nach 1945 in der SBZ durchgeführten Pläne auf die Lebensverhältnisse der Schriftsteller waren in der unmittelbaren Nachkriegszeit noch nicht voll zu ermessen. Die von Faschismus und Krieg hinterlassenen Probleme stellten die aus der Sowjetunion zurückgekehrten und von den Alliierten befreiten Schriftsteller vor Aufgaben, die ihre eigentliche Tätigkeit zunächst in den Hintergrund drängten. So wurden sie, selbst getragen von der Überzeugung, daß ein zweites 1918 verhindert werden müsse und daß dabei ihre Mitarbeit erforderlich sei, in politische und Verwaltungsfunktionen eingesetzt. Sie waren, um nur einige Beispiele zu nennen, Politinstrukteur des ZK der KPD (Bredel), Bürgermeister (Lorbeer), Vizepräsident der Zentralverwaltung für Volksbildung (Weinert) oder blieben wie Eggerath (Bezirksleiter der KPD, Landesvorsitzender der SED, Ministerpräsident und Staatssekretär) und Gotsche (Landrat, stellvertretender Regierungspräsident, Ministerialdirektor und persönlicher Referent Ulbrichts) – jener gab erst 1961 seine Funktion auf und wurde freischaffender Schriftsteller – ganz in diesen Funktionen, da sie Schreiben stets als Nebenberuf betrachtet hatten. [25] Andererseits konnte die bevorzugte Zuteilung von Lebensmitteln und Wohnraum vorerst noch als Wiedergutmachung für diejenigen gewertet werden, die als Opfer des Faschismus nach 1945 vor dem Nichts standen.

Erst als die drückendsten Nachkriegsprobleme beseitigt waren, wurde erkennbar, daß die von der SED durchgeführten Maßnahmen – unterstützt von der Sowjetischen Militäradministration [26] –, die den Schriftstellern die materielle Existenz sichern und, gemessen am Lebensstandard der übrigen Bevölkerung, ein Leben in relativem Wohlstand ermöglichen sollten, von grundsätzlicher Bedeutung waren. Die Gewährung von Privilegien erfolgte nach sowjetischem Vorbild und wurde dem Verteilungsmodus innerhalb der politischen und Verwaltungsapparate angeglichen. [27] Im Unterschied zu vergleichbaren Maßnahmen in den volksdemokratischen Ländern kam allerdings ein Moment hinzu, das die Kulturpolitik der SED bis weit in die 60er Jahre bestimmen sollte. Als die Tendenzen einer Spaltung Deutschlands immer deutlicher hervortraten und damit die Frage der Einheit der Nation zentralen Stellenwert erhielt, verstärkte die SED diese Maßnahmen, um zu demonstrieren, daß sich im sowjetisch besetzten Teil Deutschlands der Neuaufbau im Geiste des Humanismus vollziehe, und um die noch im westlichen Exil oder in den Westzonen sich befindenden antifaschistischen Intellektuellen, Künstler und Schriftsteller für den Aufbau einer antifaschistisch-demokratischen Zone zu bewegen.

In welche Konfliktsituationen ein noch in den Westzonen lebender Schriftsteller geraten konnte, schilderte Eduard Claudius in seiner Autobiographie. Claudius lebte bis zu seiner Übersiedlung in die SBZ im Jahre 1948 in den Westzonen. Als er sich wegen Vertragsverhandlungen mit dem Aufbau-Verlag in Berlin aufhielt, traf er mit einem hohen Kulturoffizier der SMAD, Alexander Dymschitz, zusammen:

»Nach einem kurzen Hinundher von Sätzen [...] sagte er [Dymschitz; d. V.]: ›Sie sollten doch jetzt zur Ruhe kommen. Für einen Schriftsteller sind eine gewisse Sicherheit des äußeren Lebens und eine gute materielle Grundlage doch sehr wichtig.‹ [...]
›Wovon leben Sie, wenn Sie nicht mehr veröffentlicht werden?‹ fragte er.
Wußte ich es? Hatte ich mich nicht schon mit dem Gedanken beschäftigt, wiederum die Kelle zu nehmen und auf den Bau zu gehen? Jetzt waren wohl für einige Monate Brot und Butter gesichert, da ich vom Aufbau-Verlag einen größeren Vorschuß erhalten hatte. Würde ich aber als Maurer nicht mehr als Brot und Butter verdienen? Keinen dieser Gedanken sagte ich ihm jedoch. Verwirrt war ich, daß auch er auf eine mögliche Umsiedlung anspielte. [...] Hin und her gezerrt von Überlegungen, vom Zaudern und von unsicher sich abzeichnenden Entschlüssen, ging ich. Klar war, daß ich mir in der anderen Zone nie ein festes Fundament würde erarbeiten können, nie Ruhe und genügend Zeit finden würde, um all das nachzuholen, was mir an Wissen fehlte. [...] Und ohne Sentimentalität stellte ich jetzt fest, daß die Stadt an der Ruhr, die der Kindheit, keine Heimat mehr war. Ohne daß es mir an jenem Tag in Karlshorst bewußt wurde, reifte in mir der Entschluß zur Umsiedlung.« [28]

Nach seiner Umsiedlung bekam Claudius sofort eine Dreizimmerwohnung in Babelsberg zugewiesen [29] – sein Nachbar, Hans Marchwitza, der 1947 übergesiedelt war, lebte in einem Einfamilienhaus [30] – und erhielt die üblichen Vorrechte. Claudius ist einer der wenigen, die die Auswirkungen dieser Politik kritisch reflektiert haben. So berichtet er über andere übliche Vergünstigungen – »Ich erinnere mich an einen Empfang, den der Präsident des damaligen Landtages Brandenburg, Otto Meier, gab. Alles, was nur mit Kultur zu tun hatte, Schriftsteller, Maler, Theaterleute, war eingeladen. Eine gute Gelegenheit, sich vollzustopfen mit Leckereien, die es sonst nicht gab, und auch Tropfen zu schlucken, die in keinem Restaurant ausgeschenkt wurden.« [31] – sowie über die Auswirkungen, die eine solche Politik auf das Verhältnis von Schriftstellern und arbeitender Bevölkerung haben mußte. Als er wenig später als Maurer bei Siemens-Plania arbeitete, um einen Roman über den dort beschäftigten Aktivisten Hans Garbe zu schreiben, begegneten ihm Garbe und dessen Kollegen voller Mißtrauen:

»Minuten später bot ich Zigaretten an, unglücklicherweise rauchte ich nur das Beste, was in jenem Jahr auf dem Markt war. Man verschloß die Hände und wehrte spöttisch ab: ›So was rauchen wir nicht!‹« [32]

Viele der älteren Schriftsteller, vor allem die aus der westlichen Emigration zurückkehrten, die nicht an ein Leben, wie Becher es etwa geführt hatte, gewöhnt waren, spürten, »wie bestimmte Maßnahmen [...] statt Erleichterung Fremdheit und Abwehr einbrachten«. [33] Diese Folgen mußten sich noch verschärfen, als das System der Privilegien und Anreize nach der Gründung der DDR weiter ausgebaut wurde. Symptomatisch für dieses System war die Schaffung des Nationalpreises im Jahre 1949, der gesamtnationale Bedeutung haben sollte, da er auch an westdeutsche Künstler verliehen werden konnte und wurde, und der nach dem Vorbild des Stalinpreises in drei Klassen unterteilt war: I. Klasse 100 000, II. Klasse 50 000 und III. Klasse 25 000 Mark. [34] Am Beispiel dieses Preises, der aufgrund der zu erwartenden Folgen schon während seiner Planung Kritik ausgelöst hatte [35], lassen sich Mechanismen demonstrieren, die – im Zusammenhang mit den anderen Maßnahmen zur Privilegierung der Intelligenz – genau das Gegenteil dessen bewirkten, wozu Preise u. ä. geschaffen worden waren.

Bereits die erste Verleihung an Johannes R. Becher, Heinrich Mann (I. Klasse), Bernhard Kellermann, Bertha Waterstradt, Friedrich Wolf (II. Klasse), Herbert Eulenberg, Kuba und Erich Weinert (III. Klasse) bedeutete eine gezielt politische und politisch-literarische Wertung auf der Linie Becher–Erpenbeck. Walther Victor, der die Preisverleihung öffentlich kritisierte, schrieb in der von Willi Bredel herausgegebenen Zeitschrift ›Heute und Morgen‹, »daß der Schreiber dieser Zeilen noch den ersten Kollegen treffen soll, der die Wahl der zuständigen Instanzen auf dem Gebiet der Preisverteilung billigt«. [36] Die Kritik sei allgemein, werde allerdings leider nicht öffentlich geäußert:

ein »greiser Lehrer des wissenschaftlichen Marxismus, den jeder kennt [Hermann Duncker; d. V.], ging voller Empörung in Weimar herum und sagte in jedem Freundeskreis dasselbe: es sei *als ob man zu Goethes Zeiten zwar Kotzebue, aber nicht Goethe selbst preisgekrönt hätte!* Er meint das Fehlen Bert Brechts unter den Preisträgern [...] man schwieg Bert Brecht tot«. [37]

Die Verleihungen in den folgenden Jahren – Brecht und Weinert erhielten den Nationalpreis I. Klasse erst 1951 und 1952, während ihn Becher im Jahre 1950, zusammen mit Eisler, erneut verliehen bekam – erfolgten nach ähnlichen Auswahlkriterien. Preise I. Klasse bekamen diejenigen Schriftsteller zugesprochen, deren Leistungen oder Gesamtwerk mit dem aktuellen kulturpolitischen Konzept zu vereinbaren waren und die bereits Rang und Namen besaßen, während um die übrigen Klassen ein wahrer Wettstreit entbrannte. So sind in den Vorschlagslisten der verschiedensten Publikationen, die unter »Wen schlagen Sie zum Nationalpreis vor?« oder ähnlichen Titeln [38] veröffentlicht wurden, all jene enthalten, die noch nicht berücksichtigt worden waren und nun von ihrem Verlag, ihrer Bezirksorganisation des Schriftstellerverbandes oder von Kollegen, die in der Preisdiskussion eine willkommene Gelegenheit zur Einflußnahme auf das kulturpolitische Geschehen sahen, mit Nachdruck empfohlen wurden. Brecht, der aus eigener Erfahrung um diese Hintergründe und die Konkurrenz wußte, blieb 1955 nicht ohne Grund deutlich hinter den anderen Befragten zurück, als er Hugo Huppert »für seine außerordentliche Übersetzung der Majakowskischen Dichtung« [39] für einen Nationalpreis vorschlug.

Neben den erwähnten Privilegien und Möglichkeiten, ein materiell völlig abgesichertes Leben führen zu können, flossen den bekannten Schriftstellern große Tantiemenbeträge zu, da ihren vor 1945 geschriebenen Werken als auch ihren aktuellen Veröffentlichungen sofort beträchtliche Auflagenhöhen zuerkannt wurden. [40] Im Unterschied zu den jüngeren Schriftstellern waren sie materiell weniger auf Auftragsarbeiten angewiesen, ein Sachverhalt, der sich in den Verleihungen des Nationalpreises niederschlug, da die älteren Schriftsteller zumeist für ihr Lebenswerk ausgezeichnet wurden.

Darüber hinaus genossen die Schriftsteller vollen, alle weiteren Publikationsmöglichkeiten einschließenden urheberrechtlichen Schutz. [41] Hierfür sei der Vorspann zu einem Laienspiel aus dem Jahre 1951 zitiert, der gleichzeitig evident werden läßt, welchen juristischen Bestimmungen die Laienkunst unterworfen war:

»Bestimmungen über das Aufführungsrecht. Den Bühnen gegenüber als Handschrift gedruckt. Vervielfältigung, Abschreiben oder Verleihen von Textbüchern ist verboten. Alle Rechte, auch die der Übersetzung, Verfilmung und Rundfunkübertragung, sind vorbehalten. Das Recht der Aufführung erteilt ausschließlich der Mitteldeutsche Verlag Halle (Saale), Geiststraße 47. Es gilt für Volkskunstgruppen als erteilt, und zwar für eine einmalige, nicht gewerbsmäßige Aufführung, wenn die vorgeschriebenen Texthefte käuflich erworben werden. Für das vorliegende Heft sind zum Erwerb des Aufführungsrechtes 9 Textbücher käuflich zu erwerben [gemäß der Anzahl der Rollen; d. V.]. Rollenbezug ist für jede Aufführung gesetzliche Bedingung. Wiederholte oder mehrfache Aufführungen bedürfen der ausdrücklichen Genehmigung des Verlages und werden im allgemeinen nur gegen Erstattung einer Gebühr von 5,– DM erlaubt. Aufführungen, die unter Nichtbeachtung dieser Bestimmungen stattfinden, unterliegen zivil- und strafrechtlicher Verfolgung.« [42]

Die aus der Schaffung einer sich von der der arbeitenden Bevölkerung wesentlich abhebenden sozialen Basis resultierenden Wirkungen blieben vor allem bei den Schriftstellern nicht aus, die der Arbeiterschaft entstammten und vor 1933 dem BPRS angehört hatten. Die Isolation, in der sich diese Schriftsteller in der sowjetischen und westlichen Emigration, aber auch in der Illegalität befunden hatten, wurde nach 1945 aufgrund des Privilegiensystems nicht abgebaut, sondern unter neuem Vorzeichen fortgesetzt. Die namhaftesten von ihnen wurden den mit Einzelverträgen bevorzugt behandelten Intellektuellen [43] oder den Verdienten Ärzten des Volkes [44] gleichgestellt. Der Solidarität in der westlichen Emigration und in den Lagern des Faschismus, die nicht zuletzt aufgrund der Lebensbedingungen, unter denen die Emigranten und Häftlinge zu leben hatten, zustande gekommen war, wurde durch dieses System der soziale Boden entzogen. Die relative Gleichheit, die einst bestimmend gewesen war und die Vorstellungen von einem künftigen Neuaufbau beeinflußt hatte, wurde ersetzt durch eine bis ins kleinste Detail durchgeplante Hierarchisierung der Privilegien und Anreize. Hier liegt eine der Ursachen für die Konkurrenz, der die Schriftsteller ausgesetzt waren. In Marchwitza etwa erweckte es »eine Art Eifersucht«, daß »ein junger Autor sich an denselben Stoff [es handelte sich um Karl Mundstock und das Eisenhüttenkombinat Ost; d. V.] gewagt« hatte. Dem damaligen Kritik-Selbstkritik-Schema folgend, suchte er die Ursachen für diese ›Eifersucht‹ bei sich und trat sofort »mit den jungen Schriftstellern in einen sozialistischen Wettbewerb«. [45] Die Möglichkeit einer Kollektivarbeit geriet gar nicht erst ins Blickfeld. [46] Und Werner Reinowski, der den ersten Bodenreformroman hatte schreiben wollen, verspürte »plötzlich einen Schock«, als »auf dem Markt [...] nun doch ein Roman über die Bodenreform: Otto Gotsches ›Tiefe Furchen‹«[47] erschienen war, bevor er sein Projekt hatte zuende führen können.

Hier liegt zweitens eine der Ursachen dafür, daß ein Mann wie Hans Lorbeer, der »Chemieprolet«, wie er im BPRS genannt worden war, beim Schreiben seines in einem Chemiewerk handelnden Romans *Die Sieben ist eine gute Zahl* [48] erkennen mußte, daß er den Kontakt zu seinen ehemaligen Kollegen verloren hatte. [49] Der Roman, eine Auftragsarbeit [50], erschien zwar noch, sein Autor aber, der schon vorher auf Liebesgeschichten ausgewichen war, schrieb fortan nur noch historische Romane. [51] Hans Marchwitza, der einst Leben und Kampf der Bergarbeiter geschildert hatte, verwies, wenn auch ungewollt, auf eben die gleichen Ursachen, als er in seiner Stellungnahme zu den Ereignissen des 17. Juni schrieb:

»Als ich die ›Notizen aus meinem Leben‹ schrieb, befand ich mich in einer schönen, friedfertigen Stimmung. Der Leser wird dies aus den Betrachtungen herausfühlen. Es war vor dem 17. Juni, und ich hatte mich, wie viele von uns, durch äußeren Frieden in eine mir sonst ungewohnte Ruhe wiegen lassen. Die Vorkommnisse an den zwei wahnwitzigen Junitagen in Berlin und in anderen Städten unserer DDR haben mich danach um so mehr erschüttert und ergrimmt.« [52]

Bliebe nur noch hinzuzufügen, daß er die Demonstranten als rasende »faschistische Horden, Banditen und Tagediebe«, »Totschläger«, »Agenten«, »Diebe und Mörder« bezeichnete: »Ich muß sagen: Wir haben anders gekämpft. Krupp weiß es«.

Schließlich ist in jenem sozialen System eine der Ursachen für das Bestreben der Mehrzahl der jungen Schriftsteller, so schnell wie möglich freischaffender Schriftsteller zu werden, zu suchen. Ihnen, über deren Werdegang und Einfluß auf die literarische Szene so gut wie nichts bekannt ist, obwohl schon rein quantitativ gesehen der Hauptteil der frühen DDR-Prosa sowie ein wesentlicher Teil der Rezensionen und literaturkritischen Beiträge ihrer Feder entstammte, soll im folgenden unser Hauptaugenmerk gelten.

1.2.2. *Vom Volkskorrespondenten und Reporter zum freischaffenden Schriftsteller*

Brechts Bemerkung über Erwin Strittmatter, dieser gehöre »zu den neuen Schriftstellern, die nicht aus dem Proletariat aufstiegen, sondern mit dem Proletariat. [...] Ohne die Deutsche Demokratische Republik wäre er nicht nur nicht der Schriftsteller geworden, der er ist, sondern vermutlich überhaupt kein Schriftsteller« [53], kommt für den Prozeß der Herausbildung einer neuen, jungen Schriftstellergeneration in der DDR nur bedingt grundsätzliche Bedeutung zu. DDR-Interpreten übergehen, wenn sie Brechts Worte als Beleg für ihre These der Entstehung einer neuen deutschen Nationalliteratur zitieren [54], stets den kritischen Unterton in Brechts *Katzgraben*-Notaten [55] und das Faktum, daß Brecht sich in seinen Äußerungen zur Gegenwartsliteratur über die anderen neuen Autoren *ausschwieg*. Brecht, der durch Strittmatters Erstlingswerk *Ochsenkutscher* [56] auf diesen aufmerksam geworden war [57], kannte dessen Kritik an den herrschenden literarischen Strömungen sowie die Ablehnung, auf die *Ochsenkutscher* gestoßen war und die Strittmatters ohnehin prekäre finanzielle Lage noch weiter verschlechtert hatte. [58] Noch Jahre später schrieb Strittmatter an Alfred Kantorowicz:

»Lieber Genosse Kantorowicz! Durch Deine Besprechung meines ›Ochsenkutschers‹ damals in der ›Täglichen Rundschau‹ habe ich mein künstlerisches Selbstvertrauen zurückgewonnen, nachdem es vorher durch kleinliche, unsachliche und unkünstlerische Angriffe erheblich geschwunden war. Ich schäme mich nicht, Dir zu sagen, daß ich damals vor Freude geweint habe. Später sind andere gekommen, die den ›Ochsenkutscher‹ lobten, weil er ein Weilchen ›modern‹ war. Das hat mich nicht mehr berührt.
Als einen kleinen Dank schick ich Dir heute den ›Tinko‹. Wenn er dich hin und wieder zum Lachen bringt, werde ich froh sein. Viel Gutes für Deine Arbeit Dein Erwin Strittmatter.« [59]

Allein die Tatsache also, daß Brecht gerade diesen Schriftsteller zu fördern versuchte, bedeutete unverhohlen Kritik und macht Strittmatter zum atypischen Fall. Erst die Hilfe Brechts [60] und die dem Erscheinen von *Tinko* [61] vorausgegangenen Veränderungen in der Kulturpolitik verhalfen Strittmatter zum Durchbruch und zu einer abgesicherten Existenz, die seine jüngeren Kollegen wesentlich leichter und schneller erreicht haben.

Nicht also Biographien wie die Strittmatters gilt es zu sichten, will man die für die neue Schriftstellergeneration bestimmenden materiellen Produktionsbedingungen analysieren, sondern die der Autoren, denen zumeist schon die erste größere Veröffentlichung Anerkennung und weitere Förderung verschaffte.

1.2.2.1. Motivationen

Unter den Motiven, die die Schriftsteller bewog, die der von den neuen Verhältnissen der SBZ/DDR geprägten ersten Nachwuchsgeneration angehörten, den Status eines freischaffenden Schriftstellers anzustreben, lassen sich unter chronologischem Aspekt zwei Hauptmotive herauskristallisieren. Beide Motive, die durchgehend und bis weit in die 60er Jahre in den zahlreichen Kurzporträts und Selbstzeugnissen [62] genannt werden, verweisen weniger auf literarische als vielmehr auf gesellschaftliche und weltanschauliche Hintergründe: die soziale Evasion und die zunächst noch verschwommene Einsicht, daß der Niederlage des Faschismus ein Neuanfang folgen müsse.

Diese beiden auf den ersten Blick paradox erscheinenden Motivationen verlieren die Widersprüchlichkeit, analysiert man die soziale Herkunft derjenigen, die beide Motive gleichrangig nebeneinander nennen und die zugleich die überwiegende Mehrheit bilden:

Bis auf wenige Ausnahmen stammen die der Generation der damals 20–30jährigen zugehörigen Schriftsteller aus kleinbürgerlichem und Angestelltenmilieu oder aus sozial gehobenen Arbeiterschichten. Dem elterlichen Wunsch und Rat folgend, daß es die Kinder einmal ›besser‹ haben sollten und daß eine gutbürgerliche Ausbildung günstige Startchancen im Konkurrenzkampf schaffe, besuchten sie in der Weimarer Republik oder während der Jahre 1933–1945 weiterführende und Oberschulen:

»Meine Vorfahren waren arme Leute, kleine Bauern in Schlesien und Grubenarbeiter in der Niederlausitz. Mein Vater war Former, ein ausgezeichneter Fachmann, der seinen ganzen Fleiß aufbot, um mir eine gute Schulausbildung zu ermöglichen.« [63]
   »›Da war die Schulzeit. Mein Vater, ein Bauernsohn aus dem Spreewald, hatte sich vom Bahnwärter bis zum kleinen Beamten emporgearbeitet. Er wußte um die Härten und Erniedrigungen, die so ein Weg mit sich brachte. Konnte es anders sein, als daß er wünschte, seinem Sohne ähnliches zu ersparen? Auch die Mutter [...] war zu jedem Opfer bereit, um ihrem Jungen den Besuch des Gymnasiums zu ermöglichen. Diesem Wunsche der Eltern kamen meine Neigungen entgegen. Ich wollte Ingenieur oder Chemiker werden.‹« [64]

Das Bewußtsein, man sei etwas ›Besseres‹, drückte sich aufgrund der Weltwirtschaftskrise und deren Folgen auch in der Zeit des Faschismus weniger in den allgemeinen Lebensverhältnissen aus – viele Eltern mußten wie die der Zitierten große Opfer für die Ausbildung ihrer Kinder erbringen – als in dem Streben, sich kulturell dem Niveau des Bürgertums anzugleichen. Dies führte einerseits zumeist schon sehr früh dazu, daß sie sich als Kinder von ihrer – häufig proletarischen – Umwelt absonderten und zurückzogen, um die wachsenden Bildungsanforderungen bewältigen, dem neuen Milieu gerecht werden zu können. Hinzu kamen die aus der Konfrontation der eingenen Wünsche mit der Realität resultierenden Enttäuschungen, die sich mit zunehmendem Alter, vor allem in der Pubertät, in ersten Schreibversuchen niederschlugen:

»Als Kind flüchtete ich gern im Tagträume. Ich kroch unter den Familientisch und träumte die Wirklichkeit, die mir nicht gefiel, nach meinen Wünschen um.« [65] – In einem Dorf in Thüringen »verbrachte ich meine Kindheit, dort ging ich zur Schule und freundete mich mehr mit Büchern und Bildern an als mit Kühen und Schweinen. [...] Wenn man mich damals gefragt hätte, welcher Beruf für mich der erstrebenswerteste sei, hätte ich zwischen Schriftstellern und Malerin geschwankt [...] ich mußte auf dem kleinen Bauernhof der Eltern bleiben; denn ich sollte ihn später einmal übernehmen. Doch Sehnsucht und Träume ließen sich nicht aus meinem Herzen verbannen. [...] Die Anzeige, die ich als Achtzehnjährige [1942; d. V.] aufgab, um Verbindung zu einer Schriftstellerin oder einem Schriftsteller zu bekommen, verschaffte mir nur einen Stoß Zuschriften von gleichfalls Suchenden.« [66] – »Ich ging nach der Schule zur See. [...] In jener Zeit begann ich zu schreiben. Ich schrieb mich hinweg aus dem Gleichlauf der Tage und baute mir eine eigene Welt, in der es Romantik und Abenteuer gab, soviel ich wollte.« [67]

Nicht aufgrund der Rebellion gegen das herrschende kapitalistische und faschistische System oder der Mitgliedschaft in einer politischen (Untergrund-)Organisation begannen diese Autoren zu schreiben, sondern aufgrund der Illusion, der Beruf des Schriftstellers biete am ehesten die Möglichkeit, sich über die Kämpfe des Alltags zu erheben. Ursachen für dieses Verhalten waren allerdings nicht nur die sozialen Komponenten: Nur wenige fanden in ihrem Elternhaus oder in ihrem Freundeskreis eine ausgeprägt politische oder antifaschistische Haltung vor.

Wie stark die Verlockungen des Schriftstellerberufes selbst unter denen waren, die sich noch kurz vor dem Machtantritt der Nationalsozialisten in der KPD und dem BPRS organisiert hatten und die nach 1933 aus Gründen der Tarnung gezwungen waren, Texte à la Courths-Mahler zu veröffentlichen, zeigen die Erinnerungen von Elfriede Brüning:

»Mein Buch erschien im Frühjahr 1934 unter dem Titel ›Und außerdem ist Sommer‹ bei L. Staackmann in Leipzig. [...] Voller Stolz über mein erstes Buch, das in Deutschland erscheinen sollte, war ich nach Prag gekommen. Als ich aber auf dem Wenzelsplatz die tschechischen Werktätigen Schulter an Schulter mit unseren deutschen Genossen für Frieden und Freiheit, gegen den verhaßten Hitlerfaschismus demonstrieren sah, schwand mein Stolz rasch dahin. Hier waren die Menschen, mit denen ich mich verbunden fühlte. Für sie hätte ich schreiben und ihre Nöte und Schicksale gestalten sollen.« [68]

Diejenigen Autoren, die erste Schreibversuche aus ähnlichen Gründen wie die Verfasser der ersten Arbeiterautobiographien oder Hans Marchwitza und Ludwig Turek unternahmen, gehörten zu den Ausnahmen. [69] Einer von ihnen, Walter Stranka, sei ausführlich zitiert, da sein Werdegang sich deutlich von dem der anderen abhebt:

»Vor unserer Haustür begegnete mir wieder der Polizist. Während er sich aber bei den Arbeitern des Kaolinwerkes mit einem mahnenden Blick begnügte, wurde sein Gesicht bösartig, ging er an meinem Elternhaus vorüber. Hier war die Domäne der Handschuhmacher. Die Gesichter der Kaolinarbeiter waren weiß, die der Handschuhmacher um Mund und Nase schwarz oder braun oder grün, je nach Farbe des Leders, das sie gerade bearbeiteten. Schienen die Sonnenstrahlen durchs Fenster, sah man die farbigen Wolken schweben. Die Männer atmeten von früh bis spät diesen Staub ein, und der Husten war hier ebenso normal wie woanders der Rhythmus der Maschinen.
Sie kamen oft schon früh um fünf, gingen abends zum zehn. Danach nahmen sie noch Arbeit mit nach Hause. Würde man aber annehmen, daß sie gedrückt, todunglücklich, lebensmüde aussahen, so wäre dies ein Irrtum. Es war das lustigste Volk, das man sich vorstellen kann. Witz und Spott saßen ihnen auf der Zunge und in den Augen, und wehe demjenigen, auf den sie es abgesehen hatten. Freilich waren sie am Morgen, ausgeschlafen, lustiger als am Abend, da ihre Gesichter schlaff und übermüdet aussahen. Zu dieser Tageszeit schien ihr Humor sich leicht in Galgenhumor zu verwandeln. Aber aufgeben? Nein. Charly Chaplin war ihr Held. Wenn der Polizist hier vorüberging, hatte schnell einer das Fenster geöffnet. ›Herr Wachtmeister, stimmt es, daß Sie bald in Pension gehen wollen? Wer soll denn dann bloß hier für Ruhe und Ordnung sorgen? ... Herr Wachtmeister, können Sie nicht mal für einen Augenblick reinkommen? Hier hat einer eine verbotene Zeitung!‹ Der Polizist ging vorbei, mit finsterem Blick, tat nichts dergleichen. Er wußte, sie lasen wirklich zum größten Teil die ›Rote Fahne‹ und die ›AIZ‹. Aber wenn er jetzt hinschaute, würden sie ihm höchstens ein halbnacktes Weib aus einer der vielen Illustrierten vor Augen halten, bei dem sie die Konturen der Brüste und Schenkel nachgezeichnet hatten. Er warf deshalb doch noch einen kurzen Blick hinüber zum Fenster, und die Handschuhmacher lachten. Es war mir ein bißchen bange, als ich zu ihnen in die Lehre kam. Aber komisch, mir legten sie nicht die Bilder aus ›Rasputin, der Günstling der Zarin‹ hin, sondern sie schlugen die ›AIZ‹ auf und sagten: ›Nun zeig mal, ob du in der Schule auch gut lesen gelernt hast! Lies uns mal das Gedicht vor!‹ Und das Gedicht war von Erich Weinert. Nachdem sie mich aber zwei- oder dreimal dazu angehalten hatten, brauchten sie es gar nicht mehr zu tun. Ich las von selber.
Kaum aus der Schule, wurde ich Mitglied des Kommunistischen Jugendverbandes. Einmal, als ich sah, daß sie meinen Vater abholten, der seit 1921 Kommunist war, erschrak ich sehr. Ich versuchte selbst, ein Gedicht zu schreiben, aber es mißlang völlig. Ich wollte dabei den spöttischen Ton der Handschuhmacher nachahmen, aber das war der Fehler. Kann sein, ich hatte noch kein so bissiges Verhältnis zur Staatsgewalt, oder der Ton paßte nicht zu meinem Thema. Besser gelangen mir schon Verse auf meine Mutter. Sie war ebenfalls seit Anfang der zwanziger Jahre Kommunistin. [...]

Überhaupt wurde mir die Mutter zu einem Symbol des Fleißes, auch wenn sie kaum dazu kam, ein Buch zu lesen, und in einer Theatervorstellung einschlief. Als ich ihr einmal eines meiner Gedichte zeigte, lächelte sie still in sich hinein. Ich, in meiner Empfindlichkeit, faßte das als Kritik auf. ›Na was denn?‹ sagte ich. ›Aller Anfang ist schwer ...‹« [70]

1.2.2.2. Förderung durch Arbeitskreise, Autorenkonferenzen, Schriftstellerseminare, Aufträge

Nach der Niederlage des Faschismus und der damit verbundenen Desillusionierung standen die jungen, neuen angehenden Autoren zunächst wie die Mehrzahl ihrer Altersgenossen auch beruflich vor einem Neuanfang. Da sie ihre Ausbildung oder Berufstätigkeit wegen des Krieges, seltener aus politischen Gründen [71], hatten unterbrechen müssen, beendeten sie nun wie Helmut Hauptmann und Klaus Beuchler [72] ihre Ausbildung, begannen wie Benno Pludra [73] eine neue Tätigkeit, schlugen sich wie Erich Loest [74] in den verschiedensten Berufen durch oder wurden wie Harry Thürk [75] Funktionär. Nahezu alle organisierten sich in der Antifa-Jugend und der späteren FDJ oder, sofern sie in sowjetischer Kriegsgefangenschaft waren, in Antifa-Komitees und -Schulen [76], um politisch den Neuaufbau zu unterstützen. Der Wunsch, Schriftsteller oder in einem sich mit Literatur befassenden Beruf tätig zu werden, wurde geweckt oder erhielt bei denen neue Nahrung, die schon vor 1945 zu schreiben begonnen hatten und ihn aufgrund der unmittelbaren Nachkriegsverhältnisse hatten zurückstellen müssen, als die Kulturpolitik und der Mangel an Nachwuchsautoren, Reportern, Kulturfunktionären und Bibliothekaren für Betriebe und Dörfer zur Förderung junger Talente führte.

Zwei Phasen der Förderung lassen sich unterscheiden: die Phase der von der Bewältigung dringender Tagesprobleme geprägten Nachkriegszeit und die der Konsolidierung, der Ende der vierziger Jahre gezielt einsetzenden Nachwuchsausbildung. Die Förderung in der ersten Phase, in der bis auf die später aus sowjetischer Kriegsgefangenschaft heimgekehrten oder aus Westdeutschland übergesiedelten [77] die Mehrheit der neuen Autoren entdeckt wurde, vollzog sich relativ planlos und diente dem Ziel, in äußerst kurzer Zeit – im schulischen Bereich der Neulehrerausbildung vergleichbar – Nachwuchs an Journalisten und Volkskorrespondenten heranzubilden. Häufig genügte schon wie im Fall Hauptmann die Mitarbeit an einer Wandzeitung und Jugendzeitung, um für einen »Lehrgang der FDJ für junge Autoren, Journalisten und Betriebskorrespondenten« [78] empfohlen zu werden. Die Förderung vollzog sich noch nicht auf Zonenebene, sondern ausschließlich in regionalen, von Partei, Kulturbund zur demokratischen Erneuerung Deutschlands (KzdED) und Zeitungsredaktionen organisierten Lehrgängen für junge Autoren und Journalisten.

Erst die vom KzdED, später auch vom Deutschen Schriftstellerverband auf Landes-, Bezirks- und Kreisebene initiierten und getragenen Arbeitskreise Junger Autoren [79] – der erste wurde 1947 in Thüringen von Franz Hammer, Landessekretär des Kulturbundes, gegründet – bildeten die organisatorische Grundlage für eine planmäßige literarische Ausbildung und Förderung des Nachwuchses. Diese häufig von älteren Kulturfunktionären und Schriftstellern wie Hammer (Thüringen), Leonhard (Sachsen) und Victor

(Karl-Marx-Stadt) geführten oder durch Übernahme von Patenschaften beeinflußten Arbeitskreise waren in mehrfacher Hinsicht von zentraler Bedetung. So erhielten die neuen Autoren und literarisch Ambitionierte hier ihre Grundausbildung, andererseits vermittelten sie Kontakte zu Verlagen und Zeitungen – Hammer z. B. war Cheflektor im Thüringer Volksverlag – und stellten einen Großteil der Teilnehmer überregionaler Lehrgänge und Tagungen. Neben den regelmäßig stattfindenden Treffen, bei denen im wesentlichen literarische Fragen behandelt sowie eigene Produktionen besprochen und überarbeitet wurden, bevor sie an den Verlag gingen, wurden spezielle Tagungen organisiert, auf denen Schriftsteller, Verlagslektoren und Kulturfunktionäre referierten. Die Referenten gaben dabei nicht nur detaillierte Ratschläge für die Arbeitsgemeinschaften und deren Produktionen, sondern knüpften auch Kontakte zu neuen Autoren, die überregional gefördert werden konnten.

Außer diesen Arbeitskreisen sind zwei weitere organisatiorische Formen der Ausbildung und Förderung zu nennen, die nach dem Beginn der ersten Jahrespläne geschaffen wurden: die Schriftstellervorbereitungslehrgänge und die auf Bezirks- (ehemals Landes-) und DDR-Ebene stattfindenden Schriftstellerseminare. Die Vorbereitungslehrgänge – der erste fand im September 1950 in Leipzig statt und erstreckte sich über eine Dauer von acht Wochen [80] – umfaßten Autoren, die erst durch kleinere Arbeiten in Wand-, Betriebs- und Tageszeitungen in Erscheinung getreten waren und für ihre nebenberufliche Tätigkeit in den Betrieben (als Leiter eines Literaturzirkels oder einer Laienspielgruppe) nun als Bindeglied »zwischen schaffenden Menschen und Berufsschriftsteller[n]« [81] ausgebildet wurden. Die Auswahl der Teilnehmer, die bis auf wenige Ausnahmen nicht aus den o. g. Arbeitskreisen kamen, traf eine Kommission aus Vertretern des zuständigen Ministeriums, des Kulturbundes, Schriftstellerverbandes, FDGB, der FDJ, Partei und anderer Organisationen. Die Ausbildung erfolgte nach einem Schulungsplan, der in politisch-ideologische und philosophische (Tagesfragen, Gesellschaftslehre, Grundzüge der Dialektik, Wesen der Sprache (nach Stalin)), literatur- und kulturpolitische (Literatur in Klassengesellschaften, ›Kulturerbe‹, sozialistischer Realismus, deutsche Literatur nach 1945) und Vorträge über die Praxis des Schreibens (Stilistik, Gattungsfragen: was ist ein Roman, ein Drame etc., wie muß ein Text aufgebaut sein?) untergliedert war.

Im Unterschied zu diesen Lehrgängen zielten die eigentlichen Nachwuchslehrgänge, vor allem das ab 1950 stattfindende zentrale, vom Schriftstellerverband durchgeführte Schriftstellerseminar in Bad Saarow , in seiner Konzeption dem späteren Literaturinstitut »Johannes R. Becher« vergleichbar, auf die Schaffung einer breiten Basis freischaffender neuer Autoren. Die Teilnehmer waren Mitglieder der Arbeitskreise Junger Autoren oder Journalisten, deren Ambitionen auf literarischem Gebiet lagen und die durch Reportagen o. ä. hervorgetreten waren. Die Ausbildung wurde von einem ähnlichen Grundthemenplan wie dem der Vorbereitungslehrgänge bestimmt.

Die Absolvierung dieser Seminare, denen oft auch Verlags- und Vertreter von Betrieben und Organisationen als Referenten oder Beobachter beiwohnten, bedeutete für die Teilnehmer weitere Betreuung und mit konkreten Aufträgen verbundene Förderung. Entweder wurden die Autoren für vorliegende Exposés oder Selbstverpflichtungen [82] mit Stipendien unterstützt oder sie erhielten aufgrund von Absprachen mit Verlagen und Betrieben bzw. Organisationen konkrete Aufträge. So hatte der DSV 1951 ein Abkom-

men mit dem FDGB geschlossen, in dem er sich verpflichtete, »20 Mitglieder in Schwer-
punktbetriebe zu entsenden (z. B. Kombinat Ost, Volkswerft Stralsund [...]«, die
»konkrete schriftstellerische Aufträge während eines längeren Zeitraumes (bis zu einem
halben Jahr)« auszuführen hatten und das »literarische Leben zunächst in den Schwer-
punktbetrieben« anregen und »regelmäßig (mindestens monatlich einmal) am kulturellen
Leben im Betrieb« [83] sich beteiligen sollten. Der Großteil der dann Entsandten kam aus
jenen Seminaren. Diese Art der Förderung weist auf eine zweite, die als Fortsetzung der
weitgehend theoretischen Ausbildung gedacht war und die angehenden Freischaffenden
zur Produktion bestimmter Texte anregen und verpflichten sollte. Hierzu gehörten neben den Preisausschreiben Aufträge der Verlage, Partei und Massenorganisationen, Betriebe und Produktionsgenossenschaften, die direkt erteilt wurden, kurz: das Auftragswesen.

Die Preisausschreiben enthielten generell zwei Forderungen: genaue Angaben zur politisch-ideologischen aktuellen Thematik und Hinweise über die gewünschten Gattungen
und Genres. [84] In Ausnahmefällen dienten sie auch der Intitiierung neuer Arbeitskreise
Junger Autoren. [85] Auf ähnlichen von Partei und Regierung entwickelten Richtlinien
beruhten die Verlags- und anderen Aufträge. Zu bearbeitende Stoffe und Themen, verbunden mit Auflagen hinsichtlich der Ausführung und Darstellung, wurden gezielt vergeben oder von Autoren als Selbstverpflichtung übernommen. Zu diesem Zweck führten
die Verlage, voran der Mitteldeutsche Verlag [86], Autorenkonferenzen durch, auf denen
die Autoren ihre Verlagsaufträge erläuterten und noch nicht gebundene Autoren sich einen Überblick über die Wünsche und Pläne der Verlage verschaffen konnten. [87]

1.2.2.3. Freischaffender Schriftsteller und die Folgen

Wiederholt bemängelten Kritiker wie Eva Braun [88] in ihrem Bericht über eine Arbeits-
tagung der Schweriner Arbeitsgemeinschaft, in den Arbeitskreisen gebe es kein Kollektiv, »das sich durch die Parteinahme für eine gemeinsame Sache verbunden fühlte; eine
Anzahl von Privatleuten hatte sich versammelt, um sich darzustellen und andere abzuhö-
ren.« [89] Die Ursachen für diese an ›literarische Damenkränzchen‹ erinnernde spießbür-
gerliche Atmosphäre sind in zwei Prozessen zu suchen – auf spezifisch literarische Entwicklungen wird später einzugehen sein –, die den Gesamtverlauf der Herausbildung einer neuen Literatur bestimmten: einen ideologischen und einen sozialen.

Wer geglaubt hatte, in den Arbeitskreisen Junger Autoren würden sich vor allem Interessenten aus der Arbeiter- und Bauernschaft einfinden, mußte spätestens Anfang der
fünfziger Jahre erkennen, daß der Nachwuchs aus diesen Schichten ausblieb. Die Propagierung des ›klassischen Erbes‹ sowie die Privilegierung und materielle Förderung der
Kulturschaffenden zogen außer den oben (S. 59 ff.) Genannten vor allem diejenigen an,
die wie jene aus kleinbürgerlichem Milieu stammten, im Schreiben einen sakralen Akt sahen und/oder in den Arbeitskreisen und Seminaren eine Möglichkeit erkannt hatte, ihren
sozialen Status zu verbessern und sich eine leichtere Erwerbsquelle zu verschaffen: Mit
einem einzigen erfolgreichen Roman, der zumeist noch preisgekrönt wurde, war nicht
nur breites öffentliches Ansehen zu erreichen, sondern konnte auch das Mehrfache des
Jahreslohnes eines Jungarbeiters, ja selbst eines Facharbeiters verdient werden. [90]

So ergab 1954 eine Untersuchung der Literaturabteilung/Nachwuchsbetreuung des DSV zur sozialen Zusammensetzung der Arbeitskreise Junger Autoren:

»Sehr gering ist noch der Anteil der Arbeiter und Bauern . . . unter den 161 jungen Autoren [. . .] befinden sich 2 Bauern. Der Anteil der Arbeiter ist größer, doch auch noch viel zu gering, er beträgt 12. Auffallend ist überdies, daß einige Arbeitsgemeinschaften (wie Dresden, Erfurt, Halle, Potsdam, Rostock, Schwerin, Suhl [91]) weder Arbeiter noch Bauern als Mitglieder zählen.«< [92]

Diese statistischen Angaben, die allein schon für sich sprechen, sind allerdings einer zusätzlichen Prüfung zu unterziehen, will man nicht der Illusion aufsitzen, bei den 14 Werktätigen handle es sich um Arbeiter und Bauern. Der Förderung von Autoren aus jenen Schichten folgte sukzessiv die Veränderung und Auflösung alter sozialer Bindungen. Bereits nach der Druchführung des 1. Schriftstellervorbereitungslehrganges in Leipzig war der Vermerk notwendig, daß zukünftig »besondere[r] Wert« darauf zu legen sei,

»Kursusteilnehmer zu gewinnen, die sich mit ihrem Betrieb in starker Form verbunden fühlen und die diese Verbindung auch nicht durch die Aussicht auf das Vordringen zum Berufsschriftstellertum einengen. [. . .] Man vermeidet somit ein Hinneigen zum oberflächlichen Literatentum, das unsere kulturelle Entwicklung keineswegs fördernd beeinflußt.« [93]

Beispiel eines Aufstiegs: August Hild

Die hier nur als Möglichkeit angedeuteten Entwicklungen kamen voll zum Durchbruch, hatte ein Autor aus der Arbeiterschaft die höchste Förderungsstufe und damit den Übergang zum Status eines freischaffenden Schriftstellers erreicht: Die Aufgabe des Brotberufes war zu jener Zeit gleichbedeutend mit einer totalen Veränderung des sozialen Status und der Lebens- und Denkgewohnheiten des Betroffenen. Dies sei am Beispiel eines Autors demonstriert, dessen literarische Entwicklung in extremer Weise Resultat des sozialen Aufstiegs war: August Hild.

Hild, 1894 als Sohn eines Dorfschusters im Westerwald geboren, war unter ärmlichsten Verhältnissen aufgewachsen. [94] Als Halbwaise hatte er bei seinem Stiefvater als Hütejunge arbeiten müssen, bis er von der Mutter, die ihn nicht ebenso hatte verkümmern lassen wollen wie den Mann, als Lehrling in eine Eisengießerei geschickt worden war. »Die Eisengießerei wird August Hilds Schicksal. Er erlebt ein Stück ihrer Geschichte. Sie begleitet ihn durch sein Leben. Er steigt vom Formerlehrling zum Formermeister auf, wird nach 1945 Aktivist und Betriebsleiter der volkseigenen Gießerei« [95] (Rathenower Havelhütte). Ende der 20er Jahre, als Fünfunddreißigjähriger, schreibt er seine ersten Gedichte. Ihnen folgt ein Projekt, das typisch ist für die ersten Schreibversuche so vieler aus der Arbeiterschaft kommender Autoren: »Er skizziert Eindrücke und Erlebnisse seiner Kindheit in einer Prosaarbeit, die er wieder verwirft.« [96]

Wiederum ausgehend vom Autobiographischen, schreibt er nach 1945 seinen ersten Roman: über den Wiederaufbau einer Eisengießerei, *Die aus dem Schatten treten* [97], der 1952 im Mitteldeutschen Verlag erscheint. [98] Dieser Roman ließ trotz der deutlichen Lektoratseinflüsse Elemente einer Traditionslinie erkennen, die in den frühen 50er Jahren als ›proletkultistische‹ einer negativen Wertung unterlag: die der frühen sozialdemokratischen und proletarisch-revolutionären Arbeiterautobiographien. [99]

Hilds weiterer Werdegang ist schnell abgesteckt. War vorher die Eisengießerei sein ›Schicksal‹, so wurde es nun die Förderung. Gefeiert als ›neuer Arbeiterautor‹, holt ihn der Verlag nach Leipzig, »in das hübsche Vororthäuschen, wo er mit seiner literarisch interessierten Frau und dem hellbraunen, klugen Boxerhund Astor wohnt.« Zweierlei allerdings fehlt ihm: »das Werk in Rathenow und die Landschaft an der Havel, die er liebt.« [100] Versehen mit einem neuen Projekt, einem Roman über die Gründung einer LPG, sucht er sich nun seinen Stoff, zu dem ihm naturgemäß Zugang und Kenntnis fehlen, in der nachbarschaftlichen Maschinen-Traktoren-Station (MTS). Dankbar für die »Möglichkeiten, die heute einem ›jungen‹ Schriftsteller wie ihm in der Deutschen Demokratischen Republik gegeben sind« [101], ohne sich allerdings über die Folgen solcher ›Möglichkeiten‹ im klaren zu sein, vollendet er den Roman *Das Lied über dem Tal*. [102] Das Ergebnis, das aufgrund Hilds Erfahrung und Alter um so schwerer wiegt: Der Autor ist nicht mehr wiederzuerkennen. Förderung und Verlagsbetreuung hatten ihn zum Verfasser einer kitschigen Dreiecksgeschichte degenerieren lassen, in der Produktionsprozeß und Arbeitswelt nur noch als auswechselbarer Hintergrund vorfindbar waren.

Politisch-literarischer Auftrag und materielles Interesse

Sichtet man die Daten über die anderen neuen, jungen Autoren, so springt, erkennbar an stereotyp wiederkehrenden Wendungen wie ›man habe den entscheidenden und schwerwiegenden Schritt getan‹ oder ›X habe den Schritt zum freien Schaffen gewagt‹ [103], ein biographisches Detail ins Auge, das auf eine Hild vergleichbare Entwicklung schließen läßt und als signifikantester Ausdruck des Werdegangs dieser Autoren als auch der Herausbildung der neuen Schriftstellergeneration gewertet werden muß. Sobald jene Autoren die höchste Förderungsstufe erreicht hatten und erste größere Erfolge hatten verzeichnen können, gaben sie ihren Brotberuf auf und begannen ein ›neues Leben‹ als freischaffender Schriftsteller. Diese Entwicklung, die bei den meisten bereits 1951/52, spätestens aber 1955/56 abgeschlossen war, weist allerdings einen wesentlichen Unterschied zu der Hilds auf. Viele besaßen aufgrund ihres Alters und der Kriegs- und Nachkriegsfolgen keinen Brotberuf, der ihnen im Falle eines Fehlschlages materielle Sicherheit hätte bieten können. Mißerfolge wären nicht nur gleichbedeutend mit sozialem Abstieg gewesen, sondern hätten darüber hinaus auch die Rückkehr zur früheren, oft nur als Durchgangsstadium betrachteten Tätigkeit als Reporter, Redakteur oder Kulturfunktionär unmöglich gemacht. Drastisch ausgedrückt: Sie waren zum Erfolg verpflichtet, wollten sie nicht riskieren, zur ›Bewährung‹ in die Produktion geschickt zu werden. [104]

Die unmittelbare Folge des Schrittes zum Freischaffenden war, daß die schon vorher von Auftragsarbeiten abhängigen Schriftsteller nun in totale Abhängigkeit von Aufträgen gerieten und ständig neue Auftragsquellen erschließen mußten. Die einst innerhalb der sozialistischen Literatur positive Bedeutung des Begriffs ›Auftrag‹, beinhaltend den allgemeinen, aus politischer Erkenntnis und der Einsicht in eine notwendige Veränderung der Gesellschaft resultierenden Auftrag, aber auch den im Sinne von ›Schreib das nieder, Kollege!‹, wich einer Bedeutung, in der das Pekuniäre jederzeit mitgedacht war. Die Koppelung eines (politisch-)literarischen Auftrages mit dem beruflich bedingten materiellen Interesse führte nicht nur zu einem Übergewicht des letzteren bei der Ausführung von Auftragsarbeiten und zu einer Hintanstellung eigener Vorhaben, sondern verstärkte auch die ohnehin noch im gesamten literarischen Produktionsfeld (Auftragswesen, Verlage etc.) vorhandenen Marktgesetzlichkeiten. Schriftsteller wie Erich Loest oder Elfriede Brüning entwickelten sich zu Vielschreibern, die innerhalb weniger Jahre eine Vielzahl an Romanen und Erzählungen verfaßten, die vordergründig einem – so die Formel wohlwollender und unter vergleichbaren Bedingungen schreibender Rezensenten – ›echten gesellschaftlichen Bedürfnis‹ nachkamen, in Wirklichkeit aber, den Auftragslisten und Wünschen der Verlage folgend, auf Marktlücken hin produziert worden waren.

Die auffällig umfangreiche Reportage- und Romanproduktion innerhalb der frühen DDR-Prosa war zu einem wesentlichen Teil Resultat der materiellen Produktionsbedingungen, ein Sachverhalt, der von keiner bisherigen Untersuchung präzis aufgedeckt oder entwickelt worden ist. Während Reportagen den Auftraggeber schnell zufriedenstellen konnten, schneller Geld einbrachten, bei einigermaßen aktuell-thematischer Ausführung weitere Förderung in Aussicht stellten und damit das Ziel Freischaffender in greifbare Nähe rückten, war mit Romanen, die aufgrund der offiziell gültigen Genrehierarchie innerhalb der Prosa als ›höchste‹ Darstellungsform galten, nicht nur mehr Honorar zu erzielen, sondern konnte im Falle eines Auftrages auch für einen längeren Zeitraum, zumeist für ein bis zwei Jahre, der Lebensunterhalt gesichert werden. [105] Diese ökonomische Entwicklung, denen die Autoren unabhängig von ihrem politischen Engagement unterworfen waren, lassen sich in der Prosaproduktion selbst wiederfinden; denn sie sind eine der Ursachen sowohl für den Wechsel vom Reportage- zum Romanschreiber als auch für die an westliche Massenliteratur erinnernde industrielle Produktion von Romangrundmustern. [106]

Außer diesem ökonomischen unterlagen die Autoren einem Druck, der von Überbauinstitutionen, d. h. von Partei- und Gewerkschaftsführung, Betriebsleitungen und Verlagen ausging. Aussicht auf Erfolg hatten die Autoren nur, wenn ihre Texte in der gesellschaftsanalytischen Grundkonzeption und den Darstellungsprinzipien genau den Wünschen des Auftraggebers entsprachen, eine Anforderung, die leicht zu erfüllen war, da die Autoren keine politische Erfahrung besaßen und in ebendiesen Textkonstituentien geschult worden waren. Da aber selbst bei korrekter Auftragserfüllung und nach Veröffentlichung eines Textes noch mit Komplikationen zu rechnen war, versuchten viele Autoren und ihnen verbundene Kritiker, diesen mit entsprechenden Maßnahmen zu begegnen oder zuvorzukommen. Vielfach erschienen die Texte in einer zweiten, veränderten Auflage, während neue Projekte noch stärkeren Autorenkorrekturen unterzogen wurden. Am deutlichsten aber schlugen sich jene Maßnahmen im Rezensionswesen nieder. Dieser Schutzschild war auf Dauer so wirksam, daß bis auf einige Ausnahmen [107] in den literarischen oder kulturpolitischen Zeitschriften das gesamte Rezensionswesen von wohlwollenden Besprechungen und Kritiken beherrscht war. Während die literarischen Zeitschriften einen relativ begrenzten Leserkreis erfaßten und nur einen indirekten Einfluß auf Literaturobmänner, Buchhändler und Kulturfunktionäre ausübten, erreichten einerseits die Tageszeitungen das für die Autoren notwendige Publikum, andererseits die Zeitschriften des DDR-Buchhandels die an der Basis für Bestellungen und Verkauf Verantwortlichen. Eine wohlwollende Kritik in einer Tageszeitung, dem ›Börsenblatt für den Deutschen Buchhandel‹, in ›Der Bibliothekar‹ oder deren Beilage ›Die Buchbesprechung‹, Periodika, die fast ausschließlich von Buchhändlern und Literaturverantwortlichen in Betrieben und Dörfern bezogen wurden, schlug sich unmittelbar in Verkaufs- und Bestellziffern nieder, da diese Publikationsorgane aufgrund ihres spezifischen Charakters als ›Empfehlungsorgane‹ gelesen wurden und bei Käufen für die Betriebs- und LPG-Bibliothek, bei Auszeichnungen (Aktivisten- und Wettbewerbsprämien) und Ehrentagen (Tag des Lehrers, Tag der Frau usw.) oder beim direkten Verkauf als offizielle Ratgeber fungierten. [108] In einer Kritik dieser Verhältnisse heißt es:

»Die Tatsache, daß [...] der Buchhandel seine Bestellungen häufig von sogenannten ›positiven‹ Besprechungen abhängig macht, weist darauf hin, daß gewisse administrative Voraussetzungen geschaffen werden müssen, bevor man ans Werk gehen kann.« [109]

Vor allem ›Die Buchbesprechung‹, deren Einzelbesprechungen auf Karteikarten bezogen werden konnten, ›Der Bibliothekar‹ [110] und das Leipziger ›Börsenblatt‹ [111] enthielten Empfehlungen und detaillierte Hinweise über die Verwendbarkeit in Schulungen und über mögliche Lesergruppen. Unnötig, hinzuzufügen, daß in diesen Periodika kaum eine grundsätzliche Kritik erschien, sondern daß Besprechungen (und Schriftstellerporträts) von Stammrezensenten wie É. R. Greulich oder Heinz Rusch, beide Befürworter und Produzenten einer sogenannten Unterhaltungsliteratur, dominierten.

Der Fall Rudolf Fischer

Wehe dem Autor, der für ein Auftragsprodukt keine Zustimmung fand und dessen Auftraggeber ›Repräsentanten‹ der Arbeiterklasse und ›einfache‹ Arbeiter sowie die Organisation des Buchhandels und -vertriebes zu mobilisieren wußte. Einem solchen Autor konnten weder Kritiken noch öffentlicher Beistand namhafter Autoren und Rezensenten helfen. Er wurde Opfer des Berufsschriftstellertums und damit objektiver, von ihm als einzelnem nicht beeinflußbarer materieller Produktionsbedingungen und deren Auswirkungen, die ihm persönlich als ideologischer Mangel angelastet und als böse Absicht unterstellt wurden. Einen Eindruck von diesen Mechanismen vermag ein exemplarischer Fall zu vermitteln, der von der DDR-Forschung nicht genannt wird [112] und von dem auch die westdeutsche Sekundärliteratur, obwohl der betroffene Autor, Rudolf Fischer, mehrfach erwähnt wird [113], keine Notiz genommen hat; exemplarisch vor allem deswegen, weil hier keine parteioffizielle politische Kritik, sondern nahezu ausschließlich Auftragswesen und ökonomische Pressionen von Bedeutung waren.

Rudolf Fischer, Jahrgang 1901, gehörte wie Hild und Strittmatter zu den Älteren der neuen Schriftsteller und war durch kleinere Arbeiten hervorgetreten, bevor er 1952 von der Zwickauer Kohlengrube »Martin Hoop IV« nach Absprache mit dem DSV seinen ersten größeren Auftrag erhielt, den Auftrag, einen Roman über dieses Werk und eine Schlagwetterkatastrophe zu schreiben, die sich dort ereignet hatte und nach Aussagen von Fischer und Werksangehörigen z. T. auf Sabotage zurückzuführen gewesen war. [114] Mit den notwendigen Geldmitteln versehen, fuhr Fischer nach Zwickau, arbeitete auf »Martin Hoop IV« von August bis November 1952 u. a. als Dispatcher, fuhr einige Male ein und wohnte, um das Leben der Bergleute kennenzulernen – er selbst war früher Postbote gewesen –, bei einem »Verdienten Bergmann«. [115] Der Roman *Martin Hoop IV*, der 1954 in Auszügen in der NDL, 1955 als Fortsetzungsroman in Tageszeitungen und im Dietzverlag erschien [116], fand allgemeine Zustimmung, so in Rezensionen von

Wolfgang Joho und Christa Wolf [117], und wurde als Überwindung der früheren Betriebsromane betrachtet. Fischers Konzeption, »das rein Menschliche unserer Bergleute zu zeigen und wie sie leben, leiden und arbeiten« [118] entsprach der Politik des »Neuen Kurses«.

Diese Situation änderte sich schlagartig, als März 1956 bei der Redaktion des Leipziger ›Börsenblattes‹ ein Brief des Zwickauer Bergingenieurstudenten und ehemaligen Bergmanns auf »Martin Hoop IV« Horst Sobek einging, der den Roman und zwei Artikel im ›Börsenblatt‹ über Fischer [143] scharf kritisierte. Der zentrale Kritikpunkt war, daß Fischer das Leben der Bergleute nur in »›Kneipen am Biertisch‹« studiert, von deren wirklichem Leben aber kaum etwas begriffen habe. [120] Sobek, einst selbst Mitglied einer im Roman geschilderten Brigade, fand sich und seine Kollegen nicht wirklichkeitsgetreu genug dargestellt.

Sobeks Forderung, Fischer solle sein Buch vor den Bergleuten verteidigen, griff die ›Börsenblatt‹-Redaktion auf und setzte sich mit Autor, Rezensent und Verlag in Verbindung. Die Diskussion um Fischers Buch, die für den Autor als Fiasko endete, fand sinnigerweise während der vom Kulturbund in Zwickau veranstalteten »Tage des Buches« statt. Die Auszüge aus der Mitschrift der Auseinandersetzung, die im Juni als Beilage des ›Börsenblattes‹ erschienen [121], verdienen trotz der manipulativen Tendenz der Auswahl eine ausführliche Behandlung, da sie Seltenheitswert besitzen.

Hervorstechendstes Merkmal der Auseinandersetzung war, daß die Hauptkontrahenten nicht die eigentlich Betroffenen, Fischer und die Bergleute, waren, sondern literarisch interessierte Externe und sich als Wortführer der Belegschaft fühlende Funktionäre auf der einen Seite, Schriftsteller und Kritiker des DSV-Bezirks Dresden auf der anderen. War damit bereits die offizielle Intention als gescheitert anzusehen, so um so mehr durch das Faktum, daß die schärfsten und die Ächtung Fischers fordernden Kritiker ihre Beiträge mit der Floskel »Ich bin kein Bergmann« oder »Auch ich habe nicht direkt mit dem Bergbau zu tun« [122] einzuleiten pflegten. Ein Professor Maiwald von der Zwickauer Bergingenieurschule, der Fischers Roman in Grund und Boden verdammte und dessen Hinweis auf die ›Biertisch‹-Atmosphäre eine Absprache mit Sobek vermuten ließ, sprach sogar im Brustton vollster Überzeugung von »wir Bergleute«. [123] Es gehört schon in den Bereich des Grotesken, daß diese Kritiker, die Fischer der Pornographie beschuldigten (neben ›Formalismus‹ einer der damals schwerwiegendsten Vorwürfe) und ihm nicht die geringste Chance einer Erwiderung ließen, darüber hinaus vom Schreiben so wenig oder so viel wie Fischer vom Bergbau verstanden, von einem Mitglied des ZK der SED (Levin), das diese Kritik als ›echte Kumpelkritik‹ würdigte, unterstützt wurden.

Diese allein auf die Person Fischers gemünzte sowie jeden gesamtgesellschaftlichen Bezugspunkt und jede höhere Verantwortlichkeit negierende Kritik versuchten die Verteidiger des Autors, unter ihnen der Schriftsteller Brezan, der Vertreter des DSV, Haase, die Literaturkritikerin Lazar und der verantwortliche Lektor, Römer, mit dem Argument zu entkräften, Fischer habe keinen ›Betriebsroman‹ geschrieben und schreiben wollen, sondern ein Buch, das alle Bereiche einschlösse, vor allem den privaten. Gerade deshalb habe er den Heinrich-Mann-Preis erhalten.

Diese Argumentation, die noch der Linie des »Neuen Kurses« folgte, bedeutete zwar angesichts der vernichtenden Kritik eine gewisse Hilfe für Fischer, sie vermochte aber, da sie äußerst vorsichtig vorgebracht wurde – bei einigen war die Angst vor persönlichen Konsequenzen deutlich spürbar – und die individuelle Kritik an Fischer nicht zu durchbrechen wußte, die Debatte nicht auf die eigentlichen grundsätzlichen Probleme zu lenken, auf Probleme, an denen die gesamte Literaturproduktion krankte und die durch die neue Politik nur noch verstärkt worden waren: daß die neu herangebildeten und von Aufträgen abhängigen Autoren über Stoffe und Themen schreiben mußten, die sie nur nach längerer Einarbeitung, Studium, unmittelbarem Kontakt mit der werktätigen Bevölkerung, Experimentieren und – bei einem Mißerfolg – durch solidarische Hilfe und nicht durch inquisitorische Verdammung hätten bewältigen können.

Von den Folgen dieser Auseinandersetzung wäre nichts bekannt geworden, hätten nicht im Februar 1957 Eva und Erwin Strittmatter – dieser sicherlich nicht zuletzt aufgrund der o. g. eigenen Erfahrung [124] – in einer Kritik die Pressionen, denen Fischer fortan ausgesetzt war, genannt. [125] Der Artikel ließ evident werden, was die ›Börsenblatt‹-Redaktion in ihrem Protokoll-Vorspann gemeint hatte, als sie schrieb, Fischers Buch werde »auch im Sortiment lebhaft diskutiert« und es sei wichtig, »mit dieser Sonderbeilage unsere Kollegen Sortimenter vom Verlauf der dortigen Diskussion zu unterrichten«.[126] Fischers Buch wurde nach Bekanntwerden der Diskussion nicht mehr zum Kauf angeboten noch neu bestellt. Seine zweite Arbeit, das Kinderbuch *Dem Unbekannten auf der Spur* [127], wurde auf der Herbstmesse 1956 in Leipzig von den Buchhändlern mit dem Hinweis auf die Zwickauer Diskussion abgelehnt. Am verheerendsten waren die Folgen in Zwickau selbst: Der Roman *Martin Hoop IV* mußte aus allen Bibliotheken entfernt werden.

Fischer, dessen Buch in der DDR unter Verschweigen der Ereignisse von 1956/57 später wieder volle Anerkennung fand, konnte den zweiten Teil seines Romans nicht mehr vollenden. Er starb am 4. Juni 1957 an den Folgen einer jahrelangen Krankheit.

Einer Wiederaufnahme der proletarisch-revolutionären Tradition und der damit verbundenen Versuche und Experimente, durch neue Darstellungs- und Aufführungstechniken, Verlags- und Vertriebsinitiativen – erinnert sei an den »Roten Eine Mark Roman« –, kurz: durch die Organisierung einer roten Massenkunst und -literatur [1] traditionelle literarische Produktions- und Rezeptionsverhältnisse grundlegend zu verändern, standen nach 1945 vor allem zwei Faktoren entgegen. War vor 1933 das Ziel, breite Arbeiter- und kleinbürgerliche Schichten für den politischen Kampf zu mobilisieren, ohne dabei die »vorhandenen Klassenströmungen« [2] zu überdecken, sondern sie vielmehr bewußt zutage treten zu lassen, so wurde nun unter Fortsetzung der Volksfrontstrategie jeder Versuch der Kenntlichmachung der Produzenten als auch der Adressaten als ›sektiererisch‹ oder als eine »zu enge Politik« [3] gegenüber den Intellektuellen, so Willi Bredel 1946 auf der Ersten Kulturtagung der KPD, zurückgewiesen. Anton Ackermann ging auf der gleichen Tagung noch einen Schritt weiter, indem er »besondere Gewerkschafts- oder Arbeitertheater« [4], deren Gründung in einigen Betrieben gefordert worden war [5], mit »KdF-Rummel« und »allermiserabelsten Spieltrupps« für Frontsoldaten verglich. Wahre Kunst, so lautete das Programm, könne den Werktätigen nur in der »Staatsoper und [den] besten Theater[n]« [6] geboten werden. [7]

In der Betonung der Überwindung des ›proletarisch-revolutionären Erbes‹, symptomatisch in Bechers Tagebuchreminiszenz aus dem Jahre 1950: »Ja, ich habe es ganz vergessen: Heinrich Mann verhalf meiner poetischen Entwicklung zum Durchbruch, die nach Überwindung der ›proletarisch-revolutionären‹ Phase kurz vor 1933 einsetzte« [8], offenbarte sich nicht nur der prinzipielle Wandel in der kulturpolitischen Strategie der KPD – die proletarisch-revolutionäre Literaturpolitik wurde historisch auf eine Stufe mit RGO-Politik und Sozialfaschismustheorie gestellt [9], aktuell mit ›Formalismus‹ und ›Kosmopolitismus‹ [10] –, sie hatte gezielt politisch-ideologische Funktion. Die Wiederaufnahme jener Tradition hätte über den kulturpolitischen Bereich hinaus sowohl in prinzipiellem Gegensatz zur neuen Revolutionstheorie der SED gestanden als auch die Widersprüche innerhalb der SED und SBZ/DDR offenkundig werden lassen, Widersprüche von historischer Qualität, wie die Ereignisse des 17. Juni zeigen sollten, als in den regionalen Parolen und Forderungen die ehemaligen Zentren von SPD und KPD wieder erkennbar wurden. [11]

Der zweite Faktor bestand darin, daß nach 1945 eine Arbeiter- und Massenbewegung, die mit denen vor 1933 vergleichbar gewesen wäre, fehlte und damit ein Publikum, das nicht nur Rezipient, sondern auch Produzent revolutionärer Literatur hätte sein können. Da der »reinigende Prozeß einer Revolution [...] Deutschland nicht beschieden worden« [12] war, mußte der Kampf gegen die nationalsozialistische Ideologie, die weite Kreise der Bevölkerung infiziert hatte, nachgeholt werden.

Im literarischen Bereich zeigte sich allerdings sehr bald, daß nicht die offen faschistische Blut-und-Boden-Literatur tief ins Bewußtsein eingedrungen war. Literarische Bedürfnisse und Rezeptionsverhalten wurden vielmehr immer noch aus einer Richtung bestimmt, der der BPRS und ähnliche Organisationen mit ihrer Konzeption einer proletarischen Massenliteratur zu begegnen versucht hatten und die von den Nationalsozialisten bewußt integriert und gefördert worden war, sofern sie nicht selbst zu den ideologisch-literarischen Wegbereitern des Faschismus gehört hatte: die spätestens seit den zwanziger Jahren industriell produzierte Trivialliteratur.

2.1. Literarische Bedürfnisse und Rezeptionsverhalten – Versuch einer Bestandsaufnahme

Untersucht man die zahlreichen parteioffiziellen Stellungnahmen, literaturkritischen und -theoretischen Beiträge über Literaturplanung [13], so springt ein Faktum ins Auge: Einer Flut von programmatischen Artikeln steht eine sehr geringe Anzahl von Beiträgen gegenüber, die detaillierte Hinweise über Lesegewohnheiten und Leserwünsche enthalten. Trotz häufiger Klagen über die Schwierigkeiten beim Verkauf und Vertrieb der neuen Literatur und über die immer noch vorhandenen »unechten Bedürfnisse, entstanden durch die kapitalistische Kulturpolitik« [14], gab es weder allgemeine noch schichtenspezifische Untersuchungen, auf die sich Partei, Regierung und Kulturorganisationen in ihrer Programmatik und Planung hätten stützen und berufen können.

Die Gründe für dieses Mißverhältnis sind äußerst heterogener Art. Zum einen verhinderte bereits im theoretischen Vorfeld die eingangs skizzierte Basis-Überbau-Theorie, daß die Notwendigkeit derartiger Untersuchungen erkannt werden konnte. Literatur und literarische Bedürfnisse, die einer alten Gesellschaftsformation entsprangen und nicht von der neuen übernommen werden konnten, waren nicht Bestandteil der neuen Ordnung, sondern beruhten auf Einflüssen von ›außen‹, sprich Westdeutschland und USA. Ihre Bekämpfung oblag – analog dem ökonomischen Plan und der Staatssicherung – der Literaturplanung und der Administration. Außerdem: Warum die Bevölkerung befragen, wenn zwischen ihr und der Regierung per definitionem Interessenidentität herrschte?!

Darüber hinaus lieferte die SED-Führung zu Beginn der fünfziger Jahre mit ihrer Propagierung des ›Kosmopolitismus‹ und ›Formalismus‹ als Hauptgegner und des ›klassischen Erbes‹ als »größte[r] Hilfe für eine künstlerisch gelungene Gestaltung von Gegenwartsthemen« [15] eine Fehleinschätzung der historischen Entwicklung in Deutschland und der eigenen Situation. Wie die Analyse der Heranbildung einer neuen Schriftstellergeneration zeigte, konnte von ›formalismusanfälligen‹ Schriftstellern in der SBZ/DDR keine Rede sein. Hinzu kam, daß aufgrund der Dichotomie von ›hoher‹ und ›niederer‹ Literatur, die die Entwicklung in Deutschland geprägt hatte und von der in England (aber auch in Rußland) abhob [16], weder das ›klassische Erbe‹ noch die ›bürgerliche Moderne‹ Leseverhalten und Bedürfnisse der breiten Masse der Bevölkerung maßgeblich hatten beeinflussen können, einen Sachverhalt, der durch die wachsende Disproportionalität zwischen Weiterentwicklung des künstlerischen Materials und gesellschaftlicher Verantwortung bei der ›Avantgarde‹, paradigmatisch dargestellt in Thomas Manns ›Doktor Faustus‹, vor allem aber durch die jüngste Geschichte, durch die nationalsozialistische Plünderung der deutschen Klassik und die Ideologie der ›entarteten Kunst‹ noch verstärkt worden war. Eine Kulturpolitik, die diesen Entwicklungen nicht Rechnung trug und allzu unbedenklich an gewisse Vorurteile gegenüber moderner Kunst anknüpfte und appellierte [17], geriet nicht nur selbst in die »gefährlichste Nähe von Blut und Boden« [18], sondern verstärkte jene Dichotomie und schrieb sie unter antifaschistisch-demokratischem bzw. sozialistischem Vorzeichen fest:

»Es ist das [daß man hinter neuere Entwicklungen zurückgehen müsse und Modelle der Klassik zu benützen habe; d. V.] eine neue Art von Donquichotterie, und durchaus keine ritterliche. Der Konsument jedenfalls, der nach solchen Lehren sich richten wollte, würde – erschreckt von der Fäulnis der Gegenwart, gelangweilt von der edlen Einfalt, stillen Größe der Oberlehrer-Klassik – nicht etwa zum lebendigen, zum echten Homer oder Goethe geführt werden, sondern sich lediglich der Entspannungskunst hingeben, dem Kriminalroman und Hollywood.« [19]

Drittens – und darauf wird noch genauer einzugehen sein – bot die Trivialliteratur Darstellungs- und Rezeptionsmuster an, die geeignet waren, den werktätigen Lesern über grundlegende gesellschaftliche Widersprüche und über die Nachkriegsentwicklung ›hinwegzuhelfen‹. Eine vorrangige und ohne genauere Untersuchungen kaum zu bewerkstelligende Auseinandersetzung mit jener Literatur, ihre Funktion sowie ihren Lesern hätte allerdings neue Konflikte heraufbeschworen, namentlich mit kleinbürgerlichen Schichten, dem »eigenen Westen bei uns«, wie Brecht sie in einem Brief an Paul Wandel nannte, die unter »Führung zu bringen« [20] eines der größten Probleme darstellte. Eine Auseinandersetzung mit dem ›trivialliterarischen Erbe‹ hätte es prinzipiell unmöglich gemacht, dieses Befriedungsinstrument in eigene Dienste zu nehmen.

Schließlich kam der Widerstand gegen – in kleinerem Rahmen durchgeführte – Untersuchungen vor allem aus den Reihen derjenigen, die in unmittelbarem Kontakt mit den Lesern standen: der Bibliothekare und Inhaber gewerblicher Leihbüchereien. Orientiert an und geprägt von traditionellen Leserwünschen, ausgebildet nach Richtlinien, die unter Aussonderung von militaristischem und nazistischem Gedankengut ansonsten zum Großteil aus der Zeit vor 1945 stammten, hätte eine Auseinandersetzung mit jenem ›Erbe‹ sowohl Umstrukturierungen im Bibliothekswesen als auch persönliche und berufliche Konsequenzen für viele Bibliothekare nach sich gezogen. [21] Zum anderen wäre, so die Befürchtungen, die ohnehin geringe Leserzahl – nach Schätzungen erfaßten öffentliche Bibliotheken und entsprechende Betriebseinrichtungen maximal zehn Prozent der Bevölkerung [22] – zurückgegangen.

Der Widerstand der Inhaber gewerblicher Leihbüchereien hatte vor allem existentielle Gründe. Durch die Ausdehnung staatlicher und betrieblicher Einrichtungen in ihrer Existenz bedroht, hätte eine Untersuchung ihres Bestandes und ihrer Kundschaft direkt zur Schließung ihrer Leihbücherei führen können.

Zieht man das Resümee, so kann festgestellt werden, daß der Literaturplanung das letztlich entscheidende Fundament fehlte: die konkrete Kenntnis der Rezeptionsverhältnisse und der literarischen Bedürfnisse der Bevölkerung. Die Hoffnung der Verantwortlichen, »daß nach dem Verschwinden des Hitlerregimes die im Verborgenen gewachsenen Keime einer jungen Literatur hervorbrechen würden« und daß diese Literatur sofort ihr Publikum fände, erwies sich als »Illusion: Wir hatten nicht gewußt, wie faul das Erdreich in Deutschland war.« [23] An die Stelle der Analyse der eigenen Situation traten die in der Emigration entwickelten Pläne und die Übernahme der sowjetischen ›Formalismuskampagne‹.

Die umrissenen Entwicklungen setzen der Analyse einer der wesentlichsten materiellen Grundlagen der frühen DDR-Literatur deutliche Grenzen. Exakte Aussagen lassen sich nicht mehr treffen. Da allerdings die gesamte literarische Entwicklung und bestimmte kulturpolitische Entscheidungen wie die forcierte Förderung von sogenannter Unterhaltungsliteratur nach dem 17. Juni auf die weitere Existenz von Bedürfnis- und Rezeptionsstrukturen verweisen, die sich in den Jahrzehnten vor 1945 herausgebildet hatten, ist zumindest ein Versuch der Rekonstruktion jener Strukturen unumgänglich. Unsere These lautet, daß sich trotz der aufgezeigten Grenzen über die Analyse der wenigen Umfragen, die Bibliothekare und Zeitschriftenredaktionen, vor allem die des ›Börsenblattes für den Deutschen Buchhandel‹, durchführten, über die Analyse von Leserbriefen und der zahlreichen Hinweise in literaturkritischen Beiträgen und Rezensionen grundlegende Entwicklungen, die der Heranbildung einer neuen Leserschaft entgegenstanden, erkennen lassen.

2.1.1. ›Muttermale‹ der neuen Gesellschaft

2.1.1.1. Das ›trivialliterarische Erbe‹

Vergleicht man die von werktätigen DDR-Lesern stereotyp und am häufigsten genannten Wünsche nach »Spannung, Farbigkeit, Weltweite, Exotik, heitere[n] Überraschungen« [24], nach »Entspannung«, »Leichtfaßliche[m], mit viel Handlung und wenig gedanklichen Betrachtungen«, »Liebesroman[en]« [25], »Reisebeschreibungen, spannende[n] Erzählungen«, »Mädchenbüchern« und »Romanbiographien« [26] mit den für weite Bevölkerungskreise durchaus als repräsentativ anzusehenden Äußerungen über erste Leserlebnisse und -bedürfnisse der aus der Arbeiterschaft stammenden Schriftsteller – »Reiseerlebnisse und Abenteuer interessierten mich am meisten«, die »Lektüre [blieb] in den ersten drei Jahren nach meiner Schulentlassung im wesentlichen auf Abenteuerschmöker, Kolportagehefte und kitschige Zeitungsromane beschränkt« –, so lassen sich, trotz der verschiedenen Gesellschaftssysteme, in denen diese Äußerungen gemacht wurden, zwei wichtige Übereinstimmungen feststellen. Zum einen orientierten sich diese Leserschichten an trivialliterarischen Produkten; zum anderen, und dies ist entscheidend, handelte es sich bei jenen Bedürfnissen zunächst nicht um genuin literarische, sondern darum, das »Elend einer freudlosen Jugend«, die »doppelte Tyrannei von Schule und Kinderarbeit« [27] bzw. eine Realität, der es »noch an vielem Notwendigen, am Behaglichen fast alles« [28] mangelte, kurz: die ›Alltagssorgen‹ für einige Stunden vergessen zu können.

Beide Momente verweisen direkt auf außerliterarische Realitäten, auf das Fortbestehenn alter gesellschaftlicher Widersprüche. Die DDR-Nachkriegsrealität, die, verstärkt durch westliche Boykotte, den Aufbau der Schwerindustrie auf Kosten der Leicht- und Konsumgüterindustrie und Reparationslasten, der Bevölkerung große Opfer abverlangte, und eine Politik, die eine Veränderung der allgemeinen Lebensbedingungen »nur auf der Basis materieller Anreize« [29] und der Jahrespläne anstrebte und die den »täglichen Kampf gegen das Alte« [30] durch Leugnung jeglicher Antagonismen auf Nebenwidersprüche lenkte, mußten zwangsläufig dazu führen, daß von der alten Gesellschaftsformation hervorgebrachte Wünsche, Vorstellungen und Bedürfnisse weiter existent blieben und ständig neue Nahrung erhielten:

»Ich glaube, wir machen einen Fehler, wenn wir nur immer nachweisen, daß bei uns heute die Kohlsuppe fetter ist als früher (sie ist es für die meisten wirklich, und trotzdem beharren sie auf ihrem Standpunkt, daß es in Westdeutschland eben mehr Autos und Kühlschränke gibt als bei uns und man sie leichter erwerben könne). Durch unsere einseitige Argumentation gewöhnen wir die Menschen daran, nach der vermeintlich noch fetteren Kohlsuppe zu schielen und eine Überschwemmung durch solche fette Kohlsuppe zu ersehnen. Natürlich hören wir keinen Augenblick auf, dafür zu arbeiten, daß die Suppe für alle immer fetter wird. Aber gleichzeitig sollten wir doch häufiger als bisher wiederholen, daß wir das Ziel des Lebens nicht allein in fetter Kohlsuppe sehen; daß die Arbeiterklasse vor allem deshalb so zäh und hartnäckig in jahrzehntelangem Kampf den Unternehmern die Butter für das Brot und das Stück Fleisch für die Suppe abgerungen hat, weil ihr mit dem Fleisch und der Butter nicht mehr und nicht weniger vorenthalten wurde, als *die Möglichkeit, Mensch zu sein*. Dasselbe geschieht durch die Lockspeise an der bewußten Schnur: der Köder hat sich geändert, der Sinn ist derselbe geblieben.« [31]

Diese Kritik eines ›Kohlsuppen-Sozialismus‹ von Christa Wolf wird um so verständlicher, bedenkt man, in welch paradiesischen Farben die aktuelle als auch zukünftige Entwicklung geschildert wurde:

»Ja, der Präsident [Wilhelm Pieck; d. V.] will natürlich [...], daß die Arbeiter Fahrräder bekommen. Die Tüchtigen werden sogar eines Tages mit eigenem Auto zur Arbeitsstelle kommen.« »Im Büro der Werk-HO beißt die Verkaufsleiterin auf dem Bleistift herum, weil sie entscheiden soll, wieviel Gänse, wieviel Zentner Äpfel, wieviel Kisten mit Apfelsinen und wieviel geräucherte Gänsekeulen sie bestellen muß.« [32]

Vermag die Skizzierung dieses allgemeinen Hintergrundes die Existenz jener Bedürfnisse zu erklären, so wird erst über die literarische Traditionskomponente evident, weshalb gerade der Trivialliteratur eine Schlüsselfunktion bei deren Befriedigung zukam. Hier sei lediglich auf die beiden Hauptfaktoren verwiesen: den gesellschaftlichen und den literarischen. Sie liegen zum einen darin, »kollektive Verhaltensformen und -normen« festzuschreiben und die »Konsumenten ihren Verhaltensmöglichkeiten nach auf angepaßtes Verhalten zu bestehenden Verhältnissen« zu beschränken: Trivialliteratur induziert »praktisch immer affirmatives und systemstabilisierendes, Veränderung verhinderndes Bewußtsein«. [33] Diese Funktion, die in gewisser Weise als Säkularisierung früherer Religionsfunktionen bezeichnet werden kann, vermag sie zweitens allerdings nur dadurch zu leisten, daß sie auf die Analyse gesellschaftlicher Verhältnisse verzichtet und daß ihre Darstellungstechniken, die den Arbeits- und Lebensbedingungen der Leser (Fahrt zum Arbeitsplatz, Arbeitspausen u. ä.) angepaßt sind, eine äußerst schnelle und leichte Rezeption ermöglichen: »Jeder Verzicht auf Komplexität in der Erzählung vergrößert zugleich die Geschwindigkeit in der Textaufnahme, das Tempo des Lesens«. [34]

Beide Funktionen waren auch unter DDR-Verhältnissen nicht unabhängig voneinander zu denken. Ein an trivialliterarischen Produkten geschultes Bewußtsein konnte die weitere Existenz von Antagonismen sowie Bürokratismus und die zu neuen Schichten- und Klassendifferenzierunen führenden Privilegierungsmechanismen nicht als »gesellschaftliche Krankheit«, sondern nur als »persönliche Schurkerei« [35] begreifen. Zum anderen beinhaltete das allgemeine affirmative Verhalten zugleich die Ablehnung jeglicher ästhetischer und literarischer Innovationen und die Verhinderung der Erkenntnis, daß Literatur aktiv in den gesamtgesellschaftlichen Prozeß eingreifen könne.

Verlangt wurden Produkte, die beide Merkmale aufwiesen und die z. T. weniger literaturspezifischen Gesetzmäßigkeiten unterlagen als vielmehr Markenbezeichnungen cleverer Verlags- und Vertriebsleiter waren [36]: ›Abenteuerromane‹, ›Frauenromane‹, ›Kriminalromane‹, ›Liebesromane‹, ›Mädchenbücher‹ und ›Schicksalsromane‹. Ihre Leser rekrutierten sich aus der noch immer vorhandenen breiten Schicht des Kleinbürgertums, aus kleinbürgerlicher Ideologie verhafteten Kreisen der Arbeiter und Angestellten, Jugendlichen, vor allem aber aus Frauen *aller* Schichten. [37] Hier wirkten sich jahrhundertelange Unterdrückung und Fernhalten von gesellschaftlicher Aktivität, verbunden mit der Bindung an Küche, Kinder, Kirche, sowie eine auf ökonomischen und technischen Fortschritt reduzierte Politik am stärksten und negativsten aus: »Immer wieder verlangt die Frau nach einem Buch, das sie die Alltagssorgen vergessen läßt.« [38]

2.1.1.2. Das ›Erbe‹ des Reformismus

Stellte das ›trivialliterarische Erbe‹ das Haupthindernis bei der Heranbildung einer neuen Leserschaft dar, so wäre es doch verfehlt, allein auf diese Tradition zu verweisen. Ein zweites spielte eine nicht zu unterschätzende Rolle, das unmittelbar auf die kulturpolitisch-reformistische Tradition innerhalb der deutschen Arbeiterbewegung verwies: der Wunsch nach allgemein-menschlicher und nicht von politischen (Tages-)Kämpfen tangierter Bildung. Diese Tradition des ›Wissen ist Macht!‹, die sich einst im kulturpolitisch-literarischen Bereich darin geäußert hatte, daß man nach anfänglicher Lektüre von Kolportageliteratur und Ganghofer-, Marlitt- und Courths-Mahler-Romanen zur Beschäftigung mit ›hoher‹ Literatur überging [39], war besonders noch bei den aus der Sozialdemokratie kommenden SED-Mitgliedern und den Kulturfunktionären lebendig, die Arbeiterbildungsvereinen, Literaturzirkeln u. ä. angehört hatten. Mit anderen Worten: Da sie weniger in der Masse der Bevölkerung verwurzelt war als in traditionell sozialdemokratisch beeinflußten Arbeiter- und Funktionärskreisen, kann sie auch als ›Funktionärstradition‹ bezeichnet werden.

Neben Schiller und Goethe, die schon früher als Gipfel der Bildung gegolten hatten, waren es die russischen Klassiker und Thomas Mann, denen man sich stufenweise zu nähern hatte: »Der schwere Weg vom Kitsch zum ›Dr. Faustus‹ wird leichter, wenn man Stufe für Stufe gehen kann.« [40] Als ›Zwischenstufe‹ wurden Autoren wie Karl Emil Franzos, Charles de Coster und selbst Karl May betrachtet. [41] Vermittelt werden sollten »humane Ideengehalt[e]« [42], »Sonntagsstimmung«, »Harmonie zwischen Erscheinungswelt und [...] Gemütswelt«, »beschauliche Stunden« [43], »verdichtete und

· strenge geformte Sprachkunst«, »Lebensfreude und Daseinszuversicht«. [44]Diese Tradition, die »wenn sie Goethe sagt, Ganghofer meint« [45], wies nicht allein durch die Verweise auf Karl May und Peter Rosegger [46] auf einen engen Zusammenhang mit der trivialliterarischen. Die reformistische Konzeption des Hinauflesens bedeutete, daß die über die unterste Stufe, die Trivialliteratur, vorgegebenen Rezeptionsmuster internalisiert und bei der Lektüre ›hoher‹ Literatur beibehalten wurden, ein Vorgang, der sowohl bei der Herausbildung der Literaturtheorie als auch bei der Literaturproduktion in der DDR von ausschlaggebender Bedeutung werden sollte. Aus der Vielzahl der Äußerungen, die (unbewußt) diesen Rezeptionsvorgang schildern und auf die bei der Lektüre ›hoher‹ Literatur entdeckten Gemeinsamkeiten zwischen dieser und der Trivialliteratur hinweisen, sei exemplarisch die einer Betriebsbibliothekarin herausgegriffen:

»Dieses Gemeinsame [zwischen Stella- und Courths-Mahler-Romanen und ›hoher‹ Literatur; d. V.] ist meiner Meinung nach: 1. die Gestaltung der Liebe und der aus den vielfältigen Beziehungen der Geschlechter sich ergebende Spannungsgehalt, und 2. die einheitliche Fabel, die die bewegte Handlung konsequent zu ihrem Höhepunkt, d. h. zur Entwirrung aller Irrwege und Irrtümer der Helden führt (die der Leser natürlich längst als solche erkannt hat). Seltsamerweise wird man diese beiden Elemente in allen schlechten Romanen finden, die wir als Schund und Kitsch bezeichnen, aber auch in den großen Romanen der Weltliteratur, vor allem der Franzosen, die deshalb auch in den Bibliotheken stark gelesen werden.« [47]

Im Unterschied zum erstgenannten wurde das ›reformistische Erbe‹ weder erwähnt geschweige denn – etwa im Stile Erich Weinerts oder Slangs (d. i. Fritz Hampels) [48] – zum Gegenstand der Kritik gemacht, da beides sowohl die Auseinandersetzung mit der Funktion des ›klassischen Erbes‹ bei der Vereinigung von SPD und KPD und beim Aufbau der antifaschistisch-demokratischen Ordnung als auch mit all den ›Zukurzgekommenen‹ zur Folge gehabt hätte, die nun »die Mittel und den Wunsch hatten, auch einmal ›kultiviert‹ zu leben, ein schönes Bild an die Wand zu hängen, eine nette Melodie zu hören, ein ergreifendes oder packendes Buch zu lesen«. [49] Lediglich der Brecht-Kreis, die von ihm beeinflußte Literaturkritikerin Eva Braun und Erwin Strittmatter wiesen wiederholt und besonders anläßlich des II. Sowjetischen Schriftstellerkongresses und des XX. Parteitages der KPdSU auf die aus jenem ›Erbe‹ resultierenden Gefahren hin. Schon kurz nach seiner Rückkehr aus dem Exil notierte Brecht:

»(man hat dieses sozialdemokratische kleinbürgerunternehmen [die Volksbühne; d. V.] ›jedem kleinen mann eine ständige theaterloge‹ neu aufgezogen und liefert schmierenaufführungen.) zum ersten mal fühle ich den stinkenden atem der provinz hier.« [50]

Mit Sicherheit ist es kein Zufall, daß Brecht, der in zahlreichen Diskussionen die reformistische, »bourgeois[e], also kleinbürgerlich[e]« [51] Komponente in der sowjetischen und DDR-Kulturpolitik und -Kunstproduktion geißelte, nach dem 17. Juni und während der Diskussionen um die Ergebnisse des XX. Parteitages wieder *offen* an die Tradition der »Blauen Blusen« und der deutschen Agitpropkunst anzuknüpfen versuchte, indem er das »Berliner Ensemble« zur Basis für »Kampfgruppen« [52] machen wollte: Ohne Klassenkampf kein Agitprop – et vice versa. So sollten Agitpropnummern, nachdem sie im Westen ausprobiert worden waren, auch im Osten (der ja seinen eigenen West hatte) ausprobiert und dabei all die Mittel eingesetzt werden, die eine Einigung der Bevölkerung über das Hervortretenlassen »vorhandener Klassenströmungen« ermöglichten. [53] Und ebensowenig kann es Zufall genannt werden, daß Erwin Strittmatter kurz vor dem 17. Juni in einer Antwort an einen *Katzgraben*-Kritiker unter Punkt eins der Gegenkritik schrieb, jener vertrete in bezug auf die Revolution des Proletariats eine reformistische Auffassung. [54] Dieser Briefwechsel, den Strittmatter wegen seiner grundsätzlichen Bedeutung in der NDL veröffentlichen lassen wollte, ist bis heute nicht erschienen. [55]

2.1.2. ›Schwarze Kanäle‹

Sieht man von dem heute nicht mehr lösbaren Problem ab, wieviel und welche trivialliterarischen Produkte früherer Zeiten sich noch immer in Bücherregalen und Wohnzimmerschränken befanden und auf dem trivialliterarischen Markt zirkulierten [56], so lassen sich zwei Hauptbezugsquellen nennen, über die die Konsumenten die eingangs skizzierten Bedürfnisse befriedigen konnten: über die gewerblichen Leihbibliotheken und über den illegalen Handel mit westlichen Groschenheften bzw. über Pakete und Besuche westdeutscher Verwandter.

Die Inhaber privater Leihbüchereien, die schon vor 1945 ihr Gewerbe ausgeübt hatten, konnten, sofern sie nicht allzu eifrige Verleiher nazistischer Literatur gewesen waren, ihre Tätigkeit unter den neuen Verhältnissen relativ bruchlos fortsetzen. Obwohl sie durch den forcierten Aufbau öffentlicher Bibliotheken, Kulturhäuser und -clubs einer starken Konkurrenz ausgesetzt waren, ermöglichten ihnen ein treu gebliebenes Publikum und neue, jugendliche Leser eine bescheidene, aber gesicherte Existenz, ein Faktum, das sich auch darin bemerkbar machte, daß Leihbüchereien vererbt oder neu eröffnet wurden. Da die wenigsten von ihnen kulturelle und literarische Absichten verfolgten und auch keine entsprechende Ausbildung besaßen, sondern zufällig zur Branche gestoßen waren – zur Eröffnung einer Leihbücherei war lediglich ein Gewerbeschein erforderlich –, waren die meisten »in erster Linie Geschäftsleute«, die sich nicht um die Qualität ihrer Ware kümmerten, ebensowenig um den »Schaden [...], den ihre Geschäftspraxis« anrichtete. Ein Kritiker brachte dies auf die bezeichnende Formel: »Sage mir, welche Bücher du verleihst, und ich sage dir, wer du bist.« [57]

Die den Leihbüchereien gemachten Auflagen beschränkten sich im wesentlichen darauf, daß die Inhaber ihren Buchbestand auf nazistische und militaristische Titel hin durchzusehen hatten und ihn durch Werke klassischer und fortschrittlicher Literatur, namentlich sowjetischer, ergänzen und erneuern sollten. Ob und inwieweit diese Auflagen eingehalten wurden, überprüften verantwortliche Stellen wie die Referate für Büchereiwesen bei den Räten der Kreise zunächst kaum. Gelegentliche Stichproben, Beschlüsse einiger Leihbuchhändler, Titel bestimmter Verlage auszusondern [58], und die Schulung der Inhaber gewerblicher Leihbüchereien in Volkshochschulkursen waren die Hauptmaßnahmen. Die Gründe für diese mangelhafte Aufsicht – noch 1953 mußte zugegeben werden, daß eine systematische Überprüfung nicht stattgefunden hatte [59] – dürften neben Bürokratismus in den Verwaltungen vor allem in der Angst der Verantwortlichen vor Kundenreaktionen zu suchen sein:

»Wir alle erinnern uns des Sturmes der Entrüstung, der durch die Leihbüchereien rauschte, als der Leserinnen von der Aussonderung der berüchtigten 13 Kitschautoren [Courths-Mahler u. a.; d. V.] unterrichtet wurden. Wie vielen Kolleginnen und Kollegen wurde und wird noch gesagt: ›Ach, ich finde gar nichts mehr in Ihrer Bibliothek, haben Sie denn nichts, das wenigstens Ähnlichkeit mit den früheren Büchern hat, ich will nichts Politisches, ich mag keine Tendenzromane.‹« [60]

Erst um die Jahreswende 1952/53 setzten verstärkt Kontrollen ein. Obwohl uns nur Untersuchungsergebnisse aus dem Bezirk Leipzig vorliegen, so kann doch von einer gewissen Repräsentativität für die gesamte DDR ausgegangen werden:

»Das Ergebnis der Nachforschungen in Leipzig ergab [. . .] viel Schatten und wenig Licht. Wenn das aber schon in der Buchstadt so ist, dann drängt sich die Frage auf, wie es in den Leihbüchereien der übrigen Bezirke der Deutschen Demokratischen Republik aussieht.« [61]

Zutage gefördert wurde eine Unmenge trivialliterarischer Bücher, die z. T. noch Vermerke wie »Sonderausgabe für die Luftwaffe« und »Nur zum Verkauf außerhalb Großdeutschlands« trugen. [62] Besonders häufig vertreten waren aufgrund der starken Nachfrage Titel von Bloem, Courths-Mahler, Eschstruth, Ganghofer, Herzog, Marlitt, May und Schroer sowie Titel der Verlage Rothbarth und Engelhorn, während ›klassisches Erbe‹ u. ä. kaum vorhanden war, und wenn, dann nur in den hintersten Regalreihen.

Die Kontrollen, denen sich die Leihbuchhändler u. a. dadurch zu entziehen versucht hatten, daß sie »Kitschliteratur mit Schutzumschlägen fortschrittlicher Bücher« [63] in ihren Auslagen versahen, wurden nach den Ereignissen des 17. Juni gemildert oder ganz eingestellt. Dies bedeutete allerdings keine Rückkehr zu den Verhältnissen vor 1952. Die den Mittelstand unterstützende Politik des »Neuen Kurses« erstreckte sich auch auf die gewerblichen Leihbüchereien:

»Die vor einigen Monaten im Börsenblatt durchgeführte Diskussion über die gewerblichen Leihbüchereien hat das Amt für Literatur und Verlagswesen veranlaßt, Mittel und Wege zu suchen, um die Leihbüchereien zu befähigen, eine qualifizierte Arbeit mit dem Buch zu leisten. Wir gingen davon aus, daß sich eine Verbesserung der Arbeit der Leihbüchereien nicht durch administrative Maßnahmen erreichen läßt, sondern eine vertrauensvolle Zusammenarbeit mit dem Staatsapparat voraussetzt. Dem Leihbuchgewerbe muß also konkret geholfen werden. Dazu gehört, daß erstens die Hauptschwächen der Leihbüchereien offen dargelegt werden und daß zweitens gezeigt wird, wie sie überwunden werden können. Drittens muß die Arbeit der Leihbüchereien durch wirtschaftliche Hilfe auf ein höheres Niveau gehoben werden.« [64]

Das (Tausch-)Geschäft mit westdeutscher Heftchenliteratur florierte vor allem in zwei Bevölkerungsgruppen: bei Frauen und bei Kindern bzw. Jugendlichen. Haupteinkaufsquelle war Westberlin, wo DDR-Bewohner ihren ›persönlichen Bedarf‹ deckten und geschäftstüchtige, auf einen Nebenverdienst spekulierende DDR-Bürger gleich aktentaschen- und kofferweise für ›Leseringe‹ innerhalb ihres Bekannten- und Kollegenkreises einkauften. [65] Das Handels- und Tauschgeschäft besaß einen so großen Umfang, daß mit Christa Wolf von einer »kleine[n] literarische[n] Untergrundbewegung« [66] gesprochen werden kann.

So berichtet Wolf, die durch einen Krankenhausaufenthalt zufällig mit dieser Problematik vertraut geworden war, von zwei Frauen, deren Konsumtion auf allgemeine Bedürfnisse als auch auf jene Vorgänge verweist. [67] Die eine, Brigadierin, Gewerkschaftsgruppenorganisatorin und angehende Schlossermeisterin, »schwärmte von einem Koffer voller Courths-Mahler-Bücher, den auf einer anderen Krankenstation eine Mitpatientin allen Interessenten zur Verfügung gestellt hatte.« Die andere, Volkskorrespondentin und in ihrem Betrieb häufig prämiiert, war wie »alle Frauen in ihrer Werkhalle« eifrige Leserin von Stella-Romanen (westdeutsche Heftchenreihe). Bücher wie *Die Mutter, Neuland unterm Pflug, Ditte Menschenkind* und *Anna Karenina,* die unter den Prämien gewesen waren, hatte sie nicht gelesen, da sie ihr »zu dick« [68] waren.

Christa Wolfs Artikel behandelte keine Einzelfälle. Andere Berichte sowie die Reaktion auf ihre Zeilen lassen erkennen, daß die Nachfrage nach Lore-, Stella- u.ä. Romanen nicht abnahm: Sie war »seit Beginn des neuen Kurses [...] munter gestiegen!« [69]

Ähnliche Entwicklungen zeichneten sich im Bereich der Heranwachsenden ab. Mit einem Unterschied: Beruhte die massenhafte Lektüre westdeutscher Heftchenliteratur bei der arbeitenden Bevölkerung nahezu ausschließlich auf dem Bedürfnis, »nach der Arbeit eine Stunde lang Fata Morgana, Traum vom großen Glück nach dem ein wenig Mühseligen auf dieser Erde, Schönheit, Vollkommenheit, Liebe – mal ›etwas anderes‹« [70] zu erleben, so artikulierte sich bei Jugendlichen in der Lektüre von Comicheften und Wildwestromanen neben jenem allgemeinen Bedürfnis eine gewisse Widerstandshaltung. Nachkriegszeit und durch den Wiederaufbau bedingte mangelnde elterliche Aufsicht – viele Mütter waren alleinstehend oder mußten mitarbeiten – führten zur Verwahrlosung zahlreicher Jugendlicher und zur Entstehung jugendlicher Banden. [71] Diese waren oft identisch mit den illegal organisierten Fan-Clubs, die außer westlichen Schlager- und Filmstars nicht selten Kid Colt und ähnliche Heftchenhelden zum Idol erkoren hatten.

Partei und Regierung sahen darin nicht nur einen Zusammenhang mit der Jugendkriminalität. Wenn über den 17. Juni gesagt wurde, daß es »vor allem die sogenannten ›Halbstarken‹ [waren], die im Texashemd und mit der Brandflasche über die Sektorengrenzen kamen, um einmal ›ein tolles Abenteuer‹ zu erleben, einmal zu toben, zu schlagen, zu brennen – also sich so zu benehmen, wie sie es immer und immer wieder in schmutzigen Schmökern gelesen hatten« [72], so wurde aus der Lektüre westlicher Groschenhefte – exemplarisch dargestellt in Erich Loests Roman *Die Westmark fällt weiter* [73] – eine direkte politische Bedrohung der DDR abgeleitet. Ohne hier näher auf den Komplex eingehen zu können, sei abschließend lediglich darauf verwiesen, daß sich Jugend- und Schulbehörden der weiten Verbreitung jener Literatur häufig nur dadurch zu erwehren wußten, daß sie die bei Kontrollen in Schulen und Berufsschulen gefundenen Hefte beschlagnahmten und zu disziplinarischen Maßnahmen griffen, im Extremfall zur Anzeige und zur Einweisung in ein Heim.

2.2. ›Jedem kleinen Mann sein eigenes Buch‹

Seit dem VIII. Parteitag der SED erfolgt in der DDR, namentlich zum Thema ›Theater‹, sukzessiv eine kritische Auseinandersetzung mit den eigenen Anfängen. Als exemplarisch für diese Entwicklung ist die Untersuchung *Arbeiterklasse und Theater* [74] von Gudrun Klatt anzusehen. Ausgehend von der von uns eingangs skizzierten Theorie der

Übergangsperiode, von einer das frühe kulturelle Wachstum in der DDR bestimmenden »Dialektik von antifaschistisch-demokratischer Ordnung und Aufbau des Sozialismus« [74], schreibt Klatt, daß politischer Fortschritt, Erziehung eines antifaschistischen Bewußtseins und die Mobilisierung breiter Bevölkerungskreise für den Neuaufbau einhergingen »mit Momenten partieller Zurücknahme von Errungenschaften der revolutionären marxistischen Ästhetik« (S. 174). Das Hervortreiben der in jener Zeit virulenten Widersprüche wird allerdings sofort eingestellt, gerät die Untersuchung in die Nähe einer prinzipiellen Auseinandersetzung. Die Folge sind deutliche logische Widersprüche. Spricht sie einerseits von »partieller Zurücknahme«, so heißt es andernorts, daß »bis in die Mitte der fünfziger Jahre das humanistische Erbe eindeutig im Vordergrund« (S. 155f) stand, daß sich die »Rezeption bürgerlich-humanistischer Theatertraditionen [...] in einem merkbaren Gegensatz zu den politisch-ästhetischen Positionen des proletarisch-revolutionären Theaters« (S. 157) befand und daß eine »ganze Traditionslinie sozialistischer Kunst und fortgeschrittenster marxistischer Ästhetik [...] in der kulturpolitischen Verständigung zwischen 1952 und 1957 nur eine untergeordnete Rolle« (S. 175) spielte. All diese Momente, die die Rolle der SED, des subjektiven Faktors, evident werden lassen, erfahren abschließend eine Interpretation, die sich als Apologetik erweist: »Die objektiven gesellschaftlichen und kulturellen Voraussetzungen für die Rezeption der proletarisch-revolutionären Tradition waren am Beginn der fünfziger Jahre noch nicht gegeben« (S. 179). Gerade die Analyse der Versuche zur Heranbildung einer neuen Leserschaft sowie zur Schaffung neuer Rezeptionsbedingungen vermag zu zeigen, daß die objektiven Bedingungen zwar ein wesentliches, nicht aber das entscheidende Hindernis darstellten.

2.2.1. »Das Gute Buch« [75] – Buchproduktion und ›Erbe‹-Problematik

Aufgrund der literaturpolitischen Programmatik, daß die literarische Bildung und Erziehung der Werktätigen wie die Schaffung einer neuen Literatur nur über die Aneignung und Verbreitung des ›humanistischen Erbes‹ [76] erfolgen könne, bildete die Herausgabe von Werken dieser Literatur den Schwerpunkt in der Produktion der Verlage, namentlich des Aufbau-Verlages. [77] Diese allgemeine Leitlinie, die von politischen Kurswechseln nur unwesentlich tangiert wurde und die die gesamte Verlagspolitik in der antifaschistisch-demokratischen und sozialistischen Aufbauphase bis 1956/57 bestimmte – erst während der Auseinandersetzungen mit Georg Lukács erfolgten einige Modifizierungen –, beinhaltete zwei Teilschwerpunkte. Die Theorie der Zuendeführung der demokratischen Revolution, deren literaturpolitisches und ästhetisches Pendant in der Zuendeführung der klassischen, humanistischen Tradition bestand, und das Problem der nationalen Einheit Deutschlands führten zur bevorzugten Herausgabe von Werken und Ausgaben – so z.B. in Form der Volks-*Lesebücher für unsere Zeit* – Lessings, Goethes, Schillers, Heines, der Achtundvierziger, Kellers, Heinrich und Thomas Manns. Zum anderen wurden vor allem die Werke der russischen Realisten aufgelegt, die als letzte, höchste Stufe des kritischen Realismus und als direkte Vorläufer des (sowjetischen) sozialistischen Realismus galten. [73]

Manifestierte sich in den Massenauflagen jener Werke die allgemeine Programmatik der SED, so war doch, abgesehen von der Schwerpunktsetzung, der Kanon der zu veröffentlichenden Werke relativ unbeeinflußt vom Wandel der kommunistischen Kulturpolitik der vergangenen Jahrzehnte. Gleiches kann von der Herausgabe der Werke der deutschen und internationalen sozialistischen Literatur, dem zweiten Hauptschwerpunkt, nicht gesagt werden. Bis auf wenige Ausnahmen wurden nur die Werke aufgelegt, die während der Volksfrontperiode entstanden waren und die – dabei handelte es sich zum Großteil um sowjetische Romane – als Fortsetzung und Vollendung des klassischen und kritischen Realismus interpretiert wurden. [74] Auf diese Weise wurden aber der Bevölkerung, die laut offizieller Kulturpolitik und nach Lenins Theorie der zwei Kulturen innerhalb einer Nation[75] mit verschütteten und ehemals unterdrückten Traditionen vertraut gemacht werden sollte, genau die Werke vorenthalten, die im Bemühen um eine proletarische Gegenkultur und -literatur in Deutschland entstanden und als konstitutive Elemente einer sozialistischen deutschen Literaturtradition zu betrachten waren: die frühen sozialistischen Texte, vor allem die ersten Arbeiterautobiographien, sowie die proletarisch-revolutionäre Literatur. So paradox es auch erscheinen mag – es wurde verhindert, daß gerade die Werke neu aufgelegt wurden, die nicht nur Dokumente für den Kampf um eine sozialistische (Räte-) Republik gewesen wären, sondern die auch politisch-literarisch die eigene Existenz hätten legitimieren können. So erschien – in kleiner Auflage – die erste Neuausgabe einer frühen und der neben der August Bebels zugleich bedeutendsten Arbeiterautobiographie, Franz Rehbeins. *Gesinde und Gesindel*, erst 1955. [76] Karl Grünbergs *Brennende Ruhr*, der erste proletarisch-revolutionäre Roman, erschien zwar 1948 noch in unveränderter Neuauflage, weil er, so Grünberg im Nachwort, »ein Dokument für die Entwicklung der proletarisch-revolutionären Literatur darstellt«. [77] Außer den Autobiographien *Vaterlandslose Gesellen* (Scharrer) und *Ein Prolet erzählt* (Turek) blieb Grünbergs Roman allerdings der einzige unveränderte Nachdruck, denn sofern überhaupt eine Neuausgabe erschien, handelte es sich um veränderte Auflagen: Grünbergs Roman war in der zweiten Auflage (1953) wesentlich verändert, von Marchwitzas *Sturm auf Essen* [79] lediglich der Titel mit der Erstausgabe identisch. All diese Traditionen waren so sehr in ›Vergessenheit‹ geraten, daß kein anderer als Brecht auf die Notwendigkeit des Sammelns dessen, was die Arbeiterliteratur hervorgebracht hatte, hinweisen mußte, da derjenige, der »das Wort ›Agitprop‹ in den Mund nimmt, zum Gegner der sozialistischen Kultur erklärt« [80]wurde. Es wurden nur Werke ehemals proletarisch-revolutionärer Schriftsteller aufgelegt, die den Stempel der Volksfrontpolitik und damit der veränderten ästhetischen Konzeptionen trugen. [81]

2.2.2. *Volksausgaben und Buchausstattung*

Soll ein einigermaßen getreues Abbild der Verlagspolitik entstehen, so genügt es nicht, auf die allgemeine Verlagsprogrammatik zu verweisen. Es gilt auch diejenigen konkreten Unternehmungen zu analysieren, in denen sich die allgemeine Programmatik gleichsam materialisierte, ja es gilt, wie am Beispiel der Buchausstattung zu zeigen sein wird, in Niederungen hinabzusteigen, deren Analyse mehr als die der Politik der Verlage Auskunft über die Versuche zur literarischen Bildung der Bevölkerung zu geben vermag. Denn die Forderung »Das Buch in die Hände des Volkes« [82] konnte nur umgesetzt und erfolgriech verwirklicht werden, wenn z.B. alte Präsentationsweisen – hier Prachteinband, dort billige Heftchen, beides sinnlicher Ausdruck der herrschenden Dichotomie – durch neue ersetzt wurden.

Als geeignetes Untersuchungsobjekt bieten sich die zahlreichen Volksausgaben und Buch- bzw. Taschenbuchreihen wie »Bibliothek Fortschrittlicher Deutscher Schriftsteller« (BFDS), »Romane der Weltliteratur« (RDW), »Deutsche Volksbibliothek« und »Roman für alle« an, da sie in komprimierter Form alle wesentlichen Elemente der gesamten belletristischen Buchproduktion enthalten. [83] Sie umfaßten schwerpunktmäßig Werke des ›fortschrittlichen Erbes‹ und der zeitgenössischen sozialistischen bzw. volksdemokratischen Literatur, suchten unterschiedliche Bedürfnisse zu berücksichtigen, erleichterten den Lesern durch Einführungen namhafter Literaturkritiker und -wissenschaftler wie Günter Caspar und Hans Mayer die Orientierung und sollten durch verschiedene Ausstattung (Einband, Papierqualität etc.) sowie Preisgestaltung vor allem die Leser erreichen, die nur selten oder überhaupt keine Buchhandlung betraten. [84] Sie waren, so schien es, unter Anknüpfung an entsprechende frühere Projekte innerhalb der Arbeiterbewegung, ein groß angelegter Versuch, die alte Dichotomie zu durchbrechen.

Diese positiven Momente wurden allerdings überschattet und z. T. in ihr Gegenteil verkehrt durch die den Reihen zugrundeliegenden Konzeptionen und die Maßnahmen, die aus den Diskussionen über die konkrete Buchgestaltung resultierten. Die Theorie der lückenlosen, evolutionär-bruchlosen Aufeinanderfolge der Entwicklungsetappen des Humanismus, der bürgerlichen und der sozialistischen [85], sowie die Theorie des Hinauflesens führten zu einem äußerst heterogenen Charakter der Reihen, der bei den Lesern eher Verwirrung denn Klarheit stiften mußte und aufgrund deren sonstiger Lesegewohnheiten kaum kritisches Lesen hervorrufen konnte. Hierzu sei eine der wenigen kritischen Stimmen zitiert, die – in literarischer Umkleidung – die Gesamtproblematik aufgriff und nur insofern zu problematisieren ist, als der Verfasser, Karl Mundstock, für eine ›sozialistische Unterhaltungslitertur‹ plädierte:

»Als der schlanke dunkle TAN-Mann zum ›Roten Oktober‹ gekommen war, hatte Haumichblau [ein Schmöker lesendes Brigademitglied; d.V.] gesagt: ›Er sieht aus wie Unkas.‹›Wer ist Unkas?‹ fragte Kater [...].›Der letzte der Mohikaner‹, erklärte Haumichblau. ›Was ist das nun wieder?‹ wollte Kater wissen. ›Ein historischer Roman‹, trumpfte der Junge. Nein, er, Haumichblau [...], las keine Schmöker mehr. Die Schmöker hatten sie ihm verleidet. Nun gut, er schlug ihnen ein Schnippchen. Es gab übergenug atemberaubende Bücher, vor denen die FDJ-Gruppe in Ehrfurcht erstarren mußte, denn der Schlaukopf von einem Verleger hatte unter den Titel geschrieben: *Roman der Weltliteratur* . Da konnte selbst der Betriebsgruppensekretär nichts machen. Und Haumichblau las es kunterbunt, was im Titel seine Augen bestach: Bret Hartes, Charles Sealfields, Jack Londons Erzählungen, Sjomuschkins ›Brand in der Polarnacht‹ und Scholochows ›Stillen Don‹, er las Mark Twain, Prosper Mérimée, Robert Stevenson, Josef Conrad und Katajews ›Es blinkt ein einsam Segel‹. Von Gerstäckers ›Regulatoren in Arkansas‹ schwärmte er: ›Das ist ein saftiges Buch! Von Stil habe ich keine Ahnung, da sind wohl Schwächen. Aber stell dir vor: Farmer, Bauern schließen sich in einem Bund zusammen und säubern ihr Land. Das sind Demokraten, die ihr Recht selbst in die Hand nehmen! Man sollte von solchen Kämpfen nicht aus einer eselsohrigen, fettfingrigen Schwarte erfahren.‹ [...] So wird er nie durch die Schlafmützen der Verleger dringen, und nie werden die Kanäle, in denen die Schlammflut der Schmöker in die Republik geschleust wird, durch den Wall der von Abenteuer, Liebe und Leidenschaft erfüllten Bücher, in die alle Haumichblaus verliebt sind, verstopft werden. Der künstliche Wall eines Verbotes kann allein nicht standhalten, zumal viele Hände ihn durchlöchern, solange ihnen nichts dem Golde, wofür sie den Schlamm halten, Gleichwertiges (aber Echtes!) geboten wird.«[86]

War durch diese Reihen die alte Dichotomie kaum zu durchbrechen, so um so weniger durch die eines zweiten Grundtyps, der sich in Konzeption und Ausstattung grundsätzlich von dem ersteren unterschied. »Gelbe Reihe«, »Das Neue Abenteuer« u.ä., die fast ausschließlich an Kiosken erhältlich waren und sich weit größerer Beliebtheit als BFDS oder RDW erfreuten (sie waren ständig ausverkauft), sollten einerseite den ›Westschund‹ ersetzen, andererseits zur ›hohen‹ Literatur hinführen. Ihre Nähe zur traditionellen Trivialliteratur war so stark, daß sich dies nicht nur sehr schnell bei den Lesern herumsprach, sondern auch bei den Schriftstellern, allerdings mit gänzlich anderem Ergebnis. Da ›Schmöker-Autor‹ zu sein einem totalen Gesichtsverlust gleichkam – dies bezog sich eigenartigerweise nur auf die Heftchenreihen –, schrieben viele der bekannten Autoren unter Pseudonym. [87]

Die in den beiden Reihen-Typen erkennbare Zementierung der Alternative zwischen »Oberlehrer-Klassik« und Hollywood« (Eisler) trat offen zutage, als im Zuge der ›Formalismuskampagne‹ 1952/53 unter Leitung der Staatlichen Kommission für Kunstangelegenheiten mehrere Arbeitskonferenzen über Buchkunst stattfanden, zu denen Verlags- und Druckereileiter, Hersteller, Illustratoren, Schriftkünstler und Vertreter der einschlägigen Hochschulen eingeladen worden waren und die Positives sichten, ›formalistische Exzesse‹ aber brandmarken sollten. [88]

Als »formalistische Rückentitel-Spielerei« [89] wurde der Schutzumschlag zu der vierbändigen Ausgabe von Scholochows *Der stille Don* bezeichnet, da sich der Titel nicht bloß vertikal auf jedem Band befand, sondern auch horizontal über alle vier Bände (»DER STI LLE DON«) erstreckte, ein praktisches und schönes Experiment. Der Schutzumschlag zu Marchwitzas *Sturm auf Essen,* auf dem der Illustrator kämpfende Arbeiter darzustellen versucht und Plakatschrift verwendet hatte, wurde als Verherrlichung des »›Rabautentyp[s] des Proletkults‹, der die Arbeiterklasse diskriminiert« und als »eine unbegreifliche Entwürdigung des Standardwerkes der Arbeiterliteratur« [90] gewertet, ungeachtet der Tatsache, daß es dies in zweiter, völlig veränderter Fassung nicht mehr war – die erste galt als ›rabaukenhaft angekränkelt‹. Als vorbildlich wurden all die Einbände erklärt, die im Stile der von Brecht als Kitsch bezeichneten sowjetischen Gemäldetypen »Sowjet-Artillerie von Stalingrad« oder »Trambahnschaffnerin spricht mit dem Volkspolizisten« [91] gehalten waren oder die zugunsten traditioneller, klassizistischer Ornamente und Lettern – beides galt als höchste Verwirklichung der Tradition – ganz auf Graphiken verzichtet hatten. [92] Herzfelde bezeichnet letzteres später als »zuweilen an Türrahmen mit Namensschild erinnernde Vorbilder«. [93]

Resultat dieser Entwicklungen war, daß – analog etwa der Entwicklung in Architektur, bildender Kunst und Malerei – in der gesamten Buchproduktion sowohl kämpferische, politisch als auch künstlerisch-experimentelle Momente unterdrückt wurden, was seinen sinnlichen Ausdruck vor allem in Schutzumschlaggestaltung und Textillustration fand. [94] Die einst unternommenen Experimente, die Buchgestaltung als relativ eigenständiges Element in die literarische Produktion einzubringen und den Leser schon durch die

Titelgestaltung zu kritischem Lesen zu veranlassen, erinnert sei an Künstler wie George Grosz und John Heartfield [95], waren monumentalem Klassizismus und Tendenzkitsch gewichen. [96] Gerade die Illustrationen zu Reportagen, einem operativen, realitätsträchtigen Genre, waren bis auf wenige Ausnahmen ganz darauf angelegt, dem Leser in Form von allgemein-menschlichen Genreskizzen erbauliche Stunden zu gewähren: im Vordergrund stets ein ›menschlicher Mensch‹, im (auswechselbaren) Hintergrund ein Werk, Dorf oder eine Landschaft. [97]

Diese Grundkonstellation wurde von allgemein-politischen Entwicklungen zwar maßgeblich beeinflußt, nicht aber aufgehoben. Herrschte bis 1953, bis zur Proklamation des »Neuen Kurses«, der Klassizismus vor, so nach 1953 aufgrund der Förderung sogenannter Unterhaltungswerte völlig entpolitisierte und trivialisierte Genrebilder. Will man diese Entwicklungen auf einen Nenner bringen, so muß als allgemeine Tendenz festgehalten werden, daß die der gesamten Verlagsprogrammatik und -produktion zugrundeliegende Konzeption des ›klassischen Erbes‹ die alte Dichotomie nicht durchbrechen konnte und daß das noch immer vorherrschende dichotomische Bewußtsein, das, so banal es auch klingen mag, Prachteinband mit ›hoher‹, Broschur mit ›niederer‹ Literatur gleichsetzte, durch die skizzierten Maßnahmen weiter zementiert wurde:

»Wer diesen Roman des sozialistischen Realismus gelesen hat, wird ihm einen Ehrenplatz in seinem Bücherschrank einräumen, wozu auch die gelungene Ausstattung beiträgt. «[98]

2.2.3. Die Literatur in die Betriebe und Dörfer

Anders als im Bereich der Buchproduktion, wo jedes politisch-künstlerische Experiment verhindert wurde und in der Programmatik die Konzeption des ›klassischen Erbes‹ total dominierte, stellte sich die Situation im Bereich der organisatorischen Umsetzung der Forderung »Das Buch in die Hände des Volkes« dar. Zwar versuchte die SED auch hier, jene Konzeption durchzusetzen, indem sie das Hauptgewicht auf den Aufbau traditioneller Institutionen wie Bibliotheken [99] und Buchhandlungen legte und das ›klassische Erbe‹ ins Zentrum der Ausbildung von Literaturzirkelleitern, Betriebs-, LPG-, MAS- bzw. MTS-Bibliothekaren rückte. [100] Die geringe Frequentierung der traditionellen Institutionen, vor allem aber die mangelhafte, mancherorts völlig ignorierte Durchführung der kulturellen Begleitmaßnahmen des Fünfjahrplans (deren literarisches Abbild in der Prosaliteratur die ausschließlich negativ dargestellten Kulturdirektoren waren) erzwangen neue Wege. [101] Bevor allerdings auf diese näher eingegangen werden soll, sei kurz die Lage in den ländlichen Gebieten skizziert.

Aufgrund der kulturellen Rückständigkeit namentlich in Mecklenburg, Restpommern und Brandenburg, wo in vielen der nun von Neubauern bewohnten Landarbeiterhütten noch Ölfunzeln brannten und Kultur z. T. noch gleichbedeutend mit Elektrifizierung war, kam die Einrichtung einer Dorfbibliothek durchaus einem revolutionären Akt gleich. Für die Nachkommen der ehemaligen Leibeigenen und Häusler, den in der deutschen Geschichte am meisten unterdrückten und noch bis 1945 in halbfeudalen Abhängigkeiten gehaltenen Bevölkerungsteil, kurz: das Landproletariat, das aufgrund der allgemeinen Lebensbedingungen nie Zeit und Muße hatte finden können, ein Buch in die Hand zu nehmen, mußte selbst die skizzierte Politik der SED entscheidende Vorteile bringen, galt es doch, überhaupt erst eine kulturelle Basis zu schaffen. Andererseits bestand aber die große Gefahr, daß via ›klassisches Erbe‹ nur ein Bruchteil der geweckten Bedürfnisse abgedeckt werden konnte und daß Vorstellungen bestärkt wurden, die – erinnert sei an die mit ›Kulturgütern‹ vollgestopften Bauernstuben, Folgeerscheinungen der Hamsterzeit [102] – Prunk und Reichtum mit Kultur identifizierten.

Diese Situation ist klar von der in den traditionsreichen – im doppelten Sinne des Wortes – Arbeiterbezirken zu unterscheiden. War dort das dichotomische Bewußtsein noch in embryonalem Zustand, so war es hier voll entwickelt. Und gerade hier waren es die bereits angedeuteten Maßnahmen, die zumindest auf organisatorischer Ebene wirkliche Neuansätze darstellten.

Die Forderung »Das Buch in die Hände des Volkes« konnte nicht nur den Aufbau eines möglichst umfassenden und differenzierten Vertriebsnetzes bedeuten, sie mußte gleichzeitig beinhalten, das Verhältnis von Literaturproduzenten (Schriftstellern) und Publikum zu verändern. Die Einsetzung der Schriftsteller zur Unterstützung des Fünfjahrplans – das ›Börsenblatt‹ z. B. richtete eigens für diesen Zweck eine Rubrik »Schriftsteller helfen dem Fünfjahrplan« ein – brachte trotz der hauptseitig ökonomischen Ausrichtung Vorteile für beide Seiten. Im Unterschied zu den zumeist in Buchhandlungen und Kulturhäusern durchgeführten Schriftstellerlesungen, die in ihrer Publikumszusammensetzung literarischen ›Damenkränzchen‹ glichen und von Arbeitern so gut wie nie besucht wurden [103], provozierten Schriftstelleraufenthalte und -besuche in den Betrieben Diskussionen, bei denen die Arbeiter aufgrund der vertrauten Umgebung schnell zur Sache kamen. [104] Ihr Alltagsrealismus konfrontierte die Autoren nicht nur mit der innerbetrieblichen Situation und ihren Lebensverhältnissen. Fragen nach deren Leben (z. B. Honorarfragen) und Arbeitsmethoden und z. T. sehr detailliert vorgebrachte Wünsche [105] zeigten wenig Respekt vor dem Heiligtum ›Literatur‹. Die Programmatik des ›klassischen Erbes‹ erwies sich, zugespitzt ausgedrückt, in Werkshallen und -kantinen als rein akademisches Problem von kaum mit dem Volke verbundenen Politikern und Kulturverantwortlichen.

Ähnliche Wirkungen erzielten von Buchhandlungen durchgeführte Bücherverkäufe in Betrieben und Arbeitsstätten auf dem Land. Schon die Tatsache, daß Buchhändler frühes Aufstehen und Anfahrtsweg nicht scheuten, schuf eine gewisse Vertrauensbasis. Entscheidend aber war, daß auch hier die Konfrontation und Auseinandersetzung mit literarischen Produkten in *vertrauter* Umgebung (Arbeitsplatz, Kantine etc.) und häufig während der Arbeitszeit erfolgte. Minderwertigkeitsgefühle und Scheu vor Bloßstellung konnten so eingeschränkt und abgebaut werden:

»Warum setzt ihr Buchhändler bei uns immer das gleiche literarische Wissen voraus, das ihr besitzt, und warum betrachtet Ihr es quasi als Bildungslücke, wenn Ihr feststellt, daß es uns fehlt? – In Euren Sortimenten kann man oft ›nicht warm‹ werden, weil es da zu vornehm zugeht. – *Man müßte mit Euch sprechen können wie mit eigenen Arbeitskollegen!* – Buchschaufenster sehe ich mir oft an, aber bei Euch einzutreten, dazu fehlt mir der Mut (nur Mangel an Selbstbewußtsein?). – Ihr müßtet vor Euren Läden Tische haben mit Neuerscheinungen und aktuellen Büchern, wie ich es in Frankreich gesehen habe. Da würde man öfter im Vorbeigehen etwas kaufen, wenn man von der Arbeit kommt.

– Ich lese sehr gern und würde mir auch mehr Bücher kaufen, aber Eure Preise sind noch immer viel zu hoch. – Ihr müßtet öfter zu uns kommen und dabei interessante Neuerscheinungen besprechen, zumal das in den heutigen Zeitungen viel zu wenig geschieht." [106]

So einige zusammengefaßte Äußerungen von Arbeitern in einem Bericht über Buchverkäufe in einem Großbetrieb.

War die Rede von repräsentativen Maßnahmen, so nur innerhalb von Neuansätzen, denn die zitierten Beispiele besaßen innerhalb der gesamten Literaturpolitik lediglich eine untergeordnete Funktion und waren, wie wir etwa am Beispiel der Schriftsteller bereits zeigen konnten, von dieser entscheidend geprägt. Dazu sei abschließend eine Romanpassage zitiert, die die eigentliche Dominante evident werden läßt und die darüber hinaus den Wandel ehemals proletarisch-revolutionärer Schriftsteller dokumentiert:

„Auch die Mannschaften der beiden Hochöfen und die Monteure, Nieter und Schweißer der beiden anderen im Bau befindlichen Ofengruppen saßen darunter [unter ausgezeichneten Aktivisten in der Kulturhalle eines neuen Werkes; d. V.], während auf der Bühne ein großer Chor von Männern und Frauen, eine mächtige, lebendige Orgel, die Geschichte ihres Eisenhüttenkombinats, ihrer Arbeit sang. Man hörte, während das Orchester präludierte, das Umwenden der Blätter des kleinen Programmbüchleins und sah, wie die Menge, wenn das Orchester einsetzte, ihre Augen wieder zur Bühne erhob.

Lotte, die neben Hein saß, beobachtete voller Freude diese große Gemeinschaft, und ihre Phantasie eilte dieser Stunde weit voraus. . . Die Halle erschien ihr schon zu klein, sie war für die künftigen Kulturveranstaltungen zu dürftig gebaut. Lotte sah die heute in ihrer Alltags- und kunterbunten Sonntagskleidung erschienenen Arbeiter und Frauen in nicht mehr ferner Zeit als die neue Gesellschaft vor sich, die Männer in festlichen dunkelblauen oder schwarzen Anzügen, die Frauen in stattlichen langen Kleidern, alle belesen und mit den wertvollen Kulturgütern vertraut. Und der Saal groß und mit Bildwerken hoher Kunst geschmückt."[107]

II.II.
DIE ÄSTHETISCHEN, LITERATURTHEORETISCHEN UND LITERARISCHEN GRUNDLAGEN DER FRÜHEN DDR-LITERATUR

Auszugehen ist von einem scheinbar paradoxen Phänomen in der frühen literarischen Entwicklung der DDR: daß sich Kultur- und Literaturfunktionäre, Literaturkritiker, Schriftsteller und Ästhetiker bei den Diskussionen um Grundlagen, Funktion und Aufgaben einer neuen Literatur ständig auf eine marxistisch-leninistische Ästhetik und Literaturtheorie beriefen, andererseits aber wiederholt betonten, vom Vorhandensein eben solcher Grundlagen könne keine Rede sein, sie müßten vielmehr erst ausgearbeitet werden. So erklärten viele Künstler im Zusammenhang der kunst- und literaturpolitisch entscheidenden 5. Tagung des ZK der SED im März 1951, sie akzeptierten den Realismus, wüßten aber nicht, was Realismus sei [1], ein Widerspruch, den die auf dieser Tagung verabschiedete Resolution über den Kampf gegen den ›Formalismus‹, *das* programmatische Dokument jener Jahre, nur schlecht zu verdecken vermochte. [2] Alfred Antkowiak, zu Beginn der fünfziger Jahre neben Günter Caspar und Günther Cwojdrak einer der namhaften jungen Literaturkritiker, schrieb in einer Replik auf einen Kritiker, der ihm vorgeworfen hatte, er postuliere einen allgemeingültigen Maßstab für die Beurteilung des literarischen ›Erbes‹ und des Verhältnisses von Basis/Überbau zu Literatur und Kunst, lasse aber die Definition jenes Maßstabes vermissen, daß Ausgangspunkt und Hauptgrundlage die Äußerungen der Klassiker über künstlerische Probleme seien, daß andererseits aber die Diskussion in der Sowjetunion

»noch nicht abgeschlossen ist, zweitens die Frage nach den nicht überbaugebundenen, d. h. nicht klassengebundenen Momenten der Literatur noch der Klärung bedarf [...], daß über einige besondere Elemente des Literarischen noch diskutiert werden muß, um hier über die Klassengebundenheit oder Nichtklassengebundenheit dieser spezifischen Momente endgültige Klarheit zu schaffen.« [3]

Und noch 1955, während der Debatten im Vorfeld des IV. Schriftstellerkongresses, erschien in der NDL ein Artikel, der bereits im Titel *Haben wir eine Literaturtheorie?* [4] provokatorisch-selbstkritisch die allgemeine Misere umriß.

Für dieses langlebige Phänomen gibt es kaum hinreichende Erklärungsmodelle. So herrscht die Methode vor, von allgemeinen politischen, besonders kulturpolitischen Entwicklungen auf ästhetische und literarische zu schließen, beide mechanisch parallel zu setzen. Dieser methodische Ansatz scheitert regelmäßig und mit innerer Notwendigkeit, wenn über die spezifisch ästhetischen und literarischen Grundlagen gehandelt werden soll. Da ihm Literatur zu einem ›Ausdruck von‹ gerinnt, je nach Standort nur geprüft wird, ob die betreffenden Werke der ›offiziellen‹ Linie gerecht werden, ob thematisch die Wirklichkeit ›richtig‹ oder ›falsch‹ repräsentiert bzw. ›widergespiegelt‹ ist, kann dieses Verfahren die relative Eigengesetzlichkeit literarischer Prozesse nicht erfassen. Die Tatsache, daß bestimmte ästhetische Theorien, trotz ihres hohen Abstraktionsgrades, oder Konstitution der Konfiguration und Charaktere in einem Werk mehr Realität repräsentieren können als eine vordergründig gegenwartsbezogene Programmatik und Thematik, gerät gar nicht erst ins Blickfeld. Die sich in den vorliegenden Untersuchungen mit Fragen einer marxistischen Ästhetik und Literaturtheorie beschäftigenden Kapitel sind methodisch aus jenem Ansatz abgeleitet oder erweisen sich als dessen terminologisch erweiterte Maske.

Hinzu kommt ein außerwissenschaftliches Moment. Ein beträchtlicher Teil westlicher Interpreten sieht sich durch ehemalige literaturkritische und Verlagstätigkeit in der SBZ/DDR, durch eigene ›Erfahrungen‹ einigermaßen gerüstet und legitimiert, auch methodisch wenig abgesicherte Urteile zu fällen. Die behauptete Sachkenntnis und Objektivität erweist sich allerdings sehr schnell als fragwürdig, wenn die Berufung auf die eigene Biographie methologischen Stellenwert erhält und mit steter Regelmäßigkeit die eigene ästhetische Position in der DDR, die sich in literaturkritischen Beiträgen niederschlug und, wie noch zu zeigen sein wird, in nichts von der anderer Literaturkritiker unterschied, übergangen wird.

Konkrete Folge dieser mechanisch-sozialhistorischen, z. T. polemisch als ›autobiographisch‹ zu bezeichnenden Auffassung von Literatur, der Gleichsetzung von kulturpolitischer SED-Programmatik und ästhetischer und Literaturtheorie ist, daß ganze Bereiche entweder völlig ausgeklammert oder nur insoweit berücksichtigt werden, als sie hinsichtlich der Rahmenbedingungen oder thematischer Repräsentanz von Wirklichkeit von Belang sind. Dies gilt namentlich für drei Bereiche: die theoretischen und historischen Grundlagen der frühen DDR-Literatur, deren allgemeine und gattungs- bzw. genrespezifische Rezeption und die (daraus resultierenden) verschiedenen Literaturkonzeptionen.

1.1. Belinski, Dobroljubow, Tschernyschewski [1]

Es wäre verfehlt, in der These der SED von der Notwendigkeit der Anknüpfung und Fortsetzung der klassischen und humanistischen deutschen Tradition, den Hauptanknüpfungspunkt für die Analyse der ästhetischen und kunsttheoretischen Grundlagen der literarischen Entwicklung zu sehen. Jene These erhielt ihren Stellenwert weniger aufgrund spezifisch kunsttheoretischer Überlegungen der SED-Führung [6] als vielmehr aufgrund der allgemeinen politisch-ideologischen Programmatik, konkret der Deutschlandpolitik. Die Berufung auf die nationale Kulturtradition sollte ähnlich wie in der Sowjetunion und den volksdemokratischen Ländern der als kosmopolitisch verstandenen Kulturideologie der USA entgegenwirken, wobei unter direkter Weiterführung der Volksfrontpolitik die globale Alternative zwischen Barbarei und Humanismus gesehen wurde, andererseits die auf die Erhaltung der nationalen Einheit abzielende Politik unterstützen.

Untersucht man die Äußerungen über das Fundament der als höchstes Vorbild geltenden sowjetischen Ästhetik sowie über die eigene Ästhetik-Diskussion, so weisen diese nur mittelbar auf jene Tradition. Zwar wurden im Rahmen des nationalen ›Erbes‹ namentlich Goethes ästhetischen Anschauungen zentrale Bedeutung beigemessen, eine Auffassung, die sich am signifikantesten in dem für die damalige Zeit richtungsweisenden Goethe-Essay von Wilhelm Girnus und in dessen These niederschlug, die »moderne deutsche Literatur« könne nur »*anknüpfen* an dem höchsten klassischen Vorbild des deutschen Realismus, und das ist Goethe« [7], unter dem Aspekt der theoretischen und historischen Herausbildung einer materialistischen Ästhetik unterlag dieses ›Erbe‹ allerdings nur einer kritischen Wertung. Weitaus positiver und letztlich als *die* Epoche der Entstehung einer materialistischen vormarxschen Ästhetik wurde die russische revolutionär-demokratische Bewegung, besonderen deren Hauptvertreter W. G. Belinski, N. A. Dobroljubow und N. G. Tschernyschewski, gewertet. [8] Diesen wurde nicht nur das Verdienst zugesprochen, die Hauptschwäche der Goetheschen Ästhetik, den »abstrakten, absoluten Charakter« deren Kategorien, überwunden und aus den »gesellschaftlichen Beziehungen« [9] abgeleitet, sondern sich in ihrer gesamten wissenschaftlichen und philosophischen Theorie dem dialektischen und historischen Materialismus am weitesten von allen revolutionären vormarxschen Theoretikern genähert zu haben. Die von Girnus andernorts vertretene These, die deutsche Kunst würde nur dann die Kraft gewinnen, »die Seele des deutschen Volkes groß, stark und frei zu machen, um so unser Volk zu befähigen, die großen geschichtlichen Aufgaben [...] zu lösen, die vor ihm stehen«, wenn es ihr gelänge, »die Resultate der fortschrittlichsten, d. h. der sowjetischen

Wissenschaft und Kunst schöpferisch zu verarbeiten« [10], umriß, da die sowjetische ästhetische und Kunsttheorie als ›wahre Erbin‹ Belinskis, Dobroljubows und Tschernyschewskis galt, genau jene Komponente und stand nur scheinbar im Widerspruch zu den genannten Äußerungen über Goethe.

Die diesen Theoretikern zugemessene Bedeutung wird in Lukács' Urteil vollends evident. Indirekt anknüpfend an Marx' Bindung, er schätze Dobroljubow als Schriftsteller wie Lessing und Diderot [11], schrieb Lukács, die Position Diderots und Lessings »nehmen in der Geschichte des ästhetischen Denkens des 19. Jahrhunderts objektiv Belinski, Tschernyschewski und Dobroljubow ein.« [12]

1.1.1. Belinskis Theorie der Kunst als Denken in Bildern

Lassen sich in Belinskis philosophischen, ästhetischen und literaturkritischen Schriften zwei philosophischen Hauptrichtungen der ersten Hälfte des 19. Jahrhunderts verpflichtete Positionen unterscheiden, zunächst eine wesentlich von der Philosophie Hegels [13] geprägte und eine der unter dem Einfluß Alexander Herzens beginnenden kritischen Reflexion des Hegelschen objektiven Idealismus, des Übergangs zum Feuerbachschen Materialismus bei gleichzeitiger Rezeption westlicher und russischer sozialrevolutionärer Theorien, so weisen doch beide im Versuch der Begründung einer neuen Ästhetik und Kunsttheorie für Rußland entscheidende Übereinstimmungen auf: Beiden Phasen gemeinsam ist der Primat erkenntnistheoretischer Fragestellung. [14] Belinskis berühmte, für die russische revolutionär-demokratische Literaturkritik bestimmende Definition, Kunst sei »*unmittelbare* Schau der Wahrheit oder Denken in *Bildern*« [15], knüpfte an an Hegels Bestimmung der Kunst als eines der nur in den *Formen* (unmittelbares, sinnliches Wissen, vorstellendes Bewußtsein, freies Denken des absoluten Geistes) sich unterscheidenden drei Reiche des absoluten Geistes (Kunst, Religion, Philosophie). [16] Ohne hier näher die durch die Diskussionen des Stankewitsch-Zirkels beeinflußte Hegel-Rezeption Belinskis erörtern zu können, seien lediglich die beiden Hauptmomente in Belinskis Explikation jener Definition, das der Offenbarung und das des Organischen, hervorgehoben.

Ausgehend von der allgmeinen Bestimmung, das Unmittelbare sei eine der Weisen des absoluten Geistes, ein ohne jede Vermittlung direkt aus sich selbst hervorgehendes Sein und Tun, das dem Menschen als vernünftigem Wesen, der »Denken bereits durch die bloße unmittbare Existenz als Tatsache« sei und im Ich »jeden von ihm gedachten Gegenstand [...] reflektiert (widerspiegelt)« [17], unvermittelt sowohl die Schau der Wahrheit, den Zugang zu Natur und Geschichte der Menschheit als auch das Erkennen und Erfassen des Mitmenschen ermögliche, erklärt Belinski dieses Grundgesetz der Unmittelbarkeit der Erscheinungen zur »unausweichliche[n] Vorbedingung in der Kunst, die dieser ihre hohe, mystische Bedeutung verleiht«. [18] Wer einen Menschen nur »vermittelst seiner Denk-, Lebens- und Handlungsweise aufgeschlossen hat« und dessen Kenntnis sich in Beschreibung und Abstraktion erschöpfe, besitze »keine lebendige Anschauung von der Persönlichkeit eines Menschen«. Die Ursache für die »Verschiedenheit des Eindrucks, den diese oder jene Persönlichkeit hinterläßt, liegt zweifellos in dieser Persön lichkeit selbst, nichtsdestoweniger ist diese Ursache jedoch, wie jedes Geheimnis, nicht mit Worten auszudrücken«. [19] Erst wenn die Persönlichkeit unabhängig von all ihren Eigenschaften für sich selbst spreche, entstehe eine unmittelbare, lebendige Anschauung und könne jenes Geheimnis in einer unmittelbaren Schau des Wesens ›aufgehoben‹ werden.

Für Belinski ist dieses instinktnahe Denken, dieser »inspirierte Auftrieb«, allerdings nur eine Bedingung für die Unmittelbarkeit einer Erscheinung und somit für die Kunst. Soll die Kunst unmittelbare Schau der Wahrheit sein, so muß sie das Resultat der Unmittelbarkeit einer jeden Erscheinung, den Organismus, zu gestalten versuchen, da »nur das Organische [...] lebendig« und inspiriert sein könne und »Organismus und Mechanismus oder Natur und Handwerk« [20] zwei einander gegensätzlichen Welten angehörten. Jede Kunst, die Offenbarung und Gestaltung des Organischen durch Abstraktion und Darstellung des Mechanischen ersetze, bleibe folglich Erfindung und Beschreibung sowie ohne Wirkung. Dies gelte besonders für die Gestaltung des Menschen als höchsten Organismus, hier seien Allgemeines und Besonderes, Gattungscharakter und Individualität in Form der Persönlichkeit in höchster organischer Weise vereinigt. Da die bürgerliche Gesellschaft als höchste Stufe »das Mittel zur Entwicklung der menschlichen Persönlichkeiten« sei und diese »alles sind und in denen sowohl die Natur als auch die Gesellschaft und die Geschichte leben, in denen alle Prozesse des Weltlebens, das heißt der Natur und der Geschichte, sich noch einmal wiederholen« [21], komme es vor allem darauf an, diese gesamte Totalität im Kunstwerk zu erfassen und zu gestalten.

Beide genannten Momente behielt Belinski in seiner zweiten Schaffensperiode bei und versuchte sie auf anderer Grundlage neu zu entwickeln, erkennbar an der Theorie der nicht wesens- und inhaltsmäßigen Verschiedenheit von Kunst einerseits, Philosophie und Wissenschaft andererseits, sowie dem Postulat der Gestaltung ›lebendiger Menschen‹ und der harmonischen Gestaltung subjektiver und objektiver Totalität.

Nach Belinski reden Dichter und Philosoph ein und dasselbe, nur die »Art, wie der gegebene Inhalt bearbeitet wird«, ist verschieden. Überzeugt jener durch »Bilder«, durch eine »lebendige, klare Darstellung der Wirklichkeit«, so dieser durch »logische Schlußfolgerungen«. [22]. Die Übereinstimmung weist allerdings eine bedeutende Verschiedenheit auf. Verstehen den Philosophen nur wenige, so den Dichter aufgrund der bei allen Menschen ausgebildeten unmittelbaren Anschauung – alle. Wie in seiner ersten Schaffenszeit attestierte Belinski dem Dichter eine rational nicht näher zu bestimmende Fähigkeit, »schnell alle Formen des Lebens zu erfassen, sich in jeden Charakter, in jede Persönlichkeit zu versetzen – und dazu braucht er weder Erfahrung noch Studium, ihm genügt vielmehr manchmal nur eine Andeutung, ein schneller Blick« [23], eine Fähigkeit, die später Georg Lukács als auf dem »Prinzip vom ›Sieg des Realismus‹« [24] beruhend bezeichnete.

Geändert haben sich allerdings – und hier liegt historisch gesehen das Verdienst Belinskis – Grundlage und Maßstab des zu Gestaltenden. Ausgangspunkt der Kunst und Kriterien ihrer Beurteilung sind nicht mehr die göttliche, absolute Idee und Kategorien des sich selbst denkenden Denkens, sondern die Wirklichkeit der Natur und der menschlichen Gesellschaft sowie der Vergleich zwischen Wirklichkeit und Kunst. Die sich in ständiger Bewegung und Veränderung befindende Wirklichkeit ist es, die der Kunst, insbesondere der Poesie als höchster Kunstgattung, die Funktion zuweist, die objektiven Determinanten menschlichen Zusammenlebens zu erfassen, andererseits diese in einem »wahrheitsgetreuen Bild« [25] zur unmittelbaren, sinnlichen Anschauung zu bringen, »kurz«, wie Belinski formuliert, »Bilder aus dem Leben darzustellen«. [26]

Diese zunächst noch relativ allgemeinen Forderungen der »Annäherung der Kunst an das Leben und der erfundenen Fabel an die Wirklichkeit« [27] konkretisiert Belinski auf die soziale gesellschaftliche Entwicklung. Auf der Basis der Auseinandersetzung mit der zaristischen Wirklichkeit und der Rezeption sozialrevolutionärer Theorien fordert er, die Kunst habe »das öffentliche Leben in Bildern darzustellen, das Gesellschaftsleben poetisch zu analysieren«, der in den Bildern liegende Gedanke des Dichters müsse »auf den Geist des Lesers wirken, muß seiner Auffassung von bestimmten Seiten des Lebens diese oder jene Richtung geben« [28], was für Belinski hieß, daß die Kunst sich aktiv an der revolutionär-demokratischen Bewegung, gleich welchen Landes, zu beteiligen habe.

Zusammenfassend kann Belinskis Leistung in zwei Punkten fixiert werden. Sie war einerseits im 19. Jahrhundert ein historisch bedeutsamer Versuch der Bestimmung der sozialen Funktion von Kunst und Literatur. Dazu in Widerspruch allerdings stand andererseits die von Hegel übernommene Ableitung der Idee-Bild-Dialektik aus der Dialektik von Wesen und Erscheinung und damit die Beschränkung der Kunst auf eine sich lediglich in sinnlich bildhafter Form vollziehende Widerspiegelung eines objektiven Wesens, sei dies nun der absolute Geist Hegelscher Provenienz oder ein ontologisch und anthropologisch gefaßtes ›Wesen‹ der Natur und der menschlichen Gesellschaft. Diese Bestimmung der Kunst und der Form als Form eines ›Wesens‹, nicht als eigenständiges Element, vermochte den philosophisch-ästhetischen Horizont nicht zu überschreiten und zum Ausgangspunkt einer spezifischen Theorie der Kunst und Literatur zu werden.

1.1.2. Dobroljubows und Tschernyschewskis Theorie der gesellschaftlichen Funktion und des gesellschaftlichen Inhalts von Kunst und Literatur

Die zweite, neben Belinskis Definition bedeutendste Bestimmung findet sich in Tschernyschewskis Dissertation *Die ästhetischen Beziehungen der Kunst zur Wirklichkeit*, die auf den Begriff brachte, was bei Belinskis angelegt war und was Dobroljubow, Tschernyschewskis Lehrer, weiterentwickelt hatte: »›Das Schöne ist das Leben‹«. [29] Gegen die Auffassung polemisierend, das Schöne sei vor allem das Kunstschöne, da es die Wirklichkeit ergänze und überhöhe, sei die »Idee in der Form begrenzter Offenbarung« und die »vollkommene Einheit (Identität) von Idee und Bild« [30], erklärt Tschernyschewski, dieser auf dem System Hegels beruhende Begriff des Schönen müsse wie dieses System selbst einer prinzipiellen Kritik unterzogen werden; denn hier verberge sich »bereits der Keim oder das Ergebnis jener Richtung [...], der zufolge die Ästhetik gewöhnlich dem Schönen in der Kunst vor dem Schönen in der lebendigen Wirklichkeit den Vorzug gibt«. [31] Nicht das Kunstschöne dürfe zum Ausgangspunkt ästhetischer Überlegungen und künstlerischer Gestaltung gemacht werden, sondern einzig und allein das Schöne in der Wirklichkeit, der menschlichen Gesellschaft, das jenem, da die Wirklichkeit reicher und tiefer sei als jede nachahmende Darstellung, tausendfach überlegen sei und von jenem nur annähernd eingeholt werden könne. Um aber das Wirklichkeitsschöne erfassen zu können, müsse die Wirklichkeit selbst studiert werden.

Aufbauend auf Belinskis Bild-Theorie, gehen Tschernyschewski und Dobroljubow davon aus, daß die »Einheit von Idee und Bild durchaus keine kennzeichnende Eigentümlichkeit der Kunst« sei und daß die Einheit von Inhalt und Form keine »spezielle Besonderheit« darstelle, sondern ein allen »Zweigen menschlicher Tätigkeit« zugrunde liegende »allgemeine[s] Gesetz« [32], das auf der Einheit von Erscheinung und Wesen in Natur und Gesellschaft und auf deren Widerspiegelung beruhe. Folglich liegt für beide der Grund für die Unterscheidung von Kunst und Wissenschaft nur in der verschiedenartigen Objektivation des Wesens, nicht im Wesen selbst. Der Unterschied zwischen »dem Denker und dem Künstler« ist nur der, »daß bei diesem die Empfänglichkeit weit lebendiger und stärker ist.« [33]

Über diese Wiederholung Belinskischer Positionen gehen Dobroljubow und Tschernyschewski allerdings einen wesentlichen Schritt hinaus. Festzuhalten ist nicht nur der Unterschied zwischen Kunst und Wissenschaft, sondern vor allem deren Annäherung. Will der Künstler ein lebenswahres Bild der Wirklichkeit vermitteln, so muß er, da die Beibehaltung der »einfache[n], kindhaft unmittelbare[n] Weltauffassung [...] im Leben völlig unmöglich ist«, »durch möglichste Verbreiterung seiner Anschauung vermittels Aneignung der allgemeinen, von denkenden Menschen ausgearbeiteten Begriffe« [34] selbst zum Denker, d. h. zum wissenschaftlich denkenden Künstler werden. Ist dies der Fall, gewinnt nicht nur das Kunstwerk »wissenschaftliche Bedeutung« [35], sondern die »Verbindung des Wissens mit der Kunst«, die »freie Verwandlung der höchsten Vernunfterkenntnisse in lebendige Bilder und zugleich die volle Erkenntnis des höchsten, allgemeinen Sinnes in jeder noch so besonderen und zufälligen Tatsache des Lebens« bedeutet vielmehr ein »Ideal [...], eine volle Verschmelzung von Wissenschaft und Poesie«. [36] Einziges und oberstes Kriterium für die Beurteilung von Kunstwerken und der sich in den ›lebendigen Bildern‹ manifestierenden Weltanschauung des Künstlers ist daher das Kriterium der »*Wahrheit* [der] Darstellungen«. [37]

Gleichwohl hat die Verwirklichung dieses Ideals aufgrund der Widerspiegelungsform der Kunst in Formen des Lebens selbst zu geschehen, haben Abstraktionen, wie sie der Wissenschaft eigen, nicht ihren Platz im Kunstwerk, vermittelt sich die »Offenbarung des Lebens« [38] in der »lebendige[n], individuelle[n] Tatsache«. [39] Höchste Vermittlung ist allerdings nur möglich, wenn die Kunst von den »Einzelheiten, die für das Wesen einer Sache unnötig, aber für ihre tatsächliche Entwicklung notwendig sind« [40], abstrahiert, wenn sie die Logik der Wirklichkeit zur Anschauung bringt. Höchste Vermittlung sind für Tschwernyschewski und Dobroljubow die Bilder vom (gesellschaftlichen) Leben, die »wie in einem Brennpunkt die Tatsachen des wirklichen Lebens« [41] sammeln, und der (gesellschaftliche) Typus, der das »Wesen des Charakters« [42] des wirklichen Menschen, »der alle wesentlichen Züge aller vom Künstler [...] bemerkten Einzelerscheinungen [...] zum Ausdruck bringt«. [43] Darüber hinaus ist, wie bei Hegel [44] und Belinski, die ›lebendige Tatsache‹, der in verschiedene Charaktere und Gestalten aufgefächerte Typus in seiner harmonischen Einheit und Totalität innerer Subjektivität zu gestalten, allerdings mit der wesentlichen, auf der traditionellen Unterscheidung von Poesie und Geschichtsschreibung und auf der Scheidung von öffentlicher und privater Sphäre beruhenden Einschränkung, Totalität im Kunstwerk bedeute nicht Totalität des gesamten Lebens, also auch des öffentlichen, sondern ausschließlich Totalität des persönlichen Lebens. [45]

1.1.3. Produktion eines Widerspruchs – Belinskis, Dobroljubows und Tschernyschewskis Theorie der Mittel literarischer Gestaltung

Wenn hier von einer Theorie der Gestaltungsmittel gesprochen wird, so sind zwei einführende Bemerkungen unumgänglich. Sowohl Belinski als auch Dobroljubow und Tschernyschewski haben sich fast nur in ihren literaturkritischen Arbeiten über die russische Literatur zu spezifisch literarischen Darstellungsproblemen geäußert. Die von nicht geringer Anzahl eingestreuten Bemerkungen besitzen jedoch keinen eigenständigen Charakter, sind vielmehr den Ausführungen über das Verhältnis von Kunst und Wirklichkeit zu- und untergeordnet. Entscheidend ist allerdings, daß diese Autoren einerseits unter ihren aus der Hegelschen Dialektik von Wesen und Erscheinung (Idee und Bild) abgeleiteten (›umgestülpten‹) Formbegriff auch spezifisch literarische bzw. künstlerische Gestaltungsformen subsumieren, andererseits bei bestimmten Gestaltungsmitteln nur das sogenannt rein Technische sehen. Spezifisch literarische Probleme, die nicht einen ›Gehalt‹ betreffen, erscheinen, da nicht im Begriffssystem, nur verdeckt an ihrem philosophisch-ästhetisch und gesellschaftspolitisch determinierten Theorie-Horizont.

Nie in Frage gestellte Hauptgrundlage der Beurteilung, »*wie* etwas ausgeführt werden muß« [46], ist die hegelianisch interpretierte und lediglich um moderne Genres wie den Roman erweiterte aristotelische Poetik. Darstellungsmittel, -objekte und -arten werden unausgesprochen, da nie problematisiert, identisch gesetzt mit objektiven, historisch nur modifizierbaren, nicht aber veränderbaren Gesetzen der Form und Gestaltung. Dies wird insbesondere in zwei Punkten evident: der Knüpfung der Fabel und der Konstituierung der Handlung und Charaktere. So fragt etwa Tschernyschewski, ausgehend von der Bestimmung, die Fabel des Epos (hier: des Romans) müsse ebenso dramatisch sein wie die der Tragödie (hier: allgemein des Dramas), d. h. müsse nach der Anfang-Mitte-Ende-Relation gebaut sein, ob diese »Verkettung der Ereignisse, der ganze Ablauf und die Lösung« künstlicher oder realer Natur seien. Ohne auch nur den Funken eines Zweifels aufkommen zu lassen, schreibt Tschernyschewski, sie »sind einfach und natürlich«. [47]

Wenn die drei Autoren von der Annäherung der erfundenen Fabel an die Wirklichkeit sprechen, so meinen sie stets zweierlei: erstens die Abteilung der Fabel aus der Wirklichkeit und nicht aus der ›reinen‹ Kunstproduktion; zweitens gilt für sie das unumstößliche Gesetz, daß die selbst ›dramatisch‹ strukturierte (gesellschaftliche) Wirklichkeit künstlerisch nur mit den diese ›dramatischen‹ Gesetzmäßigkeiten der Wirklichkeit ›widerspiegelnden‹ und von der Menschheit entwickelten künstlerisch-dramatischen Gesetzen erfaßt und gestaltet werden könne.

Ähnliches gilt für die Konstituierung von Handlung und Charakteren. Den Horizont der Feuerbachschen Anthropologie und des (bürgerlichen) Ideologems vom allgemein-menschlichen Wesen nicht überschreitend sowie ausgehend vom Roman als »Spitze aller

Gattungen der Dichtung« [48], fordern Belinski, Dobroljubow und Tschernyschewski für Handlung und Charaktere die dialektische Einheit von allgemein-menschlichen und sozialen, bestimmten Gesellschaftsklassen eigenen Merkmalen, eine Einheit, die allerdings nicht als schlichte Kombination von Merkmalen mißverstanden werden darf. An Formulierungen wie »wenn starke Charaktere mit feindseligen Umständen zusammenstoßen« [49] wird ersichtlich, daß innerhalb jener Einheit die auf anthropologischen Konstanten (›gut‹, ›stark‹ etc.) und auf daraus resultierenden Oppositionen (›gut‹ – ›böse‹, ›stark‹ – ›schwach‹ etc.) beruhenden allgemein-menschlichen Merkmale dominieren. Um eine wahrheitsgetreue Darstellung der Wirklichkeit erreichen zu können, muß eine Vielzahl von Wirklichkeitselementen vom Dichter aufgenommen, verarbeitet und in Form typischer Gestalten und Situationen gestaltet werden. Die eigentliche wahrheitsgetreue Darstellung, die der Kunst ihren Platz an der Seite der Wissenschaft einräumt, ist aber erst dann verwirklicht, wenn die in bestimmte Situationen gestellten Charaktere, insbesondere der Konflikt und der Kampf des Protagonisten mit der feindlichen Umwelt und dem Hauptgegenspieler das durch die widrigen Umstände lediglich verdeckte menschliche Wesen und das Prinzip der Humanität offenbar werden lassen. Konkret heißt dies zweierlei: einerseits die dialektische Vermittlung von allgemein-menschlichem Vordergrund und gesellschaftlichem Hintergrund bei Dominanz des Vordergrundes, andererseits eine von bestimmten Charakter- und Konfiguarionskonstanten determinierte Handlung.

Dieser Zusammenhang wird in den Äußerungen der Autoren zu Rezeption und Wirkung, denen ausschließlich das Katharsis-Prinzip zugrunde liegt, vollends evident. Aufgabe der Kunst ist nicht nur eine wahrheitsgetreue Darstellung und poetische Analyse der Wirklichkeit, sondern vor allem auf die Wirklichkeit einzuwirken. Diese Wirkung kann aber nur eintreten, wenn Handlung und Charaktere so konstituiert sind, daß sie *jedem* Leser Einfühlung und Identifikation mit den handelnden Personen ermöglichen, gleichgültig, welcher sozialen Stellung, und gleichgültig, ob es sich dabei um ein Drama oder einen Roman handelt.

Diese skizzierten, in Anlehnung an Brecht global als bürgerlich-aristotelisch zu bezeichnenden Anschauungen bilden zwar die Hauptgrundlage von Belinskis, Dobroljubows und Tschernyschewskis literaturkritischen Urteilen über das ›Wie‹ eines Werkes, sind aber letzlich nur Teil eines den Autoren begrifflich nicht bewußten Widerspruchs. Aufgrund ihrer Theorie, daß die Kunst sich an das Leben anzunähern und die Ergebnisse der Wissenschaft zu verarbeiten habe und daß infolgedessen das ›Wie‹ eines Kunstwerkes entscheidend sei, ist für sie oberstes Kriterium der Vergleich von Wirklichkeit und Kunst. Er bestimmt sowohl ihr Urteil über das ›Was‹ als auch das über das ›Wie‹ eines literarischen Werkes.

Der Definition, das Kunstschöne sei Ausdruck des Wirklichkeitsschönen, war eine doppelt gerichtete Negation immanent: einerseits die Negation des »photographenmäßige[n] Kopieren[s[‹« [50], andererseits eines Standpunktes, der ausschließlich das Kunstschöne gelten ließ und sich für Belinski, Dobroljubow und Tschernyschewski in einen bewußten des l'art pour l'art und einen mehr oder weniger unbewußten der »leere[n] Unterhaltung« [51] untergliederte. Beide Standpunkte sahen namentlich Dobroljubow und Tschernyschewski in der in Rußland und Westeuropa (hier vor allem in Deutschland) vorherrschen pseudoklassischen Ästhetik repräsentiert. »›Nachmachen‹ der äußeren Form und nicht Wiedergabe des inneren Gehalts« [52] sowie »knifflich ausgetüffelte Handlungsentwürfe [...], wie sie Menschen im wirklichen Leben nicht zustande bringen« [53], waren für sie nur zwei Seiten einer Medaille, auch wenn der letzteren Auffassung ihre Hauptpolemik galt.

Pseudoklassik bzw. pseudoklassische Argumentation sehen die Autoren überall dort, wo Kunst nur ihrer eigenen Logik folgt oder Kunstwerke nur daran gemessen werden, ob sie den normativen Gesetzen der (aristotelischen) Ästhetik und Poetik und den einem Kanon ›ewiger‹ Kunstwerke abgezogenen Regeln entsprechen, ob z. B. ein Drama wie ein Shakespearsches gebaut sei oder nicht. Solche Gelehrte und Kritiker, so Dobroljubow, haben »der Wissenschaft und der Kunst nicht viel Nutzen gebracht«. [54]

Die ständige »Anpassung des menschlichen Charakters an den Sinn der Ereignisse« [55], die ständige Rechtfertigung »eine[s] instiktiven, unbedachten Schritt[es]«, kurz: der Handlung »aus dem Charakter dieser Person [...] als ob sie stets durch den individuellen Charakter und nicht durch die Umstände und die allgemeinen Eigenschaften des menschlichen Herzens motiviert würde«, schaffen »statt lebendiger, bei all ihrem Typischen verschiedenartiger Gestalten [...] unbewegliche Standbilder [...], und statt des lebendigen Gesprächs werden unnatürliche Unterhaltungen vorgeführt, worin die Sprechenden wohl oder übel den Charakter äußern«. [56] Ohngeachtet der Tatsache, ob es sich um ein Drama oder einen Roman handelt, sind »die Menschen [...] alle über einen Leisten geschlagen, [entwickeln sich] die Ereignisse [...] nach den bekannten Rezepten; schon auf den ersten Seiten ist abzusehen, was weiter geschieht, und nicht nur *was* geschieht, sondern auch *wie* es geschieht«. [57]

Diese in Kunstwerken manifesten und in der Ästhetik und Literaturkritik vorherrschenden »scholastischen Anforderungen [...]: alles muß [...] streng in Einklang gebracht sein, alles muß sich folgerichtig von einem gegebenen Punkt aus mit logischer Notwendigkeit *und gleichzeitiger Natürlichkeit* entwickeln« [58], konfrontiert Dobroljubow mit *dem* entscheidenden Problem: »*Wenn aber die Natürlichkeit* das Fehlen *logischer Folgerichtigkeit* erfordert?« [59]

Ausgehend von dem Vergleich von Kunst und Wirklichkeit schreibt er, »unbeugsame dramatische Charaktere zu schaffen, die gleichmäßig und vorbedacht einem Ziel zustreben, eine streng in Einklang gebrachte, raffiniert geführte Intrige auszusinnen, hieße dem russischen Leben etwas aufzudrängen, was es in ihm gar nicht gibt«. [60]

»Unserer Meinung nach [...] taugen für ein Kunstwerk jegliche Sujets, wie zufälliger Art sie auch sein mögen, und bei solchen Sujets muß man der Natürlichkeit zuliebe sogar das abstrakt Logische opfern, in der vollen Gewißheit, daß das Leben, wie auch die Natur, seine Logik hat und daß sich diese Logik vielleicht weit besser erweisen wird als jene, die wir ihr oft andichten wollen . . .«

Und die Radikalität dieser Fragestellung ahnend, fährt Dubroljubow fort: »Diese Frage ist übrigens in der Kunsttheorie noch allzu neu, und wir wollen nicht unsere Meinung als unbedingte Regel hinstellen.« [61]

Genau hier verbirgt sich der entscheidende und für die Literaturproduktion und -theorie der folgenden Jahrzehnte bestimmende Widerspruch. Anders gewendet: Genau in der Produktion eines Widerspruchs liegt das Verdienst namentlich Dobroljubows und Tschernyschewskis: einerseits wie Lessing und Diderot [62] einer neuen Literatur durch

Kritik und Erneuerung der Aristotelischen Ästhetik und Poetik zum Durchbruch verhelfen, ja unter Rekurs auf die Determinanten der Wirklichkeit völlig neue Kriterien für Literatur und Literaturkritik schaffen zu wollen, andererseits aber nicht zu sehen – sehen zu können –, daß der Ausgangspunkt Wirklichkeit die kritische Reflexion und Preisgabe sowohl der Hegelschen Gehaltsästhetik als auch der Aristotelischen Poetik unweigerlich nach sich ziehen mußte, daß das ›Dramatische‹ nicht Produkt der ›Wirklichkeit‹, sondern ideolgisches Produkt war und daß dessen vermeintliche ›Widerspiegelung‹ in Form- und Gestaltungsgesetzen zu tautologischen Schlüssen führte.

Dieser Widerspruch läßt sich nur historisch verstehen und lösen. Das Phänomen der ›unbewußten Grenzüberschreitung‹, erkennbar an der in den zitierten Passagen embryonal vorhandenen, nicht aber in voller Radikalität aufgeworfenen Problemstellung – so daß in gewisser Weise von einem Zurückschrecken vor der Erkenntnis der Brüchigkeit der eigenen Grundlagen gesprochen werden kann –: wenn sich Wirklichkeit und Wissenschaft grundlegend verändern, muß sich auch die Kunst in ihrer gesamten Darstellungsweise verändern, jenes Phänomen hat seine wesentliche Ursache in der historischen Zwischenstellung Belinskis, Dobroljubows und Tschernyschewskis, im nur halb vollzogen epistomologischen Bruch mit »Hegel und Feuerbach, alle[n] Formen einer Philosophie des Bewußtseins und einer anthropologischen Philosophie«. [63] Denn nur der Bruch mit den eigenen philosophisch-ästhetischen und ästhetisch-poetologischen Voraussetzungen hätte sowohl Bewußtheit jenes Widerspruchs als auch Formulierung von Alternativen bedeutet. Dazu fehlten allerdings die beiden entscheidenden Voraussetzungen: Die Verbindung von Wissenschaft und Kunst konnte erst dann vollzogen werden, als jene Voraussetzungen einer radikalen Kritik unterzogen worden waren *und* die alte, aristotelische Darstellungsweise sich endgültig als nicht mehr die Wirklichkeit erfassende und als einer vergangenen Epoche angehörig erwiesen hatte – als die Maxime nicht mehr Erneuerung, sondern radikale Kritik und Bruch lauten mußte.

Es ist in diesem Zusammenhang als auch für den weiteren Fortgang unserer Untersuchung von Bedeutung, daß Georg Lukács jenen Widerspruch gesehen hat. Die Lösung allerdings, die Lukács als die einzig mögliche postuliert, erweist sich gerade im Vergleich von Lessing mit Dobroljubow als anachronistisch, ja als Zurückgehen auf von Dobroljubow und Tschernyschewski kritisierte Positionen. Nach Lukács besteht die Methode z. B. Dobroljubows dem Wesen nach »wie seinerzeit die von Lessing darin, daß er die tieferen und eben deshalb in ihren Erscheinungsformen periodisch wechselnden ästhetischen Gesetze gegenüber der abstrakt-akademischen Erstarrung wiederherstellt und verteidigt«. Während Lessing »die wesenhafte Einheit von Sophokles und Shakespeare, ihre wesenhafte Übereinstimmung mit der Dramaturgie von Aristoteles aufzeigt« [64], in dieser »den bis dahin unübertroffenen Ausdruck der Naturgesetze der Tragödie, der dichterischen Form für die Tragik in Leben und Geschichte erblickt« [65], ist ein »ähnlicher Nachweis bei Dobroljubow nur in seinen konkreten Analysen immanent und unausgesprochen enthalten« [66], appellieren die russischen Kritiker »direkt an die Zusammenhänge des Lebens selbst, ohne irgendeine bisherige konkrete Leistung in der poetischen Praxis oder ästhetischen Theorie als kanonisch verpflichtend anzuerkennen«. Darin sieht Lukács zwar eine stärkere Akzentuierung einer materialistischen Theorie der ›Widerspiegelung‹ der objektiven Wirklichkeit durch die Literatur, gleichzeitig aber auch die

entscheidende Schwäche. Bedeutsamer für ihn ist, daß sich »bei Lessing in der kanoni-
schen Bedeutung der Aristotelischen Ästhetik und vor allem in der Hervorhebung ihrer
vorbildlichen Erfüllung durch Sophokles und Shakespeare eine stärkere Betonung des
dialektischen Charakters der Widerspiegelungslehre« findet:

»Denn mit diesen Gedankengängen gibt Lessing der – relativen – Selbständigkeit der dichterischen
Form und damit der aktiven Rolle der schöpferischen Subjektivität eine schärfere Akzentuierung als
seine großen Nachfolger. Hinzu kommt noch, daß der Nachweis der schließlichen Übereinstimmung in den Prinzipien der Gestaltung zwischen Shakespeare und der Antike auch die historische
Dialektik der Ästhetik, den dialektischen Zusammenhang zwischen wechselnden Erscheinungsformen und relativ dauernden Wesensgesetzen energisch zum Ausdruck bringt. [67]

Lukács' These, daß zwischen Lessing und Dobroljubow kein prinzipieller Unterschied,
sondern nur einer der Betonung herrsche, läßt nur eine Seite des von uns aufgewiesenen
Widerspruchs gelten und erschöpft sich in unhistorischen, auf ein ›Wesen‹ abzielenden
Analogien. Lukács sah die »Aufhebung und Harmonie« des Widerstreits jener unterschiedlicher Betonungen »erst in der Ästhetik von Marx, in der die Widerspiegelungs-
theorie ihre dialektische Vollendung erfährt«. Erst der Marxsche Materialismus vermöge
die Form-Inhalt-Dialektik zu erfassen:

»Damit wird zugleich die kanonische Geltung der Klassiker [...] aus der stellenweise dogmatischen
Spontaneität Lessings herausgehoben und erhält eine historische Objektivität, indem jene gesell-
schaftlich-menschlichen Voraussetzungen herausgearbeitet werden, die die Werke der Klassiker zu
Normen, zu unerreichbaren Mustern erheben.« [68]

1.2. Das sowjetische ›Erbe‹ ab Mitte der 30er Jahre

1.2.1. Zur Kanonisierung der aristotelischen Ästhetik und Poetik

Der von der Führung der KPdSU zu Beginn der 30er Jahre eingeleiteten und Mitte des
Jahrzehnts abgeschlossenen Kanonisierung eines bestimmten ästhetischen und literarischen ›Erbes‹, begleitet von dem Bestreben, Äußerungen der marxistischen Klassiker zu
Kunst und Literatur den Charakter einer vollwertigen ästhetischen Theorie zu verleihen,
ist mit Petschkau »als historische Rechtfertigung zugute zu halten, daß ihr ein wirkliches
Dilemma zugrunde lag«. [69] Die alphabetisierten Arbeiter- und Bauern*massen* meldeten
mit Vehemenz nun auch ihre literarischen Bedürfnisse an; weder in der KPdSU noch in
den verschiedenen Schriftstellerorganisationen herrschte aber Einigkeit über das ›Wie‹
der Befriedigung dieser Bedürfnisse. Eine Aufrechterhaltung des alten Zustandes hätte,
so die Führung der KPdSU (B), angesichts zunehmender Kämpfe in der Partei und der
Bedrohung durch den Faschismus zu unüberschaubaren, sich nicht auf den ästhetischen
und literarischen Bereich beschränkenden Auseinandersetzungen führen können. Die
Entscheidung, »das Nebeneinanderbestehen von zwei, verschieden historisch-sozialen
Niveaus entsprechenden, allgemeinen Kunstformen« als auch die Konfrontation der
Massen ausschließlich mit avantgardistischen Experimenten als alternative Möglichkeiten
zurückzuweisen und statt dessen auf »vergangene Formen des bürgerlichen Realismus«
zurückzugreifen, ja diese zum »›Realismus‹ überhaupt« [70] zu erklären, in der Überzeu-

gung, dieses ›Erbe‹ biete die besten Anknüpfungsmöglichkeiten und eigne sich zur Befriedigung der literarischen Bedürfnisse, erwies sich als folgenschwerer Trugschluß und bedeutete eine bruchlose Übernahme, nicht, wie etwa von Majakowski und Tretjakow gefordert, Heraustreibung der Widersprüche und radikale Kritik. [71]

Umreißt Petschkau im Unterschied zu anderen Interpreten dieses Dilemma sachlich-unpolemisch, so läßt er doch das spezifisch ideologisch-ästhetische Problem, weshalb gerade diese Entscheidung gefällt wurde, weitgehend unbeantwortet. Die Existenz so verschiedener, z. T. diametral entgegengesetzter ästhetischer und literarischer Konzeptionen wie der der russischen Formalisten, der Vertreter einer ›Gehaltsästhetik‹, der LEF-Gruppe und der Russischen Assoziation Proletarischer Schriftsteller (RAPP) [72], die widersprüchlichen, sich fast ausschließlich auf die allgemeine Forderung, die Kunst habe den sozialistischen Aufbau darzustellen und zu unterstützen, belaufenden Aussagen und Beschlüsse der KPdSU-Führung sowie die Einengung des Problems ›Klassencharakter von Literatur‹, namentlich in der Programmatik der RAPP, auf den thematischen Gehalt eines Kunstwerkes signalisierten den Beginn des im Eingangskapitel skizzierten Niedergangs der Dialektik, metaphorisch gesprochen die Ersetzung des Bildes von der Spirale durch das einer Linearen, und als dessen Folgeerscheinung die Abwesenheit einer »*Theorie der künstlerischen Praxis*«. [73] Einer Theorie, die die künstlerische Produktion als Teil der gesamtgesellschaftlichen Praxis begriff und nicht als bildhaften Ersatz für Wissenschaft und Philosophie. So forderte die Partei zwar die thematische Repräsentanz der neuen Wirklichkeit, die Bedingungen, unter denen dies stattzufinden habe, und die Art und Weise der Umsetzung und Darstellung dieser neuen Wirklichkeit blieben allerdings stets ungenannt und letztlich dem einzelnen Schriftsteller überantwortet. [74]

Gerhard Plumpe bezeichnet diese Abwesenheit einer Theorie der künstlerischen Praxis als gleichzeitige Anwesenheit, als »volle[n] Inhalt [...], d. h. Anwesenheit der bürgerlichen Kunstideologie«. [75] So sehr diese Feststellung in ihrer Allgemeinheit auch zutrifft, so besagt sie doch nichts über die *konkrete* Qualität dieser Kunstideologie. Diese läßt sich erst dann charakterisieren, nennt man die Vorbilder, an die Ästhetiker, Literaturkritiker und Schriftsteller theoretisch anknüpfen sollten – und die bei den Richtungen, die schon in den 20er und frühen 30er Jahren ähnliche Thesen wie später Shdanow auf dem I. Sowjetischen Schriftstellerkongreß (1934) vertreten hatten, immer, wenn auch häufig mehr unbewußt, präsent gewesen waren. Ausgehend von Lenins Postulat, der Marxismus habe sich »alles, was in der mehr als zweitausendjährigen Entwicklung des menschlichen Denkens und der menschlichen Kultur wertvoll war«, insbesondere die »wertvollsten Errungenschaften des bürgerlichen Zeitalters« [76], anzueignen sowie von Plechanows und Lenins These, den russischen revolutionär-demokratischen Literaturkritikern kommen in *jeder* Beziehung zentrale Bedeutung zu [77], wurden Belinskis, Dobroljubows und Tschernyschewskis ästhetische und literarkritische Abhandlung zum höchsten Standard erklärt, ohne allerdings das Hauptgewicht auf die kritische Aneignung zu legen. Fortan galt daher die These, diese Autoren müßten vom Standpunkt des Marxismus *und* neuer ästhetischer Erkenntnisse wie auch moderner, in der Revolutionsliteratur entwickelter Darstellungsformen kritisiert werden, als Rückfall in ›Formalismus‹ und ›Proletkult‹, als Mißachtung des ›nationalen Kulturerbes‹, politisch als Hilfe für den ausländischen Klassengegner und dessen ›Agenten‹ im Inland.

Bruchlose Übernahme, Zuendeführung und Kanonisierung dieser Ästhetik hieß, daß die von Dobroljubow und Tschernyschewski als eigentlicher Anknüpfungspunkt hinterlassene ›unbewußte Grenzüberschreitung‹ nicht gesehen, jener Widerspruch von Erneuerung der Aristotelischen Ästhetik und Poetik und deren tendenzieller Aufhebung nicht nur nicht gelöst werden konnte, sondern unter historisch und gesellschaftlich gänzlich veränderten Bedingungen ständig neu produziert werden mußte. Folglich konnte sich die ›neue‹ sowjetische Ästhetik nur im Rahmen jener ›Gehalts‹- bzw. ›Widerspiegelungsästhetik‹ bewegen und war, historisch gesehen, anachronistisch und damit als marxistische Ästhetik von vornherein zum Scheitern verurteilt. Die sowjetische Ästhetik ab Mitte der 30er Jahre kann aufgrund ihrer äußerst heterogenen Elemente und der Dominanz der revolutionär-demokratischen Grundlagen nur sehr bedingt als marxistische bezeichnet werden.

Die Alternative war immanent determiniert: entweder den Bezugspunkt Wirklichkeit wie Dobroljubow und Tschernyschewski zu betonen, was eine gewisse Fortsetzung jener Tradition bedeutete, oder unter Rekurs auf Belinskis frühe Schriften – und damit auf Hegel – ›objektive‹ künstlerische »Wesensgesetze« (Lukács) zu postulieren; eine Alternative, die nur aufgrund verschiedener Akzentsetzung entstand und sich in der Hauptrichtung der sowjetischen Ästhetik der späten 30er und der 40er Jahre manifestierte, zum anderen in den mit der Lukácsschen Ästhetik verwandten Konzeption. Gegner einer ›Gehaltsästhetik‹ nicht nur ideologisch ausgeschaltet worden waren.

Lediglich in weltanschaulicher Hinsicht erfuhr die ansonsten auch terminologisch übernommene Ästhetik der revolutionären Demokraten eine Modifizierung, konkret in den beiden Hauptpunkten der ab 1934 für verbindlich erklärten Definition des sozialistideren in den mit der Lukácsschen Ästhetik verwandten Konzeption. Eine wirkliche Alternative existierte nicht mehr, da die Gegner einer ›Gehaltsästhetik‹ nicht nur ideologisch ausgeschaltet worden waren.

»Der sozialistische Realismus, der die Hauptmethode der sowjetischen schönen Literatur und Literaturkritik darstellt, fordert vom Künstler wahrheitsgetreue, historisch konkrete Darstellung der Wirklichkeit in ihrer revolutionären Entwicklung. Wahrheitstreue und historische Konkretheit der künstlerischen Darstellung muß mit den Aufgaben der ideologischen Umgestaltung und Erziehung der Werktätigen im Geiste des Sozialismus verbunden werden.« [78]

Bedeutete die Verpflichtung aller mit Literatur Befaßter auf die marxistische Weltanschauung und auf das revolutionär-demokratische ästhetische ›Erbe‹ die Produktion eines antagonistischen, die gesamte sowjetische Ästhetik und Literatur strukturierenden Widerspruchs und damit eine prinzipielle Einschränkung der in jener Definition potentiell noch enthaltenen Möglichkeiten der Wirklichkeitserfassung, so waren doch, nicht zuletzt aufgrund der übernommenen These, daß die Wirklichkeit die Literatur bestimme, zumindest theoretisch noch einige Möglichkeiten der Wirklichkeitserfassung gegeben. Daß selbst diese auf ein Minimum reduziert wurden, hat seine Ursache zum einen in den allgemeinen Rahmenbedingungen, zum anderen in der *totalen* Kanonisierung einer bestimmten Darstellungsweise und deren Darstellungsformen.

Als wesentliches Moment der Rahmenbedingungen ist der Niedergang der Dialektik zu nennen. Er vermag zu erklären, weshalb die der Ästhetik Belinskis und auch der seiner Nachfolger immanente Betonung dialektischer Prozesse in der sowjetischen Ästhetik mechanisch-materialistischen Vorstellungen, der Trennung dieser Elemente wichen, weshalb die Darstellung der Wirklichkeit in den ästhetischen Forderungen als auch in der literarischen Produktion auf Abspiegelung, auf naturalistische Nachzeichnung reduziert wurde. Die unhistorische und mechanistische Auffassung, die Synthese aus These und Antithese enthalte *naturnotwendig* alle negierten Elemente, enthob vor allem die Ästhetiker der Aufgabe, sich kritisch mit den der Hegelschen und Feuerbachschen Philosophie verpflichteten ästhetischen Anschauungen der revolutionären Demokraten auseinanderzusetzen bzw. die philosophische Kritik Marx' und Lenins an Hegel und Feuerbach auf den ästhetischen Bereich zu übertragen. Ergebnis dieser Entwicklung war zu Beginn der 50er Jahre, daß Hegel und Feuerbach nur noch aus Schulungstexten und Lehrbüchern bekannt waren und damit die entscheidende Grundlage fehlte, überhaupt noch beurteilen zu können, in welchen Momenten die sowjetische Ästhetik anachronistischen Charakters war.

Für die Schriftsteller hatten Niedergang der Dialektik und Restauration bürgerlicher Kunstideologeme vor allem zwei Konseqenzen. Die These von den nicht mehr vorhandenen antagonistischen Widersprüchen im eigenen Land beraubte sie jeder Möglichkeit, entscheidende Konflikte der sowjetischen Gesellschaft auch nur ansatzweise erfassen zu können. Nicht mehr qualitative Veränderungen konnten dargestellt werden, sondern ausschließlich die Anhäufung ökonomischer und technischer Quantitäten sowie das von »freundschaftlicher Zusammenarbeit« bestimmte Volk und die »moralische und politische Einheit der Sowjetgesellschaft«. [79] Damit war aber den Schriftstellern genau das kritische Instrument genommen, die sowjetische Gesellschaft analysieren und mit umwälzen helfen zu können.

Darüber hinaus hatte der Rekurs auf das ›Erbe‹ zur Folge, daß, ideologisch vor allem erkennbar an der Restauration des Ideologems vom ›Schöpfer‹ [80], die alten Produktionsbedingungen der Schriftsteller grundsätzlich nicht verändert bzw. durch die Liquidation embryonal vorhandener neuer literarischer Praxisformen [81] wiederhergestellt wurden. Hatten die »aristotelische[n] roman[e] der proletarischen romanschreiber« [82] der Revolutions- und unmittelbaren Nachrevolutionszeit schon allein aufgrund dessen, daß die Autoren zum Großteil Teilnehmer des Bürgerkrieges und der revolutionären Umwälzung gewesen und bestimmte Darstellungsformen noch nicht kanonisiert worden waren, wesentliche Seiten der gesellschaftlichen Entwicklung thematisch noch erfassen können, so entfiel nun selbst diese Möglichkeit, da die Schriftsteller sich wieder auf ihre ›eigentlichen‹ Aufgaben besinnen mußten und die Darstellungsformen rigoros kanonisiert wurden. Die Kenntnis der Wirklichkeit beschränkte sich, zugespitzt formuliert, auf die Lektüre von Zeitungsberichten und Konferenzprotokollen sowie auf gelegentliche Besuche an der sogenannten Produktionsfront. [83] Alexander Fadejew thematisierte diese Entwicklung auf einer Tagung der Moskauer Schriftsteller in seinem Referat »Über die Aufgaben der ideologisch-künstlerischen Erziehung im sowjetischen Schriftstellerverband«. Die Schwäche der Gegenwartsliteratur habe ihre Ursachen in drei Momenten:

»1. gewisse Losgelöstheit der Schriftsteller von den Lebensvorgängen der sowjetischen Wirklichkeit; 2. ungenügende Kenntnisse der marxistisch-leninistischen Theorie, ohne die es unmöglich ist, die Lebensgesetze zu begreifen, die die Vorwärtsentwicklung der Sowjetunion zum Kommunismus bedingen; 3. mangelndes berufliches Können.« [83]

Hinzu kam, daß die sowjetischen Ästhetiker – will sagen: unabhängig von den beiden möglichen Akzentsetzungen innerhalb der genannten ›Gehaltsästhetik‹ – die aristotelischen Darstellungsprinzipien und -formen, kurz: die die Welt nicht als veränderbare abbildende und nicht die »gesellschaftlichen Zustände als Prozesse und [...] in ihrer Widersprüchlichkeit« [84] zeigende aristotelische Darstellungsweise, wie sie sich im 19. Jahrhundert herausgebildet hatte [85] und in der, historisch betrachtet, die revolutionär-demokratischen Literaturkritiker trotz aller Problematisierung notwendigerweise befangen bleiben mußten, völlig bruchlos übernahmen. Die sowjetische Ästhetik ging wie Belinski und dessen Nachfolger und unter Berufung auf Romanciers wie Balzac davon aus, daß dieser Darstellungsweise keine gattungs-, d. h. namentlich keine dramenspezifische, sondern allgemeine, für alle literarischen Gattungen und Genres gültige Bedeutung zukomme. (Dies galt selbst für lyrische Genres.)

Konkret manifestierte sich dies vor allem in zwei Punkten: den Baugesetzen und der Konstituierung von Handlung, Konfiguration und Charakteren. Ohngeachtet der mit Aristotelischen Ästhetik und Poetik übernommenen Gattungs- und Genreunterschiede galt die allgemeine Aristotelische Bestimmung, die Fabel eines Epos (bzw. Romans) müsse genauso dramatisch gebaut sein wie die eines Dramas, selbst für die Genres, die als sogenannte Zeitungsgenres bezeichnet wurden und zwischen literarischen und publizistischen Werken angesiedelt waren:

»Wenn die Skizze [...] der Feder eines Meisters entstammt, so besitzt sie alle Merkmale einer Erzählung, einer Novelle. Die ist in guter Literatursprache geschrieben, und sie enthält sowohl porträtartige Charakteristiken als auch anschauliche Landschaftsbeschreibungen. Außerdem wird sie nach dem Schema aufgebaut, das die künstlerischen Werke gewöhnlich aufweisen: Exposition, Schürzung des Handlungsknotens, Entwicklung der Handlung, Kulmination – der Punkt der höchsten Spannung – und Lösung des Knotens.« [87]

Wie die Ausführungen Boris Polewois, die, nebenbei bemerkt, an der Parteihochschule des ZK der KPdSU gemacht worden waren, erkennen lassen, handelte es sich bei der Übernahme jenes ästhetischen und aristotelischen ›Erbes‹ nur scheinbar um eine bruchlose, mußten das ›Übersehen‹ jenes Widerspruchs und die daraus resultierende Kanonisierung der bereits von Dobroljubow und Tschernyschewski problematisierten Darstellungsprinzipien und -formen zwangsläufig zu einer *neoklassizistischen normativen* Ästhetik und Poetik führen. Dies heißt allerdings nichts anderes, als daß durch die allgemeinen Rahmenbedingungen eine relativ eigenständige, von diesen weitgehend unabhängige innerästhetische und -literarische Dynamik in Gang gesetzt war. Solange das Postulat, die Wirklichkeit könne künstlerisch nur auf aristotelische Weise ›widergespiegelt‹ werden, aufrechterhalten wurde und die Rahmenbedingungen sich nicht grundlegend veränderten, bereinigte diese Dynamik die in der sowjetischen Ästhetik und Literaturproduktion offen oder tendenziell vorhandenen antagonistischen Widersprüche, denen als Hauptwiderspruch ›geforderte materialistische Analyse‹ vs. ›aristotelisch-bildhafte Umsetzung und Darstellung‹ zugrunde lag, spontan ›von selbst‹: Alle der aristotelischen Darstellungsweise feindlichen Elmente wurden ausgeschieden oder doch so weit zurückgedrängt, bis sich diese in allen wesentlichen Elementen als System regeneriert hatte, die Theorie vom Klassencharakter der Literatur nur noch einen außerästhetischen und -literarischen Femdkörper darstellte und schließlich die Konvergenz der genannten Alternativen innerhalb der ›Widerspiegelungsästhetik‹ erreicht war. Da aber aufgrund der veränderten Wirklichkeit nicht nur der sozialistischen Gesellschaft und aufgrund der »autonomen« (Brecht) innerästhetischen und -literarischen Entwicklung der zweiten Hälfte des 19. Jahrhunderts und des beginnenden 20. Jahrhunderts (Entstehung neuer Darstellungsformen und -mittel, nichtaristotelischer Darstellungsweisen; Bearbeitung neuer Stoffkomplexe), die aristotelische Darstellungsweise gänzlich anachronistisch geworden und nicht mehr erneuerbar war, konnten spontane Wiederherstellung und Regeneration aristotelischer Baugesetze nur in Form *totaler Schematisierung* bzw. *Automatisierung* erfolgen.

Zum zweiten ist am Beispiel der Postulate über die Konstituierung von Handlung, Konfiguration und Charakteren zu zeigen, daß Schematisierung und Aufstellung ›neutraler‹ Regeln lediglich ein Moment jener Dynamik darstellten. Die geforderte Einheit von allgemein-menschlichen und gesellschafts- und klassenspezifischen Merkmalen bestand, da ihr einerseits die Theorie der Konstituierung der revolutionären Demokraten, d. h. die Dominanz der allgemein-menschlichen Merkmale, zugrunde lag, andererseits aber laut zitierter Realismusdefinition galt, die »historisch konkrete Darstellung der Wirklichkeit in ihrer revolutionären Entwicklung« zu leisten, d. h. Dominanz der gesellschaftlichen Merkmale, der der Handlung und Konfiguration und den Charakterien unterlegten sozialen Prozesse und des sozialen Typus, aus äußerst gegensätzlichen und nur auf den ersten Blick gleichwertigen Elementen. Bedeutete bereits die allgemeine ›Erbe‹-Programmatik eine gewisse, wenn auch außerästhetische Dominantsetzung des ersten Elements, ein Moment, das zudem dadurch verstärkt wurde, daß ab Mitte der 30er Jahre die Theorie von den national-psychologischen Gemeinsamkeiten des russischen Volkes die Theorie von den Klassengemeinsamkeiten zu verdrängen begann [88], so mußte der Wegfall radikaler Kritik der zweidimensionalen Konstituierung – in Brechtscher Polemik: die Degeneration des Begriffs Klassenkampf zu »ein[em] dämon, ein[em] leere[n] prinzip«, zu einem »ausgehöhlte[n], verhurte[n], ausgeplünderte[n] begriff, ausgebrannt bis zur unkenntlichkeit« [89] – die endgültige Dominanz der allgemein-menschlichen Merkmale bewirken. Diesen Prozeß wußten die sowjetischen Ästhetiker tautologisch nur in der Weise zu fassen, daß sie als höchste Aneignung des ›Erbes‹ die ›Aufhebung‹ der Klassen- und Gesellschaftsmerkmale in den allgemein-menschlichen postulierten:

»Die Tiefe, die innere Harmonie, der Edelmut, die moralische Reinheit, das Pflichtbewußtsein und die Natürlichkeit und Herzlichkeit der schönen Gestalt der Tatjana [aus Puschkins »Eugen Onegin«; d. V.] sind allgemeine nationale Züge, die gerade der russischen Frau eigen sind.

Allgemeine nationale, allgemeine Volkszüge zeigen sich sehr ausgeprägt bei der patriarchalischen Adelsfamilie der Rostows (»Krieg und Frieden« von Leo Tolstoi): Ehrlichkeit, Aufrichtigkeit, Geradheit, Güte, Gutherzigkeit und Gastfreundschaft.

Die Reinheit und Fülle des Liebesgefühls, die Romeo und Julia [...] offenbaren, die Kraft ihrer gegenseitigen Treue sind allen Nationen nahe, verständlich und teuer. Die Gefühle der Liebe und Treue, die Romeo und Julia zeigen, das sind nicht nur die Gefühle der Klasse, der Romeo und Julia angehören, sondern allgemeine Gefühle des Volkes, allgemeinmenschliche Gefühle. Und darum tragen diese Gestalten allgemeinen Volkscharakter, allgemeinmenschlichen Charakter. [...] Sehr markante allgemeinmenschliche Qualität besitzen Gestalten wie Pawel Kortschagin (»Wie der Stahl gehärtet wurde« von Nikolai Ostrowski) und Oleg Koschewoi (»Die Junge Garde« von Alexander Fadejew). Mit diesen und anderen Gestalten fortschrittlicher sowjetischer Menschen ist unsere Literatur berufen, ›eine neue, allgemeinmenschliche Moral zu lehren‹ [Zitat aus Shdanows »Referat über die Zeitschriften ›Swesda‹ und ›Leningrad‹«; d. V.].« [90]

Wie aus diesen Ausführungen hervorgeht, bildete diese Theorie der Bau- und Konstituierungskomponenten – neben der Theorie der Kunst als einer der Formen des Bewußtseins – nicht nur einen der Haupteckpfeiler der sowjetischen Ästhetik, sie lieferte zugleich die Hauptkriterien für den Rang eines literarischen Werkes. Hatte ein Schriftsteller es nicht verstanden, jene Komponenten in der geforderten Weise umzusetzen, so war er, da er weder den ›objektiven‹ Charakter der Baugesetze noch die humanen, allgemeinmenschlichen Grundlagen der sowjetischen Gesellschaft begriffen hatte, in ›Formalismus‹, o. ä. zurückgefallen und hatte grundlegende weltanschauliche Mängel offenbart; er war, so stets der globale Vorwurf, in Schematismus verfallen.

An dieser Stelle ist ein kurzer Exkurs über den letztgenannten Begriff einzufügen. Zuvörderst ist zu betonen, daß kein anderer Begriff der sowjetischen Ästhetik, Literaturkritik und -geschichtsschreibung so schillernd wie dieser ist, daß sein geradezu inflationistischer Gebrauch in allen Bereichen, sei es im Kontext ästhetischer Theorien oder der Wertung über den ideologischen und künstlerischen Rang eines Werkes, sei es im Zusammenhang von Rezeption und Wirkung, namentlich seine Verwendung als die Gesamtkritik vereinigendes Schlagwort, d. h. überall dort, wo es galt, ein endgültiges Urteil über ein Werk zu fällen, und nichts näher lag als einen Begriff einzusetzen, der alles und nichts besagen konnte [91] – daß all diese unter den Begriff des Schematismus zu subsumierenden Momente eine genaue Definition als unmöglich erscheinen lassen. Des weiteren ist hervorzuheben, daß dieser Begriff völlig unkritisch von der – teilweise auch westlichen – Sekundärliteratur übernommen worden ist, in gleicher Weise wie der genannten verwendet wird und seither durch ästhetische, literaturgeschichtliche und -theoretische Abhandlungen – man ist versucht, zu sagen: geistert, ohne daß eine genaue Definition unternommen worden wäre. [92]

Als Schematismus wurde vor allem bezeichnet, wenn ein Schriftsteller die historischmaterialistische Methode bei der Analyse der (sowjetischen) Wirklichkeit nicht hinreichend genug angewandt hatte, zweitens, wenn er es nicht verstanden hatte, das aristotelische Schema ›Exposition...Lösung‹ ›lebendig‹ und ›konfliktreich‹ umzusetzen, und wenn er sich bei der Konstituierung von Handlung, Konfiguration und Charakteren auf einige wenige allgemein-menschliche Merkmale beschränkt hatte. Wenn auch zwischen diesen beiden Seiten des Schematismus-Vorwurfs ein dialektischer Zusammenhang behauptet wurde, so können dieser und die erste Seite hier doch aus zwei Gründen übergangen werden. Zum einen führte sich aufgrund des Niedergangs der Dialektik und der Wiederherstellung der alten Produktionsweise der Schriftsteller der Vorwurf mangelnder Anwendung der historisch-materialistischen Methode selbst ad absurdum, zum zweiten erwies sich der Vorwurf ungenügender Aneignung des aristotelischen ›Erbes‹, denn um diesen handelte es sich im Kern, aufgrund des Postulats aristotelischer Gestaltung als der entscheidende. Damit ist aber bereits, trotz inflationistischen Gebrauchs und damit verbundener Vieldeutigkeit, das diesen Begriff bestimmende Moment bezeichnet. Der Schematismus-Begriff war, so läßt sich definitorisch vorerst [93] festhalten, schlicht der allgemeinste negative Begriff überhaupt für die Kennzeichnung ungenügender Aneignung und Umsetzung der aristotelischen Ästhetik und Poetik.

1.2.2. Zum Wandel der aristotelischen Darstellungsweise in der Literaturproduktion

Untersucht man nun die ab Mitte der 30er Jahre entstandenen und als vorbildlich erklärten, z. T. mit einem Stalin-Preis ausgezeichneten Werke auf die Umsetzung der Postulate über Baugesetze und Konstituierung, so sind, unabhängig von Gattungs- und Genrespezifik, unter typologischem Aspekt zwei – den Alternativen innerhalb der ›Gehaltsästhetik‹ analoge – Weisen der Umsetzung beschreibbar: einerseits eine indirekte und unbewußte tendenzielle Aufhebung des aristotelischen Bauschemas und der skizzierten Zweidimensionalität in Form technisch-neutralen Gebrauchs des Bauschemas und totaler Überfrachtung des jeweiligen Werkes mit der Wirklichkeit entnommenem Rohstoff, andererseits eine ›Erneuerung‹ der aristotelischen Darstellungsweise in Form neoklassizistischer Tektonik und z. T. totaler Zurückdrängung des Wirklichkeitselements durch allgemein-menschliche Thematik.

Die Umsetzung erster Art wird strukturiert von dem von Brecht als typisch für sozialistische »Tendenzliteratur« bezeichneten »Sprung von einer Weise der Gestaltung zur andern in ein und demselben Kunstwerk«, dem Bruch und dem Auseinanderklaffen von »Weltanschauliche[m], Politische[m]« [94] (›Leitartikel‹) und einmontierten Wirklichkeitspartikeln einerseits, nicht revolutionierten Darstellungsprinzipien, -formen und -mitteln andererseits. Beiden Momenten entsprechen zwei verschiedene und diametral entgegengesetzte Ebenen des Aufbaus, der Handlung, Konfiguration und Charaktere. Wird auf der einen der Aufbau mit der realen Entwicklung der Sowjetgesellschaft (Verlauf der Oktoberrevolution, der Jahrespläne oder der Kollektivierung, Aufbau eines Industriebetriebes oder einer Produktionsgenossenschaft etc.) parallel gesetzt und aus dieser abgeleitet und beruhen Handlung, Konfiguration etc. auf politischen, politökonomischen, produktionstechnischen und technisch-wissenschaftlichen Tatbeständen (etwa neue Produktions- und Arbeitsmethoden), so sind auf der anderen aristotelisches Bauschema, Psychologisierung und menschlich-natürliche Verhältnisse (vor allem Freundschafts-, familiäre- und Liebesbeziehungen) bestimmend; werden dort alle Komponenten eines Werkes auf reale Tatbestände und Prozesse hin funktionalisiert, so hier auf Allgemein-Menschliches bzw. auf den Nationalcharakter des russischen Volkes – oder, anders gewendet: der Hintergrund wird erweitert und um einige Schritte nach ›vorn‹ gerückt, während der Vordergrund in allen wesentlichen Momenten erhalten bleibt und jener damit seine Funktion als Staffage für ›menschliche Wechselwirkungen‹ behält. Je stärker die erste Ebene ausgebaut ist, desto mehr Dokumentationscharakter haben die jeweiligen Werke, desto aufgezwungener erscheinen die aristotelischen Darstellungsmodi. Auf eine Kurzformel gebracht: Bei keiner anderen Art der Umsetzung erweist sich die aristotelische Darstellungsweise so offen als Fessel dargestellter Wirklichkeit und neuer Weisen von Rezeption und Wirkung, wird die Notwendigkeit ihrer Ablösung so evident.

Bei der anderen Umsetzungsart dienen reale Tatbestände und Prozesse lediglich als austauschbarer Bezugsrahmen bzw. Hintergrund, die o. g. zweite Ebene dominiert hier vollständig, die erste hat nur noch Versatzstückfunktion. Alle Komponenten sind auf Allgemein-Menschliches hin funktionalisiert, in der auf Charakterkonstanten beruhen-

den und alle anderen Komponenten strukturierenden Konfiguration dominieren Liebes-
konfigurationen (vor allem Dreiecksbeziehungen).

Beide Umsetzungsarten lassen sich unter typologischem Aspekt nur unzureichend beschreiben. Dieser Aspekt ist, soll die Entwicklung der literarischen Produktion ab Mitte
der 30er Jahre in ihren Hauptmomenten charakterisiert und damit historisch genau jene
Entwicklungsphase markiert werden, die der frühen DDR-Literatur zum Vorbild wurde, um historisch-evolutionäre Aspekte zu erweitern. Hier sind es insbesondere die allgemeinen Rahmenbedingungen (›schleichende Entstalinisierung‹) und die im Kontext
ästhetischer Konzeption genannte Dynamik, die einen entscheidenden Wandel beider
Umsetzungsarten und deren schließliche Annäherung bewirkten.

Die Theorie von der moralisch-politischen Einheit bzw. die Agententheorie und die
daraus resultierende Fixierung auf Produktionssteigerung und Entwicklung der Produktivkräfte waren gleichbedeutend mit der Beschränkung des Wirklichkeitselements auf
Produktionsthematik, der Darstellung des ›Weges zum Kommunismus‹ in Gestalt sogenannter Großbauten des Kommunismus (Hüttenwerke, Kanalbauten, Bau von Erdöllei-
tungen in Sibirien etc.) und von Produktionshelden (Stachanowarbeitern). Soziale und
tendenziell antagonistische Prozesse wurden, wenn überhaupt gesehen, nur noch am
Rande und ausschließlich als Agententhematik und darüber hinaus als von (produk-
tions-) technischen überdeterminierte behandelt. [95] In der Darstellung stellte dies die
Schriftsteller vor schier unüberwindliche Schwierigkeiten, denn die – im Grunde ad infi-
nitum fortsetzbare – Schilderung und Beschreibung von Produktions*quantitäten* drohte
stets in naturalistische Beschreibung unzähliger Details überzugehen und zu überdimen-
sionalen populärwissenschaftlichen Vorträgen (Dramen) bzw. Abhandlungen (Romanen) auszuwuchern, so daß einige Romane eher halbwissenschaftliche Technikenzyklo-
pädien denn literarische Produkte waren.

Als Lösung dieser darstellungsimmanenten Schwiegikeiten bot sich, so paradox dies
zunächst auch erscheinen mag, die aristotelische Darstellungsweise geradezu an. Zum einen ermöglichten das aristotelische Bauschema und die allgemein-menschliche Konstituierung die Darstellung von ›qualitativen Sprüngen‹ (Kampf der Leidenschaften, Wandlung etc.) und die Lösung von den der Produktivkraftentwicklung innewohnenden Widersprüchen (technische Mängel etc.), d. h. die Setzung eines Schlußpunktes hinter real
nicht eingrenzbare Entwicklung, zum anderen via Einfühlung und Katharsis die ideologische Beeinflussung der Werktätigen im Sinne »allgemeinmenschlicher Moral« (Shdanow) und allgemeiner Mobilisierung für Produktionssteigerung und zur Unterstützung
der Stachanowbewegung, Wirkungen, die durch schlichte Abspiegelung von Produk-
tionsquantitäten naturgemäß nicht erreicht werden konnten. Zuschauer bzw. Leser zogen da die Lektüre der ›Prawda‹ oder der Fachliteratur vor. [96]

Diese Prozesse der Reduktion des Wirklichkeitselements auf reine Produktionsthematik, der menschlich-sozialen Beziehungen auf (produktions-)technische im Arbeits-
prozeß und – als deren Pendant – allgemein-menschliche im privaten Bereich, der Baugesetze auf Agitationsschemata zur kurzfristigen Mobilisierung bzw. der Prozeß der Ersetzung realer qualitativer Entwicklungen durch künstlich erzeugte, dem Stoff aufge-
stülpte Konflikte und Scheinlösungen, kurz: die mit Notwendigkeit darauf resultierenden Momente des Wirklichkeitsverlustes, der ›Schönfärberei‹ und der Dominanz der ari-

stotelischen Darstellungsmodi waren allerdings nur Teilmomente eines Gesamtprozesses.

Bereits die künstlichen Konflikte und Scheinlösungen weisen auf Entwicklungen, denen die aristotelische Darstellungsweise im 20. Jahrhundert unterworfen war und die Hanns Eisler ironisch treffend als Alternative zwischen Oberlehrerklassik und Hollywood bezeichnet hatte: Epigonalisierung und Trivialisierung, Entwicklungen, die nach Liquidierung revolutionärer Literaturkonzeptionen und totaler Kanonisierung des ›Erbes‹ auch vor der sowjetischen Staatsgrenze nicht halt machten. Beide Momente waren strukturbestimmend für die *gesamte* literarische Produktion ab Mitte der 30er Jahre, waren nur jeweils verschieden stark ausgeprägt. Überwogen anfangs Heroizismus, ›große‹ allgemein-menschliche bzw. russischnationale Züge und sich ›allseitig entwickelnde große Individuen‹, so wich dies zu Beginn der 50er Jahre, erkennbar an der immer stärker aufkommenden Forderung nach Unterhaltung und Entspannung (nicht Bildung) sowie Liebeshandlung, zunehmend einer Darstellung, die sich nur noch in ihren ›sozialistischen‹ Versatzstücken von ihrem westlichen Gegenstück, der industriell erzeugten Massenliteratur, unterschied und wie diese, das ›klassische Erbe‹ nur noch plündernd, Bau und Konstituierung auf Verknüpfung von Ersatzoppositionen (›Liebe im Dreieck‹ vor allem) und ›Schwarz-weiß-Technik‹ reduzierte.

Darüber hinaus mußten Kanonisierung des – keineswegs volkstümlichen – ›Erbes‹ und Wiederherstellung alter Rezeptionsverhältnisse beim (Leser-)Publikum genau jene Bedürfnisse stärken, die einer Revolutionierung von Kunst und Literatur entgegenstanden: Bedürfnisse nach sogenannter bereichernder Bildung (›Wissen ist Macht‹) und nach Vergessen der Arbeitswelt. Vor allem letzteres war aber nur dadurch zu erzielen, daß die klassischen aristotelischen Darstellungsmodi äußerst reduziert und der Aufnahmefähigkeit der breiten Lesermassen ›angepaßt‹ wurden; denn welcher Arbeiter oder Kolchosbauer hatte, im Unterschied zu Angehörigen gehobener Schichten, die Zeit, über mehrere hundert Seiten eine sich ›allseitig entwickelnde Persönlichkeit‹ und ›Wechselwirkungen in ihrer Totalität‹ zu verfolgen?

Zusammenfassend ist festzuhalten, daß Regeneration und Wiederherstellung der aristotelischen Darstellungsweise aufgrund deren historisch-anachronistischen Charakters nur in epigonalisierter und trivialisierter Form erfolgen konnten, daß die Ästhetik und Literatur immanente Dynamik der Zurückdrängung antiaristotelischer Elemente und Darstellungsmodi gleichbedeutend mit einer Dynamik in Richtung ›sozialistische Trivialliteratur‹ war. Anzufügen ist ferner eine Präzisierung der Definition des Schematismus-Begriffs. Wenn zu Beginn der 50er Jahre der Schematismusvorwurf erhoben wurde, so konnte dies weiterhin ungenügende Aneignung und Umsetzung des aristotelischen ›Erbes‹ bedeuten. Zumeist besagte es nun allerdings, es sei zu dogmatisch an der Forderung nach Zweidimensionalität und an (produktions-)technischer sowie gesellschaftlicher Konstituierung festgehalten worden; notwendig seien einfache Handlungen allgemeinmenschlicher Qualität, die *jeden* bewegten. Konkret hieß dies stets, die Schriftsteller müßten Liebes- u. ä. Themen mehr Raum gewähren.

Die skizzierten Entwicklungen waren zu Beginn der 50er Jahre abgeschlossen und dominant, beide Umsetzungsweisen hatten sich im Prozeß ihrer Epigonalisierung und Trivialisierung so weit genähert, daß sie nahezu identisch geworden waren. Endprodukt der Kanonisierung des ›klassischen Erbes‹ und der aristotelischen Darstellungsweise war nicht, wie erhofft und später behauptet, eine sozialistische Zuendeführung jener Tradition bzw. eine sozialistische Renaissance der Künste, kurz: ein sozialistischer Balzac oder Tolstoi, sondern ein totaler Niedergang der Ästhetik und literarischen Produktion.

Historisch ist damit die Phase in der sowjetischen Ästhetik und Literatur festgehalten, der die DDR-Literatur konfrontiert war, des weiteren die grundsätzliche Alternative, entweder dieses ›Erbe‹ zu übernehmen und somit einer ähnlichen Entwicklung wie in der Sowjetunion unterworfen zu sein oder selbst jene Wende herbeizuführen. Dieses prinzipielle und für die literarische Entwicklung in der DDR entscheidende Problem wird deutlich in Brechts – zum Großteil sich selbst beantwortenden – Fragen zur Antiformalismuskampagne. Ob die Antiformalisbewegung in der UdSSR nicht lediglich der Versuch sei, ein noch niedriges künstlerisches Niveau der Kunst, welches durch die an sich fortschrittliche Verbreiterung der Kunstbasis entstanden sei, auch als künstlerisch erstrebbar hinzustellen. Ob man glaube, Künstler durch die Antiformalismusparole für das Bündnis mit der Arbeiterklasse gewinnen zu können. Bewiesen neue Formen formalistische Bestrebungen und sei die Arbeiterklasse gegen neue Formen? Ob die bürgerliche Kunst des Spätkapitalismus durch und durch reaktionär sei. Enthalte sie nichts Übernehmbares mehr. Ob die fortschrittliche Kunst nicht immer dem Publikum voran sei. Was der Unterschied zwischen entarteter und volksfremder Kunst sei. [97]

Was hier nur Frage, ist an anderer Stelle klar beantwortet. Man brauche den neuen Menschen, die neue Konstituierung; die große, sozial ausgerichtete Fabel; die Dramatik der Widersprüche, nicht objektiv; die Aufhebung der unvariablen Umwelt; die positiv kritische Haltung. [98]

Die Übernahme der sowjetischen Theorie in der SBZ/DDR, eine neue Literatur könne *nur* über die Anverwandlung des klassischen ästhetischen und literarischen (und jetzt kann gesagt werden: bürgerlich-aristotelischen) ›Erbes‹ erfolgen, und der damit verbundenen These, die Sowjetästhetik und -literatur seien aufgrund der Aneignung und Aufhebung jenes ›Erbes‹ bzw. des Sieges über ›Formalismus‹, ›Proletkult‹ und ›Dekadenz‹ die historisch höchste Stufe, mußten in der SBZ/DDR zwangsläufig der sowjetischen Entwicklung analoge Prozesse in Gang setzen. Allerdings mit zwei gravierenden Unterschieden. Zum einen konnte, da die Entwicklung in der Sowjetunion längst abgeschlossen war und die Auseinandersetzung sich, wie wir eingangs zeigten, nur noch zwischen Shdanowscher und Lukácsscher ›Erbe‹-Interpretation bewegte, die Anverwandlung lediglich »in einer Entwicklung vortäuschenden Weise« [1] erfolgen. Was in der Sowjetunion Produkt eines jahrelangen Kampfes war und die Spuren dieses Kampfes z. T. noch überdeutlich trug, besaß in der SBZ/DDR ›geschichtslose‹ Qualität, wurde als Produkt und Ausdruck ›objektiver Gesetzmäßigkeiten‹ betrachtet.

Galt jenes im wesentlichen auch für die Entwicklung in den europäischen Volksdemokratien [2], so das andere nahezu ausschließlich für die SBZ/DDR. Hier war ein Moment von ausschlaggebender Bedeutung, das als ›deutsche Misere in Kunst und Literatur‹ bezeichnet werden kann: die triviale ›Massen‹kunst.

Die ausbleibende prinzipielle Kritik des aristotelischen ›Erbes‹ hatte unweigerlich zur Konsequenz, daß auch eine prinzipielle Kritik dieser aktuell herrschenden und zudem noch durch eine ›tausendjährige Vergangenheit‹ gegangenen Form jenes ›Erbes‹ ausbleiben mußte. Denn daß diese Form herrschend war, mußten selbst Kritiker wie Erpenbeck zugeben – um dann allerdings in einem Salto mortale die ›Dekadenz‹ zum Hauptgegner zu erklären:

»Diese Art von Formalismus [Kitsch, KdF-Rummel etc.; d. V.] ist als Erscheinung quantitativ herrschend im Geschmack der Massen und verdient deshalb große Aufmerksamkeit. Ihre Überwindung aber geht Hand in Hand mit dem Entstehen eines neuen Typus von Werktätigen. [...] Viel komplizierter und in der heutigen Situation wichtiger ist für uns die andere Art des Formalismus, des, wie er sich gern fälschlich nennt, ›avantgardistischen‹.« [3]

Ästhetische und literarische Konzeptionen, die jener herrschenden Form nicht ihre Hauptaufmerksamkeit schenkten, die vergaßen, daß deren industrielle Massenproduktion »einen restlosen Verschleiß [...] bzw. die Kommerzialisierung des Volkstümlichen und in gewissem Sinne auch der großen Kunsttradition bewirkt hat« [4], und die nicht sahen, daß zwischen ›klassischem Erbe‹ und dessen Trivialisierung im 20. Jahrhundert ein unlöslicher dialektischer Zusammenhang bestand, solche Konzeptionen konnten den historisch gegebenen Konstellationen nichts Neues entgegensetzen, sondern blieben deren Teil.

Die eigene Geschichte stellte die SED vor ganz andere Aufgaben bei der kulturellen Befreiung der werktätigen Bevölkerung als sie in den 20er und 30er Jahren in der Sowjetunion notwendig gewesen waren. Denn weder eine allgemeine Alphabetisierung noch die daraus resultierende Befriedigung von kulturellen Massenbedürfnissen gehörten hier zu den vordringlichsten Aufgaben; die kulturellen Bedürfnisse deutscher Werktätiger waren nicht ›voraussetzungslos‹. Hier galt es vielmehr, den Schutt abzutragen, den der bürgerliche Massenkulturbetrieb, unterstützt von der reformistischen Kulturtradition der Arbeiterbewegung, und die Nazi›kultur‹ angehäuft hatten.

Wenn im folgenden die Übernahme der sowjetischen ›Erbe‹-Theorie untersucht wird, so ist stets zu bedenken: daß die DDR-Ästhetik und -Literatur durch die Übernahme jener Theorie den dieser immanenten allgemeinen Widersprüchen und Evolutionstendenzen unterlag, daß andererseits damit allerdings nur ein allgemeiner Rahmen vorgegeben war und eine Untersuchung wie die vorliegende daher die *historischen* und *strukturellen Unterschiede* zwischen der deutschen und sowjetischen Entwicklung zu betonen hat.

2.1. *Das Problem Gesellschaftsanalyse*

Die in Rezensionen und Stellungnahmen zur Gegenwartsliteratur von Kritikern und Schriftstellern immer wieder erhobenen Klagen, von der neuen Wirklichkeit sei in der neuen Literatur kaum etwas zu spüren, verweisen neben bereits analysierten Problemen (Niedergang der Dialektik, Heranbildung von Berufsschriftstellern, Auftragswesen) methodisch auf ein gewissermaßen vor-ästhetisches Problem. Denn wie, so muß gefragt werden, konnten Ansätze einer neuen Ästhetik überhaupt entstehen, wenn schon bei der Analyse der Wirklichkeit, beim Material- und Stoffsammeln entscheidende ›Fehler‹ begangen wurden, wenn es sich um keine materialistische noch dialektische Analyse handelte?

Die zentrale Problematik läßt sich mit einem Brecht-Notat aus dem Jahr 1949 über die DEFA umreißen, dem Gültigkeit auch für den literarischen Bereich zukommt. Brecht schreibt:

»die DEFA, die filmfirma der ostzone, hat allerhand schwierigkeiten, stoffe zu bekommen, besonders aus der zeit. die leitung notiert themen von bedeutung, untergrundbewegung, landverteilung, zweijahresplan, der neue mensch usw usw; dann sollen schriftsteller dazu geschichten erfinden, die das thema mit seiner problematik auslegen. das mißglückt natürlich regelmäßig. ich schlage vor, leute auszuschicken, die einfach geschichten sammeln.« [5]

Hier ist in nuce genannt, was schon im Ansatz eine revolutionäre Ästhetik und Literatur verhinderte oder doch wesentlich erschwerte. Wie sollten Schriftsteller dialektische, Ein-

griffe ermöglichende Modelle der Wirklichkeit liefern, wenn sie selbst nicht als Untersu-
chende, Veränderer, soziale Experimentatoren auftreten konnten, wenn ihnen lediglich
das Geschäft der ›Gestaltung‹ vorgefertigter Wirklichkeitsbilder blieb?

Unübersehbares Zeichen für den völlig desolaten Zustand der Gesellschaftsanalyse im
Bereich der Literatur war, daß den bereits erwähnten Klagen über die Blutarmut der
neuen Literatur, sieht man von wenigen und dann nur die Regel bestätigenden Ausnahmen ab [6], nicht auch nur ein Versuch gegenüberstand, in Form etwa eines Vergleichs
zwischen Wirklichkeitsausschnitt und dessen Abbild eine solche Analyse nachzuholen.
[7] Dies ist insofern schon für sich bezeichnend, als aufgrund des Auftrags- und Stipen-
dienwesens große Teile der Gegenwartsliteratur sich – zumindest vordergründig – mit
überschaubaren sozialen Komplexen (Betrieb, LPG) beschäftigen. Statt dessen enthielt
nahezu jede Rezension den Hinweis, der Autor habe die Liebeshandlung(en) nicht dramatisch genug gestaltet. Wurde doch einmal Gesellschaftsanalytisches gestreift, so beschränkte sich dies auf eine Wiederholung der bereits (s. S. 36 ff.) charakterisierten Positionen. Aus diesem Grund, aber auch, um dem hier zu behandelnden Material keine
›theoretische Gewalt‹ anzutun, scheint es angebracht, im folgenden lediglich einige repräsentative Beispiele vorzuführen.

Signifikant für den charakterisierten Sachverhalt ist die Auseinandersetzung mit einem
Werk, das sich mit den Umwälzungen auf dem Land beschäftigte (Bodenreform, LPG-
Gründungen) und trotz zahlreicher kritischer Stimmen als vorbildlich galt: dem Werk
Werner Reinowskis. Signifikant auch in dem Sinn, daß sich neben zahlreichen Kritikern
ein Autor, Dieter Noll, einschaltete und dabei das Niveau gewöhnlicher Rezensionen
überschreitend, die Voraussetzungen bezeichnete, die als grundlegend sowohl bei der Er-
stellung eines Werkes als auch bei dessen Beurteilung galten.

Ohne hier näher auf Reinowskis Werk selbst einzugehen, seien nur einige Stichpunkte
notiert. Reinowski war SED- und Verwaltungsfunktionär; 1951 wurde er auf eigenen
Wunsch »»für schriftstellerische Arbeiten mit Beihilfe des Kulturfonds beurlaubt.«« [8];
seit 1952 war er freischaffend. In dem kurzen Zeitraum von zwei Jahren (1952/53) lieferte
er drei Romane über die Veränderungen auf dem Lande ab. [9] Charakteristisch für Reinowskis Schaffensmethode ist besonders der letzte Roman *Diese Welt muß unser sein*
(1953), der die Gründung einer LPG schildert und den Sieg der sozialistischen Produktionsverhältnisse auf dem Land behauptet. Man beachte: Im Juli 1952 beschließt die SED
auf ihrer II. Parteikonferenz die Schaffung der Grundlagen des Sozialismus. Und schon
»wenige Monate« [10] danach liefert Reinowski sein Manuskript beim Mitteldeutschen
Verlag ab. Allein der Verweis auf diese Daten hätte in einer Rezension genügt, um die
These zu erhärten, daß Reinowski keinen der realen Prozesse verarbeiten konnte, und um
durch eine eigene Kurzanalyse einer Methode wie der Reinowskis den Spiegel vorzuhal-
ten. Denn schon Lenin hatte ja betont, daß die Kleinproduktion »unausgesetzt, täglich,
stündlich, elementar und im Massenumfang Kapitalismus« [11] erzeuge und daß bei fort-
schreitender Revolutionierung der bäuerlichen Verhältnisse gerade hier größte Widerstände zu erwarten seien. Wenn also große Teile der Landbevölkerung einst die Bodenreform begrüßt hatten, so konnte 1952 nicht von gleichen Bedingungen ausgegangen werden, da sich u. a. aus der Schicht der Mittelbauern neue Großbauern herausgebildet hatten. [12]

Sucht man nun in den zeitgenössischen, d. h. in den 1953/54 geschriebenen Rezensionen, Kritiken etc. nach der Thematisierung jener Probleme, so findet sich keine einzige, die Reinowskis Roman realistisch, nämlich im Vergleich mit der Wirklichkeit, behandelt hätte. Ein Versuch findet sich erst aus dem Jahr 1957:

>Die Gestaltung der Veränderungen, die mit der Bodenreform auf dem Lande eingeleitet wurden, ist eine wichtige, aber auch sehr schwierige Aufgabe für unsere Schriftsteller. Um den Wert der bisher erschienenen Bücher richtig beurteilen zu können, muß man sich über die Tiefe dieses Umwandlungsprozesses und der damit verbundenen Konflikte klar werden. Es handelt sich ja nicht nur darum, daß irgendwelche äußeren Verhältnisse geändert wurden, sondern es ist vor allem wichtig, daß als Folge davon grundlegende Veränderungen in den Menschen vor sich gegangen sind und noch vor sich gehen. Aus dem Landarbeiter und dem Umsiedler wurde der Neubauer, aus vielen ehemaligen Kleinbauern wurden Mittelbauern, und bei den einst Armen und Besitzlosen bildete sich eine neue Art von Besitzerstolz. Mit dem Aufbau des Sozialismus auf dem Lande, mit der Gründung der landwirtschaftlichen Produktionsgenossenschaften mußten neue Konflikte entstehen. Aus den gerade erstarkten Einzelbauern sollten die gemeinsam produzierenden Genossenschaftler werden. Dieser an sich schon äußerst konfliktreiche Prozeß wurde durch die komplizierten Nachkriegsbedingungen und durch die Spaltung Deutschlands außerordentlich erschwert. Erst unter diesen Gesichtspunkten ist die Entwicklung des Menschen auf dem Lande in ihrer Kompliziertheit und Widersprüchlichkeit zu begreifen. Aufgabe der Kunst ist es, diesen Menschen zu erfassen, zu gestalten, uns verständlich zu machen und dadurch wiederum in den Entwicklungsprozeß einzugreifen. Aber hier liegt für die Schriftsteller auch eine weitere Schwierigkeit: Sie sollen einen Prozeß in Richtung auf sein Ziel künstlerisch gestalten, der in der Wirklichkeit selbst noch lange nicht abgeschlossen ist.<

So sehr sich diese Ausführungen auch von denen anderer Rezensenten unterscheiden, so überschreiten sie doch an zentraler Stelle nicht deren Horizont. Aufgrund der These, sozialistische Literatur beschäftige sich in erster Linie mit den Veränderungen in, nicht zwischen den Menschen, ist es daher nicht verwunderlich, daß der zitierte Passus keine Fortsetzung findet. Der Autor wendet sich sofort dem >Wichtigste [n], [den] inneren Auseinandersetzungen< [13] zu.

Hinweise auf widersprüchliche Entwicklungen auf dem Land fehlen in der Kritik Dieter Nolls, der wichtigsten aus den Jahren 1952/54, ganz, obwohl der Titel >Reinowskis Romanwerk und Fragen des Schematismus< die Behandlung der genannten Probleme suggeriert. Was Noll reproduziert, ist das mechanische Gesellschaftsbild der SED.

Für die Erfassung der Umwälzungen auf dem Land seit 1945 formuliert Noll drei Bedingungen, deren allgemeine Bedeutung sehr schnell ersichtlich ist und von denen in unserem Zusammenhang zunächst die beiden ersten wichtig sind: erstens >die genaue Kenntnis der Verhältnisse, des Entwicklungsganges und aller Probleme auf dem Lande<; zweitens, >daß der Schriftsteller den Marxismus-Leninismus beherrscht und alle gesellschaftlichen Erscheinungen richtig zu analysieren, das heißt, sie in ihrer Klassenbedingtheit zu deuten und sie politisch, agitatorisch wirksam darzustellen weiß<; drittens >eine richtige ästhetische Konzeption<. [14]

Als Resultat einer >marxistischen Analyse der Gesellschaftsverhältnisse im Dorf< (S. 179) ergibt sich nach Noll bei Reinowski folgendes Romanschema:

>Revolutionärer Umschlag der Produktionsverhältnisse in der Bodenreform. Der enteignete Junker [...] flieht nach dem Westen. Neubauern [...] stehen Großbauern [...] gegenüber. Die gesellschaft-

liche Bewegung resultiert auf der Grundlage veränderter Produktionsverhältnisse aus der Entwicklung der Produktivkräfte und dem verschärften Klassenkampf, der offen oder versteckt von beiden Seiten mit großer Erbitterung geführt wird, einerseits inspririert durch die Partei, andererseits von [...] den Großbauern, die sich gefügiger Werkzeuge [...] bedienen. Die Neubauern haben gegenüber den festen Positionen der Großbauern zunächst einen schweren Stand; die Partei schickt einen Funktionär [...] in eine Neubauernstelle; nun, mit aktiver Unterstützung der sowjetischen Behörden, geht es Schritt für Schritt voran. Der Klassenfeind wird isoliert, in die Verteidigung gedrängt, bis er zu offener Sabotage, zu Brandstiftung und Gewalt greift, entlarvt und vernichtet wird.« (S. 179f)

Noll betont ausdrücklich, es handle sich bei diesem Schema um keinen Einzelfall und »daß sich fast alle Bodenreform-Romane zum Verwechseln ähnlich sind. Ich habe in den letzten Monaten mehrere Roman-Manuskripte zu lektorieren gehabt, die sich mit demselben Thema wie Reinowskis Bücher beschäftigen; das Schema war überall das gleiche«. (S. 180)

Wer allerdings geglaubt hatte, Noll nehme diese Tatsachen zum Anlaß, dieses Schema einmal selbst zu überprüfen, sieht sich sehr schnell enttäuscht. Schon durch wiederholte Betonung, Reinowskis Schema basiere auf einer korrekten Analyse und sei eine richtige, allerdings *nichtliterarische* Widerspiegelung der Wirklichkeit, hatte sich Noll die Möglichkeit einer grundsätzlichen Kritik genommen. Entscheidend jedoch ist, daß Noll der herrschenden literaturkritischen Weise folgt: nicht das Schema, sondern dessen Umsetzung bzw. Gestaltung zu untersuchen. Gerade in diesem Punkt erweist sich Nolls Artikel von zentraler Bedeutung. Er – sit venia verbo – entlarvt in seiner Ausführlichkeit sich und die gesamte Argumentationsbasis als äußerst ästhetizistisch und wirklichkeitsfeindlich und die auf mögliche Operativität schließen lassende Wendung »politisch, agitatorisch wirksam darstellen« als Phrase.

Daß das Hauptinteresse von Kritikern (und Schriftstellern) wie Noll nicht der Wirklichkeit und deren Veränderung galt, ist schon aus der Verschiebung des Schwergewichtes vom Schema auf dessen Umsetzung ableitbar:

»Keinesfalls ist es Mangel an Talent oder falsche Einschätzung des thematischen Sachverhalts, was Reinowski scheitern läßt; deshalb besitzt das Werk trotz der grundlegenden Fehler Bedeutung genug, lesenswert zu sein. Daß er letzten Endes eine politisch richtige *Beschreibung* der ländlichen Gesellschaft und ihrer Entwicklung gegeben, nicht aber den *Roman* vom Leben der Menschen auf dem Dorf geschrieben hat, ist ausschließlich durch die falsche [ästhetische; d. V.] Konzeption bedingt.« (S. 181)

Die hier zum Hauptwiderspruch erhobene Opposition ›gestalten‹ vs. ›beschreiben‹ verdeckt den eigentlichen Widerspruch zwischen Realität und vulgärmaterialistischem Abbild und erweist sich darin als ästhetizistisch. Vollends evident werden die eigentlichen Grundlagen der Argumentation, wenn Noll schreibt:

was sich »in der Rückschau als *Geschichte*, als gesellschaftlicher Entwicklungsprozeß auf der Basis ökonomischer Verhältnisse offenbart, erlebt der Mensch als seine Gegenwart, als sein persönliches Sein, ausschließlich als Summe persönlicher Erlebnisse und Erfahrungen, welche sein Bewußtsein bestimmen. Er ist sich zunächst nur seiner individuellen Entwicklung, dazu eines Teils ihrer Triebkräfte (Milieu, Umwelt, Erziehung), zugleich aber auch der Entwicklung vieler, vieler anderer Menschen bewußt. Aus solcher Gebundenheit an die Gesellschaft und an die eigene Entwicklung resultiert die Unfähigkeit des Menschen, gesellschaftliche Prozesse *unmittelbar*, das heißt anders denn als eigenes Erlebnis, zu erleben; er kann sie als historische Entwicklung nur *verstehen*.« (S. 178f)

Die psychologistische Ableitung der Opposition ›gestalten/beschreiben‹ aus der Opposition ›unmittelbar erleben/verstehen‹ erbringt unweigerlich den Schritt zum Allgemein-Menschlichen, zum »Mit- und Nacherleben menschlicher Schicksale« (S. 181), hier konkretisiert an Alexej Tolstois *Leidensweg*:

> »zwei Paare liebender Menschen (welche Möglichkeiten schon hier!), die in einer straff komponierten Fabel drei Bände lang um und um getrieben, getrennt und wieder vereint werden, die sich verirren, von einem ›Zufall‹ zum anderen treiben –, kurz: sie begegnen tausend Erlebnissen, und an jedem dieser Erlebnisse wird ein Teilchen Geschichte beleuchtet; aus der Gesamtheit der Fabel aber steigt das Bild der Epoche in enzyklopädischer, überwältigender Vollständigkeit.« (S. 180f)

Noll selbst läßt in seiner Reportage *Sonne über den Seen. Heitere und bedenkliche Abenteuer eines Schleppkahnpassagiers* [15] den Helden »sich in ein Mädchen verlieben, das hauptsächlich blond, sonst aber ganz unwahrscheinlich ist.« [16]

2.2. Die theoretischen Grundlagen

2.2.1. Das Ideologem vom Allgemein-Menschlichen

> »Es fehlt offenbar an einer wohlausgebildeten, differenzierten Terminologie zur Bezeichnung literarischer Vorgänge und Erscheinungen. [...] die Literaturdiskussionen ruhen auf einem schwachen theoretischen Fundament.« »Sobald [...] ein Gegenstand oder eine Fragestellung es erfordern, daß man über das Allgemeine hinaus die *Spezifik* der Literatur gegenüber den anderen Künsten ins Auge faßt, macht sich plötzlich ein Zurückscheuen bemerkbar.« »Es klafft ein weiter Abstand zwischen der noch kaum entwickelten, aber bereits erstarrenden Theorie und der mitunter steuerlosen schriftstellerischen Praxis.« »Der gröbste Mangel, der sowohl die Entfaltüng einer historisch-dialektischen Methodik in der Literaturwissenschaft selbst als auch deren freundschaftliche Verständigung mit den Schriftstellern behindert, ist die Unentwickeltheit und Grobschlächtigkeit des literaturtheoretischen Rüstzeugs.« [17]

Diese kritischen Bemerkungen Annemarie Auers aus dem Vorfeld des IV. Schriftstellerkongresses können Gültigkeit für die *gesamte* Frühzeit der DDR beanspruchen. Sie unterscheiden sich von ähnlichen Äußerungen aus früheren Jahren lediglich in ihrer Offenheit und Direktheit und durch weitgehenden Verzicht auf ideologische Versatzstücke. Umrissen wird vor allem eines: daß nämlich, sobald man das in jenen Jahren allseits beliebte Gebiet allgemeiner Bestimmungen der Kunst als Form gesellschaftlichen Bewußtseins verläßt und nach spezifischen Bestimmungen, Analysen, Anleitungen o. ä. forscht, die Suche nahezu vergeblich ist. Im Vorwort zu einer der wenigen umfangreicheren Studien, zu Rita Schobers *Skizzen zur Literaturtheorie*, heißt es:

> »Gerade die Umsetzung der allgemein-philosophischen Erkenntnisse in die ästhetischen Kategorien des Typischen, der Form-Inhalt-Beziehung und damit auch die Frage nach dem Genie des Künstlers wird aber in der nachfolgenden Skizze nicht ausgeführt, sondern nur angedeutet«. [18]

Bereits die quantitative Sichtung vorhandenen Materials läßt wichtige Rückschlüsse zu. [19] Es dominieren (Zeitschriften-)Veröffentlichungen, die sich am besten mit Brechts Urteil über die Examensarbeit einer späteren Mitarbeiterin kennzeichnen lassen: »ideologie, ideologie, ideologie. nirgends ein ästhetischer begriff; das ganze ähnelt der beschreibung einer speise, bei der nichts über den geschmack vorkommt.« [20]

Ähnlich dem Komplex Gesellschaftsanalyse sind zwei Momente zu berücksichtigen: daß explizit theoretische Texte fehlen und daß folglich Aussagen über die theoretischen Grundlagen der Literaturproduktion auf anderem Weg als durch Analyse solcher Texte – wie im Fall Sowjetunion noch möglich [21] – gewonnen werden müssen. Dies heißt, daß von vornherein Aspekte der Literaturkritik, allgemein: von Rezeption und Wirkung von großer Bedeutung sind.

Schon eine erste Betrachtung von Entwicklung und Darstellung allgemeinster Begrifflichkeit vermag zu zeigen, wie die eigentliche Basis der Argumentation namentlich bei all jenen beschaffen war, die als die Hauptvermittler ästhetischer Theoreme zu betrachten sind: den Verfassern einschlägiger Beiträge in kulturpolitischen und Fachorganen. In den meisten Fällen genügt eine kurze Prüfung der Zitationspraxis. Das schon in sowjetischen Publikationen festgestellte ›Leben aus zweiter Hand‹ ist hier in viel krasserem Umfang feststellbar, so daß gefragt werden muß, was von den Autoren eigentlich rezipiert worden ist. Ein Beispiel zur Illustration mag genügen. In einem Artikel, der eines der zu jener Zeit am häufigsten aufgegriffenen Themen behandelt und aufgrund seiner Diktion einem Lehrbuch entnommen sein könnte, wird Belinskis Definition »Die Kunst ist *unmittelbare* Schau der Wahrheit oder Denken in *Bildern*« in folgender Weise wiedergegeben: »Belinski sagt: ›Die Kunst ist ein Denken in Bildern, während die Wissenschaft ein Denken in Begriffen ist.‹« [22] .

Aufschlußreicher ist eine *Literaturfibel* von Joachim G. Boeckh. Sie erschien in mehreren Auflagen und war laut Vorwort Resultat von »Vorträgen und Lektionen über dies und jenes Kapitel der Schrift in verschiedenen Städten unserer Republik und in Schriftstellerseminaren« sowie »der Arbeit mit meinen Studenten in den Oberseminaren der Humboldt-Universität Berlin und der Pädagogischen Hochschule Potsdam«. [23] Noch im Leipziger Lexikon *Schriftsteller der DDR* von 1974 heißt es: »Mit seiner ›*Literaturfibel*‹ (1952) verfolgte B. das Ziel, ein breites Publikum mit Fragen des poetischen Schaffens, der Poetik und Literaturwissenschaft vertraut zu machen.«

Nach Boeckh ist Literatur eine Äußerung menschlicher Urtriebe. Wie der Leser von der »Ur-Neugier« (S. 13) getrieben sei, so der Autor vom »Urtrieb des Mitteilungsbedürfnisses« (S. 19), sein »Urtrieb antwortet auf den Urtrieb der Neugier.« (S. 23) Beide, Leser und Autor, »wollen das, was in uns als Menschen keimhaft angelegt ist, entwickeln, ›herauswickeln‹, ›entfalten‹.« (S. 13) Es bedarf keiner genaueren Beweisführung, daß es sich bei dieser populären Darstellung um Vulgäranthropologismen und eine Verflachung Lukácsscher Theoreme handelt. [24] Verfehlt wäre es allerdings, nähme man letzteres zum Anlaß für die Behauptung, hier handele es sich um einen Extremfall. Boeckh unterscheidet sich letztlich nur in seiner Art der Darstellung von anderen Autoren. Als 1955 in Leipzig das Institut für Literatur eröffnet wurde, sagte Alfred Kurella in seinem Eröffnungsvortrag:

Die Lektüre eines Buches »muß uns eine besondere Art der Befriedigung gewähren [...]. Das Buch muß uns packen oder fesseln, es muß uns erheben, erschüttern oder belustigen. Es muß unsere Lebensneugier befriedigen [...]. Es muß unserem so starken Bedürfnis nach geordneten Formen entgegenkommen [...].« Und an anderer Stelle: »Talent und Begabung [...] kommen nur zur Geltung als Eigenschaften und Fähigkeiten eines *ganzen* Menschen, sie nähren sich aus diesem ganzen Menschen, durch den sie mit der Wirklichkeit, mit der Umwelt verbunden sind.« [25]

Unter programmatischem Blickwinkel scheinen Kurellas Ausführungen, die sich in allen entscheidenden Punkten mit vergleichbaren Ausführungen Alexander Abuschs oder Wilhelm Girnus' decken, die herrschende Richtung zu repräsentieren. Geht man allerdings von der konkreten Literaturproduktion und ihrer Aufnahme in der Literaturkritik aus, so ist Boeckhs Fibel typisch für die eigentlich *herrschende* Richtung der Ästhetik. Boeckh bringt ungewollt das Zentralmoment damaliger Entwicklung auf den Begriff: den Umschlag der ›Oberlehrerklassik‹ zur Trivialform. So entwickelt er am Beispiel Theater eine ›Gucklochtheorie‹, die mit klassischer Literatur nichts gemein hat, dagegen alles mit einer Courths-Mahler-Produktion, und die eine mögliche Erklärung für die weite Verbreitung seiner Fibel liefert:

»Unser Grundtrieb Neugier wird in einem ganz großartigen Maße befriedigt: wir sind nicht angewiesen auf Mitteilungen anderer Menschen, wir brauchen auch nicht durchs Schlüsselloch zu spähen – eine ganze Wand ist weggenommen und gibt uns den Blick frei! Durch ein riesiges Guckloch können wir alles sehen und hören, was sich zwischen Menschen ereignet, anderen Menschen, als wir es sind, Menschen, die Großes wollen oder leiden, Menschen, die so sind, wie wir es für grundfalsch oder maßlos lächerlich halten – kurzum, wir erhalten eine Mitteilung von einer nicht mehr zu überbietenden Unmittelbarkeit (vorausgestzt, daß es ein gutes und gut gespieltes Stück ist, das wir sehen). Wir sind so ›gepackt‹, so ›ergriffen‹, daß wir unter Umständen richtig mitspielen, sei es auch nur, indem wir laut unsere Zustimmung oder unser Mißfallen äußern. Obwohl wir als vernünftige Menschen genau wissen, daß das, was auf der Bühne sich vollzieht, ›nur ein Spiel‹ ist, hat es doch für uns eine unerhörte Realität, genau so wie eine spannende Geschichte, von der wir doch wissen, daß sie ›erdichtet‹ ist.« [26]

Die Behauptung ›menschlicher Wesenheiten‹ hatte stets die Thematisierung des Allgemein-Menschlichen zur Konsequenz. Kaum ein programmatischer Artikel oder eine Rezension, die neben der obligaten Nennung gesellschaftspolitischer Momente nicht wenigstens einen Hinweis auf jedermann Verbindendes enthielten. Zumeist wurden allgemein-menschliche und gesellschaftspolitische Thematik in einem Atemzug genannt, erkennbar an stereotypen Wendungen wie »der Mensch in seinem unlösbaren Zusammenhang mit der Gesellschaft doch in allen seinen seelischen Höhen und Tiefen« [27] oder: die Liebe sei »organisch mit dem Gang der Handlung verflochten, so wie sie ja auch im wirklichen Leben niemals losgelöst von den gesellschaftlichen Bindungen möglich ist«. [28] Die eigentlichen Grundlagen solcher Dopelfundierung sind jedoch unübersehbar, wenn Gorkis *Mutter* als Zeugnis »allgemeinmenschlichen Gehaltes in der spezifisch klassengebundenen historischen Aussage« [29] gewertet oder an der jungen Literatur bemängelt wird, ihr fehle es an der »Fähigkeit, die proletarische Perspektive zum Allgemein-Menschlichen zu erweitern« [30]: »Nicht zuletzt äußert sich die künstlerische Begabung eines Autors auch darin, daß er in seinen Werken einen Gehalt an Allgemeinmenschlichem darbietet.« [31]

    Eine Analyse findet einschlägiges Material über die Grundlagen damaliger literaturtheoretischer Aussagen in den Texten, die sich – ein beliebtes Thema namentlich in der Literaturkritik – mit den Konflikten in einem Werk beschäftigten, ließen sich doch an diesem Gegenstand, insbesondere an einer ›Dreiecksgeschichte‹, sowohl ›Liebe‹, ›Haß‹,

›Leidenschaft‹ als auch Probleme der Figurenkonstellation und der Handlungsführung explizieren.

Vor dem jeweiligen historischen Hintergrund sollten das Spektrum menschlicher Eigenschaften und Leidenschaften und die daraus resultierenden Grundkonflikte dargestellt werden. Da dies nach Ansicht der Mehrheit der Literaturverantwortlichen und Literaturkritiker bzw. Rezensenten erst ungenügend verwirklicht war, wurden detaillierte Forderungen erhoben. So machten die Autoren meist den Fehler,

»daß zum Thema eines literarischen Kunstwerkes nicht ein menschlicher Grundkonflikt, eine Geschichte zwischen Menschen genommen wird, sondern eine Sache oder ein Vorgang, z. B. Aufbau einer Fabrik, einer Genossenschaft, Planerfüllung usw. Jedes Werk der Weltliteratur aber stellt die Beziehungen zwischen Menschen, ihre Feindschaft und Freundschaft, Liebe, Eifersucht, Rache, Vergeltung in den Mittelpunkt der Darstellung. Jede Epoche der Geschichte schafft neue Bedingungen für die menschlichen Konflikte, die Konflikte haben andere Ansatz- und Ausgangspunkte und werden anders gelöst. Der Stoff ›Romeo und Julia‹ z. B. [...] – wie anders müßte er im heutigen Dorf dargestellt werden [...]! Aber dieses Romeo-und-Julia-Problem und nicht der Aufbau der Genossenschaft schlechthin müßte das Thema sein, das vor dem neuen gesellschaftlichen Hintergrund abrollt und so gelöst wird, wie es in vorhergehenden Epochen der Literatur nicht hätte gelöst werden können.« [32]

Gustav Justs Ausführungen sind bis auf einen Punkt repräsentativ: die Thematisierung des ›klassischen Erbes‹. In der *konkreten* Kritik findet sich das ›Erbe‹ bestenfalls in Wendungen wie »Unter dem Eindruck seiner Liebe beginnt [der Held] zu erkennen, daß er sein Leben ändern muß.« [33], bei Autoren in der Namensgebung, wenn eine Bäuerin Thekla heißt. [34] Die Mehrheit der Kritiker verzichtete auf solche Hinweise und schrieb: »durch die Liebe werden wir stärker, edler und schöner.« [35]

Formulierungen wie diese gehörten zum Allgemeingut jener Jahre, sie lassen sich fast wörtlich unterschiedslos bei Kritikern, Autoren und in einzelnen Werken finden. Elfriede Brüning schrieb, damit einen deutlichen Fingerzeig in Richtung eigener Schaffensmethode gebend:

»Wie ausgezeichnet ist es [...], daß [...] der Parteisekretär [...] bei Neuhaus nicht nur Parteisekretär ist, sondern auch noch ein Ehemann, der um seine Frau bangt. Gerade dadurch, daß er in einen schweren privaten Konflikt gerät, erweckt er unsere Teilnahme.« [36]

Bei nachfolgendem Beleg ist anzumerken, daß der betreffende Roman auf ausdrücklichen Wunsch des Verlages so lange umgeschrieben werden mußte, bis er die gewünschte Richtung hatte (und, wenn man dem Autor glauben darf, nichts mehr mit der ursprünglichen Fassung gemein hatte [37]):

»Sie erschrak. Sie erschrak deshalb, weil sie plötzlich merkte, daß alles mit der Liebe begann, daß es die Liebe war, die einen befähigte, einfach und natürlich alle Probleme zu lösen, auch solche, von denen es schien, daß sie wenig mit Umarmungen und Küssen zu tun hatten. Und dann fühlte sie, schrecklicher als zuvor, wie allein sie war.« [38]

Diese Sätze enthalten mehr an damals herrschender Literaturtheorie als alle Ausführungen z. B. über das ›klassische Erbe‹ zusammengenommen. War bereits bei der sowjetischen Literaturtheorie und -kritik bzw. -produktion eine Einengung des Spektrums der Leidenschaften feststellbar gewesen, so unterscheidet sich die Entwicklung in der DDR von der sowjetischen vor allem in der *totalen* Einengung des Spektrums auf private, in erster Linie Liebeskonflikte. Jede Weiterung, jede Thematisierung z. B. von ›Mut‹ hätten gesellschaftliche Probleme tangiert, deren Aufgreifen aber im Interesse weder der Mehrzahl der Kritiker (s. o. die Ausführungen Justs) noch der Autoren lag. Geradezu ärgerlich reagierten Kritiker, wenn die Liebesthematik einmal nicht breit genug dargestellt worden war. Allgemein verbindliche Leitsätze wurden sofort umgemünzt oder entsprechend interpretiert:

»Ist es Kurt Herwarth Ball gelungen, [. . .] typische Charaktere unter typischen Umständen sichtbar werden zu lassen und ein abgerundetes Bild vom allmählichen Entstehen einer jungen Liebe unserer Tage zu geben?« [39]

2.2.1.1. Ein Exkurs: Zur Literaturkonzeption des späten Johannes R. Becher

Die Literaturkonzeption des späten Johannes R. Becher ist im Rahmen dieser Untersuchung besonders hervorzuheben – obwohl, dies sei gleich eingangs betont, hier nur ein äußerst kurzer Abriß gegeben werden kann und Becher einer ausführlicheren Darstellung bedürfte. [40] Wenn doch auf diesen Exkurs nicht verzichtet werden soll und kann, so aus folgenden Gründen. Bechers Bemühungen und eine theoretische Fundierung der neuen Literatur sind, sieht man vom Werk Georg Lukács' einmal ab, die einzigen, die eine umfassende Würdigung aller zentralen Probleme zum Ziel haben und schon durch ihren Umfang – üblich waren ja Zeitschriftenaufsätze – nicht zu übersehen sind. [41] Über ihre grundsätzliche Bedeutung kann auch ihr bewußt fragmentarischer Charakter nicht hinwegtäuschen. Zweitens haben diese Bemühungen eine ganze Periode der DDR-Entwicklung mitbestimmt, bis Becher schließlich, bedingt durch den Führungswechsel an der Spitze der DDR-Führung, sukzessive von Brecht als ›Staatsklassiker‹ abgelöst wurde. [42] Zwei Dinge sind hier besonders hervorzuheben: Bechers Wirkung in der Lyrik der DDR, die noch andauert [43], und Becher als früher bedeutender Theoretiker der ›sozialistischen Menschengemeinschaft‹. Und schließlich: Nirgendwo findet sich die Theorie des Allgemein-Menschlichen reiner als beim späten Becher, vor allem dem der Jahre nach der Rückkehr aus dem Exil. Kurz: Becher war der bedeutendste Lukács-Schüler in der DDR-Literatur und damit *der* Antipode Brechts. [44]

Johannes R. Becher gehört zu den wenigen aus dem Exil zurückgekehrten kommunistischen Schriftstellern, deren ehemals proletarisch-revolutionäre Literaturkonzeption bereits vor 1933 und nicht erst im Zusammenhang des VII. Komintern-Kongresses ihre entscheidende strategische Wende erfuhr (s. S. 109). 1950 haben für Becher die »expressionistischen Experimente« nur noch »Kuriositätswert« für »versnobte Kunstliebhaber«. Damit ist ein indirektes Urteil auch über die nachfolgende Periode gesprochen: »nach 1914 kam der Expressionismus, für mich endend in der proletarisch-revolutionären Phase«. [45]

Die Konzeption, die sich bei Becher ab 1932/33 ausprägt, von ihm selbst als Überwindung, nicht Aufhebung gesehen, ist, in seinen Worten, ein Fortschreiten im Zurückgehen, zum ›klassischen Erbe‹. [46] In ihrem Zentrum steht der Dichter als ›Seher‹ und ›Offenbarer‹. Er unterscheidet sich wesentlich vom Schriftsteller, indem er erstens nicht wie dieser Gestalten schafft, sondern sich selbst gestaltet. [47] So heißt es in *Die Korrektur*: »der Dichter selbst war in seiner Abschiedsstunde zum Gedicht geworden, ein Gedicht seiner eigenen Dichtung, das beste und das letzte.« [48] Zweitens trete »im Dichter das Erlebnis vom Naturhaften und Ursprünglichen« stärker hervor »als im Schriftsteller, dem vorwiegend die Problematik der gesellschaftlichen Verhältnisse zum Vorwurf dient.« [49] Der Dichter ist dem Schriftsteller weit überlegen, da selbst Emanation der ›Welt‹: »Im Dichter hat sich die Natur ein Organ geschaffen, um sich auszusprechen und sich ihrer mit den Mitteln der Kunst bewußt zu werden.« [50] Bereits hier wird deutlich, daß Becher, darin weit konsequenter als die Mehrzahl bisher genannter Autoren, den Bereich des Allgemein-Menschlichen überschreitet und den allgemeinster Wesenheiten, der Ontologie, als eigentliche Grundlage ›menschlichen Seins‹ benennt. Damit ist der Dichter aber nicht nur dem Schriftsteller überlegen, er ist es auch dem Wissenschaftler. Denn nur er ermöglicht *unmittelbaren* Zugang zur ›eigentlichen Welt der Dinge‹. [51]

Der Dichter als Organ der sich selbst bewußt werdenden Natur bezeichnet allerdings nur eine Seite der Becherschen Auffassung. Denn zum anderen ist der Dichter höchster Ausdruck des ›Menschlichen‹. Dies jedoch ist nur möglich in der nationalen Form: »In der Persönlichkeit des Schriftstellers wird das Schicksal seines Volkes Person.« [52]

Folglich stehen bei Becher nicht Begriffe wie ›Klasse‹ und ›Klassenkampf‹ im Zentrum, sondern ›Nation‹, ›Volk‹, ›Heimat‹ [53], ›Schicksal‹ etc. Schon im Exil schrieb Becher, was Brecht bissig mit »spießerüberbau« und »nachbar, euren speikübel!« kommentierte: »›eine neue gemeinsamkeit ist es, die sich bildet, damit deutschlands wille geschehe und er durch uns vollzogen werde, und ein allerhöchstes ist es, das über solch einem gemeinsamen waltet: der genius eines ewigen deutschlands.‹« [54] Diese Konzeption blieb nach 1945 bestimmend, sie ermöglichte es, Thomas Mann als *den* »deutsche[n] Sendbote[n] des Weltfriedens« [55] zu bezeichnen, wie auch die Behauptung, daß »Millionen und Aberdutzendmillionen Deutsche der Hitlerbarbarei niemals [hätten] Gefolgschaft leisten können« [56], wenn das ›klassische Erbe‹ im Volke lebendig gewesen wäre. Im Bereich der Poesie war Becher der Überzeugung, daß er stellvertretend »für die deutsche Poesie [steht], durch die Veränderung der Welt in meinem Jahrhundert an diese Stelle gerückt.« [57] Sein Hauptbemühen lag darin, Hölderlins »geschichtlich-poetische Position, unserem Jahrhundert gemäß, einzunehmen«. [58]

Der elitäre Charakter dieser Sicht ›des‹ Dichters kommt prägnant in zwei Momenten zum Audruck. Zum einen ist wahre Heimat für einen Dichter nur in der »Gemeinschaft erhabener Geister« [59] möglich, Dichter sind »immerdar in dem Leuchten ihrer poetischen Substanz, welches ihre *Gestalt* ausströmt, in allen Ewigkeiten gegenwärtig.« Zum anderen Bechers Theorie vom ›prägnanten Punkt‹: Bemerkungen Blaise Pascals über die ›richtige Stelle‹ und Goethes über den ›prägnanten Punkt‹ aufgreifend, schreibt Becher:

»Dieser prägnante Punkt ist eigentlich der Stand-Punkt, der uns gleichermaßen Überblick, Rückschau und Detailerkenntnis vermittelt, der uns in Gegenwart, Vergangenheit und Zukunft blicken läßt und uns gleichermaßen den Blick öffnet und uns die Möglichkeit gibt, auf den Grund der Dinge zu blicken.« [60]

Die Konsequenz, die Becher wenig später zieht, dokumentiert die Ferne dieses Mannes von denjenigen, die er besang:

»Auf der Suche nach dem prägnanten Punkt haben wir uns gefragt, wo befindet sich dieser, wenn wir zum Beispiel über die kleinen Leute oder sagen wir über einen Betrieb schreiben wollen. Zweifellos befindet sich dieser prägnante Punkt nicht dort, wo die kleinen Leute kleine Leute sind, und auch nicht dort, wo der Arbeiter (überarbeitet und verarbeitet) im Betrieb steht. Der prägnante Punkt befindet sich, was die kleinen Leute betrifft, dort, wo einer vertraut ist mit dem Leben der kleinen Leute, sei es, daß er selber einmal einer der kleinen Leute war, oder sei es, daß er das Leben der kleinen Leute intensiv studiert hat, sich über dieses Leben erhebt und in gemessener Distanz über dieses Leben aussagt und es gestaltet. Der prägnante Punkt für die Gestaltung eines Betriebes besteht meiner Ansicht nach vor allem dort, wo einer, der einmal dem Betrieb als Arbeiter angehört hat, sich aus solch einem Arbeiter zum Schriftsteller entwickelt und daraufhin über das Leben in solch einem Betrieb aussagt und es gestaltet.« [61]

Zu fragen bliebe lediglich, was diese Sicht, die Hans Mayer andernorts als »nur von ›außen‹, um nicht zu sagen: ›von oben‹« [62] bezeichnete, von der Elfriede Brünings unterscheidet:

Sie habe sich stets bemüht, »nicht nur ›so zu sein wie alle Menschen‹, sondern auch so nahe wie möglich mit ihnen zu leben. Das mag simpel klingen, ist aber für einen Schriftsteller, der mehr oder weniger anonym in der Großstadt lebt und der, je intensiver er arbeitet, um so grausamer an seinen einsamen Schreibtisch gefesselt ist, gar nicht leicht zu verwirklichen.« [63]

Dichtung war für Becher »ein Rühmen, ein Hoheslied menschlicher Vollendung [...]: ein unendlicher Schöpfungsprozeß, der Wandlung und Neugeburt des Menschen zum Ziele hat.« [64] Das ›Menschliche‹ war zentraler Bezugspunkt der Becherschen Weltanschauung, nicht nur im Bereich der Poesie, wie seine Bestimmung der Demokratie und eines »demokratischen Grunderlebnis[ses]« [65] deutlich werden läßt. Von hier aus ist es nur ein kleiner Schritt zum Begriff der »Menschengemeinschaft« [66]:

»Demokratie ist zunächst und vor allem Sache einer Lebenshaltung, einer Weltanschauung. Demokratisch sein heißt, einfach gesagt, menschlich sein, den anderen Menschen nicht wie einen Fremdkörper, als ein wesenloses Ding behandeln, sondern sich so achtungsvoll zu ihm verhalten, wie man wünscht, daß man selber geachtet sei.« [67]

2.2.2. Darstellungsmodi und -techniken

Die Theorie des Allgemein-Menschlichen war nur ein Moment im Konstrukt der allgemein-gültigen künstlerischen Gesetzmäßigkeiten, wie die Ausführungen Alfred Kurellas (»Bedürfnis nach geordneten Formen«) andeuteten. Das Menschliche war – aufgrund des Dominanzpostulats vom ›Gehalt‹ gegenüber der Form – zwar das entscheidende, ihm mußte allerdings die adäquate Form gegeben werden. Als zweites, aus jenem abzuleitendes Moment galten daher die spezifischen Darstellungsmodi und -mittel.

Die Analyse gerade dieses Bereichs hat sich mit einem besonders auseinanderzusetzen: daß noch weit weniger als theoretisch zu bezeichnendes Material zu Verfügung steht als bei der Analyse jener anthropologischen Grundlagen. Es ist daher wenig aufschlußreich, angesichts der geringen Basis, des Problemumfangs (z. B. Gattungsproblematik) andererseits die Texte im einzelnen zu studieren; auf diese Weise lassen sich kaum allgemeine Einsichten gewinnen. Angebracht ist vielmehr ein Überblick unter Akzentuierung einiger besonders markanter Aspekte.

Bei den Hauptströmungen der Literaturtheorie und -kritik und nicht zuletzt der Literaturproduktion ist – unter typologischem Gesichtspunkt – unschwer zu erkennen, daß die aristotelische Darstellungsweise sowie die entsprechenden Mittel der Darstellung gleichgesetzt wurden mit unabhängig vom historischen Kontext existierenden Gesetzmäßigkeiten. Diese Gleichsetzung wurde allerdings nur in den seltensten Fällen unvermittelt ausgesprochen. Zumeist beschränkte man sich auf eine kurze Umschreibung oder einen kurzen Verweis der Art ›wie schon Aristoteles‹:

»der Held muß sich zum Höchsten entwickeln, über ungeahnte Hindernisse hinweg – damit er [der Leser; d. V.] miterleben kann, wie er sich aus allen Verstrickungen befreit, damit ihm das widerfährt, was schon Aristoteles (allerdings nur auf das Drama angewandt) als das höchste Ziel der Kunst angesehen hat: nämlich wohltuende Befreiung von Mitleid und Furcht.« [68]

Besonders auffällig ist das nahezu völlige Fehlen von gattungstheoretischen Erörterungen, ein Sachverhalt, der noch dadurch zu präzisieren ist, daß sich aufgrund der Wertschätzung, die die epischen Genres, vor allem der Roman, erfuhren, ein wichtiger Teil der vorhandenen Publikationen mit Fragen der Epik beschäftigte. [69] Es ist daher zu fragen, worin die Ursache für dieses Fehlen zu suchen ist, ob nicht außer der Unkenntnis vieler, zumal junger Kritiker andere Ursachen verantwortlich zu machen sind. Denn selbst unter dem Aspekt der bruchlosen Fortsetzung des ›Erbes‹, d. h. ohne die Gattungsproblematik grundsätzlich zu erörtern, wären doch zwei Dinge unabdingbar gewesen. Zum einen hätten, verbunden mit literaturhistorischen Studien, propädeutische (populäre) Darstellungen einem breiteren Publikum die Auseinandersetzung mit Gattungsproblemen ermöglichen müssen. Wenn Günther Albrecht 1953 in Sachen Literaturgeschichte schrieb:

»Woraus schöpfen denn heute noch die meisten jungen Menschen ihre literaturgeschichtlichen Kenntnisse? Ohne Zweifel aus objektivistischen, bürgerlichen Arbeiten auf dem Gebiete der Literaturgeschichte, wenn ihnen nicht gar noch reaktionäre, faschistische Machwerke in die Hände fallen« [70],

so darf vermutet werden, daß es in jenem Bereich kaum anders ausgesehen hat. Falls doch einmal ein Artikel genauer auf die Problematik einging, so erfolgte dies in Form von Verweisen. Was z. B. eine Novelle ausmache, könne man bei den großen Novellendichtern lernen oder bestimmten sowjetischen Publikationen entnehmen. Letzteres gibt Anlaß für eine Zwischenbemerkung. Es trifft zu, daß sowjetische Abhandlungen zum Thema – etwa die erwähnte Lektion Boris Polewois über die Skizze – übersetzt wurden. Doch nur in den seltensten Fällen kann von einer wirklichen Anverwandlung gesprochen werden. Entweder hatten jene via Zitation lediglich Versatzstückcharakter oder sie wurden bei der Übernahme zu etwas anderem. Gerade in Gattungsfragen herrschte eine Tradition, die ihre Erkenntnisse nicht dem ›klassischen Erbe‹ verdankte, sondern deutschen Lehrbüchern des 19. Jahrhunderts. [72] Die Ausführungen Joachim G. Boeckhs waren durchaus kein Einzelfall. So empfahl einer seiner Kollegen in der von Willi Bredel herausgegebenen Zeitschrift ›Heute und Morgen‹ den jungen Schriftstellern die Lektüre von »Rudolf Hildebrandts Buch ›Vom deutschen Sprachunterricht in der Schule und von deutscher Erziehung und Bildung überhaupt‹. Es erschien zuerst 1867, sein Verfasser starb 1894. 1947 wurde das Buch neu aufgelegt, ein Zeichen, daß es notwendig war, unsere Gegenwart mit den Gedanken Rudolf Hildebrandts wieder vertraut zu machen.« Seine Forderungen faßte der Autor in vier Punkten zusammen:

»1. Der junge Schriftsteller vermeide unter allen Umständen Provinzialismen, Ausdrücke, die nur in begrenzten Gebieten gebraucht werden. [...] 2. Der junge Schriftsteller vermeide jede oberflächliche Darstellung [...] 3. Der junge Schriftsteller vermeide jede Häufung von Worten, den Gebrauch von Sätzen, denen das Subjekt fehlt, und von altertümelnden Bindewörtern.« 4. Der junge Schriftsteller vermeide den »Edelkitsch«. [72]

Die einzige uns bekannte Darstellung zu verschiedenen Gattungen und Genres [73], die Einführung *Über einige Formen und Gattungen der Literatur* [74], stammt von einem Bibliothekar. Obwohl für damalige Verhältnisse einen – auch historisch – relativ guten Überblick gebend, ist sie doch sehr eklektizistisch und versucht, die heterogensten Elemente miteinander zu verbinden.

Zum zweiten wäre eine systematische Forschung zum Thema Wandel und Neubestimmung der Gattungen unumgänglich gewesen. Auch bei Anerkennung allgemein-gültiger Gesetzmäßigkeiten waren historische Modifikationen und Bereicherungen – aktuell: Reportage – ja nicht von der Hand zu weisen:

»Literarische Formen und Gattungen lassen sich gegeneinander abgrenzen, wobei man bestimmte typische Wesensmerkmale aufzeigen kann. Solche Festlegungen sind aber immer mehr oder weniger behelfsmäßig, denn die Grenzen zwischen den einzelnen Formen und Gattungen der Literatur sind nicht starr, sondern fließend; es gibt Grenzfälle und Überschneidungen, und die Dichtformen entstehen und verändern sich unter bestimmten gesellschaftlichen Bedingungen.« [75]

Dieser Sachverhalt fand weder Niederschlag in der Forschung noch in der Kritik, obwohl entsprechende Studien von prominenter Seite angeregt und gefordert wurden. In der Diskussion über seine theoretischen Bemühungen ergriff Becher selbst das Wort:

In den theoretischen Überlegungen »bin ich bemüht, unsere allgemeine ästhetische Theorie von der künstlerischen Gesetzmäßigkeit dadurch zu ergänzen und zu vertiefen, daß ich einige Gedanken über den spezifischen Charakter der einzelnen Gattungen, der lyrischen vor allem, aufzeichne und den Literaturwissenschaftler anregen will, diese konkrete Seite der ästhetischen Theorie zu behandeln. Es scheint mir in diesem Zusammenhang notwendig zu sein, das Wesen der einzelnen Gattungen neu zu bestimmen, sie voneinander abzugrenzen und gewissermaßen den Gattungen eine Verfassung zu geben. Keine Literatur formiert sich neu, ohne daß nicht auch die Literaturtheorie daran wesentlichen Anteil nimmt, aber nicht nur im großen und allgemeinen, sondern indem sie auch die absolute Bestimmtheit des Gegenständlichen in den einzelnen Dichtungsarten, dem Genre, neu herausarbeitet.« [76]

Bechers Ausführungen besitzen Seltenheitswert in den damals geführten Diskussionen; sie machen deutlich, daß letztlich nicht Unwissenheit als entscheidende Ursache für die theoretische Misere zu betrachten war, sondern das Postulat allgemein-gültiger Gesetzmäßigkeiten. Sei es hier »die absolute Bestimmtheit des Gegenständlichen« oder sei es das konkrete Problem, ob Hans Marchwitzas Roman *Roheisen* »ein Roman, eine Chronik, eine Reportage oder eine Mischform aus allen diesen Gattungen sei« [77], immer scheint doch die Forderung nach Gattungsreinheit durch, die Annahme eines absoluten Kerns in historischer Hülle. Letztlich sind es also diese theoretischen Momente, die konkrete Analysen verhinderten. Denn warum sollte sich, so muß gefragt werden, ein Wissenschaftler, Kritiker oder Autor mit solchen Detailproblemen herumschlagen, wenn als entscheidend doch das Allgemein-Gültige bzw. die für alle Gattungen gültigen aristotelischen Baugesetze (z. B. Anfang-Ende-Relation) immer wieder betont und gefordert wurden? Gleichzeitig ist hier auch ein Grund dafür zu suchen, warum die o. g. Tradition überhaupt dominieren konnte. Daß »die Germanistiklehrstühle [...] fast ausnahmslos noch von bürgerlichen Gelehrten besetzt« [78] waren, konnte aufgrund der historischen Umstände kaum anders sein. Daß aber die von uns apostrophierte Richtung dominant war, ist wesentlich durch das Konstrukt ›ewiger‹ Gesetzmäßigkeiten bedingt.

So ist es denn nicht verwunderlich, daß innerhalb des spärlichen Materials verhältnismäßig viele Äußerungen über für *alle* Gattungen und Genres, ja Kunstwerke gültige Baugesetze und Darstellungsprinzipien vorfindbar sind. Die allgemeinste Leitlinie findet sich in Alfred Kurellas Vortrag von 1955:

> »Vom literarischen Kunstwerk erwarten wir, daß es die genannte Wirkung [s. o.] durch seine spezifischen Ausdrucksmittel erzielt. Meisterhaft in diesem Sinn muß der *Einfall* sein, packend und fesselnd die *Fabel*, wohlgeordnet oder im Gegenteil überraschend neuartig die *Komposition,* erhebend, erschütternd, belustigend der *Konflikt,* auf dem die Handlung beruht, neue Einblicke in Lebenszusammenhänge müssen uns die *Gestalten* vermitteln, ihr Zusammenspiel, die Entwicklung ihrer *Charaktere.* Ist das alles oder sind auch nur einige dieser Elemente in mehr oder weniger vollendeter Form im Kunstwerk vorhanden, so bejahen wir es und bezeichnen es im Falle der größten Vollendung als Meisterwerk.«

Die Nennung dieser Elemente wäre unvollständig, bliebe ein zentraler Gesichtspunkt unerwähnt:

> »Aller Kunst ist [...] das Moment des ›Konventionellen‹ eigen, für das übrigens sonderbarerweise nur die russische Ästhetik ein eigenes Wort geprägt hat. Ohne das ›Uslownoje‹, das nur bedingt, nur im Rahmen der Kunst Gültige, das aber da auch, wie aufgrund einer stillen Verabredung von allen – Kunstschaffenden wie Kunstgenießenden – anerkannt wird, ohne das ›Künstliche‹, nach Regeln ›Gemachte‹, ist Kunst wohl überhaupt nicht denkbar. Die Langlebigkeit dieser künstlerischen Konventionen erklärt sich gewiß zum großen Teil daraus, daß sie letzten Endes konkreten Lebenssituationen abgelauscht sind, aber doch nur letzten Endes. Denn obwohl viele dieser konventionellen Mittel längst zu leeren Formen geworden sind, läßt sich doch auch unter ganz veränderten Lebensumständen schwer echte künstlerische Wirkung erzielen, wenn man eben diese Formen nicht beherrscht und wenn man vor allem nicht versteht, die unmittelbar gewordene Bilderwelt, die selbsterfundenen Situationen, Gestalten, Bilder, Charaktere mit ihnen in Einklang zu bringen.« [79]

Wichtig in diesen Ausführungen ist nicht, daß jede Kunst nicht voraussetzungslos sei. Die Betonung liegt auf »in Einklang bringen«. Der Künstler habe in erster Linie vom ›Erbe‹ zu lernen und nicht die einem Stoff, Thema, kurz: Material adäquaten bzw. funktionalen Verfahren und Mittel zu erproben. Damit war gleichsam der Zentralnerv der gesamten Literaturtheorie gekennzeichnet. Signifikant ist vor allem eines: daß Kurella der

›Erbe‹-Theorie einen antinaturalistischen Begriff einfügt, der zu den Grundbegriffen
z. B. Meyerholds gehörte und aus jenen diametral entgegengesetzten Konzeptionen
nicht herausgelöst werden konnte: ›Uslownoje‹. [80]

Gerade Kurella, der die sowjetische Entwicklung exzellent kannte, wußte natürlich,
daß mit dieser ›Deutung‹ des Begriffs ›Uslownoje‹ ein gewaltiges Spektrum anderer Auffassungen außerhalb jeder Diskussion gestellt war, daß er nur die Worthülle übernommen hatte.

Die Ausgrenzung der eigentlichen ›Uslownoje‹-Konzeptionen wurde allgemein nur in
Form von Anspielungen thematisiert, so wenn Junggrammatiker und Strukturalisten zu
den beiden Hauptgegnern in der Sprachwissenschaft erklärt wurden [81] oder man die
Schule de Saussures als psychologistisch bezeichnete. [82] Eine der wenigen unverdeck-
ten Stellungnahmen stammt aus der Kontroverse um Hanns Eislers *Faust* und ist an Deutlichkeit nur noch mit Lukács' Polemik gegen Tretjakow [83] zu vergleichen:

»Hanns Eisler und Ernst Bloch haben seinerzeit in der Emigration in einem programmatischen Aufsatz über die Aufgaben der Schriftsteller folgendes geschrieben: ›Worin besteht aber unsere Aufgabe
außerhalb Deutschlands? Es ist klar, daß wir einzig helfen müssen, klassisches Material, das für solchen Kampf geeignet ist, auszusondern und zu präparieren.‹ [84] Lukács hat bereits 1938 diese Haltung schärfstens kritisiert. Offenbar hat Eisler aus jener Kritik nicht viel gelernt. Seine Faustoper
entspricht jedenfalls im wesentlichen dieser Haltung. Deshalb kann sie keine Volksoper sein, und sie
kann auch keine werden.« [85]

Eine bereits aus dem Jahr 1951 stammende Polemik von Wilhelm Girnus macht denn
auch deutlich, welche Reaktionen bei Treffen jenes Nerves zu erwarten waren. [86] Girnus wendet sich gegen eine ›jüngst aufgetauchte‹ »›Theorie‹«, es gebe neben dem Formalismus des l'art pour l'art und dem des Avantgardismus (Kubismus etc.) einen dritten:
›»den ›Formalismus des Epigonentums‹ als das Beharren in künstlerischen Ausdrucks-
formen, deren gesellschaftlicher Inhalt bereits den Boden unter den Füßen verloren hat.«
Diese Theorie sei grundfalsch, da sie »den Kampf gegen die Zersetzung der deutschen
Nationalkultur durch die amerikanische Kulturbarbarei« gerade dadurch abschwäche,
daß sie »von der Gefährlichkeit des Kosmopolitismus und des Formalismus« ablenke und
das »Epigonentum für die eigentliche Gefahr unserer künstlerischen Entwicklung erklärt«. [87] Vergegenwärtigt man sich, daß Becher mit dem Vorwurf des Epigonalen zu
leben hatte, ein Vorwurf, der Becher schwer getroffen hatte [88], vergegenwärtigt man
sich ferner Brechts Stellungnahmen in der ›Formalismus‹-Debatte und Helene Weigels
Worte vom März 1951, die Rehe blühten wieder auf den Teppichen auf, so dürften Girnus' Adressaten selbst dem wenig Informierten bekannt gewesen sein. Obwohl Brecht
und Eisler die letzten waren, die eine Kultur à la Hollywood und Yankee-Doodle ersehn-
ten, ihre Stellungnahmen sind da unmißverständlich, erklärt Girnus kategorisch, im Unterton die Drohung: daß Epigonentum nichts mit Formalismus zu tun habe, als Begriff
nur unschöpferische Nachahmung bedeute und folglich in der Kunst völlig unbrauchbar
sei. [89]

Bevor nun näher auf die literaturtheoretisch geforderten Darstellungsprinzipien und
Baugesetze eingegangen werden soll, sei ein Materialkomplex einbezogen, konkret: ein
Genre aus der Buchproduktion zitiert, das bisher, da offensichtlich nicht für beachtens-
wert gehalten, in keiner Untersuchung erscheint: das Genre ›Klappentext‹. Der Grund,

weshalb auf eine solche Textart zurückgegriffen wird, ist schnell erklärt. Nirgendwo anders sind die in jenen Jahren dominanten Grundmuster, gleichgültig ob in Literaturtheorie, -kritik oder -produktion, so rein erkennbar wie in diesen Texten. Ein Hauptgrund dafür liegt mit Sicherheit darin, daß dies Genre, da von den Verlagen bzw. Lektoraten selbst produziert, d. h. von denjenigen, die unmittelbar über die Literaturproduktion zu wachen hatten, einer der ›Hauptumschlagsplätze‹ von literarischer Theorie zu literarischer Praxis war. Schon aus Gründen gewisser Eindeutigkeiten soll hier nicht auf ausführliche Zitation verzichtet werden. In Parenthese sei lediglich vorausgeschickt, daß wahllos herausgegriffen wird [90] und daß sich wohl kaum deutlicher exerzieren läßt, wie die Grundmuster der Jahre vor 1953 (Stalinsche Zeit) und nach 1953 (»Neuer Kurs) nur unwesentlich differierten:

»In einem volkseigenen Betriebe machen sich immer wieder Störungen bemerkbar, die die Arbeiter zur Verzweiflung treiben und den Verdacht auf Unschuldige lenken. Eine kleine junge, aber geistig helle und energiegeladene Arbeiterin klärt die verbrecherischen Zusamenhänge auf und erobert sich dabei gleichzeitig den Lebenskameraden.« [91]

»Harry Thürks Roman führt uns in die unterirdischen Schächte des thüringischen Kalireviers. Dort lernen wir prächtige Menschen kennen: hart arbeitende Kumpel, die in allen Lebenslagen, bei der Arbeit, in der Familie und in ihren Liebesbeziehungen von erfrischender Ehrlichkeit und Deutlichkeit sind. Zu ihnen gehört auch Gerda, eine junge Frau, die sich zwischen zwei liebenswerten Männern entscheiden muß. Schwere Konflikte haben sie zu lösen. Aber schließlich geht's in der Grube doch wieder aufwärts, und auch Gerda findet ein neues Lebensglück.« [92]

»Es sind keine Idealgestalten, sondern wirkliche Menschen unserer Zeit: jeder hat seinen Kopf für sich, jeder sein gerüttelt Maß privater Sorgen. Wie sie, über und unter Tage, mit diesen Sorgen fertig werden, davon wird hier anteilerweckend und humorvoll erzählt. Und zugleich wird unaufdringlich-überzeugend gezeigt, wie innig die persönlichen Schicksale mit den großen Dingen verknüpft sind, die alle angehen.« [93]

»Voll innerer Spannung erlebt der Leser die Schicksale der beiden jungen Menschen. Ihre echte, leidenschaftliche Zuneigung überwindet die Intrigen mißgünstiger Dorfbewohner. Die Liebenden schöpfen die Kraft hierzu aus der festen Überzeugung, daß ihnen und einem neuen besseren Leben die Zukunft gehört.« [94]

»Es geht um die Entscheidung des Neubauern Erich Kattner, der Sabine, die Lehrerin, liebt, obwohl ihn eine jahrelange Gemeinschaft mit der Bäuerin Thekla verbindet. Es ist ein Konflikt voller verhaltener Leidenschaften, ein Liebesproblem der Menschen in des Lebens Mitte. Dieser innere Zwiespalt wirkt sich auf Kattners ganzes Verhalten aus und wird erst gelöst, als er sich klar für eine der beiden Frauen entscheidet. Den Hintergrund zu diesem Geschehen bilden die Probleme, die sich bei der Gründung einer Produktionsgenossenschaft ergeben. In zahlreichen poetisch starken Bildern und Episoden gibt August Hild ein einfühlsames und liebevolles Bild vom Leben in unseren Dörfern.« [95]

»Das Stickstoffwerk Piesteritz bildet den großen Hintergrund für einen Roman, in dem vom Arbeiter bis zum Betriebsleiter in starken menschlichen [Liebes-]Konflikten und Spannungen um die Errichtung eines neuen Ofens gekämpft wird.« [96]

»Vielfach ist die Bitternis des Berufslebens, oft steht Heinrich Rothschuh vor der Stempelstelle Schlange. Aber er findet zu seinem geliebten Mädchen, und er findet zu Freunden, die gemeinsam mit ihm für ein froheres Leben kämpfen.« [97]

»Im Mittelpunkt der Handlung steht der Bildhauer Manfred Rohloff, der am Aufbau des Dresdner Zwingers mitarbeitet. Aus seiner gesellschaftlichen Isolierung, in die er sich durch persönliche Konflikte treiben ließ, löst ihn die junge Karla Dröge, die seinen schöpferischen Kräften zum Durchbruch verhilft.« [98]

»Der Autor erzählt die Erlebnisse eines jungen Lehrers, der an eine neue Schule kommt. Viele Hindernisse stellen sich dem mit Schwung und Begeisterung an seine Aufgabe gehenden Erzieher entgegen, die er mit pädagogischem Geschick, viel Fleiß und Energie zu meistern versteht. Er gewinnt das Vertrauen der Kinder und führt sie Schritt für Schritt weiter auf dem Wege der Erkenntnis. Zart, behutsam und sauber ist das Liebesverhältnis des jungen Lehrers zu einer Stenotypistin, die in der Arbeitsgemeinschaft der jungen Pioniere mitarbeitet, in die Handlung eingeflochten.« [99]

»Der Ablauf dieser ereignisschweren Jahre gewinnt in diesem Buch – stellenweise ergreifendes – Leben durch Menschen, handelnde, kämpfende, liebende, leidende und sich freuende Menschen. Überdies spiegelt sich im Leben der hier dargestellten Personen ein Teil dessen wider, was wir alle in diesen Jahren erlebt haben, so daß der Leser durch Thema und Gestaltung gleicherweise angeregt, zu unmittelbarer Teilnahme sich gedrängt fühlt. Die Saaten sprießen. Ernten reifen, die alten Menschen werden jung und wie neu: Die Tage werden heller.« [100]

»Doch die Mühe lohnt sich, die Saat geht auf. Wie es dazu kommt, wie innere und äußere Hemmnisse fallen, wie der Freund sich vom Feinde scheidet, wie inmitten all des Widerstreits die reine Liebe junger Herzen erblüht [...]. In dem spannungsvollen Geschehen jener Oberhausener Sommertage spiegelt sich die große Wandlung, die unseren Dörfern ein neues Gesicht gibt. Es grünt die Saat – reich und gut wird die Ernte sein.« [101]

Was sofort ins Auge springt: die Trivialisierung des zweidimensionalen Schemas. Zwar ist auch hier die Verknüpfung zweier Handlungsebenen erkennbar, einer gesellschaftlichen (Hintergrund) und einer privaten (Vordergrund). Doch im Unterschied zur sowjetischen Entwicklung erfolgen die Verknüpfung beider Ebenen sowie die Entwicklung einer jeweiligen Ebene in auf wenige und einfachste Elemente reduzierter Form. Dort waren immerhin noch Probleme bei der Umwälzung der Natur Triebkräfte der Handlung. Hier sind es nun Sabotage, simpelste technische Pannen in der Produktion und Liebesverhältnisse. Ein Begriff aus der Umgangssprache vermag treffend das zu *umschreiben*, was der Mehrheit der Literaturkritiker bzw. Autoren unter einer konfliktreichen und zeitgemäßen Handlung vorschwebte – ›dramatisch‹.

Näheres läßt sich ex negativo gewinnen, aus den kritischen Anmerkungen in Kritiken bzw. Rezensionen. Im Zusammenhang des Schematismusvorwurfs war gesagt worden, daß Schematismus im wesentlichen gleichbedeutend war mit ungenügender Aneignung und Umsetzung der aristotelischen Poetik. Dieser Vorwurf gehörte auch in der DDR zu den ständig wiederholten Ritualen in der Kritik, erfolgte allerdings in modifizierter Weise. Auch hier wurde ›mangelhaftes Lernen vom Erbe‹ gerügt, von Anfang an aber war die tendenzielle Aufhebung jener Zweidimensionalität in Richtung Eindimensionalität von zentraler Bedeutung. Bestanden die Forderungen der sowjetischen Literaturwissenschaft und -kritik zumeist nur auf der *allgemeinen* Umsetzung des Schemas ›Exposition . . .Lösung‹ [102], konnten also gattungsspezifische Elemente noch eine relativ starke Bedeutung gewinnen (hier liegt eine der Ursachen für solch voluminöse Werke wie Ashajews *Fern von Moskau*), so ›drängte‹ hier alles auf das ›Dramatische‹:

»Von einer ausgereiften Form der Spannungstechnik kann man beim Drama sprechen. Sie wissen, daß im klassischen Drama die Handlung einem Höhepunkt zustrebt, um dann abzufallen. Wirklich durchgestaltete Erzählungen und Novellen sind aber, verfolgt man das Ansteigen und Fallen des Spannungsbogens, nicht grundsätzlich anders gebaut. Beim Drama fällt uns dies nur besonders ins Auge, weil die strenge Gliederungsform und die Beschränkung auf einen Hauptkonflikt die Spannung im Zuschauer intensiviert, deutlicher in äußere Erscheinung treten läßt.« [103]

So Alfred Könner in seinem Referat über Abenteuerliteratur auf einer Tagung des Verlags »Neues Leben« vom April 1955. Könner wie auch andere Teilnehmer hatten wiederholt darauf hingewiesen, daß ihre Ausführungen für die gesamte Literatur gälten. [104] Daß ihre Ausführungen so detailliert ausfielen, hat seine wesentliche Ursache darin, daß 35 Autoren an der Tagung teilnahmen und diesen genaue Hilfestellung gegeben werden sollte.

Eine Kritik, die Handlung sei nicht konzis und überzeugend genug, betraf so einerseits tatsächliche Schwächen der Handlungsführung, Konfiguration oder Charakterkonstituierung, andererseits aber Verfahren und Elemente, die den ›Fluß der Handlung‹, das ›Aufeinanderprallen der Leidenschaften‹ oder die Zuspitzung des Konflikts ›störten‹:

»Mundstock erlaubt sich eine der Filmtechnik verwandte Komposition. Mit großer Unbekümmertheit werden Szenen nicht auserzählt, sondern abgebrochen, durch Einblendungen, durch zeitliche und handlungsmäßige Rückgriffe zerrissen oder durch breit hingelagerte Vorgeschichten der Personen aufgelöst.« [105]

»Unter extreme Bedingungen sollte auch der Charakter eines jeden Helden gestellt werden, erst dann zeigt sich im hellsten Licht seine und seiner Zeit Bewährung. Der Literaturwissenschaftler nennt diesen Vorgang – Zuspitzung im Sujet. Leider fehlt vielen unserer neuen literarischen Arbeiten gerade diese Zuspitzung.« [106]

Oder in positiver Wendung:»Für dieses Erzählen der Vergangenheit durch Zurückblenden [...] darf der Schriftsteller nicht zu viel Zeit auf einmal in Anspruch nehmen, weil sonst die Kontinuität der Handlung gestört wird. Claudius hat durch die Verteilung auf Traum und Erinnerung das richtige Maß einzuhalten verstanden.« [107]

Besonders Charakterkonstituierung und Konfliktsituierung weisen darauf, daß die allgemeinen aristotelischen Baugesetze mit den spezifisch dramatischen identifiziert wurden. Dramatische Charaktere waren nach damaliger Definition

»Menschen von bedeutender Tatspannung, von einer gewissen Einseitigkeit und Konsequenz des Verhaltens, einer gewissen Geschlossenheit und Festigkeit des Wesens, die sich in Willenskonflikten behaupten und an ihnen weiter festigen können.«

Der epische Charakter unterschied sich davon »durch seine geringere Einseitigkeit, durch die Fülle von Charakterzügen, die er in vielerlei Situationen offenbaren kann.« Während der Dramatiker also vorwiegend die »durch den Konflikt hervorgerufene intensive Entfaltung des Charakters« zeige, so der Epiker vorwiegend die »Gesinnung und die Entwicklung seines Helden an Hand bedeutender Begebenheiten.« [108]

Gegen die Gestaltung epischer Charaktere sprachen von vornherein mehrere Umstände. Bereits die Dominanz allgemeinmenschlicher Merkmale bei der allgemeinen Charakterkonstituierung bedeutete im Unterschied zur Verankerung der Charaktere im Ensemble gesellschaftlicher Verhältnisse eine wesentliche Einengung. Waren hier aber noch traditionelle episierende Elemente denkbar und möglich, so wurde dies durch die Reduktion der allgemein-menschlichen Merkmale auf einige wenige entscheidend eingeschränkt: Die Reduktion auf im technischen Produktionsprozeß und im häuslichen Milieu erforderliche ›menschliche Eigenschaften‹ hatte notwendig eine ›gewisse Einseitigkeit‹ zur Konsequenz. Der Endpunkt dieses Reduktionsprozesses war dann erreicht, wenn die Konstituierung Richtung ›Schwarz-weiß-Technik‹ weiter eingeschränkt wurde. Bei ›Sabotage‹ und ›Liebesleid‹ war eine andere als ›dramatische‹ Konstituierung nicht mehr möglich.

Damit aber war die Handlungsführung in *allen* wesentlichen Momenten determiniert; die nur auf bestimmte Kollisionen angelegte Handlung war somit nichts anderes als der

einseitige Charakter in seiner Bewegung von – ›Exposition zur Lösung‹. Da aber innerhalb der privaten Sphäre Liebesverhältnisse in zumeist völlig automatisierter und trivialisierter Form dominierten – ›Bös‹ stört aufkeimende Liebe zwischen ›Gut(fest)‹ und
‹Gut(schwankend)‹, wird entlarvt, ›Gut(schwankend)‹ wandelt sich endgültig Richtung
›gut‹ durch Liebe von ›Gut(fest)‹, Happy-end –, wurde hier eine zusätzliche Eigendynamik in Gang gesetzt: die eigentliche Konfliktsituierung erfolgte im Rahmen der Liebeshandlung. Gesellschaftlich bedingte Konflikte dienten dann lediglich der Illustration und
Spannungssteigerung, konnten aber ebensowohl wegfallen. Dazu abschließend Auszüge
aus zwei Rezensionen, die bewußt aus dem Bereich der letzten Stufe jenes Reduktionsprozesses gewählt sind (was nicht heißt, daß es sich um Extremfälle handelt):

Es sei unumstrittenes Verdienst des Autors, »den Versuch unternommen zu haben, an Hand eines
individuellen Liebeskonfliktes aus dem Jahre 1951 typische Charaktereigenschaften des neuen Menschen, seine Stellung innerhalb der Gesellschaft und seine harte Auseinandersetzung zwischen Gestern und Morgen zu zeigen. Das sommerliche Bad Schandau mit seinen ferienfrohen Urlaubsgästen
ist der engere Schauplatz der Handlung. Hier begegnen sich Dietrich Mertens, ein bekannter Leipziger Modeschöpfer, und Charlotte Mittmyr, Modellistin im Entwurfskollektiv des VEB ›Aktivistin‹.
Dietrich ist in Begleitung seiner Westberliner Freundin Gerda Bomberg, Tochter eines republik-
flüchtigen Konfektionsgeschäftsmannes, der nun in Berlin-Zehlendorf besonders mit den amerikanischen Besatzungsbehörden große Geschäfte macht. Dietrich Mertens' modeschöpferische Begabung ist für Bomberg und seine Tochter das ausschlaggebende Moment, um den jetzt 38jährigen
Sohn eines kleinen Schneidermeisters für ihre Interessen zu gewinnen. Gerda Bombergs Liebe zu
Dietrich trägt offen den Stempel des Geschäftsinteresses; sie ist in ihrer Konstellation typisch für die
kapitalistische Welt. Den Gegenpart zu Gerda, die mit allen äußeren Zügen einer Mondänen ausgestattet ist, bildet Charlotte, aus kleinbürgerlichem Hause stammend, aber den Aufgaben der neuen
Zeit und ihrem Beruf ganz hingegeben. Zwischen beiden Frauen trifft Dietrich schließlich die Entscheidung für Charlotte. Damit wird der Konflikt zugunsten eines neuen ehrlichen Lebens gelöst.«
[109]
    »An einem sommerlichen Wochenend wird [ein junger Schriftsteller] durch den Oberingenieur
Johannes Weber und die Journalistin Jutta Niebergast in ein freundliches Komplott verwickelt, das
ihm die Erwiderung seiner Liebe zu Jutta bringt, vor allem aber eine seine ganze Persönlichkeit än-
dernde innere Wandlung herbeiführt. Auf diese Wandlung, nicht auf die Liebesgeschichte, legt Ball
den tragenden Akzent seiner Erzählung. Jochen, der mit seinen ersten Büchern zu einem erfolgreichen Autor aufgestiegen ist, lebt ein Leben, dessen private Außenseite von den Ideen, die er in seinen
Büchern gestaltet, grundverschieden ist. Jochen ist als Schriftsteller ein ›passives Weltauge‹, das die
Welt ohne Ergriffensein schildert. Er ist auf dem besten Wege, ein selbstgenügsamer Privatier zu
werden. Unter dem Eindruck seiner Liebe beginnt er zu erkennen, daß er sein Leben ändern muß,
wenn er nicht ein selbstzufriedener Lügner werden will. Warnend ersteht aus den Erzählungen seiner Freunde das Leben des Oberingenieurs, der einmal vor einer ähnlichen Entscheidung stand und
den erst sein Scheitern wieder auf den rechten Weg führte. Vor einem solchen Schicksal wird Jochen
durch die Liebe und Hilfe der anderen bewahrt.« [110]

2.3. *Literaturkritik – Strömungen und Kontroversen*

Die Misere im Bereich der Literaturkritik, die sich vor allem in der ungesicherten Fundierung der Wertungsmaßstäbe und folglich in – oberflächlich betrachtet – sehr subjektiv
eingefärbten Kritiken bemerkbar machte, hatte unter dem Blickwinkel z. B. taktischer
politischer Kursänderungen viel praktischere und unmittelbarere Bedeutung als jene in

dem der Ästhetik bzw. Literaturwissenschaft, wenn auch deren Langzeitwirkung nicht zu unterschätzen war. Die Literaturkritik besaß besonders in folgenden Punkten herausragende Bedeutung. Sie konnte ein Instrument direkter Einflußnahme auf die Masse der Literaturkonsumenten als auch -produzenten sein. Sie konnte aber neben diesen relativ tagespolitischen Aufgaben auch bei der Lösung größerer Probleme eine wichtige Rolle übernehmen, z. B. bei der Popularisierung bestimmter Literaturauffassungen und der schrittweisen Heranbildung eines neuen Publikums.

Das Instrument ›Literaturkritik‹ mußte gerade in dem Moment einsetzbar sein, als es galt, alle Kräfte auf einen entscheidenden Kurswechsel zu konzentrieren: auf den Kurs ›Schaffung der Grundlagen des Sozialismus‹. Schon in der Phase vor 1952 war wiederholt – insbesondere von Walter Ulbricht und seinem Sekretariat – gefordert worden, die Literaturkritik müsse mehr auf den Aufbau des Neuen hin orientieren. [111] Doch aufgrund der antifaschistisch-demokratischen Programmatik waren die Forderungen insgesamt sehr unterschiedlicher Natur. Jetzt galt es, so die gewandelte Programmatik, die ›Grundlagen des Sozialismus‹ in Gestalt eines schwerindustriellen Fundaments der Volkswirtschaft zu schaffen. Die Misere in der Literaturkritik mußte daher so schnell wie möglich behoben werden.

Wenn Willi Bredel auf dem III. Schriftstellerkongreß im Mai 1952 kritisierte, es sei noch keine Literaturkritik vorhanden, »die mit Fug und Recht diesen Namen verdient« [112], und wenn vor allem das Politbüro der SED im Mai 1953 in seinem Beschluß »Über die Verbesserung der Literaturkritik, der Bibliographie und Propagierung des fortschrittlichen Buches« das »fast völlige Fehlen einer wirklichen Literaturkritik« [113] konstatierte, so mußte der Eindruck entstehen, als erfolge diese Kritik von gesichertem Boden aus, als gebe es so etwas wie eine ausgearbeitete literaturkritische Programmatik, deren Durch- und Umsetzung es lediglich noch bedurfte.

Genau an diesem Schein haben bisherige Untersuchungen angeknüpft. Das vermittelte Bild ist stets das einer Ganzheit, gesprochen wird von ›der‹ Literaturkritik. Vereinfacht: auch hier SED-Literaturgeschichtsschreibung mit umgekehrtem Vorzeichen. Ein gewisses Interesse an Differenzierung wird nur durch das – außerliterarische – Interesse an sogenannten Dissidenten wachgehalten. Verschiedenste kritische Stimmen, etwa Bechers Bemerkungen über bürokratische Verwalter von Literatur oder Brechts Kritik an der Kunstkommission bzw. dem Amt für Literatur, werden so dargestellt, als trenne sie nichts Grundsätzliches, als eine sie alles gegen die ›herrschende‹ Richtung. Im Fall Harich z. B. habe sich »bei ursprünglichen Antipoden in der ästhetischen Theorie ein Konsensus über Ideologie und Praxis entwickelt.« [114] Diese Sicht unterscheidet strukturell nichts von der der *Geschichte der Literatur der DDR*, wenn es dort heißt, ausgehend von materialistischen Grundpositionen hätten die »führenden DDR-Schriftsteller die Einheit von Inhalt und Form und den Vorrang des Inhalts [betont]. Doch sie setzten sehr unterschiedliche Akzente« [115], als Beleg dann aber sich gänzlich widersprechende Äußerungen Bechers und Brechts zitiert werden.

2.3.1. Produktionssteigerung und ›klassisches Erbe‹

2.3.1.1. Die Diskussion »Wo steht die Gegenwartsdichtung?« in der ›Täglichen Rundschau‹ 1949/50

Gustav Leuteritz

Die erste große Auseinandersetzung um Aufgaben und Ziel von Literatur und Kunst beim Aufbau einer neuen Ordnung wurde unmittelbar nach Gründung der DDR im Organ der Sowjetischen Militärverwaltung, der ›Täglichen Rundschau‹, ausgetragen. [116] Es begann im November 1949 mit einem kritisch-polemischen Artikel von Gustav Leuteritz und endete im Januar 1950 mit einem als Schlußwort zu verstehenden Beitrag des jungen Kritikers (Hans-) Günther Cwojdrak. Stand anfangs noch die Literaturproduktion im Blickfeld der Kritik, so geriet die Literaturkritik sehr bald selbst ins Schußfeld. Der Kritiker war persönlicher Referent Walter Ulbrichts und selbst Autor.

Diese erste Auseinandersetzung um die Jahreswende 1949/50 ist in mehreren Aspekten von Interesse. Beide deutsche Staaten waren erst wenige Monate alt. Eine Diskussion über Aufgaben von Literatur konnte in einem solchen Moment gerade vollzogener Spaltung von größter tagespolitischer Bedeutung sein. Sie konnte aber auch in noch borniertest ausgetragener Form von nicht abzuschätzender nationaler Wirkung sein. [117] Gerade unter diesem Blickwinkel durften Erörterungen von thematischen und formalen Fragen gar nicht unterschätzt werden. Mit anderen Worten: Schon diese erste Auseinandersetzung war Spiegel der nationalen Situation und Gradmesser bestimmter Entwicklungen.

Damit ist aber schon ein zweiter wesentlicher Aspekt tangiert. Die Auseinandersetzung von 1949/50 ist in allen zentralen Momenten symptomatisch für die weitere Entwicklung der DDR, obwohl noch nicht alle literarischen und literaturkritischen Strömungen voll entfaltet waren.

Gustav Leuteritz' Kritik läßt sich in zwei Punkten zusammenfassen. Seine Hauptkritik galt den »Fortschrittsmännern«, die in den 20er und 30er Jahren als Avantgardisten einer künftigen Gesellschaft in aller Munde gewesen seien, in den Jahren nach 1945 aber – und hier wandte er sich vor allem an die aus dem Exil Zurückgekehrten – mit »merkwürdige[r] Hartnäckigkeit [...] rückwärtsgewandt scheinen«. Sie leerten ihre Manuskriptkoffer und veranstalteten wertvolle Neudrucke. Dies alles habe seine Berechtigung, nur: es sei nichts nachgewachsen, von den Umwälzungen seit 1945 in der SBZ sei, sehe man von »einigen Ansätzen fixer Verarbeiter von Zeitstoffen« einmal ab, so gut wie nichts zu spüren. Und Bredel und Grünberg hätten sich mit ihren Trilogien festgelegt, das brauche Zeit, bis sie bei der Gegenwart angelangt seien. [118] Leuteritz Schlußworte lauteten: »Es ist Zeit, ihr Meister der Literatur, fanget an!«

Damit war das Generalthema der Auseinandersetzung genannt bzw. das Thema, das einige ins Zentrum der Debatte wünschten. Obwohl nicht in der Schärfe wie in folgenden Beiträgen ausformuliert, waren zwei Punkte in Leuteritz' Argumentation auffällig: die Einengung der Umwälzungsthematik auf ganz bestimmte Bereiche sowie die fast völlige Aussparung der nationalen Problematik.

Die beiden folgenden Beiträge von Bernhard Kellermann [119] und Otto Müller-Glösa machten wenig Hoffnung. Diese Autoren waren bestrebt, das Neue zu unterstützen, wiesen aber darauf hin, daß dies Neue wachsen müsse und man daher nicht sofort mit Meisterwerken rechnen könne. Dies und der Hinweis, daß es nicht genüge, »in die Werkhallen zu gehen, dem Arbeiter auf die Schultern zu klopfen und Tagesneuigkeiten mit ihm auszutauschen, um dem Leben näher zu kommen« (Kellermann), waren wichtige Aspekte. Doch daß beide der Leuteritzschen Argumentation wenig entgegenhalten konnten und damit letztlich die eigentliche Problematik nicht erfaßt hatten, war dem Rekurs auf das ›Menschliche‹ und ähnliche Ideologeme zu entnehmen.

Karl Grünberg

Grünberg war Autor des ersten proletarisch-revolutionären Romans, hatte im KZ gesessen, nach seiner Entlassung illegal gearbeitet. Nach 1945 war er aktiv am Neuaufbau beteiligt. Doch von all dem war – wie auch in Grünbergs weiterem literarischen wie publizistischen Schaffen – wenig zu spüren. Zwar gehörte Grünberg zu den wenigen Ausnahmen wie der so früh verstorbene Adam Scharrer, die sich sofort der Tagesproblematik stellten, direkten Kontakt zur Arbeiterschaft suchten [120] und an der Schaffung einer eingreifenden Literatur arbeiteten.

Wichtig war auch hier die Einengung auf eine bestimmte, nämlich die Produktionsthematik. Grünbergs Hauptargument: Von der Sowjetunion müsse gelernt werden, daß der Abstand zwischen Planerfüllung und literarischer Aussage nicht zu groß werden dürfe. Grünbergs eigene Biographie, die etwa in Form einer Autobiographie oder eines Selbst-Interviews genügend Stoff ergeben hätte, hinterließ in seinem Schaffen kaum Spuren.

Wieland Herzfelde

Die eigentliche Auseinandersetzung begann erst mit dem fünften Beitrag: mit Wieland Herzfeldes *Vorerst – Literatur der Widerstandskämpfer*. Plötzlich leuchtete in dem ganzen Wust von ›Erbe‹, ›neuem Menschen‹ und ähnlichem Wortschwall eine Position auf, die schon in den 20er Jahren für die Literatur eine Hoffnung dargestellt hatte. Sie läßt sich wohl am einfachsten als Malik-Position umreißen. Anzumerken ist jedoch sofort: Diese Position war nicht repräsentativ. Man muß sich nur der Kämpfe erinnern, die Wieland Herzfelde gerade in dieser Zeit für seinen Bruder durchzufechten hatte. [121]

Herzfeldes Beitrag zeichnete sich dadurch aus, daß er die Probleme jener Periode deutscher Geschichte offen thematisierte und Wege der literarischen Lösung vorschlug. Zurückgewiesen wurde zunächst, die Ursache für die Misere in der Gegenwartsliteratur sei im Subjektiven zu suchen:

»Anhänger einer idealistischen Literaturkritik würden die Gründe beim Talent und Charakter der Autoren suchen, in ihren Inspirationen, in ihrem Unterbewußtsein, ihren fixen Ideen usw. Wir wollen von der gesellschaftlichen Realität ausgehen. Der Klassenkampf hat so vielfältige Formen angenommen wie nie zuvor«.

Dieses Herangehen an die Realität und diese Beurteilung der Zeitlage unterschieden sich diametral von der Sicht Grünbergs. Ja will man spätere Entwicklungen vorwegnehmen, so läßt sie sich mit Brechts »Nicht wie fliehende müde Cäsaren: ›Morgen kommt Mehl!‹ / so wie Lenin: Morgen abend / Sind wir verloren, wenn nicht ...« [122] aus den *Buckower Elegien* vergleichen. Die Aktivisten, von denen die wenigsten Söhne von Widerstandskämpfern seien, seien in der jungen Republik noch »Avantgardisten«. Der Übergang zu einer Literatur des Aufbaus erfolge von daher schon viel schwerer als einst in der sowjetischen Literatur. An erster Stelle nennt Herzfelde die nationale und die historische Problematik, wolle man das Neue darstellen. Was ein Autor auch darzustellen beabsichtige, nie dürfe er vergessen, daß es »nur ein Teil Deutschlands« sei. Und dies wiederum werde er nur können, wenn er den historischen Zusammenhang aufdecke:

> »Jedes Stück Brot, jeder Ziegelstein, jedes Lächeln ist in unserer Gegenwart mehr als jemals zuvor in unserem Leben beladen mit Geschichte, mit erlebter Vergangenheit. Der Blick auf diese Vergangenheit ist nicht ein Blick nach rückwärts, nicht eine Hartnäckigkeit des Autors, wie Leuteritz meint, er ist vielmehr eine künstlerische Notwendigkeit.«

Und diese Vergangenheit sei unübersehbar in der Gegenwart: den Ruinen, die sich alle bis zur Monotonie glichen. Denn während die Ruinen z.B. Warschaus vom Heroismus ihrer Verteidiger kündeten, so diese »von einer kleinen Generation, geduckt vor dem Hauswart und vor dem feindlichen Flieger, von einer versklavten Generation, deren Schicksal so gleichförmig wie unfruchtbar war.« Aus diesen Ruinen sei das neue Leben nicht hervorgegangen. Es sei nach Deutschland gebracht worden:

> »Aus den Konzentrationslagern heraus von überlebenden Widerstandskämpfern, über die Grenzen herein von heimkehrenden Emigranten und vor allem – von den Soldaten der Sowjetarmee. Sie sind die ausschlaggebende Kraft gewesen. [...] Wie das wirklich *im einzelnen* vor sich gegangen ist, welche ungeheure geistige, moralische und physische Anstrengung sowjetischer Menschen in allem verborgen ist, das sich seit 1945, ja, seit Stalingrad, in Deutschland positiv entwickelt hat – das können unsere Schriftsteller nicht wissen und können es daher nicht gestalten. Sie können es nicht wissen, einmal, weil es sich der Sprache und der Natur nach ihrer Beobachtung entzog (aber da könnte die Phantasie allenfalls aushelfen).«

Und dann benennt Herzfelde etwas, was schon so verdrängt war, daß es nur in wenigen Zeugnissen [123] überliefert ist und daß es, sieht man von Brechts oder Seghers' Werken und der ›Wandlungsliteratur‹ ab, in der DDR-Literatur dreier Jahrzehnte bedurfte, bis es in Christa Wolfs *Kindheitsmuster* und Hermann Kants *Der Aufenthalt* wieder radikal thematisiert wurde: »Zum andern, und das ist der wesentlichste, ein tragischer Grund, weil man ebenso wie persönliches Versagen erst recht das Versagen seines Volkes lieber vergißt, als daß man davon spricht.«

Es ist daher nur konsequent, wenn Herzfelde Leuteritz' Auffassung, der deutschen Gegenwart müsse »neugestalterische[r] Tribut« geleistet werden, entgegenhält, dieser Auftrag an die Literatur sei falsch formuliert, solange das gegenwärtige Deutschland geographisch wie geistig zerrissen sei. Er zweifle nicht daran, daß die Aktivisten bald in der Literatur der DDR in Erscheinung träten, dies aber »inmitten von Menschen und Verhältnissen, d.h. einer Gegenwart, die als Ganzes einen Anspruch auf ehrenden Tribut nicht besitzt.«

Otto Gotsche

Der Stimme eines ehemaligen Exilierten folgte die Stimme eines Mannes, der wie Grünberg im Widerstand gearbeitet hatte, maßgeblich am Aufbau der Antifaschistischen Arbeitergruppe Mitteldeutschlands beteiligt gewesen war und unmittelbar nach 1945 eine vereinigte Arbeiterpartei, die Partei der Werktätigen, mitinitiiert hatte. [124] Vor allem aber: Er hatte als Landrat an der Bodenreform mitgewirkt und darüber einen Roman geschrieben, den ersten über die Entstehung einer neuen Ordnung in der SBZ überhaupt. Es handelte sich um Otto Gotsche. Der Roman hieß *Tiefe Furchen* und war soeben in der Mitteldeutschen Druckerei und Verlagsanstalt Halle/S erschienen. Diese Stimme besaß also Gewicht, Gotsche wußte wie kein anderer, worüber er sprach.

Doch wie unterschied sich dieser Beitrag von dem Herzfeldes. Zunächst mußte die ungewöhnliche Schärfe des Tones und der Argumentation auffallen. Die Schärfe schien berechtigt. Gotsche sprach – wie Grünberg – davon, welche Hindernisse den Versuchen, das Neue darzustellen, entgegengesetzt würden:

»Die, wie sie glauben, ›Berufenen‹ haben versagt, sie lassen ›abklären‹, gewinnen ›Abstand‹, memoiren, ja – ich kann das beweisen – sie zensieren andere, die den Versuch wagten. Sie haben den Ruf der fortschrittlichen Kräfte nach der Literatur der Gegenwart nicht nur nicht verstanden, sie haben ihn geflissentlich überhört. ›Es lohnt sich nicht, noch darüber zu diskutieren, man muß einen anderen Weg gehen: man muß neue Kräfte entwickeln.‹ Dieser Ausspruch ist die Konsequenz, die einer der führenden Köpfe der Deutschen Demokratischen Republik, der sich um die progressive Entwicklung der Künste und den Aufbau außerordentlich verdient machte, gezogen hat.«

Mit »einer der führenden Köpfe« konnte nur Walter Ulbricht gemeint sein, dessen Referent Gotsche war. Denn kein anderer in der SED-Spitze verfocht eine solche Linie, wie sie Gotsche durchzusetzen versuchte. Da davon ausgegangen werden kann, daß Ulbricht und Gotsche den zitierten Beitrag zumindest in groben Zügen diskutierten, ist kurz auf Ulbrichts Bemühungen jener Jahre »um die progressive Entwicklung der Künste« einzugehen. Ulbricht hatte im September 1948 auf einer Tagung von SED-Schriftstellern und -Künstlern eine Rede gehalten, die im Stenogramm erhalten ist und alle programmatischen Punkte seiner Ansichten enthält. Diese Punkte erfuhren in den folgenden Jahren nur geringe Modifizierungen. Sie liegen auch der Argumentation Gotsches zugrunde.

Ulbricht kritisiert, daß von den Umwälzungen, so der Bodenreform, kaum etwas gestaltet worden sei. Die Schriftsteller hinkten drei Jahre der realen Entwicklung hinterher. Anstatt um Werke mit Gegenwartsthematik handele es sich bei der Mehrzahl der herausgegebenen Werke um Emigrations- und KZ-Literatur. Es müsse daher unbedingt eine Wende eintreten, eine Wende in Richtung sozialistischer Realismus. Sich gegen ›Formalismus‹, ›Individualismus‹ und KdF-Rummel wendend, entwickelte Ulbricht folgendes Kurzprogramm, in dem unschwer bereits die Ulbrichtsche Version von ›Nachterstedt‹ und ›Bitterfeld‹ erkennbar ist:

»Ich habe nichts dagegen, daß unsere Jugend aus diesen Romanen [den o.g.; d.V.] die Probleme des Klassenkampfes der Vergangenheit kennenlernt, aber alles muß in einem gesunden Verhältnis zueinander stehen. Zum Beispiel die der Bodenreform. Das ist nicht eine Frage der sowjetischen Besatzungszone, sondern eine gesamtdeutsche Frage. Es brauchen nicht gleich dicke Romane zu sein, aber hätte nicht ein Schriftsteller in diesen drei Jahren in kurzen Erzählungen schildern können, wie ein Großgrundbesitzer die Landarbeiter usw. auf seinem Hof drangsaliert hat, wie dann die Befreiung kam und der Großgrundbesitzer verjagt wurde?« [125]

Hier handelt es sich genau um die Literatur, zu der Brecht notierte: »das mißglückt natürlich regelmäßig. ich schlage vor, leute auszuschicken, die einfach geschichten sammeln«. [126] (Und genau in einem solchen Punkt wird klar, warum Brecht, wie er 1951 in einem Gespräch sagte, nicht von Ulbricht, sondern von Lenin lernen wolle, wie ›man zu dichten habe‹! [127]

Ein weiteres Beispiel macht Ulbrichts Intentionen noch deutlicher: »der Kampf um die Produktionssteigerung«. [128] Ging man wie Herzfelde von der wirklichen Realität aus, so mußte bereits hier einsichtig werden, weshalb Forderungen wie die Ulbrichts zu keinem positiven Ergebnis führen konnten, besonders nicht in jenen Jahren. Die bloße Abspiegelung von Ereignissen aus der Produktionssphäre, angereichert mit ›Menschlichem‹, bewahrte in entscheidenden Punkten ganze Schichten vor der Auseinandersetzung mit der eigenen Geschichte und damit Biographie. Die Doppelgesichtigkeit deutscher Wirklichkeit in der DDR selbst, von ehemaligen Emigranten und KZ-Insassen aufgrund der historisch und gesellschaftlich neuen Qualität dieses Teilstaates besonders intensiv empfunden, blieb in solchen Forderungen weitgehend ausgespart. Womit, wenn auch *mit Sicherheit ungewollt*, genau die Kräfte nicht endgültig geschlagen werden (und diese die sich mühsam entwickelnde neue Ordnung ›atmosphärisch‹ vergiften) konnten, die Deutschlands Geschichte so nachhaltig negativ bestimmt hatten. Diesen Sachverhalt mußte die ›linke‹ Terminologie Ulbrichts nur noch betonen. D.h. die aufgestellten Forderungen mußten früher oder später in ihr Gegenteil umschlagen.

Es ist kein Zufall, daß die mit der Aktivisten- und Neuererbewegung verbundenen, aus jüngster Vergangenheit resultierenden Widersprüche sich in der Literatur als auch Literaturkritik der frühen DDR so gut wie nicht niedergeschlagen haben. Aus produktionstechnischer Sicht war der Kampf an der Produktionsfront ein Avantgardismus. Doch wie sah eine solche Bewegung aus, legte man andere als produktionstechnische und Maßstäbe der Statistik an? Eine solche Fragestellung schmälert nicht die teilweise kaum vorstellbaren und gigantischen Leistungen von Arbeitern, die voller Überzeugung und unter großen Opfern ihren Weg gingen. Sie hebt sie heraus.

Der zweite Programmpunkt Ulbrichts bedarf an diesem Ort nur einer kurzen Kommentierung. Er betraf das ›Erbe‹, an das angeknüpft werden sollte. Damit war auch hier die gestellte Aufgabe von Anfang an in zentralen Punkten zum Scheitern verurteilt. Denn wie sollte gerade ein Produktionsaktivist in alter Weise dargestellt werden, der in seinem Bereich selbst ein Neuerer und Experimentator war? Die Aktivistenbewegung war voller Beispiele dieser Art.

Ulbrichts Rede unterschied sich von Gotsches Artikel sehr stark im Ton. Die Ursache liegt in der historisch-politischen Entwicklung. Während 1948 die Produktionsplanung erst anlief, stand nun der III. Parteitag ins Haus und mit ihm der erste Fünfjahrplan. Eine Korrektur mußte nach Ansicht Ulbrichts unbedingt erfolgen, der ›Tempoverlust‹ und die ›Diskrepanz‹ zwischen Planerfüllung und deren literarischer Abspiegelung sollten behoben werden. Und genau in diese Richtung zielte Gotsches Beitrag:

»Wir haben keine Zeit, abklären zu lassen, wir stehen nur auf Armlänge Abstand zur Zeit. Sie läuft uns davon, wenn wir sie nicht nützen. Wir müssen sie fördern, ihre Eile beschleunigen. Wir haben zuviel versäumt, haben gefährlichen Tempoverlust.«

Gotsches Verteidigung seines Romanversuches – »Schwätzer und Wichtigtuer maßen sich an, ernsthaftes Bemühen lächerlich zu machen, anstatt zu helfen. Der Gegner greift aus der Abwehr heraus an, ihm ist jedes Mittel recht.« – wäre unter dem Blickwinkel der von Herzfelde benannten Misere zu Recht erfolgt, hätte Gotsche nicht all diejenigen dem Gegner zugeschlagen, die eine grundlegende Umwälzung in Deutschland für unabdingbar hielten, sowohl in der zu behandelnden Thematik als auch in Fragen der Darstellungsmodi aber eine andere Auffassung vertraten. Eine, die nicht nur auf Tagesaktualität, sondern in erster Linie auf die historische und nationale Problematik abzielte sowie nicht ausschließlich auf die Formen des ›Erbes‹. Unabhängig von dieser Debatte ist hinsichtlich Gotsches Roman jedoch einem zeitgennössischen, auf diese Auseinandersetzung anspielenden Kritiker zuzustimmen, der schrieb, ungeachtet seiner Schwächen bleibe der Roman »als ein bedeutsames [...] Zeitdokument bestehen.« [129]

Günther Cowjdrak

Dem letzten Beitrag ist eine ähnliche Bedeutung wie denen Herzfeldes und Gotsches beizumessen. Auch und vor allem, weil es sich um den eines jungen Kritikers handelte, eines für jene Zeit charakteristischen jungen Antifaschisten. Günther Cwojdrak war aus der faschistischen Wehrmacht desertiert.

Cwojdraks Ausführungen besaßen in Fragen der Tradtionsziehung und der Darstellungsweise eine gewisse Ambivalenz. Auch scheint ein ästhetizistischer Zungenschlag in Richtung der von Gotsche kritisierten Kritik unverkennbar. Doch diese Probleme können hier zunächst als zweitrangig übergangen werden. Von Bedeutung ist, welche Probleme Cwojdrak aufwirft und welchen Weg er vorschlägt. Cwojdrak hatte zu diesem Zeitpunkt bereits zahlreiche kritische Beiträge für ›Ost und West‹ und ›Die Weltbühne‹ geliefert, seit 1948 war er Leiter des Literaturprogramms am Berliner Rundfunk.

Fragend nach den Konsequenzen aus Gotsches Kritik, stellt Cwojdrak drei »prinzipielle Fragen« ins Zentrum seiner Betrachtung: »Worin besteht die Gegenwartsdichtung? Wie ist das Verhältnis von Inhalt und Form? Worin besteht die Rolle der Kritik?«

In Punkt eins kritisiert Cwojdrak die thematische Einengung Gotsches: Die thematische Forderung »muß, gerade in Anbetracht unseres Kampfes für die Einheit unseres Vaterlandes, gesamtdeutschen Charakter besitzen.« Entscheidend seien weiter – und hier sind deutliche Anklänge an Herzfelde – die »Verbundenheit des Schriftstellers mit der Wirklichkeit, der Grad seiner Bewußtheit, das Maß seiner realistischen Gestaltungskraft.« Und er fügt Lenin an, der die Sicherung eines weiten Betätigungsfeldes in der Literatur für unbedingt notwendig erachtet habe.

Die sich hier andeutende Linie tritt klarer in Punkt zwei zutage. Denn Cwojdrak beruft sich auf jemanden, der gerade spezifisch literarischen Problemen eine große Bedeutung zumaß: auf Mao Tsetung und dessen Reden an die Schriftsteller in Yenan. Dazu gehörte, auch nach dem Sieg der chinesischen Revolution, einiger Mut, denn die chinesichen Kommunisten galten bei vielen immer noch als ›verkappte Jugoslawen‹. Nur ›Ost und West‹ hatte jene Reden bisher gebracht. [129a]

Maos These lautete, daß nur ein solches Werk wirklich wirksam sein könne, bei dem Inhalt und Form eine *Einheit* darstellten. Ein richtiger Standpunkt genüge nicht. [130] Werke mit ›korrektem‹ Standpunkt, aber nicht adäquater Form, könnten zu genau entgegengesetzten Resultaten als den erwarteten führen. Diese These griff Cwojdrak auf und meinte, Gotsches Buch habe »eines der wichtigsten Themen unserer Gegenwartsdichtung durch eine ungenügende Form entwertet«. Diese Kritik traf, trotz aller Einschränkungen [131], ins Zentrum.

Zu Punkt drei wehrte sich Cwojdrak gegen Gotsches Ton. Wichtig seien Kritiken, die sich nicht mit Allgemeinplätzen begnügten und sich auch mit der künstlerischen Lösung eines Werkes beschäftigten.

Faßt man diese erste große Auseinandersetzung um Fragen der Gegenwartsliteratur zusammen, so lassen sich folgende Richtungen, Strömungen und Tendenzen festhalten. Zum einen eine wesentlich ›humanistisch‹ argumentierende und vom ›Menschentum‹ ausgehende Strömung. Zum anderen eine bereits voll ausgeprägte Richtung, die Produktionsthematik und ›Erbe‹-Aneignung ins Zentrum rückte. Sie besaß eine Nebentendenz, die sich mit Fragen der Form kaum noch beschäftigte (Grünberg). Und schließlich eine Richtung, die auf Wahrung progressiver Positionen aus den 20er Jahren beharrte, dies allerdings unter dem Blickwinkel einer veränderten Epochenproblematik. Günther Cwojdrak nahm aufgrund seiner Ambivalenz eine Zwischenstellung in. Zwar besaß er viele Berührungspunkte mit Herzfelde, bestimmte Äußerungen ließen allerdings auch eine Tendenz zur erstgenannten Strömung erkennen. Dies ist wichtig, bereits hier festgehalten zu werden: Es ist die Position vieler der jungen, ernst zu nehmenden Kritiker, die – will man es personal fassen – zwischen der Brechtschen und der Becherschen bzw. Lukácsschen Richtung schwankten.

2.3.1.2. Der »Nachterstedter Brief« 1955

Am 27. Januar 1955 veröffentlichte das Organ ›Tribüne‹ des FDGB einen an den DSV und seinen geplanten IV. Kongreß adressierten Offene[n] Brief an unsere Schriftsteller [132] von 31 Arbeitern, Angestellten und Funktionären des VEB Braunkohlenwerk Nachterstedt. Die Unterzeichner forderten in freundlichem, aber bestimmtem Ton eine stärker gegenwartsbezogene, vor allem jedoch eine Literatur, in der sie sich wiederfinden und wiedererkennen könnten. Der Brief löste eine Diskussion aus, die sich über mehrere Monate erstreckte und an der sich viele Arbeiter als auch Schriftsteller beteiligten.

Dies war, wie Lutz-W. Wolff zu Recht schreibt, »ein Novum in der deutschen Literaturgeschichte« und »ein Zeichen von kultureller Emanzipation der Arbeiterklasse«. [133] Denn wo hatte es so etwas in der deutschen Geschichte und speziell in der seit 1949 gegeben, daß Arbeiter öffentlich Ansprüche an Literatur stellten bzw. stellen konnten und daß über diese Ansprüche wenn auch nicht eine ganze so doch immerhin eine ›halbe Nation‹ diskutieren sollte und mußte? Allein dieses Faktum bedeutete jenseits bestimmter Aktualitäten jener Jahre einen historischen Einschnitt. Der Literatur schien eine neue Chance zuzuwachsen. Und bezüglich der DDR mußte die Frage gestellt werden, ob sich hier eine Wende in der Literaturentwicklung anbahnte.

Wer Anhaltspunkte in der Forschung zur historishen Bedeutung des Nachterstedter Briefes sucht, wird sich enttäuscht sehen. Es findet sich kaum ein Verweis. Zwei Wertungen herrschen vor. Wenn der ›Offene Brief‹ in der westlichen Forschung überhaupt erwähnt wird, so erfolgt dies stets ausschließlich in Verbindung mit gewissen Korrekturen des »Neuen Kurses« oder ähnlichen Aktualitäten. Bestenfalls wird ›Nachterstedt‹ noch unter dem Stichwort ›Bitterfeld‹ oder im Zusammenhang mit einer von Stefan Heym ausgelösten Kontroverse erwähnt. Überhaupt scheint es manchem Autor sehr suspekt, wenn sich Arbeiter und Angestellte direkt in literarische Fragen einmisch(t)en.

In der DDR-Forschung finden sich zahlreiche Verweise. Auffällig sind jedoch die Zurückhaltung in der Wertung und die Einordnung. So beschränkt die *Geschichte der Literatur der DDR* die Diskussion um jenen Brief auf das Problem des Typischen und stellt abschließend fest:

»Obwohl auch extreme Standpunkte zur Sprache kamen, trug die Debatte insgesamt dazu bei, das Verständnis für eine realistische, der Schönfärberei abholde Literatur zu wecken, die das Verantwortungsbewußtsein und das leidenschaftliche Eintreten für den sozialistischen Aufbau zu fördern vermag. [134]

Damit ist gesagt, warum ›Nachterstedt‹ so wenig Bedeutung beigemessen wird. Der Hauptgrund liegt in der Diskussion, die sich entzündete, und dem sich darin zeigenden krassen Mißverhältnis zwischen der historischen Chance ›Nachterstedt‹ und der Weise, wie diese Chance genutzt worden war. Denn ›Nachterstedt‹ hatte überdeutlich die kultur- und literaturpolitische Misere der vorangegangenen Jahre aufgezeigt.

Die bereits zitierte Wertung Lutz-W. Wolffs stellt eine Ausnahme dar. Ihr schließen wir uns im Hauptpunkt an: der historischen Einordnung. Wesentlich kritischer als bei Wolff werden dagegen die meisten der zeitbedingten Inhalte als auch die Weise gesehen, in der sich dies ›Zeichen von kultureller Emanzipation der Arbeiterklasse‹ konkret zeigte. [135]

Der VEB Braunkohlenwerk Nachterstedt gehörte zu den kulturell fortgeschrittensten Betrieben. Hier wurden, um nur ein paar der wichtigen Daten zu nennen, zahlreiche Autorenlesungen durchgeführt und von den »rund 4000 Arbeitern und Angestellten des Kombinats sind an die 2000 *ständige* Leser« [136] der Betriebsbibliothek. Als F.C. Weiskopf diesen Betrieb besuchte, fand er von den 5300 Bänden der Bibliothek kein halbes Tausend in den Regalen, so viele waren ausgeliehen. All dies war kein Zufall. Um den Arbeitern das Lesen zu erleichtern, war organisatorisch vieles direkt auf die Bedürfnisse der Werksangehörigen abgestellt worden.:

»Jeden zweiten Tag fährt eine der beiden Bibliothekarinnen mit der Bücherkiste in eine Betriebsabteilung: das Buch kommt zum Arbeiter an seinen Arbeitsplatz. Werkfunk und Betriebszeitung werden zur Mitarbeit bei Buchbesprechungen herangezogen. Schlechte Erfahrungen mit der üblichen, trocken drohenden Mahnkarte haben zur Schaffung einer neuen, humorvollen geführt.« Jeder Leser bekam ein Leseheft, das ihm Hilfe dafür sein sollte, was er gelesen hatte, und den Bibliothekarinnen einen Überblick über die Interessengebiete des betreffenden Lesers gab.

Auf einem Schriftstellerabend war Weiskopf gefragt worden (was ihn merklich beeindruckt hatte), warum seit Kleist und Hebel bei der Anekdote so ein Niedergang zu sehen sei; was es Neues in der chinesischen Literatur gebe; wie seine Meinung über Zukunftsromane sei;

»und ein alter Kumpel erkundigte sich bei dem ›Kollegen Schriftsteller‹, ob der ihm erklären könne, wieso ›Frauengestalten aus einem anderen, uns fremden und sogar feindlichen Milieu, wie die Aristokratin Anna Karenina und die Kleinbürgerin Madame Bovary, unsereinem menschlich näher stehen und unser Herz mehr ergreifen als die Werktätigen in so vielen zeitgenössischen Romanen‹.« [137]

All dies offenbarte ganz offensichtlich ein wachsendes kulturelles Bedürfnis. Und in all dem zeigte sich, wenn auch oft in unbeholfener und naiver Form, daß hier etwas Neues in die Literatur trat. Die Frage blieb allerdings, ob außer den statistischen Daten nicht etwas anderes von größerer Bedeutung war und sein mußte, ob oder besser wie nämlich jenes Bedürfnis konkret befriedigt wurde. Denn schon bei den von den 31 Unterzeichnern genannten Daten konnten einen kritischen Leser so manche Zweifel beschleichen, so wenn z.B. Autoren wie Elfriede Brüning besonderer Dank für ihre Lesungen ausgesprochen wurde oder es von einem Lehrling hieß, er habe »besonders aus dem Buch ›Und keiner bleibt zurück‹ von Rainer Kerndl wertvolle Anregungen für seine Arbeit erhalten.« (S. 8) Gerade dies Buch galt als Musterbeispiel für eine fade Jugendliteratur und stieß auf starke Kritik. [138]

F.C. Weiskopf selbst war es, der neben den Positiva Kritisches vermerkte:

»Bei dieser Gelegenheit möchten wir auf Grund eingehender Gespräche mit unseren Nachterstedter Lesern feststellen, daß bei der endgültigen Formulierung des ›Offenen Briefes‹ [...] augenscheinlich die Wünsche der Kumpel zum Teil verengt und versimpelt wurden. Wir konnten immer wieder die Bemerkung hören: ›Was wir eigentlich sagen wollten, war dies: wenn ihr Schriftsteller Bücher über uns Arbeiter und unser Leben schreibt, so sollen es bessere, reichere Bücher mit lebensvolleren Gestalten sein als bisher. Darauf kommt es an, nicht auf die Menge! Und selbstverständlich wollen wir auch über anderes lesen; uns interessieren historische Romane, Reisebücher, Reportagen, wie sie Kisch geschaffen hat, gute Abenteuerbücher, Unterhaltungsromane von literarischem Gehalt, spannende Erzählungen aus anderem Milieu als dem unseren – mit einem Wort; wertvolle Bücher, aus denen man Erkenntnis und Unterhaltung gewinnt und deren Gestalten einen nicht kalt lassen, sondern mit Liebe oder Haß, Trauer oder Lachen erfüllen.‹« [139]

Weiskopfs Anmerkungen modifizierten den ›Offenen Brief‹ letztlich nur, hier wie dort wollte man »bessere, reichere Bücher«. Sein Beitrag zeigt neben dem Aspekt der historischen Wertung in der Modifikation jedoch einen weiteren, der relativ unabhängig von seinem konkreten Inhalt war und das Neue und Charakteristische des Briefes sowie der Diskussion andeutete: Es wurde diskutiert und es wurde Kritik geübt. Beides hatte es, zumal bei einer solchen Thematik, bisher nicht gegeben. [140]

Man kann diese Bedeutung des *Nachterstedter Briefes* auch in andere Worte fassen: daß das Positive vor allem im Negativen bestand. Denn was da in Folge an weiteren Forderungen auftauchte und von seiten mancher Kulturverantwortlicher und Schriftsteller als gangbarer Weg vorgeschlagen oder als ›Leseerlebnis‹ mitgeteilt wurde, war nicht immer sehr verheißungsvoll und zeigte die Misere der vergangenen Jahre. Aber, es sei noch einmal betont, es wurde *öffentlich* diskutiert, verschiedene Auffassungen konnten so überhaupt erst einmal publik werden. Außerdem führte keine andere Diskussion um Fragen der Gegenwartsliteratur in den Jahren bis 1956 zu einer solch starken Beteiligung von Arbeitern und Angestellten. ›Nachterstedt‹ war in jenen Jahren die erste und einzige Möglichkeit, sich einen relativ geschlossenen Überblick über Bedürfnisse gerade dieser

Schichten zu verschaffen, denn viele Arbeiter und Angestellte beteiligten sich spontan an den Diskussionen, wie zahlreiche Leserbriefe zeigen. Welche ›Extreme‹ da zu Wort kommen konnten, sei an zwei kleinen Beispielen gezeigt:

»Wir würden uns sehr freuen, uns Eisenbahner in einem von Euch geschaffenen Roman wiederzuerkennen. Hierum bitten wie Euch, nachdem der Kollege Kurt Voigt, Tischlerei, die Initiative dazu gab. So wurde z.b. der sowjetische Eisenbahnerroman von Smirnow ›Die Dynastie der Kasanzews‹ viel gelesen, besonders im Hinblick auf sein Thema, die Entwicklung der Eisenbahndruckluftbremse« (S. 22).
»Bei den Diskussionen in unserem Betrieb mit Bücherfreunden über den Offenen Brief [...] kam immer wieder zum Ausdruck, was uns an Büchern noch fehlt:
1. Heimatbücher mit bildlicher Darstellung, Bücher über den Neuaufbau unserer Städte [...]. Laßt die glücklichen Menschen selbst in ihren neuen Wohnungen sprechen;
2. schafft mehr Jugendbücher! Erzieht dadurch unsere Jugend zum Patriotismus;
3. brauchen wir Reisebeschreibungen aus unserer deutschen Heimat, abgelauschte Ferienerlebnisse unserer Werktätigen von den schönen Seebädern und vom Thüringer Wald;
4. Romanhefte, Biographien unserer Wissenschaftler der Industrie. Schafft dadurch Dokumente unserer Zeit.« (S. 30)

Zwei Dinge blieben in der Diskussion jedoch ausgespart. Zum einen blieben eigene Aktivitäten, etwa die Tätigkeit als Volkskorrespondent, im Hintergrund. Die Diskussion beschränkte sich damit auf einen Dialog zwischen Berufsschriftstellern und ihrem werktätigen Publikum. Die Folge war, daß die Schriftsteller das darzustellende neue Mileu nur besser kennenlernen sollten und daß andererseits der werktätige Leser sich ›bereichern‹ sollte. Die Betonung des Konsumentenstatus und die Thematik ›Bereichert Euch!‹ ziehen sich wie ein roter Faden durch die gesamte Diskussion.

Zum anderen waren es die der literarischen Misere zugrundeliegenden eigentlichen Ursachen, die ungenannt blieben. (Das Thema ›17. Juni‹ war völlig tabu.) Zwei Beiträge Stefan Heyms (›Tribüne‹ vom 19. 3. und ›Berliner Zeitung‹ vom 5. 4. 1955) schienen zunächst eine Wende einzuleiten. Heym hatte am ›Offenen Brief‹ Kritik geübt und auf einen seiner Meinung nach »erschreckende[n] Widerspruch« (S. 56) aufmerksam gemacht:

»Es ist der Widerspruch, den jeder von uns in seiner eigenen Brust trägt. Wir alle, so wie wir sind, Arbeiter und Angestellte, Bauern, Handwerker, Intellektuelle – wir schleppen in uns mit die ganze schmutzige Last, den ganzen Egoismus, die ganze Fäulnis unserer Vergangenheit: Kapitalismus, Faschismus, Krieg, Nachkrieg [...]. Und hier, in der Stellungnahme zum Neuen, zum Gemeineigentum, zum Arbeiter- und-Bauern-Staat, zum Sozialismus, zur Heimat, zur Arbeit, zum Frieden - hier scheiden sich die Geister.« (S. 56)

Diesen Widerspruch hätten die ›Nachterstedter‹ nicht gesehen, als sie gleichzeitig forderten, die Werktätigen sollten gezeigt werden, wie sie seien *und* wie sie sich für das Neue einsetzten.

Heym hatte den Finger auf eine offene Wunde gelegt. Wie sollte Entwicklung ohne Widerspruch dargestellt werden? Indem Heym jedoch die Veränderungsthematik auf die Veränderung der »menschliche[n] Seele« (S. 57) und auf den Kampf gegen den »alte[n] Adam« (S. 57) festschrieb, nahm er seiner Kritik die Spitze. Gerade in dieser Wende ›nach innen‹ war Heym bei all seiner Kritik ein typischer DDR-Autor jener Jahre. Auch auf ihn trifft eine Bemerkung Frank Trommlers zu, die ein wesentliches Moment dieser Zeit benennt:

»Während in der Sowjetliteratur, auf die so oft verwiesen wurde, bei *Scholochow, Serafimowitsch*, Alexej *Tolstoi* oder *Gorki* der Befreiungs- und Revolutionsmythos aus Geschehnissen erwuchs, die große Volksmassen aktivierten [...], standen die ostdeutschen Autoren vor der Notwendigkeit, aus Mangel an solchen Ereignissen die ›Wende‹ zu verinnerlichen.« [141]

Obwohl Heym den Blick auf die Wirklichkeit lenken wollte, bewirkte er doch nur, daß nun z.B. mit noch mehr Vehemenz darüber diskutiert werden konnte, wieviel vom ›Alten‹ und wieviel vom ›Neuen‹ dargestellt werden sollte. Heyms Präzisierung in seinem zweiten als Antwort an seine Kritiker gedachten Beitrag macht dies noch deutlicher:

»Der Schriftsteller muß versuchen, innerhalb des Klassenkampfes und verknüpft mit ihm den Kampf darzustellen, der sich zwischen dem Alten und dem Neuen im Menschen selbst abspielt; denn dieser Kampf entspinnt sich in unser aller Brust; hier also liegen die Konflikte, die alle verstehen und denen alle folgen können.« (S. 67)

Von den Widersprüchen in den Verhältnissen war da keine Rede mehr. [142] Heym mußte sich denn auch von einem Kritiker sagen lassen: »Offen gesagt, lieber Freund Stefan, das ist ein Schulbeispiel für den von ›hohen Idealen‹ erfüllten utopischen Sozialismus, der immer wieder daran scheitert, daß die Menschen so schlecht sind.« (S. 73) Es gehört zur Ironie dieser Kontroverse, daß diese ernst zu nehmende Gegenkritik selbst formulierte, Sonderleistungen und Durchbrüche könne man nur so zu Dauerleistungen machen, indem man die ›Mehrheit‹ auf der Basis materieller Anreize zu Mehrleistung bewege.

Daß eine bestimmte Sicht des Sozialismus und eine bestimmte Auffassung von literarischer Darstellungsweise nicht nur den Blick auf die Wirklichkeit trüben konnten, sondern auch eine Chance wie diese Diskussion um den Brief der ›Nachterstedter‹ zunichte machten, ließ ein viel repräsentativerer Beitrag erkennen. Am 7. April 1955 veröffentlichte die ›Tribüne‹ einen Beitrag von Anna Seghers, in dem es hieß:

»Ihr habt recht, wenn Ihr sagt: Kommt in unsere Betriebe, ihr findet dort ungeahnte Konflikte und Gestalten. – Wenn er wirklich ein Künstler ist, dann kann er dort, an der Arbeitsstätte, an dem Kern der Gesellschaft, in der er lebt, auf Erscheinungen stoßen, die geradezu nach seiner Darstellung rufen. Er kann sie in einem Betrieb finden, in einem Bergwerk, auf dem Land, in einer Schule, auf einem Schiff, wo immer Menschen leben und arbeiten oder gelebt und gearbeitet haben. Er muß aber die Konflikte finden, die Veränderung in den Menschen.« (S. 86)

Was aber interessierten, konnte polemisch formuliert werden, einen Schlosser sein ›Innen‹ oder das seines Vorgesetzten, wenn das Verhältnis zwischen ihm und seinem Vorgesetzten verändert werden mußte? Es ist u.E. kein Zufall, daß gerade in diesem Punkt die ›werktätigen Stimmen‹ in der Diskussion merkwürdig schwiegen und es vor allem Schriftsteller waren, die diskutierten und sich ähnlich wie Anna Seghers (und Heym) äußerten.

Will man diese Diskussion zusammenfassen, so unterscheidet sie sich von der o.g. in zwei Punkten. Zum einen handelte es sich im Ansatz um eine wirkliche Diskussion, die Wendung Richtung Arbeiterschaft barg positive Ansätze. Zum anderen war das ›Erbe‹-Element in Form des ›Bereichert Euch!‹ viel stärker ausgeprägt. Und dies sicherlich nicht nur aufgrund zeitbedingter Umstände wie des »Neuen Kurses«. Denn das ›Bereichert

Euch!‹ als auch die Wende ›nach innen‹ ermöglichten zwar eine stärkere Ausrichtung auf den Arbeitsbereich, verhinderten aber gleichzeitig eine kämpferisch-realistische Literatur als auch z.B. die von Brecht anvisierten Agitpropgruppen. In diesem Punkt ist die entscheidende Verbindung sowohl zu jener Diskussion zur Jahreswende 1949/50 als auch zum späteren ›Bitterfelder Weg‹ zu sehen.

Damit war aber die erste im Ansatz ›proletarische Diskussion‹ in der Frühphase der DDR als gescheitert zu betrachten. Die historische Chance war vergeben worden.

2.3.2. Der Einfluß Georg Lukács' in der Literaturkritik

Über eine Position wie die von Georg Lukács ist unter strukturellem Gesichtspunkt bereits an anderem Ort ausführlich behandelt worden. Auf ein erneutes Aufgreifen dieser Problematik kann daher verzichtet werden. Hier soll es ausschließlich um die Frage gehen, ob und welchen Einfluß Georg Lukács' Auffassungen auf die Literaturkritik gehabt haben.

Die Frge, *ob* Lukács Einfluß ausgeübt habe, mag angesichts der in der Forschung *einhellig* herrschenden Meinung, Lucács' Rolle sei bis 1956 die eines ›Literaturpapstes‹ gewesen, mehr als sonderlich erscheinen. Zumal fast ebenso einhellig die Meinung vorherrscht, Lukács habe die wichtigsten kritischen Strömungen nachhaltig bestimmt.

Diese These soll in ihrer Allgemeinheit nicht angezweifelt werden. Setzt man jedoch einige Akzente anders, vor allem aber: geht man von der realen Gesamtentwicklung aus, so sind einige Korrekturen am herrschenden Bild unumgänglich. [143]

Auffälig ist zunächst, daß zwei grundsätzliche Kritiken der Auffassungen Lukács' die DDR zwar erreichten und hier auch veröffentlicht wurden, diese Kritiken aber kein Forum der Diskussion fanden. [144] Es handelt sich um die Kontroverse in Ungarn 1949, die zu einer formalen Selbstkritik Lukács' führte, und um Alexander Fadejews Kritik in seiner Rede auf der XIII. Plenartagung des Vorstandes des sowjetischen Schriftstellerverbandes. [145] Beide Kritiken griffen zentrale Punkte der Lukácsschen Theorie auf und attackierten besonders einen Punkt aus *Irodalom és demokrácia* [146]:

> »Lukács [...] sprach und schrieb von einer *Demokratie*, die sich die Schaffung des Sozialismus *gar nicht* zum Ziele steckte und die die kapitalistische Produktionsweise *gar nicht* anrühren wollte. [...] Im Kern der literaturkritischen Theorie Lukács', die den großen bürgerlichen Realismus der Literatur der imperialistischen Dekadenz, der Ideologie des Faschismus gegenüberstellte, lag der Gedanke der Rückkehr zur ›plebejischen Demokratie‹, als einem System von dauerhaftem Charakter verborgen.«

Lukács' »retrospektive Orientierung« habe ihn »nolens volens zu einem besonderen Vertreter des ›dritten Weges‹« [147] gemacht.

Von dieser Kritik findet sich außer in Form der Übersetzung in DDR-Organen so gut wie nichts. Wenn Alfred Antkowiak 1953 anläßlich einer »Woche der ungarischen Kunst« auf jene Kontroverse verwies, so gehörte dies zu den Ausnahmen:

> Es sei kritisch anzumerken, »daß Lukács in seiner gesamten Arbeit die realistische Literatur der Vergangenheit *über*- und die sozialistisch-realistische Literatur *unter*schätzte. Das geht schon aus der

einfachen Tatsache hervor, daß in einigen Werken des ungarischen Wissenschaftlers der Realismus der Vergangenheit als *Vorbild* des Kampfes um den sozialistischen Realismus nicht allein in *ästhetischer* Hinsicht angenommen wurde (das ist sehr richtig, bei aller Kompliziertheit dieser Erscheinung), sondern Vorbild in jeder Beziehung sein sollte; Lukács vergaß hier die epochemachende Umwälzung, die durch die sozialistische Parteilichkeit in der Literatur herbeigeführt wurde. In dieser Überschätzung der literarischen Tradition liegt es auch begründet, daß Lukács in einem – nur in ungarischer Sprache erschienenen – Buch ›Literatur und Volksdemokratie‹ sowohl die Funktion und Bedeutung der Volksdemokratie als einer besonderen Form der Diktatur des Proletariats als auch der werdenden sozialistisch-realistischen Literatur dieser Länder (insbesondere Ungarns) unterschätzte. Die große Diskussion, die damals in Ungarn auf Initiative der Partei der Arbeiterklasse durchgeführt wurde, hat auch hier Klarheit geschaffen, und Lukács hat seitdem durch die *Tat* bewiesen, daß er die berechtigte Kritik eingesehen hat; seither kennen wir die hervorragenden Analysen über sowjetische Werke, die Platz und Funktion der Sowjetliteratur am Einzelbeispiel treffend zu umreißen vermögen.« [148]

Daß Lukács in der DDR im Unterschied zu Ungarn und zur Sowjetunion so gut wie keiner Grundsatzkritik ausgesetzt war, zumindest nicht öffentlich, bestätigt zunächst die These vom ›Literaturpapst‹. Lukács' Stellung hat seine Ursache in zweierlei. Zum einen vertrat der einflußreichste Teil der SED-Führung, die Fraktion Ulbricht, in Sachen ›Erbe‹ eine verwandte, in wichtigen Punkten sogar identische Position wie Georg Lukács. [149] Zu kritisieren waren daher an Lukács nur gewisse ›Abweichungen‹, nicht seine Grundlagen. Streng genommen beschränkte sich die Kritik nur auf Lukács' *politische* Schlußfolgerungen. Dies wird deutlich, wenn Willi Bredel 1957 auf dem 30. Plenum des ZK der SED sagte:

»Ich habe Lukács immer für einen bedeutenden Literaturwissenschaftler gehalten und halte ihn auch heute noch dafür, obgleich ich schon in den Jahren der Emigration, wie einige der hier Anwesenden wissen, mit seinen Ausführungen durchaus nicht immer einverstanden war. Aber ich bin der Meinung, es geht nicht an, wenn die politische Haltung von Lukács zur Diskussion steht, zu erklären: ›Ja, aber er ist ein großer Literaturhistoriker.‹ Darum geht es gar nicht, sondern es geht um die politische Position, die er bezogen hat.« [150]

Ein Zentralproblem der späteren Kritik an Lukács und des ›Bitterfelder Weges‹ war, inwieweit die radikale Kritik auch Lukács' literaturtheoretische Position erfaßte und ob eine nur partielle Kritik in diesem Bereich nicht auf ein Fortbestehen bestimmter politischer (wenn auch lauthals kritisierter) Positionen hindeutete. Daß gerade ›Linke‹ gegen eine Verteidigung Lukács' in Form einer Scheinkritik angingen, hat in jenem Widerspruch seine Ursache. [151]

Ein zweiter Grund für Lukács' so fast völlig unangefochtene Stellung lag darin, daß außer im Bereich der Dramatik die führenden Schriftsteller der DDR in literaturtheoretischen Fragen wesensgemäße Ansichten vertraten. Auf Johannes R. Bechers Konzeption einer neuen Literatur muß hier nicht erneut eingegangen werden. Es ist aber unbedingt eine Prosa-Autorin zu nennen: Anna Seghers. Diesen Sachverhalt hat die Forschung bislang kaum gewürdigt. Zwar wird immer auf die Differenzen zwischen Anna Seghers und Georg Lukács, zumal auf ihren berühmten Briefwechsel, verwiesen, über die Wesensverwandtschaft findet sich dagegen nichts Vergleichbares. Mit einer Ausnahme: dem wohl bedeutendsten Seghers-Biographen und -Interpreten der DDR, Kurt Batt. Seine Seghers-Studien verdienten eine ausführliche kritische Würdigung. Hier sei nur dies genannt: Nach Batts Ansicht handelt es sich bei Anna Seghers um *die* Antipodin Brechts in der Prosa. Sie stehe Georg Lukács ästhetisch und poetisch weitaus näher als dem Stücke-schreiber, ja diese Nähe habe sich vor allem in den 50er und 60er Jahren zunehmend ent-wickelt und gefestigt. [152]

Der Hinweis auf Anna Seghers scheint ein zusätzliches Hindernis für die eingangs for-mulierte Problemstellung aufzuwerfen. Fragt man jedoch nicht nur nach dem Einfluß, den Georg Lukács in den genannten Bereichen zweifellos gehabt hat, sondern fragt man nach der Breitenwirkung dieses Mannes, so ist festzustellen, daß diese sich auf Großteile der Programmatik und auf Teile der Literaturkritik beschränkte, nämlich auf jene Litera-turkritiker, die ernsthaft an einer Alternative zur Position etwa Ulbrichts und Gotsches interessiert waren. Man kann es auch mit den Worten fassen, daß Lukács' Wirkung sich auf relativ exklusive Bereiche beschränkte. Was die Masse der Literaturkritiker als auch Autoren und des Publikums anbelangte, so war sein Einfluß gering, indirekter Art oder fehlte völlig. Wenn überhaupt, erschienen Lukács' Theoreme hier in einer kaum wieder-zuerkennenden Form, sie waren den hier *herrschenden* trivialästhetischen Normen ›an-gepaßt‹ worden. Da diese Normen ein Charakteristikum der Epoche waren, blieb es na-türlich nicht aus, daß sie stark in jenen exklusiven Bereich hineinwirkten, was bei vielen (zumal jungen) ernst zu nehmenden Literaturkritikern neben der bereits genannten eine zusätzliche Ambivalenz bewirkte. Als ein Beispiel kann hier Annemarie Auer genannt werden. Sie schrieb in einer Kritik von Karl Mundstocks Roman *Helle Nächte* , die in ih-ren allgemeinen Grundlagen deutlich auf Lukácssche Anschauungen verwies:

Nach der Frage, welche Fortschritte eine der Heldinnen mache: »Aus den libertinistischen Späßen schreitet sie dahin fort, nur mehr Einen zu lieben, und diesen ernsthaft. Dieser erotischen Läuterung ist eine erhebliche Anzahl von Seiten gewidmet.« Der Naturalismus in der Darstellung trete beson-ders abscheulich »in jener Partie des Buches zutage, wo der Autor es witzig findet, daß die negative Figur der Agentin Schreivogel als einzige im Betrieb ›mit Bildern und Blumen Freundlichkeit zu zaubern‹ versteht, und daß Günther, um seinem Freund Jürgen zu der endlich errungenen Liebes-nacht mit Christa scherzhaft zu gratulieren, einen von der Schreivogel ergatterten Strauß welker Büroblumen an den Griff der Barackentür hängt.« [153]

Wie zählebig gerade diese Tradition in der DDR-Kritik ist, bewies die gleiche Autorin, als sie in einer Kritik von Christa Wolfs *Kindheitsmuster* zu ähnlichen Wendungen griff. [154]

Die Forschung – auch die der DDR – hat sich bei der Analyse des Einflusses von Georg Lukács weitgehend auf jenen exklusiven Rahmen beschränkt. Der darin zum Ausdruck kommende Ästhetizismus hat neben dem sehr deutlich artikulierten Interesse an Lukács als *der* Zentralfigur eines wie immer auch gearteten ›Widerstandes‹ in der DDR wesent-lich mit verhindert, daß andere Bereiche der Literaturkritik überhaupt untersucht wur-den. Ebenso ist eine differenzierende Analyse der kritischen Strömungen unterblieben, ›linke‹ Tendenzen werden erst jüngst und sehr zaghaft zur Kenntnis genommen, sieht man von Brecht einmal ab. Welch bedeutende Bereiche damit ausgeklammert waren, mag die folgende Darstellung erweisen.

2.3.3. »blau die Augen, deine über meinen, und die Zukunft unser, Wirklichkeit!« [155] –
Zum Problem einer ›neuen Unterhaltungsliteratur‹

2.3.3.1. Zur Frage der Notwendigkeit einer ›neuen Unterhaltungsliteratur‹

»Unsere Kulturrevolution besteht unter anderem auch darin, daß die Millionenmasse minderwertiger Unterhaltungsliteratur nicht mehr erscheint und somit Millionen Leser umgestimmt werden und für unsere Literatur gewonnen werden müssen.« [156] Mit diesen Worten umriß Johannes R. Becher ein Zentralproblem der Entwicklung einer neuen Literatur in der DDR. Bechers Bemerkung hat zwei Fragen zur Konsequenz: Ob jene Literatur überhaupt ›ersetzt‹ werden konnte bzw. mußte und wenn ja, welche Schritte dazu notwendig waren. Unumgänglich ist aber auch eine dritte Frage, die durch Bechers Problemstellung nur indirekt impliziert, jedoch nicht weniger bedeutsam ist. Die Frage nämlich, ob Bechers Aussage, die ›minderwertige Unterhaltungsliteratur‹ erscheine nicht mehr, auch wirklich zutraf.

Es mutet merkwürdig an, daß vor dem Hintergrund der Notwendigkeit einer neuen Literatur das Problem ›Unterhaltungsliteratur‹ zu den am wenigsten umstrittenen in der Geschichte der DDR gehört; ein signifikantes Zeichen dafür ist nicht zuletzt, wie wenig die DDR-Forschung dieses Problem überhaupt thematisiert hat. [157] Bis auf wenige Ausnahmen herrschte von Anfang an Einigkeit über die Notwendigkeit einer solchen Literatur. Ausgehend von der Behauptung, es gebe gute und schlechte Unterhaltungsliteratur [158], ging es lediglich um das ›Wie‹. Darin stimmten sowohl Johannes R. Becher und Anna Seghers als auch die Masse der Kritiker überein.

Die Ursachen für diese Ansichten wurden im Zusammenhang der Bedürfnisse breiter Teile der Bevölkerung bereits genannt. Sie seien aufgrund ihrer großen Bedeutung kurz wiederholt. Zum einen gab es in der DDR

»eine zahlenmäßig starke kleinbürgerliche Schicht. Selbst in den Reihen der Arbeiterklasse ist das kleinbürgerliche Denken und Handeln noch sehr verbreitet. Weil gerade unsere schöne Literatur ein wichtiges Mittel ist, diese Menschen auf die Bahnen des Sozialismus zu leiten, dürfen wir sie in doppelter Hinsicht nicht von unserer Literatur ausschließen: Es muß Bücher geben, die sich besonders an diese Menschen wenden, ebenso wie diese Menschen als literarische Gestalten in unserer Literatur in Erscheinung treten müssen. Es kommt nur darauf an, daß solche Literatur ihnen auf dem Wege des Sozialismus weiter hilft.« [159]

Ähnliches treffe auf die Schriftsteller selbst zu, da diese sehr verschiedener sozialer und weltanschaulicher Herkunft seien.

Zum anderen berief man sich auf den Charakter des Neuaufbaus:

»Die Forderung nach dem Unterhaltungsbuch wird allgemein erhoben. Natürlich gibt es zu wenig Bücher der guten Unterhaltung. Wieso natürlich? Nun, wir arbeiten, und zwar sehr angestrengt; wir bauen das Fundament eines neuen Lebens. Es fehlt noch an vielem Notwendigen, am Behaglichen fast alles. Gerade deswegen sollte man sich doch mit einem guten unterhaltenden Buch entspannen dürfen? Gewiß, doch wo soll denn diese ›gute Lektüre‹ plötzlich herkommen? [...] Einen Liebesroman aber, den kann man doch auch heute schreiben? Man *sollte* ihn schreiben.« [160]

Die hier wiedergegebenen Stimmen sind charakteristisch für die erste Hälfte der 50er Jahre. Es ist der Tenor dieser Zeit. Das Problem ›Unterhaltungsliteratur‹ wird mit dem Problem der kleinbürgerlichen Schichten und mit der Notwendigkeit einer vom ›schlimmen Alltag‹ ablenkenden Unterhaltung verknüpft, nicht oder kaum mit der Frage, wie bestimmte Anschauungen und künstlerische Verfahren popularisiert werden könnten.

Eine weitere Ursache ist in der überaus verbreiteten Ansicht vom grundsätzlich verschiedenen Charakter von Arbeitswelt einerseits und Privatsphäre andererseits zu suchen, Folge jener These, die Realität sei zu ›hart‹:

» Wo finden wir [...] die ›Literatur‹ in engerem Sinn? Jedenfalls nicht beim Menschen, der arbeitet! Wer einen Finanzplan aufstellt, ein Lehrbuch ›durchackert‹, ein Feld pflügt, einen Bericht schreibt, einen Kranken behandelt usw., hat keine Zeit für Gedichte, Romane, Theaterbesuche, Lektüre von Essays. [...] Wann greift der Mensch zur ›Literatur‹? [...] Wenn er ›frei‹ ist. Wenn er Zeit hat, genau das zu tun, was ihm Spaß macht. Wenn er mit dem sich beschäftigen kann, was ihn ganz unabhängig von seiner Berufsarbeit schlicht und einfach interessiert. Wenn er es genießen will, daß er sich durch seine Arbeit eine Zeit der Muße erarbeitet hat. Diese Zeit der Muße ist der Raum der Literatur.« [161]

Wenn doch einmal ein Autor den Bereich ›Kunst‹ direkt und nicht in Form eines Laienzirkels nach Feierabend in die Wirklichkeit eines Betriebes einbezogen hatte wie dies in Karl Mundstocks Roman *Helle Nächte* in der Gestalt eines Harmonika spielenden Jungarbeiters der Fall war, so gab die Kritik sofort der » Verwunderung des Lesers« darüber Ausdruck, wie jemand »auch im ärgsten Arbeitsgedränge die Harmonika vor der Brust behält und selten mit Hand anlegt. Welcher Brigadeführer oder Vorarbeiter würde ihm das durchgehen lassen?« [162]

Dabei gab es gerade im Bereich des ›kleinen Alltags‹ Probleme, die den Betroffenen oft vor schier unlösbare Probleme stellten, in der Literatur jedoch so gut wie keine Rolle spielten, von der Kritik ganz zu schweigen. In diesem Zusammenhang sei einmal nicht auf Ausnahmen wir Brecht verwiesen, der gerade in solch ›einfachen Geschichten‹ ein überaus großes Problem sah, wie sein Notat über die »kleinen hamsterer« [163] und vor allem seine Agitprop-Bemühungen beweisen. (Die Übel sollten direkt am Ort des Geschehens mit der Wurzel ausgerottet werden – nämlich notfalls durch sofortige Absetzung des Verantwortlichen.) Genannt sei vielmehr der Beitrag einer Hausfrau und ehemaligen Bibliothekarin im Organ des DSV ›Der Schriftsteller‹. Auch hier wird zunächst in jener beschriebenen Weise argumentiert. Dann macht die Verfasserin allerdings auf etwas aufmerksam, was gänzlich andersgeartete, sehr reale Bedürfnisse erkennen läßt und gleichzeitig andeutet, daß jene Fluchtbedürfnisse nicht zuletzt dadurch ständig neue Nahrung erhielten, daß die hier genannten Bedürfnisse nur sehr wenig befriedigt wurden. Sie wisse von vielen, die auf »die jeden Sonntag in der Berliner Zeitung erscheinenden Aufsätze Karl Kleinschmidts und des Schriftstellers Stefan Heym« (auch diese gehörten zu den Ausnahmen)

»geradezu warten und sie mit wirklicher Begeisterung, ja sogar mit Hingabe lesen! Und zwar deshalb, weil diese Arbeiten Heyms und Kleinschmidts fern jeder Bagatellisierung und leerer Schablone, weil sie von wirklich *schonungsloser Ehrlichkeit* und *Wahrhaftigkeit* auf allen Gebieten unseres gesellschaftlichen Lebens sind, getragen von *Bekennermut*, den ich und den Hunderte und Tausend von Zeitungs- und Bücherlesern allzuoft vermissen.«

Und anknüpfend an einen von Kleinschmidt genannten Fall einer Entlassung schreibt sie – und dies hat Seltenheitswert in jenen Jahren –, man müsse die Verantwortlichen »ernstlich kritisieren, und vor allem, man muß sie zur Verantwortung ziehen, welche ›hochgestellte Persönlichkeiten‹ es nun auch immer seien.«Solche und ähnliche Fälle seien keine Einzelfälle. Sie stellten

»ein brennendes Problem dar, ein Problem, was durchaus in der Literatur Gestaltung finden müßte. Bewegt dieses Problem nicht ungemein viele Menschen, Arbeiter und Intellektuelle, Menschen in Ost und West? Es bewegt die Menschen mindestens ebensosehr wie die in den Zeitungen diskutierte etwaige materielle Mängel. Sind das wirklich keine Probleme, wert, von einem Autor aufgegriffen und tiefgehend analysiert zu werden? Sind Böswilligkeit, Unfähigkeit und Schlendrian, sind Karrierismus und Intrigantentum, sind geistige Trägheit und Trägheit des Herzens keine Probleme für unsere neue fortschrittliche Literatur?« [164]

Nicht um Popularisierung in der hier angedeuteten Weise jedoch ging es, sondern um Trivialisierung. Es herrschte die Ansicht vor, man könne bestimmte soziale und Leserschichten (in erster Linie kleinbürgerliche Schichten und Frauen) nur dadurch auf den ›rechten Weg‹ führen, indem man sich in wesentlichen Punkten auf ihr Terrain begebe. D.h. die ›richtigen‹ Ansichten sollten entsprechend ›verpackt‹ dargestellt werden, damit sie, ohne daß der Leser es groß merke, seine alten Ansichten beeinflußten und sukzessive ersetzten. Der Leser solle »durch kleine Zugeständnisse an eine gewohnte Unterhaltungsart den Anschluß an den fortschrittlichen Inhalt finden« [165] – diese und ähnliche Wendungen standen in zahlreichen Rezensionen.

Was aber waren die ›kleinen Zugeständnisse‹, die so viele Kritiker forderten? Es waren in erster Linie Liebesgeschichten und -romane, die als geeignet zur Vermittlung ›fortschrittlicher‹ Inhalte betrachtet wurden. Etwa die »herzzerreißende Geschichte« – so eine der seltenen Negativkritiken – »von der Verführung der scheuen Kleinbauerntochter durch den Wüstling von Großbauernsohn und jene keimfreien Liebesverhältnisse zwischen Landmädchen und MTS-Traktoristen«. [166] Um die entsprechende Literatur zu fördern, wurden Preisausschreiben wie »Die schönste Liebesgeschichte« veranstaltet. [167]

Die ständige Wiederholung der Forderung nach einer solchen ›Literatur der kleinen Zugeständnisse‹ sowie die Betonung in entsprechenden Rezensionen, der »Ruf nach einer guten Unterhaltungsliteratur ist bei unseren Schriftstellern, vor allem bei unseren Nachwuchsautoren, nicht ungehört verhallt« [168], hatten fatale Folgen. Zum einen rief es die »Konjunkturritter« auf den Plan, »die über alles schreiben, im Karl-Marx-Jahr über Karl Marx, und nun, da in Westdeutschland Kirst mit seinem Antibarrasroman einen Erfolg verzeichnen konnte, wollen sie es ihm gleichtun.« [169] Die Sache war sehr einfach. Es erforderte nur wenig Geschick, eine Courths-Mahler-Vorlage einfach ›umzuschreiben‹. Ein Verlag fand sich immer, eine zweite Auflage war oft schon eingeplant. Und im Falle von Schwierigkeiten war ein Wechsel nach Westdeutschland möglich.

Die andere Folge war, daß die kritischen Stimmen eine Seltenheit waren, womit weniger die Zeitschriften wie die NDL gemeint sind als vielmehr das ›Börsenblatt‹. Was vor allem fehlte, waren Glossen, die sich mit den Mitteln der Satire des Kitsches annahmen. In den Anfängen waren diese noch zu lesen gewesen wie die in ›Heute und Morgen‹ erschienene von Leo Alexi, in der anhand eines Beispiels – ein Intendant wollte Mitglied der Li-

teraturkommission des Kulturbundes werden und hatte seinem Schreiben ein Manuskript, betitelt »Die schöne Madeleine«, beigelegt – gezeigt wurde, wie mit »allen Mitteln
des ältesten Schundes und Kitsches« [170] gearbeitet wurde. Die Tatsache sei erschüt-
ternd, schrieb Alexi, daß dieses Musterbeispiel von Schund und Kitsch mit »Tendenzver-
zuckerung« im Jahre 1948 geschrieben wurde. Und warnte vor

> »literarische[n] Konjunkturritter[n] [. . .], die geschickter verfahren und nicht so schnell zu erkennen
> sind, wenn sie sich an dem Unglück unseres Volkes durch ›Zeitdichtung‹ ihre Suppe kochen wollen.
> Der Kitsch der alten Zeit ist, wie man sieht, noch nicht einmal überwunden [. . .]. *Kitsch unserer Zeit*
> ist auf dem Anmarsch – *Tendenzkitsch:* Wir wollen die Augen offen halten!« [170]

Doch derartige Glossen wurden seltener. Auch Fragen nach bestimmten Traditionen –
»Ist das nicht alte Jugendbewegung auf Latschen?« [171] – findet man kaum; ebensowenig die Frage, ob der Abdruck von ›neuer‹ Unterhaltungsliteratur in Zeitungen und Zeitschriften nicht andere Versuche zunichte mache und ob ein solcher Abdruck angesichts
der Tatsache, daß sich »die Menschen und besonders auch die Frauen vom Genre der
Courths-Mahler [nur mühselig] lösen können« und dieser Prozeß noch nicht abgeschlossen sei (wie die Beliebtheit etwa des Filmes *Wenn der weiße Flieder wieder blüht* zeige),
nicht »ein Verbrechen am Bewußtseinswandel unserer Menschen« sei und ein »Schlag ins
Gesicht der Schriftsteller und Kritiker, die ihre Aufgabe ernst nehmen und verantwor-
tungsbewußt nur das der Öffentlichkeit übergeben, was wirklich reif ist. Aus bloßer Ge-
schäftstüchtigkeit soll nichts auf den Markt geworfen werden.« [172]
   Genau dieser Markt aber war da und hatte seine eigenen Gesetze.

2.3.3.2. Beispiele für eine Courths-Mahler-Tradition

Das Feuilleton
Über die Feuilletonspalten der Tagespresse der DDR, den wohl publikumsnächsten Bereich der Kritik als auch Literaturpolitik, ist nichts bekannt. Auch wir können diese For-
schungslücke nicht schließen. Bereits die Fülle des Materials würde gesonderte Untersuchungen erfordern. Allein die bisherige Behandlung bestimmter Kritiken (sie erschienen
oft im Feuilleton), vor allem aber ein Beitrag der NDL aus dem Jahr 1955 lassen es jedoch
angebracht erscheinen, die Forschung durch einige erläuternde Bemerkungen auf diesen
Bereich aufmerksam zu machen.
   Ähnlich Christa Wolf, von der 1955 einige Beiträge zum Problem ›Unterhaltungsliteratur‹ in der NDL erschienen waren, wandte sich auch Gerhard Wolf 1955 im Dezem-
berheft der NDL diesem Bereich zu, im Unterschied zu Christa Wolf jedoch nicht dem
Genre ›Unterhaltungsroman‹, sondern einem Genre, das sich ganz offensichtlich größter
Beliebtheit erfreute, in der Kritik aber kaum eine größere Rolle gespielt hatte: der ›Feuil-
letonlyrik‹. [173] Was da zutagegefördert wurde, rechtfertigte Wolfs Bemerkung, daß
man eine »nichtwiedergutzumachende Schuld« auf sich lade, wenn man den neuen Menschen weiterhin »Kitsch und Surrogate« (S. 131) vorsetze und Dichter wie Huchel,
Hermlin, Fürnberg oder Fühmann, die einem größeren Publikum immer noch nicht bekannt seien, weiterhin vorenthalte.

Wolf hatte sich über einen längeren Zeitraum die Feuillentonspalten sowohl der Berliner als auch der Bezirkspresse angesehen und dabei festgestellt, daß von bekannten zeitgenössischen und den Dichtern des ›Erbes‹ wenig erschienen war, desto mehr aber von »Hausdichtern«, wie er sie nannte. Aus der von Wolf veranstalteten Sammlung und Blütenlese seien einige Gedichte herausgegriffen. Sie stammen aus einem längeren Zeitraum und waren nach Wolfs Aussage repräsentativ.

Neue Liebe
Johanna Kraeger
Aus: Berliner Zeitung

Sind meine Küsse wirklich noch die gleichen,
da ich von Liebe nur und Sehnsucht träumte;
als noch mein Fuß vor Feierlichem säumte,
bereit, in einen neuen Traum zu weichen?

Und heute, wo ich meinem Tritt vertraue,
der nicht mehr fliehen will in ferne Träume;
wo ich vom Tage reichgeword'ne Reime
dem Leben singe und ins Morgen schaue?

Nein – meine Küsse sind nicht mehr dieselben,
sie sind erfüllt von unsern neuen Träumen,
die weiterwachsen gleich den jungen Bäumen
und so wie Brücken alles überwölben. (S. 123f)

Schicksal
Johanna Kraeger
Aus: Neue Zeit

Ein Schmerz geschah –
Wer fragt danach?
Die Nacht war nah,
Grau das Gemach.

Geschah ein Glück
Dem Herzen dann?
Ruf nichts zurück,
Was liegt daran!

Geschick geschah –
Von vielen eins.
Sag dennoch Ja,
Auch wenn es deins. (S. 125)

Das Walzwerk
Johanna Kraeger
Aus: Sächsische Zeitung

Das Walzwerk glüht im Morgenrot
der neuen Zeit – aus Stahl wird Brot!

Die Kräne fahren durch den Saal,
die Zange faßt den goldnen Stahl

Und wirft ihn auf das Walzenband,
bedient von harter Männerhand.

Wie eine Feuerschlange schießt
das glänzende Metall und fließt

Gebändigt, daß es nicht entweicht,
bis es das rechte Maß erreicht,

Durch der Maschine schmalen Mund.
Die Frauen rollen Bund um Bund

Des flachgewalzten Stahles auf
und runden so der Arbeit Lauf.

Das Walzwerk glüht im Abendrot,
und ohne Rast wird Stahl zu Brot. (S. 125) [174]

Aus: *Ein kleines Erlebnis*
Elfriede Mund
Aus: Junge Welt, 28. 8. 1953

Auf einmal erhob sich der Wind hinterm Gras
dieser lose Geselle und macht sich 'nen Spaß:
Er plustert den Rotrock und weiß so im Reigen
die schneeweiß bestrumpften Beine zu zeigen
bis hoch in die Hüften – der Schuft!
Das Mädel bemerkt es und droht in die Luft,
Was erlaubt sich der Wind? Das junge Blut
ertanzt sich hier für ein Kulturprogramm Mut.

Nachdenkliches aus dem Kuhstall
Edith Müller-Beeck
Aus: Freiheit, 16. 2. 1955

Die Kuh gleich vorne links im Stalle
gebar heut nacht ihr erstes Kalb.
Es war nicht leicht in diesem Falle,
der Bauer war grad außerhalb.

Sie wußte nichts von Säuglingspflege
und von der Menschheit kühnem Trick,

was willig nicht auf seinem Wege,
zu fördern mittels einem Strick.

Der Bulle, der für diese Stunde
zur Rechenschaft zu ziehen war,
blickt selbstgefällig in die Runde.
Ihm war die Sache auch nicht klar.

So stand sie denn nun ganz alleine
mit ihrem ungebornen Kalb –

Ein Schmerz durchfuhr die Tugendreine –
Und er entriß es ihr schon halb.

Jetzt endlich wußte sie die Richtung,
die alles nahm, was sie bedrängt!
Und bei des Kälbchens voller Sichtung –
Da fühlte sie sich ganz beschenkt!

Sie bog sich willig zu ihm nieder,
das unter Schmerzen sie gebar.
Beleckte es dann immer wieder,
bis daß das Kälbchen trocken war.

Ist das nicht weise von der Kuh?
Vor der Erkenntnis nicht erschrecken,
und als sie ihr zu Füßen liegt,
sogar noch obendrein belecken! (S. 128f)

Zu dieser Auswahl sei lediglich noch angemerkt, daß Wolf ausdrücklich betonte, er lasse die »›Trommel-und-Fanfaren-Lyriker‹ bewußt beiseite, ohne Ohren schlimmen Einfluß zu unterschätzen.« (S. 132) [175]

Wolfs Ausführungen im Anschluß an seine Blütenlese deuten darauf hin, daß es sich bei den von ihm kritisierten Zuständen um allgemeine handelte. Zum einen war es kein Zufall, wenn Feuilletonredakteure die Ergüsse ihrer ›Hausdichter‹ abdruckten, gab es doch ein Organ,

»das sich anscheinend speziell für zuständig hält, dergleichen Reime zu sammeln, eine Zentralstelle, die den Vertrieb schwacher und kitschiger Lyrik geradezu ›organisiert‹: der Feuilleton-Pressedienst. Dort geben sich all die Genannten und noch andere mehr ein Stelldichein und drücken auf das Niveau.« (S. 129)

Wesentlicher als diese organisatorische Bedingung war allerdings die Auffassung, daß jene Gedichte dem Publikumsgeschmack entsprächen und leichter verständlich seien. Gedichte Georg Maurers z.B. waren von der ›Berliner Zeitung‹ mit dem Argument abgelehnt worden, man könne sie nicht bringen, »weil sie ›an die Leser wohl zu große Anforderungen stellen‹!« (S. 125) Diese »kleinbürgerlichen Ergüsse« (S. 125) konnten nur deshalb so weite Verbreitung finden, weil sie der ›lyrische Ausdruck‹ einer bestimmten Weltanschauung waren:

»der kleinbürgerlichen Ideologie, die sich auf dem Wege über den Dilettantismus in den verschiedensten Formen bei uns eingeschlichen hat und sich den fortschrittlichen Ideen gleichsam an die Rockschöße hängt – wovon auch die Leser vieler zeitgenössischer Unterhaltungsromane ein Lied singen können.« (S. 132)

Gerhard Wolf ging in seinem Resümee sogar so weit zu behaupten, daß jene Lyriker die Presse nur deshalb hätten heimsuchen können, weil sie jahrelang geduldet worden seien: »wohl nicht immer haben sie sich so ausleben dürfen, ist ihnen ein solcher Raum zur Verfügung gestellt worden wie in unserer Presse.« (S. 131)

2.3.3.3. Kontroversen um das Werk Elfriede Brünings

Elfriede Brüning – eine Feministin?

Die in den letzten Abschnitten geschilderte Entwicklung läßt sich paradigmatisch an den Kontroversen um das Werk einer Autorin darstellen, die zu den erfolgreichsten ihrer Sparte gehörte (und noch immer gehört) und die für die einen die Courths-Mahler der DDR ist, für die anderen das Musterbeispiel einer Verfasserin fortschrittlicher Unterhaltungsliteratur. Auch in der Forschung kommt dieser Autorin eine gewisse exemplarische Bedeutung zu. Obwohl eine Autorin mit großem und festem Leserstamm, wird sie von der DDR-Literaturgeschichtsschreibung kaum zur Kenntnis genommen. Die *Geschichte der Literatur der DDR* begnügt sich mit einigen Verweisen [176] (vergleichbare Autoren werden ebenso kurz abgehandelt oder wie im Fall Hildegard Maria Rauchfuß überhaupt nicht genannt). Liefert dies bereits mehr Aufschlüsse über den Forschungszweig als über den Forschungsgegenstand, so kann Ähnliches über eine westliche Richtung der Geschichtsschreibung zur DDR-Literatur gesagt werden. Im Zuge einer sachlichen Auseinandersetzung mit der Literatur der DDR und dem sukzessiven Begreifen eigener Probleme und Konflikte fand Elfriede Brünings Werk eine sehr positive Erwähnung, da eines seiner zentralen Themen die Emanzipation der Frau ist. Besonders auf den 1955 erschienenen Roman *Regine Haberkorn* wurde wiederholt hingewiesen. Für Friedrich Rothe war er das »bedeutendste Werk der DDR-Literatur über die Emanzipation einer Arbeiterfrau«. [177] In gleicher Weise urteilt Patricia Herminghouse. Ihr positives Urteil beschränkt sich dabei nicht auf Elfriede Brüning, sondern schließt gleich mehrere Autoren ein:

»Die Autoren dieser frühen Werke möchten ihre Leser mit der neuen Auffassung von der Stellung der Frau in der sozialistischen Gesellschaft bekanntmachen, indem sie Situationen schildern, in die sich der Leser leicht hineindenken kann. Solche Romane sollten die Bereitschaft des Lesers, radikale gesellschaftliche Veränderungen zu akzeptieren, erhöhen, indem sie die Wandlung von Charakteren mitvollziehen ließen, welche deprimierende häusliche Verhältnisse hinter sich lassen und im Engagement für die sozialistische Gesellschaft Erfüllung finden. Autorinnen wie Marianne Bruns bringen besondere Sensibilität für die Probleme auf, die Angehörige ihres Geschlechts überwinden müssen. Nach den Wertmaßstäben der westlichen Literatur gleichen diese Romane verblüffend Texten, die man im allgemeinen als ›Trivialliteratur‹ abtut, weil in ihnen die Heldin für ihre Leiden mit einem völlig unproblematischen, vorhersehbaren ›Happy-End‹ belohnt wird. Doch trotz der schlichten Erzähltechnik, dem Mangel an formaler Innovation und dem unverhüllt moralisierenden Grundton wird man diese Romane nicht als Trivialliteratur einstufen, wenn man Helmut Kreuzers Definition der Trivialliteratur als ›Literatur unterhalb der literarischen Toleranzgrenze der literarisch maßgebenden Geschmacksträger einer Zeit‹ für richtig hält. In diesen frühen Jahren nach Gründung der DDR hatte die staatliche Kulturpolitik zum Schreiben solcher Werke geradezu ermutigt. Statt die Leserin in Passivität einzuüben, bis sie ihre unerfüllbaren Wünsche und dringlichen Probleme vergißt, erfüllen diese Romane die didaktische Funktion, in ihr den – erfüllbaren – Wunsch nach einer positiven Veränderung ihres Lebens zu wecken.« [178]

An dieser Wertung, der sich sofort eine ausführliche Besprechung von *Regine Haberkorn* anschließt, fällt zunächst auf, daß das Problem ›Trivialliteratur in der DDR‹ nicht durch eine Analyse der realen Verhältnisse, sondern durch eine Definition gelöst wird; eine Definition zudem, die hinsichtlich der DDR nicht einer gewissen Ironie entbehrt. Denn spätestens im Kontext der Förderung der Unterhaltungsliteratur durch Partei und staatliche

Organe hätte Herminghouse fragen müssen, wer denn die ›literarisch maßgebenden Geschmacksträger jener Zeit‹ waren. Der Hauptvorwurf jedoch, der Herminghouse zu machen ist, betrifft einige Kontroversen der 50er Jahre um Brünings Romane. Sie hat sie – wie vor ihr Friedrich Rothe – nicht zur Kenntnis genommen. Dies wiegt um so schwerer, als in diesen Kontroversen Kritiken laut wurden, die aufgrund Herminghouse' Urteil ›falschen westlichen‹ Auffassungen zugeordnet werden müßten. So wurde die Auseinandersetzung um *Regine Haberkorn* mit den Worten eingeleitet, es gehe hier um die

»Auseinandersetzung mit einigen ernsten Erscheinungen in verschiedenen neueren Romanen, die eine Tendenz zum Abgleiten in den Courths-Mahler-Stil aufweisen. Wir glauben, mit unseren kritischen Bemerkungen, dargestellt an bestimmten Beispielen, Schriftstellern und Lersern zu helfen und auf diese Weise einen Beitrag zur Vorbereitung des IV. Deutschen Schriftstellerkongresses zu leisten.« [179]

Biographische Daten

Elfriede Brüning, geboren 1910, ist Tocher eines Tischlermeisters. Sie besuchte die Oberschule bis zur Obersekundareife und wurde Redaktionsangestellte. Als Achtzehnjährige begann sie 1929 für das ›Berliner Tageblatt‹, die ›Vossische Zeitung‹ und die ›Frankfurter Zeitung‹ zu schreiben. 1930 trat sie der KPD bei, womit für sie »›ein neuer Abschnitt meines Lebens‹« begann. Sie schrieb fortan für die Presse der KPD, wurde Mitglied des BPRS. Ihr erster Roman *Handwerk hat goldenen Boden* [181] konnte durch den Machtantritt der Nationalsozialisten nicht mehr erscheinen. Nach 1933 arbeitete sie illegal im BPRS. 1953 berichtet sie, daß die illegale Tätigkeit sie mit den »führenden Männern der deutschen Arbeiterbewegung« zusammengebracht hätte und »daß Ernst Thälmann, Wilhelm Pieck und Walter Ulbricht fast täglich zu ihren Eltern ins Haus kamen, wo bis Ende 1933 das ZK der Kommunistischen Partei tagte.« [182] Als die Gestapo dem BPRS auf die Spur kam, wurde auch Elfriede Brüning 1935 verhaftet. Sie kam als ›Schutzhäftling‹ ins Frauengefängnis Barnimstraße. 1937 heiratete sie den Schriftsteller Joachim Barckhausen.

Bereits die ersten Bücher Elfriede Brünings – *Und außerdem ist Sommer* (1934), *Junges Herz muß wandern* (1936), *Auf schmalem Land* (1938) – waren »anspruchslose Unterhaltungsromane, die unter dem Faschismus des Broterwerbs wegen entstanden.« So das *Lexikon sozialistischer deutscher Literatur*. Nun soll und kann hier nicht das Problem des Broterwerbs zur Diskussion stehen. Da Elfriede Brüning aber nach 1945, als sich für sie dieses Problem in anderer Weise stellte, mit nur geringfügigen Korrekturen so weiterschrieb, wie sie es in der Vorkriegszeit getan hatte [183], weckt jene Formulierung nicht geringe Zweifel. Die Frage ist, ob jene Romane wirklich so anspruchslos waren.

Wie bereits berichtet, hatte Elfriede Brüning noch 1955 geschrieben, welchen Stolz sie 1934 zunächst über das Erscheinen ihres ersten Romans empfunden hatte. Ein knappes Jahrzehnt später erwähnt sie, das Buch sei »ein für damalige Verhältnisse unerwartet großer Erfolg« gewesen. Die Kritik habe spaltenlange Besprechungen gebracht, in denen das Talent der Verfasserin bestätigt worden sei. Nur ein Nazi-Kritiker habe gegen diese ›Asphaltliteratur‹ einzuschreiten versucht. »Dessenungeachtet veranstaltete der Verlag bald darauf eine zweite Auflage.« [184] Wären nicht diese penetrant wiederholten Hinweise auf ›Publikumserfolge‹ auch in der Zeit vor 1945, wären da vor allem nicht die Tatsache, daß gerade dieser Erstling 1964 in der DDR wieder aufgelegt worden ist (und inzwischen die vierte Auflage erreicht hat) [185], sowie das Vorwort zur Ausgabe von 1964, in dem Brüning *Und außerdem ist Sommer* unter dem Hinweis, er sei mit Billigung des BPRS entstanden, als einen in Sklavensprache verfaßten Widerstandsroman deklariert [186], der auch der Jugend von 1964 bzw. 1974 noch wichtige Einblicke in jene Zeit vermitteln könne, so könnten Brünings Romane tatsächlich als anspruchslos bezeichnet werden.

Schon früh muß sich bei dieser Autorin die Überzeugung herausgebildet haben, Leser seien ausschließlich dadurch zu unterhalten und zu beeinflussen, daß man ihnen die ›kleinen Dinge des Alltags‹, ›Alltagsprobleme‹ vorführe und an die entsprechende Gefühls- und Erlebniswelt, kurz: die ›Welt des kleinen Mannes‹ anknüpfe. Vor allem aber: daß all dies in bürgerlicher Unterhaltungsliteratur angesprochen werde und daher deren Sujets, Motive und Konflikte benutzt werden könnten, wenn man nur den Gehalt ändere, thematisch ergänze. Wenn auch entsprechende Zeugnisse für solche Ansichten aus den 30er Jahren fehlen, so ist späteren Äußerungen von Elfriede Brüning, besonders aber ihren Romanen und Erzählungen zu entnehmen, daß es sich bei ihrer Literaturkonzeption nicht, wie von der Kritik vielfach behauptet, um bloße Taktik handelt, geeignet, ganz bestimmte Schichten zu erreichen. Hier handelt es sich zweifellos um ein strategisches Konzept.

Die ersten DDR-Romane

Ein Kind für mich allein

Ein Kind für mich allein, der erste, 1950 erschienene Roman mit Emanzipationsthematik, knüpft bereits im Titel an die früheren Romane an. Hier finden sich all jene Ingredienzen eines Tendenzkitsches, wie sie von Alexi oder Wolf gekennzeichnet worden waren. Johanna, die Heldin, ist Krankenschwester. Sie wird wie folgt charakterisiert:

»Johannas Gedankenwelt war sehr einfach. Von frühester Jugend an Entbehrungen und harte Arbeit gewöhnt, hatte sie die Variationen der Liebe niemals kennengelernt. Sie kannte keine Tanzstunden und keine Bälle, kein Rendezvous und keinen harmlosen Flirt.« [187]

Natürlich gerät die so Prädisponierte unter den Einfluß eines jungen Arztes:

»Der Eingriff, den der Doktor wagte, war lebensgefährlich. Wenn er gelang, würde er ihn mit einem Schlage aus der Reihe der Chirurgen herausheben. Schon seine Diagnose in diesem frühen Stadium der Krankheit war eine Leistung, die Bewunderung abzwang. Mit theoretischem Wissen allein war solche Erkenntnis nicht zu erringen, es gehörte lange Erfahrung dazu. Friedo, der diese Erfahrung nicht hatte, ersetzte sie durch Intuiton. Er schien wirklich zum Arzt geboren.« Es kommt zu außerdienstlichen Kontakten: »Sie meinte es deutlich zu fühlen, wie der winzige Keim in ihr täglich wuchs, wie er nach und nach menschliche Form annahm und sich von ihren Säften nährte, und Friedo war daran beteiligt.« [188]

Die Lösung der Konflikte – Friedo ist mit sich selbst noch nicht fertig, auch spielen andere Frauen eine Rolle – besteht nun darin, daß Johanna ihr Schicksal selbst in die Hand nimmt und sich entschließt, das Kind allein großzuziehen. In ihm sieht sie die Möglichkeit ihrer eigenen Emanzipation.

Annemarie Auer wies in einer Gesamtkritik der Bücher von Elfriede Brüning darauf hin, daß sich hier ganz offensichlich »kleinbürgerliche Gedangengänge [...] eingeschlichen und erhalten« hätten. Und sie fährt fort:

»Es wird uns beispielsweise in jenem Roman eine Krankenschwester gezeigt, deren ganze gesellschaftliche Existenz sich wie von selber ordnet, sobald sie sich getraut, unverheiratet und im Berufsleben stehend, auf eigene Verantwortung ein Kind zu empfangen und zur Welt zu bringen. Ebensowenig, wie Kinder dazu da sind, nach dem Rezept der Nazis die Frau für ihre gesellschaftliche Unterdrückung durch Zuwachs an Pflichten und Gemütswerten zu entschädigen, ebensowenig wie sie dazu da sind, auseinandergehende Ehen zu leimen, ebensowenig liegt es in der Macht der kleinen Geschöpfe, durch ihr bloßes Erscheinen die gesellschaftliche Position ihrer Mutter zu verbessern und zu ordnen.« [189]

Was mit Patricia Herminghouse als ›Roman des Bewußtseinswandels‹ benannt werden müßte, wurde schon in dieser frühen Kritik nicht nur als frauenfeindlich apostrophiert. Es befand sich auch in gefährlicher Nähe zum ›Blut-und-Boden‹-Kitsch. Darüber hinaus wurde auf diese Zusammenhänge von einer Kritikerin hingewiesen, die nicht selten ähnliche Gedankengänge erkennen ließ. Daß Annemarie Auer keine direkten Konsequenzen forderte, deutete indirekt auf den Einfluß, über den Brüning verfügte. Schon im übernächsten NDL-Heft erschien eine Korrektur Auers. Niemand habe die »unbestreitbaren Leistungen« der Autorin anzweifeln wollen, habe sie doch »aus kämpferisch-demokratischem Bewußtsein und mit breitem Erfolg für den Antifaschismus gewirkt.« [190] Die Vermutung liegt nahe, daß bei der Redaktion inzwischen ein entsprechender Brief von Elfriede Brüning und Leserbriefe eingegangen waren.

Vor uns das Leben

Es dauerte nicht lange, da wandte sich Elfriede Brüning erneut einem Gegenwartsthema zu. Das Thema versprach Förderung, stand es doch an oberster Stelle in den Auftragslisten der Verlage. [191] Zudem ließ der Name der Verfasserin einen Publikumserfolg erwarten. Brünings Vorhaben wurde im April 1951 im ›Börsenblatt‹ vorgestellt und ausführlich erläutert. Unter der Rubrik »Schriftsteller helfen dem Fünfjahrplan« berichtete Heinz Rusch, Elfriede Brüning arbeite an einem Roman über die Arbeiter- und Bauernfakultäten. [192] Die Autorin habe umfangreiche Milieustudien unternommen, vieles sei in Diskussionen mit den unmittelbar Beteiligten geklärt worden.

Die Arbeit Elfriede Brünings an diesem Roman ist ein exemplarisches Beispiel dafür, wie fragwürdig eine Erkundung vor Ort sein konnte. Ja eine spätere Kritik konnte demagogisch mit dem Hinweis abgetan werden, der Kritiker könne bestimmte Dinge gar nicht beurteilen, sei er doch nicht dabeigewesen.

Schon zu dem Zeitpunkt, als es lediglich die Vorstufe der ABF, die Vorstudien-Anstalt, gab, hatte sich Elfriede Brüning mit dem Plan befaßt, ein Buch über die Arbeiter- und Bauern-Studenten zu schreiben. Sie machte einen ersten Entwurf, den sie aber nach Diskussion mit einigen Kollegen wieder vernichtete:

»Ich hatte den Fehler gemacht, nur die Menschen zu sehen, aber die Probleme dieser Menschen waren nicht die typischen Probleme von Arbeiter- und Bauern-Studenten. Ich sah ein, daß ich meine Milieu-Studien noch wesentlich vertiefen mußte und nahm nochmals – diesmal aber weit nachdrücklicher und beharrlicher als das erstemal – meine Studien an Ort und Stelle auf. Das war Anfang des Jahres 1951.

Um in ständiger Verbindung mit den Studenten zu sein und um an ihrem Leben weitgehend teilzunehmen, zog ich [für drei Monate; d.V.] in das damals gerade neuerbaute Studentenheim ›Philipp Müller‹. Ich ging morgens zusammen mit den Studenten in die Klassenräume, nahm am Unterricht, an Klassenversammlungen und an gemeinsamen Studien-Fahrten teil. Abends ließ ich mir von den Studenten aus ihrem Leben erzählen, von ihrem Werdegang und von ihren Zukunftsplänen. Mit Unterstützung der Dozenten wurden in einigen Klassen Aufsätze über das Thema geschrieben: ›Wie stelle ich mir einen ABF-Roman vor?‹ – die mir einige wertvolle Anregungen gaben.«

All diese Dinge hörten sich nicht nur unter dem Gesichtspunkt, daß die ABF ein Novum in der deutschen Geschichte darstellten und für sie auch mit literarischen Mitteln geworben werden mußte, sehr vielversprechend an. Denn Brüning schien auch literarisch Neues zu versuchen:

»Von vornherein war mit klar, daß ich bei der Gestaltung eines Romans über Arbeiter- und Bauernstudenten [...]ganz neue Wege würde einschlagen müssen. [...] Es konnte in diesem Buch nicht meine Aufgabe sein, den Entwicklungsweg eines einzigen oder nur weniger Menschen zu schildern; positiver Held ist – oder sollte zumindest sein – das Kollektiv« [193].

Bezog man jedoch die reiche Tradition revolutionärer sowjetischer Literatur gerade zu diesem Thema mit ein [194] und verglich sie mit den bisherigen Arbeiten Elfriede Brünings, vor allem mit ihrem Roman *Ein Kind für mich allein,* so war die Frage unausweichlich, wie eine Autorin wie diese das ABF-Thema bewältigen wollte. Wie sollten drei Monate Milieustudien ausreichen, gesellschaftliche Prozesse großen Ausmaßes darzustellen und obendrein noch die wirklichen Probleme von *Arbeiter –* und *Bauern* studenten zu erfassen?

Bevor Bünings Arbeit überhaupt vorlag, konnte davon ausgegangen werden, daß von der erkundeten Realität kaum etwas dargestellt sein würde. Zwar berichtete Rusch in seinem Artikel:

Elfriede Brüning »hat drei Menschengruppen als charakteristisch für die Zusammensetzung der Hörer an der Arbeiter- und Bauernfakultät bezeichnet: ›Da ist zunächst der politisch klare Arbeiterjunge, vom Betrieb delegiert, der seinen gesellschaftlichen Auftrag kennt, der bewußt für die Arbeiterklasse lernt. Weiter gibt es Kinder aus kleinbürgerlichen Verhältnissen, die sich unter dem Einfluß der Umgebung und des Unterrichts zu einem klaren Weltbild durchringen. Und schließlich gibt es noch immer die Karrieristen, die das Studium lediglich als Sprungbrett in ein gesichertes Leben betrachten und die man entlarven muß.‹Die Erziehung zum Kollektivleben durch Überwindung des Individualismus wird in Elfriede Brünings Roman einen besonders breiten Raum einnehmen, wobei eine wesentliche Rolle die richtige Anwendung der Kritik und Selbstkritik spielt.«

Die hier noch erkennbaren Realitätspartikel fehlen jedoch ganz, wenn Brüning von der Grundkonzeption ihres Romans spricht:

»Der Roman handelt von jungen Menschen, die sich ein hohes Ziel gesetzt haben. Deshalb wird das Buch in seiner Anlage und in seiner Atmosphäre ein ernster Roman sein. Weil er aber unter *jungen* Menschen spielt, wird darin auch die heitere Seite des Lebens nicht vernachlässigt werden. Es wird auch von persönlichen Beziehungen die Rede sein, wie sie sich von ganz natürlich aus den neuen gesellschaftlichen Verhältnissen heraus entwickeln.‹« [195]

Wenn Brüning später von »Marianne als strebsame[r], ja übereifrige[r] Studentin« und der »anfangs leichtfertigen Karin« [196] spricht, so unterstreicht dies nur die Art, in der sie dieses Gegenwartsthema anging.

Als der Roman Ende 1952 erschien, übertraf er die schlimmsten Erwartungen. Das Brüningsche ›Erbe‹ überwucherte Stoff und Thematik. Im Unterschied zu *Ein Kind für mich allein* hatte Elfriede Brüning in diesen Roman so viel an angelesener Gegenwartsthematik und -problematik hineingestopft, daß er wohl kaum treffender als mit der Bezeichnung Heyms für solche Produkte charakterisiert werden kann: »Stopfgans«. [197] Von der Förderung junger Talente bis zum Stalin-Zirkel (allein dieses Thema wird wiederholt aufgegriffen) ist alles enthalten, was die Mehrheit der Lektoren wünschte und den Druck sicherte. Wesentlicher aber ist, daß Ersatzoppositionen (private- und Liebeskonflikte) dominieren und zweitens Ansichten vermittelt werden, die das Problem ›Darstellungsmittel‹ zum Randproblem degradieren. [198] Da ist von der »hohe[n] klare[n] Stirn« die Rede, die den »denkenden Menschen« [199] verrät, von der ›langen und schmalen Hand‹ des »geborenen Mediziners« (S. 210), von einem »derben Gesicht mit der niedrigen Stirn« (S. 70). Da geht eine junge Frau, trotz Auseinandersetzungen mit ihrem Mann,

»unbeirrt ihren eigenen Weg. Nachdem sie sich von ihren Kollegen im Werk hatte überzeugen lassen, daß ihre Fähigkeiten ausreichten, um eine verantwortliche Arbeit zu übernehmen, war sie fest entschlossen, Wirtschafswissenschaft zu studieren, um später – so hoffte sie – einen volkseigenen Betrieb zu leiten.« (S. 84)

Auf dem Wohnungsamt weicht ein Dozent vor dem »gewohnte[n] gefährliche[n] Gedränge« zurück, bis ihm einfällt, »daß ihn sein Dozentenausweis zur bevorzugten Abfertigung berechtigte.« Eine Putzfrau wird angewiesen, die Mansarde etwas gründlicher als sonst aufzuräumen (S. 260). Und einem Bewerber, der befürchtet, durch ein Studium seine Eltern nicht mehr unterstützen zu können, wir bedeutet:

»Ja, lieber Mann – sagen sie dem Vater, dafür studieren Sie eben. Es wird Ihnen doch hier ein Wissen vermittelt, von dem Sie Ihr ganzes Leben lang zehren können. Lesen sie Zeitungen? Na also – dann wissen sie ja, wie hoch wir unsere Spezialisten bezahlen. Das alles fließt doch eines Tages in Ihre Taschen – in die unserer heranwachsenden Intelligenz.‹« (S. 307)

Wäre nicht Kritik von seiten der unmittelbar Betroffenen erfolgt bzw. publik geworden, Brünings Roman wäre in der üblichen Weise rezensiert worden. Wolfgang Neuhaus, ein junger Autor, schrieb, Brüning habe in »ihrer temperamentvollen, erzählerischen Art« das Geschehen an der Berliner ABF zu einer lebendigen Romanhandlung zusammengefaßt. Zwar verfalle sie zuweilen in reportagehafte Schilderungen, doch trotz der Schwächen dürfe das Buch keineswegs unterschätzt werden. Die Autorin habe die Probleme tapfer angepackt, der Roman sei ein Spiegelbild vom Wachstum des Neuen und vom »moralisch-ästhetischen Wert der Beziehungen junger Menschen beiderlei Geschlechtes untereinander.« Vor allem sei das Buch »eine große und wertvolle Hilfe für uns, noch mehr Arbeiterkinder und Kinder werktätiger Bauern für das Studium an unseren Fakultäten zu gewinnen«. [200]

Eine Besprechung im ›Börsenblatt‹ schlug kritischere Töne an. Der Rezensent sah einen »Unterhaltungsroman neuen Inhalts«, wertete dies allerdings nur als formale Vorzüge.

»Sie zeichnet die Ereignisse und Begebenheit, die sie während ihres Aufenthaltes an der Arbeiter- und Bauern-Fakultät Berlin beobachten konnte, und sie verdichtet diese vielfältigen Eindrücke zu einer Komposition, die – und das ist das Paradoxe – nur zu deutlich den Stempel der bürgerlichen ›Unterhaltungsliteratur‹ alten Stils mit ihren allzu vordergründigen Liebesbeziehungen und den sich daraus ergebenden Konflikten trägt.«

Vor allem wies diese Kritik darauf hin, daß dieser »voller großer Hoffnungen erwartet[e]« Roman »mit größter Schärfe diskutiert und abgelehnt worden« [201] sei.

Brünings Roman war dort abgelehnt worden, wo er seinen Ausgangspunkt genommen hatte. Nicht nur Kants *Aula* , sondern auch zeitgenössische Dokumente und Schilderungen vermitteln einen Eindruck von der Aufbruchstimmung, die an den ABF herrschte. Doch weder davon noch von den jungen Arbeitern und Bauern war in Brünings Roman etwas zu finden gewesen. Es war daher kein Wunder, daß die schärfste Kritik gerade von ABF-Studenten kam. Auf einer Diskussion »zwischen Studenten der Berliner Arbeiter- und -Bauern-Fakultät und der Autorin über ihr Buch«

ging es »so hart her, daß es notwendig wurde, die Studenten daran zu erinnern, daß einem Stück Arbeit, an das ein ernsthaft bemühter Mensch mehr als ein volles Arbeitsjahr gewendet hat, die Achtung nicht versagt werden kann. Etwas anderes ist es, auf dieser Grundlage gegenseitiger Achtung die Mängel einer Leistung festzustellen. Von ihnen, und nur von ihnen, spricht auch die stürmische Renzension eines Leipziger Studenten, der sich dagegen verwahrt, daß in diesem Werk nichts ›von der Begeisterung zu spüren‹ ist, mit der die Arbeiter- und Bauernstudenten sich den Wissenschaften widmen.« [202]

Gerade in diesen beschwörend-mahnenden Worten wird erkennbar, wie heftig die Reaktionen der Betroffenen gewesen sein müssen. Da uns über jene Kritik jedoch nichts Näheres bekannt ist, sei eine Diskussion herangezogen, die Anfang 1953 in der Studentenzeitschrift ›Forum‹ ausgetragen wurde und an der fast ausschließlich ABF-Studenten teilnahmen. Durchgehender Tenor war, daß die »kitschige, bürgerliche Art, wie man es in 25-Pfennig-Romanen finden kann« [203], angegriffen wurde. Alles erinnere an die sogenannten Unterhaltungsromane. [204] Es sei schade um das Papier, das benötigt worden sei, und um die Zeit, die man zum Lesen habe aufbringen müssen. Keiner der Diskussionsteilnehmer sah sich und seine Probleme auch nur annähernd repräsentiert.

Diese Kritik bewirkte jedoch nicht etwa eine größere Auseinandersetzung um Fragen der Gegenwartsliteratur, wie sie der Rezensent des ›Bösenblattes‹ angeschnitten hatte. In ihrem Artikel *Zu meinem Buch* ›*Vor uns das Leben*‹ kommt Brüning mit keinem Wort auf jene Kritiken zu sprechen. Sie schließt dort:

»Immerhin denke ich, daß mein Buch die eine Aufgabe, die ich ihm zugedacht habe, erfüllt: wenn mir aus Kreisen der Arbeiter- und Bauern-Fakultät bestätigt wird, daß sich schon wenige Wochen nach Erscheinen des Buches junge Menschen bei der Fakultätsleitung gemeldet haben, die gerade aufgrund meines Buches den Mut dazu faßten, so ist das eine Tatsache, die mich beglückt. Beweist es mir doch, daß es mir offenbar gelungen ist, den jungen, begabten Arbeiter- und Bauern-Kindern die Möglichkeit zu zeigen, die heute vor ihnen liegen, sie für unsere Arbeiter- und Bauern-Fakultäten zu interessieren und sie damit auf den Weg des Lernens zu führen.« [205]

Dunkelrote Rosen – Die Kontroverse um ›Regine Haberkorn‹

Die Auseinandersetzung um *Vor uns das Leben* war noch nicht beendet, da wurde bekannt, die Autorin arbeite »zur Zeit im Auftrag des Verlags der ›Tribüne‹ an einem neuen Roman unter dem Titel ›Regine Haberkorn‹.« [206] Der Roman erschien 1955. Von denen der Jahre 1950 und 1952 unterschied er sich lediglich dadurch, daß die Versatzstücke der Romanhandlung weniger auffällig eingefügt waren. Kritiken wie »Statt aber die Gestalten aus sich selbst in Bewegung zu versetzen, werden sie durch äußere Anstöße in Handlung gebracht« [207], hatten sich somit nahezu erübrigt. Geblieben aber waren als Grundmuster der Handlung private Konflikte sowie soziale Gehalte, die in Erstaunen versetzen mußten. So wenn es von einem Meister heißt, er »ließ in beiden Abteilungen in drei Schichten arbeiten« [208], oder die Lebensbedingungen eines ehemaligen Spanienkämpfers und jetzigen Leiters der Exportabteilung im Handelsministerium wie folgt beschrieben werden:

»Bernhard hatte sich wieder einmal selbst übertroffen: da stand die Hummervorspeise, die sie so gerne aß und die er fachmännisch mit Mayonnaise angerichtet hatte; daneben lagen ungarische Salami, sowjetischer Lachs und pikante Fischsorten. Edith hatte die Teetassen angewärmt, aber als sie aufgießen wollte, nahm ihr Bernhard die Kanne aus der Hand und stellte eine Flasche bulgarischen Rotwein auf den Tisch.« (S. 85)

Regine wird ähnlich wie Johanna charakterisiert:

»Von Natur eher zur Schwermut als zum Leichtsinn neigend, hatte sie zeit ihres Lebens gegen ihre Anlage, das Leben allzu schwer zu nehmen, ankämpfen müssen und schließlich den gesunden Ausgleich in der Arbeit gefunden.« (S. 97)

Kein Wunder also, daß ihre Gedanken, als sie Probleme mit ihrem Mann hat, »immer wieder um den einen Satz [kreisten]: Wenn man sich wirklich liebt, kann es doch gar keine Probleme geben.« (S. 285)

Auch mangelt es nicht an den für Elfriede Brüning so typischen Stilblüten:»Ihre schon erhobenen Arme fielen herab. Entsetzt blickte sie in das gähnend schwarze Nichts, das ihr hinter der Lücke im Schrank, wo die Kleider gehangen hatten, entgegengrinste.« (S. 200) Ihr Sohn hatte die Rückwand abmontiert.

Diese kurze Charakteristik kann mit einer zeitgenössischen Kritik abgeschlossen werden. Marianne Lange schrieb 1955 in einem Beitrag zur Vorbereitung des IV. Schriftstellerkongresses,

der Roman, »der nach außen hin mit dem Anspruch auftritt, Probleme aus der Arbeiterklasse zu gestalten, bedient sich in Wahrheit nur der zeitgenössischen Kulisse eines volkseigenen Betriebes, um einen ganz privaten Ehekonflikt abzuhandeln, der – bei Änderung einiger äußerer Umstände – ebensogut zu einer anderen Zeit und in einem anderen sozialen Milieu hätte handeln können«. [209]

Noch deutlicher wurde Eva Strittmatter-Braun. Sie brachte Produktionen wie *Regine Haberkorn* in direkten Zusammenhang mit dem politischen Problem des Reformismus. [210]

Das eigentlich Interessante ist weniger Brünings Roman selbst als vielmehr eine hauptsächlich in der ›Berliner Zeitung‹ ausgetragene Kontroverse des Herbstes 1955. Sie entzündete sich an einer Passage in *Regine Haberkorn*. Die Heldin besucht ihren Meister in seinem Schrebergarten und bekommt am Ende des Besuches dunkelrote Rosen in den Arm gelegt. [211] Diese Rosen lieferten der Kontroverse das zentrale Stichwort. Fortan ging es um die Frage, ob dunkelrote Rosen auch für Arbeiter da seien.

Die Debatte wurde mit dem bereits zitierten Artikel Ursula Püschels [212] eingeleitet. Die Verfasserin wies ironisch darauf hin, Brünings Abgegriffenheiten kämen in jedem Groschenroman dutzendweise vor, bestimmte Passagen könnten »haargenau aus einem Courths-Mahler-Roman entnommen« sein. Die Darstellung des Besuches im Schrebergarten des Meisters rutsche »auf die unterste Stufe fader Schlager, auf den Kitsch ab.« Kurz: Es sei im Grunde genommen alles Talmi, der Roman bringe nicht weiter. Was gerade bei solch einem Thema benötigt werde, sei etwas völlig anderes.

Wer nun erwartet hatte, Püschel würde Unterstützung finden, mußte genau das Gegenteil lesen. In der ersten Erwiderung wurde zunächst gefragt, ob Brüning die Zeit verlogen dargestellt habe, ob z. B. »der edle Direktor des volkseigenen Betriebes das Mädchen [heiratet], das durch die Machenschaften böser Agenten seinen Verbesserungsvorschlag nicht durchsetzen konnte? (Bitte mein Beispiel nicht als Vorlage für einen Betriebsroman zu benutzen!)« All dies treffe nicht zu, Püschels »Todesurteil ›Kitsch‹« erweise sich damit als »mit der linken, allzu linken Hand unterschrieben«. Und auf Püschels Hauptvorwurf eingehend:

»Gibt es dunkelrote Rosen? Gibt es Bananen? Gibt es weißen Flieder? Wenn die Schlagerdichter weiter soviel ungereimtes Zeug zusammenkitschen, dann dürfen (nach Ursula Püschels Verdikt) auch so sympathische Figuren wie Meister Mielke ihren geliebten Frauen höchstens einen Band ›Politische Ökonomie‹ in den Arm legen. Ein einziges Mal kommt die Kritikerin dem wirklichen Mangel in Elfriede Brünings Buch auf die Spur, wenn sie schreibt, ›wir vermissen die Tiefe bei der Gestaltung der Hauptkonflikte‹. Hier liegt die Wahrheit. Wir fürchten und wir hoffen zu wenig mit Regine und Erwin Haberkorn!« [213]

Der Redaktion der *Berliner Zeitung* gingen nach eigener Aussage zahlreiche zuschriften »zu der Diskussion um den neuen Unterhaltungsroman« [214] zu. Zwei hebt sie besonders hervor, da sie von zwei Autoren, Karl Mundstock und Ludwig Turek, stammten. Sie sind auch in unserem Zusammenhang von Bedeutung.

Mundstock, der mit seinem Betriebsroman *Helle Nächte* selbst schon Versuche in Richtung ›Unterhaltungsliteratur‹ unternommen hatte (und gerade dadurch, trotz zahlreicher positiver Ansätze [215], gescheitert war), bestritt, daß *Regine Haberkorn* auch nur annähernd etwas mit der Darstellungsweise einer Courths-Mahler zu tun habe. Er ging sogar so weit zu behaupten, daß gerade »in dieser Szene in der Laube [...] uns großartige Züge sozialistischen Denkens und Empfindens gezeigt [werden], und zwar ohne Phrasen, ohne verlogenes Edelmenschentum.« [216] Wichtig an Mundstocks Argumentation war zweierlei: daß er sich eine Courths-Mahlerhafte Darstellung nur in Verbindung mit den Inhalten älterer oder zeitgenössischer westlicher Trivialliteratur denken konnte und daß er zweitens die prinzipielle Auseinandersetzung mit bestimmten Darstellungsweisen auf eine Literatur des »Kesselrings« beschränkt sehen wollte, wie in jener Zeit eine reaktionäre, z. T. neofaschistische westliche Literaturrichtung genannt wurde.

[217] Eine vergleichbare Auseinandersetzung mit anderen möglichen trivialliterarischen Strömungen, vor allem dem Tendenzkitsch, war nicht denkbar.

Wie Mundstocks Stellungnahme gab auch die Ludwig Tureks Aufschlüsse über die eigenen Arbeiten des Autors; denn Turek hatte ähnliche Versuche wie Mundstock unternmmen. [218] Damit ist bereits angedeutet, warum besonders diese Stellungnahme von so großer Bedeutung ist. Turek gehörte zu jenen Schriftstellern, die maßgeblich an der Schaffung einer proletarisch-revolutionären Literatur beteiligt gewesen waren. Er war der bedeutendste Arbeiterautobiograph der 20er Jahre. Von all dem war in Tureks Schaffen nach 1945 jedoch wenig zu spüren. Und dies, obwohl es in Tureks Leben nicht an Abenteuerlichem mangelte. Während der Zeit des Faschismus war er z. B. mit eigenem Segelschiff durchs Mittelmeer gekreuzt, hatte Verfolgten geholfen und dabei eine für ihn charakteristische, nämlich abenteuerliche Art des antifaschistischen Widerstandes entwickelt. Diese Passagen seines autobiographischen Buches *Klar zur Wende* [219] sind ein seltenes Dokument. Sie zeugen von Mut, ungebrochenem Widerstandswillen, vor allem aber von einer Kampftradition, wie sie in Deutschland selten zu finden war.

Tureks Art, Probleme offen und direkt beim Namen zu nennen, zeigt sich auch in den Auszügen seines Briefes, die die ›Berliner Zeitung‹ veröffentlichte. Von der These ausgehend, die öffentliche Meinung für die werktätigen Massen werde nicht mittels ›großer Literatur‹ gemacht, plädiert Turek jedoch nicht etwa für eine revolutionäre Massenliteratur, wie sie einst der BPRS z. B. in Form seines »Roten-Eine-Mark-Romans« versucht hatte. Zwar ist seiner Stellungnahme nicht zu entnehmen, er habe in *Regine Haberkorn* ›großartige Züge sozialistischen Denkens und Empfindens‹ gefunden. Bücher wie das Brüningsche hält er aber für absolut notwendig:

»›Der grundlegende Irrtum in Ursula Püschels Artikel vom 26. November ist der, daß sie behauptet, Elfriede Brünings Buch ›Regine Haberkorn‹ verfehle seinen Zweck . . . Ich glaube, wir müssen uns auf folgende Weise verständigen. Der Kritiker muß wissen, wen er vor sich hat und zu welchem Zweck die Arbeit geschrieben wurde. Er fällt sonst heraus aus dem notwenigen Rahmen einer gewissen Taktik, die es uns ermöglicht, mit Literatur überhaupt an bestimmte Leserkreise heranzukommen. Überlegen wir doch mal, wie sich der Gegner in diesem Falle verhält. Womit wird denn drüben die öffentliche Meinung gemacht? Es wäre wirklich ein grober Irrtum, anzunehmen, daß sie mit der großen Literatur gemacht wird. Der Feind hat sich tausend Möglichkeiten gelassen, seine Täubchen zu füttern, wir aber gehen mit goldenen Maßstäben daran, das wenige, was wir haben, zu messen und verwerfen es, wenn es nicht der feinfühligen Skala entspricht. Das ist unbedingt falsch. Besonders falsch ist es bei Elfriede Brüning, weil ihre Bücher sehr gelesen werden.‹« [220]

Turek argumentierte ähnlich wie der bereits zitierte Kritiker des ›Neuen Deutschland‹, nur daß dieser Büchern wie *Regine Haberkorn* mehr strategische als taktische Bedeutung beimaß und schrieb, dieser Roman könne »schwerlich als ein bürgerliches Buch bezeichnet werden.« [221]

Der solcherart verteidigten Autorin mußte es natürlich leichtfallen, gegen die Kritikerin aufzutrumpfen. Ohne im Grundsätzlichen auf Püschels Kritik einzugehen, antwortete sie in Form von Gegenfragen. Sie waren jedoch weniger an die Kritikerin als an die eigene Leserschaft gerichtet:

»Was hat sie gegen dunkelrote Rosen einzuwenden? Hat sie in ihrem – wie ich mir sagen ließ – beneidenswert jungen Leben noch nie dunkelrote Rosen zum Geschenk erhalten? Und wenn doch: hat sie sich nicht aufrichtig darüber gefreut? [. . .] Regine darf keine Rosen geschenkt bekommen. Warum eigentlich nicht? Weil sie eine tüchtige Arbeiterin ist? Haben Arbeiterinnen kein Gefühlsleben? Empfinden sie nicht, genau wie Künstler, Stenotypistinnen und Angestellte, Freude und Schmerz, Liebe, Abneigung und Sympathie? Träumen Arbeiter nur vom Schraubstock? Was ist das für eine einseitige Menschenbetrachtung!«

Fragen nach bestimmten Traditionen waren damit völlig abgetan. Wer Allgemein-Menschliches genauer zu befragen wagte, dem konnte es nur an Ernsthaftigkeit fehlen und dem Einblick in ›Wesenszusammenhänge des Lebens‹:

»Ich behaupte nicht, daß mein Buch keine Schwächen hätte; es hat deren vermutlich eine ganze Menge. ›Nur wer nichts tut, macht keine Fehler.‹ Ich habe aber versucht, in meinem Roman ein brennendes Gegenwartsproblem zu gestalten: nämlich den Kampf der Frau um ihre wahre Gleichberechtigung – und das ist bekanntlich das Schwerste. Sonst hätten es schon viel mehr versucht. Die Aufgabe der Kritik wäre es gewesen (und ist es noch), die wahren Mängel meines Buches aufzudekken und mir zu helfen, sie in Zukunft zu überwinden. Diese Arbeit erfordert allerdings großes Verantwortungsgefühl. ›Kritisieren muß man mit Liebe‹, schrieb Rudolf Hirsch in seiner Erwiderung auf Ursula Püschels Kritik. Ich möchte hinzufügen: zum Kritisieren gehört auch einige Lebenserfahrung.« [222]

Gerade dieser Schlußsatz konnte kaum von einem Interesse an wirklicher Emanzipation zeugen; allein das Alter eines Kritikers machte seine Kritik hinfällig. Daß es sich hier um eine junge Kritikerin handelte, zeigt auch im publizistischen Bereich Elfriede Brünings Verständnis von Emanzipation.

2.3.4. Kritische Strömungen innerhalb der frühen DDR-Literaturkritik und Publizistik

2.3.4.1. Zur Forschungslage

In kaum einer westdeutschen Untersuchung zur DDR-Literatur fehlen Hinweise auf kritische Stimmen gegenüber der ›offiziellen‹ Kulturpolitik oder auf oppostionelle Tendenzen. Namen bestimmter Autoren und Literaturkritiker kehren regelmäßig wieder. Die Häufigkeit der Behandlung dieser Themen steht jedoch in einem krassen Mißverhältnis zu dem, was an tatsächlicher Information oder Erkenntnis von Entwicklungstendenzen vermittelt wird. Es ließen sich zahlreiche Beispiele anführen, aus denen nur eines ersichtlich ist: das eigenartige Verhältnis der Verfasser zu ihrem Gegenstand. Ein besonders extremer, in seiner Tendenz aber nicht untypischer Fall mag dies kurz demonstrieren. In seinem »Auf den Spuren der Wirklichkeit« betitelten Artikel schreibt Jörg Bernhard Bilke über den Schriftsteller Erich Loest:

»Besonders bezeichnend für die seit 1957 verstärkt betriebene Restalinisierung ist das Vorgehen gegen eine Gruppe Leipziger Schriftsteller: während Gerhard *Zwerenz* (geb. 1925) nach Westberlin fliehen konnte, wurden Günter *Zehm* (geb. 1934), der eine marxistische Anthropologie entwickelt hatte, zu vier Jahren und Erich *Loest* (geb. 1926) zu acht Jahren Zuchthaus verurteilt. *Loest,* der als Arbeiterschriftsteller galt und seit seinem antifaschistischen Roman ›Jungen, die übrig blieben‹ (1949) von der SED gefördert worden war, hatte bereits 1953 in einem Artikel ›Elfenbeinturm und rote Fahne‹ die offizielle Kulturpolitik kritisiert, rehabilitierte sich jedoch sofort durch einen gegen Westdeutschland gerichteten Roman.« (In Anmerkung: »›Die Westmark fällt weiter‹. 1954«) [223]

An dieser Passage stimmt außer der Tendenz nichts. Weder war *Jungen, die übrig blieben* 1949 erschienen (Erscheinungsjahr war 1950) noch galt Erich Loest als Arbeiterschriftsteller. Entscheidend aber ist, daß Bilke genau mit den Methoden arbeitet, die er seinen ›Gegnern‹ unterstellt. Das Wörtchen »rehabilitiert« kommt – unabhängig davon, wie Loest und seine Arbeiten einzuschätzen sind – einer Diffamierung gleich. *Die Westmark fällt weiter* erschien bereits 1952. Loests 1954 tatsächlich erschienener Roman, der ABF-Roman *Das Jahr der Prüfung*, war wie *Die Westmark fällt weiter* der ›neuen Unterhaltungsliteratur‹ zuzurechnen. Doch schon im Motto, einem Zitat Karl Liebknechts [224], wurde evident, daß Loest gerade an den Thesen festhielt, die ihn in so starke Auseinandersetzungen verwickelt hatten. Das genaue Gegenteil des von Bilke Behaupteten trifft also zu.

Da Bilke ganz offenkundig keine Zeile der von ihm zitierten Loest-Romane gelesen hatte, mußte ihm auch entgehen, daß die Quelle, auf die er sich stützte, die Vorgänge sehr verzerrt wiedergab. Unter der Überschrift »Immer noch stalinistische Terrorjustiz. Der exemplarische Fall des Schriftstellers Erich Loest« schrieb 1959 Gerhard Zwerenz zu den Vorgängen der Jahre 1953/54:

> »Nur der Parteidichter Kuba, der aus Chemnitz stammt und in Loest, der in dem unweit von Chemnitz gelegenen Mittweida geboren wurde, auch geistig einen Landsmann sah, legte ein Wort für den Geschmähten ein. So blieb Loest auf freiem Fuße und erhielt von der Partei die Auflage, in eine Fabrik zu gehen. Dies scheiterte indes daran, daß Loest in keiner Fabrik Arbeit fand. In dieser Zeit, gänzlich mittellos und in größter Gefahr, entschloß er sich zur Selbstkritik. In wenigen Wochen hämmerte er den umfangreichen Roman ›Die Westmark fällt weiter‹ in die Tasten seiner Schreibmaschine.«
> Nach »Das Jahr der Prüfung« »verfaßte Loest nicht weniger anspruchslose Liebes- und Sportgeschichten. Von den Liebesgeschichten zum Beispiel ist nur eine einzige literarisch diskutabel, die Erzählung ›Ein Mann hat Angst‹. 1957 kam ein Band Kriegserzählungen hinzu.« [225]

Auch hier stimmt so gut wie nichts, was um so schwerer wiegt, als Zwerenz als Betroffener die Verhältnisse kennen und wissen mußte, daß ›Tatsachen‹ die Lage Loests nicht verbesserten. Unbestritten ist, daß Loest starker Kritik ausgesetzt war. [226] Von Mittellosigkeit kann aber kaum gesprochen werden bei einem Schriftsteller, der – auch nach Aussage von Zwerenz – bei den Lesern sehr beliebt war und dessen Bücher eine Auflage von weit über 100 000 Exemplaren erreicht hatten. [227] Die laut Zwerenz nach *Das Jahr der Prüfung* erschienenen *Sportgeschichten* hatte der Mitteldeutsche Verlag bereits 1953 veröffentlicht und 1954 im 36.–45. Tausend neu aufgelegt. Sie waren sämtlich 1952 verfaßt worden: »Die Zeitangabe im Inhaltsverzeichnis nennt den Termin der Arbeitsbeendigung an den einzelnen Geschichten.« [228] So die Anmerkung des Inhaltsverzeichnisses. Und die *Liebesgeschichten*? Sie waren 1951 in erster, 1955 in zweiter Auflage erschienen.

Doch damit nicht genug. Zwerenz darf gleichzeitig als Urheber bestimmter Rezeptionsvorgaben angesehen werden. In dem bereits zitierten Artikel schreibt er zu *Die Westmark fällt weiter*, die politische Tendenz sei »so hanebüchen« [229], daß das Buch anerkannt worden sei. In anderer Fassung: »derart parteitreu«. [230] Und schließlich: »politisch derart verlogen«. [231] Noch in seiner Autobiographie heißt es, nachdem er mehrmals hervorgehoben hat, wie gut er Loest gekannt habe: »Loest schrieb sich mit einer ungeheuerlichen Willensanstrengung aus dieser Misere [nach dem 17. Juni; d. V.] heraus. Der neue Roman hieß ›Die Westmark fällt weiter‹. Er war spannend, umfänglich, schwach in der Sprache und rigoros antiwestlich.« [232]

Die entsprechende Journalistik machte aus all dem, als 1965 – um im Jargon zu bleiben – die »Ostberliner Literaturzeitschrift NDL [...] in ihrer neuesten Ausgabe mit einer politischen Sensation auf [wartete]« [233]: »Da kapitulierte er. Er schrieb einen Kolportageroman gegen Westdeutschland, ›Die Westmark fällt weiter‹, und durfte in den Schriftstellerverband zurückkehren.« [234] Loest, bei einem Besuch in der Bundesrepublik 1976 befragt, antwortete fast beschwörend:

»Nein, nein, nein. Das Buch ist 1952 erschienen, hier werden Dinge verwechselt. Ich habe 1953, nach dem 17. Juni, einen ganz schweren Krach gehabt mit meiner Partei; ich hatte einen Artikel geschrieben im Leipziger Börsen-Blatt mit dem Titel ›Elfenbeinturm und Rote Fahne‹ und hatte dann schwere Monate zu überstehen. Ich bekam ein Parteiverfahren an den Hals und eine Parteistrafe und wurde als Bezirksvorsitzender des Schriftstellerverbandes in Leipzig abgelöst. Diese Schwierigkeiten hatten aber mit dem Roman nichts zu tun.« [235]

Bedenkt man, daß Loest im gleichen Interview darauf hinweist: »Wir sagten uns [1956/57; d. V.], wenn wir, wie Wolfgang Harich, uns mit einem Ostbüro der SPD einlassen, dann diskriminieren wir uns selbst«, so läßt sich zu diesem Rezeptionskapitel abschließend feststellen, Loest habe in den Jahren, die ihn hier so ›rezeptionswürdig‹ werden ließen, mehr Mut bewiesen als all seine hiesigen Rezensenten zusammengenommen.

Bei den Analysen und Angaben zu sogenannten kritischen Tendenzen in der Frühphase der literarischen Entwicklung der DDR [236] sind zwei Dinge besonders hervorzukehren. Zum einen sind nicht nur im Fall Bilke die mitgeteilten Fakten und Daten häufig eigener Prüfung zu unterziehen. Methodisch ist einzuwenden, daß aufgrund des starken nichtliterarischen Interesses an ›Dissidenten‹ ein Schema dominiert, das mit der Wirklichkeit kaum etwas gemein hat und auf Gegensätze wie ›bös‹ vs. ›gut‹, ›borniert‹ vs. ›intelligent‹, ›stalinistisch‹, vs. ›humanistisch‹ etc. hinausläuft. Der ›kritische‹ ist dann stets auch der »intelligente Kommunist«, der »seine Aufgabe sehr ernst« [237] nimmt.

Die Folge ist, daß neben schlechter und eindimensionaler Information auch mangelnde Differenzierung vorherrscht. Kritische Stimmen werden, wenn sie nicht als ›bloße taktische Manöver‹ ›entlarvt‹ werden, ausnahmslos einer ›humanistischen‹ Variante des Marxismus subsumiert. [238] Da es sich dabei nicht nur um sehr unterschiedliche Tendenzen handelte, sondern z. T. um Alternativen, die sich prizipiell ausschlossen, muß somit verborgen bleiben. Zwei für die reale Entwicklung bedeutsame Momente werden in der Sekundärliteratur – wenn überhaupt – nur en passant abgehandelt. Kritische Ansichten bedeuten nur in wenigen Ausnahmefällen – und gerade zu ihnen gehörte der stets genannte Fall Wolfgang Harichs – eine gewisse Sympathie für die Entwicklung im Westen Deutschlands. Da hier die Betonung der nationalen Einheit besonders stark war, erfolgte die Kritik an eigenen Verhältnissen nicht nur mit dem Hinweis, man müsse Hindernisse auf dem Weg zur Einheit aus dem Weg räumen. Die Hauptkritik galt stets der westdeutschen Entwicklung. Dies wird dann entweder nicht erwähnt oder mit dem Hinweis abgetan, der betreffende Autor befinde sich noch unter dem Einfluß der SED-Ideologie.

Signifikant ist darüber hinaus, daß den betreffenden Untersuchungen Kritik nur in Form eines ›dritten Weges‹ denkbar scheint.[239] So trägt in Martin Jänickes Arbeit *Der dritte Weg* ein Kapitel über die Jahre 1953–1955 den Titel »Revisionistisch-oppositionelle Tendenzen in der Intelligenz«. [240] Einigen kritischen Tendenzen sind aber Elemente eigen, die mit einem ›humanistischen‹ Marxismus nicht vereinbar waren. Davon ist ebensowenig nachlesbar wie etwa von der Bedeutung, die China ab 1953 gewann; auch nichts von der Weise, in der der ›chinesische Weg‹ rezipiert wurde: als Variante eines ›Reformkommunismus‹ oder als Erneuerung eines egalitär-revolutionären Marxismus. [241]

Nach dem Gesagten bedarf es keiner weiteren Begründung, weshalb gerade in den folgenden Abschnitten vorliegende Arbeiten nur sporadisch herangezogen werden. Es soll der Versuch unternommen werden, einen breiteren Überblick als bisher zu ermöglichen. Dies kann aufgrund der Forschungslage jedoch noch keinen allgemeinen Überblick bedeuten; denn bisher vernachlässigte Tendenzen sind stärker zu betonen als bereits bekannte.

2.3.4.2. Die Jungen

Das Beispiel Christa Wolf

Alexander Stephan schreibt über Christa Wolfs frühe literaturkritische und essayistische Arbeiten, Verrisse überträfen noch in auffälliger Weise die lobenden Kommentare, ein Zeichen dafür, daß die Rezensentin sich ihrer selbst noch nicht sicher gewesen sei. Wolfs Terminologie sei immer die gleiche, sie operiere, »aus Mangel an Erfahrung und besserem Wissen« [242], mit den damals gängigen Schlagworten. Es dominiere der »übliche bedrohlich schematische und engstirnige Ton der Kulturpolitik«, auch wenn sich die »ersten Hinweise auf die später selbst bezogenen Positionen finden lassen«. Vieles lese sich wie nur leicht veränderte Lukács-Zitate aus den 30er Jahren. Und resümierend: »Richtungsweisendes oder auch nur Umstrittenes hat Christa Wolf in jenen Jahren also nicht beigesteuert zur DDR-Literatur.« [243] Obwohl an diesem Urteil manches nicht unrichtig ist, so die Bemerkungen über Christa Wolfs literaturwissenschaftliche Ausbildung und die Übernahme Lukácsscher Theoreme sowie die Suche der Autorin nach ihrer Position – es ist im entscheidenden Punkt doch ein Fehlurteil: im nur indirekten Hinweis auf die Moralität der Kritikerin.

Dieses Frühwerk der Christa Wolf ist bisher ähnlich wie bei Stephan gewertet worden. Dies hat seine Ursache sicherlich nicht nur darin, daß es in der ersten Hälfte der 50er Jahre entstand. (Auch bei Stephan finden sich entsprechende Ausfälle über jene Jahre.) Ein wichtiger Grund dürfte darin zu finden sein, daß es sich um Literaturkritik und Essayistik handelt, eine in deutschen Arbeiten zumeist nur marginal abgehandelte Gattung.

Stephans Fehlurteil deutet sich schon dort an, wo vom Übergewicht der Verrisse die Rede ist. Was hätte gelobt werden können, wäre ja wohl die berechtigte Frage. Sieht man von der von Stephan genannten ganz frühen Rezension eines dem Unterhaltungsgenre zugehörigen Romans ab [244], so sind in Wolfs Arbeiten ab 1954 Momente zu betonen, die nicht nur – unabhängig, ob Belletristik oder Publizistik – charakteristisch für das Gesamtwerk sind, sondern der Autorin auch eine gesonderte Stellung innerhalb der jungen

Literaturkritik der DDR zuweisen. [245] Nicht die einer Außenseiterin nämlich, sondern die einer Repräsentantin. Noch in Christa Wolfs Fehlurteilen zeigt jede Zeile vom ungemein persönlichen Engagement und Betroffensein der Autorin. Christa Wolf hebt sich wie Eva (Strittmatter-)Braun deutlich von jenen jungen Kritikern ab, die wie Annemarie Auer allzu deutlich von bestimmten Traditionen geprägt waren, wie Marianne Lange ihre Kritik nach erfolgter Gegenkritik sehr schnell einstellten [346] oder schlicht den vielen Lohnschreibern zugerechnet werden müssen. Charakteristisch für die Erstgenannten war, daß sie weniger vom Boden des Gesellschaftsanalytischen [247] aus argumentierten als aus moralischer Position heraus. In politischen Kategorien: Es war, auch wenn die verbale Ebene dem manchmal zu widersprechen scheint, weniger eine dezidiert marxistische Position als vielmehr eine antifaschistische mit starken marxistischen Tendenzen. [248] Bei Christa Wolf ist all dies am stärksten ausgeprägt, ja die These ist erlaubt, daß diese Autorin viel weniger Suchende war als dies durch Stephans Arbeit suggeriert werden mag.

Schon in Wolfs erster NDL-Kritik wird im Vorwurf, Ehm Welks Roman *Im Morgennebel* sei eine »in revolutionäre Gewänder gehüllte Harlekinade« [249], jene für Christa Wolf so charakteristische Forderung nach Ehrlichkeit und Ernsthaftigkeit in der Auseinandersetzung mit Vergangenheit und Gegenwart erkennbar. Wolf wendet sich gegen Verzerrungen, in der Forderung nach einer ›ehrlichen‹ und ›offenen‹ Literatur gegen Surrogate jedweder Art. Von hier aus ist ihre Opposition gegen ›Modernismen‹ oder gegen die Betriebsromane der vergangenen Jahre, die in ihren Augen eine falsche und heile Welt vorspiegelten, zu erklären. Evident wird vor allem ihr von Anfang an starkes Interesse an Trivialliteratur bzw. den von ihr als ›Zwischenliteratur‹ bezeichneten ›neuen‹ Unterhaltungsgenren. Alexander Stephan geht hier völlig fehl, wenn er abwertend schreibt, Wolfs »Essays erschöpften sich selbst nach 1956 in Polemiken gegen die massenhafte Produktion von Trivialliteratur«. [250] Wolfs zentrale Frage ist stets, wie man ein Engagiert- und Betroffensein des Lesers erreiche, das einen im ›Innern‹ unantastbaren ›Kern‹ entstehen lasse. Was dabei nicht ausgesprochen wird: daß es sich um Probleme handelt, die in einem sehr persönlichen Sinn die Probleme der Autorin waren, und daß gerade hier eine der grundlegende Affinitäten zum Werk Anna Seghers' gesehen wird.

Der moralische Rigorismus ist es, der Christa Wolf die öffentliche Auseinandersetzung nicht nur mit den Surrogaten, sondern vor allem mit deren Ursachen fordern läßt. Wie bereits am Beispiel ihrer Kritik an einem ›Kohlsuppensozialismus‹ gezeigt werden könnte, gelangt sie dabei zu Einsichten, die in großer Nähe zu Brechts *Große Zeit, vertan* zu sehen sind und in Brechts Gestalt wiedergegeben seien:

> »Ich habe gewußt, daß Städte gebaut wurden
> Ich bin nicht hingefahren.
> Das gehört in die Statistik, dachte ich
> Nicht in die Geschichte.
> Was sind schon Städte, gebaut
> Ohne die Weisheit des Volkes?« [251]

In diesem moralischen Rigorismus unterscheidet sich Christa Wolf andererseits jedoch gerade von Brecht. Wenn sie die Forderung nach öffentlicher Diskussion erhebt, so fragt sie nur selten konkret, für wen da vor allem Öffentlichkeit und Aussprache zu schaffen seien. Darin spiegelt sich ihr Interesse für die Veränderung und Wandlung des Einzelnen. Besonders deutlich tritt dies dort hervor, wo Christa Wolf sich zur Darstellungsweise der von ihr besprochenen Bücher äußert. An Ehm Welks Roman wird bemängelt, die »echte Handlung« werde »ersetzt durch eine Kette nacheinander ablaufender Ereignisse; die echte Spannung, die aus der allseitigen Entfaltung der Charaktere in der Handlung entspringt, muß fehlen.« [252] Und an Strittmatters *Tinko* wird positiv hervorgehoben, daß die Zentralfigur, »der inneren Entwicklungsrichtung seiner eigenen Persönlichkeit folgend« [253], zum Neuen hinübergezogen werde. In der Distanzlosigkeit, mit der das ›aristotelische Erbe‹ als bindend formuliert und als Maßstab zugrundegelegt wird, erweist sie sich deutlich in der herrschenden Literaturtheorie befangen.

Doch unterscheidet sie sich auch hier vom Gros der ähnlich argumentierenden Kritiker. Was nämlich, legte man Stephans These zu Wolfs Terminologie zugrunde, zeittypisch sein müßte, entbehrt eines entscheidenden Elements. Im Unterschied zu Auers Kritiken etwa fehlt bei Christa Wolf der Bezug auf die trivial-aristotelische Darstellung mit ihren Liebesschnulzen im Zentrum völlig. Denn genau das wird von ihr als Surrogat und als »kleinbürgerliche Haltung« gebranntmarkt, die sich ausdrücke »in einer Verschwommenheit der Konturen der literarischen Gestalten, in einer Banalisierung der Konflikte, in einer Verwaschenheit des ideellen Gehalts.« [254] In der Rezension eines solchen Produktes wird sie noch direkter und spricht von »schlichte[r] Spießbürgerneugier für fremde Kochtöpfe und Schlafzimmer.« [255]

An diesem Punkt wird evident, warum sich auch Christa Wolf in ihrer Kritik jener Surrogate auf Mao Tsetungs Yenaer Reden an die Schriftsteller beruft. Dieser hatte zum einen kritisiert, eine sozialistische Literatur sei nicht gleichbedeutend mit proletarisch illustrierter kleinbürgerlicher Ideologie, zum anderen betont, die Umwälzung in der Literatur habe Momente der Popularisierung *und* der Niveauhebung zu berücksichtigen. Daran anknüpfend schreibt Christa Wolf, daß diese Dialektik kaum beachtet worden sei. So sei die Niveauhebung ein »wesentlicher Teil unserer Kulturrevolution«. In dem schon durch seinen Titel *Popularität oder Volkstümlichkeit* als programmatisch erkennbaren Artikel kritisiert sie, daß »aus der Forderung: ›Schafft eine Literatur für die Massen!‹ bei manchen unversehens die Losung: ›Schafft eine Literatur für die kleinbürgerlichen Massen!‹ geworden [ist].« [256]

Mit dieser grundsätzlichen Kritik gehört Christa Wolf zu den wenigen Kritikern, die sich ernsthaft um einen Neuanfang bemühten. Ihre Leistung ist um so höher zu bewerten, als sie etwa im Unterschied zu Eva (Strittmatter-)Braun nicht zum Brecht-Kreis gehörte (womit natürlich keine Schmälerung der Leistung dieser anderen Kritikerin intendiert sein kann). Und resümierend ist fortzufahren, daß man sich vor allem nicht vom Schein der Vorurteile über jene frühen Jahre der DDR blenden lassen darf, will man dem Frühwerk Christa Wolfs gerecht werden. Denn bei aller Abhängigkeit von Gestaltungs-Ideologemen ist sie aufgrund ihrer genannten Kritik flexibel genug, andere Darstellungsmodi im Ansatz zu erkennen – und zu tolerieren. [257] Nicht nur darin befindet sie sich schon in jenen Jahren in auffallender Nähe zu Anna Seghers, Brechts großer ›schweigender Antipodin‹. [258] Auch läßt sie sich im Streit der Richtungen und Positionen bei allen Affinitäten zu Lukácsschen Positionen schwer ›zuordnen‹. Sie bewegt sich gleichsam in einem ›vorpolitischen‹ Raum. [259] Hinsichtlich ihres eigenen literarischen Werkes mag abschließend die Bemerkung genügen, daß *Der geteilte Himmel* ohne das literaturkritische und essayistische Frühwerk kaum denkbar ist. Hier handelt es sich nicht um einen Bruch, sondern um Modifikation in der Kontinuität. [260]

Günther Cwojdrak: ›Schreibt die Wahrheit!‹[261]

Von Günther Cwojdrak waren nach seinem Engagement in jener ersten großen, in der ›Täglichen Rundschau‹ ausgetragenen Kontroverse zahlreiche Einzel- und Sammelkritiken erschienen. Sie sind nur bedingt als Fortsetzung jenes bedeutenden Beitrags zu sehen. Zwar unterschieden sie sich durch ihren weitgehenden Verzicht auf Forderungen nach Liebesthematik, das Postulat, »die Thematik unserer Literatur muß gesamtdeutschen Charakter besitzen« [262], sowie das rasche Aufgreifen sowjetischer Kontroversen von anderen Kritiken; in Fragen der Darstellungsweise aber dominierte das aristotelische Schema und die Auffassung, Literatur müsse Gesellschaftliches mit ›Menschlichem‹ verbinden. Cwojdraks Position kann daher nur als stark widersprüchlich umrissen werden.

Diese Widersprüchlichkeit besaß allerdings ein sehr positives Moment. Das Festhalten an Positionen der Kontroverse von 1949/50 ermöglichte Cwojdrak nicht nur eine kritische Beleuchtung mancher Werke mit Gegenwartsthematik, es ermöglichte ihm vor allem, einige grundlegende Probleme zu thematisieren und erneut in eine – nun wesentlich bedeutendere – Debatte einzugreifen: in die Diskussion nach dem 17. Juni 1953.

Bereits im Sommer 1952 war ein kleiner Artikel von Cwojdrak in der ›Weltbühne‹ erschienen, der aufmerken ließ: *Warum diskutieren wir nicht darüber?* [263] Cwojdrak knüpft darin an die sowjetische Diskussion über die ›Theorie der Konfliktlosigkeit‹ an. Dort war eine Kontroverse um eine Literaturrichtung entstanden, die die Stalinsche Theorie, im Sozialismus existierten keine antagonistischen Widersprüche, zum Ausgangspunkt für die These nahm, es existierten überhaupt keine Konflikte z. B. zwischen ›Altem‹ und ›Neuem‹ mehr, sondern nur noch welche zwischen ›gut‹ und ›besser‹. Die Stalinsche Führung hatte im Verlauf der Auseinandersetzung ihre Auffassung noch einmal bekräftigt:

> »Die sowjetische Kunst entwickelt sich auf der Grundlage der sozialistischen Ordnung, in der es keine antagonistischen Widersprüche gibt, denn im Sowjetlande gibt es keine Ausbeuterklassen, keine Ausbeutung und Unterdrückung des Menschen durch den Menschen. In der UdSSR ist auf der Grundlage der gemeinsamen Interessen der Arbeiter, Bauern und Intellektuellen eine in der Geschichte beispiellose moralisch-politische Einheit des Volkes entstanden und erstarkt.« Sie hatte allerdings sofort hinzugefügt: »Aber es wäre ein schwerer Fehler, hieraus die Schlußfolgerung zu ziehen, daß die Entwicklung im Sozialismus ohne Widersprüche, ohne den Kampf zwischen dem Alten, Überlebten und dem Neuen, Entstehenden verläuft.« [264]

Cwojdrak zitiert nun zunächst die ›Tägliche Rundschau‹, die geschrieben hatte, die sowjetische Diskussion habe »›eine Fülle von grundsätzlich wichtigen Fragen‹« zum Inhalt, die bei aller Verschiedenheit der Situation »›auch für die DDR von hoher Bedeutung‹« seien, und stellt dann fest: »Doppelt erstaunlich also, daß es darüber bei uns bisher kaum eine öffentliche Diskussion gab.« [265] In der Tat fanden in der DDR kaum größere Diskussionen zu diesem Thema statt. Es herrschte die Auffassung, man befinde sich in einer Übergangsgesellschaft und noch nicht im entwickelten Sozialismus. Daß sich hinter dieser auf den ersten Blick einleuchtenden These Prinzipielleres verbarg, wird erkennbar, wenn Wolfgang Joho schrieb, viele der zeitgenössischen Werke befänden sich in auffallender Nähe zu jener Theorie, zum Grundsätzlichen jedoch ausführte:

Es »ist offensichtlich, daß bei uns, die wir am Anfang der Entwicklung zum Sozialismus stehen und die wir mit einer Fülle von Schwierigkeiten und Konflikten zu kämpfen haben werden, durchaus nicht ›alles in bester Ordnung‹ ist. Ebenso offensichtlich ist, daß noch niemand bei uns die ›Theorie‹ von der Konfliktlosigkeit aufzustellen wagte. Dafür fehlte jede Voraussetzung, und wer so etwas ernsthaft behaupten wollte, würde sich einfach lächerlich machen.« [266]

Im Unterschied zu Joho betont Cwojdrak nicht die Entwicklungsunterschiede zwischen Sowjetunion und DDR, was einer erneuten Festschreibung der ›Schülerrolle‹ der DDR gegenüber der Sowjetunion gleichgekommen wäre, sondern fragt, ob man »aus Fehlern, die anderswo, auch in der Sowjetunion, begangen werden, etwa nicht lernen« könne. Denn:

»Daß in der Sowjetunion, unter unvergleichlich fortgeschritteneren Bedingungen, sich solche Tendenzen der ›Versündigung an der Wahrheit‹ breitmachen konnten, sollte uns Anlaß zu doppelter und dreifacher Aufmerksamkeit geben.« [267]

Aufgrund der Zielsetzung seines Artikels – Anregung der Diskussion – kommt Cwojdrak nur kurz auf Ursachen und Wege der Veränderung zu sprechen. Eine wesentliche Ursache für das Ausweichen vor Widersprüchen sieht er in einem falschen Begriff von Parteilichkeit. Erst durch Parteinahme für das Neue befinde »sich der Künstlern [...] in voller Übereinstimmung mit den objektiven Gesetzen der Entwicklung.« Schönfärberei habe mit Parteilichkeit nichts gemein. Folglich fordert er, »mit wissenschaftlicher Methodik« [268] offen Ursachen und deren Wesen aufzudecken. Auffällig ist, daß Cwojdrak stark auf den Mut jedes Schriftstellers abhebt.

Seine in der ›Weltbühne‹ entwickelten Gedanken führte Cwojdrak in einem Diskussionsbeitrag auf der theoretischen Konferenz der SED über Stalins *Ökonomische Probleme des Sozialismus in der UdSSR* näher aus. Das hervorstechendste Merkmal dieses Beitrages ist der Rekurs auf die materialistische Dialektik, trotz bzw. gerade wegen der in diesen Diskussionen gebräuchlichen Stereotype. Cwojdrak greift genau solche Momente dieser letzten Schrift Stalins auf, die sonst kaum thematisiert wurden. Und wieder spricht er wenig über die Sowjetunion.

Sofort zu Beginn heißt es, ob von der Konfliktlosigkeit reden nichts anderes bedeute

»als den vierten Grundzug der Dialektik aufheben, als die inneren Widersprüche der Dinge und Erscheinungen leugnen, den Kampf zwischen Altem und Neuem, den Kampf der Gegensätze, der gegensätzlichen Tendenzen, die auf der Grundlage dieser Widersprüche wirksam sind. [...] Von der Konfliktlosigkeit sprechen, heißt also nichts anderes, als die Position des Marxismus verlassen und den Weg des subjektiven Idealismus beschreiten.« [269]

Indem Cwojdrak das Problem der materialistischen Dialektik ins Zentrum seiner Ausführungen stellte, gelangte er zu Fragen, die für die Entwicklung der nächsten Monate von zentraler Bedeutung sein sollten. So komme es vor allem darauf an, zu untersuchen, »welche Widersprüche und Gegensätze auf einer bestimmten Entwicklungsstufe zwangsläufig entstehen«, ausgehend von Lenins Gleichung, Entwicklung sei gleich Kampf der Gegensätze. Angesichts bestimmter Werke der Gegenwartsliteratur müsse gefragt werden: »Blühte der Klassenkampf dort wirklich so im Verborgenen?« Ober ob man tatsächlich davon ausgehen könne,

> »daß in unserer Literatur heute bereits ein unversöhnlicher Kampf geführt würde gegen Schieber und Spekulanten, gegen betrügerische Unternehmer und offen sabotierende Großbauern, kurz, gegen den Klassenfeind in allen Erscheinungsformen [...]? Gibt es die ›Diebe, Karrieristen, Speichellecker, Bürokraten, Betrüger, Individualisten und Raffer aller Schattierungen‹, von denen Genosse Fadejew sprach, bei uns etwa nicht?« [270]

Die Darstellung auf reine Produktionstätigkeiten zu konzentrieren, bedeute Entstellung und Vulgarisierung des sozialistischen Realismus.

Bemühungen wie die Cwojdraks, jene Diskussionen zum Anlaß zu nehmen, den Blick auf die eigene Realität zu lenken und damit die sowjetischen Auseinandersetzungen »nicht nur rhetorisch« [271] zu begrüßen, blieben, wie wir heute wissen, ohne Resonanz. Die DDR steuerte in ihr erstes großes Krisenjahr.

Als sich Günther Cwojdrak erneut mit einem programmatisch zu sehenden Artikel zu Wort meldete, lag der 17. Juni bereits hinter ihm.

Noch sichtbarer als in den vorangegangenen Artikeln werden in *Schreibt die Wahrheit!* die Grundlagen der Cwojdrakschen Kritik und der damit verbundenen Alternative. Die bereits skizzierten Tendenzen treten noch stärker hervor – gleichzeitig aber auch die Widersprüchlichkeit. In all dem steht Cwojdrak stellvertretend für diejenigen Kritiker, in deren Kritik sich verschiedene Elemente vereinigten und bei denen, trotz bestimmter deutlich erkennbarer Tendenzen, nicht absehbar war, welche Richtung ihre Kritik nehmen würde.

Ein wesentlicher Aspekt von Cwojdraks Artikel tritt bereits im Titel in Erscheinung. Es handelt sich um ein Stalin-Zitat. [272] Nicht nur, daß wiederum das sowjetische Vorbild zum Anlaß genommen wird, den Blick auf die DDR-Wirklichkeit zu richten. Es gehe zunächst darum, all jenen Stimmen entgegenzutreten, die im »Neuen Kurs« eine prinzipielle Kursänderung sähen. »Hat sich das Endziel unserer Politik geändert? Es hat sich nicht geändert. Geändert haben sich die Mittel und Methoden, geändert hat sich der Weg zu unserem Ziel.« (S. 24) [273] Auch gelte der sozialistische Realismus weiterhin als die die Wirklichkeit adäquat erfassende Darstellungsmethode.

Hier handelt es sich nur scheinbar um eine Ulbrichtsche Stellungnahme. Intendiert ist einerseits eine Verteidigung von Positionen, die Cwojdrak für unverzichtbar hält. Gerade deshalb besteht er andererseits auf einer radikalen Reinigung, auf Korrektur der Fehler und Entstellungen, die »schon früher zutage traten.« Der Tenor des ganzen Artikels läßt sich in einem Satz kennzeichnen: »wenn wir aus den Ereignissen des 17. Juni nichts lernen, werden wir überhaupt nichts mehr lernen.« (S. 26)

Vor allem müßten sich die Schriftsteller bewußt werden, daß sie selbst dann, wenn es – und hier spielte Cwojdrak auf Brechts berühmte Schrift über die ›Sklavensprache‹ an – »mehr als fünf Schwierigkeiten beim Schreiben der Wahrheit geben sollte« (S. 30), die Forderung ›Schreibt die Wahrheit!‹ zu erfüllen hätten:

»Wenn ein Schriftsteller merkt, daß die Stimme des Volkes und die Stimme der Regierung, die ja eine Regierung des Volkes ist, nicht mehr übereinstimmen, dann darf er einfach nicht schweigen: er muß dazu beitragen, daß die Harmonie wieder hergestellt wird.« (S. 28)

Dies gehe aber nur, wenn die realen Widersprüche auch wirklich behandelt würden und keine »Ersatzkonflikte« (S. 26); denn die »Literatur muß Stimme des Volkes sein, seiner berechtigten Forderungen und Wünsche, seiner Sehnsucht und Träume.« (S. 28)

Cwojdraks Hauptthese lautet, daß die begangenen Fehler nicht nur zu Disharmonie zwischen Regierung und Werktätigen geführt, sondern auch die »Annäherung der beiden Teile Deutschlands« (S. 29) wesentlich erschwert hätten, wobei die Akzentuierung der Kritik wiederum deutliche Bezüge zu Brecht aufweist: »Keine Schonung unseren Feinden, denen, die mit Brandflaschen werfen und mit Atombomben drohen. Alle anderen aber können und müssen wir gewinnen.« (S. 30) Durch Taten und nicht allein durch Worte könne und müsse man westdeutsche Schriftsteller überzeugen. Dies bedeute Freiheit im künstlerischen Experiment und auf der Suche nach neuen Ausdrucksmöglichkeiten, jedoch nicht,

»daß bei jeder Gelegenheit irgendein ideologischer Nachtwächter angerannt kommt und schreit: Feuer, Mordio! Formalismus! Kosmopolitismus! Objektivismus! Expressionismus! Symbolismus! Damit kein Mißverständnis unterlaufen kann: der Kampf gegen dekadente Kunstrichtungen, die in verschiedenem Gewande antidemokratische Ideen propagieren, bleibt nach wie vor auf der Tagesordnung. Aber wir dürfen nicht zulassen, daß irgendein ›Ismus‹ die Argumentation ersetzt, denn dann endet die ›Diskussion‹ dort, wo sie eigentlich beginnen sollte.« In der Zeitung sei dann »im abstoßenden Zeitungsjargon« wieder »von der ›stürmischen Entfaltung eines freien Meinungskampfes‹« (S. 28) die Rede. Damit waren die beiden weiteren Punkte genannt:
»Wir werden mehr als bisher unser Recht der demokratischen Meinungsäußerung gebrauchen müssen; mehr als bisher werden wir sorgfältig auf jedwede Versuche achten müssen, dieses Recht, unter welchen Vorwänden und Ausreden auch immer, beschränken zu wollen.« (S. 28f)

Und denjenigen, die gegen solche Argumentation »entrüstet ausrufen würde[n]: ›Das ist ja faulster Liberalismus und Opportunismus und Reformismus in Reinkultur, was hier propagiert wird!‹«, hält Cwojdrak entgegen: »Wir wünschen keine Spruchbänder mehr, sondern Argumente.« (S. 29)

Ginge Cwojdraks Artikel in der NDL nicht Brechts *Das Amt für Literatur* [274] voran, bestimmte Momente der Cwojdrakschen Argumentation würden auch so evident. Der Bezug zu Brecht ist allerdings nur ein Aspekt, und zudem nicht einmal der wichtigste. Denn die aufgeführten Punkte wie auch die These, die Entwicklung in Westdeutschland »kann uns [...] nur verpflichten, unsere eigenen Anstrengungen zu verdoppeln, unsere Feinde mehr als bisher zu bekämpfen, unsere Freunde mehr als bisher zu unterstützen« [275], mit anderen Worten: diese Art der Unterscheidung von ›Widersprüchen zwischen Volk und Feind‹ von ›Widersprüchen im Volke‹ weist deutlich auf die Rezeption der chinesischen Revolutionstheorie bzw. der Mao Tsetungs.

Im Fall Cwojdrak muß nicht erneut auf die Bedeutung Mao Tsetungs hingewiesen werden. Wichtiger ist, daß dem ›chinesischen Weg‹ unmittelbar nach Stalins Tod allgemein Beachtung zuwuchs. Für viele lag hier die Alternative, was sich darin offenbarte, *wie* die Argumente gesetzt und *was* von China berichtet wurde. So hatte Anna Seghers schon 1952 über Maos Reden an die Schriftsteller geschrieben, kennzeichnend für die chinesische Diskussion über Kunstfragen sei, daß man von tatsächlichen Verhältnissen ausgehe und daß in jener Rede die vielen ›Ismen‹ über Formalismus etc. fehlten. Ohne daß Mao Tsetungs Grundsatz ›Legt beiseite, was sich überlebt hat, entwickelt das Neue, laßt alle Blumen blühen!‹ bereits expressis verbis genannt wurde – er findet sich 1954 im Märzheft der NDL [276] –, dem Inhalt nach ist er auch in Cwojdraks Ausführungen nicht überhörbar.

Es wäre jedoch verfehlt, in Cwojdraks Artikel bereits einen bewußten Beitrag zur späteren chinesischen Kritik an der sowjetischen Entwicklung sehen zu wollen. Bedeutsam ist, daß die Suche nach einer Alternative zwangsläufig zur Rezeption chinesischer Erfahrungen führen mußte und daß dies der Kritik sofort eine andere Qualität gab. Was in Cwojdraks Argumentation nämlich besonders auffällig ist: die Verteidigung und Modifikation elementarer marxistischer Positionen.

Es wäre jedoch auch verfehlt, nur diese Tendenz in Cwojdraks Artikel zu benennen. Indem Cwojdrak den politischen Bereich nur indirekt thematisiert und das Schwergewicht auf die literarische Entwicklung legt – »Die Fehler, die der Schriftsteller gestern nicht zu sehen und zu gestalten wagte, hat die Regierung heute öffentlich eingestanden.« –, gerät er in Widerspruch zu seinen weiteren Ausführungen. Die relativ starke Verteidigung der Politik vor 1953 ist sicherlich nicht nur als taktisches Moment zu sehen, die Angst vor Beifall von der ›falschen Seite‹ darf nicht unterschätzt werden. Zwar schreibt Cwojdrak, ein Schriftsteller »würde sich an der Wahrheit versündigen, wenn er, wie das manchmal in unserer Presse vorkam, aus den Demonstranten lediglich Tagediebe, Nutten und Gewohnheitsverbrecher heraussuchte; es ist klar, daß diese drei Kategorien keinen wesentlichen Teil unserer Bevölkerung verkörpern«. [277] Dies unterscheidet ihn von all denjenigen, deren Apologetik abzulesen war, daß sie nichts gelernt hatten. Das Wörtchen »manchmal« deutet aber bei Cwojdrak eben jenes apologetische Element an.

Zum anderen ist die relativ unspezifizierte Votation für eine »demokratische Meinungsäußerung« auffällig. Bei allen Problemen, die antifaschistische und marxistische Künstler in diesem neuen Staat hatten – auch hier galt, in abgewandelter Form, daß ihnen gewährt wurde, was man den Arbeitern versprach. [278] Es dürfte nicht bloße Spekulation sein, daß gerade das Verbot bestimmter Diskussionen in den Betrieben, z. B. von Versammlungen während der Arbeitszeit [279], nicht unwesentlich zu den Ereignissen des 17. Juni beigetragen hatte. Weiter ist Cwojdraks starker Appell an den Mut der Schriftsteller zu betonen. Denn Mut wird hier auch und vor allem Schriftstellern abverlangt, die, wie wir zeigen konnten, Förderung und Aufstieg sicherlich nicht einer besonders ›kämpferischen Haltung‹ verdankten und die öffentliche Meinung in der DDR nachhaltig bestimmten. Cwojdraks moralischer Appell behindert also in entscheidenden Punkten das von ihm selbst Angestrebte: eine genaue Analyse der Widersprüche.

Wurden diese letztgenannten Aspekte nicht ebenfalls der Kritik unterzogen, so konnte dies bedeuten, daß sich Kritiker wie Cwojdrak in die jeweils entsprechende Richtung bewegten: die erneute (meist schrittweise) Akzeptation früher kritisierter Positionen (was neue Widersprüche provozierte, da diese Positionen spätestens nach dem XX. Parteitag der KPdSU qualitative Veränderungen erfuhren) bzw. der ›humanistische Weg‹. Möglich war jedoch auch, daß die Widersprüchlichkeit nicht aufgehoben wurde. Die Folge war dann häufig Resignation.

Zeichen eines ›humanistischen Weges‹ – Erich Loest

Leben und Werk

Im Vergleich mit den bisher entwickelten Strömungen und Tendenzen weist das Beispiel des Leipziger Schriftstellers Erich Loest einige Besonderheiten auf. Auch hier vereinigen sich heterogene Elemente, doch die Tendenz der Kritik ist relativ [280] genau bestimmbar. Zudem handelt es sich nicht um einen Literaturkritiker, sondern um einen Schriftsteller, der im entscheidenden Moment zum Mittel der Kritik griff. Hervorzuheben ist allerdings, daß Erich Loest schon sehr früh durch eine eigenwillige Interpretation deutsch-deutscher Verhältnisse auffiel.

Wie bereits mehrfach erwähnt, gehörte Erich Loest zu den erfolgreichsten jungen Schriftstellern der DDR. Dies hatte seine wesentliche Ursache darin, daß Loest nur solche der gewünschten Themen aufgriff, die ihm zwar eine gewisse Zeitbezogenheit erlaubten, andererseits aber genügend Spielraum ließen, sich der Darstellungsmittel der Unterhaltungsgenre in extenso zu bedienen. Darüber hinaus gehörte er zu den Autoren, deren Bücher so schnell ›heruntergeschrieben‹ waren, daß selbst wohlwollende Kritiker meinten, daß »eine gewisse Routiniertheit oft das echte Mühen um Gestaltung« [281] verdränge. Dies ist jedoch nur ein Moment der Erzählungen und Romane Erich Loests. Aufgrund des 1959 von Gerhard Zwerenz Mitgeteilten, der Berlin-Roman *Die Westmark fällt weiter* (1952) bezeuge »durchaus das Talent seines Autors, ist jedoch in seiner politischen Tendenz so hanebüchen, daß die Partei es als ein Werk des ›sozialistischen Realismus‹ anerkannte und als Selbstkritik des bis dahin als Faschisten verschrieenen Loest wertete« [282], aufgrund dieser Entstellung hat die Forschung bis heute ›übersehen‹, daß Loests Arbeiten eine z. T. nur wenig verhüllte, ins Programmatische gehende Kritik darstellen. Ein äußerst paradoxes Phänomen also: einerseits Liebling bestimmter Publikumsschichten und großer Teile der Kritik, andererseits ein – es sei hier vorweggenommen – Harichschen Positionen nahestehender Autor. Ja die These ist erlaubt, daß gerade dies Paradoxe charakteristisch für die hier darzustellende Art der Kritik ist, nicht die sich deutlich auf Lukács beziehende (und in gewissem Sinne auch elitäre) Kritik Wolfgang Harichs und seiner Gruppe: Starke Bezüge zum Trivialerbe und eine überstürzt formulierte Kritik waren Bestandteile nicht nur der Loestschen Position.

Die Westmark fällt weiter

Die Westmark fällt weiter griff ein in den frühen 50er Jahren brisantes Thema auf: das der vom Westen Berlins aus operierenden Jugendbanden. Eine dieser Gruppen, die ›Gladow-Bande‹ (ihr ›Führer‹ war erst 18 Jahre alt), beschäftigte 1950 die gesamte Berliner Presse. Auf diese und ähnliche Gruppen bezog sich Erich Loests Roman, dem sowohl Thematik als auch Art der Darstellung (Darstellungsmittel des Kriminalromans und der Heftchenliteratur) sofort eine weite Verbreitung sicherten. (Er erschien 1953 im 36. bis 45. Tausend.)

»Der Fall des Gladow-Prozesses regte ihn zu seinem Roman an, der ohne zu schematisieren und in Schwarz-Weiß-Zeichnung zu verfallen, eindringlich auf die Gefahr der Jugendverelendung in Westdeutschland hinweist und ihr die neuen positiven Kräfte in der Deutschen Demokratischen Republik entgegenhält.« [283]

Hob schon die zeitgenössische Gestaltung des Berlin-Sujets Loests Roman von anderen ähnlichen Romanen ab – eine in der DDR *und* im Westen spielende Handlung gehörte bereits in jenen Jahren zu den Ausnahmen –, so um so mehr dessen Zuspitzung. Zwei der zentralen Figuren in *Die Westmark fällt weiter* sind ein Westberliner Kriminalbeamter und ein Ostberliner Volkspolizist, beide mit der Verfolgung der gleichen Bande befaßt. Aus polizeilichen und politischen Erwägungen heraus nimmt der Volkspolizist Kontakt zu seinem Westberliner Kollegen auf: Die Bande wird immer gefährlicher und die Weltjugendfestspiele sowie die von der DDR-Regierung initiierte ›Volksbefragung gegen Remilitarisierung und für den Abschluß eines Friedensvertrages‹ stehen unmittelbar bevor:

»›Ich meine‹, sagt Karl, ›daß man es *immer* versuchen sollte.‹ [...] ›Gerade jetzt‹, sagt Karl. ›Gerade vor der Volksbefragung! Und wenn es keinen Erfolg hat, haben wir den Stummpolizisten doch gezeigt, daß wir nichts gegen sie haben. Das wäre schon ein Erfolg. Aber abgesehen davon: Ich halte es wirklich nicht für aussichtslos.‹« [284]

Natürlich kommt es zum ›guten Ende‹: Als die Westberliner Polizei gegen Teilnehmer der Weltjugendfestspiele und Befürworter der Volksbefragung vorgeht [285] und die Verfolgung der Bande de facto eingestellt wird, entscheidet sich der Westberliner Kriminale für die ›andere Seite‹: »ein Fanatiker seines Berufs, der der Westberliner Kriminalpolizei den Kram vor die Füße wirft, als er eingesehen hat, daß die Stumm-Polizei Verbrecher nicht mehr fängt, sondern macht.« [286]

   Sicherlich ist dieser Roman kein Zeugnis dezidierter Opposition. Daß Loest aber deutlich für eine Zusammenarbeit mit Westberliner *Behörden* plädiert, ist um so bemerkenswerter, als es sich dabei um eine Institution handelte, deren Verhältnis zu Anhängern bzw. Vertretern des anderen Deutschland bekannt war. Andererseits kann aus der Tatsache, daß der Roman in so hoher Auflage erschien, nicht geschlossen werden, er hätte die volle Billigung ›offizieller‹ Stellen. Der Mitteldeutsche Verlag verlegte damals viele ähnliche Werke. [287]

Literaturkritiken

Offener waren da bereits zwei Kritiken, die im Frühjahr 1953 in der ›Weltbühne‹ erschienen. In der ersten bespricht Loest Benno Voelkners Roman *Die Tage werden heller* [288] und kritisiert gleichzeitig eine der in jenen Jahren üblichen Rezensionen. [289] In Fragen der Gestaltungsweise unverkennbar von Theoremen Aristoteles' und Lukács' ausgehend, schreibt Loest:

»Welch breites Gemälde wäre notwendig gewesen, alle politischen Kräfte in ihren Beziehungen und Widersprüchen zu zeigen, die zur Umsiedlung der Deutschen aus Pommern, Ostpreußen, Danzig und Schlesien führten. Die Unterdrückung der Polen, durch deutsche Junker, Kapitalisten und Imperialisten, der Widerstandskampf der Polen gegen die faschistischen Henker, die Konferenz in Jalta, und die Absichten der Politiker, als sie den Vertrag von Jalta unterschrieben, – polnische Widerstandskämpfer und deutsche Antifaschisten, SS-Männer, Opfer des KZ, sowjetische Soldaten, deutsche und polnische Arbeiter, Bauern und Intellektuelle aller politischen Anschauungen hätten die *handelnden Personen und die Handlung* dieses Romans sein müssen! Groß und umfassend hätte dann das geschichtliche Bild sein können, richtig geführt in allen seinen Teilen hätte es Erkenntnis vermittelt und den Beschauer beeindruckt. Aber dieses Bild, das der Autor entwirft, ist eng und arm.« [290]

Da nach Zwerenz Loest später an einem Roman über die Aussiedlung deutscher Bevölkerungsteile aus der Tschechoslowakei gearbeitet hat, kann diese Passage, deren Bedeutung in der Totalität der Themen bestand, als frühe Form einer solchen Bearbeitung betrachtet werden. [291]

Loest zieht aus seiner Kritik die Konsequenz, daß man nicht wie die von ihm kritisierte Rezensentin zu der Floskel greifen dürfe, Voelkners Roman sei trotz all seiner Schwächen »eine Bereicherung unserer Literatur.« [292] Vielmehr müsse endlich einmal die »Binsenweisheit« ausgesprochen werden:

> »Jeder Schriftsteller muß über das, was er gestaltet, zehnmal mehr wissen und sagen, als sein Leser weiß. Benno Voelkner berichtet über das Problem der Umsiedlung nur das, was jeder leidlich informierte Zeitungsleser auch sagen könnte. Und im Gegensatz zu Tilly Bergner [...] sind wir der Meinung, daß ein Buch nicht schon deshalb wertvoll ist, weil es einen aktuellen Stoff behandelt; es kommt immer darauf an, diesen Stoff künstlerisch zu gestalten. Und das ist Benno Voelkner in keiner Weise gelungen.
>
> Man muß klar und unmißverständlich aussprechen: Benno Voelkners Roman ›Die Tage werden heller‹ ist zweifellos *keine* Bereicherung unserer Literatur!« [293]

Die genannte Standardformel »»Dieses Buch ist ein Fortschritt, eine wesentliche Bereicherung, wenn ihm auch noch einige Schwächen anhaften‹« greift Loest eingangs seiner Rezension zu Mundstocks *Helle Nächte* erneut auf, nun allerdings begründend, warum er sie in diesem Fall für zutreffend halte. Mundstocks Roman sei generell ein Fortschritt, hier seien »Menschen aus Fleisch und Blut geschildert«, gebe es »öffentliche und private Konflikte zuhauf«, habe jeder »ein anderes Gesicht, jeder einen anderen Charakter, andere Neigungen, Fehler, Ausdauer«, seien all die »grauen Schemen ›Der FDJler‹, ›Das leichte Mädchen‹, ›Der fleißige Arbeiter‹ und all die anderen Abziehbilder begeisternd hinweggefegt und lebendige Menschen an ihre Stelle gerückt.« Kurz: »am Ende sind sie keine chemisch gereinigten Aufbau-Engel, denen an Stelle von Flügeln kleine Preßlufthämmer gewachsen sind, sondern immer noch Menschen, nur ein Stück weiter, bewußter, klüger – und glücklicher.« Wie eine solche Kritik und Alternative zu beurteilen war, mußte nicht nur angesichts des Romans selbst gefragt werden, sondern auch angesichts z. B. der Loestschen Formulierung, »Christa, die niedergedrückte Magd eines Großbauern, die sich zu einer denkenden Arbeiterin, zu einer qualifizierten Fachkraft entwickelt, [...] findet das Glück einer schönen, sauberen Liebe.« [294]

Erich Loest und der 17. Juni

Die von Loest geäußerte Kritik erhielt mit zwei von ihm im ›Börsenblatt‹ veröffentlichten Artikeln eine andere Qualität. Sie erschienen am 27. Juni und 4. Juli 1953 und nahmen direkten Bezug auf den 17. Juni. Ihre Titel: *Es wurden Bücher verbrannt* und *Elfenbeinturm und rote Fahne.* [295]

Beide, von der Forschung bisher nur wenige beachtete Artikel [296] Loests sind ebenso kennzeichnend für Teile der jungen Schriftsteller und Kritiker wie die vom Chefredakteur des ›Börsenblatts‹, Wolfgang Böhme, am 1. August erfolgte Erwiderung typisch dafür ist, wie mit Kritiken der Art Erich Loests umgegangen wurde. [297] Bereits in *Es wurden Bücher verbrannt* unterschied sich Loests Einschätzung der Ereignisse merklich von jener, die im 17. Juni ausschließlich den ›Tag X‹ sah; diese fand sich als Stellungnahme des Börsenvereins der Deutschen Buchhändler zu Leipzig in der gleichen ›Börsenblatt‹-Nummer auf der Titelseite. [298]

Was zunächst bestach, war die Unmittelbarkeit der Diktion. Spürbar war Loests Enttäuschung darüber, daß jene Ereignisse kein Jahrzehnt nach der Niederlage des Faschismus hatten möglich sein können: »Das alles zwanzig Jahre und achtunddreißig Tage nach dem großen Angriff der Hitlerbanden auf die deutsche Kultur! Hat das deutsche Volk denn immer noch nichts gelernt?« [299] Vor allem aber auch darüber, daß viele

»Angestellte und nicht wenige Arbeiter [...] in diesen Stunden des 17. Juni nicht begriffen, daß man mit Provokateuren nicht diskutieren kann, sondern daß man Gewalt mit Gewalt beantworten muß. Und wir dürfen nicht verschweigen, daß vor dem Leipziger Hauptbahnhof, als Agenten das durch den Faschismus mißbrauchte Deutschlandlied anstimmten, sich Bauarbeiter von der Windmühlenstraße dazu hergaben, in dieses Lied einzustimmen. Waren das alles Agenten? Selbstverständlich nicht. Sind das alles Faschisten? Selbstverständlich nicht.« Die letzten Worte waren Ausdruck für Loests Ansicht, es sei »nicht einfach, dies alles zu begreifen, und die da behaupten, es sei alles sonnenklar, auf Anhieb verständlich, es sei der 17. Juni ein einschichtiges, sofort in einer bestimmten Schublade des Hirns unterzubringendes Ereignis, die machen es sich zu leicht, die denken nicht genug nach, weder über die Ereignisse noch über sich selbst, weder über die Fakten noch über ihre Ursachen.«

Loest intendierte eine Gesamtanalyse, die sowohl äußere als auch innere Ursachen berücksichtigte. Auf die Frage »Was war geschehen?« gab er selbst eine Antwort, die beide Faktoren gleichrangig nebeneinanderstellte:

»Eines ist zweifellos richtig und durch tausende von Beweisen erhärtet: Die Feinde unserer Republik bliesen zum Generalansturm auf die Demokratie. Der Brand in Korea drohte zu ersticken, und Wallstreet brauchte ein neues Feuer, auf dem es seine Suppe kochen konnte. Deutschland wurde dazu ausersehen und Agentenminister Kaiser warf seine wohlgeschulte, gut ausgerüstete Truppe in den Kampf. Die Bauarbeiter der Stalinallee in Berlin hatten demonstriert, weil sie von FDGB- und auch SED-Funktionären, die jede Verbindung mit der Arbeiterklasse verloren hatten, übers Ohr gehauen worden waren. In ihrem Lohnbeutel hatte etwas nicht gestimmt, und Bauarbeiter sind die letzten, die sich für dumm verkaufen lassen. Sie zogen zu ihrer Regierung, und das Recht war dabei auf ihrer Seite. Aber zwischen die Bauarbeiter warf Kaiser seine Dreigroschenjungen. Sie wiegelten auf, sie hetzten, sie provozierten, und sie verwandelten eine berechtigte Demonstration von Bauarbeitern binnen weniger Stunden in eine Aktion, die mit dem ursprünglich Gewollten nicht mehr das geringste zu tun hatte. Der Faschismus schlug los! [...] Der Mob, auf den sich der Faschismus noch in allen Ländern gestützt hatte, spielte auch hier wieder seine historische Rolle.«

Loests Fazit: Man müsse endlich aus jenen verbrannten Büchern lernen und »Kritik muß geübt werden an vielen Maßnahmen der vergangenen Jahre, die nicht geeignet waren, Menschen zu erziehen, und von dieser Kritik können wir Arbeiter mit dem Buch uns nicht ausnehmen.«

In *Elfenbeinturm und rote Fahne* verschärft sich Loests Kritik. Der Artikel, ohne Zweifel das Wichtigste, was Loest in jenen Jahren schrieb, ist eine Verteidigung der Forderung nach einer freien Aussprache und eine Reaktion auf Partei- und Regierungsäußerungen, die bereits wenige Tage nach dem 17. Juni nur noch am Rande »von den Fehlern der Regierung und der Partei, die viele Arbeiter für Stunden in das Garn der Agenten getrieben hatten, sprachen« (S. 549). [300] Und er ist voller Anspielungen und indirekter Bezüge: Zeichen dafür, daß der Verfasser die Nachrichtenmedien schnell und genau verfolgt hatte. [301] Die Bedeutung der Loestschen Stellungnahme erfordert eine ausführliche Behandlung.

Auch diesmal spricht Loest von den äußeren und inneren Ursachen, doch mit unterschiedlicher Akzentuierung. Für ihn steht fest, daß es

»den Provokateuren nicht gelungen [wäre], Teile der Arbeiterschaft vor ihren Karren zu spannen, wenn nicht von Regierung und Partei, wenn nicht von allen führenden und leitenden Organen innerhalb der Deutschen Demokratischen Republik Fehler von zum Teil ernstem Ausmaß begangen worden wären.« (S. 548)

Loests Hauptvorwurf: Staat und Partei hätten sich von den Massen entfernt. Einer der Hauptverantwortlichen für diese Kluft sei die Presse. Eine Ursache sei die mangelnde Ausbildung der Redakteure gewesen. Die andere: daß man all die für fortschrittlich gehalten habe, die »allen Maßnahmen der Partei und der Regierung den lautesten Beifall zollte[n].« (S. 548) Kritik habe man zwar nachlesen können: »Da schrieb der Arbeiter P., daß in der Soundso-Straße die Beleuchtung nicht funktionierte. Da klagte der Bauer F. über die Krähenplage. Da beschwerte sich die Rentnerin M., daß die HO-Verkäuferin in der R.-Straße Geld und Wurst mit ihren Händen im bunten Wechsel berührte.« (S. 548) All diese Kritik sei nützlich gewesen, aber sie habe Teilgebiete betroffen.

»Kritiken an wirklich entscheidenden Maßnahmen haben wir fast nicht gelesen. Und auf die Kritik der Massen – und das ist weit schlimmer – gingen die Redakteure auch in ihren Reportagen und Artikeln nicht ein.« (S. 548)

Gerade an dieser Stelle könnte gegen Loest eingewandt werden, er berufe sich auf ›Massen‹, deren Doppelgesicht er in seinem vorangegangenen Artikel gezeichnet hatte. Eine solche Kritik ist jedoch insofern hinfällig, als er fordert, sich nicht auf die »kritiklosen Ja-Sager« (S. 548) zu stützen. Zudem verlangt er Offenheit auch gegenüber denjenigen, die noch nicht so gefestigt seien und aufgrund mangelnder Auseinandersetzung der Presse mit DDR-internen Konflikten den RIAS anstellten. Denn weder habe man etwas davon nachlesen können, »daß Partei- oder Gewerkschaftsfunktionäre von den Arbeitern, zu denen sie sprechen sollten, nicht angehört worden waren«, noch etwas über die Gründe und »über kurze Proteststreiks in einigen Betrieben, mit denen sich die Arbeiter gegenüber Funktionären zur Wehr setzten, die sie in der Normenfrage übers Ohr hauen wollten.« Loests Schlußfolgerung: »Hätte hier die Presse rechtzeitig eingegriffen, wäre es den Provokateuren nicht gelungen, am 17. Juni diese Arbeiter zur Arbeitsniederlegung und zur Demonstration zu bewegen.« (S. 548)

Dagegen habe man das Negative verschwiegen und das Positive aufgebauscht, die »Proportionen wurden verschoben, und getäuscht wurden nicht etwa unsere Feinde, sondern täuschen ließen sich nur die fortschrittlichen Kräfte innerhalb unserer Republik, täuschen ließen sich nicht zuletzt die Genossen der SED.« Die Redakteure »saßen im Elfenbeinturm und schwangen die rote Fahne.« (S. 548)

Soweit zur Situation vor dem 17. Juni. Unmittelbar nach dem 17. habe eine bewundernswerte Offenheit geherrscht:

»Die Minister und führenden ZK-Mitglieder, die nach dem 17. Juni in den Betrieben [302] gesprochen haben, waren von einer imponierenden Offenheit. Ministerpräsident Grotewohl scheute sich nicht, zu erklären, die Regierung habe ›den Karren in den Dreck gefahren‹.« (S. 549)

Was sei da »plötzlich für ein ehrlicher, klarer Ton« in der Presse gewesen, »Schnitzler hielt einen prächtigen Rundfunkkommentar [303], das ›Neue Deutschland‹ schrieb einen sachlichen, in jeder Weise den Tatsachen entsprechenden Leitartikel.«

Jetzt, nachdem die Selbstkritik schrittweise zurückgenommen worden sei, habe man den Eindruck, »als ob nur Provokateure auf den Straßen gewesen seien.« Und »Artikel, die das Gleichgewicht der verschiedenen Komponenten einzuhalten« versucht hätten, seien von manchen Redaktionen »eigenmächtig verändert« worden. So Kuba beim ›Neuen Deutschland‹ Koplowitz bei der ›Täglichen Rundschau‹ und er selbst bei der ›Leipziger Volkszeitung‹. [304] Sofort seien wieder die »überschwenglichen Begeisterungserklärungen einzelner« (S. 549) gedruckt worden. Und er fährt fort, Kubas berühmt-berüchtigte Worte von den Bauarbeitern, die viel zu arbeiten hätten, bis sie wieder das Vertrauen der Regierung besäßen, in einer Weise variierend, die in ihrer ironischen Bissigkeit mit Brechts *Die Lösung* verglichen werden kann:

»Wie schön wäre es gewesen, eine Zeitung hätte das Bild eines Arbeiters etwa mit folgender Unterschrift gebracht: ›Ich habe mit demonstriert. Ich will mit den Provokateuren nichts zu tun haben; aber ich kann auch nicht verschweigen, daß ich mit vielem, was Partei und Regierung bisher getan haben, nicht einverstanden gewesen bin. Ich bin skeptisch geworden wie viele meiner Kollegen. Regierung und Partei werden sich anstrengen müssen, wenn ich ihnen wieder vertrauen soll.‹ Diese Stellungnahme hätte der Meinung vieler Arbeiter entsprochen; ähnliches aber konnte man nur sehr, sehr vereinzelt lesen.« (S. 549)

Loests Hauptresümee: Man müsse sich »auf den wirklich besten Teil unseres Volkes orientieren«. Und:

»Man muß zu den Massen hingehen und ihnen die Fahne vorantragen.
Die Elfenbeintürme unserer Presse sind durch den 17. Juni ins Wanken geraten. Nun ist es an den Presseleuten selbst und an allen, denen eine wirkungsvolle Presse am Herzen liegt, die schwankenden Mauern schleunigst und bis auf ihre Grundfesten abzutragen!« (S. 549)

Namentlich Loests *Elfenbeinturm und rote Fahne* ist, will man zusammenfassen, ein Beispiel dafür, wie in jenen Tagen mancher Autor und Kritiker einen Standpunkt fand; ebenso ein Zeichen für die enttäuschten Hoffnungen so mancher der jungen Autoren. Die Auseinandersetzungen des Juni 1953 zwangen zur Stellungnahme, sie beinhalteten die große Chance einer Aussprache innerhalb der werktätigen Bevölkerung, auch und vor allem aber die Chance, manche der jetzt nur verschieden akzentuierten kritischen Stimmen wie die Günther Cwojdraks, Stefan Heyms oder Erich Loests zusammenzuführen. Denn noch standen die hier umrissenen Tendenzen und Strömungen nicht in solch scharfen Widersprüchen zueinander wie dies wenige Jahre später der Fall sein sollte, noch spielte der Gedanke der nationalen Einheit eine zentrale Rolle. Drei Dinge waren für die Genannten charakteristisch: die Anerkennung äußerer und innerer Ursachen des 17. Juni, eine – wenn auch nicht immer genau umrissene – Politik hin zu den werktätigen Massen sowie die Betonung der Bedeutung des 17. Juni für die beiden Teile Deutschlands. Erst bei Diskussion dieser Problemkonstellation hätten sich wirkliche Widersprüche festmachen lassen.

Wolfgang Böhmes Erwiderung ist nicht nur symptomatisch für die Gegenkritik, sie liefert auch einen Erklärungsgrund, warum Autoren wie Loest nach dem 17. Juni endgültig in eine ganz bestimmte Richtung tendierten. Es ließe sich das Marx-Wort, auf eine halbe Revolution folge stets eine ganze Konterrevolution, insoweit ›chinesisch‹ abwandeln, als auf eine halbe Kulturrevolution stets eine ganze Restauration folge. Denn bei aller Widersprüchlichkeit des 17. Juni – Losungen wie »Den Kapitalisten macht ihr Geschenke, uns [Arbeiter] beutet ihr aus«, die Betriebsdelegierte Bruno Baum, Mitglied der SED-Bezirksleitung Groß-Berlin, auf einer Bauarbeiterkonferenz der Stalin-Allee-Baustellen zuriefen, besaßen, wie man heute sagen könnte, ›kulturrevolutionären‹ Impetus. [305]

Bevor Böhmes Artikel genauer zitiert wird, ist zunächst der Anlaß mitzuteilen, warum sich Böhme überhaupt zu Wort meldete. Böhme hatte als Chefredakteur Loests Artikel geprüft und zur Veröffentlichung freigegeben:

»Dieser Artikel hätte vor Aufnahme in das Börsenblatt für den Deutschen Buchhandel Gegenstand einer kollektiven Diskussion innerhalb der gesamten Redaktion sein müssen. Stattdessen aber wurde er von mir als Chefredakteur allein geprüft und für den Abdruck freigegeben. Über die Hintergründe dieser entscheidenden Fehler ist in ausführlichen Diskussionen innerhalb der Redaktion nunmehr Klarheit geschaffen worden. Die Redaktion verurteilt diesen Artikel einstimmig und hat nach eingehender Überprüfung ihrer Arbeitsmethoden die Voraussetzungen für eine bessere kollektive Arbeit geschaffen.« (S. 627) [306]

Anstatt sich selbstkritisch mit dem eigenen Handeln auseinanderzusetzen, schlägt Böhme zurück, dabei mit Unterstellungen und Verdrehungen arbeitend. Erwähnenswert ist auch, daß seine Erwiderung erst nach der 15. ZK-Tagung erfolgt, er sich somit abgesichert weiß. Nun lautet nämlich die Linie, die Diskussion der Fehler sei von ›feindlichen Elementen‹ ausgenützt worden, wer jetzt noch bestimmte Fehlerdiskussionen fordere, stehe zumindest objektiv auf gleicher Stufe mit den Provokateuren. Loests Artikel sei »ein Musterbeispiel dafür, wie Kritik an der Arbeit unserer Presse nicht nur falsch, sondern schädlich für die Interessen der Arbeiterklasse und unsere demokratische Staatsmacht wirken kann.« (S. 626)

Wurde gegen Strittmatters Stellungnahme im ›Neuen Deutschland‹ ähnlich argumentiert, so ist hier jedoch die Gegenkritik wesentlich schärfer. Während dort nur konjuktivisch davon gesprochen wurde, »die oben zitierten Auffassungen [können] zu falschen und verhängnisvollen Schlußfolgerungen führen« [307], wurde Loest unterstellt, seine Forderung nach freier Aussprache heiße »nicht weniger, als daß wir das Werk der faschistischen Horden vom 17. Juni fortsetzen sollen. Das nämlich ist die gefährliche Schlußfolgerung, die sich aus diesen Sätzen ergibt!« (S. 327)

Auch Böhmes Behauptung, Loests Artikel enthalte »nicht einmal ein Wort gegen die Provokateure selbst« (S. 327), entspricht nicht den Tatsachen, ganz zu schweigen davon, daß Böhme Loests ersten Artikel mit keiner Silbe erwähnt. Es triumphierte wieder das »Kaderwelsch«:

»Dem der Kaderwelsch hört, vergeht das Essen.
Dem der es spricht, vergeht das Hören.« (Brecht)

Artikel wie die Böhmes würgten nicht nur jedes Gespräch ab – wer diskutierte schon mit einem ›verkappten Faschisten‹ bzw. wer kannte schon die wirklichen Hintergründe für

Böhmes Schmähungen –, sie sind vor allem als Auftakt ausschließlich administrativer Maßnahmen zu sehen. Auf dem 15. ZK-Plenum hatte Ulbricht auf die Wiedergabe der Zaisser-Worte durch einen Minister, »die neue Linie bestehe in der Nachgiebigkeit gegenüber dem Westen und könne zur Wiedererlangung der Herrschaft der Bourgeoisie führen«, empfohlen: »Zaisser bestreitet diese Äußerung. Ich bin dafür, daß die Parteikontrollkommission sich damit beschäftigt.« [308] In *der* Zentralfrage der Revolution nach dem ›Sieg des Sozialismus‹ sollte die ZPKK bemüht, keine Aussprache initiiert werden. Folgerichtig ist Ulbricht auch der Meinung, im Fall der Leuna-Werke – von hier aus waren viele ›linke‹ Losungen gekommen, das gesamte Gebiet besaß eine alte Tradition darin [309] – müsse man

»jetzt die Wachsamkeit erhöhen. Man soll keine öffentliche Kampagne etwa für Verhaftungen durchführen, sondern diese Bande im Betrieb bis zu Ende entlarven, und wenn sie entlarvt worden ist, dann machen wir das, was wir im Steinkohlenbergbau und woanders gemacht haben, dann werden sie festgesetzt.« [310]

Schließlich verhinderten Artikel wie die Böhmes und die nachfolgenden, im Fall Erich Loests bereits genannten administrativen Maßnahmen vor allem die Einsicht in mögliche eigene Fehler der ›Betroffenen‹. Loests weitere Reaktion ist daher wiederum charakteristisch. Zunächst war es kein Wunder, daß die Reaktion auf Böhmes Artikel hellste moralische Empörung, um nicht zu sagen Ekel, sein konnte. Und damit konnte genau das weitgehend verhindert werden, was gerade in den Monaten nach dem 17. Juni von vielen gefordert wurde: eine genaue Analyse der Verhältnisse. Dies kam einer zusätzlichen, Loest nicht bewußten Niederlage gleich. Männer wie Böhme konnten also in doppelter Weise triumphieren. Mit anderen Worten: Loest produzierte im wesentlichen so weiter, wie er es vor dem 17. Juni getan hatte, nun ›nur‹ eine bestimmte Kritik aufnehmend. Eine Korrektur eigener Ansichten und somit die Annäherung an andere kritische Autoren war kaum noch denkbar.

Ein deutscher ›Tauwetter‹-Roman: Das Jahr der Prüfung

Ohne daß Loest direkt zu den Ereignissen des 17. Juni Stellung nimmt, ist sein ABF-Roman eine einzige Auseinandersetzung mit der Politik vor dem »Neuen Kurs«, dem 17. Juni selbst sowie dem Problem ›Kursänderung nach Stalins Tod‹. Er ist, dies kann ohne Übertreibung gefolgert werden, das DDR-Pendant zu Ilja Ehrenburgs bekanntem Roman; in ihm finden sich zentrale Momente eines ›Tauwetters‹. Loests spätere Haltung ist mit diesem Buch zu datieren. Was jedoch nicht heißt, Loest habe diesen Roman erst nach dem 17. Juni begonnen. Schon im März 1953 berichtete Heinz Rusch in seinem Porträt:

»Der siebenundzwanzigjährige Schriftsteller strotzt von neuen Plänen. Wieder geht es um die Anleitung und Bewußtseinsbildung der Jugend, wenn er jetzt an einem neuen Roman um die Arbeiter-und-Bauern-Fakultät arbeitet und seine Vorstudien an der ABF der Leipziger Universität intensiv und mit Lust und Liebe an der Sache treibt.« [311]

Was jedoch mit Sicherheit zutrifft, ohne daß wir uns hier auf gesicherte Daten stützen können: daß Loest sein Projekt nach den Tagen im Juni entscheidend verändert haben muß. [312]

Aufgrund Loests Entwicklung als Schriftsteller wäre es unzutreffend, wollte man behaupten, Loest hätte in *Das Jahr der Prüfung* nur deshalb zu Mitteln des Unterhaltungsgenres gegriffen, weil ihm die publizistische Ebene verwehrt war und er seine Haltung nun ›umkleiden‹ mußte.

Bereits im Romanauftakt ist jene Fragwürdigkeit manifest. Da sind einerseits der doppelt interpretierbare Titel (als Titel eines ABF-Romans und als Charakterisierung des Jahres 1953 [313]) und das Liebknecht-Motto. Der Romanbeginn liest sich dagegen wie der einer Heimatschnulze:

»Nur für wenige Kilometer war das Wasser dieses Baches jungfräulich. Dort sprang es zwischen Steinen und Moos dahin, von Farnwipfeln überdacht, Fichtenwurzeln umspielend. Selten einmal besuchten Menschen seinen Oberlauf, Waldarbeiter zumeist oder Pilzsucher, öfter schon sprang ein Hase über sein Bett, oder ein Reh kam in der Dämmerung zur Tränke. Kurz nur war das spielerische Dasein des Baches; dann wurden seine Wasser zum erstenmal gestaut und trieben eine kleine Turbine hinter dem Haus eines Straßenarbeiters, um die Glühbirnen in den Wohngemächern mit billigem Strom zu versorgen. Und den Menschen an seinen Ufern mußte er fortan zu Diensten sein, bis er nach einem Kilometerdutzend seinen Namen zugunsten der Freiberger Mulde aufgab und sich mit dieser vermischte. Vorher noch hatte er die Abwässer einer Papierfabrik aufgenommen, die Gatter eines Sägewerkes getrieben und einer Spinnerei ein wenig zusätzliche Energie geliefert; er ließ Weiden an seinem Ufer wachsen, deren Ruten geschickte Hände zu Körben zusammenzuflechten vermögen, und in seinem Schlamm gründelten Enten so lange, bis sie von ihren Besitzern als Weihnachtsbraten würdig befunden wurden.« [314]

Auch im Analytischen bleibt der Roman in den Hauptpartien unkritisch, dringt nicht zu gesellschaftlichen Prozessen vor, die Motor z. B. einer neuen Schichtendifferenzierung waren. Loest steht in Widerspruch zu den Thesen von *Elfenbeinturm und rote Fahne*. Die moralische Empörung der Juni-Monate erwies sich als wenig tragfähig, sie ersetzte die Untersuchung gesellschaftlicher Tiefenprozesse in keiner Weise. Loest unterscheidet sich hier nur unwesentlich von Autoren wie Elfriede Brüning oder Werner Reinowski, dem Verfasser des ersten veröffentlichten 17.-Juni-Romans (*Die Versuchung*, 1956) [315]:

»›Das hat es doch in Deutschland noch nie gegeben‹, sagte sie, ›daß Kinder von Arbeitern und Bauern umsonst studieren durften. Wir dürfen so viel lernen, wie nur irgendwie in unseren Kopf hineingeht. Uns zwingt kein Mensch dazu, höchstens wir selber, wir dürfen es, verstehst du, Liesa, und wenn du zu faul bist, dann bist du selber schuld. Dann bleibst du dein ganzes Leben lang Spinnerin, und du wirst nicht einmal eine gute Spinnerin. Und von allem, was es sonst noch gibt, hast du keine Ahnung. Du kannst unser Leben nicht besser gestalten helfen, du mußt dich immer von den anderen mitziehen lassen. Du weißt nichts von wirklich schönen Dingen, von Literatur und Musik und Kunst überhaupt, und deine Kinder kannst du auch nicht richtig erziehen. Was bist du denn überhaupt für ein Mensch, wenn du nicht lernen willst.‹« [316]

Der Reformismus des ›Wissen ist Macht!‹ kommt noch klarer in der folgenden Passage zum Ausdruck, die außerdem ungewollt die allgemein-menschlichen Liebesbeziehungen als verlogen denunziert:

»Am nächsten Tag besichtigten sie die Burg mit ihren Türmen, Stuben und Verließen, ihren Rüstungen und Särgen, wurmstichigen Schränken und fadenscheinigen Wandbehängen. Sie lauschten dem Aufschlag eines Steines nach, der den Brunnenschacht hinabfiel, und fröstelten auf den Treppen, durch deren meterdicke Mauern die Frühlingswärme nicht hindurchdrang. Die Jungen aus der Maschinenfabrik hatten sich ihnen angeschlossen und blieben den ganzen Tag bei ihnen. Einer machte Renate Brösecke den Hof, die wie stets darüber ein um das andere Mal errötete, die anderen aber konnten sich nicht genugtun im Fragen nach dem Leben an der Arbeiter-und-Bauern-Fakultät, nach dem Unterrichtsstoff, und ob es wirklich so schwierig sei. Da merkte Roland Wagenbauer – er freute sich und sprach auch zu seiner Frau darüber –, wie die Jungen und Mädchen der A5 den Schlossern und Drehern überlegen waren, wie sich ihre Gedankengänge und ihre Ausdrucksweise unterschieden. Es gab niemanden, der über anstrengende Arbeit klagte, und wenn sie erzählten, wie sie sich mühen mußten, fügten sie stets dazu, wozu diese Anstrengung notwendig sei. Da merkte Roland Wagenbauer, und in den folgenden Tagen gab es ihm Auftrieb, wie die Jungen und Mädchen in den vergangenen Monaten gewachsen waren. Als sie zur Arbeiter-und-Bauern-Fakultät gekommen waren, hatten sie den Jungen aus der Maschinenfabrik geglichen, aber heute waren sie ihnen überlegen, und Roland hoffte, auch einer der Schlosser und Dreher möchte es spüren und im kommenden Herbst den Schritt tun, der ihm dieses Reifen und Klugwerden ermöglichen würde.« [317]

Nicht zuletzt aufgrund dieser Passage ließe sich vermerken, Loests Alternative unterscheide sich von der technokratischen Konzeption Otto Gotsches (›die Arbeiterklasse auf das Niveau der technischen Intelligenz heben‹) nur in einem Mehr an ›Kultur‹, jenem Zentralmoment der vergleichbaren sowjetischen Strömung. [318] Und nicht zuletzt hierin liegt die Ursache, daß die von Loest aufgeworfenen Probleme im wesentlichen sekundärer Bedeutung sind (was nicht mit ›unscheinbar‹ zu interpretieren ist).

Beispielhaft ist eine Diskussion der Studenten über Anna Seghers' *Das siebte Kreuz* und über Fragen des sozialistischen Realismus bzw. des Typischen. Karikiert wird ein Student, der behauptet, nicht Heisler, sonder Wallau dürfe der ›positive Held‹ sein: »Der Positivste im Roman muß immer der Held sein. Das ist eben bei dem Buch falsch, und ich verstehe nicht, warum ein solches Buch bei uns im Unterricht behandelt wird.« [319] Und weiter heißt es, wobei Loests eigene Schaffensmethode anklingt:

»Problemstellung, Aussageabsicht, gesellschaftliche Zusammenhänge – im Eilmarsch ging es durch ein literarisches Gebiet hindurch, und nicht selten war es unvermeidlich, daß das, was nicht zum wenigsten den poetischen Wert des Kunstwerkes ausmachte – Schilderung von Natur, Liebesbeziehungen etwa –, unbeachtet am Wege zurückblieb. Studenten höherer Klassen hatten herausgefunden, daß der Literaturunterricht sich bisweilen vom Unterricht in Gesellschaftswissenschaften nur wenig unterschied«. (S. 141) (Es folgt dann ein Zitat aus Bechers *Tagebuch 1950* über Poesie.)

Der springende Punkt sind weder ›falsche‹ Auffassungen vom Typischen noch ein Zuviel an Soziologischem. Er ist genau darin zu suchen, daß einer im Gesellschaftsanalytischen und in der Darstellungsweise versagenden Literatur die Alternative »Schilderung von Natur, Liebesbeziehungen etwa« vorgehalten wird, und dies in der bereits zitierten Weise.

Ähnliches ist auch dann feststellbar, wenn Loest politisch wichtige Probleme aufgreift. Sie seien hier nur aufgeführt und kurz dargestellt. Loest thematisiert offen das Problem ›Personenkult‹, sich dabei nicht auf Stalin beschränkend, sondern auch Walter Ulbricht einbeziehend:

»Es wurde gelacht, aber dieses Gelächter prallte an Jochen ab. ›Personenkult‹, murmelte er, und ihm widersprach niemand, weil eine Diskussion über den Personenkult zu weit abseits des Themas gelegen hätte.« »Es gäbe eine Anzahl sowjetischer Filme, führte er an, in denen Stalin vorkäme, bei-

spielsweise der Film ›Das unvergeßliche Jahr 1919‹. Der Held des Filmes sei aber ein Matrose, nicht etwa Stalin, und Stalin sei doch bedeutender als dieser Matrose.« (S. 143)»»Er wirft mit Phrasen um sich und glaubt, wenn er ein Stalinzitat anführt, müsse er unbedingt und immer recht haben. Dabei macht er sich höchst selten die Mühe, festzustellen, ob alle Voraussetzungen, unter denen Stalin eine Feststellung getroffen hat, auch auf die von Grieselang gemeinte Situation zutreffen. Und diese Methode engt ein, macht arm, macht schließlich verlogen. – Es wagt doch einer, der sich nicht sicher fühlt, kaum, gegen eine solche Methode anzugehen, weil dann zu leicht der Vorwurf gemacht werden könnte, man wolle sich gegen Stalin wenden, und dem Verdacht will sich doch keiner aussetzen.‹ ›Aufpassen‹, riet der Vater, ›immer aufpassen, ob nicht doch einer will.‹« (S. 227)
    »Jochen Grieselang und Siggi Ahner [verloren], als sie den Namen Walter Ulbricht hörten, sofort jeden Rest ihrer bisherigen Meinung.« (S. 152)

Loests Alternative äußert sich darin, daß er wiederholt auf Karl Liebknecht hinweist (S. 204f.), das Motto in den Text einarbeitet und direkte Lesehinweise gibt (S. 322 bzw. 178). Sie äußert sich außerdem in Spieler und Gegenspieler. Auf der einen Seite ein Karrierist, der nach seiner Entlarvung (kein Agent) aus Angst vor Produktionsarbeit (S. 378ff.) nach Westberlin flüchtet, auf der anderen zwei ABF-Studenten, die jener zitierten Auffassung vom Typischen entsprechen und im Grunde ›Sprachröhren‹ Loests sind. Sie sind die Helden, die sich trotz Hysterie durchsetzen. So wird der eine, der aus Düsseldorf stammt, als Agent verdächtigt (S. 150f. und 156f.). Er ist es auch, der militärische Übungen für notwendig, nicht aber für immer bejubelnswert hält (S. 116ff.) und über einen der Phrasendrescher sagt:

»»Der bläst sich auf, der kommt sich wer weiß wie wichtig vor, und uns allen stiehlt er die Zeit. Er hat kein Wort gesagt, wie man nun den Plan aufstellen kann, wie man sich gegenseitig helfen soll. Und alles, was er macht, ist bei ihm gleich eine scharfe Waffe. Ich könnte mir vorstellen, wenn der morgens kackt, dann bildet er sich auch ein, eine scharfe Waffe gegen den Imperialismus geschmiedet zu haben.‹
    Karl-Heinz lachte. ›Du bist eben noch nicht lange in der Republik‹, sagte er. ›Bei uns gibt es solche Typen. Der Wortschatz besteht aus dreihundert Worten, und zweihundert davon sind Superlative.‹« (S. 81)

In den abschließend zitierten Abschnitten handelt es sich offenkundig um nur wenig verhüllte 17.-Juni-Thematik:

Rudolf Pronberg, jener Karrierist, »saß gemütlich in seiner Ecke, er ließ die immer bergiger werdende Landschaft an sich vorüberfliegen und hatte Zeit, alles zu überdenken, was mit Inge Teubner im Zusammenhang stand. Neben ihm wurde ein Gespräch von der Art geführt, wie er es befürchtet hatte: Einige Frauen klagten über die gerade in diesen Wochen mangelhafte Margarineversorgung. Sie wüßten nicht, was sie ihren Männern aufs Brot schmieren sollten, sie hätten erst gestern und vorgestern erfolglos nach Margarine angestanden, und das sei doch wohl kein Zustand. In West-Berlin gäbe es alles, aber die Volkspolizei würde ja in den Zügen jedes Gramm wegnehmen, und so ginge es ja wohl nicht weiter. Rudolf Pronberg hörte das alles mit halbem Ohr. Er pries sich glücklich, kein Parteiabzeichen am Rockaufschlag zu tragen, denn jetzt hätte er sich in die Diskussion mischen müssen, konnte doch ein Genosse bei einem solchen Gespräch nicht tatenlos dabeisitzen. Aber ihm sah eben niemand an, daß er Genosse war, und das war ihm gerade recht.« (S. 191) [320]
    »Neben ihm begannen sich zwei Arbeiter über Arbeitsnormen zu unterhalten. Er fand, daß sie einen recht merkwürdigen, politisch unklaren Standpunkt dazu einnahmen.« (S. 192)

2.3.4.2. Eine große Hoffnung – Stefan Heym, der Publizist

›Deutsch-deutsche Gemeinsamkeiten‹

Als 1974 Stefan Heyms lang erwarteter Roman über den 17. Juni erschien, verhinderten, wie schon in so vielen Fällen, ›deutsch-deutsche Gemeinsamkeiten‹ eine adäquate und sachliche Rezeption. Ursprünglich sollte *5 Tage im Juni* [321], so der Titel der zweiten Fassung (die erste trug den Titel *Der ›Tag X‹*), gleichzeitig bei Bertelsmann in Gütersloh und im DDR-Verlag »Neues Leben« erscheinen. [322] Die DDR-Ausgabe läßt bis heute auf sich warten. [323]

Daß Heyms Roman allein im westlichen Teil Deutschlands erschien, will nicht sagen, daß der Leser dort mit Informationen versehen worden wäre, die ihm ein Urteilen erleichtert, wenn nicht gar erst ermöglicht hätten. Der vorherrschende Ton in den Rezensionen, um eine der Überschriften zu benutzen: »Schönfärberei«. Heyms Buch gehorche »doch der verbindlichen Sprachregelung der DDR über die Ereignisse des 17. Juni: Es waren Provokateure, vo[m] ›Westen‹ gesteuert, die die vorübergehende Unruhe der Werktätigen über die Normenerhöhungen ausnutzten und damit auslösten, was man hierzulande den ›Volksaufstand‹ nennt.« [324] Unabhängig davon, wie Heyms Roman zu beurteilen ist – die Mehrzahl der Rezensenten hielt dem Autor das vor, was sie selbst an den Tag legte: unkritisches Verhalten. Denn es war gerade erst ein Jahr her, daß Lutz Lehmann in seiner Fernsehsendung zum 20. Jahrestag des 17. Juni viele der Daten eruiert und bestätigt hatte, die auf Beteiligung westlicher Organisationen und Institutionen schließen ließen, und sei es nur jene dubiose russische Emigrantenorganisation, von der laut einem »Wochenschau«-Kameramann »Benzinkanister [...] Brandflaschen und Stöcke und ähnliche Dinge« [325] verteilt worden waren. Eindrucksvoller klangen die Worte eines Journalisten, der Mitarbeiter des ›Spiegel‹ gewesen war und Verbindung zur ›Organisation Gehlen‹ gehabt hatte. Er sagte in einem längeren Interview, daß es »Einstiegsversuche« gegeben habe und »natürlich die Westberliner Untergrund-Organisationen eingestiegen« seien, die, so Lehmann, »aus amerikanischen Mitteln finanziert« [326] waren:

»Lehmann:	›Und diese Organisationen, u. a. also auch ›Kampfgruppe gegen Unmenschlichkeit‹ [327], haben ihre Leute rübergeschickt mit Aufträgen, meinen Sie?‹
Schulz:	›Ja. Und sie hatten ja natürlich auch Leute drüben, denen sie dann noch am 16. Juni suggerierten, das sei der ›Tag X‹, und nun ginge es los, nun würde die DDR-Regierung gestürzt. Ulbricht müßte zurücktreten, und die Russen würden das Land verlassen. Und diese Leute haben das geglaubt und entsprechend gehandelt. Und natürlich auch Leute mitgerissen und ins Unglück gerissen.‹
Lehmann:	›Das heißt, diese Leute haben die Parolen produziert, die nachher über die Normenbewegung hinausgingen?‹
Schulz:	›Ich würde sagen, ja.‹« [328]

Offen gesagt [329]

Für unseren Zusammenhang bedeutsamer als diese Problematik aber war, daß in den Rezensionen durchgehend eines unerwähnt blieb, und selbst Fritz J. Raddatz, der die Geschichte des Heymschen Romans sehr genau kannte, macht keine Ausnahme [330]: daß der Roman nur einen Bearbeitungsbereich dieses Stoffes abdeckte. Bereits in den 50er

Jahren hatte sich Stefan Heym vor allem in Zeitungsartikeln mit der Problematik des 17. Juni und der Zeit nach Stalins Tod auseinandergesetzt. Die Bearbeitungsnähe ist so stark, daß Heym in seinem Roman fast wörtlich gleiche Wendungen benutzt. [331] Stefan Heym bestätigte die Bearbeitungsnähe in einem Brief, war aber selbst überrascht von einigen Aspekten:

> »Ich bin sehr überrascht, daß Sie in dem Roman ›Fünf Tage im Juni‹, wie Sie sagen, zum Teil wörtliche Wendungen aus den beiden Bänden fanden; ich habe keineswegs bei der Arbeit an der neuen Fassung des Buches mir die beiden Bände angeschaut; es ist wohl einfach so, daß Gedanken, die mich damals berührten, mich auch heute noch nicht losgelassen haben. [...] Ich würde meine Artikel, die in den beiden oben genannten Bänden veröffentlicht sind, nicht direkt als Vorarbeit zu dem Roman betrachten; vielmehr entstanden sie zugleich mit der ersten Fassung des Buches, und die Probleme, die darin abgehandelt sind, haben eine enge Verwandtschaft mit denen des Romans.« [332]

Die Artikel, die gesammelt in den Bänden *Im Kopf – sauber* (1954) [333] und *Offen gesagt* (1957) vorliegen, gehören zum Besten der Publizistik dieses Autors. Unsere These: daß sie gewichtiger als der Roman sind.

Heyms Artikel zeichnen mehrere Dinge aus. Alle wichtigen Probleme jener Jahre finden sich angesprochen, und dies mit einem Mut und einer Engagiertheit, die zum positiven Erbe demokratischer und sozialistischer Publizistik gehören und eher ›französische‹ und ›amerikanische‹ als ›deutsche‹ Qualität besitzen.

Heym wußte die Möglichkeiten, die ihm seine Popularität verschaffte, zu nutzen. Noch für heutige Leser enthalten seine Artikel viele Informationen, besticht die Verbindung von Sachlichkeit und Engagement. Und sie zeichnen sich nicht zuletzt durch Diskussionsbereitschaft aus. So wird wohl Heyms Eintreten für John Heartfield, einen Mann, der ihm künstlerisch kaum nahestand, noch Bedeutung besitzen, wenn die Literaturgeschichte über *5 Tage im Juni* hinweggegangen ist:

> »In Moskau erkundigte sich ein sehr bekannter sowjetischer Schriftsteller bei mir: ›Sagen Sie, wissen Sie vielleicht, was aus John Heartfield geworden ist?‹
> Diese Frage, die sich wie die Anfangszeile eines Detektivschmökers liest, war durchaus berechtigt. Ist es doch beinahe, als wäre einer der größen und originellsten Künstler unserer Zeit spurlos verschwunden – spurlos verschwunden bei uns, in der Deutschen Demokratischen Republik!« [334]

Mit diesen Zeilen erweist sich Heym als Erbe Kischs. Ähnlich dessen Reportagen wird *Im Kopf – sauber* eröffnet:

> »Statt eines Vorworts
> Der vorliegende Band ist das Ergebnis der publizistischen Arbeit eines Jahres. Dieses Jahr begann im Juni 1953, jedoch schon in den Tagen *vor* dem 17. Juni. Es war damals etwas in der Atmosphäre, das mich veranlaßte, von den Buchmanuskripten weg direkt in die Öffentlichkeit zu gehen.
> Am Abend des 17. Juni, nachdem ich einen verkrüppelten Kollegen nach Hause gebracht hatte und an der Treptower Brücke von faschistischen Knüppelhelden überfallen worden war, rief ich Erich Wendt an – einen der gescheitesten Menschen in der Deutschen Demokratischen Republik. Ich fragte ihn: ›Was soll ich jetzt tun?‹ Er antwortete: ›Schreib!‹«

Und Heym schrieb, auch wenn ihm im »Gewühl des täglichen Kampfes [...] die Krawatte verrutscht[e]«. [335] Er bewies weiterhin den Mut, der ihn schon in seiner Emigrationszeit ausgezeichnet hatte, als er aus Anlaß des Korea-Krieges der US-Regierung seine Orden zurückschickte oder über einen Streik amerikanischer Bergarbeiter einen Roman schrieb. [336] Noch am 16. Juni war er in die Redaktion der Zeitung bestellt worden, die jenen Roman in Fortsetzung brachte. Man wollte ihn zu Änderungen bewegen:

»Ich wurde ersucht, ein Kapitel in diesem Roman zu ändern, in dem ein Teil der Arbeiter einer Gewerkschaftsgruppe in einer amerikanischen Stadt auf eine faschistische Provokation hereinfällt. Das, wurde mir gesagt, sei ›objektivistisch‹ und könne daher den deutschen Arbeiterlesern nicht vorgesetzt werden.

Das war am 16. Juni. Ich weigerte mich an diesem Tage, der deutschen Arbeiterklasse eine schöngefärbte amerikanische Arbeiterklasse, die auf Provokationen nie und nimmer hereinfällt, vorzusetzen. Ich bestand auf der Wahrheit.

Am 17. Juni fiel ein beträchtlicher Teil der deutschen Arbeiter in der Deutschen Demokratischen Republik auf eine viel größere faschistische Provokation herein. Am 18. Juni ging mein Kapitel, wie geschrieben, in Satz.« [337]

Am 17. Juni votierte Heym auf einer Sitzung des Schriftstellerverbandes gegen eine von Kuba vorgelegte Resolution. Sie sei Gewäsch. Mit Hermlin formulierte er eine neu. Als Kuba dagegen auftrat mit dem Argument, die alte sei vom ZK schon gebilligt, die neue könne und dürfe nicht angenommen werden, antwortete Heym, ob das ZK an einem solchen Tage nichts Besseres zu tun habe, als sich Resolutionen für Schriftsteller auszudenken. [339] Heyms Haltung war nicht vergleichbar mit der Kubas, der sich nach seinen Ausfällen gegen Bauarbeiter der Stalin-Allee nun kritisch gab. [339] Wenn Heym die Aufgabe eines Schriftstellers umriß, so konnten die Leser sicher sein, daß er nicht zu den »ewig nach oben Schielenden« gehörte:

»Man muß als Schriftsteller auch den Mut haben, Fehler zu sehen und aufzuzeigen, literarisch aufzuzeigen, sogar wenn sie noch nicht als Fehler offiziell anerkannt sind. Der gute, ehrliche Schriftsteller war im Kapitalismus das Gewissen der Menscheit; er muß diese Funktion auch weiter innehaben, nachdem die Bergwerke und Stahlwerke und Latifundien den Herren Monopolisten aus den Händen genommen wurden. Dieser Besitzwechsel verändert zwar die Menschen – aber doch sehr langsam. Und vermutlich wird die Menschheit auch noch im Stadium des Kommunismus ein Gewissen brauchen.

Kollegen Schriftsteller, wir haben ein paar Jahre lang vergessen, wozu wir unter anderem da sind. Das hat sich gerächt.« [340]

Auch Heym hebt hier sehr stark auf den Mut und die Moralität eines Schriftstellers ab. Jedoch im Unterschied zu bisher behandelten Autoren und Kritikern sind seine Artikel Versuche, den Verhältnissen und dem Denken und Fühlen der Werktätigen, vor allem der Arbeiter, auf die Spur zu kommen. Eine der Reportagen aus diesen Jahren trägt den Titel *Forschungsreise ins Herz der deutschen Arbeiterklasse*. [341]

Das große Thema – der 17. Juni

Heyms erstes und vielfach variiertes Thema ist das große Gespräch: »*Von jetzt an darf es nie wieder abbrechen. Und am allerbesten wäre es, wenn man nicht nur in klaren Worten, sondern auch *gütig* und *kameradschaftlich* miteinander spräche.« [342]

Der 17. Juni also als die große Chance. Der Schriftsteller Heym scheut, auch hierin die große Ausnahme bildend, nicht die direkte Auseinandersetzung mit dem westlichen Widerpart, lehnt ein Gespräch aber mit denen ab, die über ihn schrieben, seine Artikel »›stellen stets die offizielle Meinung der Agitationsabteilung des SED-Zentralkomitees dar‹« [343] bzw. seien »›das Ergebnis sorgfältiger Beratungen im Zentralkomitee der Partei‹« [334], um dann wenig später (im Zusammenhang der Diskussion um den *Nachterstedter Brief*) zu behaupten, er sei »›bei der SED in Ungnade gefallen.‹« [345]

Eines der Kuriosa jener Jahre sei zitiert. Vom Vorsitzenden der »Kampfgruppe gegen Unmenschlichkeit« erhielt Heym folgenden Brief:

»Sehr geehrter Herr Heym!
Durch Zufall kommt mir Ihr Artikel ›Offen gesagt‹ vom 8. Mai 1954 noch einmal in die Hand, und ich möchte die Gelegenheit doch nicht vorübergehen lassen, Ihnen zu sagen, welchen Spaß er uns gemacht hat. ›Uns‹ – das sind meine Freunde und Mitarbeiter in der KgU, die nun einmal trotz all Euren Geredes nicht amerikanischer, sondern deutscher Staatsangehörigkeit sind. Aber Scherz beiseite – ich finde es doch betrüblich, daß Stefan Heym, dessen Gedichte in der ›Menschendämmerung‹ ich vor langen Jahren mit Ergriffenheit gelesen habe, auf der anderen Seite steht. Passen Sie da wirklich hin? Statt uns ernsthaft zu unterhalten, dezidieren wir uns Scherzartikel – schade!
Mit freundlicher Begrüßung
Ernst Tillich«

Heyms Antwort erfolgte in der für ihn typischen Weise: öffentlich. Nach Zitation der biographischen Notiz aus *Menschheitsdämmerung* über *Georg* Heym:

»Nun hatte ich aber in meinem Artikel vom 8. Mai sehr klar und deutlich festgestellt, daß ich als Sergeant der Armee der Vereinigten Staaten am zweiten Weltkrieg teilnahm; ich konnte also nicht im Jahre 1912 ertrunken sein. Der Schluß liegt nahe, daß der poesieliebende Ernst Tillich weder Georg noch Stefan Heym je gelesen hat. Er hat sich nicht einmal die Mühe gemacht, bei seinen amerikanischen Brotgebern in dem amerikanischen Nachschlagewerk ›Who's Who‹ nachzublättern, wo meine Lebensgeschichte und die Titel meiner Bücher zu finden sind.
Wofür, muß man fragen, bezahlen die Amerikaner so einen Mann eigentlich? Ernst Tillich wünscht, sich ernsthaft mit mir zu unterhalten. Ich bin bereit, mich mit ihm in den Redaktionsräumen der ›Berliner Zeitung‹ zu treffen.« [346]

Heym benennt historische Ursachen wie solche, die auf gesellschaftliche Tiefenprozesse schließen lassen. Einen »Teil der Schuld an der Ereignissen des 17. Juni« trügen der »deutsche Unteroffizier [...] und sein Gegenstück, das zu ihm gehört wie das Eiweiß zum Eidotter: nämlich der Muschkote«. Dieses negative Erbe mache sich u. a. darin bemerkbar, «daß auch die besten, wohlmeinendsten Funktionäre mitunter der Versuchung unterlagen, zu kommandieren statt zu überzeugen; und daß auch die gescheitesten und einsichtigsten Arbeiter mitunter der Versuchung unterlagen, den Mund zu halten, wo sie hätten sprechen sollen«. [347] Und wenn Arbeiter sich über ungenügende Aufklärung beklagten,

»so mögen sie doch nicht vergessen, daß der Faschismus Hunderttausende der besten Kader der Arbeiterklasse brutal vernichtet hat – Menschen, die heute gerade bei der Aufklärung bitter fehlen. Und mögen sie nicht vergessen, daß viele Arbeiter, die jene Jahre überlebten, unter dem Druck des Faschismus zeitweilig verlernt haben, als Klasse zu denken«. [348]

Sind in der öffentlichen Benennung historischer Ursachen noch gewisse Bezüge zu anderen Ansichten feststellbar, so kaum noch im Aufspüren von Widersprüchen in der sozialistischen Gesellschaft. [349] Zwar betont Heym den äußeren Aspekt des 17. Juni stärker als z. B. Loest, wenn er schreibt:

»Wenn aber die alte, abgetakelte Klasse der neuen, zukunftsträchtigen durch irgendwelche Tricks und Gedankenverwirrungen und Gewalttaten die Macht wegnimmt, ist das noch eine Revolution? Nein, es ist das Gegenteil von Revolution – es ist eine *Konterrevolution*.« Und dann fortfährt: »Es ist nicht einfach heutzutage. Es ist auch nicht einfach so, daß der 17. Juni *nur* kam, weil er vom Westen her organisiert war und weil Agenten und Provokateure am Werk waren. Ohne eine tatsächlich existierende Unzufriedenheit in breiten Schichten der Bevölkerung hätten die Provokateure sich heiser schreien können, und sie wären abgeblitzt.« [350]

Bei der Benennung der inneren Momente erweist sich Heym jedoch als eine der kritischsten Potenzen jener Jahre. Weniger in einem analytisch-wissenschaftlichen als in einem dokumentierend-reportagehaften, operativen Sinn. Dies spricht um so mehr für Heym, als von den von ihm thematisierten Prozessen und Widersprüchen in der Literatur zwischen 1953 und 1956 kaum etwas wiederzufinden ist und sich Vergleichbares nur bei Brecht und seinem Kreis nachweisen läßt.

Widersprüche im Sozialismus

Kleine und große Widersprüche sind es, denen Heym nachgeht. Zu nennen wäre zunächst das Problem ›Umwälzung‹. Auf den Einwand, in Deutschland habe nach 1945 »keine Revolution im üblichen Sinne stattgefunden«, entgegnet Heym, daß sich aufgrund der aus dem Potsdamer Abkommen resultierenden »*revolutionären* Wandlungen« (Bodenreform etc.) zumindest auf dem Gebiet der DDR etwas entwickelt habe, »was den *Folgeerscheinungen* einer Revolution außerordentlich ähnlich sieht.« [351] Die Frage »Was aber wurde aus den Menschen, die zu der ehemals herrschenden Klasse und ihrem nazistischen Machtapparat gehörten?« sowie die Antwort erinnern auffällig an Brecht, an den ›eigenen Westen‹, die scharfen, brutalen Gestalten vom 17. Juni, die man seit Jahren nicht mehr in Haufen habe auftreten sehen, und nicht zuletzt an *Der Einarmige im Gehölz* oder *Vor acht Jahren*.

»Einige wenige wurden hingerichtet; andere, auch nicht allzu viele, wurden eingesperrt; die Mehrzahl aber, genau wie in der französischen Revolution, emigrierte – teils nach Westdeutschland und teils in eine andere Klasse, in die Arbeiterschaft.
   Und so findet man heute in der Deutschen Demokratischen Republik unter den Bauarbeitern – zum Teil auch unter den Bergarbeitern und in anderen Industrien, die ungelernte Arbeiter in größerer Zahl beschäftigen – mitunter recht merkwürdige Elemente: äußerlich Arbeiter, innerlich braun, könnte man sagen.« »Früher waren sie was anderes, und wenn man ihnen auf den Zahn fühlt, so meinen sie gewöhnlich ›etwas Besseres‹.« [352]

Einen dieser Fälle berichtet Heym genauer. Zwischen dem Mitglied einer sowjetischen Delegation und einem Brigadier entwickelte sich nach längerer Debatte folgendes Gespräch:

»Schelachin: ›Sag mal, was hast du eigentlich im Krieg gemacht?‹
Göring: ›Ich war Feldwebel in einer Panzerbrigade.‹
Schelachin: ›Wo denn?‹

Göring: ›Bei Charkow, bei Witebsk – das haben wir fünfmal eingenommen – (stolz) da ist kein Stein auf dem anderen geblieben, das haben wir dem Erdboden gleichgemacht!‹
Schelachin (der aus Charkow stammt): ›Ach so, nun kann ich verstehen, warum du so sprichst und du dich so benimmst.‹
Und die anderen Arbeiter, die das hörten, verstanden plötzlich auch.« [353]

Es steht zu vermuten, daß solche Fälle keine Seltenheit waren – und eben deshalb so wenig darüber debattiert wurde. Als Anna Seghers diese Problematik in modifizierter Weise in *Der Mann und sein Name* [354] aufgriff, war eines der auffallendsten Merkmale der sich anschließenden Diskussion, daß die politische Brisanz durch Diskussion der Wandlungsproblematik und der Fragen, ob es sich um eine Novelle handele und die Liebeshandlung überzeugend genug dargestellt worden sei, verdrängt wurde. [355]

Anna Seghers gehörte ebenso zu den Ausnahmen wie Brecht, der im Garbe/*Büsching* sich in mindestens einer Szene mit der Emigration von Faschisten in die Arbeiterschaft auseinandersetzen wollte. In Brechts Quelle, dem Bio-Interview Käthe Rülickes, heißt es im Bericht eines Lehrlings: »Da kriegten wir einen Neuen. Der rühmte sich, daß er bei der SS war, gab an mit Sonderaktionen in Jugoslawien und so weiter. Diesem moralischen Lumpen gegenüber haben wir eine ganz andere Stellung eingenommen [als Hans Garbe gegenüber; d.V.].« [356] In Brechts Entwurf wird dann gefragt, ob ein SS-Mann, der in Büschings Betrieb arbeitet, als Arbeiter betrachtet werden könne. Und die entscheidende Frage stellend: Die Arbeiter werden befinden, daß er nicht mehr in einen Arbeiter zurückverwandelt werden könne, nicht so schnell, nicht jetzt. (BBA 200/19)

Auf die letztlich wichtigsten Widersprüche kommt Heym zu sprechen, wenn er schreibt: »Staat und Partei einerseits und die Arbeiter andererseits hatten sich voneinander entfernt, und in diesen Riß zwängten sich die Agenten des Feindes.« [357]

Heym bemüht sich in all seinen Artikeln, sowohl den objektiven als auch subjektiven Faktoren, die zum 17. Juni geführt hatten, nachzuspüren. Gerade hier aber wird evident, daß er den Hauptakzent auf die subjektiven setzt, ohne auch nur an einer Stelle die objektiven, weitgehend historischen geringzuschätzen. Dies beginnt schon bei relativ kleinen Problemen:

»Neulich war ich bei einer Versammlung von Arbeitern der Stalinallee. Nach der Versammlung wollten wie ein Glas Bier trinken gehen. Wohin gingen wir? In eine der alten Seitenstraßen, in eine alte, nicht gerade schöne und nicht gerade gequeme Kneipe.
Da erst fiel mir etwas auf, was die Bauarbeiter der Stalinallee wahrscheinlich schon lange wissen: In der ganzen Stalinallee, unter all den schönen Läden, Geschäften, Milchbars, gibt es nicht ein einziges Bierlokal! Man kann wohl auch im Café Warschau ein Glas Bier bekommen; aber wenn man noch in Arbeitskleidung ist und nur rasch mal eine Molle trinken will, setzt man sich dort nicht so gerne hin.« [358]

Nicht nur hier erweist sich Heyms ›plebejischer Blickwinkel‹. Als er sich im Januar 1955 in einem Offenen Brief an Herbert Warnke gegen ein bestimmtes Opern-Premierenpublikum wendet – »und wenn wir nicht alle scharf aufpassen, kann eine falsche Politik es [das Opernhaus; d.V.] auch wieder zu Staub und Asche werden lassen« [359] –, beruft er sich auf Brecht. Da Heyms ›kleine‹ Vorschläge nichts von ihrer Aktualität eingebüßt haben, seien sie hier noch einmal ausführlich wiedergegeben:

»Ich möchte Ihnen aber vorschlagen, daß Sie eine andere Einladungsliste für diese Gelegenheit [Wiedereröffnung der Oper; d. V.] aufstellen.

*

Auf der Liste sollen stehen: Trümmerfrauen, die den Boden vorbereiteten; Ausschachtungsarbeiter und Zementgießer, die das Fundament legten; Maurer, die mitgemauert haben an dem Bau; Zimmerleute und Stukkateure und Dachdecker und Fliesenleger und Bauklempner und Glaser und Anstreicher und Parkettleger und Schlosser und Tischler und Polsterer – ich bin kein Baufachmann und habe wahrscheinlich einige Kategorien von Bauarbeitern nicht erwähnt. Sie, Herr Warnke, werden das besser wissen und, was ich auslieβ, in die Liste einfügen.

Ferner: Arbeiter aus den Stahlwerken, die den Stahl für die Oper lieferten; aus den Ziegeleien, von denen die Ziegel kamen; aus den Sägewerken und Holzbearbeitungssbetrieben, die das Holz gaben; aus den Textilbetrieben, die zur Ausstattung des Hauses beitrugen; aus all den Fabriken und Werken unserer Arbeiter- und Bauernrepublik, die teilhatten an dem großen Bau. Mögen sie einmal zusammenkommen, die Menschen mit den vielen tausend Händen, die das Werk schufen, um mit eigenen Augen zu sehen und mit eigenen Ohren zu hören, was aus ihrer Arbeit geworden ist und wie die Kunst auf ihnen beruht und wie die Kunst sie wiederum bereichert. Mögen sie zusammenkommen bei der Eröffnung der Staatsoper, die *ihre* Oper ist, weil nämlich der Staat, dessen Namen mit dem der Oper verknüpft ist, *ihr* Staat ist.

*

Nebenbei gesagt, stammt die Idee nicht von mir. Sie stammt aus der Sowjetunion. Als man in Moskau die U-Bahn baute, fuhren die Arbeiter, die sie gebaut hatten, als erste in dem ersten Zug, der auf der ersten Linie lief: die Erbauer, die zum ersten Mal in der Geschichte auch die Herren dessen waren, was sie erbaut hatten. Bert Brecht, der ein Auge für solche Sachen besitzt, hat ein schönes und lesenswertes Gedicht darüber geschrieben.«

Es ist charakteristisch für diesen Autor, daß er sich auch für die (Bau-)Arbeiter als Teil des Premierenpublikums ausspricht, »die vor noch nicht allzu langer Zeit kapitale Dummheiten machten«. [360] Ebenso charakteristisch ist weiter, daß Heym den Widerstand gegen Bürokratismus und Kujonieren zu stärken versucht und gleichzeitig Leserdiskussionen organisiert, indem er seine Spalte »Offen gesagt« zum Forum der Diskussion macht. Eine ganz entscheidende Rolle weist er dabei der Gewerkschaft zu. Da hier ein Zentralmoment von *5 Tage im Juni* liegt, sich Heyms Auffassung also seit zwei Jahrzehnten nicht gewandelt hat, sei zunächst aus dem schon erwähnten Brief Heyms zitiert. Auf die Frage, warum er der Gewerkschaft so große Aufgaben zuweise, antwortete er:

»Weil ich die Gewerkschaften für die wichtigste Organisation der Arbeiterklasse halte, denn in ihnen sind so gut wie alle Industrie-Arbeiter und Angestellten organisiert und erfaßt. Die Partei mag ›die führende Kraft‹ der Arbeiterklasse sein, aber, wen will sie führen, wenn nicht die in den Gewerkschaften organisierten Menschen?«

Den gleichen Tenor haben zwei schon in den Titeln als programmatisch zu erkennende Artikel: *Der Konflikt der Gewerkschaft im Sozialismus* und *Noch einmal: Der Konflikt der Gewerkschaft im Sozialismus.* [361] Heym schreibt, es gebe keine »wirklich abgerundete, gründlich durchdiskutierte, allgemein verständliche Theorie über die Rolle der Gewerkschaften im Sozialismus«, zu oft verkümmere die »Gewerkschaftsleitung zu einem Wurmfortsatz entweder des Parteisekretärs oder des Werkleiters«. Dies habe sich insbesondere darin bemerkbar gemacht, daß die Gewerkschaft es nicht verstanden habe, die unmittelbaren, direkten Interessen der Arbeiter mit den indirekten, den »Interessen *auf lange Sicht* richtig zu kombinieren. Da die Arbeiter die indirekten durchaus richtig einschätzen könnten, wüßten sie natürlich auch, »wo ihre *direkten* Interessen durch bürokratische Dummheiten, falsche Auffassungen, Denkfaulheit, schlechte Organisation und Mangel an Mut verletzt werden. Eine Gewerkschaft, die hier nicht eingreift, versündigt sich an ihren Mitgliedern und am Sozialismus.« [362] Daß damit das Problem ›Wer wen?‹ impliziert war, wurde schon in früheren Äußerungen deutlich. Bei Diskussionen sei das »unangenehme Faktum« zu konstatieren, »daß der Klassenfeind sich oft hinter scheinbarer Kritik verbirgt. Man muß sehr aufpassen vor Leuten, die westliche Latrinenparolen als ›Kritik‹ ausgeben.« Bewegte sich dies im Sprachgebrauch der Zeit, so ging das Folgende darüber hinaus: »Manchmal aber verbirgt sich der Klassenfeind auch hinter jenen, die in edler Entrüstung und mit großen Worten berechtigte Kritik ablehnen.« [363] Kein Wunder also, daß Heym sofort die 1956 eingerichteten Arbeiterkomitees popularsierte [364], Komitees, die direkte Kontrolle ausüben sollten – und von Ulbricht wieder aufgelöst wurden.

Die Leserreaktionen, die Heym veröffentlichte, deuteten auf die entscheidenden Widersprüche. Die Gewerkschaft wurde ganz offensichtlich als ‹Wurmfortsatz‹ betrachtet:

»›Während die Arbeit der Gewerkschaftsfunktionäre im Westen unserer Heimat mit Gefahren verbunden ist, können unsere Funktionäre unbehelligt arbeiten und brauchen keiner Repressalien gewärtig zu sein, die eine kleine Gruppe von ›Moneymakers‹ eines Tages über sie verhängen könnte. Diese Tatsache ist es mit, die unsere Funktionäre hat satt werden lassen. Sie wissen sich geschützt, keiner tut ihnen etwas – höchstens ein paar Werktätige, die mit ihrer Arbeitsweise nicht immer zufrieden sind; aber diese Klagen werden ignoriert und die Beschwerden wandern nach unten in den Schreibtisch . . .
Hier muß eine grundlegende Wandlung geschaffen werden.« [365]

Eine grundlegende Wandlung konnte aber nur eintreten, wenn insbesondere im Pressewesen Veränderungen stattfanden. Denn auch Heym war der Ansicht, daß am 17. Juni die Zeitungen in einer Art versagt hatten, »daß es wohl notwendig sein wird, Pressewesen und Pressepolitik einer gründlichen Prüfung und Revision zu unterziehen.« Schon im Juli 1953 stellte Heym fest, es habe sich wenig geändert, keineswegs

»meinungsbildend [. . .] ist die Art Nachricht, die sich in der letzten Zeit in der Presse der Deutschen Demokratischen Republik eingebürgert hat. Diese Art Nachricht lautet ungefähr so: ADN. – Die Witwe Pietsch in Hinterkötzschenbroda erklärt, daß sie über die letzten Beschlüsse der Regierung überglücklich ist.« [366]

Reportagen

Heyms Hauptbeitrag im Versuch, diese Zustände zu verändern, sind seine Zeitungsrubriken. Der zur Verfügung stehende Raum zwang, Kritik und Gegenvorschläge knapp und präzis zu entwickeln. Ein negativer Aspekt war, daß größere Zusammenhänge sich kaum darstellen ließen. Ihre Behandlung findet sich daher in Reportagen und Korrespondenzberichten. So erschien im Oktober 1954 *Reise ins Land der unbegrenzten Möglichkeiten* , ein Bericht Heyms über eine Reise in die Sowjetunion, der Reiseeindrücke mit sachlicher Information verband. Da Heym stets engsten Kontakt zu seinen Lesern zu halten suchte, leitete er seinen Bericht wie folgt ein:

»*Antwort an einen Deutschen Arbeiter*
Ich erinnere mich noch sehr gut an jenen Abend im Januar. Es war bitter kalt; und ich war heilfroh, als ich die Tür zu dem niedrigen, langgestreckten Gebäude fand, in dem wir zusammenkommen sollten – Arbeiter des Betriebes Askania in Berlin-Teltow und ich.

Wie es so ist bei Versammlungen, kam die Diskussion nach den einleitenden Worten nur langsam in Schuß. Aber schließlich stand einer auf, schon ein gesetzter Mann und sagte:

›Also, Herr H., da Sie in die Sowjetunion fahren, und da Sie hören wollen, was wir deutschen Arbeiter für Zweifel und Fragen haben, so können Sie uns vielleicht eine Antwort auf die Frage verschaffen, die ich jetzt stellen möchte. Sehen Sie, man zeigt uns in den Kinos Filme über die Sowjetunion – ich denke da an den Film über die Kumpel des Donbaß. Aber viele von uns, die als Soldaten oder Kriegsgefangene in der Sowjetunion waren, finden, daß das Bild, das so ein Film gibt, nicht gerade dem entspricht, daß wir mit eigenen Augen gesehen haben. Ich war zum Beispiel nach dem Kriege noch eine Weile in dem Kohlengebiet bei Tula, und weder die Technisierung im Schacht, noch die Wohnungen der Bergarbeiter, noch die Kulturhäuser ähnelten dem, was wir in dem Film zu sehen bekamen. Nun möchten wir gerne von Ihnen hören, wie sich das verhält.‹

›Ich werde mich darum kümmern‹, sagte ich.« [367]

Was Heym denn auch tat. Er gehörte nicht zu den Autoren, die eine – meist erfundene – ›Stimme aus dem Volke‹ nur als Vorwand benutzten. Was der Leser auch über das Mitgeteilte denken mochte, er konnte Heym kaum den Vorwurf machen, der Autor habe sich nicht genügend zu informieren versucht. Dies tritt besonders bei der bereits erwähnten Reportage *Forschungsreise ins Herz der deutschen Arbeiterklasse* hervor. Bei aller Kritik, die aus den verschiedensten Gründen möglich scheint, ist allein schon die Tatsache hervorzuheben, daß Heym sich des Stoffes ›17. Juni‹ und der damit verbundenen Themen und Probleme angenommen hat. Als andere Autoren sich bemühten, die Entwicklungen, die zum 17. Juni geführt hatten, zu umgehen – Marchwitza z. B. eliminierte in der überarbeiteten Fassung von *Roheisen* alle Sequenzen, die auf jene Entwicklungen schließen ließen [368] – oder sich mit Problemen wie ›Rote Rosen auch für Arbeiter?‹ ›herumschlugen‹, befaßte sich Stefan Heym sofort nach dem 17. Juni mit dem neben der Restaurationsproblematik bis heute brisantesten Bereich der DDR-Entwicklung. Noch immer zitierenswert ist Heyms Anmerkung zu seiner Reportage:

»Im Sommer 1953 kam eine Delegation sowjetischer Arbeiter [369] in die Deutsche Demokratische Republik. Diese Arbeiter wünschten sich selbst zu überzeugen, was eigentlich am 17. Juni geschehen war. Sie kamen in viele Betriebe und sprachen mit vielen deutschen Arbeitern.

Die Geschichte ihres Besuches habe ich niedergeschrieben und als Broschüre des Freien Deutschen Gewerkschaftsbundes [370] veröffentlichen lassen. Dabei gehört mein Dank den Arbeiterkorrespondenten in den Betrieben und den Reportern der Betriebszeitungen und Tageszeitungen, deren Berichte unter anderem meiner Arbeit zugrunde liegen.

Die sowjetische Delegation hatte es sich verbeten, daß ihre Unterhaltungen mit den deutschen Arbeitern mitgeschrieben würden. Sie befürchtete mit Recht, ein Stenograph könnte durch seine Gegenwart die Offenheit der Diskussion ungünstig beeinflussen. Wo ich also Teile aus solchen Gesprächen wiedergebe, handelt es sich nicht immer um wörtliche Zitate; aber sinngemäß entsprechen sie genau dem, was in den Betrieben gesagt wurde.« [371]

Stefan Heym, befragt nach seinen Notizen, antwortete: »Bei dem Bericht über den Besuch der sowjetischen Delegation habe ich mich auf mein Gedächtnis verlassen müssen, allerdings schrieb ich die verschiedenen Abschnitte, soweit ich mich daran erinnerte, kurz nach den Vorgängen.«

Es gab gute Gründe dafür, daß sich die sowjetische Delegation Mitschriften verbeten hatte. Oft mußten Arbeiter nach geäußerter Kritik sofort mit Repressalien rechnen, und dies nicht erst im Kontext des 17. Juni. Hierfür mag wiederum ein Beispiel aus Brechts *Garbe/Büsching*-Projekt zur Erläuterung dienen. Nachdem der Aktivist Hans Garbe und seine Brigade ihre beispiellose Ofenreparatur beendet hatten, wurde ihnen ein Erholungsurlaub im betriebseigenen Erholungsheim zugesprochen. Dieser verlief unter unwürdigen Umständen. Die Reaktion des SED-Betriebsgruppensekretärs:

>»Ja, habt ihr denn gedacht, ihr kommt ins Schlaraffenland?‹ warf er den mit Recht verärgerten Heiminsassen vor. ‹Ihr habt doch Geld genug verdient und habt frische Luft, das ist doch der Sinn der Sache.‹ Als der Aktivist Garbe im Verlauf der Auseinandersetzung sagte, man werde den Fall vor die Öffentlichkeit bringen, drohte Genosse Stanzig: ›Wenn du das machst, dann kriegst du auch eine rein.‹ Dabei dachte er wohl daran, wie er sich früher schon gegenüber Arbeiterkorrespondenten und Berichterstattern des ›Neuen Deutschlands‹ verhalten hatte, die es wagten, an gewissen Dingen bei Siemens-Plania Kritik zu üben.« [372]
>   In einem Bericht der ›Tribüne‹ hieß es: »Nun sind die Kollegen zurück und arbeiten wieder im Betrieb. Aber sie haben doch etwas auf dem Herzen und baten uns um einen Besuch. In der großen Brennhalle, angesichts ihres Ofens, berichteten sie (als wir endlich einmal *allein* sprechen konnten), wie es ihnen in Saarow-Pieskow ›gefallen‹ hat.
>   Ja, da kann man sich natürlich vorstellen, daß diese Maurerkollegen, die acht Wochen lang intensiv gearbeitet haben (immer im Kampf mit dem Feuer), auch einmal anständig satt werden wollten. Leider hat aber die zuständige Stelle im Betrieb bei der Vorbereitung des Urlaubs versagt. Die Kollegen erhielten nicht einmal die Dinge, auf die sie kartenmäßig Anspruch hatten. Hier müssen wir den Kollegen recht geben. Obwohl die BGL und der Verantwortliche in der Betriebsgruppe der Ansicht waren, ›es ist alles erledigt‹, sagen die Kollegen des Garbe-Kollektivs dennoch: ›Wir haben nur einen Wunsch: daß diese Dinge in Zukunft abgestellt werden. Schließlich fängt in Kürze die Urlaubszeit an. Es darf nicht mehr vorkommen, daß heute noch jemand im Betriebserholungsheim nicht satt wird, um so mehr, als der Betrieb Siemens-Plania etwa 40 Kinder aus Watenstedt-Salzgitter aufzunehmen beabsichtigt.‹
>   Wir glauben, daß diese Kritik des Maurerkollektivs berechtigt ist, und wir setzen hinzu: Das Beste ist für den Arbeiter gerade gut genug!« [373]

Nach Heyms Worten hatte die sowjetische Delegation zunächst eine »eisige Wand« [374] zu überwinden. Dies gelang ihr einmal durch fachliche Kontakte, indem z.B. ein ehemaliger sowjetischer Dreher sich selbst an eine Drehbank stellte (S. 219). Wichtiger aber war offensichtlich das ›Wie‹ der Kontaktsuche. Die Delegationsmitglieder vermieden es, »sich ›führen‹ zu lassen. Sobald sie einen Arbeitsplatz, sei es eine Werkhalle oder Baustelle, betraten, machten sie sich selbständig; sie ließen sich nicht von deutschen Gewerkschafts- oder Parteifunktionären ›umzingeln‹.« (S. 222) Gesucht wurde das offene Gespräch, auch die extremsten Meinungen wurden gehört: »›Es ist uns völlig gleichgültig, wer uns bezahlt, und ob es australisches, amerikanisches oder sowjetisches Geld ist, solange es nur viel Geld.‹« (S. 273) Da es Grundsatz war, »auf jede Frage gründlich und wahrheitsgetreu zu antworten und nichts zu beschönigen«, erhielt man

>»zum Teil recht kritische Antworten. Ja, in verschiedenen Werken sagten die verschiedensten deutschen Arbeiter ihren sowjetischen Kollegen sogar:
>›So wie ihr hat selten einer zu uns gesprochen.‹ Und manche erklärten:
>›Ja – wenn unsere Gewerkschaftsfunktionäre und unsere Parteifunktionäre so zu uns gesprochen hätten wie ihr – dann hätten wir mehr von den Dingen verstanden und hätten uns vielleicht ganz anders verhalten . . .‹« (S. 221)

Heyms Bericht verfährt in ähnlicher Weise. Ausgehend davon, daß man über das Gute jederzeit reden könne, das Schlechte aber sofort ausgesprochen werden müsse, damit es aus der Welt komme (S. 223), berichtet Heym von unzähligen Mängeln, von Werkleitungen, die sich nur via Meister, sprich: untere Vorgesetzte an die Arbeiter wandten (S. 235), über Bürokratismus (S. 252ff.) und Fälle konkreter Unterdrückung (S.248). Über das vielgerühmte Eisenhüttenkombinat Ost (»J.W. Stalin«) heißt es, »daß die Funktionäre der Partei und Gewerkschaft so gedrechselt daherreden, daß die Arbeiter sie einfach nicht mehr verstehen.« (S. 260) Nur in Mundstocks Roman *Helle Nächte* war in Gestalt einiger Betriebs-, Gewerkschafts- und Parteifunktionäre ähnliches angeklungen, während, wie bereits erwähnt, Marchwitzas Roman geglättet worden war. [375] Zum Thema ›Norm und 17. Juni‹ zitiert Heym ein Delegationsmitglied:

»Iwan Blinow, der sich gerade über diese Frage mit einer beträchtlichen Anzahl deutscher Arbeiter unterhalten hatte, berichtete:
›Viele Arbeiter verbinden die Ereignisse des 17. Juni mit den Normen. Aber als man in offenen Gesprächen zu konkreten Beispielen kam, erklärte die absolute Mehrheit der Arbeiter, daß eine zehn- bis fünfzehnprozentige Erhöhung der Normen durchaus möglich wäre. Nur, so sagten sie, hätte man mit *uns* darüber vorher und zur gegebenen Zeit sprechen müssen.‹« [376]

Hier lag, wie am Beispiel der Schlüsselszene von Brechts *Garbe/Büsching* noch gezeigt werden soll, die zentrale Problematik. Gerade hier läßt sich aber auch die Hauptschwäche von Heyms Bericht aufdecken. Wenig vorher hatte es nämlich geheißen:

»Die Normen – soll man sie erhöhen oder nicht? – und wenn ja, wann?. . . Das war das Thema zahlreicher Diskussionen mit den sowjetischen Arbeitern. Es ergab sich schon deshalb so, weil eine ganze Anzahl deutscher Kollegen den fälschlichen Glauben hegten, daß ein wirklicher Zusammenhang bestünde zwischen den Normen und den Ereignissen am 17. Juni.« (S. 238) [377]

Wenn auch die Normenfrage nur ein Symptom war – Heym gerät hier unübersehbar in Widerspruch zu den von ihm wiedergegebenen Fakten und seinen – andernorts – geäußerten Ansichten. An kaum einer anderen Stelle läßt sich so deutlich demonstrieren, wie ein Abgleiten in ein moralisches Verständnis gesellschaftlicher und historischer Prozesse unmittelbar die notwendige Analyse verhinderte. Zwar legt Heym den Finger auf eine offene Wunde, wenn er schreibt, es

»zeigte sich [. . .] das widerspruchsvolle Bild, daß deutsche Arbeiter gegen den monopolkapitalistischen, faschistischen, blutrünstigen Hitlerstaat, gegen den sie hätten streiken müssen, *nicht* streikten; wohl aber gegen ihren eigenen Arbeiterstaat« (S. 273), und wenig später fortfährt, »mancher deutscher Arbeiter [sieht sich] der Sowjetunion gegenüber ungefähr in der Situation, in der sich ein Mann einer Frau gegenüber befindet, die er einst liebte, die er aber gerade dann, als diese Liebe auf die Probe gestellt wurde, im Stich gelassen, verraten und sogar mißhandelt hat. Diese Frau erinnert ihn sogar schon durch ihre Existenz an sein Versagen.« (S. 279) Auch war es sicherlich zutreffend, daß viele Arbeiter »eine gewisse falsche Scheu vor der Autorität, mit der so mancher Bürokrat sich zu schmücken weiß« (S. 252), hatten. Die moralische Argumentation wird aber zur – wenn auch ungewollten – Verteidigung des Bürokratismus, wenn es heißt:

»Es gehören gewisse Umstände dazu, ihn [einen Arbeiterfunktionär; d. V.] zum Bürokraten werden zu lassen. Und der wichtigste dieser Umstände ist die Duldsamkeit der Arbeiter Bürokraten und bürokratischen Maßnahmen gegenüber« (S. 252).

Danach wären die Arbeiter am 17. Juni selbst schuld gewesen, es hätte nur ein bißchen mehr Mut gebraucht . . . Es ist daher nur ein Schritt bis zu der Behauptung, Arbeiter hätten gegen ihren eigenen Staat demonstriert. Wenn eine Kapitelüberschrift »Der 17. Juni – Provokation oder Selbstentzündung?« (S. 262) [378] lautet, so wird in dem kleinen Wörtchen »oder« die offizielle Version vom 17. Juni deutlich, die Heym schon damals, in seiner Rubrik *Offen gesagt*, nicht teilte oder doch ganz entscheidend modifizierte. Es läßt sich also festhalten, daß genau in dem Moment, in dem das gesellschaftsanalytische und politische Instrumentarium vernachlässigt wurde, eine Argumentation Platz griff, die nur noch wenig von einer Apologetik ansonsten kritisierter Zustände entfernt war. Unübersehbar wird dies auch in einer gewissen ›Blauäugigkeit‹ gegenüber der sowjetischen Programmatik nach 1953, die sich in den Fragen und Vorschlägen der Delegation niederschlug. Der Verzicht auf politische Argumentation hatte nicht nur die bereits genannten Folgen. Er verhinderte darüber hinaus eine adäquate Kritik der Verhältnisse vor 1953 und bewirkte gleichzeitig eine überdimensionale Diskussion rein ökonomischer Probleme. Auffällig war, daß die Delegation keine explizit politische Fragen stellte, wenn sie sich in einen Betrieb begab. (S. 232f) Mit anderen Worten: die Frage nach den jeweils herrschenden Machtverhältnissen blieb aus. Statt dessen wurden größere Lohndifferenzierungen und mehr materielle Anreize vorgeschlagen. (S. 227 und 237) Besonders in dem Kapitel »Die DDR muß ein Musterstaat werden!« [379] propagierte Heym die ›Tonnenideologie‹, die zu einem Charakteristikum der Chruschtschow- bzw. Ulbricht-Zeit werden sollte:

»Jede Preissenkung bei uns ist ein Sieg für den Frieden. Jede Tonne Kohle, jede Tonne Stahl, jeder Ballen Kleiderstoff, die zusätzlich in der Deutschen Demokratischen Republik produziert werden, sind eine Waffe im Kampf für den Frieden – denn sie helfen, den Menschen im Westen zu beweisen, daß es ohne Kapitalismus und ohne Krieg, ohne revanchelüsterne Generale und profithungrige Rüstungsindustrielle, besser geht.« (S. 277)

Stefan Heyms China-Rezeption

Wäre Stefan Heym einer solchen Programmatik fest verpflichtet gewesen, ihm käme wohl kaum eine so zentrale Bedeutung zu. Seine hochbrisanten politischen Artikel aus dem Jahr 1956 sind auf jener Ebene nicht entwickelbar.

Es ist verwunderlich und letztlich nur aus den politischen Verhältnissen in Deutschland erklärbar, daß bis auf den heutigen Tag jeder Hinweis in Untersuchungen oder Literaturkritiken auf Heyms Stellungnahmen zu den Auseinandersetzungen um Alternativen und strategische Fragen nach dem 20. Parteitag fehlt. Eine gewisse Nähe zu Brechtschen Fragestellungen konnte bereits konstatiert werden. Doch wie im Fall Cwojdrak ist der programmatische Gehalt der Ansichten Heyms hervorzuheben. Es dürfte schon in der bisherigen Darstellung deutlich geworden sein, daß Heym bei aller Widersprüchlichkeit, die kein persönliches Attribut ist, sondern aus der damaligen Gesamtlage, aber auch aus seiner Stellung als Intellektueller erklärt werden kann, in Richtung einer ganz bestimmten Alternative tendierte. Seine Artikel aus dem Jahr 1956 lassen nicht den geringsten Zweifel, daß Heym sich ausgiebig mit der chinesischen Alternative beschäftigt hat. In allen zentralen Fragen: der Frage der proletarischen Demokratie, der Widersprüche im Sozialismus und nicht zuletzt der Stalinfrage. Auch wenn sich Heym nicht immer explizit auf die »chinesische Lösung« [380] beruft – an zentraler Stelle tut er es stets –, so ist der Bezug doch eindeutig.

Schon an einem relativ kleinen Beispiel läßt sich Heyms Demokratieverständnis deutlich machen. In seinem Artikel *An der Weidendammbrücke* über einen freiwilligen Arbeitseinsatz läßt er Beteiligte zu Wort kommen. Ein 48 Jahre altes SED-Mitglied sagte ihm auf die Frage, warum es mitmache:

»Weil man das doch nur durch die gemeinsame Arbeit aller schaffen kann. Es wäre ein Fehler, zu glauben, wir hätten die Folgen des Krieges schon überwunden . . . Meiner Meinung nach würden viel mehr Leute zum Aufbau kommen, wenn auch höhere Funktionäre mal wieder mitmachten, wie am Anfang vor drei oder vier Jahren. Ich weiß schon, die sitzen oft bis acht, neun Uhr abends am Schreibtisch. Aber Sie wissen doch, wie die Menschen sind – *der* kommt ja auch nicht, sagen sie . . .« [381]

Das Vorgeschlagene war jedoch nicht erwünscht. Auf einen vergleichbaren Fall schon weit vor dem 17. Juni – Aktivisten und SED-Betriebsgruppensekretäre hatten an einer Leistungsschicht teilgenommen und den Erlös der FDJ für das Deutschlandtreffen überwiesen [382] – hatte die Redaktion des Parteiorgans ›Neuer Weg‹ mit den Worten reagiert:

»Unsere freigestellten Parteiarbeiter brauchen ihre ganze Kraft, um die Mitglieder der Betriebsgruppe zu befähigen, ihre Aufgaben als Vorhut der Arbeiterklasse zu erfüllen, um sie zu guten Agitatoren, Propagandisten und Organisatoren zu machen. Sie dürfen deshalb nicht zusätzlich mit praktischer Arbeit belastet werden.«

Beigefügt war ein Propagandafoto mit dem Untertitel: »In der Aufklärung liegt die Hauptaufgabe unserer Funktionäre – nicht in ›Sonderschichten‹.« [383]

In seinem Artikel *Gesetz, Demokratie, Mensch* erinnert Heym seine Leser daran, »daß an dieser Stelle sehr oft nach einer Vertiefung unserer Demokratie gerufen wurde. Und, wie sie wissen, nicht immer ohne Erfolg.« Er formuliert, was einem chinesischen Dokument jener Jahre entnommen sein könnte:

»Demokratie trägt ihre Widersprüche in sich. Je demokratischer die Arbeiterklasse regiert, desto größer die Gefahr, daß der Klassenfeind sich der demokratischen Freiheiten bedient, gerade um die Demokratie und zusammen mit ihr die Herrschaft der Arbeiterklasse zu vernichten. Beschneidet man andererseits die Demokratie, um dem Klassenfeind weniger Angriffsfläche zu bieten, so steigert sich mit der Stärkung der diktatorischen Züge der Arbeiterherrschaft die Gefahr des Bürokratismus.«

Heyms Eintreten für die sozialistische Demokratie hat über den DDR-internen Aspekt hinaus eine weitere Bedeutung:

»Die Schlacht um die Einheit Deutschlands wird auf zwei Fronten geschlagen: der wirtschaftlichen und der politischen. Lernen wir, sozialistisch zu wirtschaften und demokratisch zu denken, schaffen wir genügend Güter des Lebens für alle und garantieren wir das Mitbestimmungsrecht und die Würde des arbeitenden Menschen, so haben wir ganz Deutschland gewonnen.« [384]

Gerade in seinen Äußerungen zur nationalen Frage beruft sich Heym, wie bereits zitiert, auf die »chinesische Lösung«. Zwar schrieb Heym, »China ist nicht Deutschland«, doch meinte er, daß in der DDR sehr viel davon gelernt werden könne, wie man in China mit dem Problem fertig werde, daß unter den Gesprächspartnern »auch bürgerliche Leute sitzen werden«. Und aus Mikojans Rede auf dem 8. Parteitag der KP Chinas zitierend, hob er hervor, daß man aus den »›Erfahrungen der chinesischen Kommunisten bei der Ermittlung von Formen und Methoden der *allmählichen* Umgestaltung der nationalen kapitalistischen Betriebe in sozialistische Betriebe‹« besonders lernen könne. Zu ergänzen wäre nicht nur, daß Heym wiederholt auf dieses Thema zurückkam [386], sondern auch, daß gerade in diesem Jahr zahlreiche Artikel in ›People's China‹ zur Frage der Umwandlung kapitalistischer Betriebe erschienen. [378] Da, wie gleich zu zeigen ist, Heym an anderem Ort aus einem der wichtigsten programmatischen Dokumente jener Jahre, das in ›People's China‹ veröffentlicht worden war, zitierte, darf angenommen werden, daß er über dieses Organ gut informiert war. [388]

Größte Bedeutung ist Heyms Rede *Der vergessene Konflikt* zuzumessen, gehalten am 10. Mai 1956 zum »Tag des Buches«. In ihr zitiert Heym aus einem chinesischen Artikel, der am 5. April in ›Jen Min Shih Pao‹ und am 16. April unter dem Titel *On the Historical Experience of the Dictatorship of the Proletariat* [389] erschienen war. Er enthielt die chinesische Stellungnahme zu den im Zusammenhang des XX. Parteitages der KPdSU aufgetretenen Problemen und markierte im Ansatz die Differenzen zur Fraktion Chruschtschows, ließ aber auch deutlich erkennen, in welcher Weise die chinesische Partei aus der Stalin-Zeit gelernt hatte.

Da Heym der chinesischen Revolution gleiche Bedeutung wie der russischen zumaß, war die Stellungnahme der chinesischen Kommunisten von größter Bedeutung. Mit dieser Ansicht stand Heym nicht allein. Auch Brecht kannte jenen Artikel. [390] Seine Formulierung, die geschichtliche Würdigung Stalins bedürfe der Arbeit der Geschichtsschreiber, die Liquidierung des Stalinismus könne nur durch eine gigantische Mobilisierung der Weisheit der Massen durch die Partei gelingen, sie liege auf der geraden Linie zum Kommunismus, ist mit größter Wahrscheinlichkeit unter dem Eindruck jener Lektüre entstanden. Hier möge folgender Auszug als Beleg dienen:

»The fact that, under the dictatorship of the proletariat, it is possible to bring into play without limit the initiative and the positive role of the masses also makes it possible to correct any mistakes committed during the dictatorship of the proletariat.« [391]

Anküpfend an die traditionelle Theorie, im Sozialismus gebe es keine antagonistischen Konflikte, fragt Heym, »was für Konflikte das Leben denn nun bietet, sobald der sozusagen klassische Konflikt der Klassen mangels Bourgeoisie in den Hintergrund rückt.« Und er fährt wenig später fort:

»Man sagte also, die neuen Konflikte würden sich aus dem Kampf zwischen dem ›Alten‹ und dem ›Neuen‹ ergeben – wobei das ›Alte‹ nur allzuoft als ein dicker Werkleiter und das ›Neue‹ als ein dünner Parteisekretär dargestellt werden. Tatsache ist aber, daß das Leben solchen Theorien einen Streich gespielt hat. Tatsache ist, daß ein ganz anderer, viel tieferer Komplex von Konflikten sich aufgetan hat – Konflikte innerhalb der Menschen der neuen herrschenden Klasse, Konflikte, die sich keinesfalls auf die Formel ›Alt‹ gegen ›Neu‹ bringen lassen. War denn zum Beispiel Stalin, von dem wir jetzt einigermaßen wissen, in was für äußere und innere menschliche Konflikte er verwickelt gewesen sein muß – das ›Alte‹? Sind die Dinge und die Menschen denn so einfach?

In der Pekinger Zeitung ›Jen Min Shih Pao‹ stand vor etwa einem Monat ein Leitartikel, in dem auf diese Frage eingegangen wurde. Darin war zu lesen, und ich zitiere: ›Es wäre naiv, anzunehmen, daß es in einer sozialistischen Gesellschaft keine Widersprüche mehr geben könnte . . . Selbst in einer kommunistischen Gesellschaft wird nicht jeder Mensch notwendigerweise vollkommen sein; denn die Menschen werden noch *in sich selbst* Widersprüche haben . . . Es wird noch einen Kampf zwischen den Menschen geben, aber die Art und Form dieses Kampfes werden sich von denen in der Klassengesellschaft unterscheiden.‹« [392]

Es ist interessant, daß, vor allem aber *wie* Heym diese Passage zitiert. Zunächst ist festzuhalten, daß Heym eine der – vermutlich von Mao Tsetung selbst formulierten – Zentralstellen heraushebt, in denen in neuer Weise von den Widersprüchen in einer sozialistischen Gesellschaft die Rede ist. Zwar fehlt noch die Klarheit der Definition, wie sie ein Jahr später in Maos *Über die richtige Lösung von Widersprüchen im Volke* [393] vorfindbar ist. Erkennbar wird aber bereits hier, daß die chinesischen Kommunisten um Mao Tsetung von nichtantagonistischen und antagonistischen Widersprüchen ausgingen. Heym zitiert jene Zeilen also nicht ohne Grund. Indem er allerdings den Akzent auf »in sich selbst« legt – diese Betonung fehlt im Original –, nimmt er eine grundlegende Sinnveränderung vor. Die chinesische Stellungnahme erscheint in dieser Zitation als Modifikation der Theorie vom nichtantagonistischen Widerspruch. Eine der Ursachen liegt darin, daß sich Heym nie deutlich von jener Theorie abhebt, sondern sie selbst – *entgegen seinen Recherchen* – unkritisch übernimmt. [394]

Die Hauptursache liegt jedoch in seiner *künstlerischen* Anschauung. Nirgends läßt sich klarer als hier der unlösliche Zusammenhang von aristotelischer Darstellungsweise und vom Ideologem des ›Menschlichen‹ bestimmter Gesellschaftsanalyse demonstrieren. Selbst in den kritischsten Äußerungen Heyms bleibt eine Theorie außerhalb jeder Kritik: daß der »Konflikt *im* Menschen« der wichtigste sei, daß das Dramatische und die sich daraus ergebende dramatische Spannung die Mittel »des erzählenden Künstlers und des Dramatikers« seien, »um den Zuschauer oder Leser zu erreichen und mitzureißen, das heißt, ihn zu unterhalten und sozusagen im Spiel zu erziehen.« [395] Heym erweist sich damit in allen Punkten der herrschenden Theorie vom ›objektiven Charakter‹ des Aristotelischen verhaftet. Wenn er gegen das Soziologische polemisiert oder schreibt, ein Roman sei kein Institut für Meinungsforschung [396], so unterscheidet er sich in keiner Weise z.B. von Kritikern, die ›menschliche Konflikte‹ forderten. Mit anderen Worten: Heym liegt ständig in Widerstreit mit eigenen Auffassungen. Was, um bildlich zu sprechen, mit der linken Hand recherchiert wurde, deckte die aristotelische Rechte wieder zu. Dieser Widerspruch durchzieht nicht nur Heyms Publizistik. Er bestimmt vor allem seine Romane und Erzählungen, jedoch in viel stärkerer Weise, besitzt doch die Recherche hier ein viel geringeres Gewicht. Dieser Widerspruch erklärt auch, warum Heym sich oft in so großer Nähe zu Brecht befindet, sich aber letztlich dann doch grundlegend von ihm abhebt.

Der dritte Problemkreis, bei dem sich Heyms Nähe zu chinesischen Fragestellungen zeigt, sei abschließend behandelt. Schon sehr früh, anläßlich Stalins Geburtstag 1953, hatte Heym gesagt, er gehöre nicht zu »jenen Jubiläumsschreibern [. . .], die auf Auftrag oder aus Fleiß bei Geburtstagen und Todestagen, Jahrestagen und Gedenktagen sofort mit Presseerklärungen, Artikeln oder gar Gedichten bereitstehen.« Sich gegen die »Lobhudler« wendend, »die sich gar nicht genug tun konnten mit schönen Adjektiven«, zitiert er aus dem Gedicht eines Arbeiters, das sich im Ton deutlich etwa von vergleichbaren Gedichten Bechers unterscheidet. [397] Der gleiche Tenor gegen die Lobhudler findet sich in Heyms Korrespondenzbericht über den II. Sowjetischen Schriftstellerkongreß, wo es heißt:

»Indem der Kongreß gerade das Schaffen der eigenen Schriftsteller und Filmleute scharf unter die Lupe nahm und kritisierte, wurden all jene Flachköpfe in der DDR und anderswo ad absurdum geführt, die sich automatisch in Lobhudeleien ergeben, wann immer etwas aus der Sowjetunion kommt. In den 37 Jahren seit der Oktoberrevolution ist in der Sowjetunion so unendlich viel Großes und Gutes geschaffen worden, daß man das qualitativ Minderwertige nicht mitzuloben braucht.« [398]

Heyms Stellungnahmen zur Stalin-Frage zeigen ihre Nähe zu chinesischen Äußerungen in zwei Punkten. Zum einen schreibt Heym, der XX. Parteitag habe »*eine* bedauernswerte Folge gehabt. Über den Schock um Stalin und was mit Stalin und seinen Methoden und deren Korrektur zusammenhängt, wurde vergessen, daß außerhalb all dessen noch der Klassenfeind existierte.« [399] Zum anderen plädiert er für eine historische Wertung Stalins. So heißt es in einer Anmerkung: »Wo Stalin recht hatte, hatte er recht, auch wenn er nicht immer recht hatte.« [400] In der chinesischen Stellungnahme lautet ein vergleichbarer Passus: »We should view Stalin from an historical standpoint, make a proper and all-round analysis to see where he was right an where he was wrong, and draw useful lessons therefrom.« [401] Beide Momente finden sich in dem Artikel *Der Wald und ein Baum*. Aus ihm sei aus zwei Gründen ausführlich zitiert. Einerseits bezieht sich Heym direkt auf Mao Tsetung, zum anderen deutet einiges darauf hin, daß Brecht diesen Artikel gekannt hat. [402]

»Wenn die Partei der Arbeiterklasse – bei uns in der DDR also die SED – der Motor der Vorwärtsentwicklung, der Entwicklung zum Sozialismus ist, dann sollte es uns alle interessieren, wie dieser Motor funktioniert und daß er richtig funktioniert. Und der Partei wiederum kann nur darum liegen, die lebendigsten und engsten Beziehungen zu den Menschen außerhalb ihrer Reihen zu unterhalten. Abseits vom Volk ist die Partei nur ein Apparat; verbunden mit dem Volk und gestützt vom Volk aber ist sie unüberwindlich. [...] Die an sich gute Diskussion kann jedoch dadurch schlecht werden, daß sie sich auf nur *einen* Punkt konzentriert: auf Stalin. Und auf genau das steuert der Klassenfeind hin, der ja nicht aufgehört hat zu existieren, weil Stalin dies oder jenes falsch analysierte.
Eine gewisse, durchaus echte, schmerzliche Enttäuschung darf uns nicht dazu verführen, gerade den Leuten auf den Leim zu kriechen, die Stalin zu seinen Lebzeiten mit gar nicht genug Dreck bewerfen konnten. Diese Leute weinen jetzt Krokodilstränen um ihn und versuchen, Stalins Andenken gegen die Partei auszuspielen, die, wie Mao Tsetung durch Tschu Teh auf dem XX. Kongreß sagen ließ, ›von Lenin geschaffen und von Stalin zusammen mit seinen engsten Mitkämpfern weiter gefestigt wurde.‹« [403]

2.3.4.3. Die Kontroverse um Hans Mayer 1956/57 – Ein polemischer Rückblick

Zur Problematik dieser Kontroverse

Die Auseinandersetzungen um Thesen Hans Mayers zur Literaturentwicklung aus den Jahren 1955–1957, insbesondere um seinen zunächst vom Intendanten des Deutschlandsenders abgesetzten, dann aber am 2. Dezember 1956 im »Sonntag« abgedruckten Rundfunkvortrag *Zur Gegenwartslage unserer Literatur* [404], werden oft erwähnt, in bundesrepublikanischen und DDR-Publikationen [405]; ja es kann von einer ausgesprochenen Popularität bei vielen Literaturhistorikern und Kritikern gesprochen werden. So war und ist Hans Mayer durch seine These aus dem Jahr 1956, die »*fehlende* Beschäftigung [...] mit den Tendenzen und wichtigsten Erscheinungen der modernen Künstler und Schriftsteller wird sich in jedem Falle als Stagnation und Sterilität auswirken«, »moderne Literatur ist nicht möglich ohne Kenntnis der modernen Literatur« [406], kurz: durch sein Plädoyer eine Beschäftigung mit Trakl, Kafka und Joyce für die einen ein Streiter für eine moderne Auffassung von Kunst und Literatur gegen fanatische und unfähige, sich am 19. Jahrhundert orientierende Literaturfunktionäre [407], für die anderen nicht nur ein Repräsentant einer modernistischen Spielart des ›Revisionismus‹, sondern obendrein noch lebender Beweis dafür, daß Formalismus und Dekadenz immer noch als Hauptgefahr zu betrachten seien.

Jene Betrachtungsweise hat vor allem zweierlei verhindert. So steht die historische Einordnung der Kontroverse um Hans Mayers Thesen noch aus. Denn wie, so ist zu fragen, kann Geschichte gefaßt werden, wenn Auseinandersetzungen und Entwicklungen wie die bereits dargestellten kaum eine Behandlung erfuhren? Zum anderen ist die damit verbundene Sonderstellung der Kontroverse Ursache für die fehlende Darstellung *aller* vertretenen Ansichten.

Im Vorfeld der Kontroverse

Bereits auf der Ersten Kritikerkonferenz vom 5.–6. April 1955, auf der Autoren und Künstler wie Becher, Brecht, Huchel und Cremer anwesend waren, hatte sich Hans Mayer in seinem Referat *Kritiker und Kritik – heute und hier* [408] kritisch mit Kritik und Gegenwartsliteratur auseinandergesetzt. Nach dem Bericht von Gustav Just war Mayers Hauptargument, Fehlurteile würden vor allem dadurch verursacht, daß die Kritiker keine Dialektiker seien, die Dinge nicht in Zeit und Raum sähen. Zum anderen lasse sich das, was »die zwölf schwarzen Jahre an Substanz, an Maßstäben, an Erfahrungen vernichtet haben«, nicht von heute auf morgen aufholen. Hier erfolgte dann ein Hinweis auf die Zeit vor 1933:

»Die Zahl der Kritiker, denen die Auseinandersetzungen der 20er Jahre anschaulich sind, weil sie sie miterlebt haben, ist gering. Dem Nachwuchs fehlen oft die Kenntnisse, um kontinuierlich anzuknüpfen. Nur wenige sind in dem Maße lebendige Theatergeschichte wie Herbert Ihering, lebendige Literaturgeschichte wie F.C. Weiskopf. Den jungen Kritikern scheint manches neu und unerhört, was schon einmal da war.« [409]

In seinem Referat und Schlußwort in der Kommission »Theater und Filmkritik« äußerte sich Mayer ähnlich:

»Freilich kann eine heutige Kritik, so betonte auch Hans Mayer [...], nicht mehr die Inhalte und Formen eines Lessing, ja nicht einmal mehr die eines Fontane oder Mehring haben. Die neue Kunst einer neuen Zeit fordert auch eine neue Kritik, nicht zuletzt ist das der Anspruch auch des neuen Publikums.« [410]

Obwohl die in den Berichten mitgeteilten Äußerungen darauf hindeuten, daß Mayers Kritik im Kern seiner späteren entsprach, scheint sie doch sehr zurückhaltend vorgebracht worden zu sein. So schrieb Just: »Darüber, wie diese durch den Faschismus unterbrochene Kontinuität wiederherzustellen sein könnte, sprach man nicht.« Und in einer Schlußbemerkung zu den Ausführungen Hans Mayers:

»›Es muß ja Ärgernis geben, aber wehe dem, von dem das Ärgernis kommt.‹ Von diesem Evangelistenwort hatte sich Mayer, wie er im Schlußwort gestand, leiten lassen. Er verursachte aber wenig Ärgernis. Er deutete an, wo er hätte, wollte er seine Meinung klarmachen, aggressiv mit Name und Adresse zupacken müssen. In einer Zeit, wo neue Menschen zur Literatur stoßen und der literarische Strom in einem solchen Maße verbreitert wird wie heute, brauchen wir die Stimmen derer, die ihr Wissen um das Verpflichtende einer großen nationalen Tradition in die Waagschale werfen, um zu gewährleisten, daß die sozialistische Kunst das Erbe bewahrt und würdig fortsetzt.« [411]

Kann man Justs Bericht vertrauen, und es gibt aufgrund Justs eigener Position [412] keinen Grund, dies nicht zu tun, so ist die Kritik verständlich. Bereits vor Beginn der Kritikerkonferenz war der Artikel *Die Kritik im Konvent der deutschen Lteratur* erschienen. Der Verfasser, Georg Piltz, berichtete häufig über Kritiker- und literaturwissenschaftliche Tagungen, auch über die des Jahres 1956, auf der Hans Mayer seine Kritik in schärferer Form äußerte.

Piltz hatte den Blick auf die materiellen Bedingungen der literarischen Entwicklung, einschließlich der der Kritik, gerichtet. Er vermißte bei allen Klagen über die Misere in der Kritik die Feststellung, »daß die Schwäche der Kritik eine Antwort auf die ungleichmäßige und höchst widerspruchsvolle Evolution der Literatur darstellt.« [413] Ähnlich wie später Hans Mayer griff Piltz zunächst das Problem auf, in welcher Weise das Verhältnis von literarischen Spitzenleistungen und dem ›Durchschnitt‹ zu sehen sei, ausgedrückt in dem Bild vom ›Berg‹ und der ›Ebene‹. Seine These: der Abstand zwischen ›Berg‹ und ›Ebene‹ sei noch nie so groß gewesen wie im Jahr 1955. [414] Zwar gebe es Spitzenleistungen und auch Schriftsteller wie Hermlin, Claudius, Strittmatter oder Maurer, die, »an den Schöpfungen des ›Berges‹ sich messend zäh und beharrlich den Gipfel zu erklimmen versuchen«.

»Der Durchschnitt aber? ›Mein persönliches Gefühl ist sogar, daß wir, besonders in bezug auf unsere jüngeren Kollegen, gegenüber dem Stand vor zwei Jahren zurückgefallen sind, daß wir nicht mehr diesen Schwung, diesen Elan, diese Durchbrüche haben, die wir vor zwei Jahren hatten, und daß es bei uns im literarischen Schaffen stagniert‹, sagte Willi Bredel anläßlich einer erweiterten Vorstandssitzung des Deutschen Schriftstellerverbandes am 10. Dezember 1954. Ein bitteres, aber ein wahres Wort!«

Wolle man dieses Phänomen erklären, so müsse man die Dinge beim Namen nennen:

»Die neue deutsche Literatur besitzt nicht nur einen ›Berg‹ und eine ›Ebene‹, sie besitzt auch, nun sagen wir: Makulatur. Was diese Makulatur von der Produktion der ›Ebene‹ unterscheidet, ist nicht so sehr Mangel an Talent als vielmehr völliger Mangel an künstlerischem Verantwortungsbewußtsein, an Fleiß und Sorgfalt.«

Zwei Dinge waren nach Piltz für die Produktion von ›Makulatur‹ verantwortlich zu machen: die materielle und die publizistische Förderung. Piltz' Kritik war hier von ungewöhnlicher Schärfe. So müsse ein durchschnittlich begabter Schriftsteller schon einen »überdurchschnittlich gefestigten Charakter besitzen [...], wenn er der Versuchung, mit schnell produzierten Büchern viel Geld zu verdienen, widerstehen will«. Die Verhältnisse hätten es ermöglicht, daß viele Autoren »der Versuchung erlagen, auf illegitimen Wegen schnell und reibungslos zu erreichen, was sie auf legitimen Pfaden nur unter großen Mühen und in harten inneren Auseinandersetzungen hätten erreichen können«. Ja Piltz deutete sogar an, daß so mancher Schriftsteller die »Konjunktur skrupellos und mit illegitimen Mitteln« nutzte. Wolle man also Änderungen herbeiführen, so seien diese im Bereich der materiellen Produktionsbedingungen einzuleiten. Vor allem aber müsse gegen die »bewußten oder unbewußten Verteidiger der Makulatur« angegangen werden, denn sie hätten »im Augenblick noch die Vorhand«. Der ›Berg‹ drohe in die Isolation zu geraten und seinen Einfluß auf die ›Ebene‹ zu verlieren. Mit anderen Worten: Der Hauptfehler der Kritik, »daß sie sich anpaßte, wo es zu widerstehen galt« [415], sei nur durch die Setzung entsprechender Maßstäbe behebbar.

Piltz' Kritik analysierte in Fragen der materiellen Produktionsbedingungen wesentlich genauer als die Hans Mayers. Dort fanden sich nur Andeutungen wie »preiswerte Lyriker« oder gänzlich andere Schlußfolgerungen. Mayer leitete aus dem Sachverhalt, daß ein Schriftsteller nicht mehr allein von seinen Büchern leben könne, sondern auch Hörspiel oder Film beliefern müsse, die Feststellung ab: »Die materielle Lage des Schriftstellers ist auch bei uns mittlerweile sehr viel heikler geworden, als das gern in der Öffentlichkeit zugegeben wird.« [416]

Und doch macht gerade der Artikel von Georg Piltz deutlich, warum eine Kritik wie die Hans Mayers bei vielen auf Widerhall treffen mußte. Mit Piltz' Hinweis auf die Maßstäbe ist nicht nur der springende Punkt seines Artikels erreicht. Wenn es auch heißt, man habe die Wiedergeburt der deutschen Klassik als Ziel proklamiert, die Praxis sei aber »oft von einem tiefen Unglauben an die schöpferischen Kräfte unseres Volkes bestimmt« gewesen, so hebt sich die These, der ›Berg‹ sei »mit den Maßen der Klassik« [417] zu messen, in nichts von der herrschenden Meinung ab. Eine solche Alternative konnte nicht befriedigen, ja mußte trotz (oder gerade wegen) der zitierten Kritik nahezu als Provokation wirken. [418] Als die Alternative mußte dagegen der Vorschlag erscheinen, endlich mit Provinzialität und Epigonalität in der Literatur Schluß zu machen, den Anschluß an weltliterarische Entwicklungen zu suchen, was nur besagen konnte, sich endlich auch mit den Traditionen zu beschäftigen, die als ›formalistisch‹, ›kosmopolitistisch‹ oder ›dekadent‹ galten und die nicht wenige Autoren des ›Berges‹ geprägt hatten. Diese Alternative vertrat wie kein anderer Hans Mayer.

Wenn die Kontroverse um Mayers Thesen zur Darstellung jener Jahre gehört, so ist dies wesentlich dadurch bestimmt, daß diese Thesen im Unterschied etwa zur Position eines Georg Lukács für viele eine wirkliche Alternative formulierten. Zwar verband den Leipziger Kritiker vieles mit Lukács – auch in seinem ›Sonntag‹-Artikel berief er sich auf ihn – aber seine Konzeption, die »Humanität zu befördern« [419], schloß die ›Dekadenten‹ mit ein, seine Urteile basierten stets auch auf Kenntnis Döblinscher oder Joycescher Darstellungsmittel. Insofern stand er den polnischen Vertretern eines ›humanistischen Weges‹ weitaus näher als dem Petöfi-Kreis.

Von der Wirkung der Mayerschen Thesen zeugen nicht zuletzt die Berichte und Materialien von Tagungen [420], auf denen Mayer im Jahr 1956 referiert hatte; denn, so ein Bericht, Mayer bringe »viele Probleme vor ein öffentliches Forum [. . .], die bisher bei uns wenig und meist nur in engeren Zirkeln diskutiert wurden.« [421] Es begann mit Berichten von zwei Tagungen über das Verhältnis von Gegenwartsliteratur und Literaturwissenschaft, zu denen das Ministerium für Kultur und das Staatssekretariat für Hochschulwesen Schriftsteller, Literaturwissenschaftler und -kritiker eingeladen hatten. Sie trugen die Titel *Die Fenster sind aufgestoßen* (Georg Piltz) und *Anfänge einer literarischen Diskussion* (Hans Kaufmann).

Die Diskussion der Mayerschen Thesen war eine Vorwegnahme der späteren Kontroverse. Soweit von den Berichten ausgegangen werden kann, hatte Mayer zu allen bedeutenden Problemen Stellung bezogen, seien sie ästhetischer, kritischer oder literaturwissenschaftlicher bzw. -geschichtlicher Natur. Mayer suchte, darüber konnte keinerlei Zweifel bestehen, die Diskussion über einen generellen Neuanfang. Von Bedeutung sind in diesem Zusammenhang daher weniger seine Äußerungen, »daß der Held eines literarischen Werkes desto vielschichtiger und widerspruchsvoller sein müsse, je feiner organisiert sein Schöpfer sei« [422] (oder Vergleichbares) als vielmehr die über Traditionen und über die Gegenwartslage. Nach Kaufmanns Bericht prallten die Meinungen hart in der Frage aufeinander,

»ob die russischen revolutionären Demokraten, abgesehen von ihrer hervorragenden Rolle bei der Entwicklung des russischen Realismus, auch als Theoretiker der Ästhetik für die marxistische Ästhetik grundlegende Bedeutung hätten. Mayer bestritt das entschieden (›von Tschernyschewski führt kein Weg zu marxistischen Ästhetik‹), und vertrat die Ansicht, daß auch die sowjetische Literaturtheorie zu diesem Problem noch keine befriedigende, teilweise sogar falsche Antworten gegeben habe. Dagegen vertrat Alfred Kurella in der Diskussion die Meinung, es gäbe Verbindungsfäden von den ästhetischen Ansichten Belinskis zu denen der russischen Marxisten.« [423]

Die hier diskutierten Probleme schienen nicht zuletzt aufgrund sowjetischer Diskussionen [424] so bedeutsam zu sein, daß noch im November 1956 eine Tagung unter dem Titel »Zur Ästhetik der russischen revolutionären Demokraten« stattfand. Mayer wiederholte hier noch einmal seine These:

»Ich glaube, daß es zwei sehr große historische Wege zu unterscheiden gilt. Der eine Weg ist ein sehr stark nationalrussisch bestimmter. Das ist die Entwicklung von Belinski zu Tschernyschewski. Ich würde sagen, theoretisch führt er weiter zu Gorki und Shdanow, und ich glaube, daß das nicht der Weg einer marxistischen Literaturwissenschaft gewesen ist. Der andere scheint mir festgelegt zu sein durch die Linie Marx-Plechanow-Lenin.‹« [425]

Näher können diese Ausführungen nicht dargestellt werden: die Tagungsmaterialien erschienen nach Mayers ›Sonntag‹-Artikel, das Referat Hans Mayers fehlte nun aus »Platzmangel«. Die Folgerungen deuten sich nur, sieht man einmal davon ab, daß die ›Persönlichkeitskultdebatte‹ verdeckt durch die Diskussion eben genannter Probleme geführt wurde, in folgenden Worten Kurellas an:

»In der Bibliothek des [Literatur-] Institutes stehen auch die Bücher von Proust und Kaffka [!], von Mailer und Faulkner, für jeden Hörer zugänglich, Bücher, von denen einige Leute meinen, sie müßten von unseren jungen Schriftstellern in erster Linie gelesen werden.« [426]

Der zweite Problemkreis, die Gegenwartslage der Literatur, führte zu weit heftigeren Wortwechseln. Auch Mayer griff das Thema ›neue Unterhaltungsliteratur‹ auf; er befürwortete diese Literatur, forderte allerdings auf, strengere Maßstäbe anzulegen. Becher warf daraufhin Mayer vor,

»er rede zwar einer Unterhaltungsliteratur das Wort, aber diese solle, wenn möglich, das Niveau des *Zauberbergs* haben. In die gleiche Richtung zielte ein Zwischenruf Wolfgang Harichs: ›Sie sind nur liberal in Sachen, die Niveau haben.‹« [427]

Die schärfsten Reaktionen lösten Mayers Worte aus: »›Nein, ein schlechtes Gedicht, auch in einem guten Sinn, kann nicht wirksam werden, ein schlechtes Gedicht kann keine Wirkung vollbringen.‹« [428]

Das Problem war, wie wir zeigen konnten, nicht neu. Es schien sich lediglich um eine leicht modifizierte Neuauflage der Diskussion von 1949/50 in der ›Täglichen Rundschau‹ zu handeln, nur daß die Kontrahenten nicht Gotsche/Grünberg und Cwojdrak/Herzfelde hießen, sondern Kuba und Mayer. Denn im Kaufmanns Bericht heißt es:

»Am heftigsten umstritten waren die Äußerungen Prof. Mayers über die junge Literatur der DDR. Mayer polemisierte gegen eine These Kubas, nach der die gegenwärtigen unvollkommenen Werke späteren Meisterwerken den Boden bereiten, und er bestritt in diesem Zusammenhang die Möglichkeit, daß ›schlechte‹ Literatur ›nützlich‹ sein könne. Mit fortschrittlich gedachten, aber künstlerisch unzulänglichen Werken sei weder dem lesenden Publikum noch der literarischen Entwicklung gedient. Diesen Vorwurf des ›Aristokratismus‹ quittierte Prof. Mayer damit, daß er der Masse der ›Literatur‹ die ›Dichtung‹ im hohen, Maßstäbe setzenden Sinne entgegensetzte, die immer selten und in diesem Verstand durchaus ›aristokratisch‹ sei. Mehrere Redner (Joh. R. Becher, Klaus Gysi, A. Kurella, Günther Karl u. a.) hielten dem entgegen, daß auch die Meisterwerke der Vergangenheit nicht wie Säulen aus einem Sumpf hervorragten, sondern wie der Gipfel einer Pyramide auf einer breiten Basis ruhten. Die Schriftsteller, die sich mit der Gegenwart befassen, hätten literarisches Neuland zu entdecken und könnten die Traditionen nicht einfach fortsetzen. [...] Insgesamt dürfte [...] Kurella recht behalten, wenn er gegenüber der ›aristokratischen‹ die ›plebejische‹ Haltung als die einzig angemessene hinstellte.« [429]

Es gehört schon zu den Kuriosa dieser Zeit, daß ausgerechnet ein Hauptvertreter der Konzeption vom ›klassischen Erbe‹ als Repräsentant einer plebejischen Haltung genannt wird ... Man wird erinnert an die Formalismus-Debatte und Brechts Worte, diese werde dadurch erschwert, »daß sich auf der richtigen Seite falsche Leute einsetzen und für die richtige These falsche Argumente offeriert werden.« [430] Nur daß dies hier für ›beide Seiten‹ gesagt werden kann.

Balzac oder Kafka? – Eine Alternative?

Aufgrund der ›neuen Unterhaltungsliteratur‹ und ihrer Art der Förderung traf Mayers Polemik vom auf Traktorist umfunktionierten »›Lehártyp‹« [431] – in seinem Rundfungvortrag spricht er von »rotangestrichene[r] Gartenlaube« [432] – zu. Entscheidend waren jedoch nicht diese ironisch-treffenden Bezeichnungen, sondern der Maßstab, den Mayer anlegte. Dieser wurde evident, als er seine Thesen noch einmal für einen Vortrag zusammenfaßte, jenen, der dann im ›Sonntag‹ erscheinen mußte. Nun wurde genauer erläutert und für einen breiten Hörer- bzw. Leserkreis dargestellt, was mit den Worten gemeint gewesen war, »Gysi habe recht, wenn er eine Kritik aus historischer Sicht fordere, aber man dürfe über dem Historischen nicht die Frage nach dem Normativen vergessen«. [433] Die Diskussion über einen Neubeginn wurde sofort wieder dadurch blockiert, daß dem alten Normativismus ein neuer entgegengesetzt wurde. Mayer versuchte zwar durch einen Epochenüberblick und einen Rekurs auf die 20er Jahre sowie durch Verweis auf die Tatsache, daß »auch literarische Gattungen und Formen in den Geschichtsablauf gestellt sind«, die Ursachen für den »Krisenzustand [...], um nicht von Krankheitszustand zu sprechen« [434], aufzuspüren. In seiner Namensaufzählung – und es sind nicht wenige, die da genannt werden – fehlen nicht nur Autoren der proletarisch-revolutionären Literatur; Marchwitza wird zwar genannt, aber lediglich mit seinem Gegenwartsroman *Roheisen*. Es fehlen vor allem Hinweise auf die revolutionären sowjetischen (Theater-) Künstler und auf Konzeptionen, die als ›proletkultistisch‹ tabu waren. In seinem 1955 gehaltenen Vortrag *Deutsche Literatur und Sowjetliteratur* [435] hatte Mayer sehr geschickt auf diese Traditionen hinzuweisen gewußt und damit die literarische Entwicklung in der Sowjetunion mehr historisch als normativ gewertet. Unerwähnt bleiben kann auch nicht, daß gerade in jenen Monaten der ›Sonntag‹ seine Spalten öffnete, die Diskussion wenn auch zaghaft in Gang kam und eine Rehabilitation Tretjakows denkbar war. Autoren wie Tretjakow aber hätten die Distanz zur eigenen Position markiert. Auch dort hatte es Opposition gegen die Konzeption eines ›neuen Balzac‹ bzw. ›Tolstoi‹ gegeben. Jedoch war die Diskussion ästhetischer Probleme nicht durch die Diskussion der ›Moderne‹ bestimmt gewesen, sondern aus den Widersprüchen der Gesellschaft entwickelt worden. Bei Mayer lautete nun ähnlich wie bei Lukács die Alternative, realistische Werke seien solche, die allem »Neugeschaffenen« verpflichtet seien, bis zu jener Grenze natürlich, die Brecht in seinem Brief an die westdeutschen Schriftsteller gezogen hatte: »bis zur Grenze des Faschismus und der bewußten Antihumanität.« [436] Der Unterschied zu Lukács bestand in der konzilianteren Formulierung und darin, daß Autoren wie Trakl oder Joyce in ihr historisches Recht gesetzt wurden. Inwieweit dies bei der Behebung der Misere von 1956 von anderer Bedeutung als der des Nachholens sein sollte, konnte Mayer nicht beantworten. Mayer begab sich in Widerspruch zu eigenen Thesen, wenn er von einer Stagnation auch westlicher Literaturen sprach, wo Kafka kein »Geheimtip« war, gleichzeitig aber formulierte, moderne Literatur sei nur möglich mit Kenntnis moderner Literatur.

Schon in der übernächsten Nummer des ›Sonntag‹ erschien eine Antwort Kurellas. Sie zeichnete sich durch zwei Momente aus. Zum einem wich sie den Thesen Mayers aus, indem sie fast ausschließlich die Worte Mayers zu widerlegen versuchte, Kurella mache es sich

»doch ein bißchen leicht, er bagatellisiert eine sehr ernste Sache, wenn er bei seinem Bericht über den Stand der literarischen Auseinandersetzung in der Sowjetunion rundheraus leugnet, daß offenkundige Erscheinungen des dortigen Sektierertums und des literarischen Verfalls, die heute unter Einsichtigen niemand mehr ernstlich bestreitet, irgend etwas mit dem sogenannten Personenkult zu tun hätten.« [437]

Kurella konnte nachweisen, daß das genaue Gegenteil der Fall war. [438] Seinem Artikel war deutlich anzumerken, daß die These vom ›Persönlichkeitskult‹ ein willkommenes Erklärungsmodell lieferte. Gesellschaftliche Entwicklungen und die realen Widersprüche der Sowjetgesellschaft mußten nicht tangiert werden.

Zum anderen versuchte Kurella, Mayer dadurch zu widerlegen, daß er auf seine sehr intime Kenntnis der literarischen Entwicklung in der Sowjetunion verwies:

»Ich war an den inneren Auseinandersetzungen der sowjetischen Schriftsteller in dieser ganzen Zeit aktiv beteiligt. Vielleicht mache ich, im Besitz dieser Erfahrungen und Kenntnisse, den Fehler, sie auch bei anderen vorauszusetzen.« [439]

Es gehörte zum Stil dieser Zeit, seine Thesen in dieser Weise zu untermauern. Auch Hans Mayer hatte z.B. in seinem ersten Zugriff über den Einfluß sowjetischer Literatur auf die deutsche der 20er Jahre gesagt, er wolle einmal seinem »eigenen Erinnerungen« nachgehen und ins Gedächtnis zurückrufen, »was ich als ein Zeitgenosse, der die letzten dreißig Jahre das literarische Leben in Deutschland mit einiger Bewußtheit studiert hat, nacheinander an Einflüssen sowjetischer Kunst und Literatur erlebte.« [440] Dies war geeignet, auf anderes als das Übliche hinzuweisen, ermöglichte aber schon einem jungen Kritiker kaum noch die Aufnahme. Kurella und Mayer blieben hier unter sich, hie der ›östliche‹, da der ›westliche‹ Emigrant.

Erst Kurellas zweiter Artikel – als die Thesen Mayers Wirkung gezeigt hatten – geht genauer auf die Äußerungen des Kontrahenten ein. Im Zentrum stehen zwei Problemkreise: die Bedeutung der Frühphase von Dichtern, »die wir zu den großen Meistern des sozialistischen Realismus rechnen« sowie die »Behauptung, unsere Gegenwart verlange hinsichtlich ihrer künstlerischen Wiedergabe qualitativ neue Formen und Methoden der Erkenntnis und der Gestaltung.« [441] Bei Mayer hatte es unter Bezug auf Brecht geheißen: »Eine sich verändernde Welt setzt exakte wissenschaftliche Erkenntnis voraus. Darüber hinaus verlangt sie nach neuen Formen und Methoden der Erkenntnis *und* der Umsetzung solcher Erkenntnis in neue künstlerische Wirklichkeit.« [442]

Zum ersten sagte Kurella unter Anspielung auf Becher und dessen Exilschaffen, er habe »die ganze Schwere der Auseinandersetzung aus nächster Nähe miterlebt, kenne die Irrwege und Sackgassen, in die dieses neue Suchen zeitweise führte, und die tiefen Krisen bis an den Rand des Selbstmords, die dabei eintraten.« Den Wandel der Anschauungen erläuterte Kurella, wieder auf sich selbst verweisend (»ich hatte als expressionistischer Maler begonnen!« [443]), im zweiten Punkt. Schon in seinem ersten Artikel hatte Kurella ironisch vermerkt: »Hans Mayer [...] dem Theoretiker B. Brecht folgend«. [444] Jetzt wurde jegliche andere Ansicht ›dekadenten‹ Richtungen subsumiert:

»Nun, wir älteren sozialistischen Schriftsteller kennen die These von der besonderen Prägung unseres Zeitalters und von der Notwendigkeit, besondere, ganz neue, ihr entsprechende Formen und Methoden der künstlerischen Gestaltung zu finden. Sie trat übrigens seinerzeit bereits zusammen mit der anderen These auf, das ›neue Zeitalter‹ brauche rationalistische Kunstmittel statt emotioneller, nicht die aristotelische Erschütterung und Reinigung sei z.B. das Wirkungsmittel der modernen Bühne, sondern die vernünftige Belehrung.« Und beim folgenden Satz muß man innehalten, um die Ungeheuerlichkeit der Behauptung im Jahr 1956 nicht zu ›überlesen‹: »Diese beiden Thesen gehörten zum Arsenal des – Proletkült!« [445]

In ähnlicher, wenn auch weniger konstruierenden Weise argumentierte Wolfgang Joho. [446] Die Basis seiner Ausführungen läßt sich am besten mit einem Thomas-Mann-Wort charakterisieren, das Kurella in seiner späteren Diskussionsrede *Die Einflüsse der Deka-*

denz , gehalten »in Leipzig auf dem vom Kulturbund veranstalteten Ausspracheabend« , anführt:

»›Ich bin nicht gekommen, das Gesetz aufzulösen, sondern zu erfüllen‹, und wir sind es, die, wie Thomas Mann sagt, etwas ›darzutun, daß unter den Menschen solche Ordnung sich herstelle, die dem schönen Werk wieder Lebensgrund und ein redliches Heimpassen bereitet.‹« [447]

Für Joho existierte nur die Alternative ›formalistische Sackgasse‹ oder ›humanistische Wege‹. [448] Daß es Kurella und Joho relativ leicht fiel, Mayers Thesen zu kritisieren, hatte nicht zuletzt nationale Gründe; die eigene Misere konnte durch Verweis auf die andere, die westdeutsche, als das ›kleinere Übel‹ dargestellt werden. Denn gerade aufgrund Mayers These, »daß Johannes R. Becher in seiner Rede auf dem IV. Deutschen Schriftstellerkongreß den Begriff ›unsere Literatur‹ zu eng gefaßt habe, so daß die anwesenden westdeutschen Gäste, wie Hans Henny Jahnn, Günther Weisenborn u. a. sich davon ausgeschlossen fühlen mußten« (eine Auffassung, die Wolfgang Harich mit der Bemerkung bekräftigt hatte, »wir sollten die gesamte demokratische und humanistische Literatur als ›unsere Literatur‹ bezeichnen« [449]), mußten die Einwände Kurellas und Johos geprüft werden:

»Wenn wir die Literatur Westdeutschlands trotz unbestreitbarer Begabung einzelner als dürftig empfinden, dann aber gewiß nicht darum, weil ›man immer noch so tut, als sei der ›Ulysses‹ nie geschrieben worden‹, sondern meiner Ansicht nach ganz im Gegenteil darum, weil, was sich als neu und revolutionär ausgibt, im Grunde nichts als dürftiger zweiter Aufguß all der Experimente aus den Jahren der ›literarischen Opulenz‹ ist, und weil in Inhalt und Thematik eine gewisse Ratlosigkeit über den einzuschlagenden Weg sichtbar wird.« [450] »Es ist schwer, heute in den Künsten gegen den ›modernen‹ Strom zu schwimmen und die große Tradition wiederzufinden. Es ist besonders schwer in Deutschland, in dessen westlichem Teil eine politische Restauration von einer epigonenhaften Renaissance früherer Phasen der dekadenten Kunst begleitet ist.« [451]

Ohne hier selbst konstruieren zu wollen, sei doch auf den Umstand verwiesen, »daß die ›Rede der Dichter‹ [...] sich ärmlich ausnimmt, gemessen an Größe und Tragik dessen, was im Juni 1953 geschehen ist.« [452] Das Versagen gilt dabei nicht ausschließlich für die Schriftsteller der DDR – dort gab es zumindest zahlreiche Versuche –, sondern vor allem, wie Heinrich Mohr schreibt, für ihre westdeutschen Kollegen [453]:

»Daß, warum und auf welche Weise die Schriftsteller der Bundesrepublik vor dem großen deutschen Thema versagt haben, sich ihm versagt haben; dies wäre Thema einer anderen Untersuchung, einer möglicherweise sehr aufschlußreichen und auch notwendigen Untersuchung.« [454]

Die entscheidenden Einwände gegen Mayers Thesen kamen jedoch nicht von Kurella oder Joho. Sie kamen unerwarteterweise von Joachim G. Boeckh. Obwohl gegen Mayer gerichtet, lassen sie sich in gleicher Weise gegen Kurellas und Johos Antworten wenden. Interessant ist zunächst seine Frage: »Was leistete diese Literatur, diese ›imponierende Vielfalt‹ [der 20er Jahre; d. V.], und, vor allem *wofür* leistete sie etwas?« [455] Wie später noch der Autor eines kleineren Artikels [456] kritisiert Boeckh, daß Mayer die »proletarische Literatur der zwanziger Jahre ›vergessen‹« [457] habe. Angesichts der früheren Äußerung Hans Mayers, er habe bei Vorbereitung eines Vortrages »unter Lächeln und doch auch mit Ergriffenheit drei Bände aus der Serie ›Der rote 1 Mark-Roman‹ wieder zur Hand genommen« [458], ist Boeckhs Reaktion erklärlich:

»Es ist [...] sehr wenig nobel, wenn Mayer den Autor Marchwitza heruntermacht. Der Roman ›Roheisen‹ mag kein Werk ersten Ranges sein – aber jeder, der es wissen will, weiß, daß Marchwitza ein absolut redlicher, der Sache des proletarischen Sozialismus seit Jahrzehnten treu ergebener Autor ist, ein Mann, der ein schriftstellerisches Lebenswerk vorzuweisen hat, das zwar weder mit Kafka noch mit Joyce etwas zu tun hat, das aber als Markstein am so mühseligen Anfang der proletarischen Literatur steht. Marchwitza ist typisch für die Entstehung einer neuen ›Gattung‹ in unserer deutschen Literatur – gerade ihn als typisch für die angebliche ›Krankheit‹ unserer Literatur ›herauszustellen‹, ist gelinde gesagt – respektlos.«

Die letzte Wendung modifizierend, läßt sich anfügen, daß ein Vergleich von *Sturm auf Essen* und *Roheisen* die ›Opulenz‹ der 20er Jahre hätte belegen können . . . Von Bedeutung ist Boeckhs Einwand, der an erster Stelle steht. Er sei ganz zitiert:

»1. Es ist einfach nicht wahr, daß eine ›literarische Weltproblematik‹ existiert, daß ›seit 1945 wenig Neues und Überraschendes im literarischen Bereich geschehen‹ sei. In Wirklichkeit ist es so, daß gerade in der Weltliteratur Veränderungen qualitativ allerersten Ranges sichtbar wurden. Ich meine beispielsweise die Tatsache, daß Nationen wie China, Völker wie die Afrikas und Indiens dem Bild der Weltliteratur völlig neue und sehr bestimmende Züge eingeprägt haben.« [459]

Daß auf China verwiesen wurde, war aus politischen Gründen erklärbar. so heißt es z.B. bei Jürgen Bonk:

»Von der chinesischen Literatur, die von Hans Mayer mit keinem Wort erwähnt wird, und die somit außerhalb der literarischen Weltproblematik zu stehen scheint, dürfen wir demgemäß kaum etwas erwarten, handelt es sich doch hier um eine verhältnismäßig alte Literatur.« [460]

Auch Alfred Antkowiak weist darauf hin, daß es angesichts der »kräftige[n] realistische[n] Tendenz der neuen indischen, [des] Aufblühens[s] der chinesischen Literatur« [461] schwerfalle, von einer ›literarischen Weltproblematik‹ zu sprechen. Sind hier noch aktuelle und Epocheneinsicht nicht genau voneinander zu unterscheiden, so tritt bei Boeckh die qualitativ neue Fragestellung deutlich hervor. Was Boeckhs Einwand nämlich bei Mayer *und* Kurella bloßlegte, ist ein Eurozentrismus, der andere Traditionen, Darstellungsmittel etc. nicht mehr aufzunehmen fähig war. Es machte unter *diesem* Aspekt keinen Unterschied, ob für Kafka oder für Balzac votiert wurde – für einen revolutionären asiatischen oder lateinamerikanischen Künstler galten auch andere Traditionen. Unter diesem Blickwinkel des Erwachens ganzer Völker und Nationen, der in ihren Befreiungskämpfen freigewordenen Fähigkeiten muteten Auseinandersetzungen wie die um Thesen Hans Mayers oder um die Frage, welch aktuelle Bedeutung dem Werk Belinskis beikomme, geradezu provinziell und anachronistisch an.

Welche Züge der Eurozentrismus jedoch in seiner Tendenz trug, sei abschließend verdeutlicht. Der Vorwurf, bestimmte sogenannte moderne Kunstrichtungen zum einzigen Vorbild zu erklären, sei Kosmopolitismus, konnte nicht von der Hand gewiesen werden. Oder mit Brecht: Das berühmte Ideal der Spinoza, Goethe, Whitman, Puschkin, welches darin bestehe, daß die Menschen über die ganze Erde hin sich als Menschen schlechthin behandeln sollten, werde im »Maul des Kapitalismus [...] wie so manches andere Ideal zu einer idealen Gelegenheit, mehr Menschen als bisher auszubeuten, womöglich alle Menschen über die ganze Erde hin.« [462]

Ein ähnlicher Einwand ist nun allerdings auch gegen jene zu formulieren, die der Alternative ›Kafka‹ die eines ›neuen Balzac‹ entgegensetzten. Auch hier war z. B. zu fragen, was ein indischer kommunistischer Arbeiter davon zu halten hatte, wenn ihm das aristotelische Theater als *das* Theater der Zukunft vorgestellt wurde. Der Marxismus verteidigte die nationalen Traditionen, war aber gleichzeitig proletarischer Internationalismus, was das Moment der Gleichberechtigung als integralen Bestandteil einschloß. Ein realer Fall mag demonstrieren, daß von Gleichberechtigung keine Rede sein konnte.

Als sich Ende 1954 an der *Kreidekreis*-Inszenierung des Berliner Ensembles eine heftige Debatte entzündete, stand die Frage ›episches oder dramatisches (= aristotelisches) Theater‹ im Zentrum. Erpenbeck, der Hauptantipode Brechts in dieser Auseinandersetzung, verwies zunächst darauf, daß das »epische Theater [...] in Deutschland nie eine triebstarke Wurzel« [463] gehabt habe. Die nationale Kunstentwicklung »ging völlig andere Wege. Sie ging, ähnlich wie die russische, englische oder französische, auf dem Theater den Weg der direkten Handlung von Menschen, die ›sind‹: den Weg des *dramatischen* Theaters« (S. 20). Diese ›nationale Entwicklung‹ stellte Erpenbeck nun nicht gleichberechtigt neben andere, sondern setzte sie gleich mit der historisch fortgeschrittensten Form. Obwohl für ihn das chinesische Theater das »beste epische der Welt« (S. 17) war, so stellte es doch eine historisch überwundene Stufe dar, ein »primitive[s] Frühstadium« (S. 19):

»Nun soll niemand, der bei uns die chinesische Inszenierung des ›Mädchens mit den weißen Haaren‹ gesehen hat, mit dem Argument operieren wollen: auch das epische Theater Chinas, das ästhetisch höchststehende, benütze neuerdings Mischformen, es entnehme der europäischen Opern- und Schauspieltradition das, was ihm zweckdienlich scheine – warum sollten wir nicht unser deutsches Theater umgekehrt mit den Elementen des asiatischen epischen Theaters bereichern?

Diese Argumentation spräche nur gegen den, der sie vorbrächte. Die (richtig beobachtete) Tatsache beweist nämlich nur, daß das chinesische Theater zur Dramatik, zur Menschengestaltung, zum sozialistischen Realismus vorstoßen will. Aber ist das ein Grund, daß wir deshalb zu einer uns wesensfremden, asiatischen Frühform der Kunst zurückgehen sollen?« (S. 20f)

Solch chauvinistischer Auffassung mußten Brechts Unternehmungen natürlich als »›raffinierter Primitivismus‹« (S. 21) vorkommen.

Als im Juli 1955 die Schaochin-Oper in der Volksbühne mit traditionellen und modernen Aufführungen gastierte, entwickelte Erpenbeck erneut seine Programmatik. Scheinbar anknüpfend an Mao Tsetungs Worte »›Bei uns sollen alle Blumen blühen‹«, erläutert Erpenbeck:

»Und das chinesische Volk, reich wie wenig andere Völker an künstlerischer Tradition und schon von Kindbeinen an zu ästhetischer Wertung von Kunstwerken erzogen, ist so innig mit dem Theater verbunden, daß es auch hier nicht nur eine, sondern alle Blumen blühen sehen möchte. Wie anders wäre es sonst zu erklären, daß die streng stilisierte epische Peking-Oper – voller Symbole und exakter Darstellungsformeln – auf das gleiche leidenschaftliche Interesse stößt wie das dramatische Gegenwartsstück, dessen Inszenierungs- und Darstellungsart eine bewußte und meisterhaft gelungene Anwendung der Erkenntnisse Stanislawskis bezeugt? Es sind künstlerisch zwei Welten und letztlich doch – nur eine.« [464]

Diese Darstellung könnte als Hinweis gesehen werden, in China werde experimentiert mit der Revolutionierung ›alter‹ Darstellungsmittel und der Übernahme ›neuer‹; Experimente, die von Mao Tsetung forciert wurden und später in der Großen Proletarischen Kulturrevolution dominieren sollten. Doch bereits wenig später heißt es bei Erpenbeck: »Die Reform der chinesischen ›Oper‹ geht – jedenfalls habe ich diesen Eindruck gewonnen – zwei völlig entgegengesetzte Wege.« (S. 45) Welchen Weg er allein für den der Zukunft hält, daran läßt er wiederum keinen Zweifel. In der Rezeption der ›modernen‹ Darstellungsweise sieht er einen »schlechthin entscheidenden Prozeß: den Übergang vom epischen zum dramatischen Theater« (S. 46). Zwar schreibt Erpenbeck, man müsse die Diskussion jener Alternative »ganz und gar unseren chinesischen Freunden anheimstellen«, dies allerdings im Anschluß an folgenden Absatz:

»Bei alldem bleibt nur eine Frage: ob sich die Fabeln der klassichen China-Oper – Legenden, Sagen, Märchen, Heldenepen und Romanzen – in ihrem durchaus epischen Charakter zur Übernahme in die dramatische Darstellungsart eignen. Anders gesagt: ob nicht für die moderne Oper [...] dramatische Fabeln zu formen wären und – wie es ja geschieht – der Peking-Oper weiter die Pflege des herrlichen, in der Welt einmaligen klassischen Erbes des epischen Theaters zu überlassen.« (S. 47)

3.1. Der späte Brecht

Verwundern muß zunächst, mit welcher Anstrengung die Forschung zum späten Brecht,
ganz zu schweigen von der zur frühen DDR-Literatur (doch handelt es sich hier letztlich
um eine nicht heranziehbare Größe), bestimmte theoretische und praktische Beiträge
Brechts zur Revolutionierung nicht nur der literarischen Verhältnisse in der DDR nicht
zu Kenntnis genommen hat. [2] Zwar wurde vereinzelt darauf hingewiesen, Brecht habe,
am sichtbarsten in Form des Begriffs vom *dialektischen* Theater, an einer Überprüfung
der Theorie des epischen Theaters gearbeitet. Doch vermögen allein einige Beispiele aus
Publikationen der jüngsten Zeit zu zeigen, welch widersprüchliche Meinungen zu diesem
Thema vorfindbar sind. In Claude Hills Einführung »Bertolt Brecht« fehlen Hinweise
auf die Versuche des späten Brecht der Jahre 1953–1956. Andererseits heißt es im Zusammenhang des *Garbe/Büsching*-Projektes:

»Es sieht so aus, als hätte Brecht den zeitlichen und räumlichen Abstand von seinen Projekten mehr
benötigt als nahezu jeder andere moderne Schriftsteller. Warum? Könnte es sein, daß er eine bekräf-
tigende Illusion brauchte, unbeschränkt durch die oft kleinlichen Beengungen und Berichtigungen
der Wirklichkeit, eine Illusion, die er seinen Stücken theoretisch absprach, deren er aber selbst bedurfte, um künstlerisch arbeiten zu können? Es wäre die äußerste Ironie für den einzigen großen
marxistischen und dialektischen Dramatiker und würde erklären, warum er niemals jenes aktuelle
Stück schrieb, das zu schaffen er wesensgemäß außerstande war.« [3]

Werner Mittenzwei schreibt in seiner Studie zur Brecht-Rezeption in der DDR, »daß
Brecht Mitte der fünfziger Jahre wiederum an einen großen Umbau und Ausbau seiner
Theorie und Methode dachte.« [4] Was in diesen Bemerkungen jedoch nicht zum Ausdruck kommt: daß sich in Brechts späten, zunächst noch weitgehend theoretischen Bemühungen eine Entwicklung abzuzeichnen begann, die, so nicht nur unsere These [5], in
ihrer Bedeutung und Tragweite nur Brechts Versuchen vor 1933 gleichgesetzt werden
kann und nicht, um bei Werner Mittenzwei zu bleiben, »dem großen Umbau seiner Methode während des Exils«. [6] Was Brecht in den Jahren 1953 bis 1956 versuchte, war
nicht lediglich ein Umbau und Ausbau, vergleichbar dem der Exiljahre (womit, es sei sogleich angemerkt, diese in ihrer Bedeutung keineswegs heruntergestuft werden sollen).
Woran Brecht arbeitete, war eine generelle Neufundierung der Theorie des epischen
Theaters.

   Selbst Manfred Voigts schreibt, es sei »unbezweifelbar [!], daß Brecht die Radikalität
seiner utopischen Aussagen weitgehend wieder zurückgenommen hat, außer in solchen
Aussagen wie in der [...] Passage zum IV. Schriftstellerkongreß muß die ehemalige Radikalität der Kritik erst gesucht werden.« [7]

Die Biographie »Leben Brechts« von Ernst und Renate Schumacher deutet die Zusammenhänge an und stellt damit für den DDR-Bereich ein Novum dar. Unter Bezug auf Brechts Projekte *Garbe/Büsching* und *Leben des Einstein* schreiben die Verfasser:

»Wenn Brecht [...] eine erstaunliche ›Weite und Vielfalt‹ in dramaturgischen Vorbildern bis hin zu Werken der Hochklassik aufzeigte, die er ansonsten umgangen hatte, so kreisten zu dieser Zeit seine Überlegungen für eine neue sozialistische Dramaturgie immer wieder und, je mehr die Zeit voranschritt, stärker um die Erneuerung und Wiederanwendung der ›klassischen‹ Struktur der Lehrstücke, der Fragmente und der großen Formgebungen eines ›epischen Theaters‹, wie sie in ›Die heilige Johanna der Schlachthöfe‹ erstmals vorlagen.« [8] Und an anderer Stelle: »Wenn Brecht mit der ›Coriolan‹-Bearbeitung seit Anfang der fünfziger Jahre gleichsam nach einem Modell für die Bearbeitung klassischer Fabeln gesucht hatte, so sollten 1955 Konzeption und Entwürfe für das Schauspiel ›Leben des Einstein‹ beweisen, daß Brecht für die Gestaltung aktueller Stoffe mit hohem politischem und ideologischem Gehalt bewußt auf die dramaturgische Struktur des ursprünglichen ›epischen Theaters‹ zurückging, wie sie in ›Die Maßnahme‹ von 1930 exemplarisch vorlag.« »Die vorhandenen [›Einstein‹-] Fragmente lassen eindeutig erkennen, daß Brecht wie bei der Dramatisierung des Garbe-Stoffes die Struktur der ›Maßnahme‹ benützen wollte.« [9]

So blieb es Peter Palitzsch in einem Interview vorbehalten, auf die Frage »Inwiefern kommen Sie sich [...] noch als Brecht-Schüler vor? Sind die Brechtschen Erkenntnisse denn überhaupt noch anwendbar oder sind sie schon verbraucht?« zu antworten: »Verbraucht? Was Brecht das epische und später das dialektische Theater genannt hat, ist überhaupt noch nicht wirklich erprobt worden ...« Dies verschlug dem Interviewer offensichtlich so sehr die Sprache («Nanu? Da staun' ich aber ...«), daß Palitzsch anfügte:

»Die Vorschläge, die er in den späten theoretischen Schriften macht und die auch in der Arbeit am BE nur ansatzweise in die Tat umgesetzt worden sind, warten noch auf ihre Verwirklichung. Ich fürchte aber, daß dies schon wegen des absolut entpolitisierten Publikums zur Zeit keine Chance hat, nirgends in Deutschland, im Ausland schon eher. Brecht ist her [hier] derzeit nicht opportun. Wir, ich nehme mich da nicht aus, haben keinen wirklichen Zugang zu den Parabeln entwickelt, die man als experimentelles Material für einen chemischen Prozeß benutzen müßte – ja, wenn wir so neugierig auf Brecht wären wie wir es zur Zeit auf Shakespeare sind! Aber die Brecht-Aufführungen bleiben doch fast alle stecken im viel zu Naturalistischen, Psychologisierenden. Das heißt, die Anwendung der Dialektik auf dem Theater, also Aufführungen in qualitativen Sprüngen statt in Verläufen, die Verdeutlichung, daß ein Schauspieler nicht eins ist mit seiner Rolle, sondern nur eine Figur vorführt, die Verfremdung des alltäglichen geschichtlichen Materials zur politischen Brauchbarkeit – das alles findet doch nicht statt!« [10]

In einem von Brecht redigierten Brief Käthe Rülickes vom 10. Januar 1956 an Ilja Fradkin, der in gewisser Weise, da zu den letzten bedeutenden Zeugnissen gehörend, als Teil eines Testaments [11] betrachtet werden kann, heißt es in einem von Brecht selbst diktierten Abschnitt: »›Er arbeitet an einer theoretischen Überführung aller hauptsächlichen Züge des epischen Theaters in Züge der materialistischen Dialektik.‹« [12] Diese Schlüsselstelle bleibt im allgemein-theoretischen Rahmen, ihre eigentlichen Dimensionen werden nicht sichtbar, folgt man der bisherigen Forschung, reflektiert man nicht gleichzeitig, daß Brecht aufgrund *politischer* und *ideologischer* Entwicklungen vor allem in der UdSSR ab 1953/54, d. h. z. B. in *Gegen*reaktion auf den II. Sowjetischen Schriftstellerkongreß 1954, begann, sich verstärkt Problemen materialistischer Dialektik und des sozialistischen Aufbaus zuzuwenden und offener und offensiver an Traditionen vor 1933 anzuknüpfen. In welche Richtung sich Brecht orientierte, hatte ja schon die Auseinandersetzung mit dem Kritiker des *Katzgraben*-Projektes angedeutet.

3.1.1. Brecht und Agitprop

Eindeutig sind in diesem Zusammenhang Brechts Pläne einer neuen Agitprop, die in all ihrer Programmatik auf jene Traditionen und eben nicht auf die Exiljahre verweisen. Sie besitzen *zentralen strategischen* Stellenwert. Dieses Moment der späten Agitpropbemühungen Brechts hat in der Diskussion um Brechts Lehrstücke und Lehrstücktheorie bisher leider nur marginale Behandlung erfahren; u. E. einer der Gründe für den von Kritikern und Rezensenten beklagenden Akademismus dieser Diskussion. [13] Es ist insgesamt um so frappierender, als ein wesentlicher Teil neuer Spieler und Zuschauer gerade aus dieser Bewegung kam und kommen konnte, ja hier eine der Grundvoraussetzungen überhaupt für eine revolutionäre Theaterkunst zu suchen ist. Brechts Klagen über das Fehlen eines neuen Publikums sind bekannt, nicht aber eine seiner Hauptunternehmungen, ein solches Publikum heranzubilden; ein Publikum, das keines im traditionellen Sinn mehr ist. Denn die Zuschauer werden sehr schnell zu Spielenden und Handelnden, denkt man vor allem daran, daß nach den Plänen Brechts und seiner Mitarbeiter Agitpropveranstaltungen in Betrieben in politische überführt werden sollten.

Reiner Steinwegs Anmerkungen zur Lehrstückdiskussion, die als Korrektur und Ergänzung früherer Thesen zu verstehen sind, benennen unter den Bedingungen, die Brecht vor 1933 die Realisierung von Lehrstücken ermöglichten:

>»Es gab auch eine sehr große Anzahl von Agitpropgruppen, die theatrale und musikalische Elemente für politische Zwecke einsetzten; wenn sie auch wegen der anderen Zwecke des Agitprop [...] nicht ohne weiteres selbst als Lehrstückgruppen in Frage kamen, so schufen sie doch zumindest ein ›Klima‹, in dem die politische Arbeit mit einfachsten theatralen und musikalischen Mitteln prinzipiell akzeptiert war.« [14]

Es ist sehr zu bedauern, daß Reiner Steinweg diese Bedingungen und die Pläne Brechts nicht weiter verfolgt hat. [15] Seine These, daß Brecht möglicherweise in der Emigration »an eine Synthese von Lehrstück und Agitprop gedacht« [16] habe, ist von höchster Brisanz.

Einem Autor wie Werner Mittenzwei scheint es daher leicht mit der Kritik zu sein, Steinweg betrachte und analysiere das Lehrstück »im Grunde außerhalb der proletarisch-revolutionären Literatur- und Theaterbewegung«. [17] Auch scheint Mittenzwei zu Recht zu kritisieren, Steinweg habe Autoren wie Tretjakow nicht einbezogen und vor allem die Bemühungen des späten Brecht nicht beachtet. Einmal davon abgesehen, daß eine selbstkritische Analyse des Verschweigens des bei Steinweg Monierten in der DDR eher am Platz gewesen wäre als eine Kritik im *Nachhinein* [18], ist zu Mittenzwei vor allem zweierlei zu sagen. Zum einen beschränkt er Agitprop auf Probleme des Alltagskampfes und den Bereich der nichtantagonistischen Widersprüche, zum anderen sind seine Ausführungen nur Begründung für seine These, in den Jahren des Exils habe sich der »eigentliche Methodenausbau« vollzogen. Dies ist immer im Auge zu behalten, wenn

Mittenzwei z. B. im Zusammenhang des *Garbe/Büsching*-Projektes vom »erweiterte[n] Lehrstückbegriff« [19] spricht.

Im Unterschied zu Werner Mittenzwei heben Ernst und Renate Schumacher weniger auf die Exiljahre ab. Doch auch sie sehen die »Hauptaufgabe für mobile kleine Theatergruppen« [20] im Bereich der Alltagsfragen und der nichtantagonistischen Widersprüche. Übergangen wird dabei einerseits das strategische Moment der Pläne Brechts. Wenn Brecht in seinen späten Jahren von Agitprop spricht, ist stets zu bedenken, welche taktischen Überlegungen dabei eine Rolle spielten. Andererseits erhielt die Diskussion um die Widersprüche in einer sozialistischen Gesellschaft gerade in jenen Jahren durch die Stellungnahme der chinesischen Kommunisten um Mao Tsetung eine neue Qualität. Agitprop sollte Mißstände *töten*, nicht bloß angreifen.

Ein zweites wesentliches Problem der Forschung zum späten Brecht ist darin zu sehen, daß es knapp zweier Jahrzehnte bedurfte, bevor das erste – und zudem nicht aus dem Brecht-Archiv stammende [21] – sowie einige genauere Äußerungen Brechts aufweisende Material zu den Agitpropplänen zugänglich gemacht wurde, obwohl, und dies sei in all seinem Widersinn wiederholt: *obwohl* zahlreiche Materialien zu den von Brecht und seinen Mitarbeitern ausgelösten Diskussionen, Kontroversen, kritischen Rückblicken und Aktivitäten zu einem großen Teil *zugänglich* sind und in Form von Redebeiträgen und Zeitschriftenartikeln vorliegen, die Forschung sich also nicht mit dem Hinweis, das Material im Nachlaß sei nicht bekannt, aus der Affäre ziehen kann (wie sie es so gern tut). [22]

Auf dem IV. Deutschen Schriftstellerkongreß hatte Brecht die Gründung von »kleine[n] direkt agierende[n] Truppen« [23] für nötig erklärt: »Denn wir werden mit einer Kampfphase rechnen müssen, und wir werden unsere Gemütlichkeit irgendwann ablegen, bekämpfen müssen, zusammen mit anderen kleinbürgerlichen Bestrebungen.« Die kleine Form ermögliche »ein direktes Sichengagieren im Kampf«, im Unterschied zur großen, die »ohne die Anwendung der materialistischen Dialektik überhaupt nicht geschrieben werden kann.« [24] Wie wichtig Brecht die ganze Angelegenheit war – man erinnere nur, daß zwischen 14. und 25. Februar 1956 der XX. Parteitag der KPdSU stattfand –, ist u. a. daran ersichtlich, daß Brecht sofort nach seiner Mailand-Reise einen weiteren wichtigen Termin in Sachen Agitprop wahrnahm. [25]

Hervorgehoben seien an dieser Stelle jedoch weniger die inzwischen publizierten Materialien als vielmehr die Beiträge aus dem Brecht-Kreis, die, obgleich zugänglich, noch nicht bekannt geworden sind. Genannt sei vor allem der Artikel *Agitprop in unseren Tagen?* [26] von Käthe Rülicke.

Er ist in Traditionsverweisen und Programmatik ausführlicher [27] als die von Werner Hecht in *Brecht im Gespräch* publizierten Diskussionsprotokolle, was mit Sicherheit auch darin begründet ist, daß Rülicke von einem fortgeschritteneren Diskussionsstand aus operieren konnte.

Schon in der Einführung wird ein für damalige Verhältnisse ungewöhnlicher Ton angeschnitten, indem eine Abgrenzung von bisherigen Kleinformen beabsichtigt wird:

»Seitdem *Bertolt Brecht* auf dem IV. Deutschen Schriftstellerkongreß dazu aufforderte, kleine künstlerische Agitationstruppen zu gründen, ist die Diskussion darüber nicht abgerissen. Er hatte ein dringendes Anliegen breiter Kreise ausgesprochen. Im Februar beriet sich Brecht mit Schriftstellern, Kabarettleitern, Vertretern des Zentralhauses und der Volkskunstkabinette über die Aufgaben dieser Truppen, und nicht wenige Interessierte – auch aus den Reihen der Agitprop-Truppen von vor 1933 – haben seitdem ihre Mitarbeit angeboten. *Es scheint an der Zeit, die Aufgaben dieser Truppen zu umreißen und sie abzugrenzen gegen die der Dramatischen Zirkel und Literarischen Kabaretts.«* [28]

Wenn Werner Mittenzwei schreibt, kurz »vor seinem Tod gab er [Brecht] seine Zurückhaltung auf und verlangte auch von seinen Mitarbeitern, nun offensiv in das Kunstgespräch einzugreifen« [29], so muß der Leser rätseln, um welche Gespräche es sich eigentlich handelte. Zweitens verlagert Mittenzwei die Probleme auf eine ästhetische und Kunstebene, indem er jene Ausführungen unmittelbar auf seine Untersuchung der *Kreidekreis*-Diskussion [30] folgen läßt. Zu diesem Zeitpunkt experimentierten Brecht und seine Mitarbeiter – nicht zuletzt aufgrund ihrer Lektüre chinesischer Publikationen und ihrer Rezeption chinesischer Kunstdebatten – schon mit Agitpropgenres [31], zum anderen ging es Brecht auch und vor allem um eine *politisch*- künstlerische Mobilisierung, die, da die erneute Umbruchsituation der Jahre 1953 bis 1956, insbesondere des Zeitraums 1955/56 günstig war, das Terrain für eine wirkliche neue Kunst und Rezeption überhaupt erst bereiten sollte. Kurz: eine Massenrezeption von materialistischer Dialektik, initiiert durch eine Agitproptruppenbewegung. [32] Nach dem 17. Juni schlug Brecht, um »die politische Aufklärung voranzubringen, [...] Ministerpräsident Grotewohl die Bildung von fliegenden Kommissionen vor, die aus *natürlichen Sozialisten* zusammengesetzt sein sollten.« [33]

Nicht ohne Grund leitete Käthe Rülicke die Pläne um eine neue Agitprop *historisch* ab. Sie verweist nachdrücklich auf die Tradition vor 1933, schreibt, besonders in der ersten Phase müsse noch »viel altes Material« [34] verwendet werden, und nennt – was zu jenem Zeitpunkt wie eine Polemik wirken mußte, waren doch im Moskauer Exil viele »zum bürgerlichen theater übergegangen« [35] – Maxim Vallentins »Rotes Sprachrohr«, Gustav von Wangenheims »Truppe 1931«, John Heartfield, Hans Rodenberg, Erwin Piscator, Ernst Busch, Hanns Eisler und Bertolt Brecht. Und daß es sich bei all dem um mit Brecht Abgesprochenes handelt, zeigt nicht zuletzt, daß wörtliche Wendungen aus Brechts früheren Redebeiträgen an zentraler Stelle auftauchen [36]:

»Unser gesellschaftliches Leben ist reich an ungelösten Fragen – diskutieren wir nicht nur das, was wir diskutieren wollen – sondern was die Bevölkerung diskutiert haben will! Zeigen wir unser Leben nicht so, wie es in unseren Wunschvorstellungen aussieht, sondern wie es in Wirklichkeit ist! Versuchen wir herauszufinden, welche Probleme Teile der Bevölkerung noch abhalten, mit uns und für uns zu arbeiten! Greifen wir mutig Hauptfragen unseres Lebens auf: die LPG, die Rentabilität der Betriebe, die Planerfüllung, die Klassenjustiz, die Haltung von Funktionären, unsere Volksarmee, die Frage der Remilitarisierung in Westdeutschland. *Gehen wir nicht um den ›heißen Brei‹ herum! Man muß den Mut haben, das Publikum zu spalten.* Ein geärgertes Publikum, das nachdenkt, ist besser als eines, das Kleinbürgerlosungen applaudiert. Man kann keinen Kampf führen, wenn man ungeteilten Beifall haben will. Unsere Truppen dürfen sich nicht auf Kleinbürgerprobleme orientieren, so wie wir uns nicht auf eine Gesellschaftsordnung orientieren können, die den meisten Menschen am meisten vertraut ist, sondern eben auf den Sozialismus, der allen Werktätigen ein besseres Leben bringen wird.

Es kann aber nicht genügen, mit den Mitteln der Satire anzugreifen, sondern wir müssen auch zeigen, was positiv ist und was unser Leben lebenswert macht. Alles, was wir zeigen, diene dem Sozialismus, dem Kommunismus. Zeigt alles, was der Umgestaltung der Gesellschaft hilft – und greift alles an, was die Entwicklung hemmt: alles Spießige, Kleinbürgerliche, Faule, Unehrliche, Bequeme, greift es so scharf an, wie Ihr es haßt! Zeigt, wofür Ihr seid und wogegen Ihr seid! Die Agitprop-Truppen waren nicht nur deshalb kämpferisch, weil sie angriffen – den Kapitalismus, die bürgerliche Justiz, die Bourgeois-Polizei – sondern sie kämpften für etwas – für die Revolution – und sie zeigten das auch: Arbeiterturner, Arbeiterchöre, Arbeitersprechchöre. [. . .] greift die Leute an, die das nicht verstanden haben und zu Buchstabenpolitikern geworden sind.« [37]

Kann nach diesen Ausführungen immer noch ernsthaft die These aufrecht erhalten werden, Brecht habe zu den Sympathisanten des Kreises um Wolfgang Harich gehört, wie z. B. Fritz J. Raddatz es tut? [38] Harich hatte geschrieben: »Besonderen Einfluß hat auf unsere ideologische Entwicklung der Genosse Georg Lukács genommen.« Der nächste Absatz begann: »Bertolt Brecht hat mit unserer Gruppe bis zu seinem Tode stark sympathisiert und in ihr die gesunden Kräfte der Partei gesehen. In unseren häufigen Diskussionen mit Bertolt Brecht konnten wir feststellen, wie verbittert er über die bestehenden Zustände in der DDR war.« Zu diesem vielzitierten Passus fehlen aber in der Sekundärliteratur durchgängig die weiteren Ausführungen, in denen Harich u. a. davon spricht, die SPD sei die stärkste Arbeiterpartei in Deutschland, *sie* habe in Westdeutschland die »Einheit der Arbeiterklasse verwirklicht« und sein Kreis sei »mit der SPD in den zentralsten Fragen einverstanden«. [39]

Als weiterer und vorläufig letzter Beleg sei der Folgeartikel zu dem Rülickes angeführt, überschrieben: *Ein verheißungsvoller Neubeginn. Zur Diskussion bei Bertolt Brecht.* Dort heißt es, und wir erinnern hier an unsere Untersuchung zur Revolutionstheorie der SED:

Die Diskussion um eine neue Agitprop »hätte getrost um 10 Jahre eher stattfinden können. Unserer Laienspielbewegung wären damit manche Irr- oder zumindest Abwege erspart geblieben. Die Gruppen hätten weit eher politische Zielstrebigkeit und Schlagkraft bekommen. Sie wären heute experimentierfreudiger und vielseitiger und vor allem im weit größeren Maße lebendige Kaderschulen, in denen begeisterte und qualifizierte Funktionäre für die kulturpolitische Arbeit im Jugendverband heranwachsen würden. – So aber fanden vor zehn Jahren lediglich vereinzelte Zusammenkünfte ehemaliger Agitpropgruppenmitglieder statt. Sie beratschlagten, ob oder ob nicht. Eine breite Bewegung entstand nicht. Gewiß, viele dieser Genossen arbeiten jetzt in verantwortlichen Funktionen, aber vielleicht ließen sie sich doch von Argumenten wie ›Proletkult‹, ›aufdringliche Phrase‹ und ›Holzhammer‹ überfahren, übrigens die gleichen Argumente, die auch heute wieder recht heftig von ängstlichen Ästhetikern des sozialistischen Realismus geäußert werden.« [40]

Im Zusammenhang der Diskussion um den *Nachterstedter Brief* war gesagt worden, einer der wichtigsten Aspekte überhaupt sei die öffentliche Diskussion gewesen. Dies gilt nun in weit stärkerem Maße für Debatten um eine neue Agitprop, ja es ist in keiner Weise übertrieben zu sagen, daß erst jetzt von wirklichen Diskussionen, Debatten, Kontroversen gesprochen werden kann. Es war auch gar nicht anders zu erwarten, oder, um mit den Worten eines Beteiligten zu sprechen, »gesetzmäßig bedingt: einmal durch die fortschreitende Entwicklung, die neue Formen und Methoden in der künstlerischen Gestaltung erfordert; zum anderen in dem Drang, Mißstände des täglichen Lebens zu beseitigen.« [41]

Jetzt werden nicht nur die diffizilsten politischen Probleme besprochen, sondern auch offen die Mittel und Wege der künstlerischen Bewältigung. Es zeigt sich, in welcher Weise viele der Beteiligten aufzuholen, jahrzehntelang Verschüttetes wieder zu erinnern und zu erlernen hatten. Da ›hart am Mann‹ gearbeitet wurde, war es lebenswichtig, Widersprüche in ihrer Qualität zu unterscheiden. Folglich heißt es in einem Beitrag, bewußte, »*offene* Gegnerschaft gegenüber dem Fortschritt muß so hart wie möglich *einschließlich Verletzung pesönlicher Gefühle* der Betreffenden kritisiert werden«, während andererseits betont wird, einen »Menschen persönlich zu verletzen«, der sich der Folgen seines Tuns nicht bewußt gewesen sei, »wäre wohl kaum noch richtig«. Vergessen werden dürfe aber nicht, »daß die Kritik, gleichgültig in welcher Form, immer prinzipiell sein muß, d. h. ohne Vertuschung und Versöhnerei!« [42]

Da die Spielenden als auch ›Zuschauer‹ sich erst an die neue Weise der Darstellung und Kritik zu gewöhnen hatten, gab es anfänglich fast immer Schwierigkeiten. Sie wurden oft durch verstärkten Einsatz behoben. Überwunden wurden sie aber letztlich dadurch, daß, wie die Berichte vor allem aus den Betrieben zeigen, die adäquate Weise der Verständigung gefunden worden war. So heißt es in einem Bericht über die ersten künstlerische Agitationsbrigaden in Leipzig:

»Im Hofe eines anderen Werkes geht es nocht viel besser, der Aberglaube von der mißlungenen 2. Vorstellung bestätigt sich nicht. Es gibt erstmalig starken Beifall. Ein alter Arbeiter kommt zu uns und meint: ›Prima, ich war früher auch in einer Agitprop-Truppe, aber was ihr macht, das ist völlig neu, das ist das, was wir brauchen, das ist besser als zwei Stunden Schulung!‹« [43]

Ohne hier diesen kleinen Exkurs weiterführen zu können, seien zwei Aspekte der Agitprop-Diskussion betont, die für unseren Zusammenhang von zentralem Stellenwert sind: zum einen der nationale Aspekt, zum anderen der Bezugspunkt Brecht.

Die Agitprop-Diskussion, die auch die Diskussion der Volks- und Laienkunst einschloß, sollte anregend nicht nur für den Bereich der DDR wirken. So sollte, nicht zuletzt um sich »von den Auswüchsen kleinbürgerlicher Vereinsideologien« [44] zu befreien, eine neue Zeitschrift als Diskussionsforum gegründet werden, die »auf ihrem Fachgebiet auch ein Bindeglied zwischen Ost und West sein [soll]. Wir öffnen diese Seiten allen westdeutschen Laienspielern, die den Weg der ehrlichen und sachlichen Auseinandersetzung mit uns suchen, denen gleich uns die Einheit unseres Vaterlandes Hauptanliegen aller Bemühungen ist.« [45]

Im Rahmen von Gastspielen von Studentenbühnen in der Bundesrepublik wurden entsprechende Kontakte geknüpft. Ein Bericht ist besonders hervorzuheben. 1956 gastierte die Leipziger Studentenbühne der Karl-Marx-Universität mit Tollers *Feuer aus den Kesseln* in Süddeutschland. In Freiburg konnte man »leider [. . .] nicht auftreten, weil uns der Stadtrat die Aufführungsgenehmigung versagte. Offensichtlich richtete sich diese Maßnahme gegen das Stück, das von dem Kieler Matrosenaufstand 1918 berichtet und von Toller 1928 geschrieben und den beiden Matrosen Reichpietsch und Köbis gewidmet wurde.« Großen Erfolg hatte die Truppe offensichtlich in Tübingen und Heidelberg. Als positiv wurde von allen z. B. die Einführung eines Sprechers befunden. Wichtig war aber eines:

»Nach der Vorstellung in Tübingen hatten wir Gelegenheit, mit dem Regisseur *Erwin Piscator* zu sprechen, der unsere Aufführung besuchte. Piscator war der führende Regisseur des deutschen Arbeitertheaters der zwanziger Jahre und ist heute noch erfolgreich in Berlin und Tübingen tätig.

Er konnte uns einige wertvolle Hinweise geben. So sagte er u. a., daß das Zusammenspiel in der 1. Szene (Kesselraum) noch durchdachter und organischer hätte gestaltet werden können. Seiner Meinung nach müßte man in allen Szenen noch mehr zur Rampe spielen, um einen besseren Kontakt zwischen Zuschauer und Bühne·zu erreichen. Man soll nie vor einer im Stück notwendigen Agitation zurückschrecken.

Auch Erwin Piscator empfand die Einführung eines Sprechers in die Handlung sehr glücklich, die Gesamtinszenierung einheitlich und wirkungsvoll.« [46]

Zeigt gerade dieses Beispiel in sehr schöner Weise, daß viele Traditionen zur Diskussion standen, so ist gleichzeitig zu unterstreichen, daß Brechts Darstellungsweise, namentlich bei den fortgeschrittensten Truppen (soweit man zu diesem Zeitpunkt davon sprechen kann), im Zentrum stand. Wiederum in einem Leipziger Bericht, diesmal anläßlich der Woche des deutschen Laienspiels, heißt es:

»Fast alle beteiligten Gruppen zeigten Versuche in Richtung des Agitationstheaters. In der Darstellung des Zurückliegenden und Gegenwärtigen wurde die Absicht spürbar, die Dinge und Zustände nicht als ein für allemal gegeben, sondern als veränderbar zu verstehen und zu gestalten.«

Eingeleitet worden war mit einem Zitat Brechts aus dessen Gedicht *Rede an dänische Arbeiterschauspieler über die Kunst der Beobachtung*. Und wenig später hieß es: »Wir empfehlen für die Zukunft mehr Schärfe und Aktualität. Paprika ist nämlich rot!« [47] Die verschiedenen Möglichkeiten auch und gerade in der Agitprop deutet folgende Negativformulierung an:

»Während die erste Brigade den 1. Mai 1929 dem des Jahres 1956 gegenüberstellte, sich dabei im wesentlichen auf vorhandene Rezitationen, Sprechchöre und Lieder der Arbeiterbewegung stützte, das Ganze ernst, statuarisch anlegte und musikalisch mit songartigen Elementen des epischen Theaters durchsetzte, ging die zweite Brigade schon einen anderen Weg.« [48] – Den des ›dramatischen Theaters‹.

3.1.2. Brechts Rezeption von *Über den Widerspruch*

Von letztlich noch zentralerer Bedeutung war, da es um die theoretisch-philosophische Fundierung all jener Experimente ging, daß Brecht (dessen Meinung aus dem Jahr 1948, er finde »niemanden, der sich um die materialistische Dialektik kümmert, und sie ist absolut nötig« [49], sich in den folgenden Jahren immer mehr bestätigte) eine Schrift bekannt wurde, deren methodisches Instrumentarium er sofort als höchsten Standard in Sachen Dialektik betrachtete und die ihm, wie z. B. die *Nachträge zum ›Kleinen Organon‹* zeigen, Korrektur und Neufundierung seiner Theorie des epischen Theaters ermöglichte: Mao Tsetungs Schrift *Über den Widerspruch*. So erklärte Brecht im Februar 1955 auf eine Umfrage nach dem besten Buch des vergangenen Jahres, *Über den Widerspruch* habe den stärksten Eindruck auf ihn gemacht; eine Lektüre, die von keinem der anderen Befragten genannt wurde. [50] Einseitigkeiten des *Kleinen Organons* korrigierend, berief sich Brecht auf jene Schrift, ihre Begrifflichkeit wird an zentraler Stelle direkt übernommen. [51]

3.1.2.1. Ein irritierender Befund

Bevor jedoch näher auf Brechts Arbeit mit dieser Schrift eingegangen werden kann, ist ein äußerst irritierender Befund mitzuteilen. Bisher ging die Forschung davon aus, daß Brechts Lektüre der Maoschen Schrift auf das Jahr 1954 (sie erschien in diesem Jahr im Dietz-Verlag) zu datieren sei. Von dieser Ausgabe besaß Brecht sechs Exemplare, fünf befanden sich in der Bibliothek in der Chausseestraße, eines in der Buckower. (Es enthält die Anstreichungen über den Hauptwiderspruch.) Wie wir nun allerdings bei einem Archivbesuch feststellen konnten [52], befinden sich Anstreichungen und Notizen Brechts in einer weit früher erschienenen Ausgabe. Maos Schrift war nämlich bereits 1952 in Heft 14 und 16 der ›Neuen Welt‹ erschienen. Auch wenn wir nicht beweisen können, daß Brecht bereits 1952 *Über den Widerspruch* gelesen hat [53], so gibt es doch einige Anzeichen. Auffallend ist natürlich zunächst die Koinzidenz zweier Daten. Die Nummern 14 und 16 der ›Neuen Welt‹ erschienen im Juli und August. Unter »Anfang Juli« steht in Völkers Brecht-Chronik: »Brecht erwägt chinesisches Exil«. [54] Es gibt Anzeichen dafür, daß es zu jenem Zeitpunkt Gespräche im Kreis um Brecht darüber gegeben hat, wohin man im Falle eines dritten Weltkrieges überhaupt noch emigrieren könne. China scheint da eine nicht unbedeutende Rolle gespielt zu haben. Wichtig vor allem aber ist eine Mitteilung Brechts an Käthe Rülicke vom Juli 1954, er lese soeben Maos Schrift »wieder mit Genuß«. [55] Dies kann nur bedeuten, daß Brecht sie entweder vor längerer Zeit schon einmal oder nun in kurzer Zeit zweimal gelesen hat. Ungeklärt ist weiter, welche Ausgabe er benutzte. [56] Fest steht nur, daß bei Gesprächen mit Mitarbeitern auch die Ausgabe von 1954 benutzt wurde.

Aufgrund dieser offenen Fragen sind einige der folgenden Aussagen unter Vorbehalt zu lesen. Sicher ist jedoch eines: daß das Jahr 1954 von der Auseinandersetzung mit Mao Tsetungs Schrift geprägt war. Dies bezeugen vor allem die Mitteilungen ehemaliger Mitarbeiter an den Verfasser.

Kein Interpret hat so früh wie die ehemalige Regieassistentin Brechts, Käthe Rülicke (-Weiler), auf die Bedeutung der Brechtschen Mao-Lektüre verwiesen:

»Die wichtigsten Arbeiten jener Jahre – ›Dialektik auf dem Theater‹ und ›Nachträge zum Organon‹ – gelten der Darstellung von Widersprüchen: ihrer Entwicklung, ihrer Lösung [. . .]. Von Bedeutung bei der Weiterentwicklung seiner Theorie wurde für Brecht das Studium der Arbeit Mao Tsetungs ›Über den Widerspruch‹ (1937), die 1954 veröffentlicht wurde und die Brecht zu einer Reihe praktischer und theoretischer Versuche anregte, indem er die Methode der Darstellung von Widersprüchen ausprobierte und von ihm gegebene praktische Beispiele auf andere, ähnliche Situationen übertrug.« [57]

Sind schon diese immerhin in einer populären Brecht-Biographie gemachten Ausführungen, die zudem mehrmals aufgelegt worden ist, nicht reflektiert worden, so auch nicht jene, die die Autorin 1959 in dem von uns bereits zitierten Artikel *Gegen neue Mißverständnisse*, einer ironischen Replik auf Fritz Erpenbeck, gemacht hat. Dort heißt es:

»Wenn Brecht um 1953 fand, daß ›episch‹ [. . .] nicht mehr als Bezeichnung des von ihm praktizierten Theaters ausreichte, trafen sich diese Bestrebungen mit den philosophischen Arbeiten von Mao Tsetung, den Brecht mit großem Respekt und Nutzen las und dessen Schrift ›Über den Widerspruch‹ er allen seinen Schülern zum Studium gab.«

Und als ob sie möglichen Einwänden, hier handele es sich nur um eine zeitbezogene Interpretation von ihr, vorbeugen wollte, fügte sie in Anmerkung hinzu: »Aus einem Brief Brechts vom Juli 1954: ›vergessen Sie bei der arbeit aber nicht den aufsatz über den widerspruch, den ich eben wieder mit genuß lese. nie nur die eine seite und alles sich entwickeln lassen!‹« [58]

Erpenbeck hatte geglaubt, Brechts Formulierung »dialektisches« anstelle »epischen Theater« gehe auf Einwürfe von ihm zurück. Rülicke macht dagegen geltend, daß dieser – von Brecht allerdings immer noch als unzureichend betrachtete [59] – Begriff aus Brechts Mao-Lektüre resultierte (die, en passant, nicht nur *Über den Widerspruch* umfaßte, sondern auch *Über die Praxis* und *Rede an die Schriftsteller* sowie andere chinesische Schriften [60]). Den gleichen Sachverhalt bestätigte uns Peter Palitzsch. Brecht habe in jener Zeit Mao Tsetung sehr intensiv studiert; sein Vorschlag, »dialektisches Theater« statt episches zu setzen, stamme daher. Er habe darüber auch Notizen gemacht. [61]

Bei Schumacher heißt es: »1953 legte Brecht dem Studium Lenins ›Zur Frage der Dialektik‹ zugrunde. 1954 zeigte er sich selbst besonders von Mao Tsetungs Schrift ›Über den Widerspruch‹ beeindruckt, zu der dann die Schrift ›Über die Praxis‹ kam.« [62] Den direkten Zusammenhang der Dialektikstudien Brechts mit den Ereignissen des 17. Juni nennt Manfred Wekwerth:

»Im vorigen Jahr nun gab es – ausgelöst durch die politischen Ereignisse – immer wieder Fragen nach Widersprüchen, die jeder Entwicklung innewohnen. Und es gab Fragen, wie das Theater viele Menschen erreichen kann, um ohne viel Zeit zu verlieren, mit der Darstellung aktueller Themen (und ihrer Widersprüche) sich direkt an sie zu wenden.«

Wenig vorher hatte es geheißen, die Inszenierung von *Hirse für die Achte* sei »ein kleiner Teil eines großen Bemühens, das das Berliner Ensemble seit etwa 1954 erfaßt hat: die Dialektik auf dem Theater.« [63]

Erst im Vergleich zu Wekwerths Worten wird evident, was Rülicke gemeint hatte, als sie davon sprach, Brechts Bemühungen hätten sich mit denen Maos getroffen: Brecht hatte einen Ausweg gesehen. – 1954, dem Jahr der intensivsten Mao-Lektüre, fand der II. Sowjetische Schriftstellerkongreß statt, der bereits alle Anzeichen einer ›offenen Entstalinisierung‹ trug. Brecht, der, wie wir schon kurz andeuten konnten [64], nicht an reformistischer, sondern gegenreformistischer Kritik interessiert war, ließ sich von Strittmatter sofort nach dessen Rückkehr aus Moskau – Strittmatter hatte am Kongreß teilgenommen – berichten. [65] (Strittmatters Plan zum *Wundertäter* entstand in diesen Tagen.)

Setzt man die Mao-Lektüre mit den Ereignissen der Jahre 1953/54 in Beziehung, so wird plötzlich schlaglichtartig deutlich, warum Brecht seinen *Garbe/Büsching* gerade in diesem Jahr wieder aufgriff: Brecht sah nicht nur die Notwendigkeit, sondern nun auch die Möglichkeit, die Widersprüche dieser Zeit darzustellen. Der Stückplan umfaßte einen vollen Akt über den 17. Juni und rückte Revolutionsthematik, Mobilisierung der Massen, kurz: die grundlegenden Probleme des sozialistischen Aufbaus ins Zentrum, wie der Fabelentwurf für den 7. Akt erkennen läßt: »Kann die Regierung die neuen Normen bei-

behalten? Nein! Kann sie sie preisgeben? Nein! – Die Regierung gibt die Normen preis.«
[66] Unverkennbar in dieser scheinbar ausweglosen Situation die Lösung. Diese Schlüsselszene führt eine Scheinalternative vor. Die eigentliche Alternative liegt völlig außerhalb der hier umrissenen, liegt nicht in der Beibehaltung oder Preisgabe der Normen,
sondern – in der ›Mobilisierung der Weisheit der Massen‹, in der ›großen Aussprache‹,
der proletarischen Demokratie. In durchaus kulturrevolutionärer Richtung also, wie
auch die späteren Agitpropbemühungen zeigen. Eine Regierung, die nicht einer Massenlinie [67] folgte, mußte sich unweigerlich in jene administrative ›Alternative‹ verstricken.
Deren Lösung dann entwedern ›eisern‹ wie in den Jahren vor 1953 (Beibehaltung) sein
mußte oder opportunistisch wie in den Jahren nach 1953 erfolgte (Preisgabe in Form eines ›neuen‹ Kurses). Beides aber lehnte Brecht ab [68], wobei er der Kurs›änderung‹ von
1953 ein zusätzliches kritisches Licht aufsetzte. Muß noch hinzugefügt werden, daß
Brecht in den *Katzgraben*-Diskussionen Arbeiter und Bauern wiederholt zur Selbsthilfe
aufforderte und daß der *Garbe/Büsching* im Stil der *Mutter* oder der *Maßnahme* sein
sollte [69], einem Stücktypus, dem (was *Die Maßnahme* betrifft) die Zukunft gehören
sollte? [70]

Angedeutet, wenn auch nicht in all ihren Dimensionen ausgelotet hat die Bedeutung
und den Kontext der Dialektikstudien zunächst Hans Mayer. [71] Er schreibt, »Meisterschaft in der Dialektik, im Umgang mit gesellschaftlichen Widersprüchen empfand
Brecht als klassisch«. [72] »Nicht ohne Grund las Brecht in seiner letzten Lebenszeit voller Zustimmung die Betrachtungen Mao-Tsetungs über das Weiterbestehen antagonistischer Strukturen: auch nach Beseitigung der bürgerlichen Gesellschaft.« [73] Genau das
ist einer der Kernpunkte der Maoschen Schrift, theoretische Vorwegnahme der Kulturrevolution.

Hervorzuheben sind in diesem Zusammenhang besonders zwei Arbeiten, Peter Bormans' *Brecht und der Stalinismus* [74] und die bereits mehrfach erwähnte Arbeit Jürgen
Links. [75] Beide Autoren stellen fest, daß sowohl in politisch-ideologischen als auch in
künstlerischen Fragen sich die Maosche und die Brechtsche Position äußerst ähneln.
Bormans resümierend:

»Es ist nicht meine Absicht zu behaupten, Brecht wäre, falls er länger gelebt hätte und den theoretischen Auseinandersetzungen zwischen Rußland und China hätte folgen können, Maoist geworden.
Es gibt aber manche Indizien, die darauf hindeuten, daß Brecht sich in diesem Konflikt wahrscheinlich zugunsten Chinas entschieden hätte, obwohl sich dies nicht mit absoluter Sicherheit behaupten
läßt.« [76]

Ähnlich Link. Allein bestimmte Fakten genügten, um die Frage, welche »Deutung und
Praxis des Marxismus der Brechtschen Kritik zugrunde liegt«, »berechtigt erscheinen zu
lassen.« [77] Bormans Aufsatz kann hier weiter außer Betracht bleiben, da er das Problem
allgemein aufgreift. Vor allem Links Arbeit ist von Bedeutung, da sie sich konzentriert
mit dem späten Brecht beschäftigt und als erste offen radikal die These vertritt, »daß der
späte Brecht sich in relativ hohem Maße über Anzeichen einer Auseinanderentwicklung
der unter Stalin geschlossenen kommunistischen Bewegung im klaren war, und daß er mit
seinen Sympathien tendenziell zur revolutionär-egalitären Richtung neigte.« (S. 95) Die
These stützt sich auf eine kurze Analyse der Bereiche »Mao Tse-tungs und Brechts Deu-

tung der materialistischen Dialektik, ihre jeweilige Stellung zu Stalin, die Frage der ›proletarischen Demokratie‹, der ›Massenlinie‹ und der ›Revisionismus‹-Kritik sowie die Funktionsbestimmung von Kultur und Kunst.« (S. 97)

Die Schwierigkeiten bei der Beantwortung der aufgeworfenen Fragen sieht Link zum einen darin, daß der vollständige Nachlaß noch immer nicht publiziert sei, eine Feststellung, die heute in ähnlicher Weise wie 1975 gilt [78], zum anderen in der »noch immer vorwaltenden Perspektive des Antikommunismus auf der einen, des Ästhetizismus auf der anderen Seite«. (S. 110) Zu ergänzen wäre hier lediglich, daß die beiden letztgenannten Punkte Untersuchungen zugänglichen Materials nahezu unmöglich gemacht haben.

Klaus Völker schreibt, der Ablauf der Ereignisse im Juni 1953 bestärkte Brecht »in der Überzeugung, die Partei nicht nur zur Propagierung, sondern auch zur Anwendung der historischen materialistischen Dialektik und damit zur offenen Auseinandersetzung mit bürgerlichen und revisionistischen Haltungen ermuntern zu können«. Oder unter Hinweis auf die von Brecht als unverzichtbar betrachtete Diskussion der »politischen Gegensätze von Kommunisten und Sozialdemokraten«: »Ulbricht veranlaßte ihn [Brecht] nach dem Krieg nicht, seine Meinung zu ändern. Brecht hatte keine Neigungen zum Revisionismus.« [79] Gerade der Umstand aber, daß Völkers Biographie im DDR-Teil äußerst blaß ist, daß sie weder die Ansätze zu einer systematischen Untersuchung in Bormans' und Links Arbeiten aufnimmt noch neue Quellen erschließt, setzt Völkers Thesen unnötigen Zweifeln aus:

»Hiermit [mit der Frage nach Brechts Marxismusbild; d. V.] wäre eine gute [80] Ansatzpunkt gewonnen, Brechts Aktivitäten in der DDR 1949–1956 zu untersuchen, indem nach der möglichen Kontinuität seiner antirevisionistischen, revolutionären Haltung gefragt wird. [...] Jetzt, wo Brecht endlich wieder politisch handeln kann und künstlerische Initiativen möglich sind, die den Aufbau einer neuen Gesellschaft fördern, wird Völkers Darstellung oberflächlich und ungenau wie nie zuvor.« [81]

Seine Biographie unterscheidet sich jedoch von der im Frühjahr 1977 erschienenen Arbeit Wolfram Schlenkers, die sich zur Aufgabe gestellt hat, am Beispiel der ›Erbe‹-Problematik »den meist verdeckt, aber kontinuierlichen stattfindenden Kampf zweier Linien [eine Anspielung auf Linienkämpfe in China; d. V.] aufzuzeigen« [82], und sich dabei auf Brecht als Kronzeugen beruft. Obwohl wir an dieser Stelle keine Polemiken zu führen gedenken, so sind doch einige Bemerkungen zu dieser Arbeit unumgänglich. Zunächst verweist Schlenker wiederholt auf eine ›linke Fraktion‹ in der DDR, ohne allerdings auch nur an einer Stelle einen Beweis dafür zu erbringen. Seine Hauptthese lautet, Brecht habe wie Eisler in seinen letzten Lebensjahren resigniert. [83] Das Problem Eisler kann hier nicht erörtert werden, auch wenn vieles für Schlenkers These spricht. [84] Nichts dagegen spricht für Schlenkers These hinsichtlich Brecht. Vor allem Brechts Agitproppläne zeigen einen selten aggressiven Brecht, die Absicht, unmittelbar in die politische Auseinandersetzung einzugreifen. Da Schlenker nur die vorliegende Literatur zum späten Brecht befragt, nicht gleichzeitig aber grundsätzliche Zweifel anmeldet, muß er unweigerlich zur Resignationsthese kommen.

Abschließend sei festgehalten, daß es uns heute müßig scheint, das Verhältnis Brecht – Mao Tse-tung überhaupt noch als Problem zu diskutieren. Auch wenn die Forschung in diesem Bereich nur mühsam vorangekommen ist, so sind doch neue Materialien erschlossen und Fortschritte erzielt worden. Genannt seien nur zwei Beispiele. Fritz Mieraus Tretjakow-Arbeit berichtet davon, daß *Brülle China!* [85] anläßlich der Gründung der Volksrepublik China »eine triumphale Wiederaufführung als *China brüllt*« [86] erlebt habe. Es scheint keine Spekulation, davon auszugehen, daß Brecht, der seinen Mitarbeitern Tretjakow weiter vermittelte, solche Daten bekannt waren. In Verbindung zu setzten wäre, daß Tretjakow genau zu dem Zeitpunkt Material über den berühmten Langen Marsch gesammelt hatte, als Brecht ihn traf:

»Diesem Bio-Interview [»Deng Schi-hua«; d. V.] sollte ein zweites folgen. Tretjakow hatte Material über Teilnehmer des Langen Marsches (1934/35) gesammelt, die nach dem Verlust des Zentralen Sowjetgebiets (fünfzehn revolutionäre Bezirke mit dreizehn regulären Roten Armeen) über 12 000 km nach Jänan gezogen waren. Im Mittelpunkt sollte ein armer Bauer, Landarbeiter, dann Partisan und Rotarmist stehen – ›eine der entscheidenden Figuren des erwachenden Chinas in der Generation nach Deng‹.« [87]

Das hier Genannte läßt sich gerade beim späten Brecht in vielfältiger Form wiederfinden, sei es in *Turandot*, sei es in der Inszenierung von *Hirse für die Achte*.

3.1.3. Brecht, der Lehrer

Allen genannten Arbeiten wie auch der übrigen Forschung zum späten Brecht eignet allerdings ein Gemeinsames, und Schlenkers Arbeit ist nur ein Beispiel für eines der Extreme: Keine Arbeit hat bisher versucht, das Schema, ausschließlich die Person Brecht zu betrachten, zu durchbrechen und den *Brecht-Kreis*, d. h. Brecht als Mittelpunkt und Motor [88] in einem *Kollektiv* von Mitarbeitern und Freunden zu sehen. [89] Die *Fragen eines lesenden Arbeiters* ließen sich in modifizierter Weise durchaus stellen. Hier liegt, und wir hoffen, dies auf diesem begrenzten Raum deutlich machen zu können, eines der *Kardinalprobleme* der Forschung zum späten Brecht überhaupt wie auch der zur frühen DDR-Literatur. [90] Zwar widmen manche Untersuchungen wie die von Ernst und Renate Schumacher einige Abschnitte dem Thema ›Werk und Wirkung‹ [91], doch hat sich bisher keine Arbeit zur Aufgabe gemacht, die originären Beiträge von Brecht-Mitarbeitern, Meister-Schülern und Freunden zur Theorie und Praxis des späten Brecht als auch seiner theatralen Unternehmung, dem Berliner Ensemble, zu untersuchen. Solche Untersuchungen würden nicht nur die Größe dieses Mannes zeigen und noch immer den schmerzlichen Verlust spüren lassen, auch auf Gebieten, die sonst außer Betracht bleiben. [92] Zu berühren wären, wie die Erinnerungen Elisabeth Hauptmanns zeigen, auch Probleme, die nicht ins Bild vom (Staats-)›Klassiker‹ passen. [93] So ließe sich, unabhängig vom Problem ›später Brecht‹, gerade an diesem Beispiel zeigen, daß von Elisabeth Hauptmanns Arbeiten immer noch Wirkung ausgeht. Auch Heiner Müller hat sich ›etwas genommen‹. [94]

Die Sekundärliteratur vermittelt bestenfalls einen matten Abglanz jener Diskussionen und Gespräche, die zwischen Brecht und seinen Freunden und Mitarbeitern stattgefunden haben. Zieht man jedoch die Äußerungen, Artikel und Theaterprojekte dieser durch die Brecht-Schule Gegangenen heran und befragt sie, so erwächst unmittelbar ein äußerst lebendiges Bild von Experimenten und revolutionärem Elan, Theater und Gesellschaft umzuwälzen. Sichtbar wird aber auch, daß Brecht gewußt haben mag, wie wenig Zeit ihm noch blieb, und daß er so schnell und so viel wie möglich weiterzugeben suchte. Besonders deutlich aber eines: die Lücke, die 1956 der Tod Brechts riß. Und noch immer und stärker spürbar der Schmerz, daß plötzlich der Motor all jener Unternehmungen fehlte.

Wo, so ist hier zu fragen, steht etwas von der Fülle der Experimente und Projekte, von den Agitpropprojekten, die aus der *politischen* Situation heraus entstanden und von Brechts jungen Mitarbeitern leidenschaftlich [96] befürwortet wurden? Wo etwas von Käthe Rülickes Bemühungen um das *Garbe/Büsching*-Projekt, davon, daß Rülicke hier als ›Tretjakowa‹ arbeitete; von Eva Brauns (der späteren Frau Erwin Strittmatters) Bemühungen, Brechts ästhetischer Theorie in der Literaturkritik Geltung zu verschaffen; von Peter Palitzschs Prosaversuchen; von Erwin Strittmatters Versuchen der Analyse der Wirklichkeit; von Manfred Wekwerths Inszenierung und Modellbuch des chinesischen Stücks *Hirse für die Achte* oder von Diskussionen aus den Jahren 1954/55, in denen Brecht unentwegt Mao Tsetung zitierte und immer wieder auf den Unterschied zwischen Widerspruch und Konflikt zu sprechen kam, weil ihm dies ein Grundproblem seiner theoretischen und praktischen Unternehmungen war?

Der Fächer kann hier nicht entfaltet, nur ein wenig geöffnet werden. Zurückzukehren ist dabei zunächst zu Brechts ersten Jahren in der DDR.

Der in Brechts DEFA-Notat enthaltene, scheinbar so simple und nebenbei gemachte Vorschlag, »leute auszuschicken, die einfach geschichten sammeln«, erweist sich bei näherer Betrachtung als äußerst komplexes Programm und damit als geradezu idealer Ausgangspunkt folgender Ausführungen. Erinnert man, daß zum Zeitpunkt der Fixierung dieses Notats (9. 6. 1949) die erste große Auseinandersetzung um Fragen einer realistischen Darstellungsweise, die *Courage*-Debatte [96] – erste große Auswirkung der sowjetischen ›Formalismus‹-Debatte nach dem II. Weltkrieg und erster Vorläufer der ›Anti-Formalismus-Kampagne‹ in der DDR –, kaum Wochen zurücklag, so wird deutlich, daß Brecht trotz aller Schwierigkeiten und Probleme, die er sah, in keinem Punkt von seinen Überzeugungen abgegangen war; vor allem nicht davon, daß eine neue Ästhetik aus den Kämpfen der Klassen abgeleitet werden müsse. Nicht ohne Grund und, wie in der Retrospektive evident wird, völlig zu Recht sprach Günther Weisenborn in jener Debatte von Brecht als dem bedeutendsten marxistischen Denker unter den zeitgenössischen Dichtern. [97] Darüber hinaus kann Brechts Haltung als späte Bestätigung für seine Äußerung aus dem Jahr 1943 angesehen werden, »er werde nach dem Krieg [...] genau dort und genau so weitermachen, so und wie er vor 1933 hätte unterbrechen müssen, nämlich im Berliner Theater am Schiffbauerdamm und mit seinen Stücken und mit seiner Spielweise«. [98]

Worum ging es in den Auseinandersetzungen um die *Courage*? In ihrem Zentrum standen von Beginn an, wenn auch nur indirekt angesprochen, »Entwicklungsprobleme der sozialistischen Kunst, wie sie die revolutionäre Kunst der zwanziger und dreißiger Jahre aufgeworfen hatte« [99], damit aber, und auch Mittenzwei betont dies mehrfach im ersten Teil seiner »Realismus-Streit«-Untersuchung, letztlich politisch-ästhetische und weltanschauliche Probleme *grundsätzlichen* Charakters. Für Brecht, der sich in den Jahren des Exils ausführlich mit Fragen der materialistischen Dialektik beschäftigt hatte, mußte es von Anfang an eine für die Revolutionierung der Gesellschaft und der Kunst lebensentscheidende Frage sein, unabhängig von mehr oder weniger kurzlebigen politischen Entscheidungen, ob künstlerische Abbilder und Modelle der Wirklichkeit auf einer genauen und die dialektischen Wendungen und Sprünge verfolgenden Analyse der Wirklichkeit basierten, ob die Verwendung bestimmter darstellerischer Mittel hier ihre eigentliche Begründung fand, oder ob im wesentlichen nur literarische Traditionen – und dazu noch sehr wenige und ausgesprochen der bürgerlichen Ära zugehörige – bestimmend waren. Gerade unter deutschen Verhältnissen mußte diese Problematik eine zusätzliche Verschärfung erfahren, wo, um noch einmal Mittenzwei zu zitieren, eine »Kunstpraxis« herrschte, »die noch immer die Spuren des Faschismus aufwies, aus der alle marxistischen Denkelemente und methodischen Ansätze ausgemerzt waren«, und wo darüber hinaus »an die proletarisch-revolutionären Kunsttraditionen bewußt nicht« [100] angeknüpft wurde.

Keine anderen als die revolutionären Kunsttraditionen der Jahre um 1930 aber waren es, da für Brecht höchster Standard, an die er vom ersten Moment seiner Rückkehr an dachte und die er sukzessive an seine jungen Mitarbeiter und Schüler zu vermitteln gedachte. Frappierend, daß diese Traditionslinien bis heute so wenig gesehen wurden, obwohl es bis in die inzwischen vorhandene Anekdotenliteratur [101] hinein Berichte und Erinnerungen darüber gibt, mit welcher Akribie und Hartnäckigkeit Brecht Zeugnisse der Entstehung einer neuen Ordnung und neuer (bzw. noch immer alter) Verhaltensweisen sammelte, wie er sich immer wieder ausführlich berichten ließ.

3.1.3.1. Exkurs: Zum *Garbe/Büsching*-Projekt

Allein die Materialien zu dem neben dem *Einstein*-Projekt letzten großen Stückplan, dem *Garbe/Büsching*-Projekt, belaufen sich auf umfangreiche Sammlungen von Gesprächsprotokollen und Dokumenten. [102] Nachweisbar sind hier viele Traditionen. Bereits die ›Quelle‹, Käthe Rülickes Erzählung *Hans Garbe erzählt*, verweist auf Tretjakows Methode des Bio-Interviews, auf Traditionen der Arbeiterautobiographie. Doch weder darüber noch über die sich daraus bei Rülicke entwickelnde ›antiaristotelische‹ Prosa mit Ansätzen zu einer ›Kollektiv-Autobiographie‹ [103] ist in der Forschung etwas zu finden.

Die einzige (zudem westliche) Untersuchung, die sich mit Rülickes Bio-Interview beschäftigt, vermag diesen Text nicht als der proletarisch-revolutionären Tradition zugehörig zu fassen. [104] Greiner wertet diesen Text, von dem unter Vorgriff auf genauere Untersuchungen gesagt werden muß: es handelt sich um den einzigen, der sich von der gesamten Prosaproduktion jener Jahre abhebt und so etwas wie Perspektive für die neue Literatur andeutet [105], Greiner wertet ihn wie Claudius' ›aristotelische‹ Bearbeitung *Menschen an unsrer Seite* [106]:

»Stärker noch als Ed. Claudius' Roman allegorisierender Wirklichkeitsdarstellung verpflichtet, läßt Rülickes Entwurf des Helden der Arbeit ausgeprägter auch die Doppelfunktion solchen Darstellungsansatzes im Rahmen des sozialistischen Realismus erkennen: Aufheben der Realität in allegorischer Vergegenwärtigung des sozialistischen Ideals und neue sozialistische Mythenbildung.

Rülicke gestaltet den Stoff als Erinnerungsbericht des Helden. Verklärende Darstellung aus der Gewißheit der geglückten Leistung kann derart wie selbstverständlich geleistet werden. Der Sieg des Neuen, Fortschrittlichen steht nie in Frage, er ist von Beginn an gegenwärtig. Mit märchenhafter Sicherheit werden alle Widerstände überwunden, Widerspruch kann mithin nicht mehr als Motor geschichtlicher Entwicklung dargestellt werden, sondern nur als Hemmnis, das ausgeschaltet wird und dessen Darstellung vor allem die Macht des Neuen, das der Held der Arbeit verbürgt, zu bestätigen hat. Parteiliche Darstellung, die die treibenden Kräfte der geschichtlichen Entwicklung sichtbar zu machen hätte, wird so ersetzt durch das optimistische Bild einer schon an ihr Ziel gelangten Entwicklung, der Entwurf einer widersprüchlichen Welt mit widersprüchlichen Figuren wird aufgegeben zugunsten einer durchschaubaren Welt, die stets klare Scheidung zwischen Gut und Böse, fortschrittlich und rückschrittlich erlaubt.

Wird der Held der Arbeit als schon vollendeter Vertreter des neuen, sozialistischen Menschen in einer Welt gezeigt, in der die Entscheidung im Sinne des Sozialismus letztlich schon gefallen ist, erhält alle Bewegung, die aus dem Wirken des Helden in dieser Welt entwickelt wird, automatenhafte Glätte.« Und nach einem Zitat aus »Hans Garbe erzählt«: »Solcher Darstellungsansatz vermag in den Figuren nicht das Typische aufzuweisen, in dem sich ›die wichtigsten gesellschaftlichen, moralischen und seelischen Widersprüche einer Zeit zu einer lebendigen Einheit verflechten‹ [Lukács]. Sie erstarren vielmehr zu Marionetten, deren Fäden in den kulturpolitischen Direktiven erkennbar werden, die die Partei für die damalige Phase gesellschaftlicher Entwicklung ausgegeben hatte.« [107]

Man könnte diese Analyse mit der Bemerkung übergehen, sie besäße gegenüber anderen wenigstens den Vorzug, Rülickes Text einmal zu erwähnen, wäre sie nicht eines der schon im Fall Loest genannten Beispiele. Kaum krasser läßt sich wohl demonstrieren, wie hier einerseits außerliterarische Interessen dominieren [108], andererseits – als Konsequenz – gänzlich unangemessene ästhetische Maßstäbe angelegt werden; oder, um mit Link zu sprechen: auch hier sind die ›vorwaltende Perspektive Antikommunismus und Ästhetizismus‹. Greiner hat sich weder die Mühe gemacht, den Stoff etwas genauer zu beleuchten, noch hat er Rülickes Text im Kontext des *Garbe/Büsching*-Projektes zu sehen versucht. [109] In Anmerkung heißt es bei ihm: »›Hans Garbe erzählt‹, erschienen 1952, abgedruckt in: DDR-Reportagen, . . . Seitenangaben im Text beziehen sich auf diese Ausgabe.« [110] Bei der zitierten ›Ausgabe‹ handelt es sich um nichtrepräsentative Auszüge!

Auch Hildegard Brenner vermag die Qualität des Rülickeschen Textes nicht zu bestimmen, wenn sie schreibt: »Handeln und kommentierendes Denken sind eins. Die technischen Verbesserungsvorschläge führen geradewegs ins Arbeiterparadies.« [111] Zum einen ›übersieht‹ sie, daß Rülickes Text eine stilistische Überarbeitung der Stenogramme darstellt und bis in den Satzbau hinein die Sprechweise Garbes wiedergibt [112], zum anderen: daß Rülicke die *Quelle* liefern sollte. Denn gerade die Schlußsentenz weist ein typisches Brechtsches Gestaltungsmittel auf (und zeigt einen der Anknüpfungspunkte für eine Bearbeitung):

»Ich dachte stets, man muß das Alte vergessen und immer Neues schaffen. Wir wollen doch einmal so weit kommen, daß wir nicht mehr acht Stunden zu arbeiten brauchen. Wir müssen so weit kommen, daß wir nicht wissen, wohin mit der Produktion. Dann arbeiten wir weniger, gehen ins Kulturheim und ins Theater. Dann kommt für uns Arbeiter das Paradies.« [113]

In dieser naiven politischen Sehweise Garbes manifestierte sich für Brecht ein wesentliches Moment jener Jahre. (Im Falle Büsching war sie tödlich.) Was Brenner – paradoxerweise – verlangt: Auflösung in Form der Benennung des Widerspruchs. Gerade der sollte sich aber einstellen, nicht geliefert werden.

Zum *Garbe/Büsching*-Projekt selbst lassen sich bis heute die kuriosesten Mitteilungen finden. Bei Jürgen Rühle hieß es 1957:

»ist als ganze Ernte der sieben mageren Jahre Ostberliner Aufenthalts nur ein einziges eigenständiges szenisches Werk ans Licht gekommen: ›Der Herrnburger Bericht‹ (Dramenentwürfe über Einstein und – über den Schnellmaurer und ›Helden der Arbeit‹ Hans Garbe sowie eine Paraphrase zu ›Warten auf Gebot‹ [!] sind offenbar nicht vollendet worden).« [114]

Hieß es hier wenigstens noch »offenbar nicht vollendet worden«, so drei Jahre später:

»1952 wurde Strittmatter von Brecht ›entdeckt‹, der sich damals vor der Notwendigkeit sah, einen künstlerischen Zoll für den sozialistischen Aufbau zu entrichten, und aus welchen Gründen immer mit einem eigenen Projekt über den Schnellmaurer Hans Garbe nicht zu Rande kam.« [115]

Ironisch könnte angefügt werden: Rühle verschwieg wohlweislich, daß er selbst durch seine *Katzgraben*-Kritik kräftig dazu beigetragen hatte, daß das Projekt Projekt blieb. [116]

Bei Reich-Ranicki heißt es dann schon:

»Damals, als die stalinistische Kulturpolitik ihren Höhepunkt erreicht hatte, hielt es Brecht für besonders ratsam, seine staatlichen Förderer nicht zu verärgern. Man erwartete von ihm, er werde in den Spielplan seines Theaters ein Zeitstück aufnehmen, das die aktuelle Propaganda der SED stützen könnte. Brecht versuchte, die Partei mit dem Hinweis zu vertrösten, er arbeite an einem Versdrama über einen in der DDR preisgekrönten Schnellmaurer, den sich in jenen Jahren auch andere Autoren – beispielsweise Eduard Claudius – zum Helden erkoren hatten. Allein, das angekündigte dramatische Werk wollte nicht recht gedeihen und ist nie vollendet worden. In diesem Augenblick kam Strittmatters Manuskript.« [117]

Bei Esslin, der des öfteren Zweifel an Brecht-Ausgaben geäußert hat und sich als Brecht-Verteidiger gerierte [118], wird aus dem »Schnellmaurer« der »Stoßarbeiter«. Und dies, obwohl die Forschung inzwischen von Brechts Stückplan aus dem Jahr 1954 berichtet hatte [119]:

»Darüber hinaus wurde er [Brecht] von den ostdeutschen Kulturbehörden immer wieder gedrängt, doch einmal ein aktuelles Stück zu schreiben, das sich mit den Problemen des ›sozialistischen Aufbaus‹ in der DDR befassen würde. Brecht war aufrichtig bemüht, diese Forderung zu erfüllen. Es ist bekannt, daß er tatsächlich an einem solchen Stück arbeitete, in dessen Mittelpunkt der Stoßarbeiter Hans Garbe und das Problem des *guten* Arbeiters stehen sollte, dessen Anstrengungen bei seinen Kameraden im Betrieb Haß und Widerstand auslösen, weil er die Normen heraufsetzt und damit den Lohn drückt. Es stellte sich bald heraus, daß Brechts offene Darstellung der Kritik an diesem sozialistischen Musterknaben, die für eine aufrichtige und tiefschürfende Behandlung des Stoffes unerläßlich war, keineswegs den Beifall der Behörden finden würde. So gab er den Plan wieder auf und beschränkte seine literarische Schützenhilfe für das Regime auf einige recht billige politische Kampf- und Marschlieder: die dichterisch mißlungene und politisch kaum sehr schlagkräftige politische Kantate ›Herrnburger Bericht‹ und ein langes Lehrgedicht über die Bemühungen eines tartarischen

Kollektivbauern zur Erhöhung der Hirseproduktion in der Sowjetunion, das den sowjetischen Vorbildern dieses Genres so sklavisch nachgeahmt ist, daß der Verdacht keineswegs von der Hand zu weisen ist, es handle sich dabei um eine bewußte Parodie dieser überaus lächerlichen stalinistischen Kunstform.« [120]

Die Fakten. Ohne diesen Schutt beiseitezuräumen, ist eine sachgerechte Analyse nicht möglich. Hier daher der erste Schritt.

Der Brecht-Kreis hatte einen ständigen Begleiter, der erpicht auf Neuigkeiten war, vor allem in schwierigen Zeiten: einen ›Spiegel‹-Reporter. [121] Betont zufällig erschien 14 Tage vor den Ereignissen des 17. Juni ein ›Spiegel‹-Artikel zu *Katzgraben*, Überschrift: *Der Ochse ist ein Fakt*. Er ließ auf Hinweise von Umsiedlungswilligen schließen. (Brecht soll, wie in ähnlichen Fällen, getobt haben.) Und: Er ist die Quelle für die Darstellung Rühles und Nachfolger:

»Die SED forderte, Brecht solle endlich ein Zeitstück anfertigen, endlich die sowjetdeutsche Gegenwart auch auf der Bühne besingen.
Er machte sich ans Werk. Sein ›Garbe‹ war als das dramatische Porträt eines tatsächlich existenten und auch prominenten Aktivisten geplant, eines Maurers von Hochöfen, an dem Brecht › ein neues Bewußsein‹ entdeckt zu haben glaubte. Aber das Stück vom fortschrittlichen Garbe kam nicht recht voran. Es werde wohl doch nur ein Einakter [122], schränkte Brecht das Projekt nach einigen Monaten ein, dann fiel es endgültig in sich zusammen. Strittmatters Stück ist nun das längst erwartete Brechtsche Propaganda-Drama.« [123]

Was Rühle und Esslin jedoch entgangen war: Der ›Spiegel‹ hatte sich später indirekt korrigiert und als erster davon berichtet, daß Brechts Projekt etwas mit dem 17. Juni zu tun haben sollte.

In einem Bericht zu Heiner Müllers *Lohndrücker*, betitelt *Stachanow kriegt Prügel*, heißt es:

»Diese Tat des Maurer-Aktivisten Garbe war schon vor Jahren von dem Ostzonen-Schriftsteller, Nationalpreisträger und gelernten Maurer Eduard Claudius beschrieben worden. Sogar Bertolt Brecht hatte Vorstudien zu einem Bühnenstück betrieben, dessen Held der Ostberliner Aktivist werden sollte. Während aber Bertolt Brecht die Fabel bis 1953 reichen lassen wollte, wobei sein Aktivistenheld zwar Normerhöhungen in den Jahren des ersten wirtschaftlichen Aufbaus für notwendig und erfüllbar hielt, nicht aber die administrativ verfügten Normen, die dann der Anlaß zu den Ereignissen des 17. Juni 1953 wurden, war dem Heiner Müller diese dramaturgische Konstellation zu heikel.« [124]

Erst 1965 wird u. W. durch Mittenzweis Arbeit *Gestaltung und Gestalten im modernen Drama* Näheres über Brechts Stückplan von 1954 bekannt. Zitieren kann Mittenzwei allerdings nicht, ihm bleibt nur die Paraphrase. [125] Seitdem hat sich die DDR-Forschung, sieht man von kleineren Verweisen ab [126], zu diesem Brecht-Projekt ausgeschwiegen. Doch Kuriosa sind auch von dort zu berichten. So schreibt Hedda Zinner in ihren Erinnerungen:

»Neben ihm [Adolf Hennecke] wohnte der Maurer Albert [!] Garbe, auch er einer, der damals neue Methoden und eine neue Arbeitsmoral auf seinem Gebiet entwickelte. Rührend seine Bemühungen, in dem kleinen Gärtchen vor seinem Hause mit Gartenzwergen, gemauerten Grotten und Zieraten eine künstliche Welt zu schaffen.« [127]

Garbe erscheint hier als Laubenpieper. Doch gerade von seiner Haltung gegenüber dieser Nachbarin ließe sich manches berichten, was ausgesprochen Schweyksche (und politische) Qualitäten verrät. [128]

Alle Bemühungen Brechts und seiner Mitarbeiter heben sich deutlich von denen anderer Schriftsteller ab, von dem, was zu jener Zeit als Standard galt. Uns ist kein auch nur annähernd dem *Garbe/Büsching*-Projekt vergleichbarer Fall bekannt, wo ein Schriftsteller zu einem Stoff so umfangreiche historische, Gegenwarts- *und* ›Zukunfts‹-, d. h. Studien über einen längeren Zeitraum betrieben hätte. Man vergleiche – und sehe einmal für einen Augenblick davon ab, daß es sich um inkommensurable Größen handelt: Reinowski beendet sein Wirklichkeitsstudium in einem unter historischem Blickwinkel unbedeutenden Zeitraum. Brecht begann seine Studien im Fall Garbe 1950; änderte wiederholt seine Pläne, weil das Problem der adäquaten Umsetzung der sich in diesem Stoff manifestierenden historischen, nationalen und Zeitwidersprüche bzw. -prozesse ihn vor schier unlösbare Aufgaben stellte; die Lösung schien formal in einem »fragment in großen, rohen blöcken« [129] zu liegen; bis die Ereignisse des Juni 1953 einen Neuansatz erzwangen. Man verfolge weiter: Brecht wollte die Widersprüche offen thematisieren, in einem vollen Akt über den 17. Juni, wollte gerade durch den Traditionsbezug *Mutter* und *Maßnahme* die zu gehende Richtung andeuten. Reinowski hingegen produzierte seinen Roman über den 17. Juni in gleicher Weise, wie er 1951/53 seine LPG-Romane produziert hatte. Trivialaristotelische Darstellungsweise und die Theorie von den Nichtantagonismen in der sozialistischen Gesellschaft ergänzten sich dabei in ›idealer‹ Weise. Natürlich ist es eine Dreiecksgeschichte, die die Handlung dominiert, und natürlich sind es ausschließlich Provokateure, die da handeln. Von internen Widersprüchen erfährt der Leser lediglich dadurch, daß die Frau eines Funktionärs nach Westberlin fährt, um Heringe zu kaufen, da es in der Hauptstadt keine gibt – ein Topos in jener Literatur. [130] Da Reinowskis Roman hier nicht behandelt werden kann, er jedoch unbekannt ist, sei die Besprechung aus der ›Buchbesprechung‹ in Gänze zitiert. Sie besitzt nicht nur den Vorteil einer zutreffenden Inhaltswiedergabe. Diese Nummer der ›Buchbesprechung‹ befand sich in Brechts Bibliothek.

»Roman um den ›Tag X‹

[...] Werner Reinowski ist durch seine bei ihrem Erscheinen heiß diskutierten Romane über die Umgestaltung des Lebens auf dem Dorfe weiten Leserkreisen bekanntgeworden. Sein neues Werk ›Die Versuchung‹ stellt einen mutigen Versuch dar, die Ereignisse um den Westberliner Putschversuch vom 17. Juni 1953 in einem Roman zu gestalten.

Im Mittelpunkt der Handlung stehen die Schicksale zweier Arbeiterfamilien in Ost- und Westberlin. Rolf Bracke, ein Westberliner Angestellter, ist mit Eva Wagner, Sekretärin in einem Volkseigenen Betrieb im demokratischen Sektor, verlobt. Ihre Väter, beide Arbeiter, sind langjährige Freunde. Rolf ist in die Schlingen einer Agentin, Lilo Pertrick, geraten und wird Eva untreu. Er lebt weit über seine Verhältnisse, macht Schulden und wird durch wirtschaftliche Schikanen dazu getrieben, in den Dienst einer Spionagezentrale zu treten. Er soll durch Eva die Produktionszahlen ihres Betriebs erlangen und an den ›Ozeandienst‹, seinen neuen Auftraggeber, verraten. Eva, an seiner Ehrlichkeit und Liebe zweifelnd, gibt ihm nach langem inneren Kampf falsche Zahlen, um ihn auf die Probe zu stellen. Die Fälschung wird durchschaut und Rolf daraufhin entlassen. Sein Bruder Peter, der ihm nicht traut, überrascht ihn mit Lilo Pertrick und macht seinen Vater auf Rolfs Abfall aufmerksam. Eva – verzweifelt über Rolfs Untreue – verläßt das Elternhaus, wird aber von Peter gefunden und zurückgebracht. Sie gesteht ihrem Vater ihren Fehler ein, stellt sich freiwillig der Parteileitung ihres Betriebes und erhält eine Parteistrafe. Rolf aber sinkt immer weiter, läßt sich von Lilo aushalten und wartet auf eine Wendung zum Besseren.

Da wird die Westberliner Agentenzentrale von der Regierungserklärung vom 9. 6. 53 völlig überrascht und versucht, durch vorzeitige Auslösung des ›Tages X‹ doch noch einen gewaltsamen Umschwung in Ostberlin und der DDR zu provozieren. Obwohl Rolf inzwischen Lilos verräterische Handlungsweise erkannt hat, läßt er sich doch auf ihren Rat nochmals vom ›Ozeandienst‹ anwerben. Er wird Leiter einer Gruppe jugendlicher Banditen, die als Maurer verkleidet am 17. Juni die Bauarbeiter der Stalinallee zu Streiks und Provokationen mitreißen sollen. Es kommt zu den bekannten Vorgängen – der Putsch mißlingt. Rolf gerät Evas Vater in die Hände und wird verhaftet, ebenso die auf einer ›Dienstreise‹ begriffene Lilo Pertrick. Rolfs Geständnis zeigt aller Welt die wahren Hintermänner dieses verbrecherischen Anschlages. Sein Bruder Peter ist, auf der richtigen Seite kämpfend, schwer verletzt worden. Aber er wird genesen und Eva, die er schon lange heimlich liebt, heiraten.

Reinowski hat den Mut, einen zeitnahen Stoff der jüngsten Vergangenheit aufzugreifen, und er hat die Fähigkeit, ihn literarisch zu gestalten. Das vor allem muß lobend hervorgehoben werden, trotz einiger bedeutender Mängel, die der Roman zeigt. Einzelne Gestalten sind gut gelungen: der hitzige Parteifunktionär Max Wagner, Evas Vater, die Bauarbeiterin Jenny Acker, Peter Bracke, der Autoschlosser und Abendstudent. Auch Rolf in seiner Großmannssucht und Haltlosigkeit ist im ganzen richtig gezeichnet, während Eva etwas blaß und manchmal etwas unverständlich erscheint. Die Verbrechertätigkeit der Agentenzentrale ist realistisch und ohne Überspitzung gesehen, sie wird eindringlich angeprangert. Die Szenen vom 17. Juni gehören zum Besten des ganzen Buches. Die zunächst schwankende, dann aber desto festere Haltung der Bauarbeiter gegenüber den Provokateuren wird glaubhaft geschildert, die Darstellung ist überzeugend und aufklärend.

Der größte künstlerische Mangel – der sich besonders im ersten Teil bemerkbar macht – liegt darin, daß die Romangestalten vielzuviel über sich selbst und über ihre Taten räsonieren. Immer wieder wird erläutert, warum dieser gerade das tut oder denkt, jener dies nicht denkt oder beabsichtigt. Da der Autor dem Leser zu wenig eigenes Denken und Verständnis zutraut, wird der Leser verstimmt oder durch die Verzögerungen im Handlungsablauf gelangweilt.

Als politisch wertvoller Zeitroman kann und sollte das Buch in allen Bibliotheken, besonders in den Gewerkschaftsbibliotheken, eingesetzt werden; es kann auch schon an Jugendliche von etwa 16 Jahren an ausgeliehen werden.« [131]

Kennzeichnend für die Arbeitsweise Brechts und seine Methoden der Wirklichkeitsanalyse in den Jahren 1949 bis zu seinem Tod sind jedoch weniger das eigene Sammeln als das Sichberichtenlassen und die behutsame Anleitung und Führung der Mitarbeiter und Talente wie Erwin Strittmatter. Die Nachforschungen Käthe Rülickes zum Garbe-Stoff wurden bereits genannt. Peter Palitzsch begann nach dem 17. Juni, Zeichen neuer Verhaltensweisen in neuen Verhältnissen, alter in neuen etc. zu sammeln, die Grundlage für kleine Prosastücke über einen neuen gesellschaftlichen Gestus sein sollten. [132]1973 erinnerte sich Manfred Wekwerth in einem Interview, *wie* Brecht sich berichten ließ:

»Seit 1952 etwa verlangte Brecht von uns Assistenten eine Arbeit, die nicht unmittelbar mit der Theaterarbeit zu tun hatte, aber nach Brecht zu ihrem Erlernen führte. Er hielt uns an, alles niederzuschreiben, was uns im Leben und Treiben des neuen Staates verwunderlich erscheint. Die moralische Wertung, ob es sich dabei um ›Positives‹ oder ›Negatives‹ handelt, interessierte ihn überhaupt nicht, er verlangte von uns die unredigierten Notate.« [133]

Diese hier nur zufällig herausgegriffenen Beispiele, die sich um zahllose ergänzen ließen, deuten auf etwas Gemeinsames, das besonders markant hervortritt, erinnert man sich der Biographien der der neuen Generation angehörenden jungen Schriftsteller. Bestrebt, schnell freischaffend zu werden, besaß für sie die Erkundung der Wirklichkeit, verbunden mit Überlegungen und Versuchen zu deren Veränderung, keine Relevanz; zudem hatten sie sich ständiger Eingriffe in ihre Arbeit zu erwehren: noch vorhandene Reste von Realismus wurden von Lektoren eliminiert. Besonders deutliche Spuren hat dies in ihren Erinnerungen hinterlassen. Den übergroßen Raum nehmen die Erinnerungen zu Problemen wie literarische Tradition, Förderung und ›mein erstes Buch‹ ein, während Erlebnisse bei der Erkundung der Wirklichkeit und Kämpfe und konkrete Eingriffs- und Veränderungsunternehmungen nur eine untergeordnete, bedeutungslose Rolle spielen.

Völlig anders liegen die Verhältnisse bei den Mitarbeitern Brechts. Ihr Eintritt in den Bereich von Kunst und Literatur war unmittelbar verbunden mit der Zerstörung der Aura des Besondern, irgendwie doch Übernatürlichen. Sie wurden von Anfang an von Brecht vorsichtig und behutsam, aber doch mit nicht nachlassender Eindringlichkeit dazu aufgefordert, zu studieren, »nicht, wie die wirklichen Dinge sind, sondern wie die Dinge wirklich sind« [134], denn genau das bedeutete für Brecht Realismus, unabhängig von den jeweils zu untersuchenden gesellschaftlichen Bereichen. Als besonders repräsentativ mag hier die Biographie Käthe Rülickes gelten, die, bei Brecht beginnend, sofort in die Arbeit am Garbe-Stoff einbezogen wurde. Daß dies allerdings kein Einzelfall war, soll wiederum eine Erinnerung Manfred Wekwerths beleuchten: »Er schickte uns auf Entdeckungsreise. Wir gingen auch in Heime für schwererziehbare Kinder, wir befreundeten uns mit dem damals sehr bekannten Aktivisten Hans Garbe, dem Ofenmaurer, wir gingen viel in die Armee. Damals gab es noch die Kasernierte Volkspolizei.« [135] Selbst mit westlichen Besuchern sprach Brecht über die Erkundung der Wirklichkeit, wenn auch in anderem Sinn und anderer Richtung, wie etwa Marianne Kesting in ihrem Bericht *Eine Begegnung mit Brecht* überliefert:

»»Informieren Sie sich genau‹, sagte Brecht, ›was hier für die Leute getan wird, welche Änderungen im Gange sind, was auf dem Lande geschieht, bei den Bauern. Mißtrauen Sie den Fassaden. Halten Sie nicht versehentlich die Reklame des Kurfürstendamms für heiter.‹« [136]

Eine Sentenz aus Wekwerths Erinnerungen verdient, wiederholt zu werden, da sie bestimmte Traditionsbezüge aufweist: »die nicht unmittelbar mit der Theaterarbeit zu tun hatte, aber nach Brecht zu ihrem Erlernen führte.« Spürbar sind hier jene zur damaligen Zeit tabuisierten, z.B. von Lukács immer noch als liquidierenswert erachteten Traditionen [137] der proletarisch-revolutionären deutschen und sowjetischen Literatur.

Will man zunächst Brechts Studien in allgemeiner Weise charakterisieren, so nicht anders, als daß sich hier jemand auf *längere* Zeit einzurichten begann. Brecht war sich im Unterschied zu nahezu allen anderen DDR-Schriftstellern vollauf bewußt, daß Neues nur adäquat und Eingriffe ermöglichend dargestellt werden konnte, wenn dazu die Wirklichkeit längere Zeit in all ihren Widersprüchen analysiert *und* gleichzeitig verändert wurde. Dies stellte sowohl die Wirklichkeitsanalyse als auch die künstlerische Produktion vor immense Probleme. Denn um z. B. die große Form zu erproben, mußten unzählige kleine Experimente durchgeführt werden, auch und vor allem im politischen Bereich. Was lag daher näher, als nun auch die Vorschläge zu erproben, sie selbst zu wiederholen, die bereits andere gemacht hatten? [138] Ohne hier all diese Traditionsbezüge, die zunächst einmal nicht literarischer, sondern aufgrund der zugrundeliegenden gesellschaftsanalytischen Methoden allgemein-philosophischer oder auch sehr konkreter praktischer Natur waren, eröffnen zu können, sei lediglich auf eine Tradition aufmerksam gemacht, die bereits mehrmals erwähnt worden ist: Sergej Tretjakow. Die von Tretjakow entwikkelten Methoden, Arbeits- und Darstellungsweisen: Produktionsstück, Operationsbericht und Bio-Interview, dieses »Herausfragen von Zeugnissen gesellschaftlicher Aktivität« [139], ermöglichten nicht nur die Analyse ganzer Entwicklungsetappppen, sie ermöglichten *im* Prozeß der Analyse die »Teilnahme am Leben des Stoffes selbst« [140], die Verantwortung des Autors für seinen Stoff. [141] Es ist sicherlich kein Zufall, daß zu dem von Wekwerth erwähnten Zeitpunkt Brecht Käthe Rülicke von Meyerhold und Tretjakow erzählte, ihr seine Bearbeitung von Tretjakows *Ich will ein Kind haben* [142] zu lesen gab. [143]

Brecht wußte, daß das Instrumentarium zur Analyse der neuen Wirklichkeit äußerst mangelhaft, daß in den (sowjetischen) Untersuchungen ein völliger Mangel an Dialektik zu erkennen war. Gerade deshalb seine Versuche und sein Erinnern z.B. Tretjakowscher Experimente, um der Wirklichkeit auf die Spur zu kommen. Denn Brecht wußte, und alle Berichte, die er u. a. von Hans Garbe im Frühjahr 1953 bekam, bestätigten dies besorgniserregend [144], daß eine nicht mit allen Kenntnissen der materialistischen Dialektik durchgeführte Politik die neue Ordnung nur ungenügend festigen, ja sogar zu ihrem Gegenteil führen konnte. Zeigen nicht zahlreiche Eintragungen im *Arbeitsjournal* und öffentliche Stellungnahmen Brechts, welche Gefahren er dadurch gegeben sah, daß sich die deutsche Nation »eine revolution durch angleichung« [145] erschwindelte, daß Deutschland der »reinigende Prozeß einer Revolution [...] nicht beschieden worden [war]« [146] und daß die SED-Politik nur schwer die historische Chance für die Arbeiterschaft eröffnete, endlich »die kleinbürgerlichen Schichten unter ihre Führung zu bringen«? Brechts ständige Verweise auf die faschistische Ära, aber auch und vor allem die Äußerungen über die Gefahren einer opportunistischen Politik lassen evident werden, was er mit seinem Zusatz »Wir haben unseren eigenen Westen bei uns!« im Brief an Paul Wandel meinte: »Der Schoß ist fruchtbar noch, aus dem das kroch.« [147] Doch wer in Brechts Augen auch dazu zählte, wird wohl nirgendwo klarer als in jenem Vierzeiler für die *Kriegsfibel* , der nur aus taktischen Erwägungen heraus nicht mitabgedruckt wurde: »Ich bin der Sattler, der dem Junkerpack / Von neuem in den Sattel half. Ich Sau / Ließ mich von ihnen kaufen, noch im Sack / Des Armen Groschen. Gabs für mich kein Tau?« [148]

Auffällig dann der Schock, den die Ereignisse im Juni 1953 auch bei Brecht auslösten. [149] Doch geriet Brecht weder in Panik noch ließ er sich in seiner Überzeugung von der Notwendigkeit einer revolutionären Umwälzung erschüttern, wie das bei vielen der Fall war, die fortan glaubten, man müsse nichtproletarischen Schichten noch mehr Zugeständnisse machen und wesentliche Elemente der Volksfrontpolitik als genuin sozialistische betrachten – ohne die große Aussprache mit der Arbeiter- und Bauernschaft. Im Rückschlag, den die Arbeiterschaft 1953 hatte hinnehmen müssen, sah Brecht zugleich die riesige Chance, endlich den Kontakt zwischen Avantgarde und Klasse herstellen zu können.

Auffällig dann aber auch, wie Brecht nach dem Juni 1953 seine Arbeit zu überprüfen beginnt, wie er strategische Überlegungen anstellt, Unternehmungen, die in den folgenden Jahren intensiviert und präzisiert werden. Es beginnt unmittelbar nach dem 17. Juni mit dem Sammeln von Berichten über die Ereignisse. Rülicke schickt er noch am 17. Juni zu Hans Garbe. [150] Garbe arbeitete im Zentrum, war somit Augenzeuge. (Es spricht vieles dafür, daß Brecht vor allem von Garbe wichtige Einzelheiten, die Vorgeschichte und den Verlauf betreffend, erfahren hat. [151]) Da die Mitarbeiter wissen, wie sehr sich Brecht für Berichte interessiert, ›beliefern‹ sie ihn. Strittmatter z.B. erfährt von einem Bericht seines Lektors Helmut Hauptmann über die Ereignisse in Leipzig, den dieser für den Schriftstellerverband angefertigt hatte. Mit der Bemerkung, das werde Brecht sicher interessieren, bittet er um ein Exemplar für Brecht. [152]

Sicherlich nicht unbeeinflußt von einer China-Euphorie, die nach Stalins Tod, namentlich aber nach dem 17. Juni ab 1953 in der DDR zu beobachten ist und nahezu alle Bereiche und kritischen Strömungen erfaßt [153], beschäftigt sich Brecht ausgiebig mit Fragen der materialistischen Dialektik, besonders mit Mao Tsetungs *Über den Widerspruch*. Eine Schrift, die eine seit Lenin nicht mehr gekannte Klarheit in Sachen materialistischer Dialektik aufweist. Sie ist für Brecht nicht zuletzt aus diesem Grund von zentraler Bedeutung, ermöglicht sie doch durch die Unterscheidung von antagonistischen und nichtantagonistischen Widersprüchen, durch die Theorie vom Platzwechsel der Hauptseite in einem Widerspruch und die Theorie von einem Hauptwiderspruch eines jeden Prozesses nicht nur eine genaue Analyse der gegebenen historischen Situation, der Ereignisse des Jahres 1953 etwa, sondern auch eine philosophische Fundierung der Theorie des epischen Theaters, ja der antiaristotelischen Darstellungsweise überhaupt.

Alle Zeugnisse, die uns zur Auswertung zur Verfügung standen, zeigen einen anderen Brecht, als ihn der Großteil der Forschung ›überliefert‹. Spätestens im Frühjahr 1954 hat Brecht die unmittelbaren Folgen des durch die Juniereignisse ausgelösten Schocks überwunden. Er beschäftigt sich ausgiebig mit besagter Lektüre, spricht und diskutiert mit Mitarbeitern und Freunden darüber, wie z.B. die Überlieferungen Käthe Rülickes und Peter Palitzschs zeigen; ja er zitiert Mao Tsetung »unentwegt«, wie Eva Strittmatter zu berichten weiß, »er hatte es immer mit dem Unterschied zwischen Widerspruch und Konflikt.« [154]

Zu einem anderen als dem bekannten Bild von Brecht gehören nicht nur die aufgeführten Fakten. Es wäre noch vieles anzufügen, etwa die *Coriolan*-Bearbeitung, auf deren Hintergründe Schumacher genauer eingehen. [155] Wesentlich sind Unternehmungen der Schüler und Mitarbeiter, an denen Brecht mehr oder weniger beteiligt war. Denn wie konnten, so muß gefragt werden, Schüler und Mitarbeiter neuen revolutionären Elan an den Tag legen, wenn – wie so oft behauptet – Brecht, Motor und Mittelpunkt von allem, in den Jahren 1953/54 bis zu seinem Tod resigniert und sich kaum um anderes als sein Theater gekümmert haben soll? Daß es sich dabei um keinen realen Widerspruch handeln kann, mögen abschließend drei Beispiele aus sehr verschiedenen Bereichen vorführen. Sie haben den Vorteil, Wesentliches über Brechts Wirkung in den Jahren 1953/54 bis 1956 auszusagen und gleichzeitg im Rahmen unserer Gesamtuntersuchung zu bleiben.

3.2. Versuche aus dem Brecht-Kreis am Beispiel Manfred Wekwerths,
Erwin Strittmatters und Eva Brauns

3.2.1. Hirse für die Achte

Im März 1954 wurde vor Teilnehmern eines Laienspielkongresses des Zentralhauses für Volkskunst in Leipzig ein Stück in einer Bearbeitung des Berliner Ensembles zur Aufführung gebracht [156], die unverkennbar Zeichen eines Neubeginns dieses Ensembles trug und als ein und zudem bedeutender Versuch gewertet werden muß, »wie man mit dem Theater in diese große Volksaussprache [nach dem 17. Juni; d.V.[eingreifen könne« [157]: das chinesische Volksstück *Hirse für die Achte, »*von Soldaten der Volksbefreiungsarmee 1941 während der Kämpfe gegen die japanischen Eindringlinge geschrieben.«[158] Das Unternehmen war eine vorbildliche Gemeinschaftsarbeit und gab jungen Kräften wie Manfred Wekwerth (es war sein ›Gesellenstück‹) die Chance, ihre Kräfte zu erproben. Das Stück wurde von Mitarbeitern des Ensembles, die u.a. Materialien und Dokumente über Mao Tsetung, die chinesische Revolution, das neue China und revolutionäre chinesische Kunst sammelten, unter Leitung von Elisabeth Hauptmann bearbeitet. [159] Yuan Miaotse, der die Rohübersetzung geliefert hatte, wurde in die Arbeit einbezogen. Brecht beteiligte sich ebenfalls an der Bearbeitung. »Der Titel stammt von Brecht. Denn das ursprüngliche Stück – übrigens ein ›Klassiker‹ der auf dem Marsch verfaßten Soldatendramatik (Yango) – heißt ›Lebensmittel‹.« [160] Manfred Wekwerth erarbeitete mit Elisabeth Hauptmann die deutsche Fassung, führte Regie und war Hauptautor des späteren Berichtes über die Inszenierung. [161] Und Peter Palitzsch, geübt durch die Gestaltung von *Theaterarbeit, Aufbau einer Rolle* (Galilei) und *Kriegsfibel*, machte das Modell-Buch.

Bedeutsam war das *Hirse*-Unternehmen in zweierlei Hinsicht. Zum einen wurde erprobt, wie und mit welchen Mitteln direkt gesellschaftliche Entwicklungen beeinflußbar waren; zum anderen wurde unter strategischem Aspekt experimentiert: wie und mit welchen Mitteln materialistische Dialektik eingeübt und vorgeführt werden konnte. Nicht zu vergessen allerdings ein Drittes, gültig für beides und undenkbar ohne den von Brecht ›wiederentdeckten‹ [162] Bereich des Naiven: Spaß und Poesie. *Hirse für die Achte* vereinigte all diese Momente in geradezu beispielhafter Weise, auch und gerade wegen seiner Zugehörigkeit zum kleinen Agitationsgenre. Im Modell-Buch heißt es dazu:

»Seine Fabel ist kräftig, sein Spaß ist derb, die politischen Agitation ist deutlich, und die Poesie ist ähnlich wie die in vielen lustigen chinesischen Volksliedern. Die Inszenierung wird dem Stück gerecht werden, wenn sie Spaß, Poesie und Agitation vereint.« [163] Und in Wekwerths »Schriften« heißt es: »Die Stellungen, Gruppierungen, Gänge zu dem chinesischen Volksstück ›Hirse für die Achte‹ bauten wir nach alten und neuen chinesischen Holzschnitten. Für dieses kleine Stück mit seiner Mischung von Poesie, Spaß und Agitation waren die übersichtlichen, sinnreichen Gruppierungen der Holzschnitte, die kluge Poesie ihrer Stellungen und Konfrontierungen, die bissige Schärfe gegenüber dem Gegner und die fröhliche Kritik an den Freunden hervorragend zu verwenden.« [164]

Wichtig ist, noch einmal daran zu erinnern, daß Brecht zu Beginn des Jahres 1954 wieder offen an Agitproptraditionen anzuknüpfen begann, daß er seine Mitarbeiter beauftragte,

Bereiche der Agitprop, der Posse etc. zu durchforschen, um sie für die notwendige Volksaussprache nutzbar zu machen. Wichtig deshalb, weil *Hirse* zu jenem Zeitpunkt und in jenem Kontext das wichtigste Projekt war. Von Anfang an gingen die daran Beteiligten davon aus, »daß am Ende nicht nur eine Aufführung zu stehen hat, sondern vor allem die praktische und wissenschaftliche Anregung für Laienspielgruppen, diese Arbeiten nun selbst zu wiederholen.« [165]

Bedacht sei, daß die Laienspielgruppen – häufig dramatische Zirkel – »mehr oder weniger auf das klassische Geleise geschoben« wurden, daß sie »immerfort den ›Bären‹« [166] spielten und daß gerade auch aus diesem Grund Käthe Rülicke 1956 eine Abgrenzung der Agitproptruppen von jenen Zirkeln forderte. Aus all dem wird das Hochpolitische und Brisante des ganzen Unternehmens ersichtlich, besonders der Aufführung während des Laienspielkongresses. Ein Detail mag dies erhellen sowie das, was unter »große Volksaussprache« zu verstehen war. In *Hirse* geraten Dorfbewohner und Partisanen in eine schwierige Lage. Wird sie nicht überwunden, können sie der Volksbefreiungsarmee nicht helfen, sie selbst müssen mit dem Schlimmsten rechnen. Eine Beratung wird daher unumgänglich. Im urspünglichen Arrangement auf der Bühne schwebte der Bürgermeister, eine Zentralfigur,

»von vornherein wie Gottvater über den Wassern, während sich die gewöhnlich Sterblichen stritten, und dann fuhr er mit ewiger Weisheit dazwischen, um im Handumdrehen etwas Neues zu schaffen: ein uns zu geläufiger Vorgang.« »Die Lösung [...] war ›im Geiste‹ des Bürgermeisters immer schon vorhanden. Das Arrangement war wie geschaffen, die Unfehlbarkeit eines Vorgesetzten zu beweisen.« [167]

Da genau das Gegenteil gezeigt werden sollte (und auch im Stück selbst steckte), mußte das Arrangement grundlegend verändert werden:

»Während die Partisanen streiten, weil jeder seinen Rat für den besten hält, ist der Bürgermeister schweigend nach vorn gekommen: er ist ratlos. In seinem Rücken wird der Streit heftiger – der Bürgermeister denkt lange nach, denn die Sekunden sind kostbar.

Dann greift er in den Streit ein: der Streit verstummt, die Beratung beginnt. Die Bürgermeisterei des kleinen Dorfes verwandelt sich in den Stab der Partisanen. Die Fragen werden ruhig, sachlich gestellt. Die Partisanen antworten langsam, mühevoll überflüssige Worte bekämpfend.

Der Lehrer der Partisanen – der Bürgermeister – formuliert militärisch und nachdenklich – den Genuß am Denken zeigend – den alten Plan. Er stellt ihn in Frage, um ihn zu bestätigen. Als Vorgesetzter prüft er die Argumente der anderen, ehe er die eigenen vorbringt.« [168]

»Das neue Arrangement folgte der Dialektik der Szene. Die zusammengehörigen Gruppen, die Auflösung der Gruppen durch die Gänge, die Stellungen gegeneinander und zueinander machten die Gegensätze, die Einheit der Gegensätze, ihr Umschlagen ineinander wahrnehmbar und auffällig. Die dialektischen Sprünge des Arrangements zerbrachen erbarmungslos ›seelische‹ Kontinuität des Spiels. Der Sinn der Sache wurde der Gang der Sache.« [169]

Überzeugender, leichter und trotz des chinesischen und historisch anderen Handlungsorts einsichtiger dürfte in den Jahren 1954/56 kaum demonstriert worden sein, in welchem Verhältnis Mobilisierung der Weisheit der Massen und materialistische Dialektik standen. Darsteller und Publikum (das Leipziger war beides) wurden eingeübt in die Ausübung der Macht, den vorgeführten Fall konnte jeder Betriebsarbeiter und LPG-Bauer verstehen, auf die eigenen Verhältnisse übertragen und anwenden. [170] Allerdings nur aufgrund der Spielweise, die ›seelische‹ Kontinuität zerbrach und »einen ›runden Charakter‹ zu bauen« [171]verhinderte. Auch hier soll wieder ein Detail genauer bezeichnet werden, ein Detail zudem, dessen Beschreibung in äußerster Nähe von Brechts Ausführungen über eine nichtaristotelische Dramatik *Benutzung der Wissenschaften für Kunstwerke* [172] zu sehen ist:

»Der Partisan: Wir wollten den Partisanen nicht ausschließlich tollkühn, wild, unüberlegt zeigen. Wir vermieden eine Besetzung mit einem Recken. Eher sollte ein Widerspruch gestaltet werden: der Partisan grübelt sich seine Pläne aus. Sie fallen dann etwas tollkühn aus. Seine Wildheit ist theoretisch begründet. Kang Shin-Yo ist Marxist. Er hat neben Kämpfen auch Denken gelernt, nicht immer richtig. Wir zeigen eine Schwierigkeit der proletarischen Revolution: gut kämpfen heißt manchmal, den Kampf taktisch vermeiden können: ›Von zwei Streitern siegt der Denkende.‹

Der Partisan ist nicht tollkühn, weil er ›von Natur‹ tollkühn ist, er ist es, weil er noch nicht richtig denken kann. Der Zuschauer sieht: er wird sich ändern.« [173] All die genannten Momente, an erster Stelle das des Wiederholens und Nachahmens, kurz: praktische, springen sofort in die Augen, nimmt man das *Hirse*-Modell-Buch zur Hand. Nirgendwo wird der Stellenwert des Gesamtunternehmens sinnfälliger als hier. Es steht in Aufmachung, Ausstattung und Dokumentation *gleichrangig* mit *Theaterarbeit* bzw. Modell-Büchern wie *Aufbau einer Rolle,* sich *nur* in seiner Funktion und Zielsetzung von diesen unterscheidend. Anders gewendet: Dieses Modell-Buch ist »Theaterarbeit« *für Laienspieler und kleine Agitationstruppen.* Doch weder diesen noch einen anderen Aspekt hat die Forschung zur Kenntnis genommen. Denn wie bereits angedeutet, ist der Agitationsaspekt, so wichtig er auch unter dem Blickwinkel Mobilisierung der Weisheit des Volkes ist [174], nur eines von zwei Momenten. Von – strategisch gesehen – letztlich entscheidender Bedeutung sind genau die Momente, die die »theoretische Überführung aller hauptsächlichen Züge des epischen Theaters in Züge der materialistischen Dialektik« betreffen bzw. das, was Käthe Rülicke später als das Zusammentreffen von Bestrebungen Brechts mit denen Mao Tsetungs bezeichnete. Und genau diese Momente sind *bis ins Detail* im *Hirse*-Modell-Buch dokumentiert. Ausführlich wird hier, und darin nur vergleichbar mit Brechts *Dialektik auf dem Theater, Einige Irrtümer über die Spielweise des Berliner Ensembles* und den Nachträgen zum *Kleinen Organon,* über das Verhältnis von materialistischer Dialektik und Mobilisierung der Weisheit des Volkes gehandelt, deutlich und unübersehbar ist der Konnex mit Mao Tsetung und der chinesischen Revolution. Um es präzis zu bezeichnen: Mao Tsetung wird *gleichrangig* neben Lenin und Engels gestellt. Er wird als *Klassiker* behandelt. [175]

Leider kann hier nicht näher auf die Vielfalt der dokumentierten Bemühungen und Experimente eingegangen werden. Wir müssen uns daher auf das wichtigste Moment konzentrieren: die Applikation zentraler (Maoscher) Kategorien der materialistischen Dialektik auf den Bereich der Dramatik bzw. des Theaters. Gerechtfertigt scheint uns diese doch recht massive Einschränkung allerdings dadurch, daß mit der Skizzierung dieses Momentes zentrale Fragen unserer Untersuchung abgehandelt werden. [176]

Der für unseren Zusammenhang wichtigste Teil des Modell-Buches, das sich neben dem folgenden dritten aus dem Text mit beigefügten Szenenfotos und zum zweiten aus einem ausführlichen Inszenierungsbericht (ebenfalls mit Fotos) zusammensetzt, ist der

Anhang, Er trägt die programmatische Überschrift: »Über die Darstellung von widersprüchlichen Vorgängen«. [177] Ausgegangen wird von zentralen allgemeinen Kategorien der materialistischen Dialektik, getreu der Erkenntnis, die »praktische Anwendung der Dialektik ist eine wichtige Voraussetzung des revolutionären Kampfes. ›Hirse für die Achte‹ zeigt in lustiger Weise, wie Revolutionäre eines kleinen Dorfes in Nordchina die Dialektik zu ihrem Vorteil anwenden.« (S. 104) Anders gesagt: Ohne Verständnis der Dialektik kann eine revolutionäre Bewegung nicht oder nur schlecht bestehen:

> »Engels: Das Leben ist also ein in den Dingen und Vorgängen selbst vorhandener, sich stets setzender und lösender Widerspruch; sobald der Widerspruch aufhört, hört auch das Leben auf, der Tod tritt ein.
> Mao Tse-tung: Die Grundursache der Entwicklung der Dinge befindet sich nicht außerhalb der Dinge, sondern in ihnen selbst, in der widerspruchsvollen Natur, die den Dingen innewohnt.« (S. 152)

Worauf es also zuerst ankomme, sei die Herausarbeitung des Momentes der Entwicklung eines Vorganges. Dies heiße allerdings nichts anderes als die Herausarbeitung aller die Entwicklung vorantreibenden Widersprüche. Zum einen deshalb, weil es sich hier um das »fundamentalste Gesetz der materialistischen Dialektik« (Mao) handele. Zum anderen, weil damit – zunächt aufgrund seiner Allgemeinheit – das zentrale Problem einer jeden Handlung und folglich der Fabel getroffen werde: »Die Fabel ist die ›Handlung‹ eines Stücks. Die Frage nach der Fabel lautet: Was geht zwischen den Menschen vor?« (S. 107) Soll ein Stück bzw. dessen Inszenierung nicht den Schein des ›Immrigen‹ bekommen, so müsse es sich gegen zwei – zu jener Zeit – gebräuchliche Methoden wenden: gegen die Methode, die Rolle des ›guten Menschen‹ mit dem ›Helden‹ zu besetzen, die des ›schlechten‹ mit dem ›Intriganten‹, sowie die Methode, für die Handlungen der Gestalten »zuerst individuelle, psychologische Begründungen« zu suchen. Die erste sei vor allem bei politischen Stücken noch gebräuchlich und entspreche den Forderungen einer idealistischen Ästhetik. Die zweite sei die gebräuchlichste. »Enstanden als Fortschritt zum Naturalismus, ist sie heute ein Rückschritt zum Naturalismus. Denken wir an Aufführungen von Hauptmanns ›Biberpelz‹: Meistens wird die Mutter Wolffen durchgehend positiv gezeigt, weil sie doch ›ein guter Charakter ist‹. Daß der ›gute Charakter‹ am Ende mit der bornierten preußischen Behörde paktiert, wird übersehen.« Schon zur eigenen Methode überleitend, heißt es:

> »Nach dieser Methode kann man zwar interessante, mitunter sehr realistische Charaktere darstellen, aber man kann weniger zeigen, wie diese Charaktere eben durch die Fabel oder – was dasselbe ist – durch gesellschaftliche Vorgänge hervorgebracht werden. Kurz: wie letzten Endes das gesellschaftliche Sein das Bewußtsein bestimmt.
> Wir versuchen, bei der Darstellung der Wirklichkeit Begriffe zu vermeiden wie: *Der* ideale Mensch – *der* schlechte Mensch, das *ewig* Menschliche, *der* positive Charakter – *der* negative Charakter, *das* Ernste – *das* Komische. Wir zeigen die Welt nicht wie sie ist, sondern wie sie sich verändert. Das heißt, wir gehen von Vorgängen aus. Die Gesamtheit aller Vorgänge eines Stücks ist eben die Fabel. In Wirklichkeit sind Haltungen von Menschen widersprüchlich und ändern sich fortwährend« (S. 108).

Sind die genannten Ausführungen noch relativ allgemein und finden sich Kategorien wie Bewegung und Entwicklung natürlich schon bei den ›alten Klassikern‹, so lassen die weiteren Konkretisierungen die Mao-Rezeption erkennen. Termini wie Hauptwiderspruch, Hauptseite in einem Widerspruch sowie *klare* Unterscheidung zwischen antagonistischen und nichtantagonistischen Widersprüchen finden sich in jenem historischen Entwicklungsstadium nur bei Mao Tsetung. Wolle man eine Entwicklung bzw. den Fortgang einer Fabel wirklich erfassen, so sei die Erfassung der Spezifität der die Entwicklung vorantreibenden Widersprüche – »die konkrete Analyse der konkreten Situation« (S. 110) – von zentraler, entscheidender Bedeutung. Liest man den folgenden Passus, wird die Grundlage von Wekwerths Worten von der »bissige [n] Schärfe gegenüber dem Gegner« und der »fröhliche[n] Kritik an den Freunden« evident, aber auch die *politische* Innovation [178]:

»Mao Tse-tung: ›Beim Studium des spezifischen Charakters der Widersprüche in den verschiedenen Etappen des Entwicklungsprozesses (bei uns: der Fabel M[anfred] W[ekwerth]) ... ist es unbedingt notwendig, sie nicht nur in ihrem Zusammenhang und ihrer Gesamtheit zu betrachten, sondern auch jede Seite der Widersprüche in jeder Entwicklungsetappe zu berücksichtigen.‹

In den einzelnen Szenen prallen die [...] Widersprüche aufeinander. Teilweise sind sie antagonistisch, geraten in offenen Kampf miteinander (Partisanen – Japaner, Verräter – Truppführer, Japaner – Truppführer und Verräter), teilweise in nicht antagonistischem Kampf (Partisanen – alter Bauer).

Um dieses verschiedenartige Aufeinanderprallen der Widersprüche in den verschiedenen Szenen zu verstehen, genügt es nicht, sie nur aufzuzählen. Jede Seite eines Widerspruches ist in sich widersprüchlich.

Wir müssen jede Seite jedes Widerspruchs für sich untersuchen und fragen: Welche Besonderheiten, welche besonderen Widersprüche existieren innerhalb der Japaner und innerhalb der Partisanen-Gruppe usw.

Die Widersprüche innerhalb jeder Seite sind die wichtigsten. Sie bestimmen die Art und Weise, wie die verschiedenen Seiten aufeinanderprallen.« (S. 160)

Die Unterscheidung von antagonistischen und nichtantagonistischen Widersprüchen ist allerdings nur ein Aspekt bei der Untersuchung der Spezifität der Widersprüche:

»*Die wichtigsten Widersprüche in* ›*Hirse für die Achte*‹:

Partisanen	– Japaner
Garnison	– Japaner
Verräter	– Japaner
Partisanen	– Verräter
Verräter	– Garnison
Partisanen	– alter Bauer«

Auf die Frage »Wie kann dieses Dickicht von Widersprüchen gelöst werden?« folgt die Antwort:

»Mao Tse-tung: ›Bei der Untersuchung irgendeines Prozesses muß man, wenn er kompliziert ist und mehr als zwei Widersprüche enthält, bestrebt sein, den Hauptwiderspruch festzustellen. Wenn man diesen Hauptwiderspruch entdeckt, sind alle Probleme mit Leichtigkeit zu lösen.‹
Hauptwiderspruch in ›Hirse für die Achte‹:
Chinesische Verteidiger – Japanische Angreifer.« (S. 161)

Verkürzend formuliert, sind mit den zitierten Ausführungen bereits grundlegende Prinzipien des epischen (bzw. dialektischen) Theaters beschrieben, wenn auch in anderer terminologischer ›Verkleidung‹. Das Problem des Hauptvorgangs und das der Unterscheidung der Widersprüche umreißend, heißt es:

»Jede komische Szene zeigt ihre Figur anders komisch: der Japaner wird verspottet, Herr Sse [der Verräter; d. V.] wird mit Ironie behandelt, die Wildheit der Partisanen wird mit Spaß kritisiert. Auch die ernsten Szenen unterscheiden sich untereinander: die erste Szene macht den Eindruck einer Verschwörung, die fünfte, die Beratung, hat militärischen Charakter usw.«

Kann hier noch eingewendet werden, es handle sich um spezifische Genre-, d.h. Komödienprobleme, so läßt der folgende Passus das Grundsätzliche erkennen:

»Wir müssen das Stück in ›Stückchen‹ zerlegen und in jedem ›Stückchen‹ die besonderen Widersprüche herausfinden, die die Fabel vorwärtstreiben. Beim Probieren später sollten wir unbedingt darauf achten, daß ›Stückchen für Stückchen‹, eins nach dem andern probiert wird. Anders schmelzen wir die vielen besonderen Widersprüche und Sprünge zusammen und zerstören die Dialektik.« (S. 110)

Denn genau mittels dieser Stelle läßt sich zeigen, *warum* Brecht Maos Schrift über den Widerspruch auf Anhieb als höchster Standard vorgekommen ist, *warum* er, erinnern wir die Worte Eva Strittmatters, »es immer mit dem Unterschied zwischen Widerspruch und Konflikt« hatte. Hier ist genau *das* Zentralproblem des epischen Theaters genannt – wie nämlich in eine epische Darstellung Entwicklung, ›Spannung‹ hineingebracht werden könne, ohne daß die reale Dialektik durch eine künstliche verletzt werde: das Problem des Drehpunkts. Wurden die Widersprüche nicht genau bezeichnet, kam es nur zu einer Reihung von Quantitäten, konnte nichts merkwürdig gemacht, verfremdet werden. Und genau in diesen Punkten bot keine andere Schrift als die Mao Tsetungs Hilfestellung. Nur sie gab zu jenem Zeitpunkt erschöpfend Antwort auf die Brecht brennend interessierenden Probleme. Dies wird sinnfällig bei der Definition dessen, was ein Drehpunkt sei:

»Wir nennen Punkte der Fabel, wo ein ›Umschlag‹ erfolgt, Drehpunkte. Die [...] [Szenen-]Titel bezeichnen die wichtigsten Drehpunkte in ›Hirse für die Achte‹.« *S. 112) »Veränderungen [...] können auf zweierlei Art erfolgen: Einmal verändert sich die vorhandene Situation, die bestimmenden, treibenden Gegensätze ändern sich im Verhältnis zueinander. Das andere Mal entsteht eine neue Situation; die Gegensätze schlagen in ihr Gegenteil um. Im Sprachgebrauch der Dialektik: Quantitative Veränderungen schlagen um in qualitative. Eine Situation verändert sich so lange, bis sie in eine neue überspringt.
Solche Sprünge wollen wir die Drehpunkte einer Szene nennen. Für die Fabel – als der Gesamtheit aller Vorgänge – sind die Drehpunkte das A und das O. Ein Theater, das die gesellschaftliche Wirklichkeit als sich verändernd und als veränderbar darstellen will, wird in seinen Inszenierungen das Aufdecken der Widersprüche und Drehpunkte zu einem Hauptunternehmen machen.« (S. 119 f.)

Und in Parenthese läßt sich nachfügen, daß hiermit einer der Erklärungsgründe dafür gefunden ist, warum Brecht den *Büsching* im Jahr 1954 wieder aufnahm: eines der zentralen Probleme bei diesem Projekt war das der Drehpunkte. [179]
Waren bisher im wesentlichen Momente der Analyse eines Stückes genannt worden, so sei abschließend auf einige Probleme eingegangen, *wie* die Umschläge von einer Qualität in eine andere, d.h. die Drehpunkte für das Publikum (aber auch für die Darsteller selbst [180]) sichtbar gemacht werden können; denn es gibt »viele Mittel, die Merkwürdigkeit –

das heißt, Widersprüchlichkeit – der Vorgänge hervorzukehren.« (S. 159) Und gerade die bei *Hirse* eingesetzten geben einige Aufschlüsse: Es sind in ihrer Mehrzahl Mittel des – faßt man diesen Begriff sehr weit – Agitproptheaters.

Herausarbeitung von Widersprüchen und Erzählweise stehen in unmittelbarem Zusammenhang. Will man die Vorgänge merkwürdig machen – in seiner doppelten Bedeutung –, so muß die Erzählweise selbst merkwürdig, d.h. widersprüchlich sein. Der »Erzähler geht von seinem Klassenstandpunkt aus«, durch seine »jeweils ausgewählte Erzählweise werden die Widersprüche in den Vorgängen selbst hervorgehoben, aufgerissen.« (S. 153) Das Aufreißen der Widersprüche ist integraler Bestandteil des Agitproptheaters, auch des chinesischen: Es »benutzte ›Übertreibungen‹ als politisches und künstlerisches Mittel.« (S. 157) Zweck solcher Unternehmungen: den Zuschauer zu belehren und zur Stellungnahme zu zwingen. Diese allgemeinen Momente werden aufgrund der spezifischen Situation in der DDR modifiziert. Durch Berichte wußten Brecht und seine Mitarbeiter, daß viele chinesische Zuschauer

»in den Aufführungen das Abc der Dialektik, das heißt des Kampfes [studierten]. Aber sie studierten mit Spaß. Sie studierten, indem sie sich unterhielten. Die chinesischen Schauspieler – Soldaten und Revolutionäre – taten ebenfalls zweierlei: sie belehrten ihr Publikum, und sie unterhielten es. Japaner und Verräter zum Beispiel wurden meistens von Clowns gespielt: der Zuschauer studierte mit Spaß die Schwäche des Mächtigen.«

Obwohl China ein unterentwickeltes Land war, so war – aufgrund der Kampfbedingungen und ähnlich der Situation vor 1933 in Deutschland – die Zuschaukunst doch sehr hoch entwickelt. Folglich heißt es über die Zuschauer des Berliner Ensembles:

»Unsere Zuschauer benutzen die Unterhaltungen meistens nicht zur Belehrung. Sie interessieren sich nicht in erster Linie für Widersprüche. Wir sollten besonders unsere Zuschauer auf Widersprüche aufmerksam machen« (S. 157), d.h. die Übertreibungen verstärken.

Welche Gefahren sowohl Darstellern als auch Publikum dabei drohten, mag abschließend ein selbstkritisches Detail des Berichtes über die Aufführung andeuten. Er zeigt in aller Schärfe die Zuspitzung auf das Soziale und die Ablehnung jeglicher allgemeinmenschlichen Darstellung:

»Das Bild [von dem sich verbeugenden Bürgermeister und Verräter; d. V.] ist nach der 50. Aufführung gemacht. Der Abstand zwischen Sse und dem Bürgermeister wurde im Laufe der Aufführungen so verringert, daß beide nunmehr mit den Köpfen zusammenstoßen. Die Schauspieler meinten die Szene dadurch lustiger zu spielen. Und tatsächlich lachte das Publikum jetzt schallend, während es vorher nur geschmunzelt hatte. In Wirklichkeit ist der Spaß nicht größer, nur flacher geworden. Wenn zwei beim Verbeugen mit den Köpfen zusammenstoßen, wird man zu jeder Zeit und über jeden Menschen lachen, das heißt, der Spaß hat das Soziale verloren.« (S. 162)

3.2.2. Eva Brauns Beitrag zur Literaturkritik

Das Jahr 1955 verzeichnet eine große Anzahl von Diskussionen und Auseinandersetzungen; es gehört zu den diskussionsreichsten in der Geschichte der DDR. [182] Ereignisse und Tendenzen der vorangegangenen beiden Jahre – immer häufiger taucht die Formel von den ›negativen Auswirkungen des Persönlichkeitskultes‹ auf – fordern von den Schriftstellern und kulturpolitisch Verantwortlichen ein Überprüfen und Überdenken früherer Positionen. Verschärft bzw. begünstigt wird dies durch den Umstand, daß seit Stalins Tod der Eindruck einer einheitlichen politischen Führung auch in der DDR nicht mehr aufrechterhalten werden konnte. Es gibt keine geschlossene politische Macht mehr, die Linienkämpfe sind offen erkennbar, mithin verweist alles auf den Übergangscharakter jener Jahre. Wichtigste Orientierungspunkte des Jahres 1955 sind der XX. Parteitag der KPdSU und der IV. Deutsche Schriftstellerkongreß.

Beides, der Zwang zu Neuerungen und die Unsicherheit der Übergangszeit, machen es erklärlich, daß auch im kulturpolitischen und literarischen Bereich die verschiedensten Diskussionsbeiträge auftauchten, daß jeder der Diskussionsteilnehmer so großen Einfluß wie möglich zu gewinnen und sich damit die besten Ausgangspositionen für die weitere Entwicklung zu sichern suchte. Für den literarischen Bereich bedeutete dies, daß, immer vorausgesetzt, die Situation vor 1953 war nicht fortsetzbar, die Spannbreite zwischen äußerst ›rechts‹ und äußerst ›links‹ liegen konnte, daß, personal gesprochen, die eine Seite der Alternative zwischen Ulbricht und Oelßner lag. Denkbar war auch eine Wiederbelebung proletarisch-revolutionärer Traditionen, hatten doch diese nie ganz vergessen gemacht werden können. Konsequent muß es erscheinen, daß sich in dieser Situation vor allem der Brecht-Kreis engagierte. Doch wie gezeigt werden kann, tat er dies nicht nur in seiner ureigensten Domäne, dem Bereich des Theaters. Im Juni 1955 veröffentlichte das ›Neue Deutschland‹ einen Diskussionsbeitrag zur Vorbereitung des IV. Schriftstellerkongresses, der auf Diskussionen im Brecht-Kreis verwies und einen in der Literaturkritik damals nicht gekannten Ton anschlug [184]: Eva Brauns Artikel *Der Blick auf das ganze Deutschland* [183]. Wenige Zeit später erschien er, nun leicht überarbeitet und in voller Länge, in Heft 5 des ›Diskussionsmaterial[s] zur Vorbereitung des IV. Deutschen Schriftstellerkongresses‹. Er kann, beachtet man die historischen Umstände, ohne Übertreibung als erstes Beispiel einer neuen, von Brecht ausgehenden Literaturkritik bezeichnet werden.

Jedoch: Nimmt es nach all den Hinweisen auf die Forschungslage noch wunder, daß auch dieses Zeugnis der Diskussionen zwischen Brecht und seinen Mitarbeitern in keiner Arbeit Erwähnung findet? Es wurde somit ein Betrag übersehen, der – trotz oder gerade wegen seiner aus dem historischen Kontext zu erklärenden Mängel [185]– einen wichtigen Schritt darstellte, um aus der allgemeinen und von allen beklagten Misere in der Literatur herauszukommen, und der den Diskussionen um den *Nachterstedter Brief* z.B. politisch *und* literarisch Kontur geben konnte; [186] letzteres wird allerdings erst in der Retrospektive sichtbar.

Bevor näher auf den Beitrag Eva Brauns eingegangen wird, seien kurz einige Daten zu der Autorin genannt. [187] Eva Braun hatte Erwin Strittmatter, ihren späteren Mann, im Februar 1952 kennengelernt, über ihn im Mai des gleichen Jahres Brecht. Als die *Katzgraben*-Proben begannen, war sie bei vielen Proben dabei. Wenn Brecht Strittmatter einlud, war sie zumeist mit eingeladen. Sie nahm an einigen Gesprächen über Probleme der Gegenwartsliteratur und *Über den Widerspruch* teil. Von Bedeutung für unseren Zusammenhang ist, daß Brecht, der sich sehr für Probleme der Literaturkritik interessierte [188], von ihrer literaturkritischen Tätigkeit wußte und sich, so sie selbst, »vor allem von mir über neue Bücher berichten« ließ. Auch hatte sie ein Gespräch mit Brecht über *Fünf Schwierigkeiten beim Schreiben der Wahrheit*, einen Text, den sie weiterhin für gültig hielt und über dessen Aktualität sie etwas schreiben sollte, was Brecht zu befürworten schien. Vorgreifend kann hier gesagt werden, daß ihr Artikel mit einem Verweis auf die Aktualität von *Fünf Schwierigkeiten* schloß.

Hervorstechende Merkmale des Braunschen Artikels sind, daß er im Ansatz eine Alternative formuliert, die jenseits der von uns bereits andernorts umrissenen liegt; daß – und dies macht die Originalität und Einzigartigkeit dieses Beitrages aus – diese Alternative durch die Einführung Brechtscher Kategorien in die Literaturkritik bestimmt wird und durch den Versuch deren Verknüpfung mit den in *Über den Widerspruch* entwickelten, deutliches Zeichen der Mao-Rezeption des Brecht-Kreises. Schließlich ist die Bedeutung des Artikels darin zu suchen, daß er ein Dokument von Widersprüchen, von Kämpfen ist; denn Rückfälle in die Lukácssche Gestaltungsterminologie zeigen die Schwierigkeiten an, mit welchen Problemen eine innovative junge Literaturkritik zu kämpfen, kurz: wie stark sie gegen den Strom zu schwimmen hatte. [189]

Zwei politisch-programmatische Thesen liegen dem Artikel zugrunde, die unverkennbar Brechtscher Herkunft [190] sind: daß erstens die Veränderungen in der DDR von der »führenden Rolle der Arbeiterklasse, die im Bündnis mit den Bauern steht« (S. 31), ausgingen und bestimmt würden, daß zweitens aber außer jenem Grundwiderspruch [191] der »Hauptwiderspruch, der das Leben in Deutschland gegenwärtig bestimmt« (S. 17), jederzeit gesehen werden müsse. [192] So klar und eindeutig, läßt man einige Wendungen der Zeit außer Betracht, hat kein Diskussionsbeitrag des Jahres 1955 die beiden damals brennendsten Probleme miteinander verknüpft – den Arbeitern und mit ihnen den Bauern auf allen Gebieten die Führung zu sichern und gleichzeitig immer davon auszugehen, »in einer Übergangszeit zu leben«, davon, »daß wir Bewohner Gesamtdeutschlands sind, und daß der Zustand ein gewaltsam herbeigeführter ist, dessen Ende eintritt, sobald die Gewalt der Kraft weicht, die aus dem Bewußtsein der Massen unseres Volkes entspringen kann.« (S. 16) Unmißverständlich wird hier die gesamtnationale Perspektive einer jeden revolutionären Veränderung auf dem Gebiet der DDR betont. Die Verknüpfung erweist sich von höchster Brisanz. Kennzeichen der Jahre nach Stalins Tod war, daß auch in der Deutschlandpolitik keine einheitliche Meinung mehr vorherrschte. Auch hier war die Spannbreite äußerst weit: entweder die sozialistische Perspektive zugunsten einer gesamtdeutschen Lösung aufzugeben oder die nationale zugunsten eines ›Sozialismus in einem halben Land‹. [193] Brecht dagegen hielt sowohl an der sozialistischen als auch an der nationalen Perspektive fest. [194] Zunächst braucht hier nur erinnert zu werden, was bereits andernorts genannt worden ist: Brechts wiederholtes Drängen, die Arbeiterschaft müsse die kleinbürgerlichen Schichten unter ihre Führung bringen; die Verweise auf die opportunistischen Züge der SED-Politik; Brechts Vorhaben, Agitproptrupps in Ost- *und* West-Berlin auftreten zu lassen, mit gleichen oder zumindest sehr ähnlichen Programmen. Darüber hinaus mag der Hinweis genügen, daß Brecht 1955 einen erneuten Vorstoß unternahm, um »das Auseinanderstrebende zu binden« (S. 31). Brecht schlug vor, eine große Wochenschrift zu gründen, die wenn auch nicht in ganz Deutschland lesbar, so doch zitierbar sein sollte. In ihr sollte die Auseinandersetzung – von prominenter Seite – geführt werden mit westlichen Artikeln z. B. über die DDR oder UdSSR. [195]

Die programmatischen Fixpunkte aus Brechts späten Jahren kehren in Brauns Artikel nicht nur wieder, sie werden näher aus- und in durchaus eigenständiger Weise weitergeführt. Ausgehend von der Frage, wo die »Ursachen für das Ausweichen vor den neuen und darum schwer gestaltbaren Konflikten« (S. 28) in der Gegenwartsliteratur lägen, unternimmt Braun einen politischen und sozialen Erklärungsversuch. Obwohl auch sie mit aller Schärfe Probleme wie den »Bürokratismus, diese Erbkrankheit« (S. 25), benennt, so unternimmt sie, eine übergreifendere Antwort zu geben:

»Begünstigt durch den Reformismus in der Arbeiterbewegung haben sich bekanntlich kleinbürgerliche Züge auf einen Teil der Arbeiterklasse übertragen. Sie haben eine unkämpferische, selbstgenügsame, liebedienerische Haltung hervorgerufen, die sich nach außen in Lebenstüchtigkeit und Biederkeit hüllt. Diese Züge haben im Westen Deutschlands in den Jahren nach 1945 den richtigen Nährboden gefunden. Jeder schert sein Schäflein, sei es auch noch so klein. Er wird mit Fleiß davon abgehalten, über seinen Gartenzaun zu sehen. Nach dem Satz ›Jeder ist sich selbst der Nächste‹ wird praktiziert. Das politische Wirken der klassenbewußten Arbeiter kann unter den schweren Bedingungen des Kampfes immer noch nicht das Übergewicht gewinnen.«

Überwiegt hier noch der Aspekt überkommener Traditionen, des im Negativen gemeinsamen Bandes der beiden Teile Deutschlands, so spricht die Autorin wenig später von in der DDR imer wieder entstehenden *neuen* Widersprüchen:

Das »Grundübel der Borniertheit, der Selbstüberschätzung, der Gesellschaftsfeindlichkeit findet sich nicht nur, wie man annehmen sollte, noch bei Menschen der älteren Generation, es wuchert auch unter jungen Menschen. [...] Es würde zu weit führen, eine Bestandsaufnahme dessen zu machen, was an Varianten kleinbürgerlichen Denkens und Verhaltens immer noch und immer wieder – in den Städten und auf dem Land – unter den doch völlig neuen Bedingungen unseres Staates entsteht. Hingewiesen werden soll nur darauf [...] daß von hier die alten reformistischen Argumente kommen. Weiter gehend, lassen sich entsprechende Verhaltensweisen auf allen anderen Gebieten unseres materiellen und geistigen Lebens entdecken. Verhaltensweisen die es, wo immer sie auftreten, zu bekämpfen gilt.« (S. 30 f.)

Erfolgte in diesem Zusammenhang nicht ohnehin der Verweis auf Mao Tsetung, seine Zitation wirkte, würde sie eingefügt, nicht erzwungen. Sichtbar wird die Rezeption von *Über den Widerspruch* in den Art, wie und welche Widersprüche aufgespürt werden. Darüber hinaus schreibt Braun, Etiketten wie ›Schematismus‹ und ›Naturalismus‹ würden nicht genügen, wolle man die Misere der Konfliktlosigkeit bzw. Scheinkonflikte in der Literatur benennen; die Dinge seien »weit ernster«:

»Allgemein bekannt ist die Lehre, die Mao Tse-tung den Schriftstellern in Yenan erteilte. Er wies nach, warum ihnen kleinbürgerliche Helden interessanter seien und besser gelängen als die Gestalten der Arbeiter und Bauern. Er wies nach, daß die Intellektuellen, unter ihnen auch die Künstler, zum größten Teil dieser Schicht entstammten, und daß sie deshalb eine größere Kenntnis der Sitten, des Denkens und Fühlens der Menschen dieser Schicht besäßen. Sie neigten, wie Mao Tse-tung sagte, dazu, alle Arbeiter und Bauern mit kleinbürgerlichen Zügen und Empfindungen darzustellen. Mao Tse-tung stellte den Schriftstellern sogar die Frage, ob sie den Arbeitern und Bauern keine großen menschlichen Züge zutrauten«. Und grundlegende Probleme bei der kulturellen Umwälzung andeutend, fährt sie fort: »Wir unterschätzen nicht, daß andere Bedingungen und Situationen andere Erscheinungen produzieren. Wir können jedoch nicht umhin, einen Teil der Urschen dafür, daß die neuen, für unsere Zeit bestimmten [196] Konflikte noch kaum gestaltet wurden, in einer ähnlichen

Verfassung eines Teils unserer neueren Schriftsteller zu suchen. Manche von ihnen sind offenbar innerlich noch immer verquickt mit Lebensweise und Vorstellungen des Kleinbürgertums, sie übertragen die dort herrschenden Erscheinungsformen auf alles, was sie darstellen, ja, manche von ihnen sind offenbar überhaupt nur in der Lage, Konflike aus dieser ihrer Sphäre zu sehen und zu gestalten. Es ist hochinteressant, daß richtungsweisende Gestalten in einigen Romanen ausgesprochen kleinbürgerliche Züge (in Lebensweise und Haltung) tragen.« (S. 29)

Denkt man an die polemischen Bemerkungen Brechts z.B. über sowjetische Malerei jener Jahre, so werden grundsätzliche Übereinstimmungen zwischen Ansichten des Brecht-Kreises und den hier genannten Mao Tsetungs evident. Hier wie dort wird auf dem proletarischen, revolutionären Charakter der neuen Kunst insistiert. Obwohl dieser Aspekt zu den Hauptaskpekten in Brauns Artikel gehört, so ist er jedoch nicht der entscheidende. Denn träte nicht noch Wesentliches hinzu, bliebe es bei der Auffassung, daß ›richtige‹ Klassenbasis und ›richtige‹ Klassenideologie notwendigerweise ›richtige‹ Literatur produzierten.

Über den Aspekt des proletarischen Charakters der neuen Literatur und des revolutionären Kampfes gegen reformistische bzw. kleinbürgerliche Positionen hinaus zeigt sich die andere Qualität des Braunschen Ansatzes in der Betonung des zentralen Stellenwerts der materialistischen Dialektik. Unmißverständlich heißt es, der »Schriftsteller, der die widersprüchlichen Erscheinungen unserer Gegenwart richtig erfassen will, hat in erster Linie Dialektiker zu sein.« Die Sprengkraft dieser Worte wird angezeigt in den vorausgeschickten Bemerkungen, die

»künstlerischen Mängel einer ganzen literarischen Richtung [der ›Betriebsromane‹; d. V.] lassen sich kaum noch allein erklären mit dem Mangel einzelner Schriftsteller an Wissen, Lebenskenntnis und künstlerischem Gestaltungsvermögen. Hier ist eine Seite der schriftstellerischen Verantwortung nicht entwickelt, und offenbar galt es für eine bestimmte Zeit als richtig, sie nicht zu entwickeln.« (S. 23)

Einübung in Dialektik heißt hier nichts anderes als Einübung in Sehweisen und Haltungen zur Erkennung der wichtigsten Widersprüche – »Hauptwidersprüche« heißt es bei Braun wie bei Mao Tsetung – und zur revolutionären Kritik an der Gesellschaft:

»Es bedarf zur Erkenntnis der Welt und der gesellschaftlichen Vorgänge in ihr einer unausgesetzten, aufmerksamen Beobachtung und einer nie ermüdenden dialektischen Betrachtungsweise. Ein talentierter Schriftsteller unserer Tage muß sich immer in Anstrengung halten, um die laufend entstehenden und langsam verschwindenden Widersprüche zu durchdringen und sie im richtigen Verhältnis untereinander gestalten zu können. Die Wahl des Stoffes beweist schon, ob der Schriftsteller Dialektiker ist, ob er erkannt hat, wo Hauptwidersprüche bestehen, oder ob er sich von ihm zufällig begegnenden Gegensätzlichkeiten verleiten ließ, seine schriftstellerische Bemühung zu beginnen.« (S. 26)

Letztlich nur durch den Mangel an Dialektik seien die Konfliktlosigkeit, die »mangelhafte klassenmäßige Differenzierung der Konflikte« (S. 31) sowie die weit verbreitete Darstellung ›ewig alter Geschichten‹ zu erklären. In dieser Kritik hält Braun immer in Erinnerung, daß es sich bei jenem Mangel um einen z.T. bewußt erzeugten, weil Kritik nicht ermöglichenden handelt. [197] Auch bei zwei anderen Aspekten, dem historischen und dem nationalen, wird diese Kritik geäußert:

»Eine Reihe von Autoren wurde belehrt, daß sie von ihren Plänen [der Abrechnung mit Krieg und Faschismus; d.V.] abstehen müßte, um wichtigeres vorzunehmen: nämlich bei den Werktätigen Optimismus und Begeisterung zu wecken und so zur Steigerung der Arbeitsproduktivität beizutragen.« (S. 15)

Handelt es sich bei den bisher aufgeführten Punkten um zentrale einer neuen Literatur, aufgrund ihrer Allgemeinheit jedoch nur um beschränkt literarische, so betreffen die folgenden hauptseitig das Problem, wie Dialektik *künstlerisch* umzusetzen sei. Auch wenn Braun nur Ansätze formuliert, so liegt hier gleichsam das I-Tüpfelchen des Innovativen ihres Artikels, hebt er sich deutlich von ähnlichen Kritiken ab.

Schon die Betonung des Prozessualen, Historischen und des Übergangscharakters jener Jahre hatten auf das künstlerische Mittel der Historisierung verwiesen, war es doch von jener wissenschaftlichen Betrachtungsweise zur literarischen Historisierung nur ein Schritt – ein Schritt allerdings, der in jenen Jahren nahezu unbekannt war oder als ›formalistisch‹ abgetan wurde. Bei Braun heißt es nun, und dabei handelt es sich zweifellos um eine z.B. in den Diskussionen um *Katzgraben* gewonnene Erkenntnis:

»Das Vermögen des Schriftstellers, dialektisch zu betrachten und darzustellen, erweist sich zunächst an der historischen Haltung zu seinem Stoff, die sich äußert in künstlerischer Distanz. Diese künstlerische Distanz hat nichts zu tun mit einem Mangel an Begeisterungsfähigkeit oder Parteilichkeit, sie ruft nur einen erhöhten Standpunkt hervor, von dem aus sich Wichtiges von Unwichtigem scheiden läßt, von dem aus Entwicklung in den großen, wesentlichen Zügen erkennbar wird.« (S. 23 f.) Und präzisierend heißt es an anderer Stelle, »viele Bücher sind so geschrieben, wie man mit Bekannten über Bekanntes spricht. Ihnen fehlt die historische Haltung, die sofort das Absurde des gegenwärtigen Zustandes, den Unterschied von Hell und Dunkel, den Kampf zwischen gesellschaftlich Neuem und Altem sichtbar macht. Das künstlerische Mittel der Verfremdung ist sehr zum Schaden unserer Literatur wenig in Gebrauch. Es scheint uns aber, daß nur über die Verfremdung, nur von einem historischen Standpunkt aus eine sichtbare Brücke für Aufnahme und Bewußtseinsbildung gebaut werden kann.« (S. 17)

Man durchforste die junge Literaturkritik der DDR nach solchen Ausführungen. Man wird vergeblich suchen.

Mangelnde Distanz dem Stoff gegenüber, kaum vorhandene Historisierung bzw. Verfremdung wirft Braun vor allem der Gegenwartsprosa vor. Am Beispiel von Maria Langners Roman *Stahl* demonstriert sie, was es bedeute, »Hinter- und Vordergrund« zu verschmelzen: »Diese Sicht ist ausgesprochen unkünstlerisch. Einzelne Abschnitte des Romans, Züge einzelner Gestalten wirken durchaus realistisch, aber die Handlungen in ihrer Gesamtheit tragen einen Zug des falsch Überhöhten, des vorzeitig Gereiften.« (S. 22) Die Methode der Verschmelzung von Hinter- und Vordergrund sowie die Parallelisierung von technischer und Produktionsentwicklung eines Werkes und der des Bewußtseins der Agierenden, wobei letzteres nur so nebenher geschildert werde, widersprächen »in erster Linie der Lebenswahrheit.« Das zentrale Problem der Drehpunkte berührend, fährt Braun fort:

»Dieser offenbare Widerspruch, diese Unmöglichkeit, Entwicklungen glaubhaft zum Ausdruck zu bringen, entspringt daraus, daß die betreffenden Autoren die Methode der Dialektik künstlerisch nicht umgesetzt haben. Sie haben eines der wichtigsten Gesetze der Dialektik – das des Umschlags von Quantität in Qualität – nicht genügend beachtet: sie wollen Wandlungen beweisen, ohne die nötigen Vorstufen, das Ansteigen zum Umschlagpunkt, gezeigt zu haben« (S. 38).

Will man abschließend Brauns Leistung umreißen, so ist sie im Politisch-Programmatischen, andererseits in dem Versuch zu suchen, der jungen Literaturkritik zum unabdingbaren kritischen *und* literarischen Instrumentarium zu verhelfen und damit der jungen Literatur entscheidende Impulse zu vermitteln. Besonders deutlich tritt dies noch einmal in den – fast beschwörenden – Schlußbemerkungen hervor:

„Erkennbar ist heute – es muß auf diesem lange erwarteten [Schriftsteller-]Kongreß endlich ausgesprochen werden –, daß übertriebener Optimismus schädlich ist, in welchen Formen er immer auftreten mag, und daß die Schwierigkeiten beim Verbreiten der Wahrheit nicht abgenommen haben. Wir müssen uns immer mitten in Deutschland fühlen, wenn es auch manchmal scheinen mag, als täten wir etwas nur für unsere Republik. Das gilt besonders für unsere Literatur. Falls sie Kunst wird, falls sie die Größe erreicht, wird sie ihre Wirkung haben auch über eine widernatürliche, hassenswerte Grenze hinweg.« (S. 41)

Nicht verschwiegen, wenn auch nicht analysiert werden soll, daß eines der größten Talente in der jungen Literaturkritik der DDR seit 1953 später seine literaturkritische Tätigkeit zugunsten einer ausschließlich literarischen aufgab, darin vergleichbar etwa Christa Wolf. Die Ursache für diesen Wechsel ist sicherlich nicht allein in der der Autorin gemäßen »Existenzform« zu finden. Denn welch negative Erfahrungen müssen da gemacht worden sein, wenn die Autorin knapp zwei Jahrzehnte später über das doch eigentlich Positive jener frühen Jahre, den innovativen Charakter vieler ihrer Kritiken und nicht zuletzt den Mut, den sie wiederholt bewies, sagt: »Das war meine schlimmste Zeit.« [198] Auch dies scheint uns Ausdruck für eine Entwicklung zu sein, die Thomas Brasch in anderem Zusammenhang mit den Worten bezeichnete: »Resignation schöpferischer Menschen vor der Geschichte, ihr Verharren im ›überschaubaren Privaten‹ (nicht ihr Rückzug dorthin, der bleibt enttäuschten Idealisten vorbehalten).« [199]

3.2.3. Gesellschaftsanalyse und nichtantagonistischer Widerspruch am Beispiel Erwin Strittmatters *Ein Kind der dürren Dame Lebensunkenntnis* [200]

Erwin Strittmatters Beitrag zu den Diskussionen im Vorfeld des IV. Schriftstellerkongresses, eine ironisch-bissige Analyse der Hauptwidersprüche in einer LPG des Kreises Gransee, betitelt *Ein Kind der dürren Dame Lebensunkenntnis*, trägt unverkennbar Merkmale der Diskussionen des Brecht-Kreises, weist aber stärker noch als Eva Brauns Artikel eigene Elemente auf. Er gehört zu den wenigen Zeugnissen aus dem Bereich ›Gesellschaftsanalyse‹ jener Jahre; ja es läßt sich sogar noch weiter einschränkend sagen, daß es sich bei Strittmatters Beitrag um den einzig bedeutsamen publizierten handelt. Denn zwei weitere, ebenfalls aus dem Brecht-Kreis stammende und letztlich noch bedeutendere Beiträge, die bereits genannten Materialien zu Brechts *Garbe/Büsching*-Projekt und der Briefwechsel Strittmatters mit dem *Katzgraben*-Kritiker Schmidt, sind nicht veröffentlicht, der Briefwechsel noch nicht einmal bekannt. [201]

Sofort zu Beginn seines Artikels läßt Strittmatter keinen Zweifel darüber aufkommen, daß eine grundsätzliche Kritik der bisherigen Literaturproduktion vonnöten sei. Zwei Schlagworte aus den Diskussionen der vergangenen Jahre aufgreifend, die vom ›Formalismus‹ und ›Schematismus‹, erklärt er, die »Aussprache über den Schematismus, der der Kunst nicht weniger gefährlich [als der Formalismus] ist, beginnt sehr schüchtern. Beide ›ismen‹ aber haben die dürre Dame Lebensunkenntnis zur Mutter.« Daß Strittmatter einen völlig anderen Begriff von ›Schematismus‹ hat als den herrschenden, einen, der ähnlich definiert ist wie Brechts ›Formalismus‹-Begriff, zeigt sich, wenn er fortfährt:

»Mir kommt es vor, als vernachlässige ein Teil von uns [Schriftstellern; d. V.] einen wichtigen Part des marxistischen ABC – die Dialektik. Das aber scheint mir nicht nur bei manchen Schriftstellern, sondern auch bei einigen Kulturfunktionären, Lektoren und Redakteuren so zu sein.« (S. 118)

Wie Brecht will Strittmatter nicht auf eine literarische Diskussion über den ›Schematismus‹ hinaus. Für ihn wie für jenen hängt dieser Begriff zuvörderst und unmittelbar mit einer falschen, sprich: nicht auf der Methode der materialistischen Dialektik beruhenden Analyse der Wirklichkeit zusammen. Von den vorhandenen Romanen über die LPGs sagt er, seines Wissens sei kein gültiges Werk geschrieben worden, »in den Werken aber, die das Genossenschaftsthema behandelten, wurde es schematisiert.« Verschärfend fügt er hinzu: »Es wurden bei uns auch andere Bücher über das Land geschrieben, in denen die Verhältnisse stark ›retuschiert‹ sind.« Die daran anschließende Bemerkung verrät den Lehrer, ja sie könnte von diesem selbst sein: »Wer rührte die Tusche ein? Wer trug sie auf? Wem dient sie?« (S. 118) [202]

Im Folgenden karikiert Strittmatter den gängigen Berichts- und Reportagestil. Da er die zentralen Momente trifft und seine Darstellung Seltenheitswert besitzt, sei er ausführlich zitiert:

»Ich wohnte vor einiger Zeit der Vollversammlung einer Landwirtschaftlichen Produktionsgenossenschaft bei. Sie war so konfliktreich, so voll von dialektischen Überraschungen, daß man sie nur unter größter Mißachtung der Wirklichkeit hätte schematisieren können. Und doch geschieht so etwas bei uns täglich. Eine Zeitungsmeldung über diese Versammlung (ich weiß nicht, ob eine erschien) hätte folgendermaßen ausgesehen:
›Die Mitglieder der LPG ›Frohe Zukunft‹ in Dolldorf, Kreis Gransee, beschlossen auf einer Vollversammlung einstimmig, ihre LPG in den Typ III zu überführen. Der Vertreter der Kreisleitung der SED, Genosse W., wies darauf hin, daß das Bewußtsein der Genossenschaftsbauern eine stetige Festigung erfährt und bezeichnete die Beschlußfassung der LPG ›Frohe Zukunft‹ als einen Beitrag zum Kampf um den Frieden und die Einheit Deutschlands usw.‹
Auch eine Reportage in der üblichen Manier hätte uns kaum ein genaueres Bild vermittelt. Sie hätte etwa so ausgesehen:
›Unser Wagen fährt die holprige Dorfstraße entlang. Wir treffen den Vorsitzenden der örtlichen LPG in Gummistiefeln beim Ausmisten des Schafstalles. Auf seinem Gesicht scheint uns etwas Feierliches zu liegen. Ab morgen wird Schluß damit sein, daß die Genossenschaftsbauern nach der Arbeit auf den Feldern erst ihr eigenes Vieh versorgen und füttern. Der große Tag ist herangekommen.
Heute wird die Genossenschaft . . . Die Genossenschaftsbauern versammeln sich in einem gemütlichen Raum. Nach der Klärung einiger strittiger Fragen kommt der große Augenblick. Er wird die Genossenschaftsbauern einst vor ihren Kindern ausweisen. Er wird Beleg für ihr gewachsenes Bewußtsein sein. Das Statut für den Typ III wird verlesen. Man sieht freudige, aber auch nachdenkliche Gesichter. Der Vorsitzende erhebt sich zur entscheidenden Frage: ›Wer dafür ist, daß wir unsere Genossenschaft in den Typ III überführen, den bitte ich um das Handzeichen!‹ Da ist im ganzen Raum keine Hand, die unten bleibt . . . usw.‹ Und wie sah es wirklich aus?« (S. 118 f.)

Was Strittmatter nun vorführt, kann fürwahr ein Schelmenstück genannt werden; was sich vordergründig als Vorliebe für Schrulligkeiten ausgibt, erweist sich von äußerster Hintergründigkeit. Darüber hinaus demonstriert Strittmatter hier im literarischen Vorfeld eines seiner wichtigsten Verfahren – Reinhard Hillich hat dies am *Ochsenkutscher* beispielhaft entwickelt [203] –: das der verschiedenen Leseweisen.

Eine mit den Mitteln der Dialektik vorgenommene Analyse ergibt das genaue Gegenteil des in der fiktiven Zeitungsnotiz bzw. Reportage Berichteten, stellt diese eigentlich erst auf die Füße. Der beste Bauer ist aus der Genossenschaft ausgetreten. Ein oberflächlicher, nur auf eine positive Meldung an die vorgesetzte Stelle erpichter Berichterstatter hätte ermittelt, der Bauer sei ein verkappter Reaktionär, der seine Frau ins KZ gebracht habe und nun, nach verbüßter Strafe und Ablauf der Bewährungsfrist, wieder offen auftrete. Zumpe, so sein Name, trat zwar offen auf, wie aber Strittmatter zeigt, aus völlig anderen Gründen. Denn dieser Bauer hatte gedacht, durch den Übergang zu Typ III würden alte Sollrückstände ›sozialisiert‹, konkret: er müsse die Sollrückstände des Vorsitzenden mit tragen. Da Zumpe jedoch seine Ablieferungen genau erfüllt hatte, war verständlich, daß der Vorsitzende für Typ III und vor allem für den Verbleib von Zumpe in der LPG war, hatte er doch wie dieser gedacht, daß Sollrückstände ›sozialisiert‹ würden. Was für den einen ein großer Vorteil, wäre für den anderen das gerade Gegenteil. Bis sich herausstellt, daß die Solldaten eine Fehlinformation waren, daß Schulden auch in Typ III Schulden blieben. Strittmatter resümiert:

»Man sieht [...]: welche Verwicklungen, welche dialektischen Sprünge! Der ehemalige politische Sträfling hat in bezug auf die Ablieferungspflicht ein besseres ›Bewußtsein‹ an den Tag gelegt als die beiden Vorsitzenden der Genossenschaft. Alle Dinge in dieser Genossenschaft stehen überhaupt auf dem Kopf. Den Kreissekretär Wallkopf aber interessiert das alles nicht. Er hat erreicht, was er wollte. Er kann den Übergang dieser Genossenschaft zum Typ III ›aktenmäßig erfassen‹ und Erfolgsmeldung an den Bezirk machen.
    In Wirklichkeit ist mit dem Übergang der Genossenschaft zum Typ III zunächst gar nichts getan. Im Gegenteil: da man ohne die nötige Bewußtseinsreife der führenden Mitglieder zum Typ III überging, ist das Fortbestehen dieser Genossenschaft sogar gefährdet. Um mit Bertolt Brecht zu sprechen: Es ist eine Situation eingetreten wie im Zirkus, wenn der Todesspringer zum Sprung aus der Zeltkuppel ansetzt und der Trommelwirbel ertönt. Gelingt der Sprung? Gelingt er nicht? Nichtgelingen kann den Tod bedeuten. Und Tod oder Leben hängen davon ab, ob die Kreisleitung erkennt, daß sie in dieser Genossenschaft die Alleinherrschaft der Landeinbringer brechen muß.« (S.123 f)

Handelt es sich bei dem von Strittmatter angeführten Fall um ein relativ geringfügiges Problem, kurz: um die Analyse *nicht* antagonistischer Widersprüche, so zeigt doch gerade diese Analyse, zu welchen Ergebnissen die dialektische Methode, angewandt auf andere, größere Bereiche, hätte führen können. Strittmatter selbst ist es, der dafür einen kleinen Vorgeschmack gibt und – gewollt oder ungewollt, was in diesen Zusammenhang jedoch unerheblich ist aufgrund der jener Kritik innewohnenden Eigendynamik – die Wandlung nichtantagonistischer Widersprüche in (tendenziell) antagonistische andeutet. Denn zurückkehrend zu den eingangs gestellten Fragen »Wer rührte die Tusche ein? Wer trug sie auf? Wem dient sie?« benennt er einige der Ursachen für den von ihm charakterisierten ›Schematismus‹:

»Sind es – das ist meist der Fall – junge Schriftsteller, die eine solche Reportage geschrieben haben, so fallen sie gewöhnlich beim zweiten oder dritten Schulterzucken des Redakteurs um. [...] Sind sie verantwortungslos? Sie haben gearbeitet. Sie brauchen Geld. Sie haben einen Brotberuf zu zeitig aufgegeben und drücken oftmals beide Augen zu, wenn ihnen ein bedenkenloser Redakteur seine Bequemlichkeitsargumente vorhält.

Was folgt weiter daraus? Der junge Schriftsteller hat auf die angeführte Weise seine Studien gemacht. Er will, sagen wir, einen Roman schreiben. Er will die Materialien seiner literarischen Reportage dabei verwenden. Er beginnt zu schreiben. Es fällt ihm ein, daß er dies und das nicht schreiben ›darf‹. Der Redakteur hat's damals auch nicht durchgehen lassen. Eine seiner literarischen Reportagen, so ein ›überheißes Eisen‹, befindet sich überhaupt noch auf Wanderschaft, auf Weiterleitung zur Information. Auf der einen Seite schaut ihm der Redakteur der Tageszeitung, auf der anderen irdendeine Institution über die Schulter: die Musen des Schematismus.« (S. 124 f)

Strittmatter erhebt keinen Anspruch darauf, alle Wurzeln des Übels aufgedeckt zu haben. Er erklärt ausdrücklich, daß es nötig sei,

»vor oder auf dem Schriftstellerkongreß an einzelnen Werken der neueren Zeit, in denen der Schematismus blüht, nachzuprüfen, ob seine Wurzel Bequemlichkeit, Verantwortungslosigkeit, künstlerische oder ideologische Unsicherheit, Unkenntnis der Wirklichkeit, übersteigerter Enthusiasmus oder gar finanzielles Strebertum und damit Schädlingsarbeit ist.« (S. 125)

In der Vielzahl der genannten möglichen Ursachen ist unübersehbar der Hinweis auf eine dringend notwendige Diskussion und Auseinandersetzung enthalten. Folgerichtig macht Strittmatter einen Vorschlag, der in Richtung einer ›Hundert-Blumen‹-Kampagne weist: einer solchen Diskussion das entsprechende Organ zu schaffen:

»Wie also kann der Verband hier eingreifen? Ich meine, er könnte es sehr wirksam tun. Wir brauchen einfach eine vom Verband herausgegebene Wochenzeitschrift. Ich garantiere, daß sie in kurzer Zeit zu einer vielgelesenen Zeitschrift werden würde. Sie würde außerdem befruchtend auf die Redaktionen anderer Zeitungen wirken. In dieser Zeitung müßte es ›hoch‹ und ›heiß‹ hergehen. Es müßte um die Wahrheit, um die Realistik gerungen werden. Mut und Kühnheit, die wir einander fortwährend anraten, Eigenschaften, die ohne Zweifel bei den meisten Schriftstellern vorhanden sind, könnten hier gezeigt und davor geschützt werden, an der Bequemlichkeit in Redaktionsstuben zu zerschellen.

Ein Schreibender, der in der Rotte der Murmler, der Nachplapperer und ›Unterstreicher‹ marschiert, die wir aus schlecht geleiteten Versammlungen kennen, ist kein Schriftsteller. Wir wollen aussagen, voraussagen, warnen, kurz: parteilich helfen.« (S. 126)

Es wäre problematisch und würde letztlich nur zu einseitigen Ergebnissen führen, beließe man es bei der Hervorhebung von Strittmatters Anwendung der dialektischen Methode im vorliterarischen Raum. Ohne hier ausführlich auf Strittmatters Frühwerk eingehen zu wollen – noch einmal sei auf die Arbeit Reinhard Hillichs zum *Ochsenkutscher* aufmerksam gemacht –, ist es doch unerläßlich, einige markante Züge dieses Frühwerks zu beleuchten. Strittmatter selbst gibt einen wichtigen Hinweis. Er schreibt, er habe, um den Mißständen in besagter LPG abzuhelfen, »operativ gearbeitet«. Die Folge: Er sei aus den Ämtern nicht mehr herausgekommen. »Ich kam nicht mehr zur eigenen Arbeit, zum Schreiben, zum künstlerischen Gestalten.« (S. 125) Klingt in dieser Bemerkung eine ablehnende Haltung gegenüber jener Operativität [204] an, so weist sie doch auf ein zentrales Problem: daß sich die allgemeine Umwälzung auch in der Darstellung und in den Darstellungsmitteln zeigen müsse. Daß sich Strittmatter dieses Problems bewußt war und es zu lösen versuchte, unterschied ihn von der Mehrzahl seiner Kollegen. Es ist ein wesentliches Moment seiner Leistung. [205]

Schon sein Erstling, der 1950 erschienene Roman *Ochsenkutscher*, hatte eine der Stärken dieses Autors offenbart, seine Fähigkeit, den widersprüchlichen Prozessen dörflicher – in diesem Fall kann gesagt werden: überschaubarer – Verhältnisse bis ins Detail nachzugehen und die dabei aufgedeckten Wendungen und Sprünge nicht durch naturalistische Beschreibung und Detailmalerei wieder zuzudecken; denn Strittmatter schrieb fast ausschließlich über das, was er aus eigener Anschauung und Erfahrung genau kannte. (*Katzgraben* und *Tinko* z. B. spielen in einem Dorf in der Lausitz.) Zweitens wählte Strittmatter im Unterschied zu anderen Schriftstellern jener Jahre – eine gewisse Ausnahme unter den Schriftstellern, die über die Umwälzung auf dem Land schrieben, machte neben Strittmatter nur Jurij Brezan [206] – Darstellungsmittel, die eine Einfühlung erschwerten und Distanz zum (Roman-)Geschehen ermöglichten, kurz: historisierende und verfremdende. [207] Auch berief er sich offenkundig auf andere literarische Traditionen als die des 19. Jahrhunderts, etwa des Picaroromans. [208] Wie wir bereits andernorts hatten feststellen können, waren dies genau die Momente, aufgrund deren Brecht auf Strittmatter aufmerksam geworden war. Ja man kann davon sprechen, belegt in vielen Anekdoten und Erinnerungen [209], daß Brecht hier eine ›naturwüchsige Begabung‹ für Dialektik sah. [210]

Besonders anschaulich zeigen sich genaue Gesellschaftsanalysen und historisierende bzw. verfremdende Darstellungsmittel in *Tinko*. Kraske, der Großvater Tinkos, ist durch die Bodenreform Neubauer geworden; doch wird er nicht ›glühender Vorkämpfer des Neuen‹ wie ähnliche Gestalten in der Prosa über die Umwälzung auf dem Land anderer Autoren, sondern zäher Verteidiger seines Besitzes. Strittmatter hatte gesehen, daß die Bodenneuverteilung eine völlig neue Art von Widersprüchen produzierte und daß gerade diese Widersprüche aufgedeckt werden mußten, wurden sie doch von vielen nicht erkannt. Die Bodenreform, ihrer Qualität nach eine bürgerlich-revolutionäre Maßnahme, mußte in die schrittweise Kollektivierung übergeleitet werden, sollte die Kleinproduktion, die nach Lenin ununterbrochen und neu Kapitalismus produziert, nicht voll ihre eigene Dynamik entfalten, sollte der Sozialismus auch auf dem Land durchgesetzt werden. Und eigene Dynamik bedeutet im Fall Kraske: Verteidigung und Ausbau des Besitzes. Strittmatter verschärft diese Problematik noch, indem er dem ehemaligen Gutsarbeiter Kraske eine sozialdemokratische Vergangenheit gibt sowie das Bewußtsein eines Kleinproduzenten und das eines unter reformistischem Einfluß stehenden Arbeiters als nahe verwandt und in der Wurzel identisch zeigt.

Gleichwohl handelt es sich bei der Aufdeckung jener alten und besonders der neuen Widersprüche nur um eine Seite des Romans. Kraske wird nicht ›entlarvt‹ oder als Karikatur geschildert, sondern als tragische Figur vorgeführt. Er ist kein Großbauer, gehört also aufgrund seines Status' als Kleinproduzent eigentlich zu den Bündnispartner der (Land-)Arbeiterschaft. Seine Unfähigkeit, das Neue zu erkennen und damit seine und seines Enkels Zukunft, verurteilt ihn zum Scheitern. Eine Unfähigkeit, die keine persönliche, keine Charaktereigenschaft ist, sondern ein historisches Produkt. Sie ist Resultat der verschleppten demokratischen Veränderung auf dem Land und des folglich ungebrochen anhaltenden Landhungers der (halb-)proletarischen Schichten, der großen Niederlage der Arbeiterschaft 1933 und nicht zuletzt des reformistischen Erbes, zu dem immer auch die Geringschätzung des ländlichen Proletariats und der Kleinbauern gehörte. Indem die Loslösung Tinkos von seinem Großvater als äußerst schmerzvoller und langandauernder Prozeß geschildert wird, vermittelt Strittmatter eine ganze Epochenerfahrung. Christa Wolf konnte daher 1955 über *Tinko* schreiben:

»Der Roman spielt in unserer Gegenwart, in der sich auf dem Lande ein großer gesellschaftlicher Umwälzungsprozeß vollzieht, der mit der Verteilung des Junkerlandes an landarme Bauern und Arbeiter beginnt und heute in die Gründung landwirtschaftlicher Produktionsgenossenschaften mündet.

Erwin Strittmatter entdeckt, daß diese ökonomische Umwälzung einen interessanten menschlichen Konflikt erzeugt: Kleine Bauern und Arbeiter, die durch die Bodenreform Landbesitzer geworden sind, sehen sich vor der Erfüllung lange genährter Wünsche und entwickeln in sich jene engstirnige Besitzerideologie, die der Weiterentwicklung des Dorfes im Wege steht.

Einen reinen Vertreter dieses Typs zeichnet Strittmatter in Tinkos Großvater August Kraske, einem starrköpfigen Alten, ehemals Glashüttenarbeiter und Tagelöhner, jetzt Besitzer von 50 Morgen Land. Dieses Land, um das er sich zeit seines Lebens gequält hat, frißt nun ihn und seine Familie auf. Einst war er Vorsteher der Sozialdemokraten in Märzbach, später machte ihn der sowjetische Kommandant zum Bürgermeister. Inzwischen aber hat er längst sein Parteibuch zerrissen und wittert in den Kommunisten seine Widersacher, die ihm die eigennützige Freude an seinem Besitz nicht gönnen. Dafür bewirbt er sich untertänig um die Freundschaft des Großbauern Kimpel.

Die Befreiung ist für ihn zu spät gekommen; er begreift die Zeichen der neuen Zeit nicht mehr, die für ihn und seinesgleichen günstig stehen; er kann nicht mehr mitwachsen, die alte Zeit mit Plackerei und Kriecherei hat das Lebendige, Entwicklungsfähige in ihm zerbrochen. Beim Zusammenstoß mit dem sich entwickelnden Leben, das ihm in seinen eigenen Söhnen gegenübertritt, erweist sich seine scheinbare Stärke als brüchig. Der eigensinnige Alte isoliert sich selbst, und im Wüten gegen sich und die ganze Welt geht er tragisch zugrunde. Mit den Tränen über seinen Tod schluckt der Leser den Haß gegen die Zeit in sich hinein, die Menschen wie August Kraske verkrüppeln ließ und innerlich zerbrach.«

Wolf hebt hier, ausgehend vom gesellschaftsanalytischen Aspekt, einige der wichtigsten Züge *Tinkos* hervor. Sie ist es auch, die auf Strittmatters Kunstgriff, das Geschehen aus der Sicht Tinkos zu schildern, aufmerksam macht:

»Anscheinend will der Autor durch diesen Kunstgriff eine stärkere Unmittelbarkeit des Eindrucks erreichen und auch einen gewissen Verfremdungseffekt erzielen; er hält es wohl auch für geraten, den neuen, in manchen Büchern arg mißhandelten Formen unseres gesellschaftlichen Zusammenlebens mit der unverbrauchten, unvoreingenommenen Urteilsfähigkeit des Kindes entgegenzutreten. Durch dieses Medium sieht der Leser frischer, gleichsam zum erstenmal, trotzdem aber gleichzeitig bewußter.« [211]

Christa Wolfs Rezension ist weniger unter dem Aspekt interessant, ob sie *Tinko* zutreffend interpretiert. Interessanter ist ihre Rezension unter dem Rezeptionsaspekt. Denn was Wolf als neues Sehen für den Leser umschreibt, hat seine Gültigkeit für die Rezensentin selbst – ohne daß diese sich jedoch dessen bewußt ist. Wohl beschreibt sie im Ansatz Innovatives in Strittmatters Darstellung – nicht zufällig dürfte der Begriff ›Verfremdungseffekt‹ gewählt sein –, doch das entscheidend Neue bleibt ihr verborgen. Der folgende Passus über Tinkos Stellung zwischen Kraske und dem Heimkehrer (dem Vater) vermag zu zeigen, wie sehr die Gestaltungsterminologie den Blick für Strittmatters Originalität – gemessen an seinen Kollegen – zu trüben vermochte:

»Ein Kind, eigentlich Sinnbild des Neuen, Heranwachsenden ist durch besondere Konstellation an das Alte gefesselt. [...] Dadurch entsteht ein eigenartiger, scharfer und skurriler Konflikt, die Unnatur des zähen Alten wird besonders deutlich. Es entbrennt der Kampf um die Seele des Jungen. Allmählich wird das Kind, der inneren Entwicklungsrichtung seiner eigenen Persönlichkeit folgend, hinübergezogen: Das Alte wird ihm als widernatürlich bewußt, das Neue übt als Natürliches, Entwicklungsfähiges eine magnetische Anziehungskraft aus.« [212]

Noch deutlicher wird jener Aspekt in der Konfrontation zweier Rezensionen. In Günter Eberts *Das neue Leben auf dem Dorfe* heißt es:

»Unbeantwortet bleibt [...] auch nach ›Tinko‹ immer noch der Wunsch nach einem Roman, in dem die Geburt des Neuen auf dem Lande, die ebenso schmerzhaft wie glückbringend ist, in ihrer Vielfältigkeit und Widersprüchlichkeit von einem mutigen talentierten Schriftsteller gestaltet wird.«

Was Ebert unter ›Vielfältigkeit‹ und ›Widersprüchlichkeit‹ verstand, erläuterte er in einigen allgemeinen Bemerkungen zur Darstellungsweise überhaupt. Sie folgen der herrschenden Anschauung von Literatur und sind selbst Erklärung genug, warum Ebert innovative Momente von Strittmatters Roman nicht sehen *konnte:*

»Der Leser [...] will doch mehr von unserer Literatur erfahren – er will sich mit dem Helden eines Buches auf diese oder jene Weise vergleichen, sich in ihn versetzen können. Er muß also – und das zwangsläufig – vor denselben Schwierigkeiten, Widerwärtigkeiten, Konflikten und Widersprüchen stehen wie er und noch größeren, härteren; der Held muß sich zum Höchsten entwickeln, über ungeahnte Hindernisse hinweg – damit er miterleben kann, wie er sich aus allen Verstrickungen befreit, damit ihm das widerfährt, was schon Aristoteles (allerdings nur auf das Drama angewandt) als das höchste Ziel der Kunst angesehen hat: nämlich wohltuende Befreiung von Mitleid und Furcht. [...] Unter extreme Bedingungen sollte auch der Charakter eines jeden Helden gestellt werden, erst dann zeigt sich im hellsten Licht seine und seiner Bewährung.« [213]

Anders dagegen eine Besprechung, die fast auf den Tag genau mit Eberts Sammelrezension erschien und im Titel *Ein Meisterwerk neuer deutscher Prosa* die aktuelle Diskussion über Fragen der Meisterschaft anklingen ließ. Da Alfred Könner, der Verfasser, nicht dogmatisch das herrschende und in der Ebertschen Rezension explizit genannte aristotelische Schema anwendet, kommt er zu gänzlich anderen Ergebnissen [214], so, wenn er schreibt, *Tinko* sei »das künstlerisch stärkste Buch über die Entwicklungsprobleme auf dem Lande« oder mit diesem Roman habe Strittmatter »einen der wertvollsten Beiträge zur neuen Literatur beigesteuert.« [215] In der konkreten Begründung dieser Urteile macht Könner auf eine Verfremdung aufmerksam – ohne selbst diesen Begriff zu verwenden –, die allein schon *Tinko* aus der Prosa jener Jahre herausragen läßt:

»Die Distanz, die der Autor zwischen den Leser und den Heimkehrer legt – er bleibt auch handlungsmäßig merkwürdig unaktiv, wenn man bedenkt, daß es um seinen Jungen geht –, hat zur Folge, daß Tinko seine Entscheidung, zum Vater zu gehen, nicht lediglich aufgrund einer persönlichen Sympathie fällt, sondern aufgrund der vielen Erlebnisse, die ihm zeigen, wo die Zukunft liegt. Eine bloße aus der Kinderanhänglichkeit gefällte Entscheidung hätte den Autor der vielen Möglichkeiten beraubt, dem Entschluß, ein neues Zuhause zu suchen, jenen tieferen Sinn zu geben, den der Leser in seinem Verhalten erblickt. Der Autor schafft sich damit wunderbare Möglichkeiten, Tinko aus einem gewissen Maß an gesellschaftlichen Einsichten handeln zu lassen. Er hat nicht nur zwei Menschen gewechselt, er ist von einer Front zur anderen gegangen. Es zeugt für Strittmatters Kunstverstand, daß er dem polternden Kraske nur darum so viel Raum und Bedeutung zumißt, weil er auf der anderen Seite das sich mit jedem Tag kräftiger zeigende Neue weiß, das mehr als alles andere den Vater, den Kommunisten, kennzeichnen hilft. Das Leben spricht für den Vater und gibt ihm Gewicht. Das Leben spricht gegen den Großvater und nimmt ihm, je mehr er gegen seine Umwelt zu rasen beginnt, jedes Gewicht. Die Forderung nach Gestaltung wesentlicher Konflikte aus der Gegenwart ist hier auf eine mustergültige Weise erfüllt, nicht schematisch, sondern in einer Form, die die soziale Bedeutung der Vorgänge ins rechte Licht rückt, ohne daß der Wahrheitsgehalt der Charaktere auch nur um ein Etwas geschwächt wird.« [216]

ANHANG

EDITORISCHE NOTIZ

1. Bis auf wenige Ausnahmen werden Zeitungs- und Zeitschriftentitel in Form von Siglen wiedergegeben.
2. Bereits zitierte Titel werden in Kurzform wiedergegeben: Verfassernachname, Kurztitel, A.a.O., Seitenzahl.
3. Zeitungs- und Zeitschriftenartikel werden wie folgt notiert: Jahrgangszahl / Erscheinungsjahr / Datum oder Nummer, Seitenzahl.
   Die Jahrgangszahl kann z. B. bei Tageszeitungen wie »FAZ« oder »Frankfurter Rundschau« entfallen. Da im Einzelfall Nummer als auch Datum angegeben werden, wird wie folgt notiert: Zeitungen: Datum, Zeitschriften: Nummer. (Abweichende Notation bedeutet, daß nur die mitgeteilte Angabe ermittelt werden konnte.)
4. Die Auflage wird bei Monographien durch Ausschreibung wiedergegeben. Handelt es sich um keine veränd. Aufl., so wie folgt: Auflage/Erscheinungsjahr.
5. Verweise innerhalb der Untersuchung werden gekennzeichnet mit: S.S. bzw. s.S., Verweise auf Sekundärliteratur mit: Vgl. bzw. vgl.
6. Eigene Zusätze in Zitaten und Notationen werden generell gekennzeichnet mit: [...]. – Auf das Auslassungszeichen [.] bei Zitationen wurde verzichtet.
7. Das Zeichen [!] in Zitaten verweist auf Druckfehler o. ä. im Original, in Ausnahmefällen bedeutet es ›sic!‹.
8. Zitate werden wiedergegeben mit: »...«.
9. Zitate im Zitat werden wiedergegeben mit ›...‹.

ABKÜRZUNGSVERZEICHNIS

a:	alternative
A:	Aufbau
B:	Beilage
BBA:	Bertolt-Brecht-Archiv
BfdDB:	Börsenblatt für den Deutschen Buchhandel (Leipzig)
BZ:	Berliner Zeitung
BzdGL:	Beiträge zur deutschen Gegenwartsliteratur (= BzGL)
DA:	Deutschland-Archiv
DAS:	Deutsches Allgemeines Sonntagsblatt
DB:	Die Buchbesprechung
DD:	Der Deutschunterricht
DS:	Der Spiegel
DSch:	Der Schriftsteller
DW:	Die Weltbühne
DZ:	Deutsche Zeitung
DZe:	Die Zeit
E:	Einheit
F:	Forum
FAZ:	Frankfurter Allgemeine Zeitung
FR:	Frankfurter Rundschau
GW:	Gesammelte Werke
HuM:	Heute und Morgen
KuL:	Kunst und Literatur (= Sowjetwissenschaft/Kunst und Literatur)
MH:	Monatshefte (USA)
Mo:	Der Monat
ND:	Neues Deutschland
ND/BKuL:	Neues Deutschland/Beilage »Kunst und Literatur«
NDL:	Neue Deutsche Literatur
NW:	Neuer Weg
NWe:	Neue Welt
NZZ:	Neue Zürcher Zeitung/Fernausgabe
S:	Sonntag
SH:	Sonderheft
SL:	Sowjetliteratur
SuF:	Sinn und Form
SW:	Sowjetwissenschaft/Gesellschaftswissenschaftliche Beiträge
T:	Tribüne
TdZ:	Theater der Zeit
Th:	Theater heute
TR:	Tägliche Rundschau
VB:	Der Volksbetrieb
V:	Volkskunst
W:	Welt
WB:	Weimarer Beiträge
WBe:	Wissenschaftliche Beilage

Einleitung

1 Vgl. etwa die Auflistung: The German Democratic Republic: Courses and Curricula. A Special Survey, in: MH 69/1977/3, S. 320 ff.

2 Namentlich: GDR Bulletin. Newsletter for Literature and Culture in the German Democratic Republic. St. Louis 1975 ff.

3 Die 1978 eingerichtete Informationsstelle für DDR-Forschung im Gesamtdeutschen Institut ist durchaus auch unter dem hier genannten Aspekt zu sehen (vgl. DA 11/1978/7, S. 726).

4 Zu erwähnen ist der »Arbeitskreis für Literatur und Literaturwissenschaft in der DDR«, auf dessen Tagung 1979 sich allein drei regionale Arbeitskreise vorstellten: ein Berliner, ein Konstanzer (dieser mit einem aktuellen Forschungsbeitrag zur ›deutschen Misere‹: sein Projekt sichert die Beschäftigung mit DDR-Literatur bis weit ins 21. Jahrhundert ...) und ein Amsterdamer (vgl. Zur Literatur und Literaturwissenschaft der DDR, in: Amsterdamer Beiträge zur neueren Germanistik 1978/7 sowie: Norbert *Schachtsiek-Freitag*: Aufsätze zur DDR-Literatur, in: DA 12/1979/10, S. 1103 f.).

5 Welche Veränderungen der 9. Parteitag für die Forschung zur Folge hat, ist noch nicht absehbar.

6 Geschichte der Literatur der Deutschen Demokratischen Republik. Von einem Autorenkollektiv unter Leitung von Horst *Haase* und Hans Jürgen *Geerdts*, Erich *Kühne*, Walter *Pallus*. Berlin 1976.

7 Vgl. auch die seit 1980 erscheinende Zeitschrift »Germanistik« (Leipzig).

8 Karl Robert *Mandelkow:* Neuer und sozialistischer Realismus. Zu Fragen der Rezeption von DDR-Literatur in der Bundesrepublik, in: kontext 1. Literatur und Wirklichkeit, hrsg. von Uwe *Timm* und Gerd *Fuchs*. München 1976, S. 175.

9 Karl Robert *Mandelkow:* DDR-Literatur und ihre bürgerliche Rezeption, in: *Ders.*: Orpheus und Maschine. Acht literaturgeschichtliche Arbeiten. Heidelberg 1976, S. 138.

10 Hermann *Kähler*: Der kalte Krieg der Kritiker. Zur antikommunistischen Kritik an der DDR-Literatur. Berlin 1974.

11 Heiner *Müller*: Wie es bleibt, ist es nicht. Über Thomas Brasch: »Kargo«, in: DS 31/1977/38, S. 212.

12 Geschichte und Drama. Ein Gespräch mit Heiner Müller, in: Basis. Jahrbuch für deutsche Gegenwartsliteratur. Bd. 6 (1976). Hrsg. von Reinhold *Grimm* und Jost *Hermand*. Frankfurt/M. 1976, S. 49.

13 Vgl. z. B.: Reinhard *Hillich:* Erzählweise und Figurengestaltung in Strittmatters »Ochsenkutscher«, in: WB 23/1977/8, S. 79 ff.

14 *Müller*: Wie es bleibt, a. a. O., S. 212.

15 *Mandelkow:* DDR-Literatur. a. a. O., S. 138.

16 Hans-Jürgen *Kraft*/Manfred *Lefevre:* Der Aufbauroman in der DDR. Zu einigen Fragen sozialistisch-realistischer Literatur, in: Diskussion Deutsch 5/1974/17, S. 214.

17 Symptomatisch die bereits erwähnte Tagung des »Arbeitskreises für Literatur und Literaturwissenschaft in der DDR«; das Tagungsthema »Die deutsche Misere als Thema der Gegenwartsliteratur« spielte im Tagungsverlauf nur eine untergeordnete Rolle. – Vgl. dagegen die englische Studie: Peter *Hutchinson:* Literary Presentations of Divided Germany. The Development of a Central Theme in East German Fiction. 1945–1970, Cambridge – London – New York – Melbourne 1977

18 Martin *Walser:* Über den Leser – soviel man in einem Festzelt darüber sagen soll, in: *ders.:* Wer ist ein Schriftsteller? Frankfurt/M., 1979, S. 100 f.

19 Horst *Haase:* Die Literatur in der DDR und einige Aspekte westdeutscher Literaturgeschichtsschreibung, in: WB 15/1969/SH, S. 114. – Vgl. auch: *Kähler:* Der kalte Krieg. A. a. O., bes. S. 37.

20 *Müller:* Wie es bleibt, a. a. O., S. 214.

21 Ebd., S. 212.

22 Peter *Iden:* Die schlimme deutsche Krankheit. Ein Gespräch mit dem Regie-Team Karge/Langhoff und dem Dramatiker Heiner Müller, in: FR 1978/14. 3., S. 11.

23 Theo *Girshausen:* Vorwort, in: Die Hamletmaschine. Heiner Müllers Endspiel. Hrsg. Theo Girshausen. Köln 1978.

24 Günther *Rühle:* Nur wer sich ändert, findet sich wieder. Rückblick auf die Spielzeit 1977/78, in: Theater 1978, Th 19/1978/SH, S. 34.

25 Thomas *Brasch:* Rotter Und weiter. Ein Tagebuch, ein Stück, eine Aufführung. Frankfurt/M., 1978.

26 Heiner *Müller:* Germania Tod in Berlin, in: *ders.:* Germania Tod in Berlin. Berlin 1977, S. 35 ff.

27 *Rühle:* Nur wer sich ändert, a. a. O., S. 35.

28 Ebd., S. 36.

29 Peter *Iden:* Flucht vor der Größe? Banalisierung, Privatisierung, Verengung – über trivialisierende Tendenzen bei Klassiker-Inszenierungen, in: Theater 1978, Th 19/1978/SH, S. 44.

30 Ernst *Wendt:* Keine utopische Rettung im Theater. Ernst Wendt antwortet Peter Iden [...], in: Th 19/1978/9, S. 3.

31 Maxie *Wander:* Guten Morgen, du Schöne. Frauen in der DDR. Vorwort von Christa Wolf. Berlin 2/1978.

32 Thomas *Brasch:* Die Wiese hinter der Mauer. Über Maxie Wander: »Guten Morgen, du Schöne«, in: DS 32/1978/31, S. 137.

33 Christoph *Müller:* Peter Palitzsch: Brecht noch zu entdecken!, in: Th 19/1978/8, S. 23.

34 Ebd., S. 24.

35 Vgl. folgenden neuen Aspekt zu »Fatzer«: »Die ›Weltbühne‹ vermutete, Bolt sei in Wahrheit der verschollene Feme-Spezialist Büsching, der in die Identität eines von ihm Ermordeten geschlüpft sei.« »[...] Mordgesellen: Leutnant a. D. Damm, Oberfähnrich Glaser sowie drei Feldwebel mit den unheimlichen Namen Büsching, Klapproth und Fahlbusch. ›Sie alle waren Mitglieder der unter Oberleutnant Schulz tätigen Feme.‹ Bei den Feldwebeln handelte es sich um blindgehorchende Landsknechte. Hein Büsching zum Beispiel war der Boxlehrer der Truppe, und Hermann August Fahlbusch kam von der illegalen ›Organisation Consul‹, aus der auch die Mörder Außenminister Rathenaus und des Zentrumpolitikers Erzberger hervorgegangen sind.« (Karl-Heinz *Janßen:* Sie sagten Vaterland und meinten Mord, in: Zeitmagazin 1978/39, S. 18 [Bildunterschrift], 22.) – Mit größter Wahrscheinlichkeit handelt es sich um Vorlagefiguren für die »Fatzer«-Konfiguration. – Des Lehrstückforschers Reiner Steinweg ›protestantisches Gewissen‹ scheint diese Zusammenhänge ›ausgeblendet‹ zu haben wie auch den Zusammenhang mit Arnolt Bronnen (vgl. dessen Freikorpsroman »O. S.« (1929) sowie den späteren »Roßbach«). Vgl. auch den SS-Schlächter Klapproth in »Furcht und Elend des Dritten Reiches« (Szene 5).

36 *Iden:* Die schlimme deutsche Krankheit, a. a. O.

37 Heiner *Müller:* Germania Tod in Berlin. Berlin 1977, S. 8 (= Texte 5).

38 Heiner *Müller:* Notate zu Fatzer, in: DZe 1978/17. 3., S. 9 f.

39 Peter *Iden:* Szenen aus einem andauernden Krieg, in: FR 1978/9. 3., S. 8.

40 [Anonym]: Kopf oder Zahl, in: DS 32/1978/12/13, S. 225. – Vgl. auch: *dpa/fr:* Kleist/Brecht-Programmheft nach Erscheinen von Nagel zensiert, in: FR 1978/13. 3., S. 20 und: *P[eter] I[den]:* Minus 15 Seiten, in: FR 1978/14. 3., S. 15.

41 Vgl. z. B.: »Eine Beschreibung deutscher Verhältnisse«. Spiegel-Interview mit den DDR-Regisseuren Karge und Langhoff, in: DS 32/1978/10, S. 222 ff.

42 Heiner *Müller:* Absage [an Reiner Steinweg], in: Auf Anregung Bertolt Brechts: Lehrstücke mit Schülern, Arbeitern, Theaterleuten, hrsg. von Reiner Steinweg, Frankfurt/M., 1978, S. 232.

43 Produktiver Umgang mit Brecht. Ein Gespräch mit Heiner Müller, in: Das Schauspielhaus [Hamburg], 1978/April/Mai, S. 3. – »In beiden deutschen Staaten ist die Dramatik ein weiteres Feld als die Theater auszuschreiten bereit oder in der Lage sind [...]. Im ganzen ist das Stückeschreiben wieder ein einsames Geschäft, sind die Theorien im Leerlauf der Diskussionen grau geworden; was nur durch Politik zu ändern ist und nicht ohne den politischen Beitrag der

Kunst.« (Heiner *Müller:* Was mich in der gegenwärtigen Lage angeht, in: FR 1979/13. 9., S. 19).

44 Die Hamletmaschine, a. a. O., S. 54. – Zum Gesamtkomplex ›Heiner Müller‹ (wie auch dessen Bezüge zu Brecht etc.) vgl. die ausgezeichnete Diss. Theo *Girshausens:* Heiner Müller und das Didaktische Theater in der DDR. Theaterkonzept und Stück der 50er Jahre, Ms., Köln, 1980.

45 Rolf *Michaelis:* Schere weg! in: DZe 1978/12, S. 9.

46 Christoph *Müller:* Was nun? Fragen an Karge/Langhoff, in: Theater 1978, a. a. O., S. 59.

47 Günter *Zehm:* Kartoffelchips der Feinde Brandenburgs, in: W 1978/8. 3., S. 21.

48 Rudolf *Krämer-Badoni:* Wenn der Agitprop kannibalisch wird, in: W 1978/22. 4., S. 15.

49 Georg *Hensel:* Schlacht-Szenen aus der DDR, in: FAZ 1978/22. 4., S. 25.

50 G. *Hl.:* Überprüfen [!], in: FAZ 1979/6. 6., S. 25.

51 *Müller:* Was mich in der gegenwärtigen Lage angeht, a. a. O. (vgl. FAZ vom 12. 9. 1979, S. 27).

52 *Zehm:* Kartoffelchips, a. a. O.

53 Benjamin *Henrichs:* Homburg und Fatzer, in: DZe 1978/10. 3., S. 32.

54 *cbg.:* Fragmente einer düsteren Deutschlandvision, in: NZZ 1978/27. 4., S. 31.

55 Peter *Iden:* Schrecken aus Deutschland, in: DZe 1978/28. 4., S. 47.

56 Ernst *Wendt:* Ewiger deutscher Bürgerkrieg. Über Heiner Müllers Texte 1–6, in: DS 32/1978/16, S. 262 u. 263.

57 *Brasch:* Rotter, a. a. O., S. 9.

58 Ebd., S. 10.

59 Günther *Schloz:* Der verwendbare Mensch, in: DZ 1977/30. 12., S. 11.

60 Benjamin *Henrichs:* Deutschland, undeutliche Gegend, in: DZe 1978/6. 1., S. 36.

61 Dietmar N. *Schmidt:* Des rechten Weges nicht bewußt, in: DAS 1978/1. 1., S. 17.

62 Z. B. hatte Brasch verwendet: Helmut *Hauptmann:* Das komplexe Abenteuer Schwedt. Halle/S 1964; vgl. *Brasch:* Rotter, a. a. O. – »Wir werden den Augenblick nicht vergessen, als auf dem zu dieser ›Spielzeit‹ gehörenden, Brecht anläßlich seines 80. Geburtstages zu einem ›sozialistischen Dramatiker‹ verklärenden Kongreß im Studio des Schiffbauerdamm-Theaters in Ost-Berlin eine Achtzehnjährige aufstand und in eine kleine Gesprächspassage über Heiner Müller hinein ihren Anspruch erhob, ›Germania [!]‹ in Ost-Berlin sehen zu können. Es war eine klare, mutige Intervention, die durch eine Funktionärsrepublik schnell weggewischt wurde.« (Rühle: Nur wer sich ändert, a. a. O., S. 35) In der Tat war es bezeichnend, wie es namentlich Verantwortliche des Berliner Ensembles verstanden, jede kritische Bemerkung ›abzudrängen‹. Bezeichnend allerdings auch, daß Rühle insofern ergänzend wirkte, als er wiederholt die Diskussion auf eine vermeintliche Rotter-Problematik – das sich jedem anbietende *Individuum* – zu bringen versuchte. Dieses scheinbar nebensächliche Detail hatte durchaus Symbolcharakter: Auch auf diese Weise war eine aktuelle Diskussion über »Lohndrücker« (um diese Inszenierung handelte es sich), »Garbe/Büsching«-Projekt Brechts, »Germania Tod in Berlin« und »Rotter« im Haus Brechts nicht möglich.

63 *Zehm:* Kartoffelchips, a. a. O.

64 Bertolt *Brecht:* Büsching. Stückentwurf von 1954, in: a 16/1973/91, S. 212.

65 Henning *Rischbieters* vergleichende Besprechung »Zwei Stücke über deutsche Geschichte« (in: Theater 1977, in: Th 18/1977/SH, S. 92 ff.) geht ausführlich auf die Brecht-Linie ein, erwähnt den »Garbe/Büsching« jedoch nicht.

66 Zitiert nach: Hildegard *Brenner:* Schule des Helden. Anmerkungen zu Brechts »Büsching«-Entwurf, in: a 16/1973/91, S. 214 f.

67 Bertolt *Brecht:* Vorwort zu Turandot. [Fragment]. BBA 559/01-03. – Vgl. auch folgendes in »Die Rote Fahne« (9/1978/25, S. 3) und in »die Tageszeitung« (2/1979/29. 5., S. 9) veröffentlichte Gedicht aus den »Buckower Elegien«:

> *Die neue Mundart*
> »Als sie einst mit ihren Weibern
> Über Zwiebeln sprachen –
> Die Läden waren wieder einmal leer –
> Verstanden sie noch die Seufzer

Die Flüche, die Witze,
Mit denen das unerträgliche Leben
In der Tiefe dennoch gelebt wird.

Jetzt herrschen sie
Und sprechen eine neue Mundart
Nur ihnen selbst verständlich
Das Kaderwelsch,
welches mit drohender und belehrender Stimme gesprochen wird.

Und die Läden füllt
Ohne Zwiebeln.

Dem der Kaderwelsch hört, vergeht das Essen.
Dem der es spricht, vergeht das Hören.«

68 Vgl.: Stephan *Bock:* Brechts Vorschläge zur Überwindung der ›Deutschen Misere‹ (1948–1956). Vortrag, gehalten auf der Tagung des »Arbeitskreises für Literatur und Literaturwissenschaft in der DDR« am 8. 12. 1979.

69 Karl *Marx:* Zur Kritik der Hegelschen Rechtsphilosophie, Einleitung, in: Karl *Marx*/Friedrich *Engels:* Studiengabe in 4 Bänden, hrsg. von Iring *Fetscher,* Bd. 1, Frankfurt/M., 1966, S. 19.

70 Bei der Betonung der Figur des Hilse handelt es sich um eine Verkürzung. Müller greift die Problematik auch in anderen Figuren auf.

71 D. h. um das Zentralproblem. In anderen Bereichen stellt sich die Situation durchaus anders dar.

72 Vgl. vor allem: Manfred *Behn:* DDR-Literatur in der Bundesrepublik Deutschland. Die Rezeption der epischen DDR-Literatur in der BRD 1961–1975. Meisenheim am Glan 1977 sowie: Oskar *Neumann:* Rezeptionsbedingungen für DDR-Literatur in der BRD. Diskussionsbeitrag auf dem Kolloquium '79 »DDR-Literatur im internationalen Kontext« des Zentralinstituts für Literaturgeschichte der AdW der DDR, in: WB 25/1979/12, S. 117 ff.

73 *Kraft/Lefèvre:* Der Aufbauroman, a. a. O., S. 244.

74 *Mandelkow:* Neuer und sozialistischer Realismus, a. a. O., S. 186.

75 Geschichte der Literatur der DDR, a. a. O., S. 246

76 Barbara *Einhorn:* Der Roman in der DDR 1949–1969. Die Gestaltung des Verhältnisses von Individuum und Gesellschaft. Eine Analyse der Erzählstruktur. Kronberg/Ts 1978, S. 176. Zur Problematik dieser Arbeit vgl.: Alexander *Stephan:* [Rezension], in: GDR Bulletin 5/1979/1, S. 13 f.

77 Konrad *Franke:* Die Literatur der Deutschen Demokratischen Republik. Neubearb. Ausg. mit drei einf. Essays von Heinrich *Vormweg.* Zürich u. München 1974, S. 345.

78 Dokumentensammelbände enthielten Auszüge oder die Auswahl selbst war problematisch.

79 Ein Roman zum 17. Juni aus dem Jahr 1956 wurde auf diese Weise ermittelt.

80 Hans *Günther:* Funktionsanalyse der Literatur, in: Neue Ansichten einer künftigen Germanistik, hrsg. von Jürgen *Kolbe.* München 1973, S. 179.

81 Dietrich H. *Mallwitz:* Die Zentralgestalt und ihre Bedeutung für die Komposition, in: DSch 5/1954/16, S. 3

82 Dies galt auch für den Bereich der Sekundärliteratur der 50er Jahre. Der noch heute informative und in seiner Diktion sachlich gehaltene kleine Aufsatz »Die Kunstpolitik der SED« von F. C. *Petschkau* (in: Kulturarbeit 8/1956/10, S, 189 ff., (II) 8/1959/11, S. 207 ff.) fand kaum Beachtung.

83 Die weitverbreitete Heftchenliteratur wurde ausgenommen.

84 Da vor allem in den 60er Jahren in der DDR zum Thema ›Geschichte der Fabriken und Werke‹ gearbeitet wurde, ließen sich dennoch zahlreiche Materialien zusammentragen.

85 *Kraft/Lefèvre:* Der Aufbauroman, a. a. O., S. 227.

86 Stephan *Bock:* Chronik zu Brechts »Garbe/Büsching«-Projekt und Käthe Rülickes Bio-Inter-

view »Hans Garbe erzählt« sowie zu anderen Bearbeitungen des Garbe-Stoffes (Eduard Claudius, Karl Grünberg, Maximilian Scheer) von 1949 bis 1954, in: Brecht – Jahrbuch 1977, hrsg.
von John *Fuegi,* Reinhold *Grimm* u. Jost *Hermand.* Frankfurt/M. 1977, S. 98, Anm. 21. –
Diese Chronik enthält in groben Zügen die wichtigsten Daten, ist jedoch in vielem zu ergänzen.

87 Vgl. z. B.: Heinrich *Mohr:* Der 17. Juni als Thema der Literatur in der DDR, in: DA 11/1978/6,
S. 591 ff. sowie: Stephan *Bock:* Der 17. Juni 1953 in der Literatur der DDR. Eine Bibliographie
(1953–1979), in: [Jahrbuch des Arbeitskreises für Literatur und Literaturwissenschaft in der
DDR, 1978. Bonn: Bouvier 1980].

88 Im Kontext der frühen DDR-Prosa handelt es sich um einen der interessantesten Texte überhaupt. Diese Sicht wäre im Vergleich zu originären Bio-Interviews zu relativieren.

89 Hans Jürgen *Geerdts:* Literatur unserer Zeit. Rudolstadt 1961, S. 23.

90 Ebd. S. 125. – Dies zeigt vor allem eine jüngst erschienene Arbeit: Kirsten *Boie-Grotz:* Brecht –
der unbekannte Erzähler. Die Prosa 1913–1934, Stuttgart 1978. – »Brecht hat das traditionelle
Genre des Romans nicht weniger erschüttert als die Dramatik.« (Werner *Mittenzwei:* Erprobung einer neuen Methode. Zur ästhetischen Position Bertolt Brechts, in: Positionen. Beiträge
zur marxistischen Literaturtheorie in der DDR, hrsg. von Werner *Mittenzwei,* Leipzig 2/1971,
S. 67.)

91a »Der Begriff des Nichtaristotelischen darf [...] nicht nur auf die dramatische Dichtung bezogen werden; er ist für ihn [Brecht; d. V.] ein übergreifendes, allgemeines methodologisches
Prinzip der Ästhetik.« (*Mittenzwei:* Erprobung einer neuen Methode, a. a. O., S. 83.)

92 Vgl. z. B. *Bock:* Chronik zu Brechts »Garbe/Büsching«-Projekt, a. a. O., S. 93 f.

93 Es handelt sich um eine Autobiographie.

94 Carl-Jacob *Danziger:* »Die Partei hat immer recht«. Autobiographischer Roman, Stuttgart
1976. – Der Name des Autors: Joachim Chajm Schwarz. Ein Grund für die Nennung des Autors wird oben genannt. Wir haben uns für diesen Schritt aber vor allem deswegen entschieden,
um dem Leser eine sachliche Auseinandersetzung mit dem Werk dieses Autors zu ermöglichen.
Solange nur bestimmte Rezensenten die Weise der Beschäftigung vorschreiben, ist dies nicht
möglich. Darüber hinaus ist damit eine Möglichkeit eröffnet, sich ein Bild von den Rezensenten
zu machen. Es wird dann besser verstehbar, warum viele DDR-Autoren sich dagegen wehren,
mit bestimmten Namen in Verbindung gebracht zu werden.

95 Allgemein vgl.: Piratenakt im Sammelband. Mit unerlaubten Nachdrucken und provozieren-
den Telegrammen brachten drei westdeutsche Kritiker DDR-Autoren in die Klemme, in: Stern
1977/12. 5.

96 »Ein Quatschbuch entstand, es wurde von keinem ernstzunehmenden Menschen ernst genommen. Es handelte von der Geschichte einer Aktivistin, die bei Bergmann-Borsig arbeitete,
sich von ihrem saufenden und heruntergekommenen Mann scheiden ließ und einen vorbildlichen Genossen heiratete. Sie blieb nicht allein. Aber ich blieb allein mit diesem Buch.« (*Danziger:* »Die Partei hat immer recht«, a. a. O., S. 137.) »Sie blieb nicht allein« ist der Titel von J. C.
Schwarz' Roman aus dem Jahr 1955.

97 Carl-Jacob *Danziger:* Falscher Salut. Roman, Frankfurt/M. 1978. – Vgl. auch Jürgen P. *Wall-
mann:* Aus einer Pleite in die andere. Die Erfahrungen eines Juden, der mit den Engländern ge-
gen Hitler kämpfte, in: DZ 1978/21. 4., S. 19 und: Jörg von *Uthmann:* Gehilfe bei der »Air
Force«, in: FAZ 1978/20. 5., S. 26. – Vgl. insbesondere: Jürgen P. *Wallmann:* Zeugnis eines
Desillusionierten, in: DA 11/1978/9, S. 985 ff. – Wallmann zitiert das Leipziger Lexikon
»Schriftsteller der DDR« (1974), macht jedoch keine weiteren Angaben zu ›Danziger‹.

98 Vgl. *Müller* (Was mich [...] angeht, a. a. O.): »Sozialismus-Klischees von Dissidenz und/oder
Dogma greifen an der Wirklichkeit vorbei; sie wohnt nicht in den Extremen. Was für die Eliten
Geschichte, ist für die Massen noch immer Arbeit gewesen. Die Klischees bedienen den Appetit
auf Signale von Verrat aus dem Lager jenseits des Kapitalismus, garantieren das gute Gewissen
des Konsums, den Frieden der Korruption.«

99 Vgl. z. B.: »Für denjenigen, der dort [Arbeit in einem Betrieb; d. V.] durchgegangen ist, der die
Sorgen mitgelitten und die Freuden mitgenossen hat, klingt nichts hohler als die Worte jener
Leute, die bei jeder Gelegenheit Begriffe wie Arbeiterklasse, Gesellschaft, Nation, Zukunft
strapazieren und im Munde führen, ansonsten an ihrem Einkommen aber kaum spüren, ob eine

Maschine auf dem Weltmarkt noch abgesetzt werden kann, ob der Arbeiter noch eine Prämie erhält (um den Schulranzen für seinen Jungen zu kaufen) oder nicht. Wer die große Sachlichkeit unserer Revolution, die praktische Wahrheit ihrer Thesen begreifen lernen will, sollte für eine Zeit in ein solches Werk gehen.« (Walter *Stranka:* Immer wieder neu beginnen, in: Junge Schriftsteller der Deutschen Demokratischen Republik in Selbstdarstellungen, hrsg. von Wolfgang *Paulick,* Leipzig 1965. S. 105.)

100 Stephan *Bock:* Brecht, Bertolt: Auswahl- und Ergänzungsbibliographie, Bochum 1979; *ders.:* Bibliographie zur DDR-Literatur (1945–1978) unter besonderer Berücksichtigung der frühen DDR-Prosa (1949–1956) sowie der Traditionslinien, der Produktionsbedingungen [erscheint voraussichtlich 1980 im Verlag Dokumentation Saur KG, München]; *ders.:* Die Geschichte des Aktivisten Hans Garbe und ihre Bearbeitungen. Eine Bibliographie [erscheint als Teil eines Dokumentenbandes über die Bearbeitungen des Garbe-Stoffes im Prometh-Verlag, Köln].

101 Fritz *Mierau:* Oktober-Bücher, Bücher-Oktober (III), in: SuF 29/1977/5, S. 1114.

I.

1. *Antifaschistische-demokratische Ordnung und Aufbau des Sozialismus –*
Zur Theorie der Übergangsperiode der SED

1 Literatur der DDR in Einzeldarstellungen, hrsg. von Hans Jürgen *Geerdts,* Stuttgart 1972, S. VII

2 Kennzeichnend für die Entwicklung der SED nach dem VIII. Parteitag ist, daß *Geerdts* in seinem Vorwort zur zweiten DDR-Auflage (Berlin 1974) den zitierten Passus in der Weise veränderte, daß er nur noch von »der sozialistischen Revolution auf dem Territorium der DDR« spricht: Die Betonung der ›bürgerlich-demokratischen Revolution‹ erinnerte zu stark an die Theorie Ulbrichts (Literatur der Deutschen Demokratischen Republik. Einzeldarstellungen. Von einem Autorenkollektiv unter Leitung von Hans Jürgen *Geerdts,* Bd. 1, Berlin 1974, S. 7). Daß aber, trotz aller taktischer Wendungen, substantiell an der Theorie zweier Revolutionen festgehalten wird, beweisen nicht nur die – nun ebenfalls veränderten – Beiträge des Sammelbandes von 1974, sondern vor allem die Rede Erich *Honeckers* auf dem VIII. Parteitag (Protokoll der Verhandlungen des VIII. Parteitages der Sozialistischen Einheitspartei Deutschlands. 1. bis 3. Beratungstag, Berlin 1971, bes. S. 99 f.) sowie die jüngst erschienene »Geschichte der Sozialistischen Einheitspartei Deutschlands. Abriß« (Frankfurt/M. 1978, bes. S. 80 f.).

4 Eine der wenigen Ausnahmen bildet Wolfram *Schlenkers* Untersuchung »Das ›Kulturelle Erbe‹ in der DDR. Gesellschaftliche Entwicklung und Kulturpolitik 1945–1965« (Stuttgart 1977). Zur Problematik dieser Arbeit vgl.: Stephan *Bock:* Leider nur ein Versuch, in: Basis. Jahrbuch für deutsche Gegenwartsliteratur, Bd. 8 (1978), hrsg. von Reinhold *Grimm* u. Jost *Hermand,* Frankfurt/M. 1978, S. 214 ff.

5 Auf diesem Parteitag wurden die Entwicklungsetappen der SBZ/DDR bis 1958 wie folgt definiert: 1. antifaschistisch-demokratische Revolution, 2. Vorbereitung des Aufbaus des Sozialismus, 3. Aufbau der Grundlagen des Sozialismus, vgl. dazu: Werner *Horn:* Der Kampf der SED um die Festigung der DDR und den Übergang zur zweiten Etappe der Revolution (1949–1952), Berlin 2/1959.

6 Protokoll der Verhandlungen des V. Parteitages der Sozialistischen Einheitspartei Deutschlands. 6. und 7. Verhandlungstag, Berlin 1959, S. 1340.

7 Es war erforderlich, die betreffenden Dokumente in ihrer erstveröffentlichten Fassung heranzuziehen, da z. B. Artikel und Reden späteren politischen Gegebenheiten ›angepaßt‹ worden sind.

8 Vgl. Wolfgang *Pfeiler:* Das Deutschlandbild und die Deutschlandpolitik Josef Stalins, in: DA 12/1979/12, S. 1258 ff.

9 Schaffendes Volk in Stadt und Land! Männer und Frauen! Deutsche Jugend! In: Einheitsfront der antifaschistisch-demokratischen Parteien, Berlin o. J. [1945], S. 9. – Vgl. auch: Entwurf einer Verfassung für die Deutsche Demokratische Republik. Beschluß einer außerordentlichen Tagung des Parteivorstandes der Sozialistischen Einheitspartei Deutschlands am 14. November 1946 in Berlin, Berlin 1946.

10 Rudolf *Appelt:* Ein neuer Typus der Demokratie. Die Volksdemokratien Ost- und Südosteu-
ropas, in: E 1/1946/6, S. 352. – Der Artikel »Was ist Demokratie?« (in: E /1946/4) und die darin
enthaltene Wendung, daß in der gegenwärtigen Etappe der Entwicklung Deutschlands der Typus der Volksdemokratie »am annehmbarsten« (S. 222) sei, sind dem nicht zugehörig. Wolfgang Leonhard berichtet, er habe dieses Manuskript in russischer Fassung von einem sowjetischen Verbindungsoffizier zur Übersetzung erhalten. Seine Fragestellung, ob das »Einver-
ständnis Stalins und der damaligen Sowjetführung mit der These vom selbständigen Weg ehrlich
gemeint« gewesen sei, ist offensichtlich unzutreffend. Aufgrund bestimmter, noch zu behan-
delnder Diskussionen – auch Leonhard behandelt sie – kann davon ausgegangen werden, daß es
sich hier um einen Fingerzeig der sowjetischen Führung handelte, die reformistischen Strömungen nicht allzu stark werden zu lassen. (Wolfang *Leonhard:* Die Revolution entläßt ihre
Kinder, Frankfurt/M. – Berlin – Wien 13/1972, S. 364 u. 365.)
11 Die Offensive des Faschismus und die Aufgaben der Kommunistischen Internationale im
Kampf für die Einheit der Arbeiterklasse gegen den Faschismus. Bericht des Genossen Dimitroff, in: Protokoll des VII. Weltkongresses der Kommunistischen Internationale, Moskau, 25.
Juli – 20. August 1935 (ungekürzte Ausgabe), 2 Bde., Erlangen 1974 [Reprint], Bd. 1, S. 367
12 Ebd., S. 372 ff.
13 Ebd., S. 368. – In der DDR-Ausgabe von Dimitroffs Schriften lautet der erste Satz: »Folglich
muß man sich *zur sozialistischen Revolution vorbereiten!*« (Georgi *Dimitroff:* Ausgewählte
Schriften,, Berlin 1958, Bd. 2, S. 604.)
14 Ebd., S. 367.
15 W. I. *Lenin:* Staat und Revolution, in: *ders.:* Ausgewählte Werke, Berlin 5/1966, Bd. 2, S. 346.
16 Georg *Lukács:* Thesen über die politische und wirtschaftliche Lage in Ungarn und über die
Aufgaben der Kommunistischen Partei Ungarns (Blum-Thesen, 1928), in: *ders.:* Schriften zur
Ideologie und Politik. Ausgew. u. eingel. von Peter *Ludz,* Darmstadt und Neuwied 2/1973,
S. 290 ff. – Zur Kritik ähnlicher Auffassungen in der KPD vgl.: Ernst *Thälmann:* Der revolutionäre Ausweg und die KPD. Rede auf der Plenartagung des ZK der KPD am 19. 2. 1932, Berlin o. J. [1932], S. 67 f.
17 *Dimitroff:* AGS. a. a. O., Bd. 3, S. 598.
18 Protokoll der Ersten Parteikonferenz der Sozialistischen Einheitspartei Deutschlands. 25. bis
28. Januar 1949 im Hause der Deutschen Wirtschaftskommission zu Berlin, Berlin 2/1950,
S. 524.
19 In der SED hatte es Auseinandersetzungen um die Frage gegeben, ob der Aufbau des Sozialismus nicht sofort in Angriff zu nehmen wäre. Inwieweit die von Ulbricht als »Sektierer« Bezeichneten identisch mit den Anhängern einer volksdemokratischen Lösung waren, konnte hier
nicht näher nachgeprüft werden. Die Vermutung einer solchen Identität liegt allerdings nahe
(vgl. dazu: Dietrich *Staritz:* Sozialismus in einem halben Lande. Zur Programmatik und Politik
der KPD/SED in der Phase der antifaschistisch-demokratischen Umwälzung in der DDR, Berlin 1976). Wichtig ist auch, darauf hinzuweisen, daß von einem späteren Wiederaufleben der
Auseinandersetzung um das Problem ›Volksdemokratie‹ nicht gesprochen werden kann, ganz
im Unterschied etwa zu Polen, wo von der Bierut-Führung andere Thesen vertreten wurden. So
hieß es z. B. in dem Artikel »Einige Probleme der Volksdemokratie im Lichte der Lenin-Stalin-
schen Lehre von der Diktatur des Proletariats« von Hilary *Minc:* »Die Tatsache, daß die gesellschaftliche Umwälzung in den Ländern der Volksdemokratie eine Reihe von Aufgaben der bürgerlich-demokratischen Revolution entschieden und gelöst hat [. . .], ändert keineswegs ihren
Charakter als sozialistische Revolution, denn die Große Sozialistische Oktoberrevolution hat
ebenfalls ›im Vorbeigehen‹ eine Reihe von Aufgaben dieser Art gelöst.« (In: Schriftenreihe Wissen und Tat. Nr. 6. Der Kampf für den Sozialismus in den Ländern der Volksdemokratie, hrsg.:
PV der KPD, Düsseldorf o. J., S. 7.)
20 Die Brüsseler Konferenz der KPD (3.–15. Oktober 1935), hrsg. und eingel. von Klaus *Mammach,* Berlin 1975.
21 *Dimitroff:* Die Offensive des Faschismus, a. a. O., S. 376.
22 Die Berner Konferenz der KPD (30. Januar bis 1. Februar 1939), hrsg. u. eingel. von Klaus
Mammach, Berlin 1974, S. 142.

23 Vgl. Herbert *Wehner:* Geheimer Bericht. KP und Komintern. O. O. 1946 [›Raubdruck‹ Frankfurt-Wien o. J.]

24 Unter Ausklammerung der leninistischen Elemente im Kommunismus wurde nur vage vom allgemeinen Ziel des Sozialismus gesprochen.

25 Die SED konnte sich dabei auf die sowjetische Version der 30er Jahre berufen: »Allerdings war die Revolution in Deutschland eine bürgerliche Revolution und keine sozialistische.« (Geschichte der Kommunistischen Partei der Sowjetunion (Bolschewiki). Kurzer Lehrgang, Berlin 1946, S. 279.)

26 Gemeint sind die Kämpfe im Ruhrgebiet und in Mitteldeutschland sowie der Hamburger Aufstand.

27 Eine Arbeit wie die unsere, die sich intensiv mit marxistisch-leninistischen Theorien auseinanderzusetzen hat, kann den Begriff ›Revisionismus‹, der hier eigentlich am Platze wäre, nicht ausklammern. Daß wir es trotzdem tun, hat seine Ursache darin, daß dieser Begriff inzwischen eine inflationistische Entwicklung erfahren hat.

28 W. I. *Lenin:* Karl Marx. Kurzer biographischer Abriß mit einer Darlegung des Marxismus, in: *ders.:* AGW, a. a. .O., Bd. 1, S. 56.

29 Wesentliche Elemente dieser SED-Theorie sind bereits in den Aussagen der KPD-Führung zu einer deutschen demokratischen Republik aus der Exilzeit feststellbar, wie der Bericht Herbert Wehners an den SPD-Vorstand/West zeigt. (*Wehner:* Geheimer Bericht, a. a. O.) Die Arbeit von Arnold Sywottek übergeht leider diesen Sachverhalt, indem sie lediglich zahlreiche ›Schwankungen‹ der KPD-Führung nachweist. (Arnold *Sywottek:* Deutsche Volksdemokratie. Studien zur politischen Konzeption der KPD 1935–1946, Düsseldorf 1971.) Vgl. auch: Werner *Berthold:* Marxistisches Geschichtsbild – Volksfront und antifaschistisch-demokratische Revolution. Zur Vorgeschichte der Geschichtswissenschaft der DDR und zur Konzeption der Geschichte des deutschen Volkes, Berlin 1970; und: Heinrich *Heiter:* Vom friedlichen Weg zum Sozialismus zur Diktatur des Proletariats. Wandlungen der sowjetischen Konzeption der Volksdemokratie 1945–1949, Frankfurt/M. 1977.

30 Diese Diskussionen wurden in einer Offenheit geführt, wie es in der weiteren Geschichte der SED nie mehr der Fall gewesen ist. Sie sind zum Großteil abgedruckt in der Zeitschrift »Einheit. Monatsschrift zur Vorbereitung der Sozialistischen Einheitspartei«, H. 1–3. (Diese »Einheit« ist nicht identisch mit dem späteren theoretischen Organ der SED gleichen Namens.)

31 Anton *Ackermann:* Gibt es einen besonderen *deutschen* Weg zum Sozialismus?, in: E 1946/1, S. 22 ff.

32 Ebd., S. 23.

34 Helmut *Lehmann:* Von der Demokratie zum Sozialismus, in: E 1946/1, S. 21.

35 *Ackermann:* Gibt es einen …? a. a. O., S. 29.

36 Ebd., S. 23 ff.

37 Ebd., S. 30.

38 Vgl.: Die Lehren aus der Entartung der jugoslawischen Parteiführung, Berlin 1948.

39 Vgl. Wolfgang *Leonhard:* Die Revolution entläßt ihre Kinder, Frankfurt/M. – Berlin – Wien 13/1972.

40 Vgl. Walter *Ulbricht:* Die Bedeutung der Entschließung des Informbüros über die Lage in der KP Jugoslawiens und die Lehren für die SED. Referat auf der 13. Tagung des PV der SED am 15. September 1948, Berlin 1948.

41 Walter *Ulbricht:* Die Gegenwartsforderungen der Sozialistischen Einheitspartei, in: E 1946/2, S. 18.

42 Vgl. Geschichte der deutschen Arbeiterbewegung, Berlin 1968, Kapitel XII, S. 270 f.

43 Vgl. Der Neue Kurs und die Aufgaben der Partei. 15. Tagung des Zentralkomitees der Sozialistischen Einheitspartei Deutschlands vom 24. bis 26. Juni 1953, Berlin 2/1953.

44 Bei der Behandlung von Oelßners Theorie übergehen wir die Momente, die Ulbrichts Kritik herausforderten, da sie hier für die Entwicklung unserer Argumentation von zweitrangiger Bedeutung sind.

45 Fred *Oelßner:* Die Übergangsperiode vom Kapitalismus zum Sozialismus in der Deutschen Demokratischen Republik, Berlin 1955, S. 33 ff.

268 Anmerkungen

46 Vgl. W. I. *Lenin:* Über die Rolle und die Aufgaben der Gewerkschaften unter den Verhältnissen der Neuen Ökonomischen Politik, in: *ders.:* AGW, a. a. O., Bd. III, S. 744 ff. und: Geschichte der KPdSU (B), a. a. O., S. 300 ff.

47 Zur Absicherung eigener Thesen berief sie sich konkret auf sowjetische Entwicklungen (vgl. dazu: A. *Sasanow:* Die Entstehung der ökonomischen Gesetze des Sozialismus, in: NWe 9/1954/15, S. 1884 ff.)

48 Vgl. Karl *Marx:* Kritik des Gothaer Programms, Berlin 4/1965, S. 33.

49 *Oelßner:* Die Übergangsperiode, a. a. O., S. 9.

50 Ebd., S. 10.

51 Vgl. Fjodor *Gladkows* Roman »Zement« (Wien-Berlin 1927), der diese Kritik darstellt.

52 Vgl. W. I. *Lenin:* XI. Parteitag der KPR (B), in: *Ders.:* AGW, Bd. III, S. 774.

53 Es würde hier zu weit führen, all die Schriften, die Marx, Engels und Lenin diesem Komplex gewidmet haben, aufzuführen. Wir verweisen daher nur auf: *Marx:* Gothaer Programm, a. a. O.; *Lenin:* Staat und Revolution, a. a. O.; darüber hinaus: *Marx, Engels* und *Lenin* über die Diktatur des Proletariats, in: Peking Rundschau 1975/10, S. 5 ff.

54 *Lenin:* Staat und Revolution, a. a. O., S. 386 ff.

55 *Oelßner:* Die Übergangsperiode, a. a. O., S. 11.

56 Unsere Ansicht wird vor allem dadurch bestätigt, daß Oelßner nach 1956 nicht wegen seiner Theorie der Übergangsperiode kritisiert wurde, sondern wegen zu ›weitgehender Konsequenzen bei der Beseitigung des Personenkultes‹.

57 *Oelßner:* Die Übergangsperiode, a. a. O., S. 11.

58 Ebd., S. 14.

59 Auch dieses Thema war von Ulbricht bereits vor 1956 genannt worden, als er auf dem IV. Parteitag der SED vom »Persönlichkeitskult« als einer »bürgerliche[n] Abweichung« sprach (Protokoll der Verhandlungen des IV. Parteitages der Sozialistischen Einheitspartei Deutschlands. 1. bis 4. Verhandlungstag, Berlin 1954, S. 181).

60 Walter *Ulbricht:* Über den XX. Parteitag der Kommunistischen Partei der Sowjetunion, in: Wissen und Tat 11/1956/4, S. 11.

61 Als ›Entstalinisierung‹ bezeichnen wir hier den Prozeß, der auch die Leninschen revolutionstheoretischen Elemente außer Kraft setzte, die in der Stalinschen Theorie enthalten waren. Zum Begriff ›Stalinismus‹ s. Anm. 67.

62 Neben bisher genannten Punkten wie ›friedlicher Übergang‹ und ›demokratische Zwischenetappe‹ wäre auch zu nennen die Theorie von der ›Partei des Volkes‹: »Anschließend gab Ulbricht eine neue Definiton der Kommunistischen Partei, die, wie ich wußte, von Fred Oelßner ausgearbeitet worden war. Statt der alten Formulierungen aus der Zeit vor 1933 von der Partei des revolutionären Proletariats wurde jetzt die Parole von der nationalen Partei, der Partei des Volkes und der Partei des Friedens ausgegeben.« (*Leonhard:* Die Revolution, a. a. O., S. 330) Die KPD wollte ihren Namen ändern, was aber »wegen des Einspruchs der Besatzungsbehörden nicht vollzogen werden konnte«. (Völker hört die Signale. Der deutsche Kommunismus 1916–1966, hrsg. von Hermann *Weber,* München 1967, S. 380.) – Auf dem Ersten Kulturtag der SED begrüßte Wilhelm Pieck die KPD als »Sozialistische Volkspartei Deutschlands« (Protokoll der Verhandlungen des Ersten Kulturtages der SED. 5. bis 7. Mai 1948 in der Deutschen Staatsoper zu Berlin, Berlin 1948, S. 13).

63 Vgl. Protokoll der Verhandlungen des VI. Parteitages der Sozialistischen Einheitspartei Deutschlands. 15. bis 21. Januar 1963, 4 Bde, Berlin 1963.

64 Wolfgang *Leonhardt:* Die Dreispaltung des Marxismus. Ursprung und Entwicklung des Sowjetmarxismus, Reformkommunismus und Maoismus, Düsseldorf-Wien 1970.

65 Dies allerdings mit einer zusätzlichen Einschränkung: Die Forschung über den späten Brecht (1948–1956) hat ähnliche Ansätze entwickelt (vgl. Jürgen *Link:* Die Struktur des literarischen Symbols. Theoretische Beiträge am Beispiel der späten Lyrik Brechts, München 1975, bes. S. 53 und 94 f.).

66 Ebd., S. 297 ff.

67 Gerade hier erweist sich evident die Unbrauchbarkeit des Begriffs ›Stalinismus‹. Eine differenzierte und sachliche Analyse kann nicht darüber hinwegsehen, daß trotz mancher vordergrün-

diger Übereinstimmungen Stalins und Chruschtschows, wesentliche Unterschiede bestehen. Es erscheint uns nicht gerechtfertigt, etwa Chruschtschow bzw. Ulbricht *und* Malenkow, Molotow u. ä. als ›Stalinisten‹ zu bezeichnen.

68 Damit erweist sich auch die These mancher ›linker‹ Kritiker der SED, diese sei erst 1956 ›entartet‹, als völlig unhaltbar. Daß vor 1956 ›marxistisch-leninistische Reinheit‹ geherrscht habe, ist reines Wunschdenken. Die auf dieser These aufbauenden Analysen der DDR-Literatur unterscheiden sich kaum von denen aus der DDR. Vgl. dazu: *Autorenkollektiv sozialistischer Literaturwissenschaftler Westberlins.* Zum Verhältnis von Ökonomie, Politik und Literatur im Klassenkampf. Grundlagen einer historisch-materialistischen Literaturwissenschaft, Berlin 1971, und Uwe *Wagner:* Vom Kollektiv zur Konkurrenz, Berlin 1974.

69 Darüber kann auch nicht hinwegtäuschen, daß sowohl Ulbricht als auch Chruschtschow zu den eifrigsten Verfechtern des ›Personenkultes‹ um Stalin gehört haben.

70 Ob es die von Leonhard genannte ›maoistische Strömung‹ auf den höheren Ebenen der SED gegeben hat, kann hier nicht untersucht werden. Bestimmte Anzeichen sprechen dafür, so z. B. der Besuch einiger (später abgesetzter) SED-Führer nach dem 20. Parteitag in der VR China. Zu dieser Problematik s. unsere Darstellung zu Stefan Heym.

2. Dialektisch-materialistische Methode und SED-Ideologie – Zum Verfall der marxistischen Theorie

1 Bertolt *Brecht:* [Über die Kritik an Stalin], in: *ders.:* GW, a. a. O., Bd. 20, S. 326.

2 Bertolt *Brecht:* Me-ti/Buch der Wendungen, in: *ders.:* GW, a. a. O., Bd. 12, S. 493.

3 *Brecht:* Kritik an Stalin, a. a. O., S. 326.

4 Die Begrifflichkeit erfolgt in Anlehnung an Louis Althussers ›Struktur mit Dominante‹ (Louis *Althusser:* Über die materialistische Dialektik. Von der Ungleichheit der Ursprünge, in: *ders.:* Für Marx, Frankfurt/M., 1968, S. 100 ff.).

5 Als die folgenden Abschnitte formuliert wurden, stand die Philosophiegeschichte »Zur Geschichte der marxistisch-leninistischen Philosophie in der DDR. Von 1945 bis Anfang der sechziger Jahre« (hrsg. von der Akademie für Gesellschaftswissenschaften beim ZK der SED, Berlin 1979) noch nicht zur Verfügung. Sie wurden allerdings in allen wesentlichen Momenten von dieser bestätigt.

6 J. *Stalin:* Der Marxismus und die Fragen der Sprachwissenschaft, Stuttgart 1953.

7 Die Behandlung der Diskussionen über die letzte, 1952 erschienene Schrift Stalins (J. *Stalin:* Ökonomische Probleme des Sozialismus in der UdSSR, Berlin 1952) kann hier ausgeklammert werden, da diese gänzlich von den Diskussionen über Stalins Sprachtheorie überschattet wurden. Sie werden kurz erwähnt in unserem Basis-Überbau-Kapitel.

8 Berücksichtigt werden nur die Diskussionen in der UdSSR und in der DDR.

9 Vgl. Bibliographie der Veröffentlichungen zu J. W. Stalins Arbeit »Der Marxismus und die Fragen der Sprachwissenschaft« (hrsg. vom Zentralinstitut für Bibliothekswesen, bearb. von Werner *Rittner*, Leipzig 1954).

10 *Kuczynski*, Jürgen/*Steinitz* Wolfgang: Vorbemerkung der Herausgeber, in: Über formale Logik und Dialektik. Diskussionsbeiträge, hrsg.: Jürgen *Kuczynski* und Wolfgang *Steinitz*, Berlin 1952, S. 5.

11 ›Formale Logik‹ beinhaltet hier allgemeine philosophische Verfahren als auch Teildisziplinen wie mathematische und grammatische Logik.

12 Die wesentlichen Beiträge der sowjetischen Diskussion sind enthalten in dem Sammelband »Über formale Logik und Dialektik« (a. a. O.).

13 Etwa das Verhältnis von allgemeiner formaler Logik zur mathematischen etc.

14 Wir beschränken uns auf die Wiedergabe der Standpunkte. Die Nennung der einzelnen Vertreter ist unerheblich, da sie im Rahmen unserer Arbeit keine Bedeutung hat. Wir verweisen daher auf den o. g. Sammelband. Zur Chronologie ist anzumerken, »das die Diskussion über die Frage der Logik« (insbesondere der formalen Logik in der Sowjetunion eigentlich in drei Abschnitten verlaufen ist. *Der erste Abschnitt* ist gekennzeichnet durch eine weit verbreitete und

irrige Auffassung, die der *formalen Logik jede Bedeutung absprach*. Dieser Abschnitt fand faktisch seinen Abschluß durch den Beschluß des Zentralkomitees der KPdSU (B), den Unterricht in der Logik an den mittleren und höheren Lehranstalten der Sowjetunion einzuführen. Es ist nicht unwichtig, darauf hinzuweisen, daß dieser Beschluß auf Initiative des Genossen Stalin zustande kam.

Der zweite Abschnitt ist in der Hauptsache gekennzeichnet durch die Überwindung der nihilistischen Positionen zur formalen Logik und der Ansicht von ihrem *Überbaucharakter*. Er fand seinen Abschluß durch die geniale Arbeit des Genossen Stalin »Der Marxismus und die Fragen der Sprachwissenschaft«.

Nach dieser hervorragenden und bedeutungsvollen Arbeit wurden die Ansichten vom Überbaucharakter der formalen Logik offensichtlich unhaltbar, und die ganze Diskussion reduzierte sich mehr oder weniger auf die Lösung der Frage nach dem *Verhältnis zwischen der dialektischen und der formalen Logik*, womit allgemein der Stand in der Diskussion über die Logik gekennzeichnet ist.« (Werner *Schultz:* Zu einigen Fragen der Logik, in: E, 8/1953/1, S. 94).

15 Beziehung, Bewegung, Qualität und Widerspruch (Kampf der Gegensätze). Vgl. dazu: J. *Stalin:* Über dialektischen und historischen Materialismus, Berlin 1946, S. 5 ff.

16 Vgl. zu dieser Darstellung: I. I. *Osmakow:* Über die Logik des Denkens und die Wissenschaft der Logik, in: Über formale Logik und Dialektik, a. a. O., S. 85.

17 Vgl. Friedrich *Engels:* Herrn Eugen Dührings Umwälzung der Wissenschaft (»Anti-Dühring«), in: MEW, Bd. 20, Berlin 4/1972, S. 1 ff. und: W. I. *Lenin:* Materialismus und Empiriokritizismus. Kritische Bermerkungen über eine reaktionäre Philosophie, Berlin 8/1967.

18 Erinnert sei hier an die Kant-Renaissance in der frühen Sozialdemokratie, die Ausdruck eines generellen Umdenkens war. Es zeigt die Qualität der sowjetischen Diskussion, daß keiner der Kontrahenten eine Parallele zu sehen vermochte – oder sehen wollte.

19 Gemeint ist hier nicht das Problem der Einsetzbarkeit von Formalisierungen, sondern ausschließlich der weltanschauliche Zusammenhang.

20 Vgl. z. B.: »Die Veränderungen in der Basis [...] bewirken entsprechende Veränderungen im Überbau. So entsteht eine gesetzmäßig verlaufende Kette von Veränderungen von der Produktion zur Basis, von der Basis zum Überbau.« (G. *Glesermann:* Der Marxismus-Leninismus über Basis und Überbau, Berlin 1951, S. 7).

21 Von Bedeutung in diesem Zusammenhang ist, daß Mao Tse-tung seine Abhandlung »Über den Widerspruch« zu Anfang der 50er Jahre überarbeitete, ganz offensichtlich unzufrieden mit der sowjetischen Diskussion. (Vgl. Mao Zedong lebt im Herzen des Volkes, in: Beijing Rundschau, 1979/1, S. 6; *Zhou Gucheng:* Laßt hundert Schulen miteinander wetteifern, in: Beijing Rundschau, 1979/3, S. 24; *Mao Tse-tung:* Ausgewählte Werke, Bd. V, Peking 1978).

22 Vgl. Protokoll der philosophischen Konferenz über Fragen der Logik am 17. und 18. November 1951 in Jena. Redaktion: Ernst *Bloch*, Wolfgang *Harich*, Berlin 1953.

23 Da wir uns in unserer Analyse im wesentlichen auf diese Konferenz beschränken, muß die von Georg·Lukács beeinflußte Richtung, die sich auf jener nicht zu Wort meldete, zunächst ausgeklammert werden. Dies scheint uns aus folgenden Gründen gerechtfertigt: Die für die weitere Entwicklung der DDR wichtigen Kontroversen, trotz der Bedeutung des Lukács-Schülers Wolfgang Harich, waren die zwischen Georg Klaus und den Vertretern der Tradition (V. Stern, R. O. Gropp u. a.), wobei die Klaus-Schule im Rahmen des NÖSPL zur dominierenden wurde. Zum anderen läßt sich hinsichtlich des Ontologie-Problems eine nahe Verwandtschaft der traditionellen Position und der von Lukács behaupten.

24 Prot. d. philos. Konf., a. a. O., S. 6.

25 Ebd., S. 7 ff. und 73 ff.

27 Ebd., S. 11.

28 Ebd., S. 95 u. 104 f.

29 Vgl. Steffen *Werner:* Kybernetik statt Marx? Politische Ökonomie und marxistische Philosophie in der DDR unter dem Einfluß der elektronischen Datenverarbeitung, Stuttgart 1977, bes. S. 10 f.

30 Vgl. Die Bedeutung der Arbeiten des Genossen Stalin über den Marxismus und die Fragen der Sprachwissenschaft für die Entwicklung der Wissenschaften. Protokoll der theoretischen Kon-

ferenz der Abteilung Propaganda beim ZK der SED vom 23. bis 24. Juni 1951 im Haus der Presse zu Berlin, Berlin 1952, S. 120.

31 Hoffmans Beitrag wurde später von R. O. Gropp als »Schematismus in der Philosophie« gewertet. Seine Kritik belief sich allerdings auf die Aufstellung von Behauptungen und unterschied sich somit in keinem Punkt von den Ausführungen Hoffmanns (Rugard Otto *Gropp: Gegen den Schematismus in der Philosophie*, in: E 8/1953/2, S. 183 ff.). Von Bedeutung ist weiter, daß Hoffmanns Referat 1952 in Nr. 1 der ›Einheit‹ abgedruckt wurde und durch die kritischen Reaktionen den Auftakt zu einer breiteren Debatte bildete. In den weiteren Nummern erschienen die Diskussionsbeiträge unter dem Titel »Zur Diskussion über die formale Logik«.

32 Prot. d. philos. Konf., a. a. O., S. 126.

33 Ebd., S. 40.

34 Ebd., S. 42.

35 Ebd., S. 40.

36 Ebd., S. 41.

37 Vgl. die Briefe an P. Ernst, C. Schmidt usw. in: *Marx*, Karl /Friedrich *Engels*. Studienausgabe in 4 Bänden. Hrsg. Iring *Fetscher*, Frankfurt/M., 1966, Bd. I, S. 223 ff.

38 *Marx/Engels:* Studienausgabe, a. a. O., Bd. I, S. 226.

39 Engels meint hier die Produktionsweise als Einheit von Produktivkräften und Produktionsverhältnissen.

40 *Marx/Engels:* Studienausgabe, a. a. O., Bd. I, S. 226 ff.

41 Ebd., S. 232.

42 Vgl. *Marx:* Gothaer Programm, a. a. O., Bes. S. 24, 136 f.

43 W. I. *Lenin:* Der »linke Radikalismus«, die Kinderkrankheit des Kommunismus, in: AGW, a. a. O., S. 396. – Auf dem VIII. Parteitag der KPR (B) sprach Lenin sogar von dem Entstehen einer »neuen Bourgeoisie« aus den Reihen der Sowjetangestellten, der Bauern und der Kleingewerbetreibenden, indem er diesen Begriff von Rykow, einem späteren Gegner Stalins, übernahm. Sicher ist es kein Zufall, daß Mao Tse-tung gerade diesen Begriff seiner Theorie eingefügt hat. (Vgl. W. I. *Lenin:* Schlußwort zum Bericht über das Parteiprogramm, in: AGW, a. a. O., S. 205 ff.).

44 J. *Stalin:* Rechenschaftsbericht an den XVIII. Parteitag über die Arbeit des ZK der KPdSU (B), in: *ders.:* Fragen des Leninismus, Berlin, 6/1954, S. 790.

45 J. *Stalin:* Über den Entwurf der Verfassung der Union der SSR, in: Fragen des Leninismus, a. a. O., S. 708.

46 Ebd., S. 694.

47 *Stalin:* Ökonomische Probleme . . ., a. a. O., S. 93.

48 Für eine andere von Stalin vorgebrachte Kritik dürfte diese Feststellung nicht zutreffen: »Man sagt, Lenins These, daß der Imperialismus unvermeidlich Kriege hervorbringt, müsse als veraltet angesehen werden, da gegenwärtig mächtige Volkskräfte herangewachsen sind, die zur Verteidigung des Friedens, gegen einen neuen Weltkrieg auftreten. Das ist falsch.« (*Stalin:* Ökonomische Probleme, a. a. O., S. 37). Zwar wurde diese Kritik ebenfalls nicht aufgegriffen, unsere Darstellung der Revolutionstheorie der SED und der Ergebnisse des XX. Parteitages zeigte allerdings, daß es sich dabei um ein sehr beredtes Schweigen handelte. – Zur westlichen Berichterstattung, vgl.: Richard *Löwenthal:* Stalins Vermächtnis. Zur Interpretation seiner letzten Schrift, in: Mo, 5/1953/55, S. 16 ff. Löwenthal weist darauf hin, daß Stalin die Restaurationsproblematik thematisiert und ökonomische Gegenmaßnahmen eingeleitet habe.

49 Fred *Oelßner:* Die Bedeutung der Arbeiten des Genossen Stalin über den Marxismus und die Fragen der Sprachwissenschaft für die Entwicklung der Wissenschaften, in: Protokoll der theoretischen Konferenz, a. a. O., S. 22. – Zu ähnlichen sowjetischen Aussagen vgl. W. P. *Djatschenko:* Die neue Arbeit Stalins »Ökonomische Probleme des Sozialismus in der UdSSR«, in: SW, 5/1952/4, S. 507 ff. Nach Djatschenko betrat die Sowjetunion bereits »während des dritten Stalinschen Fünfjahrplans, d. h. gegen Ende der dreißiger Jahre, den Weg des allmählichen Übergangs vom Sozialismus zum Kommunismus« (S. 521).

50 *Marx/Engels:* Studienausgabe, a. a. O., Bd. I, S. 232.

51 Protokoll der theoretischen Konferenz, a. a. O., S. 124.

52 Ebd., S. 271.
53 Protokoll der theoretischen Konferenz, a. a. O., S. 344 f.
54 *Marx:* Gothaer Programm, a. a. O., S. 24.
55 *Lenin:* Staat und Revolution, a. a. O., S. 400.
56 *Marx:* Gothaer Programm, a. a. O., S. 33.
57 Vgl. *Lenin:* Der »linke Radikalismus«, a. a. O., bes., S. 31 f. – Mao Tse-tungs ist bislang der
   einzige marxistische Theoretiker, der unter Anknüpfung an die Marxschen und Leninschen
   Theoreme eine grundlegende Theorie des Dominantenwechsels entwickelte (Marx selbst hatte
   eine Schrift über dialektische Logik geplant.) In seiner 1937 veröffentlichten und gegen die
   ›dogmatischen Denkweise‹ gerichteten Schrift *Über den Widerspruch* findet sich ein Passus, der
   als theoretische Vorwegnahme der späteren Kulturrevolution gewertet werden kann: »Manche
   Leute denken, es gäbe keine Widersprüche, auf die das [der Platzwechsel der hauptsächlichen
   Seite im Widerspruch; d. V.] nicht zuträfe. Wenn zum Beispiel in dem Widerspruch zwischen
   Produktivkräften und Produktionsverhältnissen die hauptsächliche Seite die Produktivkräfte
   sind, in dem Widerspruch zwischen Theorie und Praxis – die Praxis, in dem Widerspruch zwischen der ökonomischen Basis und dem Überbau – die ökonomische Basis, so fände hier angeblich kein Platzwechsel zwischen den beiden Seiten des Widerspruchs statt. Diese Auffassung ist
   kennzeichnend für den mechanischen Materialismus und nicht für den dialektischen Materialismus. Selbstverständlich spielen die Produktivkräfte, die Praxis und die ökonomische Basis im
   allgemeinen die hauptsächliche, entscheidende Rolle, und wer das leugnet, ist kein Materialist.
   Man muß jedoch auch anerkennen, daß unter bestimmten Bedingungen die Produktionsverhältnisse, die Theorie und der Überbau an die Reihe kommen können, die entscheidende, die
   Hauptrolle zu spielen. Wenn sich ohne eine Änderung der Produktionsverhältnisse die Produktivkräfte nicht weiter entwickeln können, dann spielt die Änderung der Produktionsverhältnisse die hauptsächliche, entscheidende Rolle. Wenn Lenins Worte ›Ohne revolutionäre
   Theorie kann es auch keine revolutionäre Bewegung geben‹ unmittelbare Aktualität erlangen,
   dann spielt die Schaffung und Verbreitung der revolutionären Theorie die hauptsächliche, die
   entscheidende Rolle. [. . .] Wenn der Überbau (Politik, Kultur usw.) die Entwicklung der ökonomischen Basis behindert, dann werden politische und kulturelle Umgestaltungen zum
   Hauptsächlichen, Entscheidenden.« (*Mao Tse-tungs:* Über den Widerspruch, in: Vier philosophische Monographien von Mao Tse-tung, Peking 2/1968, S. 65 f.), Vgl. hierzu: Louis *Althusser:* Widerspruch und Überdeterminierung. Anmerkungen für eine Untersuchung, in: *ders.:*
   Für Marx, a. a. O., bes., S. 57, 66. – Mao Tse-tung Theorie wurde kurzfristig auch in der Sowjetunion rezipiert. Vgl. I. *Massejew:* Das Typische und der Konflikt in der Dramatik, in:
   KuL, 1/1953/3, S. 75 ff., bes. S. 89.
58 *Brecht:* Kritik an Stalin, a. a. O., S. 326.
59 *Stalin:* Sprachwissenschaft, a. a. O., S. 35.
60 Walter *Benjamin:* Versuche über Brecht, hrsg. und mit einem Nachwort versehen von Rolf
   Tiedemann, Frankfurt/M., 1966, S. 135.
61 *Stalin:* XVIII. Parteitag, a. a. O., S. 792 f. und 810 f.
62 G. *Malenkow:* Rechenschaftsbericht an den XIX. Parteitag über die Tätigkeit des Zentralkomitees der KPdSU (B), 5. Oktober 1952, Moskau 1952, S. 49 f. u. 107.
63 Ebd., S. 119.
64 Ebd., S. 133.
65 Ebd., S. 130. – Aus der Fülle der Äußerungen: Die Untersuchung *Die marxistische dialektische
   Methode* vom M. M. *Rosental* (Berlin 1953, bes., S. 288 ff.); »Die Überreste des Alten werden
   unterstützt und belebt von der kapitalistischen Umkreisung, die bestrebt ist, durch ihren schädlichen Einfluß das Bewußtsein der Sowjetmenschen zu vergiften. Der Kampf zur Ausmerzung
   der Überreste des Kapitalismus im Bewußtsein der Menschen und die kommunistische Erziehung der Werktätigen sind eine notwendige Bedingung des Übergangs vom Sozialismus zum
   Kommunismus.« (B. *Rjurikow:* »Im Leben gibt es so etwas nicht«. (Schluß), in: BfdDB
   120/1953/33, S. 675); »Die Partei wies darauf hin, daß der endgültige Sieg der sozialistischen
   Ideologie unter der Diktatur des Proletariats nicht mehr in Frage steht und daß das Proletariat
   auf allen Gebieten des geistigen Lebens der Völker der Sowjetunion die Hegemonie errungen

hat.« (K. *Heinz:* Der Schriftsteller und sein Staat. Ein geschichtlicher Rückblick auf die Anfänge der Sowjetliteratur (III), in: BfdDB 120/1953/42, S. 881); Die »Reste alter Anschauungen sind ein Überbleibsel des alten reaktionären Überbaus. Derartige Anschauungen haben in unserem Sowjetlande keine Klassengrundlage mehr. Sie werden aber durch die kapitalistische Umwelt unterstützt, die bestrebt ist, die reaktionären Überreste der Vergangenheit im Bewußtsein der Menschen zu erhalten. Gegen alle diese Überreste führt unsere Partei jetzt und auch in Zukunft einen unerbittlichen Kampf.« (Stellung und Bedeutung der Kunst und Literatur im gesellschaftlichen Leben, in: KuL 1/1953/1, S. 26) – Daß es sich bei dem hier Zitierten nicht um bloß Historisches handelt, zeigen die Auseinandersetzungen zwischen der PA Albaniens und der KP Chinas; wieder rückt dieses Problem ins Zentrum – in farcenhafter Neuauflage (vgl. Enver *Hoxha:* Imperialismus und Revolution, Tirana 1979; *ders.:* Betrachtungen über China, I. 1962–1972. Aus dem politischen Tagebuch, Tirana 1979; als Kuriosum: 30 Jahre Volksrepublik China – 30 Jahre Lüge und Betrug, in: Der Weg der Partei (Dortmund) 1979/4. – Charles *Bettelheim:* Fragen über China nach Mao Tse-tungs Tod, Berlin 1978).

66 Protokoll der theoretischen Konferenz, a. a. O., S. 37 und 30.

67 Ebd., S. 41 f.

68 Otto *Gotsche:* Der große Plan, in: HuM 5/1951/1, S. 24.

69 Die wissenschaftliche Begründung der Rolle der Arbeiterklasse in der modernen Gesellschaft. Protokoll der wissenschaftlichen Konferenz der Parteihochschule »Karl Marx« beim ZK der SED (23.–24. Februar 1954), Kleinmachnow, 1954, S. 206.

70 Karl-Heinz *Schneider:* Die Lehre von Basis und Überbau (I), in: BfdDB 121/1954/17, S. 352.

71 Ebd., (II) 121/1954/18, S. 379.

72 1951/2, S. 167 ff. – Wir zitieren nach der deutschen Übersetzung: P. S. *Trofimow:* Über das Verhältnis der Kunst zu Basis und Überbau, in: F 7/1952/5/WBe, S. 3 ff.

73 Ebd., S. 3 f.

74 Ebd., S. 6.

75 Ebd., S. 13.

76 Ebd., S. 12.

77 Ebd., S. 13.

78 Karl *Marx:* Grundrisse der Kritik der politischen Ökonomie (Rohentwurf), 1857–1858. Berlin 1953, S. 7.

79 Ebd., S. 8 f.

80 Ebd., S. 22.

81 Auch Stalin schreibt, »daß die gesellschaftlichen Erscheinungen außer diesem Gemeinsamen ihre spezifischen Besonderheiten haben, die sie voneinander unterscheiden und die für die Wissenschaft das Wichtigste sind« (*Stalin:* Sprachwissenschaft, a. a. O., S. 43).

82 »Die verschiedenen Klassen benutzen die objektiven Gesetze des Aufbaus der künstlerischen Werke, um ihre Ideen, ästhetischen Anschauungen, Normen und ihren Geschmack zum Ausdruck zu bringen, zur Wiedergabe des Inhalts, der sie interessiert.« (*Trofimow:* Über das Verhältnis, a. a. O., S. 13.)

83 *Marx:* Grundrisse, a. a. O., S. 30.

84 Vgl. Diskussion über das Manuskript »Fragen der marxistisch-leninistischen Ästhetik«, in: KuL 3/1955/1, S. 133 ff.

85 Der Gegenstand der marxistisch-leninistischen Ästhetik. Eine Diskussion der Zeitschrift »Fragen der Philosophie«, in: KuL 4/1956/11, S. 1024.

86 *Trofimow:* Über das Verhältnis, a. a. O., S. 13 f.

87 Vgl. Aus der Diskussion in der Sowjetunion über das Verhältnis der Literatur und Kunst zu Basis und Überbau, in: F 6/1952/12/HBe, S. 3 ff.

88 A. *Shdanow:* Über Kunst und Wissenschaft, Kiel, o. J., S. 47 [Reprint].

89 Vgl. ebd. S. 70 sowie: »In den großen Werken der klassischen Kunst ist nicht wenig Allgemeinmenschliches enthalten. Erkennt man aber an, daß in der wahrhaft fortschrittlichen realistischen Kunst, in ihren großen Werken Elemente des Allgemeinmenschlichen enthalten sind, dessen, was die Menschen verschiedener Epochen bewegt, widerspricht man da nicht der Behauptung, daß die Kunst und die künstlerischen Anschauungen Klassencharakter tragen? Nein,

das ist kein Widerspruch.« (Stellung und Bedeutung, a. a. O., S. 30.) Die »Versuche, die Kunst aus den Überbauerscheinungen auszuschließen, haben mit dem Marxismus nichts gemein.« Wenig später erfolgt der Hinweis auf Stanislawskij und das ›Erbe‹. (Die Arbeiten J. W. Stalins über Fragen der Sprachwissenschaft und die Theaterkunst, in: NWe 7/1952/7, S. 783.)

90 Vgl. G. *Nedoschiwin:* Über die Beziehung der Kunst zur Wirklichkeit, in: Beiträge zum sozialistischen Realismus. Grundsätzliches über Kunst und Literatur, Berlin 1953, bes. S. 109.

91 Über Malerei. Bertolt *Brecht* u. a., in: Brecht im Gespräch. Diskussionen, Dialoge, Interviews, hrsg. von Werner *Hecht,* Frankfurt/M. 1975, S. 157.

92 Protokoll der theoretischen Konferenz, a. a. O., S. 45.

93 Wolfgang *Böhme:* Das Buch und die Aufgaben unserer Epoche. Ein Diskussionsbeitrag zur Vorbereitung der Verlegerkonferenz vom 17. bis 19. Oktober 1952, in: BfdDB 119/1952/41, S. 730. – Eine Ansicht wie die folgende sowjetische war die einer Minderheit: »Es gibt also eine Ideologie, die die Basis stärkt, und es gibt eine Ideologie, die sie zerstört. Trotzdem *gehören beide zum ideologischen Überbau einer gegebenen Gesellschaft,* entstanden auf einem bestimmten System ökonomischer Verhältnisse, auf der Basis.« (Stellung und Bedeutung, a. a. O., S. 23.)

94 Protokoll der theoretischen Konferenz, a. a. O., S. 316

95 Vgl. hierzu den vierteiligen Bericht Manfred *Jelenskis* »Über die 1. Konferenz der Literaturwissenschaftler« (in: F 7/1953/21, S. 7; 7/1953/23, S. 6; 7/1953/24, S. 7; 7/1953/25, S. 7). Auf dieser Konferenz stand das Basis-Überbau-Problem im Zentrum (Referentin: Rita Schober); zu »einem wirklichen Meinungsstreit kam es über den Begriff des Allgemein-Menschlichen«, allerdings ging es nicht um Grundsätzliches, sondern um Nuancen. Grundsätzliche Kritik wurde »an der Theorie Bert Brechts vom epischen Theater und an seiner dramatischen Praxis« geübt.

96 Aus der Diskussion in der Sowjetunion, a. a. O., S. 14 f. – Die Ablehnung der Thesen bedeutete aber keinesfalls das Ende der Diskussion, wie die späteren ästhetischen Debatten zeigen.

97 Die Kritik, die 1949/50 in Ungarn und der Sowjetunion an Lukács geübt worden war, wurde in der DDR erst 1956/57 aufgegriffen. Falsch ist allerdings die Behauptung Fritz J. Raddatz', daß aufgrund der »ideologisch offene[n] Situation bis 1950/51« nichts von der ungarischen Kritik an Lukács »in die DDR gesickert« sei *(Raddatz:* Traditionen und Tendenzen. Materialien zur Literatur der DDR, Frankfurt/M. 1972, S. 48). Alexander Fadejew, der die ungarische Kritik aufgenommen hatte, wurde 1951 auf der Konferenz über Stalins Sprachtheorie ausdrücklich erwähnt: »Das [die Funktion der Kunst; d. V.] bedeutet für uns zweierlei: 1. daß wir den Proletkult als linke Abweichung in der Kunst schlagen, 2. daß wir gleichzeitig die rechte Abweichung in der Kunst schlagen, die zwar die Notwendigkeit der weiteren Festigung und Sicherung der antifaschistisch-demokratischen Ordnung bejaht, aber die Notwendigkeit der Entwicklung einer fortschrittlichen demokratischen deutschen Kultur leugnet und ihre Entwicklung hemmt. Diese Genossen sollten sich Alexander Fadejews Kritik an Lukácz[!] zu Gemüte führen, der an demselben Übel krankt.« (Protokoll der theoretischen Konferenz, a. a. O., S. 319)

98 Vgl. etwa das Vorwort von Wilhelm *Girnus* in: Beiträge zum sozialistischen Realismus, a. a. O., S. 273 f. – Die 1953 im ›Aufbau‹ unter dem Titel »Diskussion. Literatur, Erbe, Überbau« (Nr. 1, 2, 4) veröffentlichten Beiträge vertreten entgegengesetzte Ansichten, sind aber nicht repräsentativ.

99 Joachim G. *Boeckh:* Maßstäbe der Literatur, in: S 11/1956/50, S. 12.

100 Wolfgang *Weitbrecht:* Die Literatur und die Menschen, in: S 11/1956/52, S. 12. – Vgl. außerdem: Joachim *Müller:* Literarische Publikumserwartung, in: S 12/1957/1, S. 12 u.: Reinhard *Weisbach:* Literatur und Gesellschaft, in: S 12/1957/1, S. 12.

101 Rita *Schober:* Der gesellschaftliche Standort der Literatur, in: *dies.:* Skizzen zur Literaturtheorie, Berlin 1956, S. 14 ff.

102 *Raddatz:* Traditionen und Tendenzen, a. a. O., S. 51. – Angemerkt sei hier, daß Raddatz' bibliographischer Vermerk, Stalins Sprachschrift sei erst 1968 in der Bundesrepublik erschienen, nicht korrekt ist (S. 484, Anm. 83). Sie erschien bereits 1953 in Stuttgart, wie die von uns zitierte Ausgabe beweist.

103 Wie uns die ehemalige Mitarbeiterin Brechts, Käthe Rülicke-Weiler, in einem Gespräch mitteilte, hat Brecht Stalins Sprachschrift begrüßt, da sie mit dem Geschwätz aufgeräumt habe, Spra-

che sei klassenabhängig und gehöre zum Überbau (Stephan *Bock:* Gedächtnisprotokoll eines Gesprächs mit Käthe Rülicke-Weiler, Ms. Bochum 1975).

104 Von der traditionellen Richtung wurde Trofimow der Vorwurf des ›Objektivismus‹ gemacht. (Aus der Diskussion in der Sowjetunion, a. a. O., S. 13).

II./II.I.

1. *Die materiellen Produktionsbedingungen der Schriftsteller*

1 Zu dieser Einschränkung s. S. 89 ff.

2 *Greiner:* Von der Allegorie zur Idylle: Die Literatur der Arbeitswelt in der DDR. Heidelberg 1974, S. 13. – Greiner übernimmt hier fast wortwörtlich eine ähnliche These von Frank Trommler. (Vgl. Frank *Trommler:* Der zögernde Nachwuchs. Entwicklungsprobleme der Nachkriegsliteratur in West und Ost, in: Tendenzen der deutschen Literatur seit 1945, hrsg. von Thomas *Koebner*, Stuttgart 1971, S. 50). Gerade den Text, der an die proletarisch-revolutionäre Tradition und an Tretjakow anzuknüpfen versucht – Käthe Rülickes »Hans Garbe erzählt« –, vermag Greiner nicht als in dieser Tradition stehend zu erkennen. (S. dazu S. 228 ff.).

3 Ebd.

4 Lutz-W. *Wolff:* ›Auftraggeber: Arbeiterklasse‹. Proletarische Betriebsromane 1948–1956, in: Einführung in Theorie, Geschichte und Funktion der DDR-Literatur. Mit Beiträgen von Harald *Hartung* u. a., hrsg. von Hans-Jürgen *Schmitt*, Stuttgart 1975, S. 248.

5 Vgl. Jürgen *Scharfschwerdt:* Die Klassik-Ideologie in der Kultur-, Wissenschafts- und Literaturpolitik, in: Einführung in Theorie... der DDR-Literatur, a. a. O., S. 109 ff.

6 Ebd., S. 110.

7 Ebd., S. 148 f.

8 Von Hans-Albert *Walters* Studien zur Exilliteratur sind bislang erst vier Bände erschienen. – Vgl. Peter *Dietzel:* Exiltheater in der Sowjetunion 1932–1937. Berlin 1978 sowie die Reihe »Kunst und Literatur im antifaschistischen Exil 1933–1945« des Reclam-Verlages/DDR, von der bisher drei Bände erschienen sind: Bd. 1/UdSSR (1979), Bd. 2/Schweiz (1978), Bd. 3/USA (1979).

9 Alfred *Kurella:* Ich lebe in Moskau, Berlin 1947. – Zahlen in Klammern geben hier die Seitenzahl an.

10 Bertolt *Brecht:* Ein neues Haus, in: *ders.:* GW, a. a. O., Bd. 10, S. 962.

11 Zu Kurellas Darstellung vgl. auch: Alfred *Kurella:* Die entscheidende Begegnung, in: Hammer und Feder. Deutsche Schriftsteller aus ihrem Leben und Schaffen, Berlin 1955, S. 308 ff.

12 Vgl. Willi *Bredel:* Die Enkel, Roman, Berlin 1955, bes., S. 303, 344, 350 ff.; und: *ders.:* Wie ich Schriftsteller geworden bin, in: Hammer und Feder, a. a. O., bes., S. 25 ff.

13 Fritz *Mierau:* Interview mit Hugo Huppert: in: WB 18/1972/12, S. 40.

14 Adam *Scharrer*/Erwin *Strittmatter*, Berlin 1962, S. 51.

15 Hans *Marchwitza:* In Amerika, in: In Frankreich. In Amerika, Berlin u. Weimar 1971, S. 321.

16 Alfred *Kantorowicz:* Deutsches Tagebuch, Bd. I, München 1964, S. 105. Vgl. auch die folgenden Eintragungen: S. 117 u. 130. – Zur Haltung Brechts dagegen vgl. *Marchwitza:* In Amerika, a. a. O., S. 450 f. u. 465 f.

17 Hilde Stern war Tochter eines emigrierten jüdischen Psychologieprofessors, eines »Professor Mamlock«, wie Marchwitza in Anlehnung an Friedrich Wolfs Theaterstück schreibt. Er starb an den Folgen des Exils. Vor seinem Tod hatte er sich »ausbedungen, daß seine Asche nicht begraben, sondern in alle Winde gestreut werden solle. Keine Heimat, kein Grab.« (*Marchwitza:* In Amerika, a. a. O., S. 315).

18 *Kantorowicz:* Deutsches Tagebuch I, a. a. O., S. 124. – Marchwitza berichtet den gleichen Vorgang, erwähnt Kantorowicz allerdings nicht.

19 Pseudonym für Eduard Schmidt.

20 Vgl. Eduard *Claudius:* Erzählungen, Berlin 1951 u.: *ders.:* Ruhelose Jahre, Erinnerungen, Halle/S. 1968.

21 Vgl. Geschichte der deutschen Arbeiterbewegung, a. a. O., Kapitel XI, S. 205 f.

22 Vgl. Fritz *Erpenbeck:* Emigranten, Berlin 2/1955. – Erpenbecks 1937 in der Sowjetunion veröffentlichter Roman basiert u. a. auf der Theorie, daß die politischen Funktionäre in der Emigration, vor allem in der sowjetischen, besser lernen könnten, den Faschismus zu bekämpfen, als in der Heimat.

23 Vgl. Geschichte der deutschen Arbeiterbewegung, a. a. O., Kapitel XI, S. 190 sowie: Interview mit Klaus *Gysi*. Kulturpolitik als antifaschistisch-demokratische und sozialistische Erziehung, in: WB 15/1969/SH, S. 25 ff., bes. S. 25.

24 Vgl. vor allem Werner *Eggerath:* Nur ein Mensch, Weimar 1947 u.: Friedrich *Schlotterbeck:* Je dunkler die Nacht, desto heller die Sterne. Erinnerungen eines deutschen Arbeiters 1933–1945, Berlin 1948.

25 Vgl. *Wolff:* ›Auftraggeber: Arbeiterklasse‹, a. a. O., S. 249.

26 Vgl. Befehle des Obersten Chefs der Sowjetischen Militärverwaltung in Deutschland. Aus dem Stab der Sowjetischen Militärverwaltung in Deutschland. Sammelheft 1 und 2, Berlin 1946.

27 Vgl. *Leonhard:* Die Revolution, a. a. O., S. 405 ff.

28 Eduard *Claudius:* Ruhelose Jahre, a. a. O., S. 255 f.

29 Vgl. ebd., S. 306.

30 Vgl. ebd., S. 299.

31 Ebd., S. 362.

32 Ebd., S. 359.

33 Ebd., S. 366.

34 Laut Rechenschaftsbericht Malenkows auf dem 19. Parteitag der KPdSU gab es bis 1952 allein bei den Literatur- und Kunstschaffenden 2339 Stalinpreisträger. Von »1945 bis 1949 haben 2540 Wissenschaftler, Techniker, Künstler und Schriftsteller den hohen Ehrentitel eines Stalinpreisträgers erhalten.« (A. *Jegolin:* J. W. Stalin über die Entwicklung der Sowjetliteratur, in: NWe 5/1950/7, S. 112).

35 Vgl. *Claudius:* Ruhelose Jahre, a. a. O.

36 Walther *Victor:* Zu den Nationalpreisen für Literatur, in: HuM 3/1949/10, S. 646.

37 Ebd., S. 647. – Vgl. auch *Brecht:* Arbeitsjournal, a. a. O., Bd. 2, S. 907.

38 Vgl. Sie sind für den Nationalpreis vorgeschlagen, in: BfdDB 121/1954/31, S. 673 f. u.: Wen schlagen Sie zum Nationalpreis vor? Eine Umfrage bei unseren Lesern und Mitarbeitern, in: NDL 3/1955/8, S. 114 ff.

39 Zitiert nach: Wen schlagen Sie zum Nationalpreis vor? a. a. O., S. 115.

40 Zur Anzahl der Auflagen und der Gesamtauflagenhöhe, die z. B. Becher, Bredel, Seghers, Renn und Wolf mit ihren Publikationen erreichten, vgl. Literatur im Blickpunkt. Zum Menschenbild in der Literatur der beiden deutschen Staaten, hrsg. von Arno *Hochmuth*, Berlin 1965, bes., S. 30, 51 ff.; auch: Stephan *Hermlin:* Der Kampf um eine deutsche Nationalliteratur. Hrsg.: Deutscher Schriftsteller-Verband, O. O. u. J. Bes., S. 19. – Daß ein Autor sich mit nur einem Roman eine gesicherte Existenz aufbauen konnte, zeigt eine Beispiel aus der Zeit nach 1956. Einschließlich der Übersetzungen erreichte der Roman »Nackt unter Wölfen« (Halle/S. 1958) von Bruno Apitz, der vorher einige Hörspiele und kleinere Texte veröffentlicht hatte, inzwischen eine Auflagenziffer, die in die Millionen geht.

41 Vgl. Ursula *Apitzsch:* Das Verhältnis von künstlerischer Autonomie und Parteilichkeit in der DDR. In: Autonomie der Kunst. Frankfurt/M. 1972, bes., S. 286 ff.

42 Vorspann zu: Karl *Mundstock:* Schneller ist besser, Laienspiel, Halle/S. o. J. [1951].

43 Vgl. Uwe *Wagner:* Vom Kollektiv zur Konkurrenz. Partei und Massenbewegung in der DDR, Berlin 1974.

44 Verdiente Ärzte des Volkes erhielten z. B. die beste Lebensmittelkarte und konnten ihre Kinder unentgeltlich auf die Fach- und Hochschulen schicken.

45 Zitiert nach: *Ru.:* Autorenkonferenzen helfen bei der Schaffung einer neuen Literatur, in: BfdDB 119/1952/50, S. 913 f.

46 Kollektivarbeiten wurden auch kaum gefördert. Vgl. dazu: *h.:* Durchbruch zum Realismus. Zwei Sammlungen junger Dichtung im Aufbau-Verlag, in: BfdDB 118/1951/34, S. 428 f.

47 Werner *Reinowski:* Parteisekretär oder Redakteur? in: Dabeisein – Mitgestalten. Schriftsteller über ihr Leben und Schaffen, Berlin 1960, S. 139.

48 Hans *Lorbeer:* Die Sieben ist eine gute Zahl. Roman, Halle/S. 1953.
49 Vgl. Dieter *Heinemann:* Hans Lorbeer – »Chemieprolet« und Dichter, in: WB 17/1971/12, S. 81.
50 Lorbeer berichtete 1955, daß sein Buch »nicht so erschien, wie ich es schrieb. [...] Jahrelang hielt man mich damit hin, und als es endlich vorlag, war es notwendig, Änderungen und Streichungen vorzunehmen, die sich aus der inzwischen erfolgten allgemeinen Entwicklung ergaben«. Er fuhr jedoch selbstkritisch fort: »Die Liebesgeschichten [...] liegen nicht unmittelbar in der Haupthandlung, und die Liebelei zwischen Fritz und Traudchen ist zu sehr Episode. Auch wäre darüber zu reden, daß die Figuren keine rechte, sagen wir recht begründete Wandlung durchmachen.« (Hans *Lorbeer:* Der Schriftsteller wächst mit seinem Volke, in: T 11/1955/2.5. Zitiert nach: Der Nachterstedter Brief. Diskussionsbeiträge von Arbeitern und Schriftstellern zur Vorbereitung des IV. Deutschen Schriftstellerkongresses. Hrsg. vom DSV u. vom BV des FDGB, Berlin 1955, S. 43, 44) Lorbeers Selbstkritik ist kaum anders als verinnerlichte Rezensentenkritik zu bezeichnen.
51 Vgl. Hans *Lorbeer:* Vorfrühling und andere Liebesgeschichten, Weimar 1953 und: Das Fegefeuer. Ein Roman um Luthers Thesenanschlag, Halle/S. 1956; Der Widerruf. Roman um den Prozeß gegen Luther, Halle/S. 1956; Die Obrigkeit, Roman, Halle/S. 1963.
52 Hans *Marchwitza:* Notizen aus meinem Leben... und eine Nachschrift! in: TR 9/1953/143, S. 4.
53 Bertolt *Brecht:* »Katzgraben«-Notate, in: *Ders.:* GW, a. a. O., Bd. 16, S. 775.
54 Vgl. z. B. Ruth *Rindfleisch:* Erwin Strittmatter, in: Literatur der DDR, a. a. O., S. 216.
55 *Brecht:* »Katzgraben-Notate, a. a. O., bes., S. 829 ff.
56 Erwin *Strittmatter:* Ochsenkutscher, Berlin 1950.
57 Vgl. Erwin *Strittmatter:* Damals auf der Farm und andere Geschichten, Leipzig 1974, S. 10 u.: Günter *Schubert:* Nachwort, in: *Strittmatter:* Damals. auf der Farm, a. a. O., S. 290.
58 Vgl. Alfred *Kantorowicz:* Deutsches Tagebuch, Zweiter Teil, München 1961, S. 579. – Greulich unterschlägt die Schwierigkeiten, denen Strittmatter ausgesetzt war, und schreibt, Strittmatter habe sofort Zustimmung gefunden. (R. *G.:* Erwin Strittmatter, in: BfdDB 120/1953/36, S. 746 f.).
59 Ebd., S. 578 f.
60 Als Kuriosum sei erwähnt, daß sich diese Hilfe auch auf die Verkaufswerbung auf Jahrmärkten erstreckte. (Vgl. *Strittmatter:* Damals auf der Farm, a. a. O., S. 10).
61 Erwin *Strittmatter:* Tinko, Berlin 1954.
62 Der Darstellung in diesem und den folgenden Abschnitten liegt die Sichtung einer großen Zahl biographischer Daten zugrunde, die ausführlich zu zitieren zu weit führen würden. Die zitierten Passagen stehen stellvertretend für andere. Ansonsten verweisen wir auf unsere Bibliographie, vor allem auf die einzelnen Schriftstellerbiographien im »Börsenblatt für den Deutschen Buchhandel« (Leipzig) und die zahlreichen in Sammelbänden enthaltenen autobiographischen Äußerungen.
63 Benno *Pludra:* Für Kinder schreiben... in: Junge Schriftsteller der Deutschen Demokratischen Republik in Selbstdarstellungen, hrsg. von Wolfgang *Paulick*, Leipzig 1965, S. 44. – Auf dieses bisher nicht berücksichtigte Bändchen sei hier ausdrücklich hingewiesen.
64 Zitiert nach: Walter *Püschel:* Horst Beseler, in: BfdDB 122/1955/24, S. 435 f.
65 Johanna *Braun:* Sieben Fragen vor dem Spiegel, in: Junge Schriftsteller, a. a. O., S. 60.
66 Lori *Ludwig:* Die Leser helfen mir, in: Junge Schriftsteller, a. a. O., S. 72. – Vgl. auch: Franz *Hammer:* Lori Ludwig, in: BfdDB 121/1954/18, S. 388.
67 *Pludra:* Für Kinder, a. a. O., S. 44.
68 Elfriede *Brüning:* Um uns wurde es immer leerer, in: Hammer und Feder, a. a. O., S. 39.
69 Vgl. etwa: Franz *Rehbein:* Das Leben eines Landarbeiters, hrsg. von Karl Winfried *Schafhausen,* Darmstadt u. Neuwied 1973 u.: Ludwig *Turek:* Ein Prolet erzählt. Lebensschilderung eines deutschen Arbeiters, Leipzig 1968. – Willi Bredels Anfänge hingegen wären mit den oben geschilderten zu vergleichen. Diesen Hinweis verdanke ich Hannes Heer, der zahlreiche bisher unbekannte Details zu Bredels Jugendjahren eruiert hat.
70 Walter *Stranka:* Immer wieder neu beginnen, in: Junge Schriftsteller, a. a. O., S. 98 ff. – Aus

ähnlichen Verhältnissen stammt Benno Voelkner (vgl. Benno *Voelkner:* Für wen schreibst du? in: Dabeisein, a. a. O., S. 170 ff.).

71 Zu ihnen gehörten Karl Mundstock und Herbert Ziergiebel (vgl. *Erge:* Karl Mundstock, in: BfdDB 120/1953/42, S. 884; Karl *Mundstock:* Meinen Freunden, den Lesern!, in: Hammer und Feder, a. a. O., S. 405 ff. u.: Herbert *Ziergiebel:* Am Anfang war das Denken… in: Junge Schriftsteller, a. a. O., S. 137 ff.).

72 Vgl. Günter *Ebert:* Klaus Beuchler, in: BfdDB 121/1954/23, S. 508 f. u.: Helmut *Hauptmann:* An G. in: Junge Schriftsteller, a. a. O., S. 78 ff.

73 Vgl. *Pludra:* Für Kinder, a. a. O.

74 Vgl. *Ru.:* Erich Loest, in: BfdDB 120/1953/12, S. 228.

75 Vgl. Franz *Hammer:* Harry Thürk, in: BfdDB 121/1954/44, S. 920 f. u.: Harry *Thürk:* Ein neues Leben begann, in: Junge Schriftsteller, a. a. O., S. 63 ff.

76 Zu ihnen gehörten Günter Görlich und Herbert Otto (vgl. Günter *Görlich:* Wie es dazu kam, daß ich Schriftsteller wurde, in: Junge Schriftsteller, a. a. O., S. 149 ff. u.: Herbert *Otto:* Wie sich Menschen verändern, in: Junge Schriftsteller, a. a. O., S. 27 ff.).

77 Zu ihnen gehörte Wolfgang Neuhaus (vgl. Wolfgang *Neuhaus:* Vom Preßlufthammer zum Federhalter, in: HuM 5/1951/11, S. 722 ff. u.: in: Dabeisein, a. a. O., S. 118 ff. u.: in: Junge Schriftsteller, a. a. O., S. 154 ff.

78 *Hauptmann:* An G., a. a. O., S. 87.

79 Bei diesen Arbeitskreisen handelte es sich um keine einheitliche Organisation. – Andere Bezeichnungen waren »Arbeitsgemeinschaft Junger Autoren«, »Arbeitsgemeinschaft Junger Schriftsteller« u. ä.

80 Vgl. *-kel-:* Ein Schriftstellerlehrgang stellte sich vor, in: BfdDB 117/1950/49, S. 547 f. u.: Klaus D. *Winzer:* Schriftsteller auf der Schulbank, in: BfdDB 118/1951/3, S. 81 ff.

81 *-kel-:* Schriftstellerlehrgang, a. a. O., S. 547.

82 Vgl. dazu *Claudius*, Ruhelose Jahre, a. a. O., S. 362 f.

83 Schriftsteller helfen den Betrieben, in: BfdDB 118/1951/38, S. 483.

84 Vgl. Preisausschreiben zur Förderung des Gegenwartsschaffens in der deutschen Literatur, in: BfdDB 121/1954/48, S. 995 f.

85 Vgl. Helmut *Topp:* Nachwort, in: Leben ist ein Befehl. Eine Anthologie junger Autoren 1955, Hrsg.: Arbeitsgemeinschaft Junger Autoren, Bezirk Suhl, O. O. u. J., S. 135.

86 Zur Bedeutung dieses Verlages vgl. Hans-Jürgen *Schmitt:* Die literarischen Produktionsverhältnisse in Bechers »Literaturgesellschaft«, in: Einführung in Theorie… der DDR-Literatur, a. a. O., S. 172.

87 Vgl. *Ru.:* Autorenkonferenzen, a. a. O. u.: *-kel-:* Vom konkreten Beispiel ausgehen!, in: BfdDB 119/1952/50, S. 914 f. u.: *Ru.:* Unsere Literatur muß vielgestaltiger und differenzierter sein! Eindrücke von einer Autorentagung des Mitteldeutschen Verlages, in: BfdDB 120/1953/49, S. 1052 f.

88 Literaturkritikerin und spätere Frau von Erwin Strittmatter.

89 Eva *Braun:* Konflikt und Fabel – konkret diskutiert (1. Fortsetzung), in: DSch 4/1953/7, S. 6. – Vgl. auch: Eva *Braun:* Von der zweiten Literatur, in: NDL 2/1954/11.

90 Interessant sind hier zwei aus völlig verschiedenen ›Lagern‹ stammende Berichte. Aus Carl-Jacob *Danzigers* autobiographischem Roman »›Die Partei hat immer recht‹«: »Wir waren drei Männer: Ein Kraftfahrer, ein Fotograf und ich. Wir waren gut mit Geld ausgestattet, bekamen nicht nur unser Honorar für die geleistete Arbeit, sondern auch großzügig angesetzte Spesen für Übernachtungen und sämtliche erforderliche Mahlzeiten, ja sogar eine gewisse Extrasumme für die Schwierigkeit, unsere Abende standesgemäß totzuschlagen.« (S. 142) – Im Jahr 1951 erhielt der Autor ein Stipendium für einen dreimonatigen Aufenthalt bei Bergmann-Borsig, ebenso im Jahr 1953. Auch für andere Aufenthalte in Betrieben erhielt er gleichdotierte Stipendien. (S. 182) – »Das Idyll meiner Mitarbeit [beim ND; d. V.] dauerte etwa zwei Jahre. Ich bekam laut Vertrag ein Fixum von sechshundert Mark im Monat, das entsprach zwölf Manuskriptseiten, denn man zahlte mir fünfzig Mark je Maschinenseite. Schrieb ich mehr, so bekam ich mehr, schrieb ich weniger, so bekam ich nur das Fixum, ohne im nächsten Monat die fehlenden Seiten nachliefern zu müssen. Es gab noch einige Schriftsteller, die ähnliche Verträge mit dem ND hat-

ten.« (S. 149) – Aus dem Bericht »Am Klassenkampf festhalten!« von Waltraud *Aust:* »Als schreibende Arbeiterin wurden mehrere Gedichte und Novellen von mir veröffentlicht. Im Fernsehen wurde ich vorgestellt und mußte diese Gedichte in Jugendsendungen verlesen. Die Behandlung und die Atmosphäre im Fernsehstudio Adlershof war mehr als bürgerlich und dekadent. Obendrein bekam ich für jedes veröffentlichte Gedicht 120 Mark, für eine Fernsehsendung 60 Mark an Honorar. Novellen wurden pro Zeile berechnet. Mir gefiel das. War es doch ein Haufen Geld für mich und wesentlich mehr als ich im Betrieb verdiente. Dort in der Brigade verdiente ich im ganzen Monat zwischen 200 und 250 Mark einschließlich Akkordstunden. Da kam mir natürlich ein Gedicht für 120 Mark sehr zu paß.« (In: Roter Morgen 1976/19, S. 3). Der Bericht enthält auch interessante Details zu Jan Koplowitz.

91 S. Anm. 85.

92 Zitiert nach: Louis*Fürnberg:* Was für Schriftsteller brauchen wir? In: Diskussionsbeiträge über die literarische Gestaltung des neuen Lebens in unserer Republik, hrsg. vom Deutschen Schriftstellerverband, O. O. u. J. [Berlin 1955] S. 55 f. – Vgl. dazu: Jurij*Brezan:* Was ist mit unserem schriftstellerischen Nachwuchs?, in: NDL 3/1955/10, S. 113 ff. – Fürnbergs Artikel rief heftigste Kritik von seiten der Betroffenen hervor. Die Gegenkritik konnte jedoch die Vorwürfe nicht entkräften. (Vgl. die »Leserzuschriften« in: E 10/1955/10, S. 1039 ff.).

93 *-kel-:* Schriftstellerlehrgang, a. a. O., S. 548.

94 Die biographischen Daten zu Hild sind im wesentlichen entnommen aus:*Ru.:* August Hild, in: BfdDB 120/1953/16, S. 310 f.

95 Ebd., S. 310.

96 Ebd.

97 August *Hild:* Die aus dem Schatten treten, Roman, Halle/S. 1952. – Ursprünglich sollte der Roman »Zerstampfte Erde« heißen (Helmut *Hauptmann:* Die aus dem Schatten treten. [Brief an Hild], in: DW 34/1979/39, S. 1225).

98 Bereits 1951 war die Erzählung »Ein Mann kehrt heim« (Halle/S.) erschienen. Diese wie auch z. B. »Arbeitslos« (HuM 5/1951/4, S. 226 ff.) zeigen, daß Hild stark trivialliterarischen Traditionen verpflichtet gewesen war.

99 Es dürfte kein Zufall sein, daß Wieland Herzfelde diesen Roman rezensiert hat: Wieland*Herzfelde:* August Hild: »Die aus dem Schatten treten«, in: TR 9/1953/33, S. 4. – Seine Wertung von »Ein Mann kehrt heim« – »eine ausgesprochene Begabung, daß er [Hild] dem Rat folgte, das Dichten zu seinem Beruf zu machen« – erweist sich jedoch als krasses Fehlurteil. – Vgl. auch: »Wäre nicht die Zeit gekommen, jetzt, wo Du an den Ort Deiner wichtigsten Erfahrungen, nach Rathenow, zurückgekehrt bist, Deine Autobiographie aufzuschreiben?« *(Hauptmann:* [Brief an Hild], a. a. O., S. 1226).

100 *Ru.:* Hild, a. a. O., S. 310.

101 Ebd., S. 311.

102 August *Hild:* Das Lied über dem Tal, Roman, Halle/S. 1954.

103 Vgl. etwa:*Ru.:* Wolf D. Brennecke, in: BfdDB 120/1953/32, S. 658 u.:*s.:* Hildegard Maria Rauchfuß, in: BfdDB 120/1953/38, S. 804.

104 Diese Art der Bewährung gehörte zu den härtesten von SED und Regierung verhängten Strafen. Sie bedeutete gewöhnlich das Ende jeder ›Karriere‹. (Zu diesem für einen sozialistischen Staat bezeichnenden Faktum vgl. *Strittmatter* (Damals auf der Farm, a. a. O., S. 31), der Brechts Haltung zu diesem Komplex schildert.).

105 Nach einigen Anmerkungen Wolfgang *Johos* (Von der Kunst und der Bedeutung der Erzählung, in: NDL 1/1953/12, S. 136 ff., hier: 136) war folgende Entwicklung eingetreten. Da die Freischaffenden von Erzählungen u. ä. allein nicht existieren konnten, wandten sie sich hauptsächlich der Romanproduktion zu. Die Folge war, daß das Feld der kleineren Genres den »Auch-Schriftsteller[n]« überlassen blieb und sich die »Erzählung aus einer Kunst zu einer konjunkturellen Schluderei zurückentwickelt«, ein Urteil, das aufgrund eigener Kenntnis des Sachverhaltes nur bestätigt, hier aber nicht weiter dargelegt werden kann.

106 Hier sei ausdrücklich angemerkt, daß sich unsere Untersuchung auf sogenannte gehobene Prosa stützt. Sie umfaßt nicht die Analyse der damals bereits in der DDR vorhandenen Heftchenliteratur (»NB-Romane«, »Gelbe Reihe«, Verlag »Das neue Berlin«; »Das Neue Abenteu-

er«, Verlag »Neues Leben« u. ä.) und deren Autoren. Zu diesem Bereich sei allerdings darauf hingewiesen, daß einige jener Autoren nach Westdeutschland gingen und hier unter Auswechselung ihrer aktuellen Versatzstücke in gleicher Weise weiter produzierten wie in der DDR. (Vgl. dazu: Hans Friedrich *Foltin:* Die Unterhaltungsliteratur der DDR, hrsg. vom Mitteldeutschen Kulturrat e. V. Bonn, Troisdorf 1970, bes., S. 23). – Vgl. auch: Edith *Gaida:* Belletristische Heftreihenliteratur in der DDR. Eine erste Bestandsaufnahme, in: WB 16/1970/12, S. 158 ff.

107 Zu nennen wäre hier vor allem die NDL, in der die kritischsten Rezensionen (von Kritikerinnen wie Eva Braun und Christa Wolf) erschienen.

108 Vgl. hierzu die zahlreichen Leserbriefe und Artikel von Literaturobleuten und Bibliothekaren im »Börsenblatt« und »Bibliothekar« sowie in: Der Nachterstedter Brief. Diskussionsbeiträge von Arbeitern und Schriftstellern zur Vorbereitung des IV. Deutschen Schriftstellerkongresses, hrsg. vom Deutschen Schriftstellerverband und vom Bundesvorstand des Freien Deutschen Gewerkschaftsbundes. O. O. u. J. [Berlin 1955].

109 Georg *Piltz:* Die Kritik im Konvent der deutschen Literatur, in: S 10/1955/14, S. 5.

110 »Der Bibliothekar« enthielt u. a. nach Themen wie »Der Fünfjahrplan« und »Der Betriebskollektivvertrag« gegliederte Bibliographien, die politische als auch belletristische Literatur umfaßten und als Schulungsanleitung gedacht waren.

111 Vgl. z. B.: Es liegt »in dem neuen Buch von Erich Loest ein Unterhaltungsroman vor, dem man ohne Prophetengabe eine Massenauflage voraussagen kann.« (E. R. *Greulich:* Kritik einer Kritik, in: BfdDB 120/1953/12, S. 227). Auf gleicher Seite berichtet die Redaktion des »Börsenblattes«, Loests »Die Westmark fällt weiter« sei bereits in 3. Auflage erschienen. – »Ungeachtet der Problematik der Komposition, oder gerade wegen ihr, empfehlen wir das Buch allen Freunden und Kritikern unserer neuen Literatur als den Versuch Balls, Probleme der Gegenwart zu gestalten.« (H. J. *Jahn:* Reflexionen statt Handlung, in: BfdDB 122/1955/39, S. 694).

112 Die »Geschichte der Literatur der DDR« (a. a. O.) verweist mit keinem Wort auf die Problematik des Falles, sondern – um einen DDR-Begriff zu benutzen – färbt schön, wenn sie einen positiven Leserbrief aus dem Jahr 1955 im Faksimile abdruckt (S. 255, 840).

113 So ausführlich von *Wolff* (›Auftraggeber: Arbeiterklasse‹, a. a. O., S. 275 f.). Genauere Kenntnis des Falles Fischer hätte hier sicherlich zu einer sachlicheren Darstellung geführt.

114 Vgl. dazu: Siegfried *Stephan:* Rudolf Fischer, in: BfdDB 123/1956/7, S. 111 f. u.: Es geht um die Lebenswahrheit unserer neuen deutschen Literatur. Zwickauer Kumpel diskutieren um Rudolf Fischers »Martin Hoop IV«, in: BfdDB 123/1956/23/B, S. 1 ff,

115 Rudolf *Fischer*, Dresden: in: Es geht um die Lebenswahrheit, a. a. O., S. 2.

116 Rudolf *Fischer:* »Martin Hoop«, in: NDL 2/1954/11, S. 15 ff. u.: *ders.:* Martin Hoop IV, Roman, Berlin 1955.

117 Wolfgang *Joho:* Unverwechselbar und mannigfaltig, in: S 11/1956/7, S. 8 u.: Christa *Wolf:* Menschen und Werk, in: NDL 3/1955/11, S. 143 ff.

118 *Fischer:* Es geht um die Lebenswahrheit, a. a. O.

119 *Stephan:* Fischer, a. a. O. u.: Jürgen *Jahn:* Private Konflikte und gesellschaftliche Aussage, in: BfdDB 123/1956/7, S. 109.

120 Horst *Sobek*, Zwickau, Auszug des Briefes vom 30. 3. in: Es geht um die Lebenswahrheit, a. a. O., S. 1.

121 Es geht um die Lebenswahrheit, a. a. O. – Die Auszüge waren gekürzt. Darüber hinaus waren nicht alle Wortmeldungen berücksichtigt. Die Folgen der Diskussion legen allerdings die Vermutung nahe, daß die Redaktion trotz ihrer Absicht, Fischer als schädlichen Autor erscheinen zu lassen, einen einigermaßen repräsentativen Querschnitt veröffentlichte.

122 Es geht um die Lebenswahrheit, a. a. O., S. 3, 4.

123 Ebd., S. 4. – Maiwald wurde als ›Repräsentant‹ der Zwickauer Bergleute ausführlich wiedergegeben.

124 Dieser Aspekt wird u. E. nicht durch die Tatsache tangiert, daß der Artikel von Eva Strittmatter-Braun verfaßt war und Strittmatter der »stärkeren Wirkung wegen« mit unterzeichnet hatte (Eva *Strittmatter* in einem Brief vom 20. 4. 1977 an d. V.).

125 *Strittmatter*, Eva und Erwin: Die Folgen einer Diskussion. Zu Rudolf Fischers »Martin

Hoop IV«, in: S 12/1957/7, S. 8.
126 Es geht um die Lebenswahrheit, a. a. O., S. 1.
127 Rudolf *Fischer:* Dem Unbekannten auf der Spur, Jugendbuch, Berlin 1956..

2. Versuche der Heranbildung einer neuen Leserschaft

1 Vgl. dazu: Johannes R. *Becher:* Die Kriegsgefahr und die Aufgaben der revolutionären Schriftsteller, in: Zur Tradition der sozialistischen Literatur in Deutschland. Eine Auswahl von Dokumenten. 2., durchges. u. erw. Aufl. Berlin u. Weimar 1967, S. 221 ff., bes., S. 241 ff.
2 Über politische Programme, a. a. O., S. 181.
3 Um die Erneuerung der deutschen Kultur. Erste Zentrale Kulturtagung der KPD vom 3. bis 5. Februar in Berlin (Stenographische Niederschrift), Berlin 1946, S. 98.
4 Ebd., S. 39.
5 Edb., S. 94.
6 Edb., S. 39.
7 Auf der späteren ›Formalismus‹-Konferenz referierte Hans *Lauter:* »Eine weitere Gefahr für die Entwicklung unserer neuen demokratischen Kultur ist der Proletkult. Damit wird eine Auffassung der kulturellen Entwicklung charakterisiert, die völlig die Form in der Kunst vernachlässigt und nur den Inhalt als maßgeblich betrachtet. Auch der Proletkult leugnet und vernachlässigt unser klassisches kulturelles Erbe. Worin kommen solche Bestrebungen zum Ausdruck? Solche Bestrebungen kommen darin zum Ausdruck, daß man zum Beispiel in Berlin darüber diskutiert hat, eine sogenannte Arbeiterbühne zu errichten, auf der nur Arbeiterstücke, zum Beispiel über den Zweijahrplan und jetzt für den Fünfjahrplan, aufgeführt werden sollten.« (Der Kampf gegen den Formalismus, a. a. O., S. 21).
8 Johannes R. *Becher:* Auf andere Art so große Hoffnung. Tagebuch 1950, Berlin 1951, S. 172.
9 Vgl. dazu: Protokoll der Verhandlungen des Ersten Kulturtages der Sozialistischen Einheitspartei Deutschlands, 5. bis 7. Mai 1948 in der Deutschen Staatsoper zu Berlin, Berlin 1948, bes., S. 18 ff., 95, 173 ff. u.: Walter *Ulbricht:* Neue Aufgaben der freien Gewerkschaften. Bearbeitete Rede, gehalten auf der Gewerkschaftskonferenz Halle/Saalekreis, Berlin 1946, bes., S. 4, 64, 74.
10 Vgl. Der Kampf gegen den Formalismus in Kunst und Literatur, für eine fortschrittliche deutsche Kultur, in: Dokumente der Sozialistischen Einheitspartei Deutschlands, hrsg. vom ZK der SED, Berlin 1952, S. 431 ff., bes., S. 438 f.
11 Vgl. Stefan *Brant.* Der Aufstand. Vorgeschichte, Geschichte und Deutung des 17. Juni 1953, unter Mitarbeit von Klaus *Bölling*, 2. Aufl., Stuttgart o. J. [1957], bes., S. 173 ff.
12 Bertolt *Brecht:* Einige Irrtümer über die Spielweise des Berliner Ensembles, in: *ders.:* GW, a. a. O., Bd. 16, S. 907.
13 Der Begriff ›Literaturplanung‹ basierte auf dem gleichen Begriffssystem wie die Begriffe ›ökonomische‹ bzw. ›technische Planung‹: Literaturplanung war Teil der gesamten Planung, sie unterschied sich nicht von der in anderen Bereichen. Daß selbst Lektoren ihren Plan zu erfüllen hatten (und welche Probleme dabei entstanden), dokumentiert die Auseinandersetzung um die Anthologie »Erste Ernte«. Vgl. dazu den Artikel »Beckmesser im Verlag Neues Leben« und die Verlagsantwort in: NDL 2/1954/3, S. 166 ff.
14 Gustav *Just:* Gedanken über literarische Bedürfnisse und Literaturplanung. Diskussionsbeitrag [vom Mitglied der] Abteilung Kultur des ZK der SED, in: BfdDB 120/1953/48, S. 1027.
15 Der Kampf gegen den Formalismus, a. a. O., S. 442.
16 Vgl. dazu: Jochen *Schulte-Sasse:* Literarische Wertung, Stuttgart 1971, S. 6.
17 Bereits auf der Ersten Kulturtagung der KPD sprach Anton Ackermann von »Ismen«, die »schon nach dem ersten Weltkrieg versucht worden sind und heute offensichtlich nichts Besseres hervorzubringen vermögen als damals«, nämlich »Pseudokunst«. (Um die Erneuerung, a. a. O., S. 52). – Am 3. Februar 1952 hielt Alfred Kantorowicz in seinem Tagebuch fest: Das »als ›Durchbruch zum Realismus‹ bezeichnete Bild, das einen mit hypertrophierten Muskeln auf einen Amboß einschlagenden Arbeiter darstellt und auf der Leipziger Kunstausstellung das hohe Lob unseres allerhöchsten Kunstsachverständigen Ulbricht empfing, hat, wie jetzt bestä-

tigt wird, tatsächlich bereits auf einer Nazi-Kunstausstellung in Nürnberg Lob, Ehre und Preis errungen. Es heißt, daß Ulbricht das einst und jetzt gleichermaßen vorbildliche Kunstwerk ankaufen wollte, jedoch hatte es eine beflissene Gewerkschaftsleitung bereits erworben.« (*Kantorowicz:* Deutsches Tagebuch, Zweiter Teil, a. a. O., S. 244).

18 Bertolt *Brecht:* [Bemerkungen zum Formalismus], in: *ders.:* GW, a. a. O., Bd. 19, S. 314.

19 Hanns *Eisler:* Die Kunst zu erben, in: ders.: Materialien zu einer Dialektik der Musik, hrsg. von Manfred *Grabs*, Leipzig 1973, S. 163.

20 Zitiert nach: Brecht-Chronik. Daten zu Leben und Werk, zusammengest. von Klaus *Völker*, 2. korr. u. um ein Register erw. Aufl. München 1971, S. 149..

21 Von nicht zu unterschätzender Bedeutung ist hierbei, daß viele Bibliothekare Mitglieder der Arbeitskreise Junger Autoren waren und selbst sogenannte Unterhaltungsliteratur produzierten. (Vgl. *Braun:* Konflikt und Fabel, a. a. O.).

22 Vgl. z. B.: Günter de *Bruyn:* Achtung, Rauschgifthandel! Diskussionsbeiträge zu dem Aufsatz von Christa Wolf in unserem Februarheft. I., in: NDL 3/1955/4, S. 118 ff. – De Bruyn, der selbst bibliothekarisch gearbeitet hatte, schreibt:»Man muß [...] bedenken, daß die Leserzahl der allgemeinen öffentlichen Bibliotheken nicht mehr als vier bis fünf Prozent ausmacht. Nimmt man an, daß die Betriebsbibliotheken ebenfalls fünf Prozent erfassen (eine Schätzung, die wahrscheinlich zu hoch liegt), so ergibt sich, daß wir über die Lektüre von neunzig Prozent aller Bewohner der DDR nicht unterrichtet sind« (S. 119).

23 Max *Zimmering:* Fragen eines Schriftstellers zum Stand der Gegenwartsdichtung, in: HuM 4/1950/4, S. 248.

24 E. R. *Greulich:* Gutes Mittel gegen Schund und literarisches Sektierertum, in: BfdDB 122/1955/41, S. 718.

25 *Giese*, Gerhard/Dietrich *Mühlberg:* Was für Romane lesen Sie und was für Romane möchten Sie lesen? In: NDL 2/1954/7, S. 152.

26 Nachterstedter Brief, a. a. O., S. 20, 24 u. 25.

27 Karl *Grünberg:* Wie ich zu »tausend Zungen« kam, in: Hammer und Feder, a. a. O., S. 115, 116.

28 Vilmos *Korn:* Wir brauchen Bücher für den einfachen Menschen, in: BfdDB 117/1950/10, S. 94.

29 Heinz H. *Schmidt:* Der Arbeitsenthusiasmus und die Schriftsteller. Bemerkungen zur Literaturdiskussion, in: ND 10/1955/27. 8. 1955. Zitiert nach: Nachterstedter Brief, a. a. O., S. 76.

30 Bertolt *Brecht:* [Konstruktive Kritik], in: *ders.:* GW, a. a. O., Bd. 17, S. 1154.

31 Christa *Wolf:* Popularität oder Volkstümlichkeit? In: NDL 4/1956/1, S. 118.

32 Maria *Langner:* Stahl, Berlin 1952, S. 255, 356.

33 Günter *Waldmann:* Theorie und Didaktik der Trivialliteratur. Modellanalysen – Didaktikdiskussion – literarische Wertung, München 1973, S. 10.

34 Peter *Nusser:* Romane für die Unterschicht. Groschenhefte und ihre Leser. 3. unveränd. Aufl., Stuttgart 1974, S. 29.

35 Eva *Strittmatter-Braun:* Literatur der Deutschen Demokratischen Republik – Literatur Deutschlands? In: Diskussionsbeiträge über die literarische Gestaltung des neuen Lebens in unserer Republik mit einem Beitrag von Louis *Fürnberg*, O. O. u. J. [Berlin 1955], S. 25.

36 Zum Thema ›Markenbezeichnungen‹ vgl. *Waldmann:* Theorie und Didaktik der Trivialliteratur, a. a. O., S. 26 ff.

37 Vgl. hierzu: Wolfgang *Schreyer:* Für eine fesselnde Unterhaltungsliteratur, in: BfdDB 120/1953/50, S. 1075 u.: Günter *Ebert:* Schreibt nicht langweilig! In: BfdDB 121/1954/2, S. 39.

38 Nachterstedter Brief, a. a. O., S. 37. – Vgl. auch: Ebd., S. 62.

39 Vgl. die zahlreichen frühen Arbeiterautobiographien, vor allem: Moritz Th. W. *Bromme:* Lebensgeschichte eines modernen Fabrikarbeiters. Mit einem Nachwort hrsg. von Bernd *Neumann*, Frankfurt/M. 1971 u.: Adelheid *Popp:* Die Jugendgeschichte einer Arbeiterin. Mit einführenden Worten von August *Bebel*, München 4/1930.

40 *Ebert:* Schreibt nicht langweilig! A. a. O., S. 39.

41 Vgl. Karl *Otto:* Karl Emil Franzos: »Ein Kampf ums Recht«, in: BfdDB 121/1954/23, S. 507 f. – Über die Werte guter Unterhaltungsliteratur. Ein Vorwort zu Charles de Costers »Hoch-

zeitsreise« [von Walther *Victor*], in: BfdDB 117/1950/9, S. 84 ff. – J. *Wenzel:* Karl May: Come back oder k. o.? / Verlag Neues Leben sucht eine endgültige Entscheidung, in: BfdDB 123/1956/20, S. 313 f.

42 *Greulich:* Gutes Mittel gegen Schund, a. a. O., S. 718.

43 Alfred R. *Böttcher:* Die schöne Landschaft. Eduard *Zak:* »Land an der Havel«, in: NDL 2/1954/8, S. 146 u. 148.

44 *Korn:* Bücher für den einfachen Menschen, a. a. O., S. 94.

45 *Kähler:* Der kalte Krieg der Kritiker, a. a. O., S. 74.

46 Vgl. *Otto:* Franzos, a. a. O.

47 Ursula *Rohde-Proppé*, Bibliothekarin im Carl-von-Ossietzky-Werk, Teltow: Achtung, Rauschgifthandel! Diskussionsbeiträge zu dem Aufsatz von Christa Wolf in unserem Februarheft. II., in: NDL 3/1955/4, S. 123.

48 Vgl. hier vor allem die zahlreichen Glossen und satirischen Gedichte beider in der »Linkskurve«, auch: *Slang:* Das amtliche Knie. Humoresken, Gedichte, Feuilletons, Berlin 1977.

49 Alfred *Kurella:* Die Einflüsse der Dekadenz, in: S 12/1957/29, S. 7.

50 *Brecht:* Arbeitsjournal, a. a. O., Bd. 2, S. 889.

51 Über Malerei, a. a. O., S. 150.

52 Über politische Programme, a. a. O., S. 181.

53 Vgl. ebd.

54 *Bock*: Brechts »Garbe/Büsching«-Projekt, a. a. O.

55 Es handelt sich um einen Brief des Kritikers Heinz Schmidt an Helene Weigel vom 29. 4. 1953 (der Kritiker ist vielleicht mit dem von uns zitierten Heinz H. Schmidt (S. Anm. 29) identisch), der Bezug nimmt auf die »Katzgraben«-Proben. Strittmatters Antwort, die undatiert ist, mit Sicherheit aber vor dem 17. Juni erfolgte, weist Schmidts Kritik Punkt für Punkt zurück und kann diesem nachweisen, daß er selbst keine Ahnung hatte. Sie ist eine der prinzipiellsten Abrechnungen und läßt den Einfluß Brechts bis ins Detail erkennen.

56 Vgl. Irene *Uhl:* Was lesen die jungen Mädchen? Viel Licht und nur ganz wenig Schatten, in: BfdDB 118/1951/22, S. 273 ff.

57 *Szafranek:* Wie kann die Arbeit der gewerblichen Leihbüchereien verbessert werden? In: BfdDB 120/1953/26, S. 532.

58 Laut »Börsenblatt« waren folgende Verlage betroffen: »Burmester-Verlag, Bremen; Eden-Verlag, Berlin; Münchmeyer-Verlag, Niedersedlitz; Munz & Co., Berlin; Friedrich Rothbarth-Verlag, Leipzig; W. Sauerberg-Verlag, Hamburg; Selle-Eysler-Verlag, Berlin; Wehnert & Co., Leipzig; Weichert-Verlag, Berlin (vor 1945 erschienene Bände); Zeitschriften-Romane« (*B.:* Merzt die minderwertige Literatur aus! In: BfdDB 118/1951/39, S. 499).

59 *Szafranek:* Wie kann die Arbeit, a. a. O.

60 Annemarie *Becker:* Buchhandelsarbeit im Dienste der Frau. Die Forderungen einer fortschrittlichen Kollegin, in: BfdDB 117/1950/9, S. 83.

61 *S.:* Sie wollen nichts anderes lesen – weil sie nichts anderes kennen. Viele schlechte und wenige gute Beispiele im Leipziger Leihbüchereiwesen, in: BfdDB 120/1953/3, S. 43.

62 Vgl. *S.:* Es waren keine Schätze . . . Aber die Überprüfung eines gewissen Schacht(s) lohnte sich trotzdem, in: BfdDB 120/1953/1, S. 9 ff.

63 *Szafranek:* Wie kann die Arbeit, a. a. O., S. 532.

64 Ebd., S. 531.

65 Da nach zeitgenössischen Berichten Heftchenliteratur in Westberlin z. T. billiger als in Westdeutschland verkauft wurde – nicht zu vergessen die Tauschmöglichkeiten in westberliner Leihbüchereien und Schreibwarengeschäften –, waren mit diesem Handel vermutlich respektable Gewinne zu erzielen. (Vgl. G. F. *Alexan:* Millionen Schundhefte überschwemmen Westdeutschland! In:BfdDB 121/1954/43, S. 900).

66 Christa *Wolf:* Achtung, Rauschgifthandel! In: NDL 3/1955/2, S. 139.

67 Die Lektüre solcher Produkte muß auf Frauenstationen so umfangreich gewesen sein, daß als Gegenmaßnahme die »Heranführung des weiblichen Pflegepersonals an das gute Buch« vorgeschlagen wurde (Lore *Mallachow:* Die Frau und das Buch. Eine Dozentin der Volkshochschule berichtet aus ihren Erfahrungen, in: BfdDB 117/1950/9, S. 82).

68 *Wolf:* Rauschgifthandel, a. a. O., S. 139 u. 138.

69 *Rohde-Proppé:* II., a. a. O., S. 124.

70 *Wolf:* Rauschgifthandel, a. a. O., S. 140.

71 Vgl. dazu: Erich *Loest:* Jungen die übrig blieben, Leipzig 1950.

72 Götz R. *Richter:* Abenteuerliteratur dringend gesucht, in: NDL 2/1954/12, S. 163 f.

73 Erich *Loest:* Die Westmark fällt weiter. Roman, Halle/S. 1952.

74 Gudrun *Klatt:* Arbeiterklasse und Theater. Agitprop-Tradition – Theater im Exil – Sozialistisches Theater, Berlin 1975, S. 153.

75 So heißen die in jeder größeren Stadt der DDR anzutreffenden Buchhandlungen, die nicht spezialisiert sind und Kunden einen Querschnitt aus der gesamten Verlagsproduktion bieten.

76 Dieser Begriff ist hier als Sammelbegriff zu verstehen, unter dem ›klassisches‹, ›revolutionär-demokratisches Erbe‹ etc. subsumiert sind.

77 Vgl. Zehn Jahre [Aufbau Verlag]. Ein Almanach, Berlin 1955.

73 Zu beiden Teilschwerpunkten vgl. *Hermlin:* Der Kampf um eine deutsche Nationalliteratur, a. a. O., bes., S. 5.

74 Dabei spielte es keine Rolle, ob die ›Zuordnung‹ auch zutraf. Furmanows »Tschapajew«, von Tretjakow als Versuch einer neuen Darstellungsweise gewürdigt, wurde in eine Reihe gestellt mit den Werken A. Tolstois und Scholochows.

75 Vgl. W. I. *Lenin:* Über Kultur und Kunst. Eine Sammlung ausgewählter Aufsätze und Reden, Berlin 1960, S. 209.

76 Franz *Rehbein:* Gesinde und Gesindel. Aus dem Leben eines Landarbeiters im wilhelminischen Deutschland. Mit einem Nachwort von Kurt *Böttcher*, Berlin 1955.

77 Karl *Grünberg:* Nachwort des Verfassers, in: *ders.:* Brennende Ruhr. Roman aus der Zeit des Kapp-Putsches. 2. Aufl. Rudolstadt o. J. [1948], S. 261.

78 Adam *Scharrer:* Vaterlandslose Gesellen. Das erste Kriegsbuch eines Arbeiters, Berlin 1951. – Ludwig *Turek:* Ein Prolet erzählt. Lebensschilderung eines deutschen Arbeiters. Autobiographie, Berlin 1947.

79 Hans *Marchwitza:* Sturm auf Essen, Essen 1952. – Es wäre eine gesonderte Untersuchung wert, beide Fassungen miteinander zu vergleichen und die Anpassung der zweiten an die Lukácssche Realismuskonzeption im einzelnen zu untersuchen. – Von gleichen Entwicklungen ist vmtl. bei Gotsches beiden Fassungen von »Märzstürme« (Roman, Berlin 1953) auszugehen. Die Untersuchung dürfte lediglich dadurch erschwert werden, daß die erste Fassung von den Nazis eingestampft wurde und daß bis auf Fortsetzungen im »Baseler Vorwärts« (1933) und ein Druckfahnenexemplar keine weiteren Texte erhalten geblieben sind.

80 Über politische Programme, a. a. O., S. 176 u. 182.

81 Es sei hier darauf hingewiesen, daß mit der Darstellung der Verlagsprogrammatik kein Urteil über die Volksfrontliteratur Bredels oder Anna Seghers' verbunden ist! – Erst Anfang der 60er Jahre erschienen Texte der proletarisch-revolutionären Literatur, so vor allem in der »roten dietz-reihe« (rdr). Die aufgrund kritischer Tendenzen erfolgte Einstellung des ›Bitterfelder‹ Versuches betraf auch die rdr-Bände: Der nach 1945 einzige Versuch, an die Tradition des »Roten Eine Mark Romans« anzuknüpfen, wurde wieder eingestellt. Die rdr-Bändchen wurden in – zumeist westdeutschen – Antiquariaten verramscht.

82 Vgl. Karl *Tärrer:* Weg von der Ladentafel! In: BfdDB 117/1950/1, S. 3.

83 Vgl. *R-r:* »Romane der Weltliteratur« als Gemeinschaftsleistung deutscher Verlage, in: BfdDB 119/1952/12, S. 201 ff. u.: *J. W.:* Romane von vielen Autoren – Romane für alle Leselustigen, in: BfdDB 120/1953/51/52, S. 1091 ff.

84 Beispiele für die Ausstattung: Leder, Goldschrift, hohe Papierqualität (BFDS), Leinen (BFDS, RDW), Broschur, niedrige Papierqualität (»Roman für alle«).

85 Vgl. *Girnus:* Goethe, a. a. O., S. 196 u.: Maxim *Vallentin:* Vom Stegreif zum Stück. Ein Ensemble-Buch auf der Grundlage des Stanislawski-Systems, Berlin 1949, S. 16.

86 Karl *Mundstock:* Helle Nächte. Roman, Halle/S 1952, S. 575 f. – Der Passus ab »So wird er nie« ist in der zweiten Fassung (Halle/S 1953, S. 511) gestrichen.

87 E. R. *Greulich:* Zum Thema Westschund und seine Bekämpfung, in: BfdDB 121/1954/48, S. 995.

88 Vgl. Walter *Richter:* »Ja, ist darum aber das Neue besser?« Die Buchgestaltung der letzten Mo-
    nate im Spiegel kollektiver Kritik, in: BfdDB 120/1953/2, S. 22 ff. u.: *ders.:* Es sind große Fort-
    schritte gemacht worden . . . Randbemerkungen zur Leipziger Arbeitskonferenz über Fragen
    der Buchgestaltung, in: BfdDB 120/1953/23, S. 456. – Vgl. auch die von Walter *Richter* hrsg.
    Überblicke »Die realistische Buchkunst in der Deutschen Demokratischen Republik. Kritische
    Wertung der schönsten Bücher des Jahres 1953« (Leipzig 1953) und »Spiegel Deutscher Buch-
    kunst« (Leipzig 1955 ff.).
89 *Richter:* Fortschritte, a. a. O., S. 461. – Wir verweisen auf die zahlreichen Abbildungen in
    Richters Artikeln.
90 *Richter:* Das Neue besser? A. a. O., S. 25.
91 Über politische Programme, a. a. O., S. 150, 152.
92 Ungewollte Komik enthielt Richters Wertung der sechsbändigen Becher-Ausgabe als eine
    »gute, feinfühlige Lösung im Stile bester, klassizistischer Buchkunst, durchaus gemäß der dich-
    terischen Gesamtleistung Johannes R. Bechers, die die Tradition unserer besten Dichter fort-
    setzt«. (*Richter:* Das Neue besser, a. a. O., S. 23.)
93 Wieland *Herzfelde:* John Heartfield, Leben und Werk. Dargest. von seinem Bruder. Dritte,
    überarb. u. erw. Auflage, Dresden 1976, S. 103.
94 Es sei hier darauf hingewiesen, daß nicht nur Richters Konferenzberichte herangezogen, son-
    dern daß alle in unseren Bibliographien enthaltenen Texte auf ihre Ausstattung hin durchgese-
    hen wurden. – Auf ein Problem kann hier leider nicht eingegangen werden: auf den Zusammen-
    hang zwischen Buchgestaltung und Klappentext. Eine genauere Untersuchung würde vmtl.
    ähnliche Strukturen offenlegen, wie sie bei Heftchenliteratur vorfindbar sind.
95 Zu Heartfield vgl. die genannte Biographie seines Bruders Wieland Herzfelde und dort vor al-
    lem die Auseinandersetzung um die Titelgestaltung von Brechts »Hundert Gedichte« (S. 103).
96 Beide Momente waren nicht selten bei der Gestaltung eines Buches erkennbar. Mundstocks
    Roman »Helle Nächte« etwa erschien sowohl in klassizistischer als auch in besagter illustrierter
    Aufmachung (vgl. Karl *Mundstock:* Ein Autor über »seinen« Schutzumschlag, in: BfdDB
    120/1953/12, S. 221).
97 Vgl. z. B.: Hans Gert *Lange:* Kumpel Sepp Wenig. Aus dem Leben eines unserer besten Berg-
    arbeiter, Berlin 1954; Klaus *Beuchler:* Reporter zwischen Spree und Panke, Berlin 1953; *ders.:*
    Schwarzes Land und rote Fahnen, Berlin 1953.
98 Herbert *Liebscher:* Ein Roman über den Beginn des Krieges gegen die Sowjetunion, in: BfdDB
    120/1953/43, S. 758.
99 Zum Thema ›Bibliotheken‹ sei verwiesen auf die Schrift »Das Bibliothekswesen in der Sowjeti-
    schen Besatzungszone Deutschlands« von Martin *Thilo* (hrsg. vom Bundesministerium für ge-
    samtdeutsche Fragen, Bonn/Berlin 1964). Sie enthält zahlreiche Daten, ist allerdings so tenden-
    ziös wie die anonyme Schrift »Bibliotheken als Opfer und Werkzeug der Sowjetisierung. Zur
    Lage des Büchereiwesens in der sowjetischen Besatzungzone« (hrsg. vom Bundesministerium
    für gesamtdeutsche Fragen, Bonn 1952). Letztere gliederte z. B. in »Die Periode der Entbür-
    gerlichung« und »Die Periode der Bolschewisierung«.
100 Vgl. *wb.:* »Wir wissen, worauf es ankommt!« In: BfdDB 117/1950/49, S. 545 f. u.: So verliefen
    14 ereignisreiche Tage, in: BfdDB 117/1950/49, S. 546 f.
101 Ein gutes Bild von den Schwierigkeiten vermitteln die vom »Berliner Ensemble« geschilderten
    Beispiele. (Vgl. Theaterarbeit. 6 Aufführungen des Berliner Ensembles, hrsg.: Berliner
    Ensemble – Helene Weigel. Redaktion: Ruth Berlau, Bertolt Brecht, Claus Hubalek, Peter Pa-
    litzsch, Käthe Rülicke, Dresden 1952.)
102 Vgl. hierzu die Darstellung der Großbauern Großmann in Strittmatters »Katzgraben« (Erwin
    Strittmatter: Katzgraben. Szenen aus dem Bauernleben, Berlin 1954, bes., S. 35 ff.), die die
    Kritik ähnlicher Entwicklungen vor 1933 (so im »Ochsenkutscher«) fortsetzt.
103 Vgl. die zahlreichen Berichte im »Börsenblatt«, so folgenden Auszug: »Und dieses anhei-
    melnde Gefühl inmitten der hohen Bücherregale, dieses Vertrautwerden nicht nur mit dem
    Buch, sondern auch mit dem Raum, wo man das Buch zum ersten Male kennenlernt und er-
    wirbt, war ein besonderer Gewinn der Veranstaltung, deren Reiz dadurch noch erhöht wurde,
    daß Wolfgang Joho, wie er hinterher sagte, selbst zum ersten Male laut aus seinem Manuskript

vorlas und dabei von seiner eigenen Arbeit neue Eindrücke gewann.« (*w. b.*: Ein Roman wird geboren. Wolfgang Joho las in der Leipziger Buchhandlung Franz-Mehring-Haus, in: BfdDB 119/1952/22, S. 389.)

104 Vgl. vor allem zwei Berichte über Lesungen von achtzehn Schriftstellern im Leuna-Werk »Walter Ulbricht«: Wolfgang *Neuhaus:* Achtzehn Dichter und ein Riesenwerk, in: HuM 5/1951/8, S. 538 f. u.: *sch.:* Im Gespräch mit den Leuna-Arbeitern, in: BfdDB 118/1951/24, S. 296 f.

105 Dabei handelte es sich zum Großteil um Wünsche und Bedürfnisse, wie sie Brecht in »Die blauen Pferde« charakterisierte: »Handelt es sich doch da um Menschen einer Klasse, die in ganz anderer Beziehung zur Umwelt steht als [Marc] [Klammern von den Hrsgn.; d. V.] und ich, um Leute, die, wenn es sich um Pferde handelt, für gewöhnlich diese Tiere striegeln, aufschirren, lenken, beschlagen, schlachten müssen.« (Bertolt *Brecht:* Die blauen Pferde, in: *ders.:* GW, a. a. O., Bd. 18, S. 269) – Ein aufschlußreiches Detail enthält Jan Koplowitz' Reportageband. 1949 drehte Gustav von Wangenheim in der »Maxhütte« Szenen zu seinem Film »Der Fall Högler«. Weder ihm noch den Schauspielern war aufgefallen, daß die Darstellung von Arbeitern schon in der Kostümierung (Arbeitshose mit Bügelfalten) lediglich Film-Arbeiter hervorbrachte, was von den Hüttenarbeitern mit Bemerkungen wie »Was sollen die da oben vorstellen? Paradepferde, Pfingstochsen oder Kumpels?« ironisch kommentiert und nach deren genauen Vorschlägen geändert wurde. Die Schauspieler zogen die Arbeitskleider der Walzwerker über, diese erhielten als Gegenleistung die neuen ›Blaumänner‹ der Schauspieler. – (Jan *Koplowitz:* Unser Kumpel Max der Riese. Aus der Werkstatt des Schriftstellers, Berlin 1954, S. 75 ff.).

106 *Tärrer:* Weg von der Ladentafel! A. a. O., S. 5.

107 Hans *Marchwitza:* Roheisen, Berlin 1955, S. 519 f.

II.II.
1. *Das ästhetische und literaturtheoretische Erbe*

1 Vgl. hierzu die Diskussionsbeiträge in: Hans *Lauter:* Der Kampf gegen den Formalismus in Kunst und Literatur, für eine fortschrittliche deutsche Kultur, Berlin 1951.

2 Vgl. *Petschkau:* Kunstpolitik (I), a. a. O., S. 194.

3 Alfred *Antkowiak:* Der Autor antwortet dem Kritiker, in: BfdDB 119/1952/23, S. 406 f. – Vgl. außerdem: *ders.:* Die Bedeutung des nationalen Erbes für die Arbeiterklasse, in: BfdDB 119/1952/12, S. 196 ff. u.: Gerhard *Henniger:* »Die Bedeutung des Verantwortungsbewußtseins für unsere kulturpolitische Arbeit«, in: BfdDB 119/1952/18, S. 309 f.

4 Annemarie *Auer:* Haben wir eine Literaturtheorie? In: NDL 3/1955/12, S. 111 ff. – Zu der sehr spät einsetzenden literaturwissenschaftlichen Diskussion vgl.: Christa *Wolf:* Die Literaturtheorie findet zur literarischen Praxis, in: NDL 3/1955/11, S. 159 ff.

5 Eine ausführliche Auseinandersetzung mit dem Schaffen Belinskis, Dobroljubows und Tschernyscheskis kann hier nicht geleistet werden. Wir beschränken uns daher auf die Darstellung der Hauptlinien ihrer ästhetischen Position. – Vgl. Bernhard *Küppers:* Die Theorie vom Typischen in der Literatur. Ihre Ausprägung in der russischen Literaturkritik und in der sowjetischen Literaturwissenschaft, München 1966.

6 Dies schloß nicht aus, daß Schriftsteller wie Becher eine eigene, an die deutsche Tradition anknüpfende ästhetische und literarische Konzeption zu entwickeln versuchten.

7 Wilhelm *Girnus:* Goethe. Der größte Realist deutscher Sprache. Versuch einer kritischen Darstellung seiner ästhetischen Auffassungen, in: Johann Wolfgang *Goethe:* Über Kunst und Literatur. Eine Auswahl, hrsg. u. eingel. von Wilhelm *Girnus,* Berlin 1953, S. 53. – Die durch Girnus ausgelöste Kontroverse, ob Goethe mehr als Idealist oder als Materialist zu betrachten sei, ist in diesem Zusammenhang ohne Belang.

8 Dies trifft besonders auf die Zeit 1945 bis 1953 zu. Im Zusammenhang der Diskussionen um die Thesen des XX. Parteitages der KPdSU wurde die Bedeutung der russischen revolutionären Demokraten relativiert, eine Entwicklung, die außerhalb des von uns behandelten Zeitraums liegt. Vgl. dazu: Zur Ästhetik der russischen revolutionären Demokraten. Aus den Materialien

der literaturwissenschaftlichen Tagung vom 28. November 1956 zu Berlin. Hrsg. von der Sektion Literatur beim ZV der GfDSF, O. O. u. J. – S. auch unsere Darstellung der Kontroverse um Hans Mayer.

9 *Girnus:* Goethe, a. a. O., S. 189.

10 Wilhelm *Girnus:* Vorbemerkung, in: Beiträge zum sozialistischen Realismus. Grundsätzliches über Kunst und Literatur, Berlin 1953, S. 12.

11 Karl *Marx*/Friedrich *Engels:* Über Kunst und Literatur in zwei Bänden. Erster Band, Berlin 1967, S. 598.

12 Georg *Lukács:* Die internationale Bedeutung der demokratisch-revolutionären Literaturkritik, in: *ders.:* Der russische Realismus in der Weltliteratur, Berlin 1952.

13 Die Philosophie Hegels spielte in der antizaristischen Bewegung und den mit ihr eng verbundenen studentischen Zirkeln, namentlich im Moskauer Stankewitsch-Zirkel, dem neben Belinski auch Bakunin angehörte, eine zentrale Rolle. Vgl. dazu: Michael *Wolff:* Hegel im vorrevolutionären Rußland, in: Aktualität und Folgen der Philosophie Hegels, hrsg. von Oskar *Negt*, Frankfurt/M. 2/1971, S. 155 ff.

14 Nicht von Bedeutung für den von uns ausgewiesenen Zusammenhang sind frühere Positionen Belinskis, z. B. seine Fichte-Rezeption.

15 W. G. *Belinski:* Die Idee der Kunst, in: *ders.:* Ausgewählte philosophische Schriften. Aus dem Russ. übers. von Alfred *Kurella*, Moskau 1950, S. 191.

16 Vgl. Georg Wilhelm Friedrich *Hegel:* Werke 13. Vorlesungen über die Ästhetik I, Frankfurt/M. 1970, bes., S. 139 ff.

17 *Belinski:* Idee der Kunst, a. a. O., S. 199.

18 Ebd., S. 204 f.

19 Ebd., S. 201.

20 Ebd., S. 205.

21 Ebd., S. 199.

22 W. G. *Belinski:* Betrachtungen über die russische Literatur des Jahres 1847, in: *ders.:* Philosophische Schriften, a. a. O., S. 487.

23 Ebd., S. 497.

24 *Lukács:* Internationale Bedeutung, a. a. O., S. 85.

25 *Belinski:* Betrachtungen, a. a. O., S. 487.

26 Ebd., S. 495.

27 Ebd., S. 494.

28 Ebd., S. 495.

29 Nikolai G. *Tschernyscheski:* Die ästhetischen Beziehungen der Kunst zur Wirklichkeit, in: Meister der Kritik. Belinski, Dobroljubow, Tschernyschewski. Eingef. u. erläutert von Otto Arnold *Bergelt*, Berlin 1953, S. 244.

30 Ebd., S. 240.

31 Ebd., S. 243.

32 *Tschernyscheski:* Ästhetische Beziehungen, a. a. O., S. 360.

33 N. A. *Dobroljubow:* Das finstere Reich, in: *ders.:* Ausgewählte philosophische Schriften, Moskau 1951, S. 292.

34 Ebd., S. 294.

35 *Tschernyschewski:* Ästhetische Beziehungen, a. a. O., S. 367.

36 *Dobroljubow:* Reich, a. a. O., S. 294.

37 Ebd., S. 293.

38 *Tschernyschewski:* Ästhetische Beziehungen, a. a. O., S. 247.

39 Ebd., S. 360.

40 Ebd., S. 338.

41 *Dobroljubow:* Reich, a. a. O., S. 293.

42 *Tschernyschewski:* Ästhetische Beziehungen, a. a. O., S. 334.

43 *Dobroljubow:* Reich, a. a. O., S. 292.

44 Vgl. *Hegel:* Werke 15, a. a. O., bes., S. 373 ff.

45 *Tschernyschewski:* Ästhetische Beziehungen, a. a. O., S. 368.

46 Ebd., S. 360.
47 Ebd., S. 337.
48 *Belinski:* Betrachtungen, a. a. O., S. 492.
49 N. A. *Dobroljubow:* Ein Lichtstrahl im finsteren Reich, in: *ders.:* Philosophische Schriften, a. a. O., S. 671.
50 *Tschernyschewski:* Ästhetische Beziehungen, a. a. O., S. 356.
51 Ebd., S. 355.
52 Ebd., S. 357.
53 Ebd., S. 363.
54 *Dobroljubow:* Reich, a. a. O., S. 290.
55 *Tschernyschewski:* Ästhetische Beziehungen, a. a. O., S. 339.
56 Ebd., S. 363 f.
57 Ebd., S. 364.
58 *Dobroljubow:* Reich, a. a. O., S. 298.
59 Ebd., S. 299.
60 Ebd., S. 298.
61 Ebd., S. 299.
62 Vgl. etwa W. G. *Belinski:* Rede über die Kritik, in: Meister der Kritik, a. a. O., S. 66.
63 Louis *Althusser:* Für Marx, Frankfurt/M. 1968, S. 37.
64 *Lukács:* Internationale Bedeutung, a. a. O., S. 88.
65 Ebd., S. 88.
66 Ebd., S. 88.
67 Ebd., S. 89.
68 Ebd., S. 90.
69 *Petschkau:* Kunstpolitik (I), a. a. O., S. 191.
70 Ebd.
71 Vgl. Hans *Günther:* Marxismus und Formalismus, in: Marxismus und Formalismus. Dokumente einer literaturtheoretischen Kontroverse. Hrsg. u. übers. von Hans *Günther* u. Karla *Hielscher*, München 1973, S. 7 ff.
72 Vgl. Dokumente zur sowjetischen Literaturpolitik 1917–1932. Mit einer Analyse von Karl *Eimermacher*, Stuttgart-Berlin-Köln-Mainz 1972.
73 Gerhard *Plumpe:* Kunstform und Produktionspraxis im Blick auf Lu Märten, in: Klaus-Michael *Bogdal* u. a. (Hrsg.): Arbeitsfeld: Materialistische Literaturtheorie. Beiträge zu ihrer Gegenstandsbestimmung, Frankfurt/M. 1975, S. 205.
74 Ausnahmen bildeten lediglich politisch-ideologische Kontroversen, etwa mit dem Proletkult oder Trotzki.
75 *Plumpe:* Kunstform, a. a. O., S. 206.
76 *Lenin:* AGW, a. a. O., Bd. 3, S. 549.
77 Vgl. vor allem: G. W. *Plechanow:* Kunst und Literatur. Vorwort M. *Rosental*, Berlin 1955, bes., S. 393 ff.
78 Statut des Verbandes der Sowjetschriftsteller, in: Sozialistische Realismuskonzeptionen. Dokumente zum I. Allunionskongreß der Sowjetschriftsteller. Hrsg. von Hans-Jürgen *Schmitt* u. Godehard *Schramm*, Frankfurt/M. 1974, S. 390.
79 *Stalin:* XVIII. Parteitag, a. a. O., S. 790.
80 Vgl. *Plumpe:* Kunstform, a. a. O., S. 205.
81 Zu nennen wäre hier vor allem Tretjakows ›operierender Schriftsteller‹.
82 Bertolt *Brecht:* der aristotelische roman der proletarischen romanschreiber, BBA 815/04 (Bestandsverzeichnis).
83 Eine gewisse Ausnahme, auf die hier nicht näher eingegangen werden kann, bildete die Literatur während des »Großen Vaterländischen Krieges«, in der, bedingt durch die Kriegsteilnahme vieler Schriftsteller und deren z. T. publizistische Tätigkeit als Frontberichterstatter, das Wirklichkeitselement stärker repräsentiert war.
84 Paraphrasiert in: Eine Beratung der Moskauer Schriftsteller, in: DPdSU 1952/177, S. 1325.
85 Bertolt *Brecht:* Kleines Organon für das Theater, in: *ders.:* GW, a. a. O., Bd. 16, S. 682.

86 Ohne hier näher auf diesen Zusammenhang einzugehen, sei lediglich angemerkt, daß wir mit Brecht von der bürgerlichen Ausprägung dieser Darstellungsweise ausgehen, nicht früheren Stufen.

87 Boris *Polewoi:* Skizzen in der Zeitung, Berlin 1953, S. 3. – Polewois Romane waren streng nach diesem Schema gebaut, so z. B. sein 1946 erschienener Roman »Der wahre Mensch« (dt. Dresden 1950).

88 Das Ideologem der sogenannten national-psychologischen Gemeinsamkeiten war wesentliches Element der Theorie der revolutionären Demokraten und wurde unverändert übernommen. Hatte es jedoch in der Belinskischen Epoche unzweifelhaft positive Bedeutung, so nun tendenziell chauvinistische; es ersetzte die marxistische Klassenanalyse. (Vgl. z. B. *Belinskis* Abhandlung »Die Werke Alexander Puschkins«, in: *ders.:* Philosophische Schriften, a. a. O., S. 225 ff., bes., S. 309).

89 *Brecht:* A. J., a. a. O., Bd. I, S. 14 u. 13.

90 A. I. *Rewjakin:* Das Problem des Typischen in der schönen Literatur, Berlin 1955, S. 74 ff.

91 Er wurde daher häufig als literaturkritische ›Keule‹ eingesetzt, wenn es dem Kritiker an Argumenten ermangelte.

92 Als repräsentatives Beispiel vgl. hier vor allem: Geschichte der Literatur der DDR, a. a. O.

93 Zu einer weiteren Präzisierung s. S. 111.

94 Bertolt *Brecht:* Über den formalistischen Charakter der Realismustheorie, in: *ders.:* GW, a. a. O., Bd. 19, S. 306.

95 Es erforderte eine gesonderte Untersuchung, soziale Knotenpunkte und tendenziell antagonistische Konflikte aufzudecken und zu analysieren. Lediglich ein Beispiel sei genannt: »›Verständigen Sie alle Arbeiter, daß ich das Tempo des Fließbandes beschleunige‹, beauftragte er [der Direktor einer Fabrik; d. V.] den Leiter der Gießereihalle. Als er Salkind [Parteiorganisator; d. V.] bemerkte, nickte er ihm zu. ›Ich beweise andauernd, daß man das Fließband schneller laufen lassen muß. Man wendet ein, Ausschuß werde die Folge sein, weil die Leute nicht nachkommen. Aber den gibt es auch jetzt, weil sich die Kupolöfen überhitzen. Dann ist es schon besser, die Fließbandgeschwindigkeit so zu regeln, daß sie der Schmelzzeit entspricht. Und auch die Leute werden sich sofort an das rasche Tempo gewöhnen und später nicht umlernen müssen.‹« (Wassili *Ashajew:* Fern von Moskau. Roman in 3 Büchern (In einem Band), Berlin 1953, S. 266. – Vgl. z. B. Brechts Urteil über Ashajews »Fern von Moskau«, dargestellt in: *Bock:* Chronik zu Brechts »Garbe/Büsching«-Projekt, a. a. O., S. 92.

96 Hier dürfte einer der Hauptgründe für Publikumsaversionen wie ›Immer nur über Arbeit, Arbeit, Arbeit!‹ zu suchen sein sowie die Flucht in ›Ersatzlektüre‹ (›Liebesleid‹ etc).

97 Vgl. Bertolt *Brecht:* Formalismus und neue Formen, BBA 507/60.

98 Vgl. Bertolt *Brecht:* wir brauchen, BBA 83/18.

2. ›Erbe‹-Aneignung, Ästhetik und Literaturtheorie in der DDR

1 *Petschkau:* Kunstpolitik (I), a. a. O., S. 192.

2 Ausgenommen werden muß hier die Entwicklung in China vor und nach der Revolution, da die KP Chinas unter Mao Tse-tung eine selbständige, von der sowjetischen Kulturpolitik unabhängige Linie verfolgte. Was allerdings nicht bedeutet, daß von der Wang Ming-Gruppe oder ähnlichen Gruppierungen nicht versucht worden wäre, z. B. die sowjetische ›Erbetheorie‹ zu importieren. Als Replik *Mao Tse-tungs* auf solche Auffassungen vgl. seine Schrift »Reden an die Schriftsteller und Künstler im neuen China auf der Beratung in Yenan. Mit einem Nachwort von Anna *Seghers*« (Berlin 1953). Speziell zu dieser Schrift vgl. Wolfgang *Leonhards* Ausführungen, daß »z. B. die berühmte Rede Mao Tse-tungs über Literatur und Kunst im Mai 1942 in Yenan nicht in den sonst dafür üblichen hektographierten Bulletins der ›Bruderparteien‹ veröffentlicht wurde, sondern in weißen Bulletins, die ‹bürgerliche Anschauungen‹ enthielten« (Dreispaltung, a. a. O., S. 298 ff.).

3 Fritz *Erpenbeck:* Erziehung zur Kunst – eine kulturpolitische Aufgabe, in: TdZ 4/1949/6, S. 519.

4 *Petschkau:* Kunstpolitik (I), a. a. O., S. 192.

5 *Brecht:* Arbeitsjournal II, a. a. O., S. 905.

6 S. w. u. die Ausführungen über Erwin Strittmatter.

7 Gleiches galt für die Sowjetunion: Man »möchte gern einen Roman lesen, in dem die verschiedenen Schichten der Sowjetgesellschaft dargestellt sind« (Eine Beratung der Moskauer Schriftsteller, a. a. O.).

8 Erich *Loest:* Werner Reinowski, in: BfdDB 120/1953/21, S. 422. – Bei dem Zitat im Zitat handelt es sich um eine Aussage Reinowskis.

9 Der kleine Kopf. Roman, Halle/S 1952; Vom Weizen fällt die Spreu. Roman, Halle/S 1952; Diese Welt muß unser sein. Roman einer Produktionsgenossenschaft, Halle/S 1953.

10 Christa *Wolf:* Komplikationen, aber keine Konflikte, in: NDL 2/1954/6, S. 141.

11 *Lenin:* Der »linke Radikalismus«, a. a. O., S. 396.

12 Vgl. z. B.: Die erste Konferenz der Vorsitzenden und Aktivisten der Landwirtschaftlichen Produktionsgenossenschaften vom 5. bis 6. Dezember 1952 in Berlin. Berlin 1952 sowie die Protokolle der folgenden Konferenzen.

13 Edgar *Kaufmann:* Humorvoll erzählen genügt nicht, in: S 12/1957/21, S. 8.

14 Dieter *Noll:* Reinowskis Romanwerk und Fragen des Schematismus, in: NDL 1/1953/6, S. 178.

15 Dieter *Noll:* Sonne über den Seen. Heitere und bedenkliche Abenteuer eines Schleppkahnpassagiers, Berlin 1954.

16 Eduard *Zak:* Landschaft und Leben, in: NDL 3/1955/5, S. 151.

17 *Auer:* Literaturtheorie? A. a. O., S. 112, 113, 114 u. 120.

18 *Schober:* Skizzen, a. a. O., S. 13.

19 Auf genauere Aufschlüsselung wird verzichtet. S. die entsprechenden Kapitel in unserer Bibliographie. Auf Texte wie »Die deutsche Fernschule. Deutsch-Lehrbriefe« (Berlin 1949 ff.) mußte aus Gründen des Umfangs hier leider verzichtet werden.

20 *Brecht:* Arbeitsjournal, a. a. O., Bd. 2, S. 929. – Bei der späteren Mitarbeiterin handelte es sich um Käthe Rülicke. Vgl. Käthe *Rülicke-Weiler:* Erste Begegnungen mit Brecht, in: F 32/1978/3, S. 14 f.

21 Publikationen wie die bereits zitierte Arbeit Rewjakins über das Typische fehlten im Fall DDR gänzlich.

22 Helga *Nuß:* Die Kunst als Methode der Erkenntnis der Wirklichkeit, in: DBi 9/1954/1/2, S. 105.

23 Joachim G. *Boeck:* Literaturfibel. Eine erste Anleitung zur Beschäftigung mit Theorie und Praxis der Dichtung, Berlin 1952, S. 6. – Eine nur unwesentlich veränderte zweite Auflage erschien 1953. Der gleiche Klappentext lautete: »Was ›Literatur‹ ist, was sie in ihren vielfältigen Formen in unserem Leben bedeutet – das erklärt diese Literaturfibel. Vom Einfachsten ausgehend – ein junger Mensch liest irgendeinen Roman, der ihn gefangennimmt –, erfährt der Leser, was Sinn und Aufgabe der Literatur ist. Die Zusammenhänge zwischen Dichter und Leser, die Abhängigkeiten, denen der Autor einer Erzählung, eines epischen Werkes oder eines Gedichtes unterworfen ist, die Art der Gestaltung und viel mehr dieser Fragen sind Gegenstände einer Auseinandersetzung, der selbst ein auf diesem Gebiet unerfahrener Leser folgen kann, ja folgen muß, wenn er erst einmal zu lesen angefangen hat. Hier bleibt nichts unklar oder mißverständlich, jedes Fremdwort wird erklärt, jeder Begriff, dem wir heute oft genug begegnen, findet seine Erläuterungen. Klassisches Erbe, kritischer Realismus, sozialistischer Realismus, Formalismus – wichtige Begriffe, über die wir uns Klarheit verschaffen müssen – werden in dieser ›Fibel‹ erklärt.«

24 Welche Nähe aber in struktureller Hinsicht existiert, dazu vgl. z. B. Lukács' Nachwort zu »Frühling an der Oder« von Emanuel Kasakewitsch (Berlin 3/1954, S. 609 ff. – Auch enthalten in: *Lukács:* Der russische Realismus, a. a. O., S. 511 ff.).

25 Alfred *Kurella:* Von der Lehrbarkeit der literarischen Meisterschaft. Vortrag zur Eröffnung des Instituts für Literatur in Leipzig, in: NDL 3/1955/11, S. 99 f. u. 102.

26 *Boeckh:* Literaturfibel, a. a. O., S. 11.

27 René *Schwachhofer:* August Hild: »Das Lied über dem Tal«, in: BfdDB 121/1954/40, S. 839.

28 H. *Kucharski:* Ein Roman vom neuen Leben auf dem Dorfe, in: BfdDB 122/1955/36, S. 638.

29 Hans Jürgen *Geerdts:* Was heißt literarische Meisterschaft? (Schluß), in: BfdDB 120/1953/39, S. 819.

30 Almos *Csongar:* Das Werk Adam Scharrers. Zum fünften Todestag des Dichters am 2. März, in: S 8/1953/9, S. 4.
31 *Geerdts:* Meisterschaft? A. a. O., S. 819.
32 Gustav *Just:* Literatur ist Menschenkunde, in: S. 10/1955/32, S. 6.
33 H. J. *Jahn:* Reflexionen statt Handlung, in: BfdDB 122/1955/39, S. 694.
35 Walter *Glaue:* »Märzstürme« von Otto Gotsche, in: JG 1953/9, S. 13.
36 Elfriede *Brüning:* Nicht alle Menschen halten den Belastungen stand, in: T 10/1955/4. 6., S. 4.
37 Vgl. *Danziger:* »Die Partei hat immer recht«, a. a. O., S. 136 f.
38 J. C. *Schwarz:* Sie blieb nicht allein. Aufzeichnungen aus einem Betrieb, Halle/S 1955, S. 337.
39 *ler:* Kurt Herwarth Ball: Schandauer Novelle, in: BfdDB 120/1953/25, S. 519.
40 Herangezogen werden vor allem Bechers Schriften und »Denkdichtungen« (so eine Bezeichnung Bechers) aus den 50er Jahren. Nicht berücksichtigt werden können hier Bechers Gedichte aus dieser Zeit.
41 Zu nennen sind vor allem: Johannes R. *Becher:* Auf andere Art so große Hoffnung. Tagebuch 1950, Berlin 1951; *ders.:* Auf andere Art so große Hoffnung, Tagebuch 1950. Mit Eintragungen 1951, Berlin 1952; *ders.:* Verteidigung der Poesie [1952], Poetische Konfession [1954], in: *ders.:* GW 13, Berlin u. Weimar 1972; *ders.:* Macht der Poesie [1955], Das poetische Prinzip [1957], in: *ders.:* GW 14, Berlin u. Weimar 1972.
42 Dieser Prozeß kann mit dem Brecht-Dialog 1978 als endgültig abgeschlossen betrachtet werden.
43 Vgl. auch: Volker *Braun:* Unvollendete Geschichte, in: SuF 27/1975/5, S. 955.
44 Nur Anna Seghers ist hier eine vergleichbare Funktion zuzumessen. Vgl. besonders: Kurt *Batt:* Der Dialog zwischen Anna Seghers und Georg Lukács, in: WB 21/1975/5, S. 105 ff.
45 Johannes R. *Becher:* Auf andere Art so große Hoffnung. Tagebuch 1950, Berlin 1951, S. 152 u. 306.
46 Johannes R. *Becher:* Auf andere Art so große Hoffnung. Tagebuch 1950, mit Eintragungen 1951, Berlin 1952, S. 619.
47 *Becher:* Tagebuch 1950, a. a. O., S. 46.
48 *Becher:* GW 13, a. a. O., S. 79.
49 *Becher:* Tagebuch 1950, a. a. O., S. 46.
50 *Becher:* GW 13, a. a. O., S. 566. – Ohne hier eine Analyse unternehmen zu können, sei doch auf Bechers Metaphorik jener Jahre verwiesen, die nicht nur in seinen Dichtungen bestimmte Inhalte tradierte. Da ›meldet sich‹ ein Gedicht. Oder in Erinnerung an das FDJ-Treffen 1950 heißt es: »der Pfingstsonntag jubelt, der Heilige Geist scheint über die ganze Landschaft und auch über die Menschen hin ausgegossen . . .« (Tagebuch 1951, a. a. O., S. 629).
51 *Becher:* Tagebuch 1951, a. a. O., S. 613.
52 *Becher:* GW 13, a. a. O., S. 102.
53 Vgl. etwa »Von einem besonderen Neuen« (GW 13, a. a. O., S. 95 f.): »Die Heimat in all ihrer menschlichen Heimatlichkeit beredt machen, ist das nicht ein Neues, wenn Dichtung selber zur Heimat wird?« (S. 95).
54 *Brecht:* Arbeitsjournal, Bd. 2, a. a. O., S. 641. – Die Anmerkung des Herausgebers Werner Hecht, daß Brecht in einer anderen Zeit »sowohl zu einer anderen Bewertung der nationalen Frage als auch zu einer anderen Bewertung Bechers« (Bd. 3, S. 116) gekommen sei, ist unzutreffend. Brechts Herangehen an die ›nationale Frage‹ zeigt gerade, daß Brecht seine Meinung nicht geändert hatte.
55 Johannes R. *Becher:* Vom Willen zum Frieden, in: A 3/1947/11, S. 328.
56 Johannes R. *Becher:* Deutsches Bekenntnis, in: A 1/1945/1, S. 10. – Vgl. auch die Fassung dieses Textes in: *ders.:* Deutsches Bekenntnis. Sieben Reden zu Deutschlands Erneuerung. Vierte, erw. Aufl., Berlin 1947, S. 28 ff.
57 *Becher:* Tagebuch 1951, a. a. O., S. 660.
58 *Becher:* Tagebuch 1950, a. a. O., S. 129.
59 *Becher:* Tagebuch 1951, a. a. O., S. 635. – Wenig später heißt es: »Darum, ihr jungen Dichter, bemüht euch frühzeitig, des Glücks solch einer Gemeinschaft teilhaftig zu werden. Nimmermehr allein, nie mehr verlassen werdet ihr sein, seid ihr einmal in diese erlesene Gemeinde aufgenommen.«

60 Ebd., S. 611 u. 594 f. – Dieser Bereich blieb für Becher nicht auf die Dichtung beschränkt: »Die Größe eines Menschen, die sich in der Selbstverständlichkeit des Genialen und in einer rührenden Schlichtheit ausdrückt (so auch bei Stalin), erfordert von demjenigen, der diese Menschengröße künstlerisch gestalten will, eine sorgfältige Auswahl gemäßer Mittel – dem Künstler selber muß irgend etwas von einer korrespondierenden Größe innewohnen und nur ein kongenialer Künstler, dessen Meisterschaft ebenfalls in der Schlichtheit besteht, kann sich dem Objekt gegenüber einigermaßen gewachsen zeigen.« (Tagebuch 1950, a. a. O., S. 140 f.)

61 Ebd., S. 617. – Vgl. auch: Ebd., S. 614.

62 Hans *Mayer:* Johannes R. Bechers »Tagebuch 1950«, in: A 7/1951/9, S. 833.

63 Elfriede *Brüning*, in: »Unsere Leser sind kritischer, reifer« [Interview], in: BZ 1966/21.10.

64 *Becher:* Vom Willen zum Frieden, a. a. O., S., 324.

65 *Becher:* Deutsches Bekenntnis, a. a. O., S. 9.

66 *Becher:* Tagebuch 1951, a. a. O., S. 681.

67 *Becher:* Deutsches Bekenntnis, a. a. O., S. 9.

68 Günter *Ebert:* Das neue Leben auf dem Dorf. Seine Darstellung in unserer Literatur, in: ND/BKuL 10/1955/9.10., S. 1.

69 An diesem Ort sind einige Bemerkungen zu Jost *Hermands* Aufsatz »Erbepflege und/oder Massenwirksamkeit. Zur Genre-Diskussion in der DDR« angebracht (in: Textsortenlehre – Gattungsgeschichte. Hrsg. von Walter *Hinck*, Heidelberg 1977, S. 104 ff.). Hermands Aufsatz, der einen Abriß über die Gattungsdiskussionen in der DDR zu geben versucht, enthält mehrere unzutreffende Aussagen. So kann nicht davon gesprochen werden, daß »in der DDR die Frage nach der literarischen Formenwahl von Anfang an leidenschaftlich diskutiert wurde.« (S. 105) Hermand widerspricht sich dabei selbst, wenn er – zutreffend – schreibt, daß sich erst 1956 eine wirkliche Literaturkritik und Literaturwissenschaft entwickelt habe. (S. 106 f.) – Daß man in der DDR erst um 1970 angefangen habe, die sogenannten Unterhaltungsgattungen und -genres ernst zu nehmen, und daß vorher nur »Pädagogen und Zweckschriftsteller« (S. 110) sich damit auseinandergesetzt hätten, kann u. E. schon aufgrund andernorts Ausgeführtem in Frage gestellt werden. Hier nur so viel: Hermand übersieht die Diskussionen zu Anfang und im Verlauf der frühen 50er Jahre (die Untersuchung von Foltin wird nicht einbezogen), die Beispiele – Aufsätze von Alex Wedding (1954) und Ruth Römer (1956) –, die er heranzieht, sind Ausnahmen in den damaligen Gesamtdiskussionen (S. 110 f.).

70 Günter *Albrecht:* Für eine deutsche Literaturgeschichte, in: NDL 1/1953/6, S. 169.

71 Es ist hier nicht der Ort für eine detaillierte Analyse der Traditionslinien in Gattungsfragen. Viel spricht natürlich dafür, daß, wenn Goethe und Schiller genannt wurden, als eigentlicher Ahn Gustav Freytag (oder vergleichbare Autoren) gemeint ist.

72 Erich *Sielaff:* Schreiben verpflichtet. Bemerkungen zur Prosa, in: HuM 5/1951/4, S. 247 u. 250 f. – Bei der hier genannten Neuauflage handelt es sich um: Rudolf *Hildebrand:* Vom deutschen Sprachunterricht in der Schule und von deutscher Erziehung und Bildung überhaupt. Über die Fremdwörter und über das Altdeutsche in der Schule. Hrsg. von Erwin *Marquardt*, Wilhelm *Heise*, Heinrich *Deiters*, Leipzig 1947 (= Pädagogische Bibliothek) – Vgl. auch folgende Ausführungen: »Wir alle erinnern uns noch an unsere guten alten Lesebücher. Diese Bücher wurden nicht nur in der Schule benutzt, sondern auch zu Hause mit großem Genuß gelesen. [. . .] Gewiß, auch unsere heutige Schuljugend besitzt solche Lesebücher, aber was sie mit glühenden Wangen oder auch mit zynischem Lächeln verschlingt, sind Comic-strips, das heißt Bilderstreifen, deren Begleittext auf ein Minimum reduziert ist, wo etwa das Wort ›Hälloh‹ in der blasig aus dem Munde einer menschlichen Figur quellenden Rauchfahne die Begrüßung zwischen zwei Freunden ersetzt.« (Katharina *Fuchs:* Kosmopolitismus und Nationalbewußtsein, in: NDL 2/1954/9, S. 107).

73 Darstellungen wie »Über das Wesen der Satire« von Hans Jürgen *Geerdts* (BfdDB 121/1954/10, S. 219; (II) 121/1954/11, S. 231; (III) 121/1954/12, S. 252 f.) sind hier ohne Belang. – Folgende Diskussionen können hier ausgeklammert werden, da sie eine neue Phase in der DDR-Entwicklung einleiten: Joachim G. *Boeckh:* Literaturforschung vor neuen Aufgaben, in: NDL 4/1956/10, S. 141 ff.; Lothar *Lang:* Nochmals über die literarischen Gattungen, in: NDL 5/1957/6, S. 142 ff.

74 Hans-Joachim *Heymann:* Über einige Formen und Gattungen der Literatur. Versuch einer Einführung, in: DBi 10/1955/12, S. 697 ff.; (II) 11/1956/1, S. 22 ff.; (III) 12/1956/2, S. 101 ff.; (IV) 12/1956/3, S. 153 ff.; (V) 12/1956/4, S. 216 ff.

75 Ebd., (I), S. 697. – Vgl. auch: *Boeckh:* Literaturfibel, a. a. O., S. 137.

76 Johannes R. *Becher:* Bemerkungen zur Diskussion, in: Über Johannes R. Bechers »Poetische Konfession«, Berlin 1955, S. 35. – Vgl. auch das Resümee der Ästhetikertagung vom 18. 10. 1956: »Die Mehrzahl der Anwesenden war sich einig, daß es zu früh sei, nach Gesetzen zu suchen, die für alle Kunstdisziplinen Gültigkeit haben; man müsse vielmehr erst einmal die Gattungsfragen untersuchen bzw. zu einer Neufassung des Gattungsbegriffes gelangen. Auch bestand wohl Einmütigkeit darüber, daß man die grundlegenden Arbeiten von Georg Lukács und Ernst Bloch in die Debatte einbeziehen müsse. Auf alle Fälle ist eine Präzisierung bestimmter Standpunkte an Hand des vorliegenden konkreten Materials nützlich und wünschenswert.« (Georg *Piltz:* Das Wagnis der Definition – ist es gelungen? In: S 11/1956/44, S. 9).

77 *Becher:* GW 14, a. a. O., S. 455.

78 Geschichte der Literatur der DDR, a. a. O., S. 220.

79 *Kurella:* Lehrbarkeit, a. a. O., S. 100 u. 104 f.

80 Dieser Begriff ist nur unzureichend zu übersetzen: ›bedingt‹, ›verabredet‹, ›Kunst-Konvention‹.

81 Wolfang *Steinitz*, in: Protokoll der theoretischen Konferenz, a. a. O., S. 61 ff., bes., S. 65 ff.

82 Georg *Meier*, in: Ebd., S. 89.

83 Vgl. Georg *Lukács: Erzählen oder Beschreiben? In: ders.:* Probleme des Realismus, S. 139 f.

84 Hanns *Eisler*/Ernst *Bloch:* Die Kunst zu erben, in: *Eisler:* Materialien zu einer Dialektik der Musik, a. a. O., S. 158.

85 Hans *Richter:* Bemerkungen zu Hanns Eislers Textbuch »Johann Faustus«, in: NDL 1/1953/4, S. 188.

86 Vgl. auch: N. *Orlow:* Wege und Irrwege der modernen Kunst, in: TR 7/1951/21.1.; (II) 7/1951/23.1. Zitiert nach: Der III. Parteitag der Sozialistischen Einheitspartei Deutschlands und die Entwicklung der deutschen Kunst. Dresden o. J., S. 37 ff. – Bei dem Namen Orlow handelte es sich um ein Pseudonym: »Dem üblichen Brauch in der Sowjetunion folgend, war der Artikel mit einem Pseudonym (N. Orlow) gezeichnet, was in der Regel bedeutet, daß er als amtliches Bulletin anzusehen ist.« (*Raddatz:* Traditionen, a. a. O., S. 47).

87 Wilhelm *Girnus:* Wo stehen die Feinde in der deutschen Kunst? In: ND 6/1951/13. 2.; (II) 6/1951/18. 2., zitiert nach: Der III. Parteitag, a. a. O., S. 58.

88 Stephan *Hermlin* und Hans *Mayer* hatten über Bechers Gedichtband »Heimkehr« 1947 geschrieben, Becher sei in neo-klassizistischer Glätte und konventioneller Verseschmiederei gelandet und habe eine politisch richtig gestellte Aufgabe mit dichterischen Mitteln falsch gelöst (Ansichten über einige Bücher und Schriftsteller, Berlin 1947). Zu dieser Kritik vgl. Bechers Tagebucheintragung vom 30. Januar 1950.

89 Daß dieser Begriff denn doch nicht so ›unbrauchbar‹ war, zeigt folgender Ausschnitt aus einer Rezension: »Vielfach aber ist es nicht Unwissenheit, sondern Bequemlichkeit und Angst vor dem Eigenen, Neuen, was junge Schriftsteller – und offenbar auch die Mitglieder dieser Arbeitsgemeinschaft [junger Autoren im Bezirk Suhl] – in alten, ausgetretenen Bahnen schreiten läßt. Es gibt in dieser Anthologie nicht einen Beitrag, der wirklich eine persönliche Note trägt, der wenigstens den Versuch zeigt, thematisch und formal über das Bisherige hinauszukommen. Der Gesamteindruck ist der des literarischen Epigonentums. Die Vergangenheit beherrscht übermächtig die Gegenwart und hemmt damit die Weiterentwicklung.« (Wolf *Mann:* Schatten der Vergangenheit. Bemerkungen zu einer Anthologie. Leben ist ein Befehl, in: BfdDB 123/1956/21, S. 334).

90 Auch muß der Hinweis genügen, daß Gattungs- oder Genreprobleme hier ohne Relevanz sind.

91 Aus Klappentext zu: Karl *Mundstock:* Der Messerkopf. Eine Erzählung, Berlin 1950. – Vgl. folgende Schlußworte aus Karl Mundstocks Laienspiel »Schneller ist besser« (Halle/S 1951, S. 23): »*Ursel* (ruft ihm nach): Horst! Horst! – Jetzt hat er mir nicht mal gesagt, wann wir uns im Park treffen wollen.«

92 Vorankündigung des Romans von Harry *Thürk* »Die Herren des Salzes«. Teil des Klappentextes zu: Peter *Nell:* Der Junge aus dem Hinterhaus, Weimar 1956.
93 Aus Klappentext zu: *Fischer.* Martin Hoop IV, a. a. O.
94 Aus Klappentext zu: Irma *Harder.* Im Haus am Wiesenweg, Berlin 1956.
95 Klappentext zu: *Hild:* Das Lied über dem Tal, a. a. O.
96 Aus Klappentext zu: *Lorbeer:* Die Sieben ist eine gute Zahl, a. a. O.
97 Aus Klappentext zu: *Nell:* Der Junge aus dem Hinterhaus, a. a. O.
98 Aus Klappentext zu: Hildegard Maria *Rauchfuß:* Wem die Steine Antwort geben, Roman, Halle/S 1954.
99 Ankündigung von Ernst *Steins* »Ein junger Lehrer erzählt«. Lesezeichen in: Klaus *Beuchler:* Schwarzes Land und rote Fahnen, Berlin 1953.
100 Aus Klappentext zu: Benno *Voelkner:* Die Tage werden heller, Schwerin 1952.
101 Aus Klappentext zu: Rudolf *Weiß:* Es grünt die Saat, Roman, Berlin 1955.
102 Dies bedeutete natürlich einen Widerspruch in sich und beinhaltete eine Tendenz in Richtung der im folgenden aufgezeigten Entwicklung.
103 Alfred *Könner:* Über unsere Abenteuerliteratur, in: Unsere neue Jugendliteratur, Berlin 1955, S. 53.
104 Vgl. auch folgenden Diskussionsbeitrag: »Ein gutes Jugendbuch darf sich nicht sehr von einem Drama unterscheiden, sagte Könner, daran will ich anknüpfen. Das ist wichtig. Man muß sich mit der Technik des Schreibens befassen und das kann man am besten, wenn man sich mit der Technik des Dramas befaßt. Das habe ich jahrelang getan. Ich wollte erst ein Drama schreiben, habe aber bis heute noch nicht den rechten Stoff gefunden. [...] Man muß mit seinem Helden mitfühlen und mitleben können.« (Kollege Werner *Legère*, in: Jugendliteratur, a. a. O., S. 57).
105 Annemarie *Auer:* Helle Nächte, in: NDL 1/1953/8, S. 167.
106 *Ebert:* Das neue Leben, a. a. O., S. 1. – Bei »Zuspitzung im Sujet« handelt es sich vermutlich um eine Übernahme aus folgendem Artikel: J. *Dobin:* Die Zuspitzung im Sujet, in: KuL 3/1955/4, S. 589 ff.
107 Eduard *Claudius:* Menschen an unserer Seite. Leben und Werk des Schriftstellers, in: Studienmaterial zu Analysen von Werken der deutschen Literatur. Ausgearb. von einem Lektorenkollektiv unter Leitung von Jürgen *Bonk*, Berlin 1954, S. 265.
108 Helmut *Schiemann:* Versuch einer Begriffsbestimmung. Was bedeutet episch – was dramatisch? in: TdZ 10/1955/9, S. 19.
109 *ler:* Ball: Schandauer Novelle, a. a. O., S. 518.
110 *Jahn:* Reflexionen statt Handlung, a. a. O.
111 Vgl. z. B.: Walter *Ulbricht:* Der Künstler im Zweijahrplan, in: *ders.:* Zur Geschichte der deutschen Arbeiterbewegung. Aus Reden und Aufsätzen, Bd. III: 1946–1950, Stuttgart 1953, S. 312 ff.
112 Willi *Bredel:* Über die Aufgaben der Literaturkritik, Berlin 1952, S. 21.
113 Über die Verbesserung der Literaturkritik, der Bibliographie und Propagierung des fortschrittlichen Buches, in: Dokumente der Sozialistischen Einheitspartei Deutschlands, Bd. V, Berlin 1956, S. 533.
114 *Raddatz:* Traditionen, a. a. O., S. 54.
115 Geschichte der Literatur der DDR, a. a. O., S. 210.
116 TR 1949: Nr. 267, 282, 288, 293, 300, 304; 1950: 7. 1. – Auf weitere Einzelzitation wird verzichtet. – Abseits größerer Diskussionen hatte es bereits in früheren Jahren interessante kleinere Auseinandersetzungen gegeben. Vgl. z. B. die Kontroverse zwischen Ehm *Welk* und Adam *Scharrer* um das Werk Ricarda Huchs in »Heute und Morgen« (1/1947/8, 2/1948/1, 2/1948/2).
117 Die Chance einer solchen Diskussion wurde nicht erkannt. Dies gilt auch für die ›indirekt‹ Angesprochenen – es ist keine Stimme bekannt, die, sich der historischen Tragweite bewußt, von ›drüben‹ Stellung bezogen hätte. Das letzte ›gesamtdeutsche‹ Organ, die von Alfred Kantorowicz herausgegebene Zeitschrift »Ost und West«, wurde genau zum Zeitpunkt dieser Debatte eingestellt.
118 Bei *Bredel* handelt es sich um die Trilogie »Verwandte und Bekannte«, die gerade bis zum zweiten Band gediehen war. *Grünberg* kam über den ersten Band (»Das Schattenquartett«) nicht hinaus.

119 Bei Kellermanns Beitrag handelte es sich um keinen eigenen Beitrag, sondern um die Wiedergabe eines Interviews.

120 Vgl. vor allem Grünbergs Bemühungen um die Aufführung seines Stückes »Golden fließt der
Stahl«. Da sich zahlreiche Theater weigerten, das Stück aufzuführen, ging Grünberg direkt in
die Betriebe. (Vgl. den ›Spiegel‹-Artikel vom 22. 11. 1950, der Auskunft gibt, wie westdeutsche
Organe über Ereignisse dieser Art zu berichten pflegten.) – (In Paraphrase, zitiert nach: *Bock:*
Brechts »Garbe/Büsching«-Projekt, a. a. O., S. 90).

121 Vgl. vor allem: *Herzfelde:* Heartfield, a. a. O., S. 5, 97 f. u. 102 f. sowie: Michael *Töteberg:*
John Heartfield. In Selbstzeugnissen und Bilddokumenten, Reinbek bei Hamburg 1978,
S. 118 ff.

122 Bertolt *Brecht:* Die Wahrheit einigt, in: *ders.:* GW 10, a. a. O., S. 1011.

123 Besonders zu nennen wäre hier Willi *Bredels* Erzählung »Das schweigende Dorf« (in: Das
schweigende Dorf und andere Erzählungen, Rostock 1952, S. 5 ff.). Diese Erzählung vermittelt
einen Eindruck von dem Schock, den viele der Heimgekehrten zu bewältigen hatten. Bredel erzählt – so die Vorbemerkung zu o. g. Auszügen – »auf Grund einer wirklichen Begebenheit von
schwerer Schuld eines mecklenburgischen Dorfes.« (S. 261) Genauere Angaben dazu finden
sich in der gleichen Nummer und in: HuM 1/1947/5 sowie: Karl-Heinz *Höfer:* Willi Bredel,
Leipzig 1976, S. 79.

124 Vgl. Werner *Eggerath:* Die fröhliche Beichte. Ein Jahr meines Lebens, Berlin 1975, S. 104 ff.

125 *Ulbricht:* Der Künstler im Zweijahrplan, a. a. O., S. 313.

126 *Brecht:* Arbeitsjournal, Bd. II, a. a. O., S. 905.

127 Vgl. *Bock:* Brechts »Garbe/Büsching«-Projekt, a. a. O., S. 85.

128 *Ulbricht:* Der Künstler im Zweijahrplan, a. a. O., S. 313.

129 Erich *Fabian:* Zum Problem des Bodenreformromans, in: HuM 4/1950/12, S. 744.

129a Vgl. *Mao Tse-tung:* Literatur in China, in: OuW 3/1949/2, S. 6 ff.; (II) 3/1949/3, S. 27 ff. –
Eine weitere deutsche Übersetzung erschien Peking 1950, die erste deutsche Ausgabe Berlin
1952. Vgl. folgende Notizen Alfred *Kantorowicz'* zum 27. 12. 1951 (Deutsches Tagebuch, II,
a. a. O., S. 211): »Unter dem Datum des 27. Dezember 1951 finde ich verzeichnet, daß der
Chefredakteur der ›[Täglichen] Rundschau‹, Oberst Bernikow, mich anrief [...]. Ich sagte sar-
kastisch, was das Verbot des Stückes betreffe, so sei ich in der besten Gesellschaft, denn er wisse
ja wohl, daß unlängst auch der Druck der Rede von Mao Tse-tung an die Schriftsteller verboten
worden sei – jene Rede, die seinerzeit von Maximilian Scheer aus dem Englischen für ›Ost und
West‹ übersetzt wurde und deren authentischer Text, der nun seit längerer Zeit vorliege, keine
Gnade vor den Augen unserer Kulturwarte gefunden habe. Bernikow lachte ingrimmig und
wiederholte mehrere Male: ›Verbieten ist leicht, ja, sehr leicht.‹«

130 Solche Auffassungen vertrat sehr stark Karl Grünberg. Vgl. hier z. B. die kleine Polemik Heinar *Kipphardts* »Wohin führt ›Die Dorfstraße‹?« (In: NDL 3/1955/7, S. 136 ff.). – Vgl. auch
folgende Replik Wolfgang *Johos:* »Auf dem Mao Tse-tung-Plenum, das der Deutsche Schriftstellerverband vor einigen Monaten in Berlin veranstaltete, äußerte Walt[h]er Pollatschek in einem mit Leidenschaft vorgetragenen Diskussionsbeitrag, daß es in erster Linie bei uns nicht um
die Hebung des künstlerischen Niveaus, sondern darum gehe, der neuen Thematik zum
Durchbruch zu verhelfen. Er stellte sogar die ›Theorie‹ auf, daß es bei einem Neubeginn des gesellschaftlichen Lebens und damit auch der Kunst und Literatur (wie bei uns auf dem Gebiet der
Deutschen Demokratischen Republik nach 1945) so sein müsse, daß das künstlerische Niveau
gering und erst in zweiter Linie von Belang sei. [...] In ähnlicher Weise argumentierte vor wenigen Wochen auf dem Diskussionsabend über die Zeitschrift ›Neue Deutsche Literatur‹ Almos
Csongar, nachdem er bereits vor etwa Jahresfrist in der ›Berliner Zeitung‹ in einem längeren
Aufsatz von der Priorität des ideologischen Gehalts und der Thematik und von der Zweitran-
gigkeit der künstlerischen Qualität in der Literatur geschrieben hatte. In ähnlichen Gedankengängen bewegte sich, wenn wir etwa weiter zurückgreifen, auch die Polemik um Otto Gotsches
Roman ›Tiefe Furchen‹, in die Gotsche selbst in einem längeren Aufsatz in der ›Täglichen
Rundschau‹ eingriff.« (Das literarische Erbe, die künstlerische Qualität und unsere neue Literatur, in: NDL 2/1954/5, S. 116).

131 Gerade bei Kritikern wie Cwojdrak wird deutlich, wie schwer sie es hatten, nicht von einer ari-

stotelischen Basis aus zu argumentieren. Hier liegt ein entscheidender Grund, der ihnen eine grundsätzliche Kritik der von ihnen kritisierten Positionen so erschwerte (und letztlich unmöglich machte).

132 Zitiert wird hier nach: Der Nachterstedter Brief, a. a. O. – Da wir uns ausschließlich auf diesen Sammelband stützen, kann auf eine nähere Zitation verzichtet werden. Im Einzelfall wird daher nur angegeben: Autor und/oder Seitenzahl.

133 *Wolff:* ›Auftraggeber Arbeiterklasse‹, a. a. O., S. 277.

134 Geschichte der Literatur der DDR, a. a. O., S. 214.

135 Wolffs positivere Sicht resultiert im wesentlichen daraus, daß er auch hier eine ›proletarische Fraktion‹ am Werke sieht, eine Auffassung, mit der wir uns bereits an anderer Stelle kritisch auseinandergesetzt haben.

136 F. C. *Weiskopf:* Bei einem Besuch in Nachterstedt, in: *ders.:* Gesammelte Werke VIII, hrsg. von der Deutschen Akademie der Künste zu Berlin, Berlin 1960, S. 362.

137 Ebd., S. 362 f.

138 Vgl. vor allem: Eva *Braun:* Über unsere Jugendliteratur, in: Unsere neue Jugendliteratur, a. a. O., S. 5 ff.

139 *Weiskopf:* Nachterstedt, a. a. O., S. 521.

140 Der »Sonntag« z. B. hatte zunächst eine Veröffentlichung des »Nachterstedter Briefes« abgelehnt. Vgl. *Kraft/Lefevre:* Der Aufbauroman, a. a. O., S. 243.

141 Frank *Trommler:* Realismus in der Prosa, in: Tendenzen der deutschen Literatur, a. a. O., S. 246.

142 Heym widersprach sich hier selbst. Gerade im Zusammenhang des 17. Juni hatte er – darauf wird noch näher einzugehen sein – mutig auf grundlegende Konflikte hingewiesen.

143 Vgl. Manfred Jägers Urteil zu Schlenkers Arbeit: »Wie in westlichen Publikationen üblich, wird die Bedeutung von Georg Lukács in der Kulturpolitik der 50er Jahre überschätzt.« (Manfred *Jäger:* Kulturpolitik und Literatur in der DDR [Rezensionen], in: DA 11/1978/9, S. 970.

144 Interessant auch, daß die Forschung diese Kritiken kaum erwähnt, es sei denn im Zusammenhang der späteren Kritik an Lukács. Detlef *Glowkas* Dissertation (Berlin 1968) »Georg Lukács im Spiegel der Kritik. Die Interpretationen des Lukács'schen Denkens in Deutschland 1945–1965« bildet eine Ausnahme.

145 J. *Révai:* Die Diskussion um Georg Lukács. Auszüge aus dem Fazit des ungarischen Volksbildungsministers, in: TR 6/1950/28. 4., S. 4; Alexander *Fadejew:* Wo steht die Literaturkritik? In: NWe 5/1950/5, S. 83 ff.

146 Georg *Lukács:* Irodalom és demokrácia. 2. verb. Aufl. Budapest 1948. – Ins Deutsche übersetzte Auszüge unter dem Titel »Parteidichtung« in: Georg *Lukács:* Schriften zur Ideologie und Politik. Ausgew. u. eingel. von Peter *Ludz*, Darmstadt u. Neuwied 2/1973, S. 376 ff.

147 *Révai:* Diskussion, a. a. O.

148 [Alfred] *ant[kowiak]:* Georg Lukács. Zur Woche der ungarischen Kultur, in: BfdDB 120/1953/20, S. 395.

149 Andere wie Otto Grotewohl standen in ihren Ansichten Lukács noch näher.

150 Willi *Bredel:* Literatur und politische Position, in: S 12/1957/6, S. 3.

151 Vgl. vor allem: Gudrun *Klatt:* Erfahrungen des »didaktischen« Theaters der 50er Jahre in der DDR, in: WB 23/1977/7, S. 34 ff., bes., S. 59 ff. – Typisch für Klatts Argumentation ist jedoch, daß die Kritik sofort wieder relativiert wird.

152 Vgl. z. B.: *Batt:* Der Dialog zwischen Anna Seghers und Georg Lukács, a. a. O. sowie: Dialog und Kontroverse mit Georg Lukács. Der Methodenstreit deutscher sozialistischer Schriftsteller. Hrsg. von Werner *Mittenzwei*, Leipzig 1975.

153 *Auer:* Helle Nächte, a. a. O., S. 165 u. 166.

154 Annemarie *Auer:* Gegenerinnerung, in: SuF 29/1977/4, S. 847 ff. Dort bes., S. 864: »Als nun diese beiden zum ersten Mal einander nackt gegenüber traten, konnte sie sich nicht mehr halten, sank sie vor ihm nieder und rief: Wie bist du schön! Und auch er weinte und sagte, wie bist du schön. Diese Frau lebt unter uns und wird, so hoff ich, ihre Geschichte noch selbst zu Ende erzählen. [...] Noch die geringsten Partikel beweisen, daß die Potenzen dazu lebendig waren, bereit sich zu entfalten. Das Thema, das die Geschichte dieser Generation von Antifaschisten

stellte, die unter unveränderten sittlichen Maximen von einer Gesellschaftsordnung in die andere schritten, war von größter historischer Verbindlichkeit.«

155 *Erke:* Ferientag in Silberblau, in: DM 1955/24. 7., zitiert nach: Gerhard *Wolf:* Sieg der Dilletanten? In: NDL 3/1955/12, S. 127.

156 *Becher:* Tagebuch 1950, a. a. O., 498.

157 Vgl. z. B. »Geschichte der Literatur der DDR« (a. a. O., S. 196, 244 ff.), wo diesem Problem nur wenige Zeilen gewidmet werden.

158 Vgl. *Becher:* Tagebuch 1950, a. a. O., S. 358.

159 Willi *Lewin:* Ist das kleinbürgerlich? Bemerkungen zu Elfriede Brünings Roman »Regine Haberkorn«, in: ND 10/1955/292, S. 4.

160 *Korn:* Bücher für den einfachen Menschen, a. a. O., S. 94.

161 *Boeckh:* Maßstäbe der Literatur, a. a. O.

162 *Auer:* Helle Nächte, a. a. O., S. 165.

163 *Brecht:* Arbeitsjournal, a. a. O., Bd. 2, S. 854.

164 Waltraut *Borchers:* Eine Hausfrau dachte über unsere Literatur nach, in: DSch 6/1955/17, S. 20.

165 Artur *Stahl:* Unterhaltungs-Roman, in: HuM 5/1951/10, S. 688. – Vgl. auch folgende Bemerkungen Danzigers/Schwarz' über seinen Roman »Sie bliebe nicht allein«: Der Lektor »war außerordentlich redegewandt und freundlich und überzeugte mich davon, daß in diesem Buch Werte steckten, die für die Literatur erhalten werden müßten. Freilich käme es darauf an, die Werte entsprechend zu verpacken, in einer zentralen Liebesgeschichte, ohne die Bücher nicht gelesen werden«. (»Die Partei hat immer recht«, a. a. O., S. 136).

166 Werner *Bender:* Individuelle Problematik – gesellschaftliche Weiterung, in: BfdDB 123/1955/40, S. 710.

167 Vgl. Anna *Seghers:* Zu einigen Fragen unserer Literaturarbeit, in: NDL 1/1953/8, S. 99. – Man beachte das Erscheinungsdatum gerade dieses Artikels: 14. und 16. Juni 1953 in der »Täglichen Rundschau«.

168 Heinz *Rusch:* E. R. Greulich: Das geheime Tagebuch, in: BfdDB 120/1953/33, S. 676.

169 Wolfgang *Neuhaus,* in: Der Nachterstedter Brief, a. a. O., S. 12.

170 Leo *Alexi:* Er muß anerkannter Schriftsteller werden, in: HuM 3/1949/1, S. 61.

171 Richard *Junge:* Die Geschichte einer proletarischen Jugend, in: BfdDB 124/1956/41, S. 656.

172 G. *Uhlmann:* Wer irrt hier? In: DSch 6/1955/19, S. 21.

173 Gerhard *Wolf:* Sieg der Dilettanten? In: NDL 3/1955/12, S. 122 ff.

174 Johanna Kraeger war nicht nur eine ›Hausdichterin‹. So war sie mit Beiträgen in zwei Anthologien vertreten, die einen Überblick über das Schaffen junger Autoren bieten sollten: Neue Deutsche Lyrik. Gedichte unserer Zeit. Hrsg. von Michael *Tschesno-Hell,* Berlin 1952; Erste Ernte. Gedichte, Kurzgeschichten und Erzählungen junger Autoren unserer Republik, Berlin 1955.

175 Ein von uns gewähltes Beispiel möge hier genügen sowie der Hinweis auf Johannes R. *Bechers* Gedicht »Auf einen Konsum-Laden« (GW. Berlin u. Weimar 1973, Bd. 6, S. 388 f.):

> *Liebe, einmal anders gesehen*
> »Ich liebe dich«, wie schnell ist das gesagt;
> warum denn bloß, wer hat danach gefragt? –
> Schau mich nur an, vom Fuß bis zum Gesicht,
> und frage dich, was da von Schönheit spricht. –
>
> Das rechte Ohr steht seitlich etwas ab,
> das linke hängt dafür ein Stück herab,
> die Nase stupst sich kühn nach oben, –
> du siehst, auch hier gibt's nichts zu loben.
>
> Weshalb mein Kind, so frage ich dich jetzt,
> liebst du mich noch. Vergiß zu guter Letzt

auch bitte nicht, mir falln die Haare aus, –
das stört dich oft, ich mach mir wenig draus. –

Du schweigst erst lang und meinst dann unverfroren:
»Mein lieber Freund, ich lieb nicht deine Ohren,
auch dein Gesicht, ich lieb es wirklich nicht.
Was mir gefällt – daß du ein Held der Arbeit bist;
wenn man so sagt, du seist ein Aktivist, –
dann bin ich stolz, und deshalb lieb ich dich!«

(Manfred H. *Kieseler:* Liebe, einmal anders gesehen, in: Uwe Berger/ders./Paul Wiens: Begei-
stert von Berlin, Gedichte, Berlin 1952, S. 47).
176 Band 10.der gleichen Literaturgeschichte rechnet Elfriede Brüning noch zu den vielverspre-
chenden jungen Talenten des BPRS.
177 Friedrich *Rothe:* Sozialistischer Realismus in der DDR-Literatur, in: Poesie und Politik. Zur
Situation der Literatur in Deutschland, hrsg. von Wolfgang *Kuttenkeuler,* Stuttgart – Berlin –
Köln – Mainz 1973, S. 202. – Die gleiche Wertung findet sich wörtlich in: Autorenkollektiv:
Zum Verhältnis von Ökonomie, a. a. O., S. 198.
178 Patricia *Herminghouse:* Wunschbild, Vorbild oder Porträt? Zur Darstellung der Frau im Roman der DDR, in: Literatur und Literaturtheorie in der DDR. Hrsg. von Peter Uwe *Hohen-
dahl* u. Patricia *Herminghouse*, Frankfurt/M. 1976, S. 292.
179 Ursula *Püschel:* Vor dunkelroten Rosen wird gewarnt. Es geht um den Unterhaltungsroman,
in: BZ 11/1955/276.
180 [Heinz] *Ru*[sch]*:* Elfriede Brüning, in: BfdDB 120/1953/14, S. 266.
181 Er erschien 1970 unter dem Titel »Kleine Leute«.
182 *Rusch:* Brüning, a. a. O.
183 Eine gewisse Ausnahme stellt der Roman ». . . damit du weiterlebst« (Berlin 1949) dar. Brüning schildert das Leben einiger Widerstandskämpfer, verzichtet aber auch hier nicht auf Darstellungsmittel ihrer früheren Bücher.
184 Elfriede *Brüning:* An meine Leser, in: *dies.:* Und außerdem ist Sommer, Rostock 4/1970, S. 6.
185 Die erste Neuauflage erschien Schwerin 1964. Die Ausgabe des DDR-Schriftstellerlexikons, die
Neuherausgabe sei 1970 erfolgt, trifft nicht zu.
186 Der Roman handelt von jungen Ausflüglern. Es gehörte zu Formen des Widerstandes, sich, als
Ausflügler getarnt, zu geheimen Treffen im Freien zusammenzufinden. Darauf beruft sich
Brüning, bei ihren Ausflüglern handle es sich um eine ähnliche Gruppe. Dem widerspricht
nicht nur die Handlung des Romans, sondern auch »Junges Herz muß wandern«.
187 Elfriede *Brüning:* Ein Kind für mich allein. Roman, Leipzig 1950, S. 22. – Das Buch ist voller
ähnlicher Stilblüten, so wenn z. B. hinter einem Torbogen »unvermutet die Landschaft« (S. 15)
beginnt (womit eine in vielen Trivialromanen vorherrschende Art der Landschaftsschilderung
übernommen wird: die Orientierung an Panoramen).
188 Ebd., S. 111 u. 53.
189 Annemarie *Auer:* Über Elfriede Brünings neuen Roman »Vor uns das Leben«, in: NDL
1/1953/4, S. 189.
190 Annemarie *Auer:* Nachsatz zur Besprechung von Elfriede Brünings neuem Roman, in: NDL
1/1953/6, S. 192.
191 Auch handelte es sich um ein wichtiges Thema in der zeitgenössischen sowjetischen Literatur.
Vgl. etwa Juri *Trifonows* Roman »Studenten« (Berlin 1952).
192 Heinz *Rusch:* Elfriede Brüning [II], in: BfdDB 118/1951/16, S. 203.
193 Elfriede *Brüning:* Zu meinem Buch »Vor uns das Leben«, in: HuM 8/1953/5, S. 317.
194 Vgl. z. B. Ognjews und Makarenkos Werke.
195 Elfriede *Brüning*, zitiert nach: *Rusch:* Brüning II, a. a. O.
196 *Brüning:* Zu meinem Buch, a. a. O., S. 317.
197 Stefan *Heym:* Beobachtungen zum literarischen Leben in der DDR, in: *ders.:* Im Kopf – sauber. Schriften zum Tage, Leipzig 1954, S. 173.

198 Brüning hatte (wie Mundstock in »Helle Nächte«) einen Teil der Handlung in Form von Tage-
    bucheintragungen wiedergegeben, ein damals kaum benutztes Mittel. Die sich hier bietenden
    Möglichkeiten werden von ihr nicht genutzt.
199 Elfriede *Brüning:* Vor uns das Leben. Roman, Berlin 1952, S. 19.
200 Wolfgang *Neuhaus:* Vor ihnen liegt das Leben, in: HuM 7/1953/5, S. 315 u. 316.
201 *ler:* Elfriede Brüning: Vor uns das Leben, in: BfdDB 120/1953/14, S. 264 f.
202 *Auer:* Vor uns das Leben, a. a. O., S. 189.
203 Karl *Hecht:* [Leserbrief], in: F 9/1955/8.
204 Helga *Heerdegen:* [Leserbrief], in F 9/1955/11.
205 *Brüning:* Zu meinem Buch, a. a. O., S. 318.
206 *Rusch:* Brüning, a. a. O.
207 *Auer:* Vor uns das Leben, a. a. O., S. 193.
208 Elfriede *Brüning:* Regine Haberkorn. Roman, Halle/S. 1970, S. 353.
209 Marianne *Lange:* Die Arbeiterklasse in unserer Literatur. Ein Beitrag zum Schriftstellerkon-
    greß, in: ND/BKuL 10/1955/249.
210 Eva *Braun:* Der Blick auf das ganze Deutschland, in: ND/BKuL 10/1955/141.
211 *Brüning:* Haberkorn, a. a. O., S. 320.
212 Ursula Püschel gehörte zum Mitarbeiterkreis Alfred Kantorowicz'.
213 Rudolf *Hirsch:* Vor solchen Kritiken wird gewarnt. Eine Erwiderung an Ursula Püschel, in: BZ
    11/1955/282.
214 [Redaktion]: Warum nicht dunkelrote Rosen, in: BZ 11/1955/288.
215 Mundstocks Roman gehört zu den wenigen Texten, in denen die Frage ›Wer wen?‹ in Verbin-
    dung mit Funktionären gebracht wird, die den Kontakt zu denen, die sie vertreten sollen, völlig
    verloren haben.
216 Karl *Mundstock:* [Leserbrief], zitiert nach: Redaktion: Dunkelrote Rosen, a. a. O.
217 Vgl. hier vor allem Franz *Fühmanns* Polemik »Die Literatur des Kesselrings. Ein Pamphlet«
    (Berlin 1954).
218 Z. B. in »Anna Lubitzke« (Berlin 1952), dem Roman einer Trümmerfrau, und in »Mittelstür-
    mer Werner Schwing. Roman um Sport und Liebe« (Berlin 1954).
219 Ludwig *Turek:* Klar zur Wende. Nicht nur eine Seegeschichte, Berlin 1949. – In der »Roman-
    Zeitung« erschien das gleiche Buch 1954 unter dem Titel »Der rote Pirat«.
220 Ludwig *Turek:* [Leserbrief]. Zitiert nach: Redaktion: Dunkelrote Rosen, a. a. O.
221 *Lewin:* Kleinbürgerlich? A. a. O.
222 Elfriede *Brüning:* Dunkelrote Rosen – nicht für Arbeiterinnen? In: BZ 11/1955/297.
223 Jörg Bernhard *Bilke:* Auf den Spuren der Wirklichkeit. DDR-Literatur: Traditionen, Tenden-
    zen, Möglichkeiten, in: DD 21/1969/5, S. 36.
224 Das Motto lautete: »Gerade an sich selbst muß jeder die schärfste Kritik, den schärfsten Maß-
    stab anlegen, sonst purzelt er von den Stelzen in die Pfützen. Arbeiten, arbeiten! Das befreit
    und befriedigt allein. Gründlich arbeiten, nicht an der Oberfläche herumplätschern. Fleißig
    sein in der Schule und immer an die besten Menschen als Muster denken, die am meisten für die
    Menschheit geleistet haben. Karl Liebknecht«.
225 Gerhard *Zwerenz:* Immer noch stalinistische Terrorjustiz. Der exemplarische Fall des Schrift-
    stellers Erich Loest, in: SBZ-Archiv 10/1959/2, S. 18 f.
226 Erich Loest geht darauf in seiner nicht veröffentlichten Autobiographie ein.
227 Vgl. *Zwerenz:* Erich Loest, a. a. O. S. 21. – Zwerenz schreibt auch, daß Loests Bücher »in der
    Sowjetunion in über hunderttausend [...] Exemplaren verbreitet sind« (S. 21) – Loest selbst:
    »In den Jahren 1950–52 war ich ganz gut herausgekommen und stand materiell schon ganz si-
    cher da.« (Karl *Corino:* »Es gibt seinen Gang oder die Mühen in unseren Ebenen«. Ein Ge-
    spräch mit dem DDR-Schriftsteller Erich Loest, in: FR 1976/3. 4., S. III).
228 Erich *Loest:* Sportgeschichten, Halle/S. 1954, S. 339.
229 *Zwerenz:* Erich Loest, a. a. O., S. 19.
230 Gerhard *Zwerenz:* Literatur im Zuchthaus. Der Fall des Leipziger Schriftstellers Erich Loest,
    in: StZ 1959/24. 3., S. 9.
231 Gerhard *Zwerenz:* Der »freie Atem« in Leipzig. Zum Fall Erich Loest, in: FAZ 1959/2. 4. –

Man kann sich des Eindrucks nicht erwehren, liest man Zwerenz' Artikel aus jenen Jahren, daß sich der Autor dem jeweiligen Publikationsorgan anpaßte.

232 Gerhard *Zwerenz:* Der Widerspruch. Autobiographischer Bericht, Frankfurt/M. 1974, S. 85.
233 I. *Sp.:* Erich Loest darf wieder schreiben, in: SBZ-Archiv 16/1965/22, S. 2. – Die NDL hatte einen Text von Erich Loest veröffentlicht.
234 Ilse *Spittmann:* Ein Opfer darf wieder schreiben, in: W 1965/29. 11. – Das gleiche Organ versah 1977 einen Kurzbericht über einen Besuch Erich Loests in der Bundesrepublik mit dem Titel: »DDR«-Schriftsteller suchte [in Westdeutschland] nach »lesenden Arbeitern« (W 1977/2. 12. S. 21).
235 *Corino:* Ein Gespräch, a. a. O. – Zu neueren Entwicklungen vgl.: Heinrich *Mohr:* Mühen in unserer Ebene. Erich Loest und sein neuer Roman, in: DA 11/1978/8, S. 872 ff.
236 Bis auf wenige Ausnahmen gilt dies auch für die Untersuchungen über die Jahre nach 1956.
237 Heinz *Kersten:* Aufstand der Intellektuellen. Wandlungen in der kommunistischen Welt. Ein dokumentarischer Bericht. Stuttgart 1957, S. 160.
238 Vgl. *Bilke:* Wirklichkeit, a. a. O., S. 35 – Oder: »Die Ereignisse von 1956 haben zumindest ein radikales Oppositionsprogramm gegen die SED-Diktatur hervorgebracht, nämlich das von Wolfgang Harich.« (Melvin *Croan:* Die Intellektuellen in der SBZ während der fünfziger Jahre, in: Der Revisionismus. Hrsg. von Leopold *Labedz*, Köln – Berlin, 1965, S. 365).
239 Von nicht zu unterschätzender Bedeutung ist, *welche* Motive im einzelnen richtunggebend gewesen sein mögen. Als Ende 1977 das »Manifest« des Bundes Demokratischer Kommunisten Deutschlands besprochen und diskutiert wurde, erinnerte der ehemalige Leiter des Verfassungsschutzes, Nollau, in einem Interview der ARD-Sendung »Monitor« an eine »Der dritte Weg« betitelte Publikation, die Ende der 50er Jahre in der DDR kursierte – er hatte sie selbst verfaßt (inzwischen nachlesbar in: Günther *Nollau:* Das Amt. 50 Jahre Zeuge der Geschichte, München 1979, bes. S. 226 ff.).
240 Martin *Jänicke:* Der dritte Weg. Die antistalinistische Opposition gegen Ulbricht seit 1953, Köln 1964, S. 53.
241 Eine Ausnahme bildet die Forschung zum späten Brecht mit den Arbeiten Bormans und Links.
242 Alexander *Stephan:* Christa Wolf, München 1976, S. 118.
243 Ebd., S. 117 u. 119.
244 Christa *Wolf:* Um den neuen Unterhaltungsroman. Zu E. R. Greulichs Roman »Geheimes Tagebuch«, in: ND 7/1952/20. 7., S. 6. – Stephans Urteil trifft genau genommen nur auf diese Rezension zu.
245 Nur der zweite Aspekt kann hier untersucht werden.
246 Stephans Urteil träfe auf diese Autorin zu.
247 Eine solche Position war überhaupt selten. Am Beispiel Erwin Strittmatter wird sie w. u. genauer analysiert.
248 Insofern ist die These, Christa Wolf habe ihre antifaschistische Position eigentlich nie recht verlassen, durchaus diskutierenswert, vorausgesetzt, sie wird nicht wie von einigen DDR-Kritikern hämisch abgewertet.
249 Christa *Wolf:* Probleme des zeitgenössischen Gesellschaftsromans, in: NDL 2/1954/1, S. 146.
250 *Stephan:* Wolf, a. a. O., S. 119.
251 Bertolt *Brecht:* Große Zeit, vertan, in: *ders.:* GW., a. a. O., Bd. 10, S. 1010.
252 *Wolf:* Probleme, a. a. O., S. 147.
253 Christa *Wolf:* Menschliche Konflikte in unserer Zeit, in: NDL 3/1955/7, S. 141.
254 *Wolf:* Popularität, a. a. O., S. 123.
255 Christa *Wolf:* Besiegte Schatten? in: NDL 3/1955/9, S. 137. – Das von Wolf besprochene Buch wäre nach Herminghouse der Literatur zur Emanzipation der Frau zuzurechnen. So behandelte es auch die zeitgenössische Kritik.
256 *Wolf:* Popularität, a. a. O., S. 120 u. 115.
257 Vgl. vor allem ihre »Tinko«-Rezension.
258 »Anna Seghers hat sich wohl gehütet, gegen Brecht zu polemisieren, sie hätte ihn, wäre es nötig gewesen, aus Solidarität gewiß verteidigt.« So Kurt *Batt* in: Der Dialog zwischen Anna Seghers und Georg Lukács (a. a. O., S. 130).

259 Dieses Moment ist aufgrund der Entwicklung in der DDR nicht nur kritisch zu bedenken. Außerdem wäre gerade hier anzumerken, daß sich Christa Wolf diese Haltung bis heute bewahrt hat.

260 Nur hingewiesen werden kann hier auf einen Aspekt ihres späteren Werkes: daß sie sich stärker von ihrem Vorbild Anna Seghers fortbewegte, als in deren Werk, namentlich in »Das Vertrauen«, trivial-aristotelische Darstellungsmodi zu dominieren begannen.

261 Es handelt sich um Günther *Cwojdraks* Artikel »Schreibt die Wahrheit!« (NDL 1/1953/8, S. 23 ff.), in dem der Autor in die Diskussionen um die Ereignisse des 17. Juni 1953 eingriff.

262 Vgl. z. B.: Günther *Cwojdrak:* Über unsere Gegenwartsliteratur, in: NDL 1/1953/1, S. 159.

263 Günther *Cwojdrak:* Warum diskutieren wir nicht darüber? In: DW 7/1952/27, S. 847 ff.

264 Über die sowjetische Literatur, in: Bolschewik 1952/15, zitiert nach: Studienmaterial zur Kunstdiskussion für die künstlerischen Lehranstalten der DDR. Reihe 1. H. 1.

265 *Cwojdrak:* Warum? A. a. O., S. 847. – Cwojdrak bezieht sich vermutlich auf folgenden »Prawda«-Artikel: Die gegenwärtige Situation der sowjetischen Dramatik, in: TR 8/1952/117, S. 4.

266 Wolfgang *Joho:* Es ist nicht alles »in bester Ordnung«. Zur Rolle des Konfliktes in unserer Literatur, in: S 7/1952/48, S. 3. – *Cwojdrak* argumentiert in »Stalins letztes Werk und Fragen unserer Literatur« (NDL 1/1953/4, bes. S. 149 f.) zunächst ähnlich, fährt dann aber in anderer Weise fort.

267 *Cwojdrak:* Warum? A. a. O., S. 847.

268 Ebd., S. 849 u. 850.

269 *Cwojdrak:* Stalins letztes Werk. A. a. O., S. 149. – Vgl. auch: *Stalin:* Über dialektischen und historischen Materialismus, a. a. O., S. 8 f.

270 Ebd., S. 151 u. 150.

271 *Cwojdrak:* Warum? A. a. O., S. 850.

272 *Cwojdrak:* Wahrheit! A. a. O., S. 30. – Vgl. auch: W. *Kemenow:* Stalins Genius erhellt den Weg der Kunst, in: KuL 1/1953/1, S. 7. – Auch Heinar *Kipphardt* bezieht sich in seinem kritischen Artikel »Schreibt die Wahrheit« (in: TdZ 9/1954/5, S. 1 ff.) auf jenes Stalin-Wort.

273 Ähnlich äußerte sich *Kipphardt:* Manche Theaterleiter »scheinen anzunehmen, daß uns der Klassenkampf nach Erklärung der Politik des neuen Kurses den Gefallen tut einzuschlafen, und daß der Sozialismus eines schönen Tages – spontan entstanden – auf dem Frühstückstisch liegt. Das ist ein Irrtum. Der Klassenkampf muß geführt werden, und die Politik des neuen Kurses verlangt lediglich, daß er klüger und daß er im Theater mit den unbegrenzten schöpferischen Mitteln der Kunst geführt wird« (Schreibt die Wahrheit, a. a. O., S. 2).

274 Bertolt *Brecht:* Das Amt für Literatur, in: NDL 1/1953/8, S. 22.

275 *Cwojdrak:* Wahrheit! A. a. O., S. 29. – Gerade dazu vgl. Cwojdraks spätere Schrift: »Die literarische Aufrüstung« (Hrsg. vom Ausschuß für deutsche Einheit, Berlin 1957).

276 Von der Blüte der neuen Volksliteratur. Zwei Berichte aus China, in: NDL 2/1954/3, S. 134.

277 *Cwojdrak:* Wahrheit! A. a. O., S. 24 u. 25 f.

278 Bertolt *Brecht:* [Zum 17. Juni 1953], in: *ders.:* GW., a. a. O., Bd. 20, S. 327.

279 Vgl. vor allem: Uwe *Wagner:* Vom Kollektiv zur Konkurrenz. Partei und Massenbewegung in der DDR, Berlin 1974, bes. S. 97.

280 Die Einschränkung resultiert daraus, daß eine genau formulierte Kritik zumeist erst nach dem XX. Parteitag der KPdSU erfolgte.

281 Günter *Caspar:* »Die Westmark fällt weiter«, in: ND 8/1953/16. 1., S. 4. – Dies war um so bedauerlicher, als dadurch Loest seine Mittel verschliß, die sich z. T. positiv von anderen Romanen jener Jahre unterschieden. So finden sich hier Versuche einer synchronen Darstellung (S. 186 ff.), vom Film übernommene Mittel (S. 5 f.) oder leichte Anklänge an Döblins »Alexanderplatz« (S. 356). Vgl. vor allem: Lothar *Creutz:* Berliner Gegensätze im Roman, in: DW 8/1953/1, S. 25 ff. – Vgl. auch folgende Bemerkung Loests: Graham Greene »bildet nicht nur für meine Begriffe die Spitze der Unterhaltung oder der Spannung. Jeder seiner Romane ist so herrlich spannend und ist doch so hohe Literatur! Dem eiferte ich nach mit ungenügenden Mitteln. Hinzu kam, daß ich sicher zu schnell schrieb, zu schnell ablieferte, zu hastig war und zu hastig vorwärtskommen wollte« (*Corino:* Ein Gespräch, a. a. O.)

282 *Zwerenz:* Erich Loest, a. .a. O., S. 19.

283 *Ru[sch]:* Erich Loest, a. a. O. – Zur ›Gladow-Bande‹ (Brasch macht über sie einen Film) stützen wir uns auf Zeitungsausschnitte aus dem Westberliner Kriminal-Archiv.

284 *Loest:* Westmark, a. a. O., S. 271. – Vgl. auch S. 261, 271 ff., 394 f., 579 f.

285 Als Apercu: Loest schildert genau die Vorgänge, die zur Verhaftung Robert Havemanns durch die ›Stummpolizei‹ führten (vgl. auch: Den Krieg besiegen!, in: NW 5/1950/17, S. 3. – Ein Bild zeigt Robert Havemann in erregter Diskussion mit einem Westberliner Polizisten).

286 *Caspar:* Westmark, a. a. O.

287 Außerdem gab es solche Kuriosa wie den Fall des Schriftstellers Heinz Rein, dessen Buch »In einer Winternacht« (8 Erzählungen, Berlin 1952) nach zahlreichen Beanstandungen durch ein Versehen der Zensurbürokratie in ursprünglicher Fassung erschien (Heinz *Rein:* In einer langen Winternacht, in: Mo 6/1954/65, S. 540 ff.).

288 Benno *Voelkner:* Die Tage werden heller, Schwerin 1952.

289 Tilly *Bergner:* Jetzt arbeiten wir für uns, in: NDL 1/1953/3, S. 186 ff.

290 Erich *Loest:* Zu einem Buch und seiner Besprechung, in: DW 8/1953/12, S. 374. (So gelte Aristoteles' Aussage über das Verhältnis von Geschichtsschreibung und Dichtung im Bereich des historischen Romans noch jetzt.)

291 »Sieben Jahre später hat Loest das Manuskript neu bearbeitet und abgeschlossen, 1968 ist der Roman ›Der Abhang‹ im Verlag Neues Leben / Berlin (Ost) erschienen.« (Heinrich *Mohr:* Mühen in unserer Ebene. Erich Loest und sein neuer Roman, in: DA 11/1978/8, S. 873, Anm. 4.) – *Zwerenz:* »Aber Loests Abrechnung mit dem Stalinismus fand damit noch kein Ende, der XX. Parteitag sollte nicht nur eine politische Abkehr von Stalin, sondern auch eine literarische Umkehr sein. Loest begann einen großen Roman zu konzipieren. SS-Verbände, die noch nach dem Waffenstillstand weiterkämpften, Partisanen verschiedener Richtungen, die sich in den slowakischen Bergen befehdeten, und schließlich die Tragödie der deutschen Aussiedlung sollten zu einem epischen Panorama verbunden werden. Der Roman war auf achthundert Seiten geplant, etwa die Hälfte lag vor, als Loest verhaftet wurde. Sein Plan, die Aussiedlung der Deutschen aus der Tschechoslowakei zu schildern, spricht für den anerkennenswerten Mut dieses Autors, denn dieses heikle Thema ist in Mitteldeutschland selbstverständlich tabu. Gerade hieran sollte sich aber, nach dem Willen Loests, die Abkehr von der verlogenen Parteiliteratur des Sozialistischen Realismus erweisen.« (Erich *Loest,* a. a. O., S. 19.)

292 *Bergner:* Jetzt arbeiten wir, a. a. O., S. 186.

293 *Loest:* Zu einem Buch, a. a. O., S. 375.

294 Erich *Loest:* »Helle Nächte«, in: DW 8/1953/18, S. 563 u. 564. – Vgl. auch folgende Sentenz in »Die Westmark fällt weiter«: »›Es war sehr schön heute abend‹, hatte das Mädchen Hilde zu ihrem Begleiter gesagt, als sie das Lokal verlassen hatten, und in ihrer Stimme hatte ein Ton gelegen, der von mehr sprach als nur von diesem Abend, der den Dank enthielt für ein neues Leben in Ruhe und Ordnung und Glück.« (S. 461).

295 Erich *Loest:* Es wurden Bücher verbrannt, in: BfdDB 120/1953/26, S. 526. Erich *Loest:* Elfenbeinturm und rote Fahne, in: BfdDB 120/1953/27, S. 548. – Auf weitere genauere Zitation wird verzichtet.

296 Der erste wurde gar nicht erst zur Kenntnis genommen! Die Zitationspraxis geht offensichtlich auf Dokumentensammlungen des früheren Bundesministeriums für gesamtdeutsche Fragen zurück, nicht auf eigene Nachforschungen (vgl. z. B. Volker *Gransow:* Kulturpolitik in der DDR, Berlin 1975).

297 Wolfgang *Böhme:* Für eine konsequente Haltung der Presse! Eine notwendige Klarstellung zum Artikel »Elfenbeinturm und rote Fahne« im Bbl. Nr. 27, in: BfdDB 120/1953/31, S. 626 f. – Auf genauere Zitation wird auch hier verzichtet.

298 Zum 17. Juni 1953, in: BfdDB 120/1953/26, S. 525.

299 Vgl. auch Loests Artikel zum Jahrestag der nazistischen Bücherverbrennung 1933: Erich *Loest:* Diese Bücher wurden verbrannt, weil ihr nicht genug aus ihnen gelernt hattet. in: BfdDB 120/1953/19, S. 361 f.

300 Signifikant die Haltung Otto *Grotewohls:* »Schuld an den Zuständen, die dazu geführt haben, waren wir.« (Zitiert nach: Otto Grotewohl vor Kumpeln des Kombinats Böhlen, in: ND

8/1953/25. 6.); »[...] verfielen wir in eine Unterschätzung der nationalen Frage«. »Das alles zeigt, daß von einem ›berechtigten Streik‹ am 17. Juni keine Rede sein kann. Der 17. Juni 1953 war ein versuchter Staatsstreich, war ein faschistischer Putsch und eine Kriegsprovokation.« (Die gegenwärtige Lage und der neue Kurs der Partei, in: Der neue Kurs und die Aufgaben der Partei. 15. Tagung des Zentralkomitees der SED vom 24. bis 26. Juli 1953, Berlin 2/1953, S. 9, 39); die Passage »Unterschätzung der nationalen Frage« fehlt später ganz, der Passus ist völlig umgeschrieben (Otto Grotewohl: Im Kampf um die einige deutsche demokratische Republik. Reden und Aufsätze, Bd. III, Auswahl aus den Jahren 1952 und 1953, 2., durchges. Aufl., Berlin 1959, S. 362).

301 Loest war Mitarbeiter der »Leipziger Volkszeitung«. Es würde hier zu weit führen, alle Anspielungen Loests genauer aufzuschlüsseln; so mag der Hinweis genügen, daß Loest sich bei einzelnen Fakten auf die Berichterstattung des »Neuen Deutschland« stützte (Herrnstadt-Chefredaktion).

302 S. Anm. 300. – Vgl. außerdem Alfred *Kantorowicz'* Tagebucheintragung zu einer Betriebsrede Walter Ulbrichts (Kantorowicz: Tagebuch II, a. a. O., S. 382 ff.) und die Version des »Neuen Deutschland« (Walter Ulbricht im VEB Großdrehmaschinenbau »7. Oktober«, in: ND 8/1953/24. 6.).

303 Kommentar von Karl-Eduard von Schnitzler vom 12. Juli 1953, in: Walther *Gerhard:* Der Rundfunk in der Sowjetischen Besatzungszone Deutschlands, Bonn/Berlin 1961, S. 210 ff.

304 Wolfgang *Böhme* dementierte Loests Worte über Kuba, nicht aber die über Koplowitz und Loest selbst.

305 Vgl. Heinz *Brandt:* Ein Traum der nicht entführbar ist. Mein Weg zwischen Ost und West, Berlin 1977, S. 226.

306 Böhmes Verhalten gemahnt an das Verhalten derer, die sich in der Zeit vor 1945 etwas hatten zuschulden kommen lassen und nach 1945 die ›härtesten‹ Kritiker von ›Abweichungen‹ waren. Zu nennen wäre der Fall Lauter. Lauter war der Hauptreferent in Sachen ›Antiformalismus‹ und wurde aus genannen Gründen aus dem ZK ausgeschlossen.

307 Nochmals zum Charakter des 17. Juni, in: ND 8/1953/9. 7., S, 1. – *Strittmatters* Stellungnahme wurde nur auszugsweise veröffentlicht. Ob die im Bertolt-Brecht-Archiv liegende identisch mit dieser ist, konnte nicht nachgeprüft werden.

308 Das Schlußwort von Walter Ulbricht auf dem 15. Plenum des ZK der SED (24.–26. Juli 1953), abgedruckt in: [Anonym]: Die Opposition in der Sowjetzone am 17. Juni 1953 und heute, in: Das Parlament 1957/B 23, S. 364 ff., hier: S. 365.

309 Die westlichen Dokumentationen zum 17. Juni zeigen nahezu alle, daß am 17. Juni auch die alten Zentren der kommunistischen und Arbeiterbewegung zu erkennen waren. Während z. B. Leuna zu den Hochburgen der KPD gehörte, war Magdeburg sehr stark sozialdemokratisch beeinflußt. Ulbrichts persönlicher Referent, Otto Gotsche, kam aus dem Gebiet Zeitz und Eisleben, nur wenige Kilometer vom obigen Ort entfernt.

310 Schlußwort von Walter *Ulbricht,* a. .a. O., S. 366.

311 *Ru*[*sch*]*:* Erich Loest, a. a. O.

312 Die NDL berichtete 1954 (Nr. 5) von Diskussionen um das Manuskript: »Erich Loest, der sich mit seinem Roman ›Die Westmark fällt weiter‹ und seinen Erzählungen (›Liebesgeschichten‹, ›Sportgeschichten‹) einen breiten Leserkreis erobert hat, schreibt an einem Roman über die Arbeiter-und-Bauern-Fakultät. Der junge Schriftsteller hat sich mit dieser Arbeit nicht nur einem neuen Thema zugewandt: er ist auch bestrebt, über die Grenzen der fortschrittlichen Unterhaltungsliteratur, die seine bisherigen Werke noch etwas einengten, hinauszuwachsen. Um dem Autor dabei zu helfen, entschloß sich der Verlag zu einem Experiment: er ließ zwei Drittel der ersten Fassung des Buches setzen und schickte die Fahnenabzüge an Dozenten und Studenten der Arbeiter- und Bauern-Fakultät, an Kulturfunktionäre, Lektoren und Schriftsteller. Die Diskussion, die Mitte März im Hause des Mitteldeutschen Verlages stattfand, war für Veranstalter und Teilnehmer gleicherweise erfreulich. Sie war bei aller prinzipiellen Schärfe konkret, sachlich und getragen von dem ehrlichen, freundschaftlichen Bestreben, dem Autor zu helfen. Auch die Stellungnahme Erich Loests hat gezeigt, daß ihn die Kritik an seiner noch nicht abgeschlossenen Arbeit nicht niedergedrückt, sondern ermutigt hat.« (S. 172 f.)

313 Die ›Doppelgesichtigkeit‹ des Jahres 1953 wurde oft mehr oder weniger direkt thematisiert. Wohl berühmtestes Beispiel sind Brechts »Buckower Elegien«.
314 *Loest:* Prüfung. a. a. O., S. 7.
315 Werner *Reinowski:* Die Versuchung, Roman, Halle/S. 1956 – S. S. 232 f.
316 *Loest:* Prüfung, a. a. O., S. 201.
317 Ebd. S. 364.
318 Vgl. besonders: Swetlana *Allilujewa:* Zwanzig Briefe an einen Freund, Frankfurt/M. u. Hamburg 1969, z. B. S. 31 f., 49.
319 *Loest:* Prüfung, a. a. O., S. 140 f.
320 Vgl. auch *Brecht:* Arbeitsjournal Bd. 2 (S. 1010): »er erzählt von 2 alten rentnerinnen; eine holte in westberlin 2 pakete; sie wurden ihr weggenommen, obwohl sie nicht mehr weiß, wie schmalz riecht.« – Selbst in *Reinowskis* »Die Versuchung« fährt die Frau eines klassenbewußten SED-Mitgliedes wegen Heringen nach West-Berlin (S. 263).
321 Stefan *Heym:* 5 Tage im Juni, Roman, München, Gütersloh, Wien 1974.
322 Vgl. Karl *Corino:* Die Wahrheit über den siebzehnten Juni?, in: DZ 1974/6. 12., S. I.
323 In der ARD-Sendung »DDR-Report« am 17. 6. 1978 sagte Heym zur ersten Fassung, er habe 1959 von Herbert Warnke einen »einfühlsamen Brief« erhalten, in dem Warnke, der das Manuskript gelesen hatte, ihm mitteilte, das Buch sei völlig richtig, aber leider seien die Arbeiter noch nicht reif dafür.
324 Roland H. *Wiegenstein:* Schönfärberei, in: DZe 1974/15. 8., S. 33.
325 Lutz *Lehmann:* Ein Mittwoch im Juni. Ein Bericht, ARD 17. 6. 1973, Ms. Hamburg 1973, S. 44.
326 Ebd. S. 46 u. 47.
327 Aus DDR-Sicht vgl.: Kalte Krieger gehen unter. Dokumentarisches Material über die verbrecherische Tätigkeit der Kampfgruppe gegen Unmenschlichkeit, Berlin 1955; Unmenschlichkeit als System. Dokumentarbericht über die »Kampfgruppe gegen Unmenschlichkeit e. V.«, Berlin 1957.
328 *Lehmann:* Ein Mittwoch, a. a. O., S. 46 f.
329 Stefan *Heym:* Offen gesagt. Neue Schriften zum Tage, Berlin 1957.
330 Fritz J. *Raddatz:* Gruppenbild mit Genosse, in: DS 28/1974/47, S. 176 ff.
331 Folgendes Beispiel möge hier genügen. Am 6. 12. 1953 erschien Heyms Artikel »Wettlauf um die deutsche Seele«. Er berichtet von einem Künstlertreffen, bei dem auch Regierungsvertreter anwesend waren. (Nach Heyms Worten in der WDF-Sendung »Momente« vom 14. 6. 1978 fand das Treffen bei Otto Grotewohl statt, Teilnehmer war auch W. S. Semjonow. Heym habe gesagt, es gehe nicht mehr so weiter, was z. B. die Reparationen u. ä. betreffe. Jetzt sei ein Wettlauf um die deutsche Seele. Semjonow sei mit dieser Formulierung nicht einverstanden gewesen.) In Heyms Roman heißt es: »›Ich mag nicht mehr, danke.‹ Solowjow schien sich an etwas zu erinnern. ›Vor seinem Abflug nach Moskau hatte ich ein kurzes Gespräch mit Wladimir Semjinytsch. Wissen Sie, sagte ich ihm, es findet eine Art Wettlauf statt um die deutsche Seele, und ob wir's nun wollen oder nicht, wir müssen mitlaufen.‹« (S. 151)
332 Brief vom 8. 9. 1975 an d. V.
333 Stefan *Heym:* Im Kopf – sauber. Schriften zum Tage, Leipzig 1954.
334 *Heym:* Im Kopf – sauber. [John Heartfield, 13. 6. 1954], a. a. O., S. 97. – Die Zusätze in eckigen Klammern geben hier wie auch im weiteren die Titel der Artikel bzw. Reportagen wieder sowie Erscheinungs- oder ähnliche Daten.
335 Ebd., S. 7 u. 8. – Erich Wendt war Bundessekretär des KzdED.
336 Stefan *Heym:* Goldsborough, Roman, Leipzig 1953.
337 *Heym:* Im Kopf – sauber. [Beobachtungen zum literarischen Leben in der DDR, 29. 7. 1953], a. a. O., S. 172 f.
338 Stefan Heym in der WDF-Sendung »Momente« vom 14. 6. 1978.
339 Vgl. *Kuba:* Unsere Aufgaben. (Überarbeiteter Text der Rede vor dem erweiterten Vorstand des Deutschen Schriftstellerverbandes am 16. Juli 1953 in Berlin), in: NDL 1/1953/8, S. 12 ff. – Vgl. auch: *Gi.:* Kuba bei den Bauarbeitern, in: ND 8/1953/28. 6.
340 *Heym:* Im Kopf – sauber. [Beobachtungen], a. a. O., S. 173 u. 171 f.

341 Ebd., S. 215 ff.

342 Ebd. [Das große Gespräch geht weiter. Sonderbeilage der »Tribüne« vom 29. 7. 1953], a. a. O., S. 24. – Schon hier sei auf Heyms Nähe zu bestimmten chinesischen Theorien verwiesen, z. B. auf die Theorie, es sei eine Situation zu schaffen, in der sowohl Demokratie als auch Zentralismus herrschten.

343 Heym: Offen gesagt. [Ich und Zentralkomitee, 13. 2. 1955], a. a. O., S. 37. – Heym zitiert die »Morgenpost«.

344 Ebd. – Heym zitiert die »Neue Zeitung«.

345 Ebd. [Ich falle in Ungnade, 22. 5. 1955], S. 52. – Heym zitiert die Westberliner »BZ«.

346 Heym: Im Kopf – sauber. [Aber, aber, Herr Tillich! 20. 6. 1954], a. a. O., S. 94 u. 96. – Bei Heym kursiv.

347 Ebd. [Das große Gespräch], a. a. O., S. 23 u. 24.

348 Ebd. [Reise ins Herz], a. a. O., S. 267.

349 Obwohl auch die öffentliche Benennung historischer Ursachen außergewöhnlich war.

350 Heym: Im Kopf – sauber. [Sauberkeit im Kopf, o. g. Sonderbeilage], a. a. O., S. 34 u. 35 f.

351 Heym: Im Kopf – sauber. [So eine Revolution hat's in sich, 6. 9. 1953], a. a. O., S. 49.

352 Ebd., S. 50 u. 49.

353 Heym: Im Kopf – sauber. [Forschungsreise], a. a. O., S. 264.

354 Anna Seghers: Der Mann und sein Name, Erzählung, Berlin 1952. – Der Held war schon aufgrund seiner Jugend nicht wirklich ›schuldig‹ geworden.

355 Hervorzuheben ist auch, daß die Darstellung eines Parteiausschlußverfahrens nicht diskutiert wurde. Und gerade diese Passagen gehören zu den überzeugendsten des Textes.

356 Käthe Rülicke: Hans Garbe erzählt, Berlin 1952, S. 39.

357 Heym: Im Kopf – sauber [Das Wunder an der Warnow], a. a. O., S. 210.

358 Ebd. [Wie viele Scheiben hat der Kuchen?], S. 43.

359 Heym: Offen gesagt. [Offener Brief], a. a. O., S. 33.

360 Heym: Offen gesagt. [Offener Brief], a. a. O., S. 34 f. und 35.

361 Heym: Offen gesagt, a. a. O., S. 123 ff., 133 ff.

362 Ebd., S. 124, 125, 126.

363 Ebd. [Ich falle in Ungnade], S. 54.

364 Ebd. [Gedanken während einer Konferenz], S. 161 ff.

365 Ebd. [Noch einmal], S. 134.

366 Heym: Im Kopf – sauber. [Beobachtungen zum Pressewesen in der DDR], a. a. O., S. 160 u. 163 f.

367 Stefan Heym: Reise ins Land der unbegrenzten Möglichkeiten. Ein Bericht, hrsg.: FDGB, BV, ZV der GfDSF, Berlin 1954. – Ein Teil erschien vorher in der »Täglichen Rundschau« und der »Berliner Zeitung« (in: Im Kopf – sauber, S. 281 ff.).

368 Vgl. die Buchfassung mit dem Vorabdruck, in: NDL 1/1953/3, S. 3 ff.; 1/1953/4, S. 34 ff.

369 Es handelte sich zum Großteil um Funktionäre.

370 Stefan Heym: Forschungsreise ins Herz der deutschen Arbeiterklasse. Nach Berichten 47 sowjetischer Arbeiter, hrsg.: FDGB, Abteilung Kulturelle Massenarbeit, Berlin 1953.

371 Heym: Im Kopf – sauber, a. a. O., S. 215.

372 A. Rt.: So darf man Aktivisten nicht behandeln! Warum der Betriebsgruppensekretär von Siemens-Plania abberufen wurde, in: ND 5/1950/9. 4.

373 Allen Einwänden zum Trotz, in: T 5/1950/24.

374 Heym: Im Kopf – sauber, a. a. O., S. 219.

375 Welche Widersprüche sich beim Aufbau des EKO entwickelten, deutet Karl Mundstocks erst Jahre später erschienene Reportage »Legenden um das EKO« an (in: DDR-Porträts. Eine Anthologie, hrsg. von Fritz Selbmann, Frankfurt/M. 1974, S. 352 ff.).

376 Heym: Im Kopf – sauber, a. a. O., S. 239.

377 Die Formulierung des ersten Satzes erinnert an die Brechtsche Formulierung.

378 Im Original kursiv.

379 Im Original kursiv.

380 Heym: Offen gesagt. [Die deutsche Lösung], a. a. O., S. 167.

381 Ebd., S. 150.
382 Horst *Engelhardt:* [Leserbrief], in: NW 5/1950/10, S. 23.
383 Die Redaktion: Unsere Spitzenfunktionäre halfen der Jugend – aber wie? In: NW 5/1950/10,
    S. 23.
384 Ebd., S. 172, 171, 174.
385 Ebd. [Der gemeinsame Nenner], S. 143 u. 142.
386 Ebd., S. 164 ff.
387 Vgl. z. B. *Hsu Ti-hsin:* Transforming Capitalist Industry and Commerce: A New Stage, in:
    People's China 1956/3, S. 4 ff., *Wu Cheng-ming:* Socialist Transformation of Private Trade, in:
    People's China 1956/10, S. 11 ff.
388 Auch in der Frage der Existenz anderer Parteien neben der kommunistischen Partei beruft sich
    Heym auf chinesische Parteiführer. Heym zitiert z. B. Liu Shao-chi (S. 138 f.). Zu ergänzen
    ist, daß hier ein verdeckter Widerspruch in der chinesischen Programmatik vorlag. Während
    Mao Tsetung von taktischen Überlegungen ausging, handelte es sich bei Liu Shao-chi und Deng
    Hsiao-ping um strategische. Die Kulturrevolution brachte hier eine entscheidende Wende.
    Auch ist hinzuzufügen, daß die chinesische Führung nach Mao Tsetungs Tod ihren strategi-
    schen Kurswechsel durch Rückgriff auf von Mao angegriffene Überlegungen fundierte.
389 On the Historical Experience of the Dictatorship of the Proletariat, in: People's China 1956/16.
    4., S. 4 ff. (Deutsch: Die historischen Erfahrungen der Diktatur des Proletariats, Peking 1963.)
    – Heym nennt nur den chinesischen Publikationsort, nicht den Titel. Auch handelt es sich ver-
    mutlich um eine von Heym vorgenommene Übersetzung.
390 Ein Exemplar befand sich in Brechts Besitz. Es enthält keine Anstreichungen.
391 On the Historical Experience, a. a. O., S. 6. – Deutsch (a. a. O., S. 6): »Die schrankenlose
    Entfaltung der Initiative und Aktivität der Volksmassen unter der Diktatur des Proletariats ist
    gerade das, was es ermöglicht, verschiedene Fehler, die in der Epoche der Diktatur des Proleta-
    riats begangen wurden, zu korrigieren.«
392 *Heym:* Offen gesagt, a. a. O., S. 280.
393 So der Titel der DDR-Ausgabe von 1957.
394 *Heym:* Offen gesagt, a. a. O., S. 207.
395 *Heym:* Im Kopf – sauber. [»Die Entführung«], a. a. O., S. 154 u. 153.
396 *Heym:* Offen gesagt. [Die Verantwortung des Schriftstellers], a. a. O., S. 258.
397 *Heym:* Im Kopf – sauber. [Ein reiches Leben], a. a. O., S. 75, 76, 77.
398 Ebd. [Gemeinsame Interessen, gemeinsame Probleme], S. 225.
399 Ebd. [Wie ändern wir?], S. 144.
400 Ebd. [Ausstrahlungen], S. 82.
401 On the Historical Experience, a. a. O., S. 12.
402 Vgl. Bertolt *Brecht:* [Über die Kritik an Stalin], in: *ders.:* GW., Bd. 20, S. 325 f. und die Keu-
    ner-Geschichte »Apparat und Partei« (GW., Bd. 12, S. 415).
403 *Heym:* Im Kopf – sauber, a. a. O., S. 111 f.
404 Hans *Mayer:* Zur Gegenwartslage unserer Literatur. Ein Rundfunkvortrag, in: S 11/1956/49,
    S. 4. – Mayers eigene Darstellung der Kontroverse: Hans *Mayer:* Ein Tauwetter, das keines
    war. Rückblick auf die DDR im Jahre 1956, in: Entstalinisierung. Der XX. Parteitag der
    KPdSU und seine Folgen, hrsg. von Reinhard *Crusius* und Manfred *Wilke,* Frankfurt/M. 1977,
    S. 431 ff.
405 Vgl. z. B. *Raddatz:* Traditionen und Tendenzen, a. a. O., S. 56 f. sowie: Geschichte der Lite-
    ratur der DDR, a. a. O., S. 224 f. – Von welch aktueller Bedeutung die Kontroverse noch im-
    mer zu sein scheint, bezeugt Inge *Jens'* »Postskriptum« zu dem von ihr herausgegebenen Band
    »Über Hans Mayer« (Frankfurt/M. 1977): »Der vorliegende Band ist schmaler geworden, als
    ursprünglich geplant war. Schmaler und, wenn man so will, weniger politisch. Der Grund: Das
    für Fragen der Lizenzerteilung zuständige Urheberrechte-Büro der DDR hat den Nachdruck
    jener Texte verweigert, die sich, zwischen 1956 und 1957 im *Sonntag* und im *Neuen Deutsch-
    land* publiziert, auf Thesen Hans Mayers beziehen, die er 1956 auf einer literaturwissenschaftli-
    chen Tagung vertreten und anschließend in einem vom *Sonntag* veröffentlichten Rundfunk-
    Vortrag [...] dargelegt hatte« (S. 11).

406 *Mayer:* Gegenwartslage, a. a. O.
407 Vgl. z. B. Inge Jens' Worte: »Ein Wissenschaftler, der, mitten im Stalinismus, die verpönten Dekadenten vom Schlage der Kafka, Proust und Joyce verteidigt.« (Inge *Jens:* Zu diesem Buch, in: Über Hans Mayer, a. a. O., S. 9.)
408 Der Titel des Referats ist entnommen: Gustav *Just:* Originalität, Mut, Gedankenreichtum. Notizen von der Kritikerkonferenz, in: S 10/1955/16, S. 3. – Zu nennen wären auch andere Beiträge Mayers, so z. B. sein Vortrag »Deutsche Literatur und Sowjetliteratur« aus dem Jahr 1955, abgedruckt in *Mayers* »Deutsche Literatur und Weltliteratur« (Reden und Aufsätze, Berlin 1957, S. 206). Wir beschränken uns bewußt auf jene Stellungnahmen, die für ein größeres Publikum gedacht waren.
409 Ebd.
410 *K.:* Der Kritiker als Kulturpolitiker. Aus der Kommission »Theater- und Filmkritik«, in: S. 10/1955/16, S. 3.
411 *Just:* Originalität, a. a. O.
412 Just gehörte zu den Anhängern eines ›humanistischen Weges‹.
413 Georg *Piltz:* Die Kritik im Konvent der deutschen Literatur, in: S 10/1955/14, S. 5.
414 Als ›Berg‹ wurden, ohne daß Namen genannt wurden, offenbar Autoren wie Becher oder Zweig verstanden.
415 Alle Zitate: Piltz: Kritik, a. a. O.
416 *Mayer:* Gegenwartslage, a. a. O.
417 *Piltz:* Kritik, a. a. O.
418 Auch nahm Piltz eine Wertung vor, die auf bestimmte Sympathien schließen ließ, denn das von ihm Kritisierte war – um in Piltz' Sprachgebrauch zu bleiben – alles andere als ›links‹: »Die Verteidigung der Makulatur ist der literarkritische Ausdruck eines ›linken‹ Sektierertums.«
419 *Jens:* Zu diesem Buch, a. a. O., S. 9.
420 Mit zunehmender Schärfe der Auseinandersetzung wurde die Berichterstattung immer ›dünner‹.
421 Hans *Kaufmann:* Anfänge einer literarischen Diskussion, in: ND 11/1956/17. 6., S. 4. – Hans Kaufmann war Assistent bei Alfred Kantorowicz.
422 Georg *Piltz:* Die Fenster sind aufgestoßen, in: S 11/1956/17. 6.
423 *Kaufmann:* Anfänge, a. a. O.
424 S. Anm. 7, S. 93.
425 Zitiert nach dem Referat von Wolf *Düwel* (Aufbau-Verlag), in: Zur Ästhetik der russischen revolutionären Demokraten. Aus den Materialien der literaturwissenschaftlichen Tagung vom 28. November 1956 zu Berlin, hrsg. von der Sektion Literatur beim ZV der GfDSF. O. O. u. J. [Berlin 1957]. – Eine ähnliche Wertung findet sich in »Deutsche Literatur und Sowjetliteratur«, indem Mayer die Wirkung jener genauer beleuchtet: »Man kann ruhig sagen, daß Tschernyschewski und Herzen, daß erst recht Belinski und Dobroljubow in Deutschland bis in unsere Tage hinein nahezu völlig unbekannt gewesen sind. Wenn daher Jegolin gelegentlich behauptet hat, Belinskis Denken hätte tiefe Nachwirkungen außerhalb von Rußland gehabt, so dürfte dieser Nachweis wohl kaum zu erbringen sein. Für die deutsche Literatur der letzten hundert Jahre möchte ich – so bedauernswert das im einzelnen sein mag – diesen Einfluß rundheraus leugnen« (S. 221). Mayer hatte sie auf dieser Tagung wiederholt, was starken Widerspruch hervorrief. Daß er zumindest im Fall Tschernyschewski zu Recht erfolgte, machten die Ausführungen Düwels deutlich. Dieser hatte Hermann Duncker befragt, weitere Nachforschungen ergaben, daß Tschernyschewskis Name in der westeuropäischen Arbeiterpresse nicht unbekannt gewesen war.
426 Ebd., S. 3 u. 26.
427 *Piltz:* Fenster, a. a. O.
428 Zitiert nach: *Raddatz:* Traditionen und Tendenzen, a. a. O., S. 56. – Raddatz teilt seine Quelle nicht mit.
429 *Kaufmann:* Anfänge, a. a. O.
430 Bertolt *Brecht:* Notizen über die Formalismusdiskussion, in: *Ders.:* GW., a. a. O., Bd. 19, S. 527 f.

431 Zitiert nach: *Raddatz:* Traditionen und Tendenzen, a. a. O., S. 56.
432 *Mayer:* Gegenwartslage, a. a. O.
433 *Piltz:* Fenster, a. a. O.
434 *Mayer:* Gegenwartslage, a. a. O.
435 S. Anm. 408.
436 *Mayer:* Gegenwartslage, a. a. O.
437 Ebd. – Kurellas Bericht erschien in: E 11/1956/10.
438 Vgl. auch Kurellas 2. Diskussionsrede auf der Tagung über die russischen revolutionären De-
    mokraten, in der er darauf hinweist, wie er bei seiner Herausgebertätigkeit – er hatte an der
    Herausgabe der Schriften Belinskis etc. mitgewirkt – um ein eigenes Vorwort habe kämpfen
    müssen.
439 Alfred *Kurella:* Wer bagatellisiert? In: S 11/1956/51, S. 6.
440 *Mayer:* Sowjetliteratur, a. a. O., S. 223.
441 Alfred *Kurella:* Ästhetische Restauration? In: S 12/1957/6, S. 12.
442 *Mayer:* Gegenwartslage, a. a. O.
443 *Kurella:* Restauration?, a. a. O.
444 *Kurella:* Wer bagatellisiert?, a. a. O.
445 *Kurella:* Restauration?, a. a. O.
446 Wolfgang *Joho:* Die ›literarische Opulenz‹ von damals und wir Schriftsteller von heute, in:
    S 12/1957/4, S. 12.
447 Alfred *Kurella:* Die Einflüsse der Dekadenz, in: S 12/1957/29, S. 7.
448 Mit seinem Roman »Der Weg aus der Einsamkeit« (Berlin 1953) stellte sich *Joho* bewußt in die
    Nachfolge Thomas Manns.
449 *Kaufmann:* Anfänge, a. a. O.
450 *Joho:* Opulenz, a. a. O.
451 *Kurella:* Dekadenz, a. a. O.
452 Heinrich *Mohr:* Der 17. Juni als Thema der Literatur in der DDR, in: DA 11/1978/6, S. 616.
453 Aus Müllers Sicht ist es verständlich, wenn er in seiner bereits zitierten Brasch-Rezension
    schreibt: »Gerade die Spuren und Narben seiner DDR-Biographie zeichnen seine Texte aus der
    Masse der westdeutschen Literaturproduktion, die mich im ganzen herzlich langweilt« (S. 214).
454 *Mohr:* 17. Juni, a. a. O., S. 616.
455 Joachim G. *Boeckh:* Mit Güte und Takt die Literatur beraten, in: S 11/1956/52, S. 6. – Für die-
    sen Beitrag hatte Inge Jens offenbar keine Abdruckgenehmigung beantragt, da ein entsprechen-
    der bibliographischer Vermerk fehlt.
456 Josef *Sokollik:* Kein literarischer Verfall, in: S 12/1957/2, S. 12.
457 *Boeckh:* Mit Güte, a. a. O.
458 *Mayer:* Sowjetliteratur, a. a. O., S. 228. – Vgl. auch seine Bemerkung zu Bredels »Prüfung«
    (S. 233).
459 *Boeckh:* Güte, a. a. O.
460 Jürgen *Bonk:* Das Überwinden der Schwierigkeiten, in: S 12/1957/9, S. 12.
461 Alfred *Antkowiak:* Es geht um den Realismus, in: S 12/1957/2, S. 12.
462 *Brecht:* Kosmopolitismus, a. a. O., S. 336.
463 Fritz *Erpenbeck:* Episches Theater oder Dramatik? Ein Diskussionsbeitrag anläßlich der Auf-
    führung von Bertolt Brechts »Der kaukasische Kreidekreis«, in: TdZ 9/1954/12, S. 19.
464 Fritz *Erpenbeck:* »Die Romanze vom Westzimmer«. »Liang Schan-po und Tschu Ying-tai«, in:
    TdZ 10/1955/8, S. 45.

3. *Alternativen – der Brecht-Kreis und Versuche der Neukonstituierung der materialistischen Dialektik*

1 Die folgenden Abschnitte, als Brouillon konzipiert, bedürften der Überarbeitung. Einzuarbei-
   ten wäre vor allem eine Studie: Manfred *Voigts:* Brechts Theaterkonzeptionen. Entstehung und
   Entfaltung bis 1931 (München 1977). Sie gehört zu den wenigen, die das theoretisch zu fassen

versuchen, was Heiner *Müller* so formuliert hat: »Brecht der das Neue Tier gesehn hat, das den Menschen ablösen wird.« (Vortragstext zu einer Diskussion über Postmodernismus, New York, Dezember 1978, in: Beilage zu: Geländewagen 1. Berlin, hrsg. von Wolfgang *Storch*, Berlin 1979.) Sie zeigt Brechts Modernität und wie wenig davon aufgenommen worden ist – daß wir uns heute in einer vor-brechtschen Zeit befinden. So wenn Voigts schreibt: »Kein Marxist würde auf die Idee kommen, die Kritik etwa der bürgerlichen Rechtswissenschaft nicht auf den Gegenstand selbst auszudehnen, und die Kritik zu einem neuen, besseren und positiven Verständnis der bürgerlichen Rechtsverhältnisse auszubauen. Anders bei der Kunst. Hier wird der Gegenstand selbst von der Kritik ausgeschlossen [...]« (S. 27). Wenn dieses Schlußkapitel also in dieser Form erscheint, so liegt der Grund allein darin, daß jede Überarbeitung die Form einer Monographie annähme.

2 Verwiesen werden muß auf eine Arbeit, auf die aufgrund ihres Erscheinungsdatums hier nicht ausführlich eingegangen werden kann: Ernst und Renate *Schumacher: Leben Brechts in Wort und Bild* (Berllin 1978). Diese Darstellung enthält zahlreiche neue Informationen und dokumentiert die veränderte Weise der Rezeption Brechts in der DDR. Nicht nur von daher wird sich die Forschung in Zukunft mit den Thesen Ernst und Renate Schumachers auseinanderzusetzen haben, so mit der These, Brechts Vorschläge seien spät, aber doch nirgend anders als in der DDR angenommen worden. Ohne diese These hier genauer widerlegen zu wollen, sei doch darauf hingewiesen, daß sie nicht nur durch die Worte Peter Palitzschs, Brechts späte Bemühungen seien überhaupt noch nicht erprobt worden (s. w. u.), zu widerlegen wäre. Zu erwähnen ist auch die Dissertation »Entwicklungsprobleme des Arbeitertheaters in der Deutschen Demokratischen Republik« von Bärbel *Schrader* (Berlin/DDR 1977), die u. W. als erste auf die Bedeutung der späten Agitpropversuche Brechts genauer eingeht. Zu Schraders Thesen kann hier auf unsere Ausführungen zu Gudrun Klatt verwiesen werden, da beide Arbeiten von ähnlicher Problematik sind. Zu eigenen Thesen, Agitprop betreffend, vgl. *Bock:* Brechts »Garbe/Büsching«-Projekt, a. a. O., sowie:*Bock:* Brechts Vorschläge zur Überwindung der ›Deutschen Misere‹, a. a. O.

3 Claude *Hill:* Bertolt Brecht, München 1978, S. 33 f.

4 Werner *Mittenzwei:* Der Realismus-Streit um Brecht (I). Grundriß zu einer Brecht-Rezeption der DDR 1945–1975, in: SuF 28/1976/6. S. 1310 f. – Die Arbeit ist inzwischen als Monographie erschienen: Werner *Mittenzwei:* Der Realismus-Streit um Brecht. Grundriß der Brecht-Rezeption in der DDR 1945–1975, Berlin u. Weimar 1978.

5 Unsere Thesen lagen bereits ausformuliert vor, als die Brecht-Biographie Ernst und Renate *Schumachers* erschien.

6 Ebd., S. 1276. – Mittenzweis These, der wesentliche Entwicklungsabschnitt Brechts seien die Exiljahre, kann hier nicht diskutiert werden.

7 *Voigts:* Brechts Theaterkonzeptionen, a. a. O., S. 210.

8 *Schumacher:* Leben Brechts, a. a. O., 296.

9 Ebd., S. 301 u. 303.

10 Christoph *Müller:* Peter Palitzsch: Brecht noch zu entdecken!, in: Th 19/1978/8, S. 24.

11 Jürgen *Links* Arbeit zur späten Lyrik Brechts hat nachgewiesen, daß diese Lyrik, insbesondere die »Buckower Elegien«, als eine »Art politisches und literarisches Testament« (a. a. O., S. 7) bezeichnet werden kann. Es entspricht der von Peter Palitzsch charakterisierten Gesamtsituation, daß diese Arbeit bisher kaum rezipiert worden ist. – Da im Rahmen dieser Abschnitte nicht darstellbar, sei zu Links Arbeit folgendes angemerkt, zu verstehen als kritische Ergänzung. Aufgrund seiner Themenstellung gibt Link den (hier zu behandelnden) theoretischen und praktischen Bemühungen wenig Raum. Zukünftige Untersuchungen werden daher vor allem die Verbindungen zu analysieren haben. Zum anderen hat Link einen Aufsatz nicht einbezogen, der seine Thesen vollauf bestätigt: Theodor *Fiedler:* Brecht and Cavafy (in: Comparative Literature 1973/3, S. 240 ff.). Fiedlers Aufsatz – auch er bisher kaum rezipiert – berichtet von der Entdeckung, daß das Schlußgedicht der »Buckower Elegien«, »Bei der Lektüre eines spätgriechischen Dichters«, auf »Troer« des ›Spätgriechen‹ Konstantin Kavafis beruht. (Gedichte des Konstantin *Kavafis*. Aus dem Neugr. übertr. u. hrsg. von Helmut von den *Steinen*, Berlin u. Frankfurt/M. 1953 = Bibliothek Suhrkamp 15.) Was nun aufgrund dieser Entdeckung gefol-

gert werden kann: Daß erstens die ›Doppellektüre‹ endgültig feststeht. Und daß zweitens, so *unsere* These, Brecht nicht nur dieses Gedicht Kavafis' benutzt, sondern daß der gesamte Band 15 der BS unter Vorgabe der »Buckower Elegien« zu einem ›Brechtschen Produkt‹ wird, einschließlich des Nachworts und der Anmerkungen von den Steinens (letzteres liest sich wie eine vorweggenommene Untersuchung Klaus Schuhmanns zu den »Buckower Elegien«): »Bei Kavafis ist dieser durchaus mystische Vorgang [der Erinnerung] in die Natursymbolik des Greisentums eingefangen« (S. 132). Oder aus »In großer griechischer Siedlung«: »Daß in der Siedlung nicht nach Wunsch die Dinge gehn, / Darob kann kleinster Zweifel nicht bestehn, / Und ob auch weiter zottelt unser Troß, / Vielleicht erschien jetzt, wie nicht wenige meinen, der Kairos, / Daß einen Staatserneuerer wir herbringen. // Dennoch der Anstoß und die Schwierigkeit / Ist dies: Daß eine große Angelegenheit / Aus jedem Quark diese Erneuerer machen. / (In seinem Glück vermöchte der zu lachen, / Der nie sie nötig hätte.) Bei den kleinsten Dingen, / Was es auch sei, fragen sie nach und prüfen, / Als ob sie gleich in ihrem Geist Wurzelverwandlung schüfen, / Fordernd, daß man sie durchführt in derselben Stunde.« (S. 99) Wie wir inzwischen im Brecht-Archiv nachprüfen konnten, befindet sich das Gedicht »Die Barbaren erwartend« auch in der Übersetzung Wolfgang Cordans (»Erwartend die Barbaren«, Abschrift) im Brecht-Nachlaß (BBA 600/58). – Schließlich bezieht Link, so paradox das gerade bei dieser Arbeit klingen mag, u. E. den Kontext zu wenig ein. Wichtig ist vor allem das Verhältnis Brecht – Becher. Bechers ›Landsitz‹ (vgl. Johannes R. *Becher*. Bildchronik seines Lebens von Lilly Becher u. Gert Prokop, Berlin 1963, S. 234) befand sich in unmittelbarer Nähe von Buckow. Zu untersuchen wäre die Opposition ›Buckow‹ vs. ›Saarow‹. Brecht besaß zahlreiche Ausgaben Becherscher Gedichte, auch das »Tagebuch« von 1950. – Vgl. z. B. folgende Eintragung Bechers vom 16. 1. 1950: »In Saarow befindet sich mein Traumgehäuse, das wunderbarste, zauberhafteste usw. Häuschen, wie mir scheint, Knusperhäuschen, immer neue Koseworte dafür stellen sich ein [. . .]. Das ist eine Arbeitsstätte, wie ich sie mir nicht besser träumen kann.« Aufgrund Bechers Lyrik wäre auch die Opposition ›hymnisch‹ vs. ›elegisch‹ zu untersuchen. Außer diesem zeitgenössischen Kontext sind bestimmte Brecht bekannte Daten und Entwicklungen von Bedeutung. Aufgrund der Brechtschen Bibliothek und seiner Zeitungsausschnittsammlung ist ohne weiteres zu folgern, daß Brecht stets bestens informiert war, nicht zuletzt über Auseinandersetzungen seit 1953.

12 Brief Käthe *Rülickes* an Ilja Fradkin vom 10. 1. 1956, zitiert nach: *dies.:* Gegen neue Mißverständnisse. Zur »Kurzen Replik« von Fritz Erpenbeck, in: TdZ 14/1959/7/B 12, S. 32.

13 Vgl. vor allem: Brechts Modell der Lehrstücke. Zeugnisse, Diskussion, Erfahrungen, hrsg. von Reiner *Steinweg* . Frankfurt/M. 1976 und: Auf Anregung Bertolt Brechts: Lehrstücke mit Schülern, Arbeitern, Theaterleuten, hrsg. von Reiner *Steinweg*, Frankfurt/M. 1978.

14 Reiner *Steinweg:* Begriff und Erfahrung. Anmerkungen zur Lehrstückdiskussion, in: Brechts Modell der Lehrstücke, a. a. O., S. 449.

15 Vgl. vor allem *Steinwegs* Beitrag auf dem Frankfurter Brechtkolloquium September 1978: Zum Konzept der Lehrstücke. Zu Steinwegs Ansatz vgl. die – u. E. berechtigte – Kritik *Voigts* (dort bes. S. 138).

16 Reiner *Steinweg:* Das Lehrstück. Brechts Theorie einer politisch-ästhetischen Erziehung, Stuttgart 1972, S. 169.

17 Werner *Mittenzwei:* Die Spur der Brechtschen Lehrstück-Theorie. Gedanken zur neueren Lehrstück-Interpretation, in: Brechts Modell der Lehrstücke, a. a. O., S. 238.

18 »In dem Moment, wo der politische Kampf der antiimperialistisch gesinnten Jugend die Nutzung revolutionärer Kunsterfahrungen geradezu forderte, war Steinwegs Forschung nicht operativ genug. Er hätte mit seinem Gegenstand wesentlichen Einfluß auf die Entwicklung der westdeutschen Straßentheaterbewegung gewinnen können. Ausgerüstet mit wertvollem Material, mit der Kenntnis wichtiger kunstrevolutionärer Entwicklungswege wäre er in der Lage gewesen, sich zu einem theoretischen Wortführer des Straßentheaters, des operativen Theaters überhaupt zu machen.« (S. 253) Zu fragen wäre auch, was die DDR-Literaturwissenschaft im allgemeinen und die DDR-Brecht-Forschung im besonderen in jenen Jahren für den ›Kampf der antiimperialistisch gesinnten Jugend‹ geleistet hat: Das Ende von ›Bitterfeld‹ und Analysen der ›Königsebene‹.

19 Ebd., S. 246 u. 238.

20 *Schumacher:* Leben Brechts, a. a. O., S. 297.

21 Das Protokoll »Über politische Programme« (Brecht im Gespräch, a. a. O., S. 175 ff.) befindet sich nicht im Bertolt-Brecht-Archiv. Nach Auskunft des Archivs stammt es von den Gesprächsteilnehmern.

22 Vgl. z. B. die unter dem Stichwort ›Agitprop‹ genanten Titel unserer Bibliographien. Die bibliographischen Studien stellen erst einen kleinen Schritt dar, da erst wenige Materialien ausgewertet worden sind.

23 Bertolt *Brecht:* Ausführungen vor der Sektion Dramatik, in: IV. Deutscher Schriftstellerkóngreß, Januar 1956, Protokoll 1. Teil, hrsg. vom DSV, Berlin 1956, S. 153.

24 Ebd., S. 156.

25 Vom 6. bis 13. Februar war Brecht in Mailand, am 20. Februar fand eine wichtige Aussprache über Agitprop statt.

26 Käthe *Rülicke:* Agitprop in unseren Tagen? In: V 1956/5, S. 62 ff. – Käthe Rülicke war nach eigener Aussage bei allen wesentlichen Besprechungen über Agitprop dabei. – Vgl. auch die ein Jahr später gemachten Bemerkungen Erwin Strittmatters: »Noch kurz vor seinem Tode gab es bei ihm [Brecht] mehrere Zusammenkünfte, bei denen mit verschiedenen Personenkreisen beraten wurde, wie die politische Agitation durch kleine Spieltruppen belebt werden könnte.« (Erwin *Strittmatter:* Besuch bei Brecht – heute, in: DDR-Revue 1957/9, S. 40) Auch Strittmatter bezeugt die Bedeutung dieser Pläne, indem er sie im Zusammenhang mit Brechts Kritik an gewissen Seiten der Entwicklung in der DDR nennt. – Vgl. auch: Ernst *Schumacher:* Die Traditionen der Agitprop-Bühne. Agitprop-Bühne und Arbeitertheater in den zwanziger Jahren, in: ND 11/1956/27. 6., S. 4. Dieser Artikel befindet sich auch im Brecht-Archiv (BBA 1202/26–28). Die Darstellungen Schumachers hatten bereits früher Ärgernis erregt und administrative Reaktionen hervorgerufen. In einer Rezension seiner Dissertation heißt es: »Habent sua fata libelli. Das überaus wichtige Buch, das hier angezeigt werden soll, [...] ist eine Dissertation, die von der Philosophischen Fakultät der Karl-Marx-Universität Leipzig, vertreten durch Professor Dr. Hans Mayer und Professor Dr. Ernst Bloch, schon im vorigen Jahr akzeptiert worden ist. Auch nach der Meinung des Verfassers war das Manuskript im Dezember 1954 druckreif; der Text war gesetzt und brauchte nur noch korrigiert, umbrochen und gedruckt zu werden. Gleichwohl konnte nicht einmal das Placet einer so einwandfrei zuständigen akademischen Instanz wie eben der Philosophischen Fakultät in Leipzig, gleichwohl konnte nicht einmal der Positivbefund zweier weithin repräsentativer Wissenschaftler das Buch vor allerlei internen Diskussionen bewahren – vor Diskussionen, deren Austrag im literarisch interessierten Öffentlichkeit wahrscheinlich der Sache dienlicher gewesen wäre und mindestens das Erscheinen des Buches nicht auf so ärgerliche Weise verzögert hätte.« (Lothar *Creutz:* Brecht – jetzt einmal richtig verstanden, in: BfdDB 122/1955/37, S. 653). Die Rezension im von Erpenbeck beherrschten »Theater der Zeit« erwähnt diese Querelen mit keinem Ton, sondern betont die ›sachliche‹, d. h. Brecht kritisierende Tendenz. Die eigentliche Kritik verbirgt sich hinter akademischen Floskeln wie »unnötig breite und aufschwellende Inhaltsangabe«. (C. *H.:* Ernst Schumacher: »Die dramatischen Versuche Bertolt Brechts 1918 bis 1933«, in: TdZ 10/1954/12, S. 60 f.). Schumacher selbst schreibt zu den damaligen Vorgängen: »Im Herbst 1955 setzte sich Brecht zum Zwecke der öffentlichen Diskussion dieser Problematik [Agitprop; d. V.] energisch dafür ein, daß das Kapitel ›Agitproptheater und Arbeiterbühne‹, das 1954 durch die Anweisung des Amtes für Literatur aus der Untersuchung ›Die dramatischen [...]‹ des Verfassers dieser Zeilen vor ihrer Veröffentlichung im Verlag Rütten u. Loening hatte herausgenommen werden müssen, in der Zeitschrift ›Aufbau‹ schließlich doch veröffentlicht wurde.« (*Schumacher:* Leben Brechts, a. a. O., S. 296 f.) Diese Darstellung erweckt den Eindruck, als habe sich Schumacher zu jener Zeit bezüglich Agitprop auf Brechtscher Seite befunden. In dem von ihm zitierten Artikel heißt es jedoch: »Lukács hatte damit [mit seiner Kritik; d. V.] grundsätzlich recht.« Und weiter: Die Agitprop-Truppen »drohten [...] dem für die Arbeiterbühne unentbehrlichen dramatischen Realismus, dem konkreten Abbild des gesellschaftlichen Prozesses in der Form des Handelns wirklicher, typischer Individuen gefährlich zu werden, weil sie eben diese Gestaltung durch ihre schematischen Mittel verhinderten.« (Ernst *Schumacher:* Agit-

prop-Theater und Arbeiterbühne, in: A 12/1956/3, S. 234).
27 Jedoch nicht schärfer. Zu achten ist auf die entscheidenden Wendungen. Während Brechts
   Konzeption ›töten, nicht angreifen‹ lautete, spricht Rülicke von ›angreifen‹. Inwieweit es sich
   dabei um taktische Momente oder bereits um bestimmte Sprachregelungen handelt, kann nicht
   entschieden werden. Jedoch ist dieser ›feine Unterschied‹ letztlich programmatischer Natur:
   war dort ein kritisierter Zustand sofort zu beheben, so war hier auch nur eine ›selbstkritische
   Diskussion‹ denkbar und möglich.
28 *Rülicke:* Agitprop? a. a. O., S. 62.
29 *Mittenzwei:* Realismus-Streit (I), a. a. O., S. 1310.
30 Ebd., S. 1306 ff.
31 Schon früher hatte das Berliner Ensemble mit diesen Genres experimentiert, etwa mit ›lebenden
   Zeitungen‹. Daß aber diese Zeit besonders bedeutsam war, wird aus folgenden Worten Manfred
   Wekwerths ersichtlich: »Brecht begann zu Anfang des Jahres [1954] mit seiner Neuentdeckung
   und Wiederbelebung des Agitprop. Er beauftragte einige Gruppen, im ganzen drei, Bereiche
   des Agitprop, des Laienspiels, der Clownerie, der Posse zu durchforschen, um diese ›edlen plebejischen Elemente‹ für die ›große Volksaussprache‹ nutzbar zu machen.« (Manfred *Wekwerth:*
   Hirse für die Achte, 1954, in: *ders.:* Schriften, 2. durchges. u. erw. Aufl., Berlin 1975, S. 117).
32 Vgl. dazu wiederum Wekwerth, der schreibt, »Dialektik und Massenarbeit« (ebd.) hätten zu
   »Hirse für die Achte« geführt.
33 *Schumacher:* Leben Brechts, a. a. O., S. 272.
34 *Rülicke:* Agitprop? a. a. O., S. 64.
35 *Brecht:* Arbeitsjournal, a. a. O., Bd. 1, S. 22.
36 In der Forschung zum späten Brecht ist kaum dem Problem nachgegangen worden, daß Mitarbeiter Brechts unmittelbar an Texten beteiligt waren (et vice versa). So teilte uns z. B: Eva
   Strittmatter mit, daß sie gemeinsam mit Käthe Rülicke und Isot Kilian – Erwin Strittmatter war
   verhindert – bei Brecht dessen Redebeitrag redigiert hat, der die beiden zentralen Punkte »Studium der materialistischen Dialektik und das Studium der Weisheit des Volkes« beinhaltet.
   (Vgl. Schriftstellerkongreß, a. a. O., 2. Teil, S. 172 bzw. *Brecht:* GW, a. a. O., Bd. 19,
   S. 554 ff.)
37 *Rülicke:* Agitprop? a. a. O., S. 63 f. – Zu der hier kritisierten Auffassung vgl.: »Es muß Stücke
   geben, die, ohne banal zu sein, den sogenannten ›unpolitischen‹ Zuschauer an das neue Leben in
   unserer Republik heranführen. Der erste Schritt ist schon getan, wenn er zum Beispiel für die
   beiden verliebten jungen Menschen in der ›Liebesprobe‹, die an einer Wandzeitung für ihren
   Betrieb arbeiten, Sympathie empfindet.« (Gerhard *Zwerenz:* Unser aller Sorgenkind – das
   Spielgut für Dramatische Zirkel, in: V 5/1956/2, S. 68).
38 *Raddatz:* Traditionen und Tendenzen, a. a. O., S. 54.
39 Das Konzept des Dr. Wolfgang Harich. Wie sich Intellektuelle der Sowjetzone eine Reform an
   Haupt und Gliedern der Einheitspartei vorstellen, in: FAZ 1957/68, S. 6.
40 Klaus *Pfützner:* Ein verheißungsvoller Neubeginn. Zur Diskussion bei Bertolt Brecht, in:
   V 1956/5, S. 64. – Vgl. auch: »Gustav Just hatte Wesentliches zur Darstellung des neuen Verhältnisses der Menschen zueinander zu sagen und wandte sich gegen den ›linken Wind‹, der aus
   manchen Diskussionsbeiträgen wehte: ›Der Deutsche Schriftstellerverband ist nicht eine Organisation ›kommunistischer Schriftsteller‹, sondern vereint die Autoren mit den verschiedensten
   weltanschaulichen und religiösen Bekenntnissen, Autoren, die mit ihrem Werk dem Frieden
   und der demokratischen Entwicklung in ganz Deutschland dienen wollen.‹« (Achim *Zell:* Zwei
   Tage bei den jungen Autoren. Bemerkungen zur Vollversammlung in Leipzig, in: BfdDB
   121/1954/12, S. 250).
41 Heinz *Hochhaus:* Ist die Form entscheidend für den Erfolg? Aus der Arbeit der Agitationsbri-
   gade »Erfurter Blitzlichter«, in: V 5/1956/11, S. 65.
42 Wilfried *Sklangen:* Inhalt und Form der Kritik in den Programmen der Kabaretts und Agitationsbrigaden. Auswertung des 25. Plenums der ZK der SED für die künstlerische Agitation,
   in: V 5/1956/5, S. 67.
43 Günter *Latsch:* Wer wagt – gewinnt! Zur Arbeit der ersten künstlerischen Agitationsbrigaden
   in Leipzig, in: V 5/1956/7, S. 59.

44 Herbert *Keller:* Zum neuen Jahr, zum neuen Plan, zur neuen Zeitschrift, in: V 5/1956/1, S. 57.
   – Herbert Keller gehörte zu denjenigen, die mit Brecht über eine neue Agitprop diskutierten
   (vgl. Über politische Programme, a. a. O.).

45 Ebd., S. 59. – Die neue Zeitschrift hieß »Wort und Spiel« und erschien als Beilage zur »Volkskunst«. Streng genommen erschien Kellers Artikel als Leitartikel von »Wort und Spiel«,
   1/1956/1, S. 57 ff.

46 Erhard *Kunkel:* Wir spielten auf westdeutschen Bühnen, in: V 5/1956/9, S. 62 u. 63. – Zum
   Trauma der Matrosenrevolte vgl.: [Anonym]: »Der Kerl gehört gehängt!« Die deutschen Mili-
   tärrichter im Zweiten Weltkrieg, in: DS 32/1978/28, S. 36 ff., bes., S. 49 sowie: In Sachen Filbinger gegen Hochhuth. Die Geschichte einer Vergangenheitsbewältigung. Hrsg. von Rosemarie von dem *Knesebeck*. Eingel. mit einem Essay von Hans *Mayer*, Reinbek bei Hamburg 1980.

47 In der ganzen Republik wurde vom 23.–30. September gespielt, in: V 5/1956/11, S. 60.

48 *Latsch:* Wer wagt, a. a. O., S. 57.

49 *Brecht:* Arbeitsjournal, a. a. O., Bd. II, S. 813.

50 Vgl. Bücher und ihre Leser. Eine Umfrage bei unseren Mitarbeitern, in: NDL 3/1955/2,
   S. 109 ff.

51 Bertolt *Brecht:* Nachträge zum »Kleinen Organon«, in: *ders.:* GW, a. a. O., Bd. 16, S. 703. –
   Vgl. auch: *ders.:* Die Dialektik auf dem Theater, in: *ders.:* Ebd., S. 883. (»B. [. . .] Ich habe in
   Mao Tse-tungs Schrift ›Über den Widerspruch‹ eine Stelle angestrichen. Was sagt er? R. Daß in
   jedem beliebigen Prozeß, in dem es viele Widersprüche gibt, stets ein Hauptwiderspruch besteht, der die führende, entscheidende Rolle spielt, während die übrigen von zweitrangiger, un-
   tergeordneter Bedeutung sind.«)

52 Einschränkend ist zu sagen, daß aufgrund von Umbauarbeiten nur die Kartei zu Brechts Bibliotheken einsehbar war. Die entsprechende Karteikarte enthielt den Vermerk, daß »Über den
   Widerspruch« von 1952 Anstreichungen und Notizen von Brecht enthalte. – Welche anderen
   Schriften Mao Tsetungs sich in Brechts Bibliotheken befanden, ist unserer Bibliographie zu
   entnehmen.

53 Von größter Bedeutung sind hier die Aussagen ehemaliger Mitarbeiter.

54 *Völker:* Brecht-Chronik, a. a. O., S. 143.

55 Zitiert nach: *Rülicke:* Gegen neue Mißverständnisse, a. a. O., S. 31.

56 Nicht geklärt werden konnte, wann genau die Ausgabe von 1954 erschienen ist.

57 Werner *Hecht*/Hans-Joachim *Bunge*/Käthe *Rülicke-Weiler:* Bertolt Brecht. Sein Leben und
   Werk, Berlin 1971, S. 323 f. – Der zitierte Passus stammt von Käthe Rülicke-Weiler.

58 *Rülicke:* Gegen neue Mißverständnisse, a. a. O., S. 31. – Die Formulierung »aufsatz« spricht
   für die Ausgabe von 1952, da es sich um keine Buch- bzw. Broschürenveröffentlichung handelte. – In der von uns berücksichtigten Literatur wird häufig auf den Artikel von Käthe Rülicke
   und den darin enthaltenen Brief an Ilja Fradkin verwiesen. Um so verwunderlicher – auch bei
   Autoren, die ansonsten über jeden Verdacht erhaben sind –, daß die von uns zitierten Stellen,
   eine davon immerhin eine Originalstelle, keine Erwähnung finden. Auch schon aus dem
   Grund, weil zum Zeitpunkt des Artikels von Rülicke eine so positive Nennung Mao Tsetungs
   eine schon sehr offene Stellungnahme bedeutete: Die Differenzen zwischen der UdSSR und der
   VR China waren zumindest intern bekannt, Mao Tsetungs Schrift »Über die richtige Behandlung der Widersprüche im Volke« (1957) war ja bereits erschienen.

59 Brechts Erwägungen, dialektisches Theater zu setzen statt episches, sind nicht neu (vgl. z. B.
   Brechts Modell der Lehrstücke, a. a. O., bes., S. 129), haben aber in seinen späten Lebensjahren eine neue Qualität.

60 Vgl. z. B. auch die zitierten Titel in: *Loo Ding/Chang Fan/Chu Shin-nan:* Hirse für die Achte.
   Ein chinesisches Volksstück. Deutsche Fassung für das Berliner Ensemble von Elisabeth
   Hauptmann und Manfred *Wekwerth* nach der Übersetzung aus dem Chinesischen von *Yuan
   Miaotse*, Leipzig 1956 [Unpaginiert].

61 Brief Peter *Palitzschs* an den Verfasser vom März 1977.

62 *Schumacher:* Leben Brechts, a. a. O., S. 287. – Auch an anderer Stelle wird auf die Bedeutung
   Chinas und Mao Tsetungs eingegangen (232 f.), es fehlt natürlich nicht an Hinweisen wie:
   »Daß die gleichen kommunistischen Führer, die es verstanden, das größte Volk der Welt aus

seiner nationalen und sozialen Erniedrigung zu befreien, beim Aufbau des Sozialismus dann in Linksradikalismus, bornierten Nationalismus und Antisowjetismus verfallen würden, konnte Brecht so wenig wie andere ahnen, geschweigedenn annehmen.« (S. 232 f.) Die Untersuchung Links fehlt in Schumachers umfangreicher Bibliographie . . .

63 *Wekwerth:* Hirse, a. a. O., S. 116 u. 115. – Auch in »Mode oder Methode« (in: Vorwärts 1977/23–25) beschreibt Wekwerth die Bedeutung der Dialektik-Studien jener Jahre. So nennt er Lenins »Philosophischen Nachlaß«. Mao Tsetungs Schrift bleibt jedoch unerwähnt.
64 Vgl. auch unsere Arbeit: Brechts »Garbe/Büsching«-Projekt, a. a. O.
65 So Eva *Strittmatter* in einem Brief an den Verfasser vom 20. 4. 1977.
66 Bertolt *Brecht:* Büsching. Stückentwurf von 1954, in: a 16/1973/91, S. 212.
67 Diese chinesische Begriff war nicht zuletzt durch übersetzte chinesische Romane bekannt. Vgl. z. B.: *Tsao Ming:* Die treibende Kraft, Berlin 1953. (Er ist eine einzige Explikation jener Politik.)
68 Vgl. hierzu Brechts »Buckower Elegien«, z. B. »Der Radwechsel«, wo sich direkte Bezugsstellen finden.
69 Vgl. *Brecht:* Arbeitsjournal, a. a. O., Bd. II, S. 1012.
70 Vgl. Manfred *Wekwerth:* Die letzten Gespräche, in: ders.: Schriften, a. a. O., S. 78.
71 Wichtig in diesem Zusammenhang auch die Arbeiten Joachim Schickels, so »Große Mauer, Große Methode. Annäherungen an China« (Frankfurt/M. 1976).
72 Hans *Mayer:* Bertolt Brecht und die Tradition, in: *ders.:* Brecht in der Geschichte. Drei Versuche, Frankfurt/M. 1971, S. 84.
73 Hans *Mayer:* Brecht in der Geschichte, in: ders.: Ebd., S. 240. – In einem Brief vom 18. 3. 1977 teilte uns Hans Mayer mit, Brecht sei in den letzten Lebensjahren sehr interessiert an der chinesischen Entwicklung gewesen, nicht zuletzt aus Unbehagen über die sowjetische Situation. Die Schriften Maos über den Widerspruch und über nicht-antagonistische Widersprüche im Sozialismus habe Brecht sehr sorgfältig studiert.
74 Peter *Bormans:* Brecht und der Stalinismus, in: Brecht-Jahrbuch 1974, hrsg. von John *Fuegi,* Reinhold *Grimm* u. Jost *Hermand,* Frankfurt/M. 1975, S. 53 ff.
75 Vgl. auch: Jürgen *Link:* Die andere Seite. Bertolt Brecht und Mao Tsetung, in: Das Neue China 1976/15. 11., S. 12 ff.
76 *Bormans:* Brecht, a. a. O., S. 73.
77 *Link:* Die Struktur des literarischen Symbols, a. a. O., S. 94 u. 97.
78 Nicht zuletzt aufgrund inzwischen weiterer veröffentlichter Materialien. Link ist hier allerdings zu ergänzen. Zentral scheint uns nicht nur das Problem des originären Nachlasses zu sein (das zumeist auch ein Problem ist, was eingesehen werden und wer einsehen darf), sondern auch das Problem, welche Materialien sich in Besitz ehemaliger Mitarbeiter befinden und überhaupt noch nicht erfaßt sind. Dazu Barbara *Schall-Brecht:* »Wenn jetzt einige Leute nicht mal Kopien ans Brecht-Archiv geben, kann ich solches Besitzdenken nur als spießig und verachtungswürdig bezeichnen. Das muß mal gesagt werden.« (». . . das muß mal gesagt werden«. Werner Hecht sprach für »notate« mit Barbara Schall-Brecht, Vertreterin der Brecht-Erben, in: notate 2/1979/2, S. 2). – Zu welchen Kuriosa inzwischen die Editionspraxis führt, mag eine Episode vom Brecht-Dialog 1978 beleuchten. Der Leiter des Aufbau-Verlages eröffnete die Ausstellung »Brecht-Bücher der DDR« mit dem Hinweis auf die Publikation des »Arbeitsjournals« und knüpfte daran die Bemerkung, daß dieser wichtige Text nun endlich der Forschung zugänglich sei. Eine nachgerade peinliche Situation.
79 Klaus *Völker:* Bertolt Brecht. Eine Biographie, München – Wien 1976, S. 396 u. 166.
80 Muß heißen: »ein guter Ansatzpunkt«.
81 Gerold *Ducke:* Klaus Völker, Bertolt Brecht, in: Berliner Hefte 1/1976/1, S. 155.
82 *Schlenker:* Das »Kulturelle Erbe« in der DDR, a. a. O., S. 5.
83 Ebd., S. 135.
84 Vgl. Eisler in der DDR – Freie Fahrt und betrogene Hoffnung. [Gespräch mit Georg Eisler], in: Spuren 1979/4, S. 24 ff.
85 Sergej *Tretjakow:* Brülle China! Ich will ein Kind haben. Zwei Stücke. Mit einem Nachwort von Fritz *Mierau* u. einem Dokumententeil, Berlin 1976.

86 Fritz *Mierau:* Erfindung und Korrektur. Tretjakows Ästhetik der Operativität, Berlin 1976, S. 129.

87 Ebd., S. 128.

88 Wir greifen hier eine Formulierung auf, die Peter Palitzsch in seinem Brief an uns benutzte: »Brecht war gleichsam der Mittelpunkt, der Motor einer Gruppe von Leuten, die versuchten, mit einer ganz bestimmten politischen Situation zu arbeiten, sie zu verarbeiten.«

89 Vgl. Käthe *Rülicke-Weiler:* Wenn ich ein Theater in die Klauen kriege. Vor 30 Jahren: Gründung des BE, in: S 1979/35, S. 7. – Tangiert ist hier natürlich eines der heikelsten Probleme der Brecht-Forschung überhaupt. Die These sei erlaubt, daß wesentlich Neues weniger über eine Sichtung des Brechtschen Nachlasses als über Befragung von Mitarbeitern und Freunden eruiert werden kann. Wagt man den Versuch, so treten eine Unzahl von Problemen auf: was noch erinnert wird; was noch erinnert werden möchte; was für eigene Arbeiten zurückbehalten wird; was erzählbar bzw. zeigbar ist und was nicht; oder schlicht, ob man als ›Klassenfeind‹ eingestuft wird. (Eigene Erfahrungen auf diesem Gebiet würden ein ganzes Buch füllen.) Welche Daten und Zusammenhänge noch erfahrbar sind, deuteten die Erinnerungen an, die anläßlich des Brecht-Dialogs 1978 veröffentlicht wurden.

90 Beide Zweige hätten sich in idealer Weise ergänzen können.

91 *Schumacher:* Leben Brechts, a. a. O., S. 343 ff.

92 Von Heiner Müller wurden wir auf den Fall des ehemaligen Meisterschülers Martin Pohl aufmerksam gemacht, der, so Müller, der begabteste gewesen sei und dessen Gedichte zu Inszenierungen nicht zu unterscheiden gewesen seien. Nach Pohls Verhaftung habe sich Brecht wiederholt für seinen Meisterschüler eingesetzt. Davon zeugt auch der – heute in keiner Untersuchung zu findende – Bericht Martin *Pohls* »Im Labyrinth. Der Fall des Martin Pohl, von ihm selbst erzählt« (in: Mo 8/1955/56/85, S. 41 ff.).

93 Vgl. vor allem: Elisabeth *Hauptmann:* Gedanken am Sonntagmorgen, in: *dies.:* Julia ohne Romeo. Geschichten, Stücke, Aufsätze, Erinnerungen, hrsg. von Rosemarie *Eggert* u. Rosemarie *Hill.* Nachwort von Fritz *Hofmann*, Berlin u. Weimar 1977, S. 226 ff.

94 Vgl. z. B.: Kagekijo, der Böse von Seami, in: *Hauptmann:* Julia, a. a. O., S. 159 ff. und die Bearbeitung Müllers: Heiner *Müller:* Die Reise, in: *ders.:* Germania Tod in Berlin, Berlin 1977, S. 17 ff.

95 Peter Palitzsch schrieb uns, daß die jüngeren Mitarbeiter leidenschaftlich für die Agitprop-Versuche gewesen seien.

96 Vgl. dazu *Mittenzwei:* Realismus-Streit (I), a. a. O., S. 1290 ff.

97 Nach *Mittenzwei:* Realismus-Streit (I), a. a. O., S. 1286.

98 Heinz Langerhans an Herbert Claas, zitiert nach: Herbert *Claas:* Die politische Ästhetik Bertolt Brechts vom Baal zum Caesar, Frankfurt/M. 1977, S. 248, Anm. 23. – Schumacher nennen eine Originalquelle (a. a. O., S. 236 bzw. 407, Anm. 32). Sicher ist es zutreffend, daß Brecht, wie Schumacher schreiben, nach 1945 nicht einfach dort anknüpfen konnte, wo er 1933 aufgehört hatte. Brechts Worte von 1943 sind jedoch, trotz ihrer ironisierenden Diktion, prinzipiellen Charakters. Denn was sollte Brecht tun? Etwa auch zum ›bürgerlichen Theater übergehen‹?! Bestritten Schumacher diesen Sachverhalt, sie widersprächen sich durch ihre Verweise auf die späten Agitprop-Pläne selbst. – Vgl. in diesem Zusammenhang auch die mit den Notierungen »berlin, hardenbergstr. 1 A/febr. 33/ ›die kisten sind gepackt‹« und »oktober 1947/die koffer sind gepackt« versehenen Fotos.

99 *Mittenzwei:* Realismus-Streit (I), a. a. O., S. 1291.

100 Ebd., S. 1275 u. 1278.

101 Vgl. z. B. Geschichten vom Herrn B. 99 Brecht-Anekdoten aufgeschrieben von André *Müller* und Gerd *Semmer*, Frankfurt/M. 1967 oder die neuere Ausgabe: André *Müller*/Gerd *Semmer:* Geschichten vom Herrn B. Gesammelte Brecht-Anekdoten, Leipzig 1977.

102 S. unsere Spezialbibliographie.

103 Allein dadurch, daß Rülicke Berichte anderer einfügt (auch dies auf entsprechenden Befragungen beruhend), ergeben sich verschiedene Brechungen, werden Aussagen Garbes relativiert. Dieses einfache Mittel wurde zuweilen in Reportagen angewandt, nicht aber in der ›Kunst‹prosa jener Jahre. Eine geradezu grandiose Umsetzung einer solchen Methode findet

sich in »Tscheljuskin. Ein Land rettet seine Söhne« (Redakteur-Konstrukteur Sergej *Tretja-kow*. Verfasser u. Monteure L. *Muchanow*, M. *Goldberg*, S. *Dikowski*, Moskau-Leningrad 1934). Es befand sich in Brechts Besitz.

104 Auch Hildegard *Brenners* Aufsatz »Schule des Helden. Anmerkungen zu Brechts ›Büsching‹-Entwurf« (in: a 16/1973/91, S. 213 ff.) enthält keine Hinweise auf solche Traditionszusammen-hänge.

105 Da hier eine genauere Darstellung unterbleiben muß, sind einige klärende Bemerkungen unum-gänglich. Die Heraushebung von Rülickes Text bedeutet keine Überbetonung, vergegenwärtigt man sich die bereits in dieser Untersuchung mitgeteilten Fakten, Zusammenhänge und Prozes-se. Aus dem historischen Kontext ›gelöst‹ und mit Texten früherer Perioden verglichen, ist der Text anders zu werten. Was wiederum nicht heißt, dem Text komme heute keine Bedeutung mehr zu. Nicht ohne Grund hat ihn die Schaubühne am Halleschen Ufer anläßlich ihrer »Lohndrücker«-Inszenierung vollständig in ihr Programmheft aufgenommen. Er ist wie Tu-reks »Ein Prolet erzählt« oder Rehbeins »Das Leben eines Landarbeiters« ein seltenes und in seiner Erzählhaltung und Erzählweise noch immer zu entdeckendes Dokument. – Das Mitge-teilte ist gleichzeitig Hinweis darauf, warum Rülickes Text bis heute auch in der DDR nicht re-zipiert worden ist.

106 Was natürlich nicht heißt, daß wir Greiners Darstellung der Claudiusschen Bearbeitung zu-stimmten!

107 *Greiner:* Von der Allegorie zur Idylle, a. a. O., S. 78 f. u. 79 f.

108 Was ähnliche Auswirkungen auf die Analysen anderer Bearbeitungen des Garbe-Stoffes hat.

109 Erinnert sei in diesem Zusammenhang eine Szene aus Andrzej Wajdas Film »Der Mann aus Marmor«. Als Agnieszka zu resignieren droht, sagt ihr Vater zu ihr: *Er* würde sich sehr wun-dern, würde über ihn ein Film gedreht und ihn selbst befragte man nicht. Er jedenfalls würde sich da sehr wundern. – Die hier genannten Garbe-Stoff-›Interpreten‹ unterscheiden sich nur in ihren politischen Ansichten (auch das wäre jedoch noch genauer zu befragen) von dem Jungfil-mer in Wajdas Film, der den Aktivisten zum ›Mann aus Marmor‹ macht, in *allem* jedoch von der Haltung Andrzej Wajdas.

110 *Greiner:* Von der Allegorie zu Idylle, a. a. O., S. 229. – Zur Gesamtproblematik vgl. Bernhard *Greiners* Referat »Proletarische Öffentlichkeit – Begriff aufgehobener deutscher Misere und der Literatur in der DDR«, gehalten auf der 79er Tagung des Arbeitskreises für Literatur und Lite-raturwissenschaft in der DDR; u. E. ein Neuansatz.

111 *Brenner:* Schule des Helden, a. a. O., S. 215.

112 Es gibt eine Vorform von Rülickes Erzählung, die noch näher an den Stenogrammen ist. Diese wie auch andere Materialien hat Brenner nicht eingesehen.

113 *Rülicke:* Hans Garbe erzählt, a. a. O., S. 75.

114 Jürgen *Rühle:* Das gefesselte Theater. Vom Revolutionstheater zum Sozialistischen Realismus, Köln – Berlin 1957, S. 249.

115 Jürgen *Rühle:* Literatur und Revolution. Die Schriftsteller und der Kommunismus, Stuttgart – Zürich – Salzburg 1960, S. 332.

116 Vgl. z. B.: Jürgen *Rühle:* Der schwere Schritt auf Neuland, in: S 8/1953/14. 6., S. 4. – Darin heißt es, dem Stück sei die »Darstellungsweise Brechts nicht gut bekommen«. Auch fehlen nicht zahlreiche normative Kritiken wie »wie es die Komödie verlangt«. Gleiches ist von Hans-Diet-rich Sander zu sagen. Vgl. seine Darstellung zum »Garbe/Büsching« (Geschichte der Schönen Literatur in der DDR, Freiburg 1972, S. 120) mit seiner »Katzgraben«-Kritik (in: TdZ 9/1954/6, S. 34 ff.). – Vgl. etwa die Anekdote: Brecht, von Hans Mayer befragt, wann er sein Stückprojekt fertig habe: Wenn nicht mehr solche Kritiken über das BE erscheinen wie die Rüh-les.

117 Marcel *Reich-Ranicki:* Zur Literatur der DDR, München 1974, S. 28.

118 Vgl. z. B. *Esslins* Artikel »Das ist nicht der ganze Brecht« und »Das Wort wie einen schlechten Pfennig prüfen« in der »Welt der Literatur« (1964/2, S. 64 u. 80; 1964/9, S. 278). Klaus *Völker* wies damals im »Spandauer Volksblatt« (1964/26. 4.) in seinem Artikel »Die seltsamen For-schungsergebnisse eines Brecht-Experten« darauf hin, »daß es sich in sämtlichen Fällen nur um fahrlässige Unterstellungen Esslins handelt«.

119 Vgl. Werner *Mittenzwei:* Gestaltung und Gestalten im modernen Drama. Zur Technik des Fi-

gurenaufbaus in der sozialistischen und spätbürgerlichen Dramatik, Berlin u. Weimar 1965, S..165 f.

120 Martin *Esslin:* Brecht. Das Paradox des politischen Dichters. Vom Autor durchges. u. erg. Ausg. München 2/1972, S. 137 f. – Wir haben bewußt aus keiner früheren Ausgabe zitiert.

121 Als 1979 Näheres über die »Brecht file« des FBI bekannt wurde, verhielt sich der ›Spiegel‹ in seiner Berichterstattung im Unterschied etwa zu ›Die Zeit‹ auffallend zurückhaltend (Einzigartige Quelle, in: DS 1979/20, S. 229 ff.).

122 Gerade diese Information läßt auf Kenntnis von Interna schließen, findet sie sich doch fast wörtlich in BE-Notizen über Gespräche mit Brecht.

123 [Anonym]: Der Ochse ist ein Fakt, in: DS 7/1953/3. 6., S. 33.

124 [Anoym]: Stachanow kriegt Prügel, in: DS 12/1958/31, S. 42. – Die Kenntnis dieses Artikels verdanke ich einem Hinweis Armin Sellheims vom ›Spiegel‹-Archiv. Weitere Informationen konnten nicht gegeben werden, da man »Daten und Dokumente ausschließlich zum eigenen publizistischen Gebrauch« sammle.

125 S. Anm. 119.

126 Vgl. z. B. Geschichte der Literatur der DDR, a. a. O. oder *Schumacher:* Leben Brechts, a. a. O. – Eine Ausnahme: Gunnar *Müller-Waldeck:* Aspekte der Brecht-Rezeption in der DDR-Dramatik der 50er und 60er Jahre – dargestellt an der Gestaltung des Gegenwartsthemas in Zeitstücken von Helmut Baierl, Heiner Müller, Peter Hacks und Volker Braun, Diss. Greifswald 1974, bes., S. 70 ff.

127 Hedda *Zinner:* Auf dem roten Teppich. Erfahrungen, Gedanken, Impressionen, Berlin 1978, S. 203.

128 Überliefert ist z. B. folgende Anekdote: Garbe hatte einige Rosen gesetzt. Es traf sich, daß er sie oft besah, wenn auch seine Nachbarin im Garten war. Als er einmal hörte, wie der Schofför der Nachbarin zu dieser sagte »Gnädige Frau, wann darf ich wieder vorfahren?«, beschloß er – ohnehin erbost über den seiner Ansicht nach zu häufigen Dienstwagengebrauch –, dem Abhilfe zu schaffen. Er bat seine Frau Erika, am nächsten Morgen, wenn er wieder seine Rosen besehe, erst beim dritten Anruf herauszukommen. Am nächsten Morgen: »Erika, guck mal, unsere schönen Rosen.« – »Erika, komm mal, unsere schönen Rosen.« – »Gnädige Frau, kommen Sie doch mal, wie herrlich unsere Rosen sind.« – Der Schofför mußte fortan an anderer Stelle halten.

129 *Brecht:* Arbeitsjounal, a. a. O., Bd. 2, S. 960.

130 *Reinowski:* Die Versuchung, a. a. O., S. 262 ff.

131 Gotthard *Liebchen:* Roman um den »Tag X«, in: DB 6/1956/5, S. 265 f.

132 Mitteilung Peter Palitzschs an den Verfasser. Peter Palitzsch mußte die Manuskripte – sie waren nahezu druckreif – bei seinem Weggang 1961 zurücklassen. Nach seiner Erinnerung hat sie damals Helene Weigel an sich genommen. Die wenigen Bemerkungen Peter Palitzschs deuteten ein faszinierendes Experiment an. Denn Palitzsch hatte nicht nur ›gesammelt‹, sondern auch theoretische Überlegungen angestellt. Diese Texte wären unter historischem Gesichtspunkt ein weiterer Beleg für ›antiaristotelische‹ Prosa. Auch zeigten sie Brechts Bedeutung in Sachen Prosa. Leider sind diese Texte heute unauffindbar. Nachforschungen im Archiv des Berliner Ensembles (dort lag bis 1977 Palitzschs Bibliothek) als auch im Brecht-Archiv blieben ergebnislos.

133 Manfred *Wekwerth:* Bertolt Brecht, in: Ders.: Schriften, a. a. O., S. 16

134 Brecht zu Strittmatter, zitiert nach: Erwin *Strittmatter,* in: Vom Werden unserer sozialistischen Nationalliteratur. Zusammengest. von Helmut *Kaiser,* in: NDL 6/1958/8, S. 87. – Strittmatter geht auch kurz auf Agitprop ein (ebd., S. 55).

135 Produktive Brecht-Nachfolge. Interview mit Manfred *Wekwerth,* in: WB 19/1973/2, S. 35. – Die unter dem Titel »Brecht 75 Jahre« in »Schriften« veröffentlichte Fassung dieses Interviews ist überarbeitet.

136 Marianne *Kesting:* Eine Begegnung mit Brecht, in: FAZ 1959/205.

137 Vgl. etwa die Passagen in »Erzählen oder Beschreiben?«, die sich auf Tretjakow beziehen, ohne daß Tretjakows Name genannt wird (Georg *Lukács:* Probleme des Realismus. Zweite, verm. u. verb. Auflage, Berlin 1955, bes. S. 139 f.).

138 Vgl. hier vor allem: *Diezel:* Exiltheater in der Sowjetunion, a. a. O.

139 Fritz *Mierau:* Tatsache und Tendenz. Der »operierende« Schriftsteller Sergej Tretjakow, in: Sergej M. *Tretjakow:* Lyrik – Dramatik – Prosa, hrsg. von Fritz *Mierau,* Frankfurt/M. 1972, S. 495.

140 S. M. *Tretjakow:* Der Schriftsteller und das sozialistische Dorf, in: Das Neue Rußland 1931/2. Zitiert nach: Fritz *Mierau:* Erfindung und Korrektur. Tretjakows Ästhetik der Operativität, Berlin 1976, S. 23.

141 *Mierau:* Erfindung, a. a. O., S. 44.

142 Von diesem Stück gibt es verschiedene Fassungen. Eine ist enthalten in: Sergej *Tretjakow:* Brülle China! Ich will ein Kind haben. Zwei Stücke. Mit einem Nachwort von Fritz *Mierau* und einem Dokumententeil, Berlin 1976, S. 83 ff. – Brechts Bearbeitung findet sich in: *Mierau:* Erfindung, a. a. O., S. 179 ff.

143 *Bock:* Brechts »Garbe/Büsching"-Projekt, a. a. O.

144 Vgl. ebd.

145 *Brecht:* Arbeitsjournal, a. a. O., Bd. 2, S. 813.

146 Bertolt *Brecht:* Die Dialektik auf dem Theater, in: *ders.:* GW., a. a. O., Bd. 16, S. 907.

147 Bertolt *Brecht:* Kriegsfibel, Berlin 2/1968, S. 69.

148 Vgl. *Völker:* Brecht, a. a. O., S. 166.

149 Vgl. hier vor allem Brechts Vorwort-Fragment zu »Turandot« sowie seine sarkastische ›Umfunktionierung‹ Kavafis'.

150 Zu den von uns bereits andernorts mitgeteilten Fakten (Brechts »Garbe/Büsching«-Projekt, a. a. O.) sind zwei Bemerkungen notwendig. Zum einen sind einige Passagen stark korrekturbedürftig, vor allem die Ausführungen zum 17. Juni. So finden sich immer noch Spuren einer Legendisierung, wenn es heißt, Garbe habe am Vormittag all seine Orden angelegt. (Garbe war auch und vor allem an diesem Tag der Mann, der er immer gewesen war. Stolz, unbeugsam – und immer eine Spur pommerscher Schweyk.) Garbe hatte ›die Orden‹ nicht extra angelegt, sondern seine Auszeichnungsspangen wie immer am Arbeitsjackett. – Zum zweiten sind inzwischen so viele Fakten eruiert worden, daß eine ausführliche Darstellung möglich ist. – Auch hier ein Apercu: Garbe befand sich unter denen, die Fritz Selbmann bei seiner Rede schützten. Er stand eingehakt mit einem Polizisten und Otto Gotsche. In seiner charakteristischen Art: Sie hätten sich gegenseitig geschützt, er und die Polizei.

151 Garbe war nicht nur im Zentrum der Ereignisse. Er wohnte in einer ›Intelligenzsiedlung‹, konnte also auch von dort berichten. Wichtig war aber vor allem zweierlei: Garbe war einer der wenigen, der offen und gerade sagte, was er dachte, auch wenn es ihm oft Beinamen wie ›Querulant‹ einbrachte. (Nach Peter Palitzsch machte gerade dies Garbe für Brecht so interessant.) Und: Garbe haßte die Verhältnisse, unter denen er sein Leben vor 1945 hatte zubringen müssen, wie kaum ein anderer. Brecht wußte also, aus welcher Haltung heraus hier Kritik erfolgte. Garbe läßt sich am besten mit seinen eigenen Worten charakterisieren. Als nach dem 17. Juni ein Gespräch bei Brecht in Weißensee stattfand, antwortete Garbe auf Brechts Frage, was er zum 17. sage: Ich bin doch nicht Aktivist geworden, um das alles wieder zu zerschlagen, was ich aufgebaut habe. Ich will jetzt für den Frieden arbeiten, und wenn mir die Finger bluten. Aber nie mehr für den Krieg.

152 So Helmut *Hauptmann* in einem Brief vom 25. 6. 1978. Hauptmann hatte am 17. und 18. Juni 1953 wegen eines Dimitroff-Buches im Leipziger Dimitroff-Museum zu tun. – Hauptmanns Niederschrift befindet sich im Brecht-Archiv, BBA 914/13-16. Auszüge davon befinden sich in: Helmut *Hauptmann:* Über: Kostoff und unser Gewissen, in: NDL 13/1965/3, S. 126. – Wie Hauptmann uns mitteilte, hat er Beobachtungen und Überlegungen jenes Berichtes in seiner Erzählung »Der Kreis der Familie« (Halle/S. 1964) verarbeitet.

153 Es gibt kaum einen der bekannten Schriftsteller, Kritiker oder Literaturwissenschaftler, der in jenen Jahren nicht in China gewesen wäre. Nur wenige erkannten jedoch die Bedeutung des ›chinesischen Weges‹. Entweder herrschte völliges Unverständnis für ›Land und Leute‹ oder man sah in China nur einen besonders eifrigen sowjetischen Schüler. Zumeist aber projizierten die Reisenden ihre Vorstellungen eines ›humanistischen Weges‹ auf die chinesischen Verhältnisse. Für die Art der Rezeption ist eine Passage aus Heinz *Brandts* »Ein Traum der nicht entführ-

bar ist. Mein Weg zwischen Ost und West« (Berlin 1977 [Reprint]) charakteristisch: »Robert [Havemann] hielt viel vom chinesischen Frühling und den hundert Blumen, die Mao Tse-tung zu jener Zeit blühen ließ. [. . .] Er meinte damals, es könne von China, Polen, Jugoslawien und dem Moskauer XX. Parteitag so etwas wie eine ›Renaissance des Sozialismus‹ ausgehen.« (S. 294) Unabhängig von der Problematik – es gab nur ein Beispiel für eine adäquate Rezeption: den Brecht-Kreis. – Da ein entsprechendes Kapitel aus Quantitätsgründen hier entfallen muß, sei zumindest auf die entsprechenden Teile der Bibliographie verwiesen. Eine Studie zu diesem Thema ist absolut notwendig, mehr noch für die Zeit 1956–1960, als auch in der DDR mit chinesischen Erfahrungen experimentiert wurde. Dieser Zusammenhang mit dem des ›Bitterfelder Weges‹ ist bis heute noch nicht einmal thematisiert worden. Beteiligte nennen zuweilen auch entsprechende Fakten.

154 Eva *Strittmatter* in ihrem Brief an uns.

155 *Schumacher:* Leben Brechts, a. a. O., S. 299.

156 Die Premiere im Berliner Ensemble war am 1. 4. 1954.

157 *Wekwerth:* Hirse, a. a. O., S. 116. – Nicht eingegangen wird von uns auf mögliche Unterschiede zwischen den Veröffentlichungen von Wekwerths »Hirse«-Notaten im »Hirse«-Modell-Buch und in »Schriften«.

158 *Loo Ding/Chang Fan/Chu Shin-nan:* Hirse für die Achte. Ein chinesisches Volksstück. Deutsche Fassung für das Berliner Ensemble von Elisabeth *Hauptmann* u. Manfred *Wekwerth* nach der Übersetzung aus dem Chinesischen von *Yuan Miaotse*. Leipzig 1956 [Unpaginiert]. Ca., S. 107.

159 Ebd., ca. S. 103. – Im März 1956 schenkte Elisabeth Hauptmann Brecht Jaroslav *Pruseks* voluminöses Werk »Die Literatur des befreiten China und ihre Volkstraditionen« (Prag 1955) und schrieb als Widmung hinein: »Bertolt Brecht mit besonderem Hinweis auf S. 345 u. f. (S. 383! [»Hirse für die Achte«]) ›in Verehrung überreicht‹. 15. 3. 56 E. Hauptmann«.

160 *Wekwerth:* Hirse, a. a. O., S. 114.

161 *Loo Ding:* Hirse, a. a. O., ca. S. 99 ff.

162 Vgl. Manfred *Wekwerth·* Auffinden einer ästhetischen Kategorie, in: Schriften, a. a. O., S. 73.

163 *Loo Ding:* Hirse, a. a. O., ca. S. 102.

164 *Wekwerth:* Hirse, a. a. O., S. 126. – Vgl. dazu: Gerhard *Pommeranz-Liedtke:* Chinesisches Kunstschaffen. Gegenwart und Tradition, Berlin 1954; Chinesische Holzschnitte der Gegenwart. Zusammengest. u. erl. von Gerhard*Pommeranz-Liedtke*, Berlin 1959. Zu neueren Holzschnitten vgl. den Ausstellungskatalog: Holzschnitt im neuen China. Zeitgenössische Graphik aus der Volksrepublik China, Berlin 1976; zur Umsetzung von Dialektik in (Tanz-) Choreographie den Artikel: Joachim *Schickel:* Zwischen Schwarz und Rot. Zur Europa-Tournee des chinesischen Tanzdrama-Ensembles und über die Wanderausstellung »Holzschnitt im Neuen China«, in: DZe 1976/44, S. 36.

165 *Wekwerth:* Hirse, a. a. O., S. 117.

166 Über politische Programme, a. a. O., S. 175.

167 *Wekwerth:* Hirse, a. a. O., S. 121 u. 122.

168 *Loo Ding:* Hirse, a. a. O., ca. S. 154.

169 *Wekwerth:* Hirse, a. a. O., S. 124.

170 Verwiesen sei hier noch einmal auf das »Coriolan«-Unternehmen.

171 *Loo Ding:* Hirse, a. a. O., ca. S. 113.

172 Bertolt *Brecht:* [Benutzung der Wissenschaften für Kunstwerke], in: *ders.:* GW, a. a. O., Bd. 15, S. 280 ff. – Vgl. dazu: Jürgen *Link:* Eifersüchtiger Fliegender oder fliegender Eifersüchtiger. Überlegungen zu einem dramentheoretischen Text Brechts. [Vervielfält. Ms. der Antrittsvorlesung], Bochum 1976.

173 *Loo Ding:* Hirse, a. a. O., ca. S. 117.

174 Vgl. dazu z. B. folgende Sentenz: »Die Bedeutung des revolutionären Partisanenkampfes besteht ja gerade darin, daß die unzähligen Unbedeutenden ihn selbständig führen. Die Beratung der Partisanen ist bedeutend, weil sie eine Beratung der ›Unzähligen‹, der Unbedeutenden ist.« (*Loo Ding:* Hirse, a. a. O., ca. S. 153).

175 Unterstrichen wird dies durch häufige Zitation entsprechender Passagen von: *Chen Po-ta:* Mao

Tse-tung über die chinesische Revolution (Berlin 1953, von uns zitiert nach dem Reprint Frankfurt/M. 1972).

176 Aus Darstellungsgründen werden von uns hier nicht unterschieden: 1. die Versuche, Kategorien der materialistischen Dialektik sehr direkt anzuwenden, 2. solche Kategorien in Kategorien des epischen Theaters zu überführen.

177 *Loo Ding:* Hirse, a. a. O., ca. S. 152.

178 Eine solche Unterscheidung findet sich zu jenem Zeitpunkt nur in chinesischer Literatur.

179 Vgl. *Bock:* Brechts »Garbe/Büsching«-Projekt, a. a. O.

180 Daß im »Hirse«-Modell-Buch auch die ›große Pädagogik‹ zumindest dem dargebotenen Material nach enthalten ist, zeigt folgende Passage: »Als F. C. Weiskopf, bei einem Aufenthalt in Kanton, einen Kulturpark besuchte, entdeckte er erwachsene Leute, offenbar Eisenbahner und Briefträger, bei einer merkwürdigen Beschäftigung: ›Gewiß, wie Kinder...‹, erklärte man ihm auf seine Fragen, ›aber bedenken Sie, daß diese Menschen unter unmenschlichen Bedingungen aufgewachsen sind. Sie holen jetzt das Versäumte nach. Dabei müssen wir ihnen oft behilflich sein: Wir müssen ihnen das Fröhlichsein beibringen.‹« (*Loo Ding:* Hirse, a. a. O., ca. S. 106) – Die Originalstelle findet sich in: F. C. *Weiskopf:* Die Reise nach Kanton, in: *ders.:* Gesammelte Werke VII, hrsg. von der Deutschen Akademie der Künste zu Berlin, Berlin 1960, S. 413. – Weiskopfs Reisebericht ist eines der wenigen Zeugnisse adäquater Berichterstattung. Er enthält eine Fülle von Informationen, die im Brecht-Kreis mit großem Interesse zur Kenntnis genommen wurden, und dokumentiert die Epochenbedeutung der chinesischen Revolution neben der Oktoberrevolution. – Auch Brecht bekannte Schriften Epsteins zeigen ähnliche Parallelen. (Vgl. z. B.: Brechts Modell der Lehrstücke, a. a. O., S. 132 ff., S. 139 f. mit: Israel *Epstein:* Lieder des Widerstands, in: Sozialistische Zeitschrift für Kunst und Gesellschaft 7/1976/1, S. 135 f.).

181 Z. B. unter Einbeziehung chinesischer Agitationsstücke vom Typus »Hirse«.

182 »Diese Spanne vom Frühsommer 1955 bis zum Spätsommer des Jahres 1956 darf man als eigentliche Zeit jenes kulturellen Tauwetters in der DDR betrachten.« *(Mayer:* Ein Tauwetter, das keines war, a. a. O., S. 441).

183 Zu verweisen wäre lediglich auf Christa Wolfs Kritiken.

184 Eva *Braun:* Der Blick auf das ganze Deutschland. Bemerkungen zu unserer neuen Literatur, in: ND/BKuL 10/1955/19. 6.

185 Da in diesem Zusammenhang unerheblich, werden einige offenkundige Fehlurteile der Autorin nicht behandelt.

186 Nicht Zufall kann es genannt werden, wenn Eva Strittmatters Beitrag in der »Geschichte der Literatur der DDR« (a. a. O.) mit keinem Wort erwähnt wird.

187 Einige wichtige Daten danken wir dem bereits erwähnten Brief Eva Strittmatters.

188 Vgl. etwa seinen Brief an Wilhelm Girnus in: SuF 28/1976/2, S. 249.

189 Strittmatters Leistung wird auch dann besonders erkennbar, vergegenwärtigt man sich, daß sie sich z. B. in ihrem Mitte April 1955 gehaltenen Vortrag »Über unsere Jugendliteratur« äußerst stark aristotelischen Theoremen verhaftet zeigte (in: Unsere neue Jugendliteratur, hrsg. vom DSV, Berlin 1955, S. 5 ff.).

190 Vgl. etwa: »Brecht reagiert enttäuscht und traurig auf die Nachricht, Deutschland solle nach Kriegsschluß in Besatzungszonen aufgeteilt werden, weil nur ein geeintes Land den Kapitalismus ganz loswerden könne, weil Deutschland nur als Einheit eine bessere Kulturentwicklung einzuleiten imstande sei.« (Peter *Beicken.* Brechts Schatten. FBI und CIA überwachten den Stückeschreiber während der gesamten Zeit seines amerikanischen Exils, in: DZe 1979/8. 6., S. 43). – Vgl. auch so wenig beachtete Stellen wie: »MÄDCHEN *singen:* / Ach, drei Monde stand sie vor Gericht / Und ganz Frankreich wartete wohl bis zum Maie / Und es hörten sie, zu denen sie sprach, nicht. / Erst im vierten führte man sie dann ins Freie. / Als die Henker zu den Scheiten sie gestoßen / Fackeln zischten und der Wind vom Meer war laut / Sprach die Tochter Frankreichs lauter: Kämpft, Franzosen / Um die Erde Frankreichs, ihr, die sie bebaut! // LEGRAIN Das singen sie jetzt in beiden Frankreich, hüben und drüben.« (Bertolt *Brecht:* Der Prozeß des Jeanne d'Arc zu Rouen 1431 nach dem Hörspiel von Anna Seghers, in: GW, a. a. O., Bd. 6, S. 2546).

191 Eva Strittmatters Terminologie ist hier ungenau, indem sie in Anlehnung an Mao Tsetung von Hauptwidersprüchen spricht. Nach Mao müßte es heißen: Hauptwiderspruch zwischen Bourgeoisie und Proletariat bzw. zwischen Proletariat und Bourgeoisie. Die Teilung Deutschlands in zwei Staaten wäre danach ein ›aktueller Hauptwiderspruch‹ oder der wichtigste Widerspruch unter den Nebenwidersprüchen. Um diese Ungenauigkeit zu beseitigen, haben wir Strittmatter stillschweigend dahingehend korrigiert, daß wir vom ›Grundwiderspruch zwischen Proletariat und Bourgeoisie‹ sprechen (was – streng genommen – nach Maoscher Terminologie ebenfalls ungenau ist).

192 Vgl. dazu *Schumacher:* »Die Überzeugung, daß der Kampf um ein einheitliches, friedliches Deutschland eines festen proletarischen Kerns mit einem realen Bewußtsein über die Bedeutung der sozialistischen Revolution in Rußland bedürfe, führte Brecht zum Entschluß, sein proletarisches Lehrstück ›Die Mutter‹ in den Spielplan des Berliner Ensembles aufzunehmen.« (Leben Brechts, a. a. O., S. 252).

193 Diese Problematik war z. B. 1953 – etwa im Zusammenhang der ›Berija-Affäre‹ – von großer Bedeutung.

194 »Nur eine starke marxistische Kraft konnte in der DDR eine neue Gesellschaftsordnung aufbauen und die Frage der Spaltung ständig im Bewußtsein halten, über Jahre. Dies war aber aufgrund der historischen Bedingungen ungemein schwierig: einerseits bestand die Gefahr des Nachgebens gegenüber dem Westen, andererseits die der vorschnellen Eingliederung in die entsprechenden Bündnissysteme. Brecht kommt durch seine Aktivitäten eine Schlüsselbedeutung zu: *das Neue aufzubauen und trotzdem ›offenzuhalten‹.* Dies ist eine der wesentlichen Ursachen, warum der späte Brecht so tabuisiert ist, so viele stories in Umlauf sind, aber kaum ein Gran Wahrheit.« *(Bock:* Brechts Vorschläge zur Überwindung der ›Deutschen Misere‹ (1948–1956), a. a. O.).

195 Vgl. BBA 85/6–8.

196 Vermutlich muß es heißen: »bestimmenden«.

197 Was ein deutlicher Hinweis auf aktuelle reformistische Gefahren war.

198 Eva Strittmatter, in: Werner *Neubert.* Das lyrische Ich. Gespräch mit Eva Strittmatter, in: NDL 21/1973/6, S. 12.

199 Thomas *Brasch:* Die Wiese hinter der Mauer. Über Maxie Wander: »Guten Morgen, du Schöne«, in: DS 32/1978/31, S. 137. – Vgl. z. B. Eva *Strittmatters* »Briefe aus Schulzenhof« (Berlin u. Weimar 1977). Ähnliches scheint uns auch auf Erwin Strittmatters Entwicklung zuzutreffen, man vgl. die Auszüge aus dem dritten Teil des »Wundertäter« mit dem ersten Teil. (Die Auszüge finden sich in: NDL 25/1977/11.).

200 Erwin *Strittmatter:* Ein Kind der dürren Dame Lebensunkenntnis, in: NDL 3/1955/10, S. 118 ff.

201 Es lassen sich zwar weitere ähnliche Zeugnisse finden, doch keines von solch theoretischer Fundierung. – Vgl. etwa: Günter *Braun:* Situationen, die mich nachdenklich stimmten, in: Junge Schriftsteller, a. a. O., bes. S. 54 f.

202 Da Eva Strittmatter mit Brecht über »Fünf Schwierigkeiten beim Schreiben der Wahrheit« gesprochen hatte, scheint es uns hier nicht übertrieben, auf ›Anstreicher‹- und ›Tünche‹-Anspielungen zu verweisen.

203 *Hillich:* Erzählweise, a. a. O., bes. S. 95 ff.

204 Strittmatters Begriff von ›Operativität‹ ist daher nicht zu verwechseln mit dem Tretjakows und macht gleichzeitig – bei allen positiven Zügen Strittmatters – den Unterschied dieser beiden Autoren deutlich.

205 Ein weiteres Moment ist, daß Strittmatter von Anfang an engen Kontakt zu seinem Publikum suchte. So berichtet er z. B. in »›Komm bald wieder!‹« (in: DSch 2/1951/5–7, S. 12 ff.), wie Diskussionen mit Landarbeitern und Bauern Änderungen an seiner Erzählung »Der entminte Acker« bewirkten, andererseits diese Diskussionen ein großes Interesse bei seinen Gesprächspartnern weckten.

206 Vgl. Jurij *Brezan:* Auf dem Rain wächst Korn. Sorbische Erzählungen und Gedichte, Berlin 4/1959; *ders.:* 52 Wochen sind ein Jahr, Berlin 1953. Hier etwa die Kapitelüberschriften »Erstes Kapitel. Worin Krestan Serbin einen Klecks für einen Punkt erklärt und einiges über sich selbst aussagt«.

207 In »Ochsenkutscher« handelt es sich um Kunstfiguren, nicht um ›menschliche Menschen‹. Vgl.
    Hillich: Erzählweise, a. a. O., bes. S. 88.
208 Vgl. Hans-Jürgen *Geerdts:* Probleme der sozialistischen Landliteratur im Werk Erwin Stritt-
    matters, in: *ders.:* Literatur unserer Zeit, Rudolstadt 1961, S. 39 ff.
209 Vgl. z. B.: [Anonym]: Der Ochse ist ein Fakt, a. a. O.
210 Auf einen wichtigen Punkt weist Reinhard Hillich: auf Strittmatters Biographie, auf das Wan-
    derleben und die vielen Berufe, die Strittmatter ausgeübt hat.
211 Christa *Wolf:* Menschliche Konflikte in unserer Zeit, in: NDL 3/1955/7, S. 139 u. 143. – Auf
    die Probleme, die sich aus der Ich-Form ergaben und auf die schon die zeitgenössische Kritik
    hinwies, kann hier nicht eingegangen werden.
212 Ebd., S. 141.
213 Günter *Ebert:* Das neue Leben auf dem Dorfe. Seine Darstellung in unserer Literatur, in:
    ND/BKul 10/1955/9. 10., S. 1 u. 2.
214 Zu ähnlichen Ergebnissen kommt die Kritik in der westdeutschen Zeitung »Die Andere Zei-
    tung« von Peter *Willers:* »Erwin Strittmatters Roman ›Tinko‹« (19. 4. 1956).
215 Alfred *Könner:* Ein Meisterwerk neuer deutscher Prosa, in: S 10/1955/40, S. 8.
216 Noch deutlicher hebt diesen Aspekt später Geerdts (Probleme der sozialistischen Landlitera-
    tur, a. a. O.) hervor, unter direktem Bezug auf Brecht.

Jan Knopf

BRECHT

Theater   HANDBUCH

Vorbestellpreis bis 31. 12. 1980:
DM 48,–
ab 1. 1. 1981: DM 65,–
VIII, 488 Seiten. Gebunden
ISBN 3-476-**00445**-7

Das „Brecht-Handbuch Theater"
von Jan Knopf ist die erste über-
sichtliche und gut lesbare Zusam-
menfassung der bisher vorliegenden und längst als unübersehbar
geltenden Forschungen zu Bertolt Brechts Theater. Das Werk
stellt erstmals alle 48 Dramen und
Dramenfragmente des Stücke-
schreibers sowie die wichtigsten
Projekte in chronologischer Folge
vor und handelt die gesamte
Theatertheorie – sowohl systematisch aufgeschlüsselt als auch im
historischen Entwicklungsgang
beschrieben – eingehend ab. Wie
der erste Teil den – bei aller Klassi-
zität Brechts – doch weitgehend
unbekannten Umfang des Werks,
seine Vieldeutigkeit und fortge-
schrittene Ästhetik überraschend
zu zeigen vermag, so bietet der
zweite Teil des Handbuchs die
erste Gesamtdarstellung der Theatertheorie Brechts überhaupt.
Der Autor hat sein Handbuch so
angelegt, daß es nicht nur als zu-
verlässiges Nachschlagewerk ver-
wendbar ist, sondern auch als
Lesebuch dem Bedürfnis nach
eingehender und argumentativ
entwickelter Analyse entgegen-
kommt: die jeweiligen Abschnitte

eines Artikels, die die Analyse und
die Deutungen enthalten, stellen
– für sich gelesen – konzentrierte
Interpretationen dar, die hiermit
erstmals, und in einem Buch gesammelt, zu jedem Drama von
Bertold Brecht vorliegen. – Die
vielen Daten der anderen Abschnitte sind außerdem so vermerkt, daß sie dem Leser alle
weitergehende Sucharbeit abneh-
men, d.h. mit Erläuterung, Quellen-
nachweisen und Angaben der Bedeutung, dem Leser aber auch,
wenn er weitergehende Information wünscht, mit genauen Hinweisen auf die Literatur die Möglichkeiten dazu eröffnet. Auf diese
Weise wird das Handbuch nicht
nur für Studierende und Brecht-
Forscher nützlich, es empfiehlt
sich auch Theaterbesuchern,
Brecht-Interessierten und Schülern.

Ein zweiter Band, Lyrik, Prosa, vermischte Schriften und Biographie
umfassend, erscheint voraussichtlich 1981.

1682

J.B.Metzler
Stuttgart

Wolfram Schlenker

Das »Kulturelle Erbe« in der DDR

Gesellschaftliche Entwicklung und Kulturpolitik 1945–1965

1977. VII, 260 Seiten.
Kartoniert DM 40,–
ISBN 3-476-**00357**-4
Metzler Studienausgabe

Das kritische Interesse an dem ersten umfassenden Versuch, auf deutschem Boden eine sozialistische Gesellschaft und eine ihr entsprechende Kultur zu entwickeln, hat in den letzten Jahren zu Recht beträchtlich zugenommen – auch in der Literaturwissenschaft. Insbesondere wurde dabei immer wieder auf die Bedeutung der Traditionsbeziehungen innerhalb der Geschichte der DDR-Kulturpolitik hingewiesen. Obwohl oft bei der Verwunderung darüber stehengeblieben wurde, daß die bürgerliche Kulturtradition bei denen, die sich als Revolutionäre betrachteten, sorgsamer gehegt wurde als bei denen, die bürgerliche Verhältnisse politisch restaurierten, drückt sich in diesen Verweisen neben der Anerkennung der quantitativen Rolle des Erbes oft die Erkenntnis aus, daß eine Gesellschaft durch ihr spezifisches Traditionsverhältnis charakterisiert wird. Die schwerpunktmäßige Untersuchung der Jahre von 1945 bis Mitte der 60er Jahre ist darin begründet, daß die wesentlichen Weichen der gesellschaftlichen und kulturellen Tendenzen in diesem Zeitraum endgültig gestellt wurden und deshalb eine Untersuchung, die zur Klärung dieser Entwicklung beitragen möchte, den Schwerpunkt ihrer Analyse in diesem Zeitraum legen muß. Die Beobachtungen, die sich daraus ergeben, haben für die heutige Kulturpolitik überraschende Aktualität und bieten die Grundlage für das weitergehende Verständnis der DDR-Gesellschaft.

J.B.Metzler
Stuttgart